GRIECHISCHE PAPYRUSURKUNDEN KLEINEREN FORMATS
NEUEDITION

SPP III^{2} 1–118

ÖSTERREICHISCHE AKADEMIE DER WISSENSCHAFTEN
PHILOSOPHISCH-HISTORISCHE KLASSE
KOMMISSION FÜR ANTIKE RECHTSGESCHICHTE

PAPYROLOGICA VINDOBONENSIA

HERAUSGEGEBEN VON
FRITZ MITTHOF, BERNHARD PALME
& GERHARD THÜR

BAND 2

(PAP. VIND. 2)

ÖSTERREICHISCHE AKADEMIE DER WISSENSCHAFTEN
PHILOSOPHISCH-HISTORISCHE KLASSE
KOMMISSION FÜR ANTIKE RECHTSGESCHICHTE

GRIECHISCHE PAPYRUSURKUNDEN KLEINEREN FORMATS NEUEDITION

SPP III^2 1–118
QUITTUNGEN, LIEFERUNGSKÄUFE UND DARLEHEN

HERAUSGEGEBEN
VON
SVEN TOST

Verlag der
Österreichischen Akademie
der Wissenschaften

ÖAW

Wien 2007

Vorgelegt von k. M. GERHARD THÜR in der Sitzung am 24. Juni 2005

Die verwendete Papiersorte ist aus chlorfrei gebleichtem Zellstoff hergestellt, frei von säurebildenden Bestandteilen und alterungsbeständig.

ISBN 978-3-7001-3542-5

Druck: Börsedruck Ges.mb.H., A-1230 Wien

http://hw.oeaw.ac.at/3542-5
http://verlag.oeaw.ac.at

INHALTSVERZEICHNIS

TABELLEN

INDICES

Vorwort

Vorliegender Band eröffnet die Reihe einer auf mehrere Faszikel hin angelegten Neuedition des von Carl Wessely herausgegebenen Corpus „Griechische Papyrusurkunden kleineren Formats“, dessen erster Teil im Jahr 1904 als dritter und dessen zweiter Teil im Jahr 1908 als achter Band der „Studien zur Paläographie und Papyruskunde“ (SPP III & VIII) erschienen sind.

Die Arbeit an dieser Neuedition erfolgte im Rahmen eines von Bernhard Palme geleiteten Forschungsprojektes mit dem Titel „Edition von Papyrusurkunden aus dem ptolemäischen, römischen, byzantinischen und arabischen Ägypten“, welches aus Mitteln des vom Bundesministerium für Bildung, Wissenschaft und Kultur dotierten und durch den Fonds zur Förderung der wissenschaftlichen Forschung (FWF) vergebenen START-Preises finanziert wurde. Die Mitarbeiter dieses Forschungsprojektes waren für die Dauer ihrer Beteiligung an diesem Projekt an der Kommission für Antike Rechtsgeschichte (KAR) der Österreichischen Akademie der Wissenschaften (ÖAW) angestellt. Die praktische Abwicklung des Projektes war in den Räumlichkeiten der Papyrussammlung der Österreichischen Nationalbibliothek (ÖNB) angesiedelt, wo neben der notwendigen Infrastruktur und erforderlichen Arbeitsmitteln auch der Großteil des betreffenden Forschungsmaterials bereitgestellt wurde.

Allen beteiligten Institutionen – dem Fonds zur Förderung der wissenschaftlichen Forschung unter den Präsidenten Arnold Schmidt und Georg Wick, der Kommission für Antike Rechtsgeschichte unter ihrem Obmann Gerhard Thür, der Österreichischen Akademie der Wissenschaften unter den Präsidenten Werner Welzig und Herbert Mang, der Papyrussammlung unter ihrem ehemaligen Direktor Hermann Harrauer sowie der Österreichischen Nationalbibliothek unter den Generaldirektoren Hans Marte und Johanna Rachinger – sei an dieser Stelle Dank für deren institutionenübergreifende Unterstützung ausgesprochen.

Ein weiterer Dank gilt der Papyrussammlung des Ägyptischen Museums in Berlin unter ihrem ehemaligen Leiter Günter Poethke sowie der von Reinhold Scholl betreuten Sammlung der Leipziger Universitätsbibliothek, welche freundlicherweise Photographien von auswärtig aufbewahrten Papyrus- und Pergamenturkunden zur Verfügung stellten. Weiters ist es mir ein Anliegen, Andrea Jördens für deren Bemühungen zu danken, welche die anhand von Abbildungen, Katalog- und Karteikarten vorgenommenen Identifizierungen einiger der in diesem Band behandelten, gegenwärtig jedoch nicht zugänglichen Papyri des Département des Antiquités Égyptiennes im Pariser Louvre betreffen. Bei Nikolaos Gonis bedanke ich mich für inhaltliche Anregungen und Detailfragen betreffende Hinweise.

Weitere Danksagungen gelten meinen langjährigen Kollegen im START-Projekt – Claudia Kreuzsaler, Csaba La'da, Fritz Mitthof, Federico Morelli und Amphilochios Papathomas – , dessen Leiter Bernhard Palme sowie dem Personal der Papyrussammlung, wobei ich im besonderen meine Dankbarkeit Josef Stadler und Andrea Donau für deren Einsatz und Hilfsbereitschaft zum Ausdruck bringen möchte. Den größten Dank schulde ich in jedem Fall Bernhard Palme, der durch sein Angebot, an dem von ihm geleiteten START-Projekt mitzuarbeiten, mir einmalige Möglichkeiten, mich wissenschaftlich weiterzuentwickeln, eröffnete, sowie Fritz Mitthof, dem ich für wertvollen Erfahrungsaustausch und großzügige Hilfestellungen zu aufrichtigem Dank verpflichtet bin.

Der Inhalt des vorliegenden Bandes baut im großen und ganzen auf Auswertungen, Ergebnissen und Aussagen meiner Dissertation auf, welche im Frühling 2004 unter dem Titel „Texte zur Wirtschafts- und Verwaltungsgeschichte der Spätantike“ im Fach Alte Geschichte an der Historisch-Kulturwissenschaftlichen Fakultät der Universität Wien eingereicht wurde.

Wien, im April 2005 S. T.

Verzeichnis der abgekürzt zitierten Literatur

Die papyrologische Editionscorpora, Reihen und Fachzeitschriften werden im folgenden abgekürzt nach J. F. Oates – R. S. Bagnall – S. J. Clackson – A. A. O'Brien – J. D. Sosin – T. G. Wilfong – K. A. Worp, *Checklist of Editions of Greek, Latin, Demotic and Coptic Papyri, Ostraca and Tablets* (BASP Suppl. 9), Atlanta 2001[5] zitiert. Für später erschienene Publikationen aus dem papyrologischen Bereich ist die Fassung der aktuellen Netzversion (http://odyssey.lib.duke.edu/papyrus/texts/clist.html) maßgeblich.

Elektronische Hilfsmittel:

DDBDP = *Duke Databank of Documentary Papyri*. Dem Zitieren von Textparallelen liegt die Verwendung der CD-ROM-Version des „Packard Humanities Institute" *PHI#7* zugrunde. Ein Zugriff auf die aktuelle Version ist unter

„http://www.perseus.tufts.edu/cache/perscoll_DDBDP.html"

möglich.

HGV = Das *Heidelberger Gesamtverzeichnis der griechischen Papyrusurkunden Ägyptens einschließlich der Ostraka usw., der lateinischen Texte, sowie der entsprechenden Urkunden aus benachbarten Regionen* (*HGV*) ist unter

„http://www.rzuser.uni-heidelberg.de/~gv0/gvz.html"

abrufbar.

WL und *KI* = Die *WörterListen* und der dazugehörige *KonträrIndex* sind unter

„http://www.papy.uni-hd.de/WL/WL.html"

abrufbar.

Lexika, Monographien, Beiträge aus Zeitschriften, Sammelbänden und Kongreßakten:

Antonini, *Chiese* = L. Antonini, *Le chiese cristiane nell'Egitto dal IV al IX secolo secondo i documenti dei papiri greci*, Aegyptus 20 (1940) 129–208.

Bagnall, *Currency* = R. S. Bagnall, *Currency and Inflation in Fourth Century Egypt* (BASP Suppl. 5), Atlanta 1985.

Bagnall – Worp, *Notes III* = R. S. Bagnall – K. A. Worp, *Chronological Notes on Byzantine Documents III*, BASP 16 (1979) 239–247.

Bagnall – Worp, *Notes VIII* = R. S. Bagnall – K. A. Worp, *Chronological Notes on Byzantine Documents VIII*, BASP 18 (1981) 33–54.

Banaji, *Agrarian change* = J. Banaji, *Agrarian change in late antiquity*, Oxford 2001.

Bartina, *Othonia* = S. Bartina, *'ΟΘΟΝΙΑ ex papyrorum testimoniis linteamina*, StudPal 4 (1965) 27–38.

Beaucamp, *Statut* = J. Beaucamp, *Le statut de la femme à Byzance* II, Paris 1992.

Bell, *Letters* = H. I. Bell, *Two Official Letters of the Arab Period*, JEA 12 (1926) 265–281.

Bertrand-Dagenbach et al., *Carcer* = C. Bertrand-Dagenbach – A. Chauvot – M. Matter – J.-M. Salamito (Hg.), *Carcer. Prison et privation de liberté dans l'Antiquité classique*. Actes du colloque de Strasbourg (5 et 6 décembre 1997), Paris 1999.

Blanchard, *Sigles* = A. Blanchard, *Sigles et abbreviations dans les Papyrus documentaires grecs: Recherches de Paléographie* (BICS Suppl. 39), London 1974.

Bogaert, *Banque* = R. Bogaert, *La Banque en Égypte byzantine*, ZPE 116 (1997) 85–140.

Bonneau, *Fisc* = D. Bonneau, *Le fisc et le Nil*, Paris 1971.

Bonneau, *Ptolémais Hormou* = D. Bonneau, *Ptolémais Hormou dans la documentation papyrologique*, CdE 54 (1979) 310–326.

Bonneau, *Régime* = D. Bonneau, *Le régime administratif de l'eau du Nil dans l'Égypte grecque, romaine et byzantine* (Probleme der Ägyptologie 8), Leiden, New York, Köln 1993.

Brunner, *Papyrus-Makers* = T. F. Brunner, *Papyrus-Makers*, ZPE 88 (1991) 167–168.

Buchinger et al., *Beiträge* = H. Buchinger – A. Gehring – P. Patsiou – S. Tost, *Beiträge zu SPP III 1–6*, Eirene 34 (1998) 87–97.

Byz. Not. = J. Diethart – K. A. Worp, *Notarsunterschriften im byzantinischen Ägypten* (MPER N. S. 16), Wien 1986.

Casarico, *Metropoli* = L. Casarico, *La metropoli dell'Arsinoite in epoca romana*, Aevum 69 (1995) 69–94.

Casarico, *Repertorio* = L. Casarico, *Repertorio di nomi di mestieri. I sostantivi in -πώλης e -πράτης*, StudPap 22 (1983) 23–37.

Cavallo, *Grammata* = G. Cavallo, *ΓΡΑΜΜΑΤΑ ΑΛΕΞΑΝΔΡΙΝΑ*, JÖB 24 (1975) 23–54.

C. Gloss. biling. II = J. Kramer, *Glossaria bilinguia altera* (APF Beiheft 8), München, Leipzig 2001.

Cherblanc, *Kaunakès* = E. Cherblanc, *Le Kaunakès. Etude critique d'après les textes, les monuments figurés et les survivances supposées du tissu*, Paris 1937.

Chlubna et al., *Neuedition* = Y. Chlubna – J. Eitler – C. Kreuzsaler – S. Tost, *Neuedition von SPP III 7–9*, AnalPap 12 (2000) 227–232.

Clark – Louth, *Thecla* = G. Clark – A. Louth, *The Cult of Saint Thecla*, New York 2001.

Clarysse, *Accents* = W. Clarysse, *Greek Accents on Egyptian Names*, ZPE 119 (1997) 177–184.

Clarysse, *Necténibis* = W. Clarysse, *Necténibis, comarque de Kaminoi*, CdE 66 (1991) 322–323.

Comfort, *Emphyteusis* = H. Comfort, *Emphyteusis among the Papyri*, Aegyptus 17 (1937) 3–24.

Crum, *Dictionary* = W. E. Crum, *A Coptic Dictionary*, Oxford 1939.

CSBE = R. S. Bagnall – K. A. Worp, *The Chronological Systems of Byzantine Egypt* (Stud.Amst. 8), Zutphen 1978.

$CSBE^2$ = R. S. Bagnall – K. A. Worp, *The Chronological Systems of Byzantine Egypt*, Leiden, Boston 2004^2.

Daris, *Lessico* = S. Daris, *Il lessico latino nel greco d'Egitto* (Estudis de papirologia i filologia bíblica 2), Barcelona 1991^2.

Daris, *Quartieri I* = S. Daris, *I quartieri di Arsinoe in età romana*, Aegyptus 61 (1981) 143–154.

Daris, *Quartieri II* = S. Daris, *I quartieri di Arsinoe: materiali e note*, in: M. Capasso (Hg.), *Da Ercolano all'Egitto. III: Ricerche varie di papirologia* (Pap.Lup.10), Lecce 2002, 171–196.

Davoli, *Archeologia* = P. Davoli, *L'archeologia urbana nel Fayyum di età ellenistica e romana* (Missione Congiunta delle Università di Bologna e di Lecce in Egitto. Monografie 1), Napoli 1998.

De Gregorio, *Minuscola* = G. De Gregorio, *Materiali vecchi e nuovi per uno studio della minuscola greca fra VII e IX secolo*, in: G. Prato (Hg.), *I manoscritti greci tra riflessione e dibattito*. Atti del V Colloquio Internazionale di Paleografia Greca (Cremona, 4–10 ottobre 1998) (Pap.Flor. 31), Firenze 2000, 83–151.

Delmaire, *Largesses* = R. Delmaire, *Largesses sacrées et res privata: L'aerarium impérial et son administration du IVe au VIe siècle* (CEFR 121), Rome 1989.

Derda – Wipszycka, *Abba* = T. Derda – E. Wipszycka, *L'emploi des titres abba, apa et papas dans l'Égypte byzantine*, JJP 24 (1994) 23–56.

Dieterich, *Untersuchungen* = K. Dieterich, *Untersuchungen zur Geschichte der griechischen Sprache* (Byzantinisches Archiv 1), Leipzig 1898.

Diethart, *Corrigenda* = J. Diethart, *Corrigenda und Addenda zu Wiener Papyri*, ZPE 76 (1989) 107–114.

Diethart, *Ghost-Names* = J. Diethart, *Ghost-Names und andere Berichtigungen zu Wiener Papyri*, ZPE 39 (1980) 189–192.

Diethart, *Papyri* = J. Diethart, *Papyri aus byzantinischer Zeit als Fundgrube für lexikographisches und realienkundliches Material*, AnalPap 2 (1990) 81–114.

Diethart, *Texte* = J. Diethart, *Dokumentarische Texte aus dem 5.–7. Jahrhundert aus der Wiener Papyrussammlung*, AnalPap 5 (1993) 69–113.

Diethart – Feissel – Gascou, *Prôtokolla* = J. Diethart – D. Feissel – J. Gascou, *Les prôtokolla des papyrus byzantins du Ve au VIIe siècle*, Tyche 9 (1994) 9–40.

Diz. = A. Calderini – S. Daris, *Dizionario dei nomi geografici e topografici dell'Egitto greco-romano* I 1, Cairo 1935; I 2, Madrid 1966; II, Milano 1973; III, Milano 1978; IV, Milano 1983; V, Milano 1987; Suppl. 1 (1935–1986), Milano 1988; Suppl. 2 (1987–1993), Bonn 1996; Suppl. 3 (1994–2001) (Biblioteca degli Studi di Egittologia e di papirologia 1), Pisa 2003.

Drew-Bear, *Nome* = M. Drew-Bear, *Le nome Hermopolite: Toponymes et sites* (Am.Stud.Pap. 21), Missoula 1979.

Drexhage, *Komposita I* = H.-J. Drexhage, *Die Komposita mit -πώλης und -πράτης im hellenistischen Ägypten*, MBAH 10/2 (1991) 1–17.

Drexhage, *Komposita II* = H.-J. Drexhage, *Nochmals zu den Komposita mit -πώλης und -πράτης im hellenistischen Ägypten*, MBAH 20/1 (2001) 1–14.

Drexhage, *Komposita III* = H.-J. Drexhage, *Zum letzten Mal zu den Komposita mit -πώλης?! Einige Bemerkungen zur literarischen Überlieferung*, MBAH 21/2 (2002) 74–89.

Ehrenstrasser, *Diarion* = I. Ehrenstrasser, *Korr. Tyche 171: P.Lond. V 1654: Ein neuer Beleg für διάριον*, Tyche 10 (1995) 243.

Falivene, *Nome* = M. R. Falivene, *The Herakleopolite Nome: A Catalogue of the Toponyms with Introduction and Commentary* (Am.Stud.Pap. 37), Atlanta 1998.

Förster, *Wörterbuch* = H. Förster, *Wörterbuch der griechischen Wörter in den koptischen dokumentarischen Texten* (Texte und Untersuchungen zur Geschichte der altchristlichen Literatur 148), Berlin, New York 2002.

Fowler, *Fractions* = D. H. Fowler, *A Note on Fractions of an Artab*, ZPE 52 (1983) 273–274.

Gardthausen, *Palaeographie* = V. Gardthausen, *Griechische Palaeographie* I², Leipzig 1911; II², Leipzig 1913.

Gascou, *Domaines* = J. Gascou, *Les grands domaines, la cité et l'etat en Égypte byzantine (Recherches d'histoire agraire, fiscale et administrative)*, TM 9 (1985) 1–90.

Gascou, *Notes* = J. Gascou, *Notes de papyrologie byzantine*, CdE 58 (1983) 226–234.

Gascou – Worp, *Problèmes* = J. Gascou – K. A. Worp, *Problèmes de documentation Apollinopolite*, ZPE 49 (1982) 83–95.

Gignac, *Grammar* = F. Th. Gignac, *A Grammar of the Greek Papyri of the Roman and Byzantine Periods*, I. *Phonology* (Testi e documenti per lo studio dell'antichità 55), Milano 1976; II. *Morphology* (Testi e documenti per lo studio dell'antichità 55), Milano 1981.
Gonis, *Localities* = N. Gonis, *Hermopolite Localities and Splinter Nomes*, ZPE 142 (2003) 176–184.
Habermann, *Wasserversorgung* = W. Habermann, *Zur Wasserversorgung einer Metropole im kaiserzeitlichen Ägypten. Neuedition von P.Lond. III 1177, Text – Übersetzung – Kommentar* (Vestigia 53), München 2000.
Hagedorn – Worp, *Wandeljahr* = D. Hagedorn – K. A. Worp, *Das Wandeljahr im römischen Ägypten*, ZPE 104 (1994) 243–255.
Halleux, *Alchimistes* = R. Halleux, *Les alchimistes grecs. I*, Paris 1981.
Hardy, *Estates* = E. R. Hardy, *The Large Estates of Byzantine Egypt*, New York 1931.
Hendy, *Economy* = M. F. Hendy, *Studies in the Byzantine Monetary Economy c. 300–1450*, Cambridge 1985.
Heuser, *Personennamen* = G. Heuser, *Die Personennamen der Kopten* (Studien zur Epigraphik und Papyruskunde 1, Schrift 2), Leipzig 1929.
Hornickel, *Rangprädikate* = O. Hornickel, *Ehren- und Rangprädikate in den Papyrusurkunden: Ein Beitrag zum römischen und byzantinischen Beamtenwesen*, Diss. Gießen 1930.
Hultsch, *Metrologie* = F. Hultsch, *Griechische und römische Metrologie*, Berlin 1882.
Husson, *Oikia* = G. Husson, *OIKIA. Le vocabulaire de la maison privée en Égypte d'après les papyrus grecs*, Paris 1983.
Jernstedt, *Kritisch-lexikalisches* = P. Jernstedt, *Kritisch-lexikalisches*, Aegyptus 10 (1929) 73–79.
Johnson – West, *BE* = A. C. Johnson – L. C. West, *Byzantine Egypt: Economic Studies* (Princeton University Studies in Papyrology 6), Princeton 1949.
Jones, *LRE* = A. H. M. Jones, *The Later Roman Empire, 284–602: A Social, Economic and Administrative Survey* I–III, Oxford 1964.
Jördens, *Archive* = A. Jördens, *Papyri und private Archive. Ein Diskussionsbeitrag zur papyrologischen Terminologie*, in: E. Cantarella – G. Thür (Hg.), *Symposion 1997, Vorträge zur griechischen und hellenistischen Rechtsgeschichte* (Altafiumara, 8.–14. September 1997), Köln, Weimar, Wien 2001, 253–268.
Jördens, *Symmachoi I* = A. Jördens, *Die ägyptischen Symmachoi*, ZPE 66 (1986) 105–118.
Jördens, *Symmachoi II* = A. Jördens, *Fünf neue Symmachos-Papyri*, ZPE 92 (1992) 219–231.
Jördens, *Teilpachtverträge* = A. Jördens, *Teilpachtverträge aus dem Arsinoites*, ZPE 65 (1986) 107–122.
Kahle, *Texts* I = P. E. Kahle, *Bala'izah / Coptic texts from Deir el-Bala'izah in Upper Egypt* I, London 1954.
Kapsomenakis, *Voruntersuchungen* = S. G. Kapsomenakis, *Voruntersuchungen zu einer Grammatik der Papyri der nachchristlichen Zeit* (MBPR 28), München 1938.
Keenan, *Notes* = J. G. Keenan, *Two notes on P.Merton II 100*, ZPE 16 (1975) 43–46.
Kees, *Syron kome* = H. Kees, *Σύρων κώμη*: RE IV A 2 (1932) 1788.
Koch, *Beamtentitel* = P. Koch, *Die byzantinischen Beamtentitel von 400 bis 700*, Diss. Jena 1903.
Kramer, *Camisia* = J. Kramer, *Zur Rolle von Papyrusbelegen für die Wortgeschichte am Beispiel von camisia und καμάσιον/ καμίσιον*, APF 40 (1994) 133–142.
Kramer, *Caracalla* = J. Kramer, *Zu Bedeutung und Herkunft von caracalla*, APF 48 (2002) 247–256.
Krause, *Gefängnisse* = J. U. Krause, *Gefängnisse im Römischen Reich* (HABES 23), Stuttgart 1996.

Kruit, *Customs* = N. Kruit, *Local Customs in the Formulas of Sales of Wine for Future Delivery*, ZPE 94 (1992) 167–168.
Kruit, *Meaning* = N. Kruit, *The Meaning of Various Words Related to Wine*, ZPE 90 (1992) 265–276.
Kruit – Worp, *Text* = N. Kruit – K. A. Worp, *P.Bad. IV 55: Ein neuer Text*, ZPE 137 (2001) 215–219.
Kupiszewski – Modrzejewski, *Hyperetai* = H. Kupiszewski – J. Modrzejewski, *ΥΠΗΡΕΤΑΙ: Etude sur les fonctions et le rôle des hyperètes dans l'administration civile et judiciaire de l'Égypte gréco-romaine*, JJP 11/12 (1957/1958) 141–166.
Lallemand, *Administration* = J. Lallemand, *L'administration civile de l'Égypte de l'avènement de Dioclétien à la création du diocèse (284–382)* (Mémoires de la Classe des Lettres et des Sciences morales et politiques de l'Académie Royale de Belgique 57/2), Bruxelles 1964.
Lauffer, *Preisedikt* = S. Lauffer, *Diokletians Preisedikt* (Texte und Kommentare 5), Berlin 1971.
Lex. Lat. Lehn. = I. Cervenka-Ehrenstrasser, *Lexikon der lateinischen Lehnwörter in den griechischsprachigen dokumentarischen Texten Ägyptens* I (MPER N. S. 27/1), Wien 1996; II (MPER N. S. 27/2), Purkersdorf 2000.
LSJ = H. G. Liddell – R. Scott – H. S. Jones, H. S., *A Greek-English Lexicon,* Oxford 1940⁹.
LSJ Suppl. = H. G. Liddell – R. Scott – H. S. Jones – R. McKenzie, *Greek-English Lexicon: Revised Supplement*, herausgegeben von P. G. W. Glare, Oxford 1996.
Łukaszewicz, *Édifices* = A. Łukaszewicz, *Les édifices publics dans les villes de l'Égypte romaine* (Studia Antiqua), Warszawa 1986.
Magirus, *Papyri* = K. Magirus, *Griechische Papyri im ägyptischen Museum in Berlin*, WS 8 (1886) 92–108.
Mandilaras, *Verb* = B. G. Mandilaras, *The Verb in the Greek Non-Literary Papyri*, Athens 1973.
Maresch, *Nomisma* = K. Maresch, *Nomisma und Nomismatia. Beiträge zur Geldgeschichte Ägyptens im 6. Jahrhundert* (Pap.Colon. 21), Opladen 1994.
Marganne, *Collection* = M.-H. Marganne, *La „collection médicale" d'Antinoopolis*, ZPE 56 (1984) 117–121.
Mayerson, *Gonachion* = Ph. Mayerson, *The Words τονάχιον and γονάχιον in the Egyptian Papyri*, ZPE 83 (1990) 241–242.
Mayerson, *Saracen* = Ph. Mayerson, *The Word Saracen (Σαρακηνός) in the Papyri*, ZPE 79 (1989) 283–287.
Mayser, *Grammatik* = E. Mayser, *Grammatik der griechischen Papyri aus der Ptolemäerzeit* I, Berlin, Leipzig 1906; I 1², Berlin 1970; I 2², Berlin, Leipzig 1938; I 3², Berlin, Leipzig 1936; II 1–2, Berlin, Leipzig 1933–1934; II 3, Berlin, Leipzig 1934.
Mazza, *Apioni* = R. Mazza, *L'archivio degli Apioni. Terra, lavoro e proprietà senatoria nell'Egitto tardoantico*, Bari 2001.
Mazza, *Pagarca* = R. Mazza, *Ricerche sul pagarca nell'Egitto tardoantico e bizantino*, Aegyptus 75 (1995) 169–242.
Ménassa – Laferrière, *Sâqia* = L. Ménassa – P. Laferrière, *La sâqia. Technique et vocabulaire de la roue à eau égyptienne*, Kairo 1974.
Messeri – Pintaudi, *Minuscola* = G. Messeri – R. Pintaudi, *I papiri greci d'Egitto e la minuscola libraria*, in: G. Prato (Hg.), *I manoscritti greci tra riflessione e dibattito.* Atti del V Colloquio Internazionale di Paleografia Greca (Cremona, 4–10 ottobre 1998) (Pap.Flor. 31), Firenze 2000, 67–82.
Mitteis, *Papyri* = L. Mitteis, *Griechische Papyri zu Leipzig*, APF 2 (1903) 259–272.
Mitthof, *Topographie* = F. Mitthof, *Neue Texte zur Topographie des Herakleopolites*, AnalPap 10/11 (1998/1999) 79–101.

Mitthof – Papathomas, *Sambas* = F. Mitthof – A. Papathomas, *Das Archiv des ἐλαιουργός Sambas. Unterhaltszahlungen in Öl an die Bediensteten eines Gutes (Arsinoites; 6. Jh.)*, ZPE 103 (1994) 53–84.

Montevecchi, *Pantokrator* = O. Montevecchi, *Pantokrator*, in: *Studi in onore di A. Calderini e R. Paribeni* II, Milano 1957, 401–432.

Morelli, *Gonachia* = F. Morelli, *Gonachia e kaunakai nei papiri con due documenti inediti (P.Vindob. G 1620 e P.Vindob. G 18884) e uno riedito (P.Brook. 25)*, JJP 32 (2002) 55–81.

Morelli, *Note* = F. Morelli, *Note a P.Bad. IV 95*, ZPE 122 (1998) 139–143.

Morelli, *Olio* = F. Morelli, *Olio e retribuzioni nell'Egitto tardo (V–VIII d. C.)*, Firenze 1996.

Morelli, *Raccolta* = F. Morelli, *La raccolta dei P.Bingen*, CdE 77 (2002) 312–321.

Naldini, *Cristianesimo* = M. Naldini, *Il cristianesimo in Egitto: Lettere private nei papiri dei secoli II–IV* (Biblioteca Patristica 32), Firenze 1998[2].

NB = F. Preisigke, *Namenbuch, enthaltend alle griechischen, lateinischen, ägyptischen, hebräischen, arabischen und sonstigen semitischen und nichtsemitischen Menschennamen, soweit sie in griechischen Urkunden (Papyri, Ostraka, Inschriften, Mumienschildern usw.) Ägyptens sich vorfinden*, Heidelberg 1922.

NB Dem. = E. Lüddeckens – H. J. Thissen, *Demotisches Namenbuch* I, Mainz 1980–.

Nutton, *Archiatri* = V. Nutton, *Archiatri and the Medical Profession in Antiquity*, Papers of the British School at Rome 45 (1977) 191–226.

Oertel, *Liturgie* = F. Oertel, *Die Liturgie. Studien zur ptolemäischen und kaiserlichen Verwaltung Ägyptens*, Leipzig 1917 (Nd. Aalen 1965).

Oleson, *Water-Lifting Devices* = J. P. Oleson, *Greek and Roman Mechanical Water-Lifting Devices* (Phoenix Suppl. 16), Toronto 1984.

Palme, *Domus gloriosa* = B. Palme, *Die domus gloriosa des Flavius Strategius Paneuphemos*, Chiron 27 (1997) 95–125.

Palme, *Neuedition* = B. Palme, *Neuedition von SB I 4671+SB I 4718+SB XVI 12701 (= I 4858)*, ZPE 117 (1997) 175–179.

Palme, *Strategius Paneuphemos* = B. Palme, *Flavius Strategius Paneuphemos und die Apionen*, ZRG 115 (1997) 289–322.

Papaconstantinou, *Culte* = A. Papaconstantinou, *Le culte des saints en Égypte des Byzantins aux Abbassides*, Paris 2001.

Pfister, *Teinture* = R. Pfister, *Teinture et alchimie dans l'Orient Hellénistique*, Seminarium Kondakovianum 7 (1935) 1–59.

Pintaudi, *Attività* = R. Pintaudi, *L'attività degli esattori dell'ἐπιστατεία καὶ δεκάτη del mercato di Alexandru Nesos*, APF 33 (1987) 43–47.

Poll, *Diagraphon* = I. Poll, *Die διάγραφον-Steuer im spätbyzantinischen und früharabischen Ägypten*, Tyche 14 (1999) 237–274.

Pros. Ars. I = J. Diethart, *Prosopographia Arsinoitica I* (MPER N. S. 12), Wien 1980.

Rémondon, *Contradictions* = R. Rémondon, *Les contradictions de la société égyptienne à l'époque byzantine*, JJP 18 (1974) 17–32.

Rémondon, *Papyrologica* = R. Rémondon, *Papyrologica*, CdE 41 (1966) 165–184.

Rouillard, *Administration* = G. Rouillard, *L'administration civile de l'Égypte byzantine*, Paris 1928[2].

Ruffing, *Berufsbezeichnungen* = K. Ruffing, *Die Berufsbezeichnungen -πώλης und -πράτης in der epigraphischen Überlieferung*, MBAH 21/1 (2002) 16–58.

Russ, *Bemerkungen* = A. Russ, *Bemerkungen zu Papyri VI, Nr. 115: SPP III 82: Kosmas, τελωνάρχης und ἀναγνώστης*, Tyche 8 (1993) 228.

Schmelz, *Amtsträger* = G. Schmelz, *Kirchliche Amtsträger im spätantiken Ägypten* (APF Beiheft 13), München, Leipzig 2002.

Schmidt, *Rezension* = K. F. W. Schmidt, Rezension: *Catalogus Papyrorum Raineri I und II (SPP XX und XXII)*, Philologische Wochenschrift 44 (1924) 701.
Schnebel, *Landwirtschaft* = M. Schnebel, *Die Landwirtschaft im hellenistischen Ägypten* (MBPR 7), München 1925.
Schubart, *Palaeographie* = W. Schubart, *Palaeographie, Erster Teil: Griechische Palaeographie* (HdAW I 4, 1), München 1925.
Seidl, *Eid* = E. Seidl, *Der Eid im römisch-ägyptischen Provinzialrecht, Zweiter Teil: Die Zeit vom Beginn der Regierung Diokletians bis zur Eroberung Ägyptens durch die Araber* (MBPR 24), München 1935.
Sijpesteijn, *Magistor I* = P. J. Sijpesteijn, *Magistor, Sohn des Kallinikos*, Anagennesis 1 (1981) 93–102.
Sijpesteijn, *Magistor II* = P. J. Sijpesteijn, *Ein weiterer Magistor-Text*, ZPE 49 (1982) 117–118.
Sijpesteijn, *Meanings* = P. J. Sijpesteijn, *The Meanings of ἤτοι in the Papyri*, ZPE 90 (1992) 241–247.
Sijpesteijn, *Papyri* = P. J. Sijpesteijn, *Einige Papyri aus der Amsterdamer Papyrussammlung*, ZPE 9 (1972) 43–53.
Sijpesteijn, *Pater Poleos* = P. J. Sijpesteijn, *The title πατὴρ (τῆς) πόλεως and the papyri*, Tyche 2 (1987) 171–174.
Sijpesteijn, *Petterios* = P. J. Sijpesteijn, *Der Pagarch Petterios*, JÖB 30 (1981) 57–61.
Sijpesteijn, *Remarks* = P. J. Sijpesteijn, *Short Remarks on Some Papyri IV*, Aegyptus 68 (1988) 69–92.
Strassi, *Hyperetai* = S. Strassi, *Le funzioni degli ὑπηρέται nell'Egitto greco e romano* (Schriften der Philosophisch-Historischen Klasse der Heidelberger Akademie der Wissenschaften 3), Heidelberg 1997.
Svoronos, *Cadastre* = N. G. Svoronos, *Recherches sur le cadastre byzantin et la fiscalité aux XIe et XIIe siècles: Le cadastre de Thèbes*, BCH 83 (1959) 1–145.
Taubenschlag, *Emprisonnement* = R. Taubenschlag, *L'emprisonnement dans le droit gréco-égyptien*, in: *Omagiu Professorului Stoicescu*, Bucureçti 1940, 262–368 (Nd. in: ders., *Opera minora* II, Warszawa 1959, 713–719).
Timm, *Ägypten* = S. Timm, *Das christlich-koptische Ägypten in arabischer Zeit* (Beihefte zum Tübinger Atlas des Vorderen Orients: Reihe B, Geisteswissenschaften; Nr. 41) I, Wiesbaden 1984; II, Wiesbaden 1984; III, Wiesbaden 1985; IV, Wiesbaden 1988; V, Wiesbaden 1991; VI, Wiesbaden 1992.
Torallas Tovar, *Arresto* = S. Torallas Tovar, *Arresto y encarcelamiento en el Egipto romano tardío y bizantino*, in: S. Torallas Tovar – I. Pérez Martín (Hg.), *Castigo y reclusión en el mundo antiguo*, Madrid 2003, 207–221.
Torallas Tovar, *Prisiones* = S. Torallas Tovar, *Las prisiones en el Egipto bizantino según los papiros griegos y coptos*, Erythreia 20 (1999) 47–55.
Turner, *Manuscripts* = E. G. Turner, *Greek Manuscripts of the Ancient World*, Oxford 1971.
Uebel, *Monopolia phakes* = F. Uebel, *Μονοπωλία φακῆς. Ein bisher unbezeugtes Handelsmonopol frühptolemäischer Zeit in einem Jenaer Papyrus (P.Jen.Inv. 900)*, Actes du Xe Congrès international de papyrologues, Varsovie, Cracovie, 3–9 septembre 1961, Wrocław, Varsovie, Cracovie 1964, 165–181.
Vaggi, *Siria* = G. Vaggi, *Siria e Siri nei documenti dell'Egitto greco-romano*, Aegyptus 17 (1937) 29–51.
Viereck, *Rezension* = P. Viereck, Rezension: *Papyrusurkunden kleineren Formats*, Berliner Philologische Wochenschrift 30 (1910) 712–715.

WB = F. Preisigke – E. Kießling, *Wörterbuch der griechischen Papyrusurkunden, mit Einschluß der griechischen Inschriften, Aufschriften, Ostraka, Mumienschilder usw. aus Ägypten* I, Berlin 1925; II, Berlin 1927; III, Berlin 1931; IV, Berlin 1944–.

WB Suppl. 1 = E. Kießling, *Wörterbuch der griechischen Papyrusurkunden, mit Einschluß der griechischen Inschriften, Aufschriften, Ostraka, Mumienschilder usw. aus Ägypten*, Supplement 1 (1940–1966), Amsterdam 1969—1971.

WB Suppl. 2 = H.-A. Rupprecht – A. Jördens, *Wörterbuch der griechischen Papyrusurkunden, mit Einschluß der griechischen Inschriften, Aufschriften, Ostraka, Mumienschilder usw. aus Ägypten*, Supplement 2 (1967—1976), Wiesbaden 1991.

WB Suppl. 3 = H.-A. Rupprecht – A. Jördens, *Wörterbuch der griechischen Papyrusurkunden, mit Einschluß der griechischen Inschriften, Aufschriften, Ostraka, Mumienschilder usw. aus Ägypten*, Supplement 3 (1977–1988), Wiesbaden 2000.

Wessely, *Arsinoë* = C. Wessely, *Die Stadt Arsinoë (Krokodilopolis) in griechischer Zeit*, in: Sitzungsberichte der Kaiserlichen Akademie in Wien, Philosophisch-Historische Klasse 145, Wien 1902.

Wessely, *Lettre* = C. Wessely, *Lettre à M. Revillout sur les contrats grecs du Louvre provenant de Faioum par M. Wessely (de Vienne)*, Revue égyptologique 3 (1885) 161–183.

Wessely, *Pariser Papyri* = C. Wessely, *Pariser Papyri des Fundes von El-Faijum*, in: Denkschriften der Kaiserlichen Akademie der Wissenschaften, Philosophisch-Historische Klasse 37, Wien 1889, 97–256.

Wessely, *Topographie* = C. Wessely, *Topographie des Faijum (Arsinoites Nomus) in griechischer Zeit*, in: Denkschriften der Kaiserlichen Akademie der Wissenschaften, Philosophisch-Historische Klasse 50/1, Wien 1904.

West – Johnson, *Currency* = L. C. West – A. C. Johnson, *Currency in Roman and Byzantine Egypt* (Princeton University Studies in Papyrology 5), Princeton 1944.

Wilcken, *Grundzüge* = U. Wilcken, *Grundzüge und Chrestomathie der Papyruskunde, Erster Band: Historischer Teil, Erste Hälfte: Grundzüge*, Leipzig, Berlin 1899.

Wilcken, *Rezension I* = U. Wilcken, Rezension: *P. Stud. Pal.* I, 3, APF 3 (1906) 310–311.

Wilcken, *Rezension II* = U. Wilcken, Rezension: *P. Klein.Form.*, APF 5 (1913) 290–297.

Wilcken, *Tafeln* = U. Wilcken, *Tafeln zur älteren griechischen Paläographie*, Leipzig, Berlin 1890.

Wipszycka, *Industrie* = E. Wipszycka, *L'industrie textile dans l'Égypte romain* (Archiwum Filologiczne 9), Wrocław, Warszawa, Kraków 1965.

Wipszycka, *Katholike* = E. Wipszycka, *Καθολική et les autres épithètes qualifiant le nom ἐκκλησία. Contribution à l'étude de l'ordre hiérarchique des églises dans l'Égypte byzantine*, JJP 24 (1994) 191–212.

Wipszycka, *Ordres mineurs* = E. Wipszycka, *Les ordres mineurs dans l'Eglise d'Égypte du IVe au VIIIe siècle*, JJP 23 (1993) 194–205.

Wipszycka, *Reçus* = E. Wipszycka, *Les reçus d'impôts et le bureau des comptes des pagarchies aux VIe–VIIe siècles*, JJP 16–17 (1971) 105–116.

Wipszycka, *Ressources* = E. Wipszycka, *Les ressources et les activités économiques des églises en Égypte du IVe au VIIIe siècle* (Pap.Brux. 10), Bruxelles 1972, 35–36.

Worp, *Arxantes* = K. A. Worp, *Ἄρξαντες and πολιτευόμενοι in Papyri from Graeco-Roman Egypt*, ZPE 115 (1997) 201–220.

Worp, *Atias-Papyrus* = K. A. Worp, *Ein neuer Atias-Papyrus*, Tyche 13 (1998) 253–254.

Worp, *Bishops* = K. A. Worp, *A Checklist of Bishops in Byzantine Egypt*, ZPE 100 (1994) 283–318.

Worp, *Measures* = K. A. Worp, *A Survey of ἁπλᾶ, δι(δι)πλᾶ and τριπλᾶ Measures in the Papyri*, ZPE 131 (2000) 145–146.

Worp, *Notes* = K. A. Worp, *Two Notes on Byzantine Papyri*, BASP 28 (1991) 71–76.

Worp, *Petterios* = K. A. Worp, *SPP III 324 und der Pagarch Petterios*, ZPE 28 (1978) 238.

Zacos – Veglery, *Seals* = G. Zacos, A. Veglery, *Byzantine lead seals* I, Basel 1972.

Zereteli, *Aggiunte* = G. Zereteli, *Aggiunte e correzioni, riedizioni di papiri e di ostraca 1345/1379: Berichtigungen zu Wessely, Studien zur Palaeographie und Papyruskunde XX*, Aegyptus 12 (1932) 372–377.

Ziegler, *Bemerkungen* = R. Ziegler, *Bemerkungen zu verschiedenen Papyri*, ZPE 91 (1992) 91–94.

ALLGEMEINER TEIL

ZUR ERSTEDITION DES CORPUS

In den Jahren 1904 und 1908 veröffentlichte der Philologe und damalige Bearbeiter des griechisch-lateinischen Bestandes der Sammlung „Papyrus Erzherzog Rainer" der Wiener Hofbibliothek Carl Wessely mit dem dritten und achten Band der von ihm selbst herausgegebenen Publikationsreihe „*Studien zur Paläographie und Papyruskunde*" (SPP) ein Corpus von über eintausenddreihundert Papyrus- und Pergamenturkunden[1].

Der Untertitel „*Griechische Papyrusurkunden kleineren Formats. Ein Supplement zu den Sammlungen von Ostraka und Überresten griechischer Tachygraphie*"[2] gibt nicht nur Aufschluß über den (äußerlichen) Charakter der bearbeiteten Dokumente, sondern verrät auch einiges über das Wesen, den methodischen Ansatz und die thematische Ausrichtung dieser Publikation. Wie der Herausgeber in einem, dem ersten Teil des Corpus beigegebenen Vorwort[3] erläuterte, war mit betreffender Publikation ein doppelter Zweck verfolgt worden: zum einen sollte mittels einer autographischen, nicht-mechanischen Wiedergabe der Transkriptionen der Texte Vergleichs- und Anschauungsmaterial für anderwärtig anzutreffende „tachygraphische" Zeichen und Schriftzüge[4] geschaffen werden, welche nach Ansicht Wesselys in konventioneller, gedruckter Form nur ungenügend umgesetzt worden wären[5]. Diese, in ihrem jeweiligen und unmittelbaren Kontext festgehaltenen Beispiele von Tachygraphien sollten in weiterer Folge als Grundlage für eine Entschlüsselung anderer, gänzlich in Kurzschrift abgefaßter und aus diesem Grund bisher unverständlicher Texte dienen. Nicht zuletzt deshalb war die Zusammenstellung des Corpus vor allem unter Berücksichtigung einer „Gleichartigkeit" der Urkunden erfolgt – ein Umstand, den der Herausgeber in seinem Vorwort ausdrücklich hervorhob; ein weiterer Vorteil schien in der Materialfülle selbst begründet gelegen zu sein, die im Fall einzelner Urkunden eine entscheidende Verbesserung des inhaltlichen Verständnisses ermöglichte und die eine oder andere Ergänzung beziehungsweise Vervollständigung des Urkundentextes mit sich brachte.

---

[1] Auf die Sammlungsgeschichte, das Aufgabengebiet Carl Wesselys sowie dessen wissenschaftlichen Werdegang wird in aller Ausführlichkeit bei H. Loebenstein, *Vom „Papyrus Erzherzog Rainer" zur Papyrussammlung der österreichischen Nationalbibliothek*, dem Einleitungskapitel zu P.Rain.Cent., S. 3–39 eingegangen.

[2] Der Untertitel fand zudem in einer, von der sonst allgemein üblichen Abkürzung des Editionscorpus als „SPP III & VIII" oder „Stud.Pal. III & VIII" abweichenden Zitierweise als „P.Kl.Form" seinen Niederschlag.

[3] SPP III, S. I–II: in der Originalausgabe des Corpus waren die beiden Seiten des Vorwortes einschließlich ebendort angeführter Erklärung der Zeichen und einiger Corrigenda nicht numeriert; die Paginierung setzte erst mit der ersten Seite des Editionsteiles ein.

[4] Im Fall des Corpus handelte es sich dabei zumeist um stark stilisierte Unterschriften und ihre mitunter auf Handzeichen reduzierte Formen, die gemeinhin als „Manupropria-Zeichen" oder „Paraphen" bezeichnet werden können. Wessely interpretierte und definierte die „Tachygraphie" als eigenständige Schriftart des 4.–8. Jh., die er den herkömmlichen Formen einer „Kursiv- und Unzialschrift" zur Seite bzw. diesen gegenüberstellte.

[5] Ein weiterer Vorzug dieser Verfahrensweise hätte nach Wesselys Dafürhalten in der Möglichkeit einer „naturgetreuen" Wiedergabe von unleserlichen Buchstabenresten, Ligaturen, Durchkreuzungen, ungewöhnlichen Positionierungen von Buchstaben oder Symbolen im Text, unterschiedlichen Abkürzungszeichen etc. bestanden.

Zum anderen war das Corpus aber auch als Fortsetzung zu jenen „Privaturkunden rechtlichen Inhalts“ gedacht, die Wessely unter Mitwirkung von Ludwig Mitteis bereits 1895 im ersten Band des „*Corpus Papyrorum Raineri*“ (CPR) veröffentlicht hatte, und sollte, wie dem Untertitel unmißverständlich zu entnehmen ist, darüber hinaus als Supplement zu den verschiedenen Sammlungen und Editionen beschriebener Ostraka dienen[6].

Bei einer frühen Sichtung des zu einem späteren Zeitpunkt in CPR I und SPP III & VIII veröffentlichten Urkundenmaterials war Wessely eine bemerkenswerte „Bifurkation“ aufgefallen, die ihn dazu bewog, das Material auf zwei Gruppen von Urkunden aufzuteilen, da diese Schriftdokumente sich sowohl hinsichtlich ihrer „äußeren Form“ als auch hinsichtlich ihrer „Stilisierung“ deutlich voneinander unterschieden: 1. in Urkunden größeren und um ein Präskript erweiterten Formats (Gruppe A), die schließlich den Inhalt von CPR I bildeten; 2. in Urkunden kleineren Formats (Gruppe B), die weder ein Präskript noch eine unmittelbar damit einhergehende Datierung nach Kaiserjahren oder Konsulaten aufwiesen und als eine geschlossene Gruppe in SPP III & VIII Eingang fanden. Wesselys Systematik hatte unter anderem auch auf jener Beobachtung beruht, daß die Dokumente der Gruppe A in der Regel parallel zur Faserrichtung beschriftet und vertikal gefaltet waren sowie die Form eines stehenden Rechteckes hatten, während die Beschriftung der Urkunden der Gruppe B für gewöhnlich quer zur Faserrichtung verlief, die Urkunden horizontal gefaltet waren und in ihrer Form im allgemeinen eher einem liegenden, vergleichsweise schmäleren Rechteck glichen.

Zusammensetzung und Gliederung des Urkundenmaterials

Das im Rahmen von SPP III & VIII vorgelegte Urkundenmaterial hatte sich in seiner Zusammenstellung nicht ausschließlich und allein auf Schriftstücke eines damals noch unpublizierten Fundus der Sammlung „Papyrus Erzherzog Rainer“ der Wiener Hofbibliothek beschränkt, sondern daneben auch aus einigen, größtenteils zu diesem Zeitpunkt bereits edierten Dokumenten anderer Sammlungen zusammengesetzt; mit 1250 Dokumenten[7] war allerdings das Gros jener insgesamt 1346 Urkundennummern[8], von denen einige sogar doppelt vergeben worden waren[9], auf Urkunden aus dem Wiener Sammlungsbestand entfallen[10]; 195 Urkunden waren der im Pariser Louvre untergebrachten Ägyptischen Sammlung der Musées Nationaux entnommen worden[11], weitere fünfundsechzig Dokumente

[6] Letztgenannte Überlegung nahm offenbar auf eine gewisse, betreffs Umfang, Format und Formular der Urkunden festzustellende Ähnlichkeit mit Ostraka aus ptolemäischer und römischer Zeit Bezug.

[7] Diese wie auch die folgenden Zahlen beziehen sich auf Angaben, welche dem Konkordanzverzeichnis am Ende des zweiten Corpusteiles, SPP VIII, S. 214–221 zu entnehmen sind; Widersprüche gegenüber dem Befund im Editionsteil des Corpus sind mit Sicherheit nicht auszuschließen.

[8] Der erste Teil des Corpus, SPP III, beinhaltete die Urkundennummern 1–701, der zweite Teil, SPP VIII, die Nummern 702–1346; analog zu den darin enthaltenen Urkundennummern sind auch die Seiten des Corpus fortlaufend durchnumeriert: SPP III umfaßt die Seiten 1–136; SPP VIII die Seiten 137–307.

[9] Die Urkundennummer war in diesen Fällen im Konkordanzverzeichnis mit dem Zusatz „*bis*“ versehen worden, welcher im Editionsteil in etwas mißverständlicher Weise als „*b.*“ gekürzt wiedergegeben worden war. Das hatte zur Folge, daß Urkunden dieser Doppelnummern häufig als „A“ und „B“ (bzw. „a“ und „b“) rezipiert wurden und in dieser Zitierweise Eingang in die Fachliteratur fanden; nebenbei läßt sich im Fall von **212** die Auslassung einer Nummer nachweisen.

[10] Darunter befanden sich unter anderem auch 52 sogenannte „Ausstellungsnummern“ – Urkunden, die zu einem Teil bereits in dem 1892 und 1894 herausgegebenen Ausstellungskatalog *Papyrus Erzherzog Rainer, Führer durch die Ausstellung* (PERF) vorgestellt und beschrieben worden waren.

[11] Die meisten dieser Dokumente waren von Wessely bereits zu einem früheren Zeitpunkt bearbeitet und in geringer Anzahl in der Revue égyptologique 3 (1885) 161–183, zum Großteil dann 1889 im 37. Band aus der

stammten aus der Sammlung des Ägyptischen Museums in Berlin; ergänzend trat eine Auswahl an verwandten, bereits publizierten Texten aus den Sammlungen in Dublin, Kairo, Leipzig, London und Oxford hinzu[12].

Das vormals unedierte Material der Wiener Papyrussammlung hat größtenteils aus Urkunden bestanden, die unweit von Medinet el-Fayyum, dem antiken Krokodilopolis und späteren Arsinoiton Polis, sowie bei Ehnas, dem antiken Herakleopolis Magna, gefunden und im Zuge von Ankäufen des sogenannten „Ersten" und „Zweiten Fayyumer Fundes" 1883 bzw. 1884–1885 erworben worden waren[13]. Aufgrund der Fundumstände dürfte es sich bei diesem Material vorwiegend um Schriftstücke arsinoitischer oder herakleopolitischer Provenienz gehandelt haben; ein anderer Teil des im Corpus veröffentlichten Wiener Urkundenmaterials war auf die seit 1886 getätigten Ankäufe von Fundmassen aus el-Aschmunein, dem antiken Hermupolis Magna, zurückgegangen[14].

Die Anordnung der Urkunden des Corpus war nicht nach chronologischer Reihenfolge oder aufgrund inhaltlicher Kriterien, sondern einzig und allein auf Grundlage einer Unterscheidung zwischen einzelnen Formulartypen erfolgt[15]:

Am Beginn des ersten Corpusteiles (SPP III) steht ein die ersten 118 Urkundennummern umfassender Abschnitt von Dokumenten des Formulartyps „† ἔσχον καὶ ἐπληρώθην ἐγώ – παρά – Motivierung – Betrag – ἐγράφη mit Datierung – Unterschrift"[16]. In dieselbe Formularkategorie sind in weiterer Folge mit „ἔσχον (ἔσχον ἐγώ)", „ἐπληρώθην ἐγώ", „ἔσχον καὶ ἐδεξάμην", „παρὰ τοῦ δεῖνα[17] ἐδεξάμην καὶ ἐπληρώθην παρά", „παρά", „τῷ δεῖνι ἔσχον παρ' ὑμῶν", „παρὰ τοῦ δεῖνος – πεπλήρωμαι" und „ὁμολογῶ ἐσχηκέναι με παρά" außerdem auch noch einige sogenannte „Varianten" dieses Formulartyps gefallen (Nr. **1–118**). Im Anschluß daran finden sich Texte des Formaltypus „† ἔχω ἐγὼ τῷ δεῖνι τοσοῦτο" einschließlich einiger „Varianten" (Nr. **119–238**); es folgen Urkunden einer Formulareinleitung mit „† ἐγώ (oder Nomen proprium, σὺν θεῷ Nomen proprium)" (Nr. 239–260)[18]. Ein kurzer Abschnitt ist Urkunden nach dem Formularmuster „† ἐπλήρωσεν –

Reihe der Wiener Denkschriften der kaiserlichen Akademie der Wissenschaften, Philosophisch-Historische Klasse unter dem Titel *Pariser Papyri des Fundes von El-Faijum* veröffentlicht worden; einige dieser Texte wurden wenig später – allerdings ohne deutlich erkennbare Systematik und Konsequenz – in den ersten Band des *Sammelbuches* (SB) aufgenommen.

[12] Deren Wiedergabe hat sich mehr oder weniger auf eine bloße Abschrift des Textes aus den bereits vorhandenen Editionsausgaben – zum Beispiel BGU, Magirus, *Papyri* 92–108, P.Grenf., P.Oxy. etc. – beschränkt; im Fall einiger weniger Berliner Urkunden war die Transkription von Wessely anhand der von U. Wilcken herausgegebenen *Tafeln zur älteren griechischen Paläographie*, Leipzig und Berlin 1890, erstellt worden.

[13] Vgl. H. Loebenstein, P.Rain.Cent., S. 4–6.

[14] Vgl. H. Loebenstein, P.Rain.Cent., S. 6–7.

[15] Einen anschaulichen Überblick zur Anordnung nach typologischen Gesichtspunkten vermittelt das Inhaltsverzeichnis zum Gesamtcorpus am Beginn von SPP VIII; in selbigem finden sich auch jene Gruppen von Urkundentexten deutlich hervorgehoben, die oft nicht bloß durch ihren gemeinsamen formalen Kontext miteinander verbunden sind, sondern auch inhaltlich in engem Zusammenhang stehen (Archive und Dossiers).

[16] Darin sind auch jene Lohnquittungen enthalten, die allesamt an einen gewissen 'Ανδρέας γραμματεὺς κώμης Ταμαύεως gerichtet waren und in der Fachliteratur zum sogenannten „Andreas-Archiv" zusammengefaßt werden; vgl. neben dem ersten Versuch eines inhaltlichen Kurzabrisses bei Buchinger et al., *Beiträge* 87–97 den Exkurs im Einleitungsteil des vorliegenden Bandes. Der Herausgeber der *editio princeps* hatte betreffendem Textkonvolut die Nummern „1–6, 9, *cf.* 14, 71, 72" zugeordnet.

[17] *sic*!

[18] Darunter befinden sich auch einige Empfangsbestätigungen, die auf Veranlassung von Flavia Μαροῦς, der Tochter des Flavius Μηνᾶς, des ehemaligen πάγαρχος τῆς 'Αρσινοϊτῶν καὶ Θεοδοσιουπολιτῶν, und Gattin des späteren arsinoitischen Pagarchen Flavius Πεττήριος, ausgestellt worden waren, aber auch jeweils eine Zahlungsanweisung und ein Lieferungsauftrag seitens ebendesselben Flavius Πεττήριος; zu eben genannten Personen vgl. allgemein Keenan, *Notes* 43–46; Worp, *Petterios* 238; Sijpesteijn, *Petterios* 57–61; Gascou – Worp, *Problèmes* 88, Anm. 30, sowie zuletzt B. Palme, CPR XXIV, Exkurs V, S. 179 mit Anm. 4 und S. 181 mit Anm. 12. Der Name Μαροῦς war vom Erstherausgeber noch als Maskulinum aufgefaßt worden, während das NB *s. v.* Μαροῦς diesen bereits als femininen Namen deutete.

Motivierung – Betrag“ (Nr. 261–266, 268 und 271)[19] sowie Quittungen unterschiedlichsten Inhaltes, vornehmlich jedoch über Miet- und Pachtzinszahlungen (Nr. 264–275)[20] gewidmet, bevor mit Dokumenten der Formulartypen „† ἐδόθη διὰ τοῦ δεῖνος τῷ δεῖνι – Motivierung – Betrag“ (Nr. 276–290), „† δέδωκε ὁ δεῖνα“ (Nr. 294–301), „† ἐδεξάμην ἐγὼ παρὰ τοῦ δεῖνος das Quittierte“ einschließlich der „Varianten“ mit „τῷ δεῖνι oder παρὰ τοῦ δεῖνος ἐδεξάμην (καὶ ἐπληρώθην)“ (Nr. 303–328)[21] fortgefahren wird. Einen merkwürdigen, das eigentliche Anordnungsprinzip durchbrechenden Einschub stellen die „Urkunden mit Phrasen aus vollen Kontrakten größeren Formats“ dar (Nr. 330–448); schon mit den Quittungen über Naturalzahlungen nach Typus „† Datum Indiction (Getreide)art – Ortsname Personenname (*variat*) – Betrag – Unterschrift“ (Nr. **449–575**) wird das ursprüngliche, formal ausgerichtete Anordnungsprinzip wiederum aufgegriffen. Die Nummern **576–578** waren im Inhaltsverzeichnis des Gesamtcorpus aus unerfindlichen Gründen ausgelassen worden[22]. Als gesonderte Gruppe waren jene Urkunden über Naturalzahlungen behandelt, welche an die κύριοι μεσῖται ὁρρίων adressiert gewesen waren (Nr. **579–582**)[23]. Die nachfolgenden Dokumente über Geldzahlungen des Formaltypus „† Datum – διαγραφή[24], μερισμός, ἀπὸ μερ. διαγραφῆς[25] Indiction – Orts- (Straßen-) Name – Betrag – Unterschrift“ hat Wessely zu einem Teil in SPP III, zum anderen Teil bereits in SPP VIII aufgenommen (Nr. 583–755)[26]. Im zweiten Teil, SPP VIII, sind darüber hinaus folgende Formulartypen vertreten: „† κατέβαλε ὁ δεῖνα – Motivierung (z. B. durch den Beruf) – Indiction (Kanon) – Betrag – Unterschrift“ (Nr. 756–775)[27], „† παρῆσχε (παρέσχε) ὁ δεῖνα – Motivierung – Betrag – Datum – Unterschrift“ (Nr. 776–881), „Beginn mit ἀπὸ χωρίου“ (Nr. 882–886), „† (ὁ δεῖνα) τῷ δεῖνι (πρὸς τὸν δεῖνα) – τοσοῦτο παράσχου τῷ δεῖνι – Motivierung – Datum – Kontrolle oft mit ἐσημειωσάμην, σεσημείωμαι τοσοῦτο – Unterschrift“ (Nr. 888–1200)[28] und „Beginn mit γνῶσις, ἔκθεσις“ (Nr. 1201–1210). Der Editionsteil wird mit einer Vielzahl von Kleinfragmenten beschlossen, die keinem bestimmten Formulartyp hatten zugeordnet werden können (Nr. 1211–1346); zudem ist dieser zweite Teil des Corpus neben den erwähnten Inhalts- und Konkordanzverzeichnissen auch mit einem ausführlichen Anhangsteil ausgestattet; dieser bestand zum einen aus einem „paläographischen“ Index[29], in welchem neben Abzeichnungen der Unterschriften aller Urkundenausfertiger und den im Text der Urkunden angezeigten Konsonantenhäufungen mehrere paläographische Besonderheiten und ein Großteil der unterschiedlichen Abkürzungsformen, Siglen und Symbole verzeichnet sind;

---

19 Mit „δέδωκε καὶ ἐπλήρωσε“ und „δέδωκας καὶ ἐπλήρωσας“ als „Varianten“.

20 Warum die ursprünglich angestrebte Anordnung nach Formulartypen an betreffender Stelle zugunsten einer Ausrichtung nach inhaltlichen Merkmalen zumindest kurzfristig aufgegeben bzw. unterbrochen worden war, ist weder dem Inhaltsverzeichnis noch den Transkriptionen oder allfälligen Bemerkungen im Editionsteil des Corpus zu entnehmen.

21 Die Nummern SPP III 302, 303 und 329 hatte der Erstherausgeber offensichtlich keinem konkreten Formulartyp zuweisen können, weshalb eine ausdrückliche Erwähnung derselben im Inhaltsverzeichnis unterblieb.

22 Die Auslassung war vermutlich aus ähnlichen Gründen wie im Fall von SPP III 302, 303 und 329 erfolgt (s. oben, Anm. 21), was an betreffender Stelle umso unverständlicher erscheint, als zumindest **577** und **578** eindeutig bestimmten Formaltypen zugeordnet werden können: **577** dem Typ der vorangegangenen Naturalzahlungen **449–575**; **578** dem Formulartyp „† ἐδόθη διὰ τοῦ δεῖνος τῷ δεῖνι“ (Nr. 276–290).

23 Zu dieser Urkundengruppe sind darüber hinaus auch noch 1140–1146 und 1176 aus SPP VIII zu zählen.

24 In korrekter Form als διάγραφον wiederzugeben; vgl. dazu allgemein Poll, *Diagraphon* 237–274.

25 S. oben, Anm. 24.

26 Zur Verteilung vgl. oben, Anm. 8.

27 Mit „καταβέβληκας“ in SPP VIII 769 als sogenannter „Variante“.

28 Darunter einige sogenannte „Varianten“: „θέλησον παρασχεῖν“, „παράσχου οὕτως“, „δός“, „παρὰ τοῦ δεῖνος τῷ δεῖνι“ und „χαίρειν – παράσχου (Briefform)“ einschließlich mehrerer Dossiers: Kyrikos (898ff. und 1075f.), Panubas (946ff.), Kyrillos (1071f.; 1113–1124; 1189), Petterios (1078ff. und 1190), Sophia (1090ff.) und Ioannes (1125–1137).

29 SPP VIII, S. 222–241.

zum anderen wurde ein „grammatischer" Index angelegt, welcher neben einer Auflistung von Verschreibungen[30] den allgemeinen Wortindex[31] sowie ein Verzeichnis der Personen- und Ortsnamen[32] enthält. Dem Anhangsteil ist abschließend noch ein knappes Sachregister[33] beigefügt.

Zu Revision und Neuedition

Die Notwendigkeit der Herausgabe einer revidierten Fassung dieses Corpus liegt nicht allein in einer Einarbeitung der im Lauf der Zeit angefallenen Korrekturen zu Datierung, Herkunft, Inhalt und Transkription der Texte begründet[34], sondern auch in der durch seine Entstehungszeit bedingten, heutigen Anforderungen als Arbeitsinstrument kaum noch adäquaten Aufmachung[35] sowie in der nicht immer unproblematischen methodischen Ausrichtung[36] der Edition. Im Unterschied zur *editio princeps* sind in der vorliegenden Neuedition alle als eigenständig zu betrachtenden Dokumente mit Überschriften versehen, die unmittelbar auf Gattung und Inhalt der betreffenden Schriftstücke Bezug nehmen[37]; im sogenannten „Lemma" werden systematisch der Aufbewahrungsort[38], die Inventarnummer, die Maße, Datierung, Herkunft und Nummer der Abbildung im Tafelband erfaßt; vormalige und spätere Editionen, aber auch allfällige Korrekturen zu einzelnen Passagen finden sich in einem eigenen Absatz angeführt. An eine kurze Materialbeschreibung des Schriftträgers schließt die Transkription des griechischen Textes an, in welcher im Gegensatz zur *editio princeps* grundsätzlich alle Abkürzungen aufgelöst werden, soweit sich deren Numerus und Kasus bzw. Numerus und Personalendung dem syntaktischen Kontext entnehmen lassen[39]; Ergänzungen werden in der Texttranskription überall dort vorgenommen, wo sie sich anhand enger Parallelen stützen lassen; der *Apparatus criticus* gibt neben einem „technischen" und

30 SPP VIII, S. 241–244

31 SPP VIII, S. 244–286

32 Personennamen: SPP VIII, S. 286–301; Ortsnamen: ebenda, S. 301–306.

33 SPP VIII, S. 306–307.

34 In den *Berichtigungslisten* (BL) sind den beiden Teilen des Corpus zum gegenwärtigen Zeitpunkt insgesamt zweiundsechzig Seiten gewidmet: BL I 408–411; 416–417, BL II 2, 156, BL III 233–234; 236, BL IV 94, BL V 142, BL VI 193–194, BL VII 255–257, BL VIII 434–444; 446–453, BL IX 332–342, BL X 260–267, BL XI 258–262; nicht miteinberechnet sind hierbei Korrekturen zu jenen Urkunden, die – sei es, weil sie in bereits publiziertem Zustand in das Corpus Eingang gefunden hatten, sei es, weil sie zu einem späteren Zeitpunkt erneut herausgegeben worden waren – in der BL entweder nach ihrer Original-Edition (BGU, P.Grenf., P.Oxy. etc.) zitiert oder unter dem Lemma eines anderen Editionscorpus angeführt werden; letztgenannter Fall bezieht sich im besonderen auf Urkunden, die ursprünglich in PERF, *Papyrus Erzherzog Rainer, Führer durch die Ausstellung*, erstmals vorgestellt und zu einem späteren Zeitpunkt gemeinsam mit anderen sogenannten „Ausstellungsnummern" in SPP XX wiederveröffentlicht wurden.

35 Der Herausgeber hatte den Gepflogenheiten seiner Zeit gemäß den Editionsteil des Corpus auf eine kurze Formalbeschreibung und die Texttranskription beschränkt gehabt; von einer Übersetzung und Kommentierung war gänzlich abgesehen worden.

36 Das Anordnungsprinzip der *editio princeps* hatte entgegen üblicher Verfahrensweisen anderer Corpuseditionen auf Formulartypen aufgebaut; die Nachteile dieser Methode werden im weiteren Verlauf des Einleitungsteiles ausführlicher erläutert.

37 Eine allfällige Archivzugehörigkeit wird in runden Klammern angezeigt.

38 Lediglich im Fall der Urkunden aus dem Wiener Sammlungsbestand wird bewußt auf die Angabe des Aufbewahrungsortes verzichtet, da selbiger aus der Signatur der Inventarnummern („P.Vindob. G") ohnehin deutlich hervorgeht.

39 Geläufigere Kürzungen waren in den Texttranskriptionen der *editio princeps* des öfteren nicht aufgelöst worden; vgl. dazu die begründende Bemerkung des Erstherausgebers in der Rubrik „Erklärung der Zeichen" im Vorwort von SPP III, ebenda, S. II.

einem „grammatischen“ Apparat[40] eine Dokumentation abweichender und korrigierter Lesungen wieder. Auf die unerläßliche Übersetzung des griechischen Textes folgt ein allgemeiner Kommentar- bzw. Einleitungsteil, der in Form einer kurzen Paraphrase des Inhaltes auf den Hintergrund des Schreibens einzugehen versucht – eine Vorgangsweise, die sich vor allem bei jenen Fragmenten als nützlich erweist, wo der Verlauf der inhaltlichen Aussage mehrmals unterbrochen ist und der Gesamtkontext auch der beigegebenen Übersetzung nicht unmittelbar entnommen werden kann. Der Editionsteil schließt mit einem knappen, technische und inhaltliche Detailfragen betreffenden Zeilenkommentar.

Eine weitere Rechtfertigung erfährt vorliegende Neuedition auch durch den Umstand der nunmehrigen Verfügbarkeit grundlegender und unentbehrlicher Arbeitsinstrumente wie Wörterbücher, Lexika und Nachschlagewerke, die zur Zeit der Erstherausgabe des Corpus noch nicht vorhanden gewesen sind, sowie moderner elektronischer Hilfsmittel in Form von Datenbanken, wie sie etwa in der *DDBDP*[41], der *WL* und dem *HGV*[42] vorliegen, die, indem sie bei Ergänzungen oder schwer lesbaren Textstellen einen raschen Zugriff auf allenfalls vorhandene Parallelen ermöglichen, eine wertvolle Hilfestellung geben.

Einzelne Aspekte der Neuedition decken sich mit Kritikpunkten, die Ulrich Wilcken in seinen beiden Rezensionen zum ersten und zweiten Teil des Corpus aufgezeigt hatte[43]; schon in seiner Kurzbesprechung des ersten Teiles (SPP III) machte Wilcken neben einigen wenigen Korrekturen mit Nachdruck auf die Problematik aufmerksam, welche ganz allgemein einer autographischen Wiedergabe der Handschriften (anstelle einer Transkription) zugrundeliegt[44]. Eine Vielzahl an unbekannten tachygraphischen Zeichen würde nämlich mittels eines solchen Verfahrens bloß verfälscht wiedergegeben werden, da jede Abzeichnung von Zeichen und Schriftzügen grundsätzlich von Anfang an einzig der subjektiven Wahrnehmung des Herausgebers unterworfen wäre, wodurch die praktische Umsetzung zwangsläufig auf eine mehr oder weniger willkürliche Interpretation derselben hinausliefe[45]. Die Zielsetzung Wesselys, mit dem Corpus Vergleichsmaterial für Tachygraphien zu schaffen, wurde vom Rezensenten zwar ausdrücklich begrüßt, allerdings mit der einschränkenden Empfehlung, das Corpus als eine unverbindliche Orientierungshilfe anzusehen und tachygraphische Studien ausschließlich an den Originalen zu betreiben.

In der Rezension zum zweiten Teil (SPP VIII) wurde schließlich auch die Gesamtkonzeption des Corpus einer noch eingehenderen und schonungsloseren Analyse unterzogen[46]. Schwachpunkte und Inkonsequenzen wurden zunächst im paläographischen Teil der Indices geortet, wobei einerseits Vorwürfe gegen die vermeintlich übertriebene

---

[40] Im „technischen“ Apparat werden formale Besonderheiten der Textgestaltung, wie zum Beispiel Tremata, Korrekturen des Schreibers, Hochstellung von Kreuzen, pluralische Kürzungen durch doppelte Schreibung eines oder mehrerer Buchstaben etc. wiedergegeben; im „grammatischen“ Apparat werden Korrekturen phonetisch bedingter, orthographischer und grammatikalischer Fehler verzeichnet.

[41] Der Benutzung der *Duke Data Bank of Documentary Papyri* liegt im vorliegenden Band die Version der CD ROM PHI#7 zugrunde.

[42] Die *WörterListen* und der dazugehörige *KonträrIndex* sind unter „http://www.papy.uni-hd.de/WL/WL.html“ abrufbar. Auf das *Heidelberger Gesamtverzeichnis* (http://www.rzuser.uni-heidelberg.de/~gv0/gvz.html) wurde mit Stand vom April 2002 ein letztes Mal zugegriffen.

[43] Die Rezension zum ersten Teil des Corpus erschien unter dem Titel „*P. Stud. Pal.* I, 3“ im Rahmen des sogenannten „Urkundenreferates“ in APF 3 (1906) 310–311, die Gesamtedition erfuhr dann ihre eingehende Besprechung und Beurteilung im Zuge der Rezension zum zweiten Teil, SPP VIII, unter dem Titel „*P. Klein.Form.*“ in APF 5 (1913) 290–297.

[44] Vgl. Wilcken, *Rezension I* 310; zumindest indirekt wurde in selbigem Zusammenhang die Frage nach der Sinnhaftigkeit von Abschriften bereits edierter Urkunden ohne einer neuerlichen Überprüfung der Originaldokumente aufgeworfen.

[45] Zur Untermauerung dieser Behauptung wurde eine, den Befund am Original entstellende Abzeichnung einer sternförmigen Paraphe in Z. 6 von **223** als Fallbeispiel angeführt.

[46] Vgl. Wilcken, *Rezension II* 290–293.

Genauigkeit beim Auflisten von Belegen gängiger Abbreviationen und Siglen erhoben wurden, andererseits jedoch der Umstand bemängelt wurde, daß nirgends der Versuch einer möglichen Herleitung des Ursprungs dieser Siglen und Symbole unternommen worden war[47]; der Sachindex wäre – gemessen an der Vielseitigkeit und dem Informationsgehalt des im Corpus vereinigten Urkundenmaterials – hingegen viel zu knapp ausgefallen; ein Umstand, der umso schwerer wöge, als die Anordnung des Materials nicht nach sachlichen Gesichtspunkten – etwa in Form einer, vom Rezensenten eingeforderten Trennung zwischen öffentlichen und privaten Urkunden – erfolgt war, sondern sich einzig und allein auf die formale und typologische Ebene der Schriftdokumente beschränke. Die Zuweisung und die Anordnung der Urkunden nach typologischen Kriterien, wie sie beide im Corpus angewandt worden waren, hätten wiederum einer klaren Unterscheidung und Definition der einzelnen Formulartypen als Voraussetzung bedurft; sowohl bei der Zuweisung als auch bei der Unterscheidung waren dem Herausgeber nachweislich jedoch mehrere Fehler, Inkonsequenzen und Unachtsamkeiten unterlaufen; beispielsweise waren einige Urkunden zu Typen zusammengefaßt worden, die weder von ihrem Aufbau noch von ihrem Inhalt her einem einheitlichen Typ bzw. Formular entsprochen hatten[48]; eine systematische Unterscheidung der Urkunden nach ihren Formalschemata, d. h. deren Aufteilung in Dokumente nach Vertragsschema einerseits und in Dokumente nach Quittungsschema andererseits, war dabei überhaupt gänzlich unterblieben[49], wodurch eine wesentliche Voraussetzung für die typologische Einordnung der Dokumente nicht erfüllt worden war. Die Rezeption und Auswertung der nach Vertragsschema abgefaßten Dokumente wird zudem dadurch erschwert, daß durch das Fehlen der Interpunktion und durch einen generellen Verzicht auf Großschreibung am Satzbeginn in der Texttranskription der Urkundenkopf, in welchem die Personen bzw. Vertragsparteien vorweg genannt gewesen waren, nicht deutlich genug gegenüber der Einleitung des eigentlichen Vertrags- bzw. Textkörpers hervorgehoben worden war. Wilckens Aussagen lassen sich in diesem Punkt auch als allgemeine Kritik an der mitunter oberflächlich und inkonsequent exekutierten Organisation und Anordnung des Urkundenmaterials im Corpus verstehen: Die Anordnungssystematik habe sich fast ausschließlich an teils unerheblichen, teils rein äußerlichen Merkmalen orientiert, wobei die wesentlichen sachlichen Aspekte vollkommen außeracht gelassen worden wären; zwischen subjektiv und objektiv stilisierten Formulartypen sei prinzipiell nicht unterschieden worden, wodurch in mehreren Fällen Urkunden einem falschen Formulartyp zugeordnet worden seien. Die Formularkategorien hätten ausschließlich auf beliebig gewählten Vokabeln oder Kombinationen von Vokabeln aufgebaut[50], wodurch wiederum Dokumente, die aufgrund ihrer inhaltlichen Ausrichtung und ihrer formalen Gleichartigkeit einer geschlossenen

[47] Wilckens Kritik richtete sich in diesem Zusammenhang vorrangig gegen die Deutung der Sigle für δηναρίων μυριάδες, welche der Herausgeber einmal als κέρματος μυριάδες, ein andermal als ἀργυρίου μυριάδες interpretiert hatte; vgl. die Auflösung des Zeichens in der Transkription zu **238**, 1 gegenüber den widersprüchlichen Angaben im Index, SPP VIII, S. 229.

[48] Vgl. die Urkunden SPP III 239ff., denen ein Formulartyp mit „† ἐγώ oder Nomen proprium (σὺν θεῷ Nomen proprium)“ zugrundeliegt.

[49] Wilcken, *Rezension II* 291–293 führt als Beispiel SPP III 239 an, wo die „chirographische“ Vertragsform mit vorangestelltem ὁ δεῖνα τῷ δεῖνι und einer darauffolgenden Einleitung des Vertragsformulars mit ὡμολογῶ μεμισθῶσθαι κτλ. bei Wesselys Methodik vollkommen unberücksichtigt geblieben war; ein weiteres Chirographon wurde von Wilcken in der Urkunde **118** entdeckt, welche der Herausgeber wegen der Formulareinleitung ἐδεξάμην καὶ ἐπληρώθην παρὰ σοῦ laut Inhaltsverzeichnis dem allerersten der im Corpus behandelten Formulartypen zugewiesen hatte, nämlich „† ἔσχον καὶ ἐπληρώθην ἐγώ – παρά – Motivierung – Betrag – ἐγράφη mit Datierung – Unterschrift“ und „Varianten“ (Nr. **1**–**118**).

[50] Diese Problematik wurde von Wilcken anhand des Beispiels von **238** veranschaulicht, wo die Urkunde aufgrund der Formulareinleitung mit ἔχει Παῦλος κτλ. eindeutig als objektiv stilisierte Urkunde ausgewiesen ist, die in der *editio princeps* jedoch als „Variante“ dem subjektiv stilisierten Formulartyp „† ἔχω ἐγὼ τῷ δεῖνι τοσοῦτο“ (Nr. **119**ff.) zugeordnet worden war.

Behandlung bedurft hätten, auf unterschiedliche Formulargruppen aufgesplittert worden seien. Das Scheitern dieses methodischen Verfahrens verdeutliche sich auch im unleugbaren Umstand einer Vielzahl sogenannter „Varianten" einzelner Formulartypen[51]. Der Aufbau des Corpus nach typologischen Kriterien sollte hingegen die Schaffung eines einheitlichen und verläßlichen Zuordnungssystems zur Voraussetzung haben, innerhalb dessen es gewährleistet sein müßte, daß es zu keinen Überschneidungen oder Widersprüchen zwischen den einzelnen Formulargruppen komme. Dementsprechend wurde die Kritik an der methodischen Ausrichtung des Corpus von Wilcken auch mit einer Forderung nach einer einheitlichen und zuverlässigen „Diplomatik" verknüpft.

Wilcken hatte jedoch in seiner scharfen, in ihrer Grundaussage und inhaltlichen Detailfragen durchaus berechtigten Kritik Umstände nicht in Rechnung gestellt, deren Berücksichtigung ihn hätte veranlassen müssen, Wesselys Bemühungen einer gerechteren Beurteilung zuzuführen und dessen Verdienst dementsprechend gebührender zu würdigen; zum einen hatte Wessely sich mit dem Corpus nämlich einer unglaublich großen Materialmenge an Dokumenten zugewandt, die er innerhalb kürzester Zeit bearbeitet hat und deren Urkundencharakter bis dahin anderweitig auf wenig bis gar kein Interesse gestoßen war; einige dieser Schriftstücke befanden sich zudem in einem stark fragmentarischen Zustand, was deren Einordnung mangels brauch- und verfügbarer inhaltlicher Parallelen enorm erschwert hat; zum anderen läßt sich schon anhand des Dokumentarmaterials dieses ersten Corpusabschnittes nachweisen, daß die von Wilcken vehement eingeforderte scharfe Trennung zwischen Urkunden aus dem öffentlichen Leben auf der einen Seite und Urkunden aus dem Privatbereich auf der anderen Seite aufgrund der gesellschaftlichen Bedingungen der Spätantike in vielen Fällen nicht eindeutig vorgenommen werden kann; dagegen erweist sich selbst das von Wilcken entschieden abgelehnte Anordnungsprinzip nach formaltypologischen Kriterien erweist sich in Hinblick auf die Einschätzung der inhaltlichen Aussagekraft dieses Quellenmaterials als wertvoller Aspekt, da Betrachtung und Beurteilung der Urkunden hier von einem anderen Blickwinkel aus erfolgt waren, was für den Gesamteindruck von Relevanz ist.

Die Neubearbeitung dieses Corpus sollte letztendlich auch dazu genutzt werden, die von Wilcken vorgebrachten Kritikpunkte aufzugreifen und Anregungen in dem Maße einzubeziehen, soweit dies im Rahmen der Gliederung, welche durch die Reihenfolge der Urkunden in der *editio princeps* vorgegebenen war, überhaupt möglich ist. An der Reihenfolge muß aus rein praktischen Bestrebungen heraus festgehalten werden: Eine neue Gliederung und Numerierung der Urkunden hätte zur Folge gehabt, daß alle in der bisherigen Forschungsliteratur zitierten SPP III & VIII-Texte nur noch mit Konkordanzen zu identifizieren gewesen wären. Dem aus der typologischen Anordnung erwachsenden methodologischen Dilemma soll mittels des abschließenden Registerteiles Abhilfe geschaffen werden, der sowohl auf die inhaltlich-thematische als auch auf die formal-typologische Streuung des betreffenden Urkundenmaterials einzugehen versucht.

Trotz der besagten und vom Herausgeber konstatierten Gleichartigkeit repräsentieren die Urkunden des Corpus eine überaus vielschichtige Materialmasse, deren formale und inhaltliche Zusammenhänge sich mitunter bloß bedingt und mit einigen Einschränkungen erfassen und nachweisen lassen. Zu den Urkunden aus dem Privatbereich, die in ihrem rechtlichen Charakter tatsächlich den in CPR I veröffentlichten Dokumenten gegenübergestellt und bis zu einem gewissen Grad als deren Fortsetzung aufgefaßt werden können[52], zählen unter anderem

[51] Das Versagen der Methode zeige sich Wilcken zufolge auch in jenem Umstand, daß einige Texte allein aufgrund praktischer Überlegungen notwendigerweise zur überaus heterogenen Gruppe der „Urkunden mit Phrasen aus vollen Kontrakten größeren Formats" (Nr. 330–448) zusammengefaßt werden mußten.

[52] Vgl. den bereits eingangs erwähnten, seitens des Herausgebers verfolgten „Doppelzweck" dieser Corpusedition.

mehrere Quittungen über unterschiedlichste Zahlungen und Lieferungen, Auszahlungs- und Lieferungsanweisungen, Einziehungs- und Einhebungsaufträge, Darlehen, Lieferungskäufe, Klageschriften, Anerkenntnisse von Schiedssprüchen etc. In den Dokumenten des öffentlichen Bereiches ist vielfach ein direkter Bezug zum Steuerwesen, dessen Organisation und Vollzug nachweisbar, sei es in Form von Quittungen oder Zahlungsanweisungen, sei es in Form vereinzelter Abrechnungen, die alle möglichen Arten von Geld- und Naturalsteuern sowie Requisitionen von Sachleistungen betreffen. Jene Schriftstücke, die einer verwaltungsinternen Sphäre zu entstammen scheinen und eine deutliche Überschneidung oder gar Verschmelzung zwischen privaten und öffentlichen Interessen erkennen lassen[53], entziehen sich jedoch dem vormals scheinbar klar umrissenen Definitionsrahmen von öffentlichen und privaten Urkundenkategorien.

ZUM VORLIEGENDEN CORPUSABSCHNITT

Der vorliegende erste Teil dieser mehrere Faszikel umfassenden Neuedition des Gesamtcorpus ist den ersten 118 von 1346 Urkundennummern gewidmet, was im konkreten Fall einer Relation von insgesamt 120 Einzeldokumenten gegenüber 113 Schriftträgern entspricht[54]. Letztere setzen sich nun ihrerseits aus einundneunzig Papyri[55] und einem einzigen Pergament[56] aus dem Bestand der Papyrussammlung der Österreichischen Nationalbibliothek in Wien, vierzehn Papyri[57] des Département des Antiquités Egyptiennes im Pariser Louvre, sechs Papyri[58] der Papyrussammlung des Ägyptischen Museums in Berlin und einem weiteren Papyrus[59] der Universitätsbibliothek in Leipzig zusammen. Die Mehrzahl der Urkunden ist nur noch unvollständig erhalten, wobei einige aus zwei oder mehreren, zumeist nicht unmittelbar zusammenhängenden Fragmenten bestehen. Im Zuge des Revisionsverfahrens konnten jedoch in einzelnen Fällen Fragmente, die vom Erstherausgeber des Corpus in getrenntem Zustand und unter unterschiedlichen Urkundennummern veröffentlicht worden waren, auf einen gemeinsamen Ursprung zurückgeführt und zu einer einzigen Urkunde zusammengesetzt werden[60]. In einem weiteren, bislang einmaligen Fall war mit der zufälligen Entdeckung eines fehlenden Urkundenteiles im noch unveröffentlichten Bestand der Wiener Papyrussammlung eine Zuweisung von außerhalb des Corpus gelungen[61]. Dieser letztgenannte Umstand läßt auf die Möglichkeit weiterer Entdeckungen von

---

53 Eine klare Unterscheidung zwischen öffentlichen und privaten Urkunden macht angesichts der politischen und gesellschaftlichen Entwicklungen der Spätantike wenig Sinn, da die Grenze zwischen diesen beiden unterschiedlichen Bereichen zusehends verschwammen; Angehörige führender Gesellschaftsschichten, aber auch private oder kirchliche Institutionen sind damals verstärkt in den öffentlichen Verwaltungsprozeß eingebunden worden.

54 In der Erstedition des Corpus hatte sich das Verhältnis dieser 118 Urkundennummern, von denen zwei Nummern (**72** und **82**) jeweils zweimal vergeben worden waren, auf 125 Einzeldokumente gegenüber 120 Schriftträgern belaufen, wobei **65 B** und **108 B** in der *editio princeps* nicht transkribiert worden waren. Die Differenz zur Anzahl der Schriftträger im vorliegenden Band ergibt sich aus den im Rahmen der Revision durchgeführten Zusammenfügungen von Fragmenten.

55 **1–19**; **22–97**.

56 **21**.

57 **98–111**.

58 **112–117**.

59 **118**.

60 Hierbei handelt es sich um folgende Nummern: **6+74** (P.Vindob. G 11006+11074), **12+13** (P.Vindob. G 11012+11013), **15+20+76** (P.Vindob. G 11015+11020+11076), **19+39** (P.Vindob. G 11019+11039), **22+84** (P.Vindob. G 11022+11084), **29+75** (P.Vindob. G 11029+11075), **33+349** (P.Vindob. G 2205+11254) und **79+1276** (P.Vindob. G 11079+11931).

61 P.Vindob. G 14306 konnte als fehlende linke Hälfte von **80** identifiziert werden.

Fragmenten in dem unbearbeiteten Fundus und damit auf weitere Vervollständigungen von Urkunden hoffen. Allerdings wäre dafür eine vollständige und systematisch erfolgende Aufarbeitung und katalogartige Erfassung des gesamten griechischen Urkundenbestandes der Papyrussammlung der Österreichischen Nationalbibliothek vonnöten.

DATIERUNG DER URKUNDEN

Die Urkunden des Corpus gewähren nicht bloß einen Einblick in das Urkundenwesen des spätantiken Ägypten zwischen dem sechsten und achten nachchristlichen Jahrhundert, sie dürften in ihrem Inhalt, ihrer zweckgebundenen Funktionalität und ihrer formalen Gestaltung darüber hinaus auch nicht allein auf den innerägyptischen Raum beschränkt gewesen sein, sondern in ähnlicher Weise im gesamten östlichen Mittelmeerraum Anwendung gefunden haben (vgl. etwa die auf dem Formulartyp ἔδωκεν ὁ δεῖνα aufbauenden Quittungen über Steuerzahlungen P.Petra I 7–10 aus der zweiten Hälfte des 6. Jh.). Eine exakte Datierung, sei es in Form einer direkten Angabe einer Zählung von kaiserlichen Regierungsjahren, Konsulaten oder Ären in byzantinischer Zeit, sei es in Form einer nach Hedschra erfolgten Jahreszählung in arabischer Zeit, geht bei keinem einzigen der Zeugnisse des vorliegenden Abschnittes unmittelbar aus dem Urkundeninhalt hervor[62]. Die Zuweisung der Dokumente in byzantinische oder früharabische Zeit muß sich daher ausschließlich auf deren allgemeinen paläographischen Befund stützen. In einigen Fällen können aber auch einzelne inhaltliche oder formale Aspekte näheren Aufschluß über einen möglichen Datierungsrahmen geben, wenn beispielsweise die Onomastik[63], das Titelwesen[64], prosopographische Daten[65], Protokolla[66] oder ein Gebrauch von zeitlich beschränkten Termini[67] wichtige Anhaltspunkte liefern.

Was nun die paläographische Auswertung dieses Urkundenmaterials anbelangt, so läßt sich keine lineare Entwicklung des Schriftcharakters nachzeichnen; vielfach ist ein paralleler Gebrauch unterschiedlicher Schriftarten zu beobachten – ein Umstand, der vor allem in der funktionellen Ausrichtung einzelner Schrifttypen begründet zu liegen scheint; die in den vorliegenden Urkunden des 6. bis 8. Jh. angewandten Schriftarten können im großen und ganzen zu drei Hauptgruppen zusammengefaßt werden[68]:

---

62 In der Regel sind diese Urkunden mittels einer Angabe des betreffenden Indiktionsjahres datiert.

63 Etwa im Fall des für die Spätantike häufig anzutreffenden christlichen Namensmaterials oder im Fall iranisch bzw. persisch geprägter Personennamen, die mit der sasanidischen Okkupation Ägyptens in den Jahren 619–629 in Zusammenhang stehen könnten; vgl. zum Beispiel den Namen Φαρεσμάνης in **42**, 4.

64 Dies betrifft sowohl Amtstitel mit ihren jeweiligen Anredeformen als auch jene Titel, die sich im Laufe der Zeit zu eigenständigen Namensbestandteilen entwickelt hatten (Ἀββᾶ, Ἀβᾶ, Ἄππα, Ἄπα).

65 Etwa im Fall der Erwähnung einer aus anderen Urkunden bekannten Person; vgl. die Erwähnung des mehrfach bezeugten Βελισάριος τραπεζίτης in **66**, 3 oder jene des Flavius Ἀπίων (III.) in **86**, 2; prosopographische Daten erweisen sich auch für das Erschließen von Archiven und bei der Identifizierung von Schreibern und Ausfertigern als nützlich.

66 Zur Gestaltung, Datierung und Typologie der Protokolla, amtlicher Kontrollvermerke und -zeichen, welche auf den Schutzblättern der Papyrusballen angebracht waren, vgl. allgemein Diethart – Feissel – Gascou, *Prôtokolla* 9–40; im vorliegenden Corpusabschnitt sind Reste von Protokolla auf den Verso-Seiten der Urkunden **68** und **107** erhalten.

67 Zum Beispiel bei geographisch-administrativen Begriffen, wie etwa in τοῦ Θεοδοσιοπολίτου νομοῦ in **32**, 2, oder bei den Steuertiteln πρόβατα in **24 B**, 1 und **88**, 3 sowie διανομή in **106**, 2 und **108**, 7.

68 Vgl. in diesem Zusammenhang die allgemeinen Ausführungen bei Gardthausen, *Palaeographie* II² 186–207, aber auch Bell, *Letters* 265–281, insbes. 265–266 und Messeri – Pintaudi, *Minuscola* sowie De Gregorio, *Minuscola* 67–82 bzw. 83–151 gegenüber dem neuesten Erkenntnisstand bei F. Morelli, CPR XXII, Einl., S. 6–13.

1. die sogenannte „Minuskelkursive", ein Schrifttyp mit kursiven, minuskelartigen Buchstabenformen im sogenannten „Vierliniensystem", welcher offenbar ausschließlich von Berufsschreibern verwendet wurde und üblicherweise in Zusammenhang mit quittungs- oder vertragsartigen Urkunden, aber auch in Briefen der byzantinischen und früharabischen Zeit auftritt;

2. die sogenannte „Minuskel", bei welcher es sich ebenfalls um einen Schrifttyp kursiver Minuskelformen handelt, die im Unterschied zur eingangs erwähnten „Minuskelkursive" jedoch eine starke Stilisierung aufweist und aufgrund ihres technischen Charakters vorwiegend in Abrechnungen, besonders von Steuern in arabischer Zeit, anzutreffen ist;

3. die sogenannte „Maiuskel", welche noch auf dem sogenannten „Zweiliniensystem" aufbaut, den ältesten der hier behandelten Schrifttypen darstellt und hauptsächlich von Personen gebraucht wird, die über keine professionelle Schreiberausbildung verfügten; in ihrem Schriftbild machen sich allerdings bereits ansatzweise vereinzelt Züge eines kursiven Charakters bemerkbar, etwa in Form von Anbindungen an nachfolgende Buchstaben[69].

Neben diesen drei „Hauptschrifttypen" sind jedoch auch immer wieder Nachahmungen von Kanzleischriften und Anlehnungen an literarische Schrifttypen greifbar. Eine paläographische Untersuchung, die sich mit der Entwicklung des Schriftduktus anhand einiger sogenannter „Leitbuchstaben" (etwa λ, π oder τ; die Struktur des Duktus wird von Anzahl, Richtung und Reihenfolge der Buchstabenstriche bestimmt) auseinandersetzt, sollte neben der Zweckgebundenheit des jeweiligen Schrifttyps auch Milieu, Ausbildungsniveau und Berufspraxis des Schreibers berücksichtigen. Eine entwicklungsbedingte Tendenz läßt sich bloß insofern nachweisen, als im Schriftbild der quittungs- und vertragsartigen Urkunden, welche aus der Übergangszeit vom 6. zum 7. Jh. stammen, vermehrt die Einstreuung stilisierter „Minuskel"-Elemente zu konstatieren ist[70] – ein Phänomen, welches sich im Verlauf der ersten Hälfte des 7. Jh. zunehmend verstärkt zu haben scheint. Dennoch ist das Schriftbild auch in diesen Fällen nicht unbedingt als ein verläßliches Datierungskriterium zu betrachten, da neben dem entstehungszeitlichen Horizont hier ebenfalls die gattungsspezifische Funktion des Schrifttyps sowie das soziale Umfeld und die Ausbildung des Urkundenverfassers als Hintergrund miteinbezogen werden müssen. Vor allem auf Ebene des privaten Urkundenverkehrs, der oftmals auch in einfachen oder ländlichen Milieus angesiedelt ist, entzieht sich das Schriftbild aus oben genannten Gründen des öfteren einer strengen systematischen Kategorisierung[71]; darüber hinaus war das Schriftbild zusätzlich einer starken Prägung durch den persönlich individuellen Schreibstil des jeweiligen Verfassers ausgesetzt gewesen[72]. Urkunden, die ein Stocken im Duktus ihres Schriftbildes, einen Mangel an Schreibpraxis oder Unsicherheiten im Umgang mit vorgegebenen Formularmustern erkennen lassen, können mitunter den fälschlichen Eindruck eines

[69] Vom Erstherausgeber war die Schrift in diesen Fällen im Unterschied zur rein „uncialen" Form als „halbuncial" charakterisiert worden.

[70] Einzelne sogenannte „Minuskel"-Elemente tauchen beispielsweise in **11**, **33+349**, **53** und **65** auf.

[71] Vgl. etwa den Schriftcharakter in **21 A**, der Quittung eines vermeintlichen Schafzüchters (μεθελίτης) aus Arsinoiton Polis, oder jenen auf dem Rekto von **23**, weiters das Schriftbild in der Quittung über eine nicht mehr näher zu definierende Geldzahlung an einen νυκτοστρατηγός (**62**) und in dem zur Gänze in sogenannter „Maiuskel" verfaßten Muster eines Lieferungskaufes über Weizen (**85**). Einen Sonderfall stellen die in Maiuskelschrift verfaßten Unterschriften und Einverständniserklärungen von Vertragsparteien dar, wie sie seitens eines διάκονος (und καγκελλάριος eines κλῆρος) in **64**, 5 oder eines Polsterers (τυλοποιός) namens Μακάριος in **73**, 7 vorliegen.

[72] Schreiberspezifische Charakteristika fallen in **24** auf, wo einige der Buchstaben mit zusätzlichen Schlingen versehen sind, oder in **53**, wo die Buchstabenform des α einen auffällig langen Aufstrich aufweist. Ein kanzleispezifischer Schriftstil hatte sich beispielsweise im λογιστήριον von Hermupolis entwickelt; vgl. dazu **42**, **43**, **78** und **118** sowie allgemein J. Gascou, P.Sorb. II 69, S. 13 mit Anm. 25.

früheren Ausstellungsdatums erwecken. In anderen Fällen ist sogar ein paralleles Auftreten zweier völlig unterschiedlicher Schrifttypen in ein und demselben Dokument nachweisbar[73]. Dadurch findet die weiter oben angeführte Behauptung, wonach Schrifttypen in ihrer Funktionalität an bestimmte Anwendungszwecke gebunden sein konnten – sei es, daß sie sich auf einzelne Abschnitte eines Dokumentes beschränkt hatten[74], sei es, daß sie überhaupt zur deutlicheren Charakterisierung bestimmter Urkundentypen eingesetzt worden waren[75] – Bestätigung.

Die meisten Dokumente lassen sich aus unterschiedlichen, im allgemeinen Kommentarteil zu den einzelnen Urkundennummern näher erläuterten Gründen in das 7. Jh. datieren. Nur einige wenige dürften später, nämlich im 8. Jh., verfaßt worden sein. Bei anderen Zeugnissen ist aufgrund des Schriftbildes einer Datierung in das 6. und frühe 7. Jh. der Vorzug zu geben; die Ausstellung einer geringen Anzahl der Urkunden ist früher, im 5. und frühen 6. Jh., anzusetzen.

Herkunft der Urkunden

Als Provenienz des Urkundenmaterials kommen aufgrund der Fundumstände und der in einigen Dokumenten überlieferten Orts- und Gauangaben der in Mittelägypten gelegene arsinoitische Gau sowie der diesem unmittelbar benachbarte herakleopolitische Gau einerseits und der ebenfalls mittelägyptische hermopolitische Gau andererseits in Frage. Oft kann aus der Angabe der Herkunft oder einer Beschreibung des Tätigkeitsbereiches jener Person, an welche das Schreiben gerichtet gewesen war, sogar die ursprüngliche Zieladresse der betreffenden Urkunde erschlossen werden. Bei fragmentarischen Texten bleibt die Provenienz aufgrund des Fehlens jeglicher Ortsangaben oftmals ungeklärt. Nebenbei sind Fragen nach der Herkunft aber auch immer mit einem grundlegenden Definitionsproblem verbunden, da grundsätzlich zwischen vier unterschiedlichen Ortsangaben zu trennen ist, auch wenn von Fall zu Fall Überschneidungen unter denselben nicht ausgeschlossen werden können:

1. Ausstellungs- bzw. Ausfertigungsort des Schriftstückes[76], welcher nicht unbedingt mit dem Amtsbereich, Wohnort oder gegenwärtigen Aufenthaltsort des Absenders identisch sein muß;
2. Ort der Zieladresse, bei welchem es sich sowohl um den Amtsbereich (bei öffentlichen Schreiben) als auch um den Wohnsitz des betreffenden Adressaten (bei privaten Rechtsgeschäften) handeln kann; dieser ist in vielen Fällen mit

[73] Vgl. die in sogenannter „Minuskel" wiedergegebenen Zeugenunterschriften gegenüber den in einer „Minuskelkursive" abgefaßten Haupttexten in **25**, 7 und **115**, 8.

[74] Das Schriftbild der inhaltlichen Zusammenfassung auf dem Verso von **47** scheint sich in seiner Gestaltung an die literarisch geprägte sogenannte „Alexandrinische Maiuskelschrift" als Vorbild angelehnt zu haben; ein ähnliches Phänomen begegnet auf dem Verso von **57**.

[75] So wurden an den Schrifttyp in Abrechnungen grundsätzlich andere Anforderungen gestellt, als dies in Quittungen oder Verträgen der Fall gewesen zu sein scheint; eine systematische Untersuchung zu dieser Thematik steht übrigens noch aus; zu einzelnen Aspekten hatte sich jedoch bereits F. Morelli in P.Harrauer 56, Einl., S. 203–204 mit Bezug auf Dokumente aus byzantinischer Zeit und in CPR XXII, S. 6, 9, 11–12 mit Bezug auf Urkunden aus früharabischer Zeit geäußert.

[76] Vom Ausstellungsort, wie er für gewöhnlich im Präskript von Vertragsurkunden zu finden ist, war in keinem der Texte des vorliegenden Corpusabschnittes ausdrücklich Erwähnung gemacht worden.

3. dem weiteren Aufbewahrungsort gleichzusetzen, was vor allem im Fall von Dokumenten, die zu sogenannten „Archiven" zusammengefaßt werden[77], vorausgesetzt werden darf;

4. moderner Fundort, über welchen in der Regel die Dokumentation der Ankäufe des Fundmaterials Auskunft gibt.

Die Herkunftsangaben in der vorliegenden Edition beziehen sich, soweit es Umstände und Erhaltungszustand der Urkunden erlauben, auf die Heimatadresse oder den Aufenthaltsort des Adressaten der betreffenden Schreiben. In Fällen, wo der Ort der Zieladresse nicht mehr unmittelbar greifbar ist, muß auf die entsprechende Gauherkunft verwiesen werden; bei Urkunden, wo aufgrund des fragmentarischen Zustandes und den daraus resultierenden inhaltlichen Einschränkungen nicht einmal mehr jene eruiert werden kann, wird im Rahmen der Formalbeschreibung auf die Dokumentation des Ankaufsjahres verwiesen, welches wiederum Aufschlüsse über die Provenienz des Urkundenmaterials liefern kann[78]. Im vorliegenden Corpusabschnitt überwiegt die Zahl arsinoitischer Urkunden bei weitem jene herakleopolitischer und hermopolitischer Zeugnisse.

Bemerkungen zum gesellschaftlichen Umfeld

Keine der hier behandelten Urkundengruppen war in ihrer praktischen Anwendung auf eine einzige, mehr oder weniger in sich geschlossene Gesellschaftsklasse bzw. auf ein einziges lokal bedingtes Milieu beschränkt. In ihrer Gesamtaussage spiegeln die Zeugnisse vielmehr einen regen Austausch und ein vielfältiges Beziehungsgeflecht zwischen den unterschiedlichen sozialen Schichten wider; zum Personenkreis jener Milieus, die sich in den Dokumenten des vorliegenden Corpusabschnittes unmittelbar greifen lassen, zählen sowohl Bauern, Pächter, diverses Wach- und Hilfspersonal, Angestellte von Domänen und geistlichen Institutionen, Handwerker, Händler, Kleriker und subalterne Verwaltungsbeamte als auch städtische Funktionäre und Amtsträger sowie höhergestellte Persönlichkeiten aus den Kreisen der lokalen Reichsaristokratie; ein deutliches Gefälle zwischen den Schichten und Milieus ist bloß dort bemerkbar, wo der Urkundenverkehr aus unmittelbar gegebenem Anlaß auf Personen aus ein und derselben Gesellschaftssphäre beschränkt war und wo Niveau und Qualität der Urkundenausfertigung in weiterer Folge den sozialen Status und das Milieu der betreffenden Personen zu reflektieren scheinen[79]; ein starker Unterschied zwischen städtischem und ländlichem Milieu manifestiert sich etwa im Umstand, daß ausgebildete Berufsschreiber für den Privaturkundenverkehr offenbar vorwiegend, wenn nicht überhaupt

[77] Im Fall des sogenannten „Leontios-Archivs" scheinen Zieladresse und späterer Aufbewahrungsort das Büro des Λεόντιος ὑποδέκτης von Hermupolis gewesen zu sein; vgl. dazu den weiter unten nachfolgenden allgemeinen Exkurs zum betreffenden Archiv.

[78] Bei den Wiener Urkunden des vorliegenden Bandes dürfte es sich vorwiegend um Dokumente aus dem 1883 getätigten Ankauf von Urkundenmaterial des sogenannten „Ersten Fayyumer Fundes" gehandelt haben, welche nördlich von Medinet el-Fayyum, dem antiken Arsinoiton Polis, und bei Ehnas, dem antiken Herakleopolis Magna, entdeckt worden waren, sowie um Schriftstücke, die im Zuge von Nachkäufen des Jahres 1884 als „Zweiter Fayyumer Fund" erworben worden waren. Weitere Urkunden gehen auf die seit 1886 getätigten Ankäufe von Fundmaterial aus el-Aschmunein, dem antiken Hermupolis Magna, zurück.

[79] Zu den höher gestellten, für gewöhnlich in den Metropolen beheimateten Gesellschaftsklassen, welche aufgrund ihrer Stellung zumeist auch einen leichteren Zugriff auf professionelle, oftmals sogar amtliche Schreibkräfte hatten, zählten neben den Mitgliedern der städtischen Beamtenschaft auch einzelne Repräsentanten oder Angehörige der lokalen Reichselite; letztere Gruppe ist in den Privaturkunden oftmals in der Eigenschaft als Besitzer und Verpächter von Ländereien nachweisbar.

ausschließlich im urbanen Bereich zur Verfügung standen[80], während Personen mit mehr oder weniger ausreichenden Schreibkenntnissen stützen mußten, welche in Ausfertigungsqualität der Urkunden und im unmittelbaren Umgang mit vorgegebenen und thematisch bedingten Formularmustern die eine oder andere Schwäche und oftmals mangelnde Routine erkennen lassen; die Fähigkeit des Schreibens scheint jedoch – soweit sich dies überhaupt anhand dieses Dokumentationsmaterials beurteilen läßt – nicht primär mit der sozialen Stellung, dem Amt oder Beruf der betreffenden Person in direktem kausalem Zusammenhang gestanden zu sein[81]. Innerhalb dieses breiten gesellschaftspolitischen Spektrums hatte insbesondere auch der Klerus eine überaus bedeutende, auf ökonomischen Grundlagen basierende Stellung innegehabt, die sich vor allem dahingehend äußerte, daß diesem mit der Zeit auf Ebene seiner zahlreichen Institutionen eine ähnliche Rolle als Vollzugsorgan im Rahmen der staatlichen Administration zugefallen ist, wie sie sich ansonsten nur im Fall von Personen aus der lokalen Gesellschaftselite bzw. – in institutionalisierter Form – in deren Domänen nachweisen läßt[82].

[80] Eine Untersuchung zu dieser Thematik, welche untrennbar mit der Ausstellungspraxis von Urkunden im allgemeinen verbunden ist, steht noch aus.

[81] Vgl. **118**, wo ein gewisser Flavius Βασίλειος, welcher immerhin das Amt eines ἐπικείμενος für die Erstellung eines Steuerregisters der ἐμβολή bekleidete, den Empfang von Amtsgebühren quittieren hat lassen und die Aussage der Urkunde hernach selbst mittels dreier Kreuze bestätigt hat, da er des Schreibens nicht mächtig war; in **64**, einer Quittung über eine Teilrückzahlung eines Darlehens, wirkt die eigenhändig verfaßte Einverständniserklärung seitens des Zahlungsempfängers und formellen Absenders, eines *cancellarius* des Bischofs von Herakleopolis, in Hinblick auf dessen Funktion und Stellung zumindest äußerst unbeholfen.

[82] Vgl. **24 A** und **96**, wo Kirchen zumindest formell als Arbeitgeber fungieren, oder **47**, wo eine kirchliche Körperschaft als Verpächter mutmaßlichen Immobilienbesitzes auftritt. Eine Einbindung in staatlich-administrative Aufgaben läßt sich etwa am Beispiel von **103** im Bereich des Steuerwesens nachweisen.

ANALYTISCHER TEIL I

URKUNDENTYPEN UND IHRE INHALTE

1. QUITTUNGEN UND QUITTUNGSARTIGE URKUNDEN

Die meisten der in diesem Band enthaltenen Texte gehören dem Urkundentyp der Quittungen an, wobei jene Empfangsbestätigungen, die eine Auszahlung von Löhnen und Dienstvergütungen oder sonstige, mit Arbeiten in Zusammenhang stehende Aufwendungen zum Inhalt haben, innerhalb des vorliegenden Corpusabschnittes die bei weitem umfangreichste Textgruppe dieser Urkundengattung darstellen. In den betreffenden Dokumenten wird sowohl auf einmalige Lohnauszahlungen als auch regelmäßig erfolgte Entlohnungen, welche das Bestehen eines Dienst- bzw. Angestelltenverhältnisses voraussetzen, Bezug genommen. Viele dieser Urkunden tragen auch in ihrer formalen Gestaltung dem inhaltlichen Quittungsaspekt Rechnung, indem sie nach dem sogenannten „Quittungsschema" gestaltet sind[83]; daneben gibt es aber auch Quittungen, die in Form eines sogenannten „Vertragsschemas" abgefaßt sind. Da das „Quittungsschema" umgekehrt auch in Verbindung mit Vertragsurkunden nachweisbar ist, kann das als deutliches Indiz für den Umstand gewertet werden, daß die Formalschemata in der Ausstellungspraxis nicht auf bestimmte Urkundentypen festgelegt bzw. als verbindlich angesehen waren.

Die Formularstruktur dieser Dokumente wird im wesentlichen durch folgende inhaltliche Elemente bestimmt:

1. Name und personenspezifische Daten des Zahlungs- bzw. Lieferungsempfängers; selbige Daten zielen in der Regel auf die Angabe der Filiation, die in den meisten Fällen auf den Vatersnamen beschränkt war, auf die Berufs- oder Amtsbezeichnung des Betreffenden, welche ihrerseits mit einer ausdrücklichen Erwähnung eines Dienstortes oder eines Kompetenzbereiches verbunden sein kann, sowie auf die Herkunftsangabe des betreffenden Person ab; für gewöhnlich ist in der Person des Zahlungs- bzw. Lieferungsempfängers auch der formelle Urkundenabsender zu erkennen;
2. Name und personenspezifische Daten jener Person, welche die urkundlich niedergelegte Zahlung oder Lieferung vorgenommen bzw. durchgeführt hat und im Urkundenformular zumeist als Adressat angesprochen wird;
3. Zahlungs- bzw. Lieferungstitel, welcher über Art und Charakter der urkundlich dokumentierten Transaktion Auskunft gibt;
4. Bemessungszeitraum;
5. Zahlungssumme bzw. Produkt und Menge der Lieferung;
6. Datum der Urkundenausstellung, das in Hinblick auf den Bemessungszeitraum Aufschluß über den Status des Zahlungs- bzw. Lieferungscharakters gibt;
7. Unterschrift des Urkundenausfertigers, der in einigen Fällen die Unterschrift und Einverständniserklärung seitens des formellen Absenders vorausgeht.

---

[83] Näheres zur formalen Gestaltung der Urkunden ist dem eigens dieser Thematik gewidmeten Exkurs im darauffolgenden Abschnitt zu den Urkundenschemata und Formulartypen zu entnehmen.

LOHNQUITTUNGEN AUS DEM ÖFFENTLICHEN BEREICH

Viele Lohnbescheinigungen des vorliegenden ersten Corpusabschnittes scheinen in keinem privaten Dienstverhältnis, sondern in einer Anstellung bzw. Beschäftigung im öffentlichen Bereich begründet zu sein, auch wenn in einigen Fällen die Lohnauszahlung nachweislich über private Institutionen erfolgt war; der Vollzug bestimmter Aufgaben oblag in der Spätantike demzufolge vermehrt den Organisationsstrukturen von Domänen und kirchlichen Körperschaften. Bei jenen Lohnquittungen, welche ein Beschäftigungsverhältnis im öffentlichen Umfeld vermuten lassen, geht der Sachverhalt zumeist aus der Funktionsbezeichnung des Lohnempfängers oder aus der Amtsbezeichnung des Adressaten hervor, wobei speziell die Tätigkeit im Bereich von Wach- und Sicherheitsaufgaben einem typischen Beschäftigungsprofil in den Lohnquittungen des vorliegenden Corpusabschnittes entsprochen zu haben scheint.

In selbigen Kontext fallen auch jene Lohnquittungen von Symmachoi[84], welche an Grammateis von unterschiedlichen Dörfern adressiert waren; neben den Urkunden **3**, **14**[85], **36**, **71**, **82** ***bis***, **90**, **91** und **92**, welche allesamt dem umfangreichen Textkonvolut des sogenannten „Andreas-Archivs" entstammen und Auszahlungen von „Jahreslöhnen" zum Inhalt hatten, nimmt auch das Fragment in **7** auf den Lohnempfang eines Symmachos Bezug, welcher gegenüber dem Grammateus des arsinoitischen Dorfes Tanis bestätigt wurde; darüber hinaus läßt auch noch eine Reihe weiterer Urkunden den Sachverhalt einer Entlohnung von Symmachoi als möglichen Hintergrund vermuten: in **1**, einem weiteren Dokument aus dem „Andreas-Archiv", war eine Lohnauszahlung von einem Sohn (oder von einer Tochter?) eines „gewesenen" Symmachos empfangen worden, dessen (bzw. deren) eigene Funktion im Fragment nicht bezeugt ist; die Höhe der ausgezahlten Lohnsumme, die im Vergleich mit anderen Lohnquittungen von Symmachoi einen ungefähren Anhaltspunkt für die Art der Tätigkeit des Lohnempfängers (bzw. der Lohnempfängerin) hätte liefern können[86], ist nicht überliefert; in **5**, einer Urkunde aus demselben Archiv, sind vom Lohnempfänger weder Name noch Funktion erhalten; die Lohnsumme, welche auffälligerweise mit den ausgezahlten Lohnbeträgen in **71**, 4 und **91**, 5 übereinstimmt, deutet auf das Jahresgehalt eines Symmachos hin; in Hinblick auf den in der ersten Zeile des Dokumentes ergänzten Vatersnamen gilt zudem – wie auch im Fall der namentlich nicht bezeugten Person des Lohnempfängers in **3** – eine Identität mit Apollos, dem entlohnten Symmachos in **14**, als keineswegs ausgeschlossen; in **8** ist ein Symmachos als Empfänger einer Lohnzahlung überliefert, die er für den eigenen

[84] Zu Begriff, Aufgabenstellung und Einsatzbereich vgl. allgemein Jördens, *Symmachoi I* 105–118.

[85] Die Lohnsumme war in dieser Urkunde von einem Symmachos für einen seiner Kollegen in Empfang genommen worden.

[86] Mehrfach läßt sich im „Andreas-Archiv" eine Summe von zwei Solidi abzüglich zehn Keratia bzw. von zwei Solidi abzüglich fünfzehneinhalb Keratia als „Jahresgehalt" von Symmachoi nachweisen; vgl. in diesem Zusammenhang **14**, 3, **90**, 5–6 und **92**, 5–6 gegenüber **71**, 4 und **91**, 5. Angesichts der Lohnhöhen kann es sich bei diesen Geldbeträgen unmöglich um die Auszahlung eines vollständigen Jahresgehaltes gehandelt haben. Eine Teilzahlung – zum Beispiel für Lohn von drei Monaten – ist in Anbetracht des Zahlungstitels auszuschließen. Den Symmachoi, aber auch anderen Lohnempfängern des „Andreas-Archivs" dürfte das Gesamteinkommen aus diesem Grund nicht aus einer einzigen Lohnauszahlung, sondern auch aus anderen Quellen erwachsen sein, woraus sich wiederum schließen ließe, daß jene – sofern sie hierbei nicht irgendeiner Nebenbeschäftigung nachgegangen waren – mehreren Dörfern, welche dann als Kollektiv für die anstehenden Personalkosten aufzukommen hatten, als Dienstbereich zugeteilt gewesen waren; der Gesamtjahreslohn der betreffenden Person könnte sich demzufolge aus einer unbekannten Anzahl von Gehaltszahlungen zusammengesetzt haben, die von unterschiedlichen Dörfern bestritten worden waren und mit dem Kompetenzbereich und Einsatzgebiet des Beschäftigten unmittelbar in Zusammenhang gestanden sein dürften.

Vater, dessen Funktion im Text der Quittung unerwähnt geblieben ist, entgegengenommen hatte; die mutmaßliche Lohnssumme von zwei Solidi minus elf Keratia stimmt zwar mit keinem anderen der im Archiv dokumentierten Gehaltssätze unmittelbar überein, ist jedoch als Indiz für eine zumindest ähnlich geartete Aufgabenstellung des Entlohnten zu werten. Zu den Lohnquittungen von Symmachoi könnte auch das Fragment in **26**, welches an einen auch aus anderen Urkunden bekannten Ratsherrn von Arsinoiton Polis namens Flavius Timotheos gerichtet gewesen ist, vor allem aufgrund der engen inhaltlichen Parallele in P.Ross.Georg. III 47 gezählt werden; vom mutmaßlichen Funktionstitel des Absenders ist hier nur noch ein Rest des ersten Buchstaben – möglicherweise eines σ – erhalten; die Angabe der Lokalität des öffentlichen Bades in Arsinoiton Polis, die wohl als Teil eines Zahlungstitels aufzufassen ist, würde mit dem Dienstbereich des Lohnempfängers in besagter Parallele, einem in demselben Bad beschäftigten Symmachos, übereinstimmen; beide Dokumente waren zudem nicht nur an ein und dieselbe Person gerichtet, sondern wurden allem Anschein nach sogar von demselben Notar in Person des mehrfach bezeugten Iustos Symbolaiographos aufgesetzt und ausgefertigt.

Derselbe Adressat begegnet im Corpus ein weiteres Mal in **111**, einem weiteren Fragment einer Lohnquittung, welches aufgrund seines Schriftbildes demselben Ausfertiger wie **26** zugeschrieben werden kann und die Entlohnung zweier Personen zum Inhalt gehabt hat, die mit der Durchführung von nicht näher überlieferten Bauarbeiten im arsinoitischen Dorf Alexandru Nesos betraut gewesen sein dürften; das dem Quittungsinhalt zugrundeliegende Beschäftigungsverhältnis scheint auch hier auf einen von öffentlicher Hand getragenen Auftrag zurückgegangen zu sein.

Im weitgefaßten Bereich des öffentlichen Sicherheitswesens dürften auch jene beiden Archihyperetai[87] beschäftigt gewesen sein, die in **2** und **9**, zwei weiteren Urkunden aus der umfangreichen Dokumentation des „Andreas-Archivs", als Lohnempfänger bezeugt sind; in **2** war die Auszahlung eines Jahreslohnes von zwei Solidi abzüglich 10 Keratia, welche in ihrer Gesamtsumme auffälligerweise mit den Jahresgehältern der Symmachoi in **14**, 3, **90**, 5–6 und **92**, 5–6 übereinstimmen, seitens eines in seinem Kompetenzbereich nicht näher definierten Archihyperetes quittiert worden; weitaus geringer war hingegen die mit zwanzig Keratia bemessene Auszahlung eines jährlichen Lohnes an den Archihyperetes Ripariu, Riparias oder Riparion (vgl. ebenda, Komm. Z. 1) in **9** ausgefallen; derselbe Geldbetrag findet sich im „Andreas-Archiv" jedoch auch in **22**, der Lohnquittung über ein Jahresgehalt des Torwächters eines öffentlichen Gefängnisses; auf eine nicht näher bezeugte Summe von einigen Keratia bezieht sich die Auszahlung des Jahreslohnes an zwei Mandatarioi Riparias in **72**, einer weiteren Quittung des „Andreas-Archivs".

Mit zwei weiteren Quittungen des „Andreas-Archivs", **4** und **70**, sind Entlohnungen von zwei unverheirateten Frauen festgehalten worden; aus keinem der beiden Quittungsfragmente geht jedoch hervor, für welche Tätigkeiten die Personen ihren Lohn erhalten haben; **4** bricht zudem unmittelbar vor Erwähnung einer Lohnsumme ab, in **70** ist lediglich die Betragshöhe der ausgezahlten Keratia nicht mehr greifbar. In **12** und **16**, zwei anderen Lohnquittungsfragmenten des „Andreas-Archivs", sind allfällige Angaben, die einen Aufschluß über den Tätigkeitsbereich der entlohnten Personen geben könnten, ebenfalls verlorengegangen; in **12** ist zumindest die Lohnsumme in einer stattlichen Höhe von dreieinhalb Solidi überliefert.

Ein mutmaßlicher Steuerbeamter mit der Funktionsangabe eines Katastates (oder Hypokatastates; vgl. ebenda, Komm. Z. 2) ist in **10** von einem Grammateus, dessen Amtssprengel verlorengegangen ist, mit einem Geldbetrag von einem Solidus entlohnt worden; ob die Lohnsumme sich im gegebenen Fall auf ein Jahresgehalt bezogen hat, ist dem Inhalt und Wortlaut der Urkunde nicht mehr zu entnehmen. In **40**, wo ein Lagerverwalter

[87] Vgl. allgemein Strassi, *Hyperetai* 64–66.

vom Grammateus des arsinoitischen Dorfes Syron zwei Solidi abzüglich viereinhalb Keratia als Lohn erhalten hat, scheint sich der Umstand eines im öffentlichen Bereich angesiedelten Beschäftigungsverhältnisses in der Amtsbezeichnung des Urkundenadressaten anzudeuten; möglicherweise hat die Aufgabe des Entlohnten, über dessen Arbeitsbereich im betreffenden Dokument keine konkreten Angaben gemacht werden, in der Verwaltung öffentlicher Magazine oder Speicheranlagen bestanden. Ähnlich dürfte in **29**, wo vom Lohnempfänger weder ein Name noch die Funktion bezeugt sind, der Adressat des Schreibens, ein Grammateus, dessen Sprengelangabe verloren ist, einem Dorf zugeteilt gewesen sein; die Betragshöhe der Lohnzahlung von zwei „nicht vollwertigen" Solidi (νομισμάτια δύο ῥυπαρά) zusätzlich einer aufgrund des Textverlustes unbestimmten Menge an Keratia könnte ähnlich auf ein sogenanntes „Jahresgehalt" Bezug genommen haben, wie es nachweislich auf die Mehrheit der Lohnquittungen aus dem „Andreas-Archiv" der Fall ist. Einem offiziellen Amtsträger bzw. Funktionär der lokalen Verwaltung scheint die „jährliche" Lohnzahlung in **6**, einer Urkunde aus dem „Andreas-Archiv", gegolten zu haben; die Zahlung des Salärs in der Höhe von einem Solidus abzüglich vier Keratia ist von einer Person in Vertretung des eigentlichen Lohnempfängers, von welchem lediglich der Name und die auf dessen vermeintliche offizielle Funktion und höhere Stellung anspielende Anrede als θαυμασιώτατος erhalten sind, entgegengenommen und bestätigt worden. Im Fragment **23** bleiben die Umstände einer Lohnzahlung über einen Geldbetrag von einem Solidus ungeklärt.

QUITTUNGEN ÜBER SYNETHEIA

Einer anderen Sphäre des öffentlichen Verwaltungsapparates und einem anderen inhaltlichen Kontext dürfte **118**, eine Quittung über als „Synetheia" bezeichnete Amtsgebühren, angehören, die an Flavius Magistor, einen aus anderen Urkunden hinlänglich bekannten Steuerbeamten des Logisterion von Hermupolis, adressiert und von einem mit der Erstellung des Steuerregisters der Embole beauftragten Beamten abgesandt worden war.

Einem privaten Beschäftigungsverhältnis scheint hingegen der Empfang einer nicht näher definierten und als „Synetheia" bezeichneten Dienstvergütung in **24 A** zugrunde gelegen zu sein, die ein Flurwächter vom Verwalter der Kirche des heiligen Apa Isak erhalten hatte[88]; einen ähnlichen Beschäftigungshintergrund ließe auf den ersten Blick hin auch der Inhalt des Fragmentes einer Quittung über „Synetheia" in **34** vermuten, deren Empfang ebenfalls seitens eines Flurwächters bestätigt worden war; im Unterschied zu **24 A** hatte der Zahlungsempfänger und Absender jedoch die Vergütung, welche hier in Form einer ausdrücklich erwähnten Geldsumme erstattet worden war, nicht für sich selbst, sondern für eine andere, im Fragment nicht näher greifbare Person entgegengenommen; die Angabe des Amtsbereiches des als Adressaten fungierenden Grammateus ist aus dem fragmentarischen Erhaltungszustand der Urkunde ebenso wenig ersichtlich; der Umstand, daß die meisten der weiter oben angeführten Quittungen nachweislich an Grammateis von Dörfern gerichtet gewesen sind, läßt jedoch im Fall dieses Fragmentes auf eine annähernd ähnliche Konstellation und somit im Gegensatz zu **24 A** auf ein öffentliches Anstellungsverhältnis des Entlohnten schließen; zumindest in formaler Hinsicht ist eine unverkennbare Ähnlichkeit mit **24 A** dennoch nicht zu leugnen.

[88] Vgl. eine enge inhaltliche Parallele in P.Batav. 23.

Lohnquittungen aus dem privaten Bereich

Lediglich eine geringe Anzahl von Lohnquittungen des vorliegenden Corpusabschnittes scheint eindeutig in privaten Beschäftigungs- oder Anstellungsverhältnissen begründet zu liegen: in **56** hatte ein Eseltreiber aus dem arsinoitischen Dorf Muchis den Empfang einer Lohnzahlung für einen Zeitraum von zwanzig Monaten einschließlich einer zusätzlichen Vorschußzahlung bestätigt; vom Adressaten dieses Schreibens ist mit Ausnahme des Namens und der Anrede als περίβλεπτος nichts erhalten; in **57** blieben die Tätigkeit und Funktion des Lohnempfängers ungenannt, wobei die Auszahlung einem Presbyteros und Hegumenos einer ungenannten Institution gegenüber quittiert wurde; **86** hat eine Entlohnung eines herakleopolitischen Bauern zum Inhalt, welcher Bewässerungsarbeiten in Weingärten durchgeführt hat, die ein *riparius* von einem lokalen Weinbauern gepachtet hatte; in **87** ist einem Leinenweber durch einen Enoikiologos eine Unterhaltszahlung des Taggeldes für einen Bemessungszeitraum von zwei Monaten in Form nicht näher angeführter Mengen an Öl und Kupfergeld erstattet worden, wobei sowohl Dienstgeber als auch Arbeitsbereich des Entlohnten unerwähnt blieben; **96** war an einen *chartularius* der Kirche der heiligen drei Märtyrer in Arsinoiton Polis gerichtet, welcher in jener Eigenschaft eine Lohnauszahlung an einen Stallmeister in Geld, Weizen und „Synetheia" vorgenommen hatte; in **105** kann dem fragmentarischen Textbefund nichts mehr über Anlaß, Charakter und Hintergrund der betreffenden Lohnzahlung, welche über einen Geldbetrag von einem Solidus erfolgt war, entnommen werden.

Neben jenen zahlreichen Quittungen über Lohnauszahlungen, welche zumindest indirekt über die ihnen zugrundeliegenden Beschäftigungsverhältnisse Auskunft zu geben scheinen, dürften auch noch weitere Urkunden des vorliegenden Corpusabschnittes, welche unterschiedlichste Arten von Aufwendungen betreffen, mit Arbeits- und Dienstverhältnissen in engem Zusammenhang gestanden sein: in **33** hatte ein Bediensteter seinem Grundherrn gegenüber den Empfang eines Solidus als Verpflegungsgeld für Arbeitskräfte bestätigt, welche zu Bewässerungsarbeiten auf den Ländereien desselben eingesetzt werden sollten[89]; aufgrund des Textverlustes muß dahingestellt bleiben, ob es sich bei den betreffenden Arbeitskräften um Personen oder um Nutztiere gehandelt hat, zumal die als Aufwendung verbuchte Geldsumme als Vorauszahlung gewährt worden war und aus diesem Grund auch keinen Aufschluß über Art und Zahl der Arbeitskräfte zu liefern vermag; die Quittung ist in jedem Fall jedoch als verwaltungsinternes Schreiben eines Angestellten an seinen Dienstgeber aufzufassen und aus diesem Grund eindeutig im Bereich des Privaturkundenverkehrs anzusiedeln. Bei **42 B**, einer offenbar einzeiligen Kurznotiz über eine Aufwendung von einem Haplun Wein (= 2,189 Liter), die sich auf der Rückseite einer Quittung über zwei Steuerzahlungen befindet, bleiben der Verwendungszweck und die Umstände vollkommen unklar. Eine weitere Aufwendung von Wein ist in **93** dokumentiert, wo ein Hauptmann einer nicht näher bezeugten Wachmannschaft den Empfang von einem Kuri Wein (= 5,8 Liter) bestätigt – eine Menge, die in Hinblick auf die Angabe eines nicht mehr näher zu bestimmenden Bemessungszeitraumes von zumindest einigen Tagen wohl kaum zur Verpflegung einer ganzen Mannschaft ausgereicht hätte; die Aufwendung scheint sich demzufolge eher auf die persönliche Ration des Lieferungsempfängers bezogen zu haben; der Name und die Amtsbezeichnung des Adressaten gehen aus dem Inhalt dieses Fragmentes nicht mehr hervor, es kann jedoch davon ausgegangen werden, daß dieser in

[89] Vgl. in diesem Zusammenhang **86**, wo ein Bauer für die Bewässerung von Weingärten entlohnt worden war.

Anbetracht des allgemeinen Charakters und Inhaltes des betreffenden Schreibens ein offizielles Amt bekleidet hat. Auf welche Art von Aufwendung sich das Fragment einer Quittung in **81** bezogen hat, bleibt aufgrund des Erhaltungszustandes dieser Urkunde, in welcher nicht einmal die Person des Absenders und jene des Quittungsadressaten überliefert sind, ungeklärt. Ein Empfang von nicht näher definierten, monatlichen Geldaufwendungen, welche sich alle auf eine Summe von jeweils zwölf Keratia bezogen hat, ist in **94** quittiert worden; der Absender findet sich namentlich, jedoch ohne Angabe einer allfälligen Funktions- oder Amtsbezeichnung angeführt; die Zahlungen sind seitens eines Pagarchen namens Sabinos erstattet und durch zwei weitere Personen dem Absender übermittelt worden; die äußere Form des Schreibens, das sich hier offensichtlich eines übriggebliebenen Schreibabfallproduktes als Schriftträgers bedient hatte, sowie dessen informeller inhaltlicher Charakter, welcher eine grundlegende Kenntnis des betreffenden Sachverhaltes vorausgesetzt haben dürfte, können als Indiz für persönliche Notizen gewertet werden.

PACHTZINSQUITTUNGEN

Eine andere Gruppe von Quittungen, nämlich jene, welche Zahlungen eines Pacht- und Mietzinses zum Inhalt hatten, sind eindeutig dem Umfeld des Privaturkundenverkehres zuzuordnen. In **44** ist das Fragment einer sogenannten „Sammelquittung" über eine Reihe von Pachtzinszahlungen überliefert, welche allesamt im Namen eines gewissen Apollos geleistet und an ein und denselben Verwalter einer Domäne abgeliefert worden waren, deren Name nur noch unvollständig erhalten ist. Zumindest in zwei Fällen ist aus den einzelnen Zahlungsbelegen zu ersehen, daß die Erstattung des Pachtzinses nicht ausschließlich durch den mutmaßlichen Pächter Apollos in eigener Person, sondern in einem der beiden Fälle durch dessen Sohn, im anderen durch einen Bediensteten erfolgt ist. Soweit sich erkennen läßt, war der Pachtzins in allen Zahlungen mit einem Betrag von jeweils einem Solidus – in der ergänzenden Wertangabe des Münzfußes auffälligerweise jedoch schwankend – veranschlagt. Auf welche Grundstücksart(-en) und -größe(-n) der Pachtzins bezogen war, geht aus dem Inhalt der erhaltenen Textpassagen nicht hervor; zu einer ausdrücklichen Erwähnung solcher Angaben dürfte es in Hinblick auf inhaltliche Parallelen auch gar nicht gekommen sein. Unbeantwortet bleibt daneben auch die Frage, wann und wie oft der Pachtzins zu entrichten gewesen ist. Die naheliegende Vermutung, die von einer jährlichen Erstattung des betreffenden Geldbetrages ausgeht, findet im Textbefund keine Stütze; daß der Pronoetes die Pachtzinszahlungen in seiner Eigenschaft als Angestellter der Domäne, und nicht als Privatperson eingehoben und bestätigt hat, scheint hingegen unbestritten zu sein; die Urkunde könnte sich sowohl im Besitz des Pächters befunden haben als auch zum Zweck einer im Rahmen einer Buchhaltung durchgeführten, verwaltungsinternen Dokumentation der Daten im Büro der Domänenverwaltung aufbewahrt worden sein. In **47**, der Quittung über eine jährliche Erbpachtzinszahlung[90], war ein Geldbetrag von sechs Keratia an die geistliche Körperschaft des Spitals des heiligen Abba Leontios ergangen; die Zahlung ist dem Pächter, einem Symmachos, durch den Pronoetes der betreffenden Institution urkundlich bestätigt worden[91]; das Dokument gehört außerdem zu jenen eingangs erwähnten Quittungstypen,

[90] Zu Erbpachten in Verbindung mit kirchlichem Grundbesitz vgl. neben **272**, SPP III 314, BGU XII 2193, P.Cair.Masp. III 67299 und SB XII 10895 die allgemeinen Ausführungen bei Johnson – West, *BE* 72–74 und Wipszycka, *Ressources* 35–36.

[91] Dieselben Personen sind in ähnlichem, wenn nicht gar demselben Zusammenhang in einer zwei Jahre später ausgestellten Quittung (SPP III 314) bezeugt; der Zahlungstitel jener Urkunde bezieht sich auf eine jährliche Erstattung des Erbpachtzinses eines ganzen Hauses. Vorliegende Quittung läßt dasselbe Pachtobjekt

deren Formular nach dem Schema eines Vertragstextes aufgebaut ist. In einen ähnlichen Kontext scheint der an einen Pronoetes der Kirche des heiligen Ioannes Neoktistos in einer Menge von 32 Artaben Weizen, zehn zwei drittel Artaben Gerste und einer Artabe Gemüsesamen abgelieferte Pachtzins eines dritten Indiktionsjahres in **80** zu fallen; der Name des Adressaten sowie allfällige Angaben zu dessen Person sind nur noch undeutlich erhalten[92]; auch diese Quittungsurkunde war im sogenannten „Vertragsschema" abgefaßt worden. Im Unterschied zu allen bisher angeführten Beispielen von Pachtzinsquittungen, in denen sowohl weltliche als auch geistliche Institutionen als formelle Grund- bzw. Immobilienbesitzer nachgewiesen sind, war das Pachtverhältnis in **98** aufgrund einer Vereinbarung zwischen zwei Privatpersonen zustande gekommen. Ein Notarios hat einem Goldschmied dort den Empfang eines – offenbar jährlich erstatteten – Pachtzinses in der Höhe von ein zwei drittel Solidi für ein Grundstück, das in seinem Besitz stand und vom Adressaten und Pächter in eigener Person bewirtschaftet wurde, bestätigt.

KAUFPREISQUITTUNGEN

Auch diejenigen Quittungen, welche einen Empfang von Preisen für gelieferte oder verkaufte Waren festhalten, dürften ausschließlich auf einen privaten Geschäftshintergrund zurückzuführen sein: **46** hat den Empfang von drei Solidi als Preis von fünf Geräten oder Gegenständen, zu denen unter anderem nachweislich ein bronzenes Gitter gezählt hat, seitens eines gewissen Stephanos zum Inhalt, dessen Berufsangabe, sofern eine solche im Text dieser Urkunde überhaupt Erwähnung gefunden hat, aus dem fragmentarischen Textbefund des Dokumentes nicht mehr hervorgeht; als Quittungsadressat ist eine im Urkundentext nicht näher charakterisierte Person mit Namen Georgios bezeugt, an welche die betreffenden Geräte oder Gegenstände seitens des Zahlungsempfängers entweder verkauft oder zumindest geliefert worden sind; über den genauen Zahlungshintergrund kann aufgrund des vermeintlichen Verlustes der Funktions- oder Berufsbezeichnung des Quittungsabsenders bestenfalls spekuliert werden; für den Fall, daß es sich beim Zahlungsempfänger gleichzeitig auch um den Erzeuger der gelieferten Gegenstände gehandelt hat, fiele die Urkunde in die Kategorie der sogenannten „Kaufpreisquittungen" ; am Ende des Quittungstextes war vom Zahlungsempfänger und Absender mittels einer „Abstandsklausel" auf jegliche, selbige Gegenstände bzw. deren Realwert betreffende Ansprüche verzichtet worden, wobei die betreffende Aussage unter Schwur geleistet sowie mit eigener Unterschrift bekräftigt worden ist; die Urkunde, welche der aus anderen Dokumenten bekannte Paulos Symbolaiographos ausgestellt hat, ist zusätzlich noch mit der Unterschrift eines Zeugen versehen gewesen. **72** ***bis*** hat einer Dame, die möglicherweise als Witwe des Menas, des offenbar letzten Pagarchen des vereinigten Arsinoites und Theodosiupolites, zu identifizieren ist, den Empfang eines in seiner Höhe ungenannt bleibenden Preises für Schmiere (σμήγματα) bestätigt, welche der Zahlungsempfänger, ein Ölmüller, an den in Diensten der Urkundenadressatin stehenden *chartularius* abgeliefert hatte; die Urkunde könnte aufgrund der Berufsangabe des Zahlungsempfängers und Absenders, bei welchem es sich offenkundig auch um den Produzenten der Schmiere gehandelt haben dürfte, als „Kaufpreisquittung" aufzufassen sein.

---

voraussetzen, da beide Urkunden wohl nicht zufällig in ihren Angaben zur Zahlungssumme und dem vom Monat Pachon ausgehenden Bemessungszeitraum übereinstimmen dürften.

[92] Dieselbe Kirche ließ allerdings in **79** den Empfang eines Solidus abzüglich sechs Keratia als Preis für gelieferte Spreu quittieren; der Name des Adressaten ist auch dort nicht mehr greifbar; die beiden Urkunden könnten nun nicht allein in Hinblick auf ihren gemeinsamen Verfasser in einem engen Kontext zueinander stehen, sie könnten auch inhaltlich an ein und dasselbe Pachtverhältnis angeknüpft bzw. ein und denselben Pächter betroffen haben, wie der ergänzte Zusatz ὑπὲρ πάκτου im Zahlungstitel von **80**, 3 nahezulegen scheint.

In **79** ist die Erstattung eines Preises für eine unbestimmte Menge an Spreu überliefert, welcher an die aus **80** bekannte Kirche des heiligen Ioannes seitens einer nicht näher bezeugten Person in Form eines Geldbetrages von einem Solidus abzüglich sechs Keratia erstattet worden ist; die Quittung, die auf Veranlassung eines Oikonomos, welcher die Zahlung entgegengenommen hatte, ausgefertigt und im Formalschema eines Vertragstextes von derselben Schreiberhand wie **80** verfaßt worden ist, scheint auch inhaltlich auf das in **80** dokumentierte Pachtverhältnis Bezug genommen zu haben. **116** hatte den Empfang eines Kauf- oder Lieferungspreises von siebeneinhalb Keratia zum Inhalt, welcher einem Hirten für die Lieferung von einigen landwirtschaftlichen Produkten, zu welchen nachweislich eine unbestimmte Menge an Grünfutter gehört hatte, bezahlt worden ist; die Quittung hat sich an einen *chartularius* einer nicht näher bezeugten Kirche gerichtet und ist von dem bereits erwähnten Iustos Symbolaiographos ausgefertigt worden. Eine „Kaufpreisquittung" liegt mit Sicherheit in **83** vor, wo eine Geldsumme von fünf Solidi für den Kauf mehrerer Bekleidungsstücke und eines Räucherfasses aufgewandt worden ist; als Zahlungsempfängerin ist die unverheiratete Tochter eines verstorbenen Apollos bezeugt, welche den Empfang des Kaufpreises mittels dieses Schreibens einem Geometres gegenüber bescheinigt hat; wie bei **46** hat der Quittungstext neben einer vollständigen Aufzählung der verkauften Waren auch eine „Abstandsklausel" seitens der Absenderin enthalten.

Privaturkundliche Geldzahlungen

Weitere Quittungen über Geldzahlungen, die dem Umfeld des privaten Urkundenverkehrs entstammen, betreffen Darlehensrückzahlungen, Tilgungen von Schulden, Auszahlungen von Erbteilen und Erstattung finanzieller Entschädigungen: in **109** hat eine unverheiratete Frau einem Grammateus namens Kyros die vollständige Tilgung eines Schuldverhältnisses bestätigt, welches dieser gegenüber einem nahen, mittlerweile verstorbenen Angehörigen der Zahlungsempfängerin eingegangen war und das sich auf einen Geldbetrag von einem Solidus belaufen haben dürfte; die Frau scheint den Solidus hier in Eigenschaft als Erbin und Rechtsnachfolgerin des ursprünglichen Gläubigers empfangen zu haben; der Wortlaut einer in Resten erhaltenen „Abstands-" bzw. „Unwirksamkeitsklausel" kann als Anzeichen dafür gewertet werden, daß die aus dem Schuldverhältnis erwachsenen Ansprüche des Gläubigers in einem Schuldschein urkundlich festgehalten worden sind. Eine weitere Schuldentilgung findet sich im Fragment **112 A** quittiert; die Tilgungssumme hat sich hierbei auf einen Betrag von einem oder mehreren Solidi belaufen; neben dem Namen des Zahlungsempfängers sind nur noch Reste jener Klausel erhalten, welche, ähnlich wie im Fall von **109**, die in einem vorausgegangenen Schuldschein niedergelegten Ansprüche des Gläubigers für ungültig erklärten; auf dem Verso desselben Schriftträgers (**112 B**) ist die Rückzahlung eines Darlehens bestätigt worden, wobei die auf dem Rekto befindliche Urkunde zum Zweck der Wiederverwendung für die Beschriftung des Verso an der rechten Seite abgeschnitten worden war; das Quittungsformular der jüngeren Urkunde, mit der ein Grammateus einem Presbyteros gegenüber eine zinslose (Rück-) Zahlung eines Geldbetrages von vierzig *folles* (= ca. drei ein drittel Keratia) bestätigt hat, weist einen inhaltlich knappen und formal stark komprimierten Wortlaut auf; ob die Person des Absenders von **112 B** mit jener des Quittungsadressaten in **112 A** identisch gewesen ist, wie die Umstände einer Wiederverwendung des Schriftträgers nahelegen, bleibt angesichts des Verlustes der Angabe des Adressaten auf dem Rekto ungeklärt. Über die Teilrückzahlung einer Darlehenssumme gibt **64** Auskunft; die Quittung, deren Formularstruktur auf dem sogenannten „Vertragsschema" basiert, ist an einen Grundherrn in Herakleopolis adressiert und hat den Empfang einer Summe von acht Solidi bescheinigt, die ein Angehöriger des städtischen

Klerus in seiner Eigenschaft als *cancellarius* vom Adressaten als erste Rate einer Darlehensrückzahlung über den doppelten Geldbetrag erhalten hatte; das Darlehensverhältnis war, wie dem Inhalt des Quittungstextes zu entnehmen ist, in einer an den Bischof der Stadt gerichteten Urkunde vertraglich festgelegt gewesen, von welcher der Zahlungsempfänger angab, über rechtskräftige Abschriften zu verfügen; die Urkunde schließt mit der eigenhändig verfaßten, im Schriftbild jedoch recht unbeholfen wirkenden Einverständniserklärung des Zahlungsempfängers und der Unterschrift des Ausfertigers Enoch Symbolaiographos[93].

Aus einer nichterfüllten Darlehensvereinbarung oder einer Säumigkeit im Zuge einer Darlehensrückzahlung könnte die Erstattung einer mit einem Solidus abzüglich fünf Keratia bemessenen Zinszahlung in **113** resultiert haben, welche eine nicht näher bezeichnete Person namens Ioannes von einem Färber empfangen hatte; die Darlehensvereinbarung war in einem vierzehnten Indiktionsjahr urkundlich niedergelegt worden, die Auszahlung des Darlehenszinses im darauffolgenden fünfzehnten Indiktionsjahr erfolgt.

In **73** sind einem Polsterer von dessen leiblichen Bruder, der denselben Beruf ausübte, drei Solidi als Erbteil einer Darlehenssumme von sechs Solidi ausgezahlt worden; die Summe war hierbei vor Fälligkeit des betreffenden Darlehens vorgestreckt worden, welches der verstorbene Vater der beiden Brüder namens Maximinos einem gewissen Kulas, Sohn eines Neilammon, über eine Gesamtsumme von sechs Solidi gewährt hatte; der Zahlungsempfänger hat eine im Text enthaltene Verzichtserklärung bzw. „Abstandsklausel" bezüglich des mit der Vorauszahlung gleichzeitig erloschenen Anspruches auf sein Erbteil mittels eigenhändig verfaßter Einverständniserklärung bekräftigt.

Einer regelmäßig erfolgten Auszahlung einer augenscheinlich durch Erbteil zugefallenen Vermögensrendite könnte der in **97** von einem gewissen Iustos aus Oxyrhynchos für ein elftes Indiktionsjahr quittierte Empfang eines in Summe unerwähnt bleibenden Fünftels nicht näher definierter Einkünfte der verstorbenen Schwiegermutter zugrundegelegen sein; die im „Vertragsschema" abgefaßte Quittung ist an einen Pronoetes gerichtet, der die Auszahlung offenbar in Eigenschaft als Verwalter der Erbmasse bzw. der daraus entstandenen Vermögensveranlagung vorgenommen hat; der Quittungstext endete wie **73** mit einer als Klausel wiedergegebenen Verzichtserklärung seitens des Zahlungsempfängers, die sich auf allfällige Ansprüche betreffs der Einnahmen und Aufwendungen desselben elften Indiktionsjahres bezogen hat, deren Rechtskraft vom Absender auch mittels einer eigenhändig verfaßten Einverständniserklärung zum Ausdruck gebracht worden ist.

Der Empfang einer finanziellen Entschädigungs- oder Ausgleichszahlung dürfte in **117** dokumentiert sein, wo ein Geldbetrag von einem Solidus abzüglich zwei ein viertel Keratia von einer lediglich mit Namen genannten Person an den Urkundenabsender, einen nicht näher charakterisierten Grammateus, für dessen Grundstücke erstattet wurde, über welche jene als Pfand verfügte; über die Umstände der Verpfändung der betreffenden Grundstücke ist dem Quittungsinhalt nichts zu entnehmen.

Bei den übrigen Quittungen oder quittungsähnlichen Urkunden hat ein Zahlungstitel entweder keine ausdrückliche Erwähnung gefunden oder ist aufgrund des fragmentarischen Erhaltungszustandes der betreffenden Dokumente nicht mehr greifbar, wodurch Hintergrund, Charakter und Umstände der Zahlungen oftmals ungeklärt bleiben: in **19** hatte Flavius Menas, ein Sohn des aus anderen Urkunden bekannten *Leontoclibanarius* Flavius Kallinikos Iuvinnianos[94], den Geldbetrag einer unbekannten Anzahl an Keratia erstattet; dieselbe Person findet sich ein weiteres Mal in **15**, einer „Sammelquittung" über Grundsteuern, als Adressat bezeugt; in **19** dürfte der leibliche ältere Bruder, ein gewisser Ioannes, als Übermittler der Zahlungssumme fungiert haben. Ausfertigungsmängel scheint jene, auf Pergament ge-

93 Dieselbe Person hat darüber hinaus auch für die Ausstellung von SPP III 421 verantwortlich gezeichnet.

94 Zum sogenannten „Kallinikos-Dossier" vgl. B. Palme, CPR XXIV 18, Einl., S. 114–115; die Texte des Dossiers liefern einen wichtigen Anhaltspunkt für die zeitliche Einordnung von **15** und **19**.

schriebene Quittung über eine nicht näher erläuterte Geldzahlung in **21 A** aufzuweisen, in welcher die Person des Adressaten auffälligerweise keine Erwähnung fand; als Zahlungsempfänger ist ein Schafzüchter aus Arsinoiton Polis überliefert; vor einer Nennung der Auszahlungssumme, welche sich auf einen Geldbetrag von elf Keratia belaufen hat, war mit der Angabe des Monats Mesore eines neunten Indiktionsjahres möglicherweise auf den Bemessungszeitraum der betreffenden Zahlung Bezug genommen worden. In **32** finden sich neben dem Einleitungsformular und der Herkunftsbezeichnung des Absenders und des Quittungsadressaten möglicherweise spärliche Reste eines Geldbetrages überliefert; die eigentliche Bedeutung des Urkundenfragmentes beruht jedoch auf der darin – bislang einmalig – bezeugten zeitweiligen Zugehörigkeit des Dorfes Eleusina zur Verwaltungseinheit des theodosiupolitischen Gaues im Süden des Fayyum. **37** bestätigte die Erstattung einer unbestimmten Summe Solidi und war an einen Grammateus eines namentlich nicht überlieferten Dorfes gerichtet; neben der Formulareinleitung sind nur noch Angaben zum Bemessungszeitraum, das Ausstellungsdatum und die Unterschrift des Ausfertigers erhalten. In **41** wurde der Empfang eines Geldbetrages gegenüber einem gewissen Abba Basileios quittiert; der Zahlungsempfänger dürfte die Urkunde mittels Unterschrift und Einverständniserklärung bekräftigt haben; darüber hinaus sind noch Reste der Unterschrift des Ausfertigers zu erkennen. **54** dürfte aufgrund von Resten eines Textendes und eines Textanfanges als Fragment einer „Sammelquittung" zu deuten sein; von der ersten Zahlungsbescheinigung sind ein Teil des Bemessungszeitraumes, in dessen unmittelbarem Anschluß eine nicht näher bezeugte Geldsumme genannt war, ein Teil des Ausstellungsdatums, zwei Zeugenunterschriften und die Unterschrift des aus anderen Urkunden bekannten Ausfertigers Kallinikos überliefert[95], vom zweiten Text ist lediglich die Formulareinleitung zu greifen. In **69** hat ein *adiutor*, dessen Dienstbereich nicht bezeugt ist, die Zahlung eines Geldbetrages von zwei Solidi bestätigt, die er für einen gewissen, nicht näher charakterisierten Apa Hol, Sohn eines Paus, entgegengenommen hatte; der übrige Textbefund ist auf das Ausstellungsdatum der Urkunde und die Paraphe des Ausfertigers beschränkt. Der Empfang einer Geldsumme von drei Solidi wurde in **114** quittiert; im Zahlungsempfänger, dessen Berufsangabe verloren ist, dürfte aufgrund der Herkunftsangabe Apameon Polis und der ausdrücklichen Nennung des gegenwärtigen Aufenthaltsortes in Arsinoiton Polis eine ortsfremde Person zu erkennen sein; im Fall des Quittungsadressaten ist von der Erwähnung einer Berufs- oder Amtsbezeichnung offenbar gänzlich abgesehen worden; der Wiedergabe der Auszahlungssumme ist die Angabe εἰς Βαβυλῶνα nachgestellt, worunter eine Art Verwendungszweck verstanden werden könnte; einer allfälligen Forderungsansprüchen zuvorkommenden Verzichtserklärung bzw. Abstandsklausel seitens des Zahlungsempfängers folgen das Ausstellungsdatum und die Unterschrift des Ausfertigers. Auf dem Schema eines Vertragstextes dürfte die Quittung über den Empfang eines halben nicht vollwertigen Solidus im Wert von elf ein viertel Keratia in **58** fußen; als Zahlungsempfänger bzw. Absender des Schreibens begegnet ein namentlich nicht bezeugter Pagarch des arsinoitischen Gaues; vom Quittungsadressaten liegen lediglich dessen Vatersname und Herkunftsangabe, vom Zahlungstitel ein Rest der Angabe des Bemessungszeitraumes vor; mit dem Ausstellungsdatum bricht das Fragment ab.

In anderen Fällen ist eine Rekonstruktion der Formalschemata nicht einmal mehr anhand der Textverteilung in den Fragmenten möglich: **11** quittierte den Empfang eines Solidus; der Bemessungszeitraum der Zahlung hatte vom ersten Tag des Monats Mesore seinen Ausgang genommen. Der Quittung könnte sowohl ein privates Geschäft als auch ein in einem öffentlichen Umfeld angesiedelter Transaktionsvorgang zugrundegelegen sein. **62** hatte eine

[95] Die Unterschrift des Ausstellers gibt aufgrund einer sicher datierten Parallele in einem vorläufig noch unpublizierten Text (P.Vindob. G 25614) Aufschluß über Herkunft und Datierung des Dokumentes; vgl. **30**, Komm. Z. 5.

Geldzahlung über eine Summe von drei Solidi abzüglich dreizehneinhalb Keratia zum Inhalt, welche einem Nyktostrategos seitens eines Kollegen für den Bemessungszeitraum eines halben Jahres erstattet worden ist; der Zahlungsempfänger und mutmaßliche Urkundenadressat war im Quittungsformular auffälligerweise nicht „persönlich" mit παρὰ σοῦ τοῦ δεῖνος, sondern bloß „indirekt" mit παρὰ τοῦ δεῖνος angesprochen worden[96]; das Quittungsfragment, dessen inhaltliche Aussage einen privaten Hintergrund auszuschließen und den Kontext eines verwaltungsinternen Schreibens nahezulegen scheint, läßt hinsichtlich seiner Formularstruktur einen Urkundenaufbau nach sogenanntem „Quittungsschema" erwarten. In **104** liegt das Fragment einer Quittung vor, welche sich inhaltlich auf den Empfang eines Geldbetrages von einem halben Solidus und einer Weizenmenge von sechs Artaben bezogen hat; weitere Angaben, welche die namentlich bezeugte Person eines Klerikers, die Kirche der heiligen Thekla von Arsinoiton Polis, eine Töpferei und einen Berechnungszeitraum in einem fünfzehnten Indiktionsjahr betreffen, können keinem konkreten Kontext zugeordnet werden; der Inhalt des Fragmentes bricht nach Resten des Ausstellungsdatums ab. In **110** wurde von einer nicht näher charakterisierten Tochter eines gewissen Ioannes der Empfang einer Geldsumme von einem Solidus bestätigt; vom übrigen Urkundeninhalt sind nur noch Reste des Ausstellungsdatums greifbar.

LIEFERUNGSQUITTUNGEN

Neben den eben angeführten Geldzahlungen sind in einigen Dokumenten des vorliegenden Corpusabschnittes auch verschiedentlich Waren- und Produktlieferungen angezeigt: Hintergrund und Charakter einer in **89** quittierten Lieferung von 1500 Artaben Gerste bleiben aufgrund des fragmentarischen Zustandes der Urkunde ungewiß; vom Empfänger der betreffenden Getreidemenge ist nur noch der Name bezeugt; das Schreiben war vermutlich an die Adresse des aus anderen Urkunden bekannten – zum damaligen Zeitpunkt möglicherweise bereits im Ruhestand befindlichen – Pagarchen des nördlichen Teiles des herakleopolitischen Gaues, Appa Kyros, gerichtet; als Übermittler der gelieferten Gerstenmenge könnte jene Person fungiert haben, von welcher bloß der Amtstitel μειζότερος erhalten ist. Aus dem Inhalt eines im Vertragsschema abgefaßten Quittungsfragmentes in **67** scheint hervorzugehen, daß hiermit der Bezug einer großen Menge an Schilfrohr bestätigt worden war, welches ganz offensichtlich für den Einsatz im Weinbau vorgesehen waren. Die Quittung war an einen gewissen Kosmas, einen Ratsherrn von Herakleopolis, adressiert; vom Lieferungsempfänger ist nur noch die Angabe der ländlichen Herkunft greifbar; dem Kontext nach könnte es sich sowohl um einen lokalen Weinbauern als auch um einen Pächter oder Angestellten des Quittungsadressaten gehandelt haben; das Schriftstück ließe sich demzufolge sowohl als im Privatbereich angesiedeltes, verwaltungsinternes Bestätigungsschreiben eines Angestellten seinem Dienstherrn gegenüber als auch als mutmaßlicher „Lieferungskauf" oder vermeintliche „Kaufpreisquittung" über Schilfrohr deuten.

Auf die Lieferung von Waren oder anderen Produkten scheinen auch einige wenige Kleinfragmente Bezug zu nehmen: in **27**, dem Fragment einer Urkunde im „Quittungsschema", wird das betreffende Transaktionsobjekt inhaltlich möglicherweise nur noch im rückbezüglichen τὰ ἴσα τῶν ἐπαρθέντων berührt; vom Adressaten sind ausschließlich der Name und die Anrede als λαμπρότατος erhalten; die Transaktion ist in Hinblick auf die Relation zwischen der Angabe des Bemessungszeitraumes und jener des Ausstellungsdatums im voraus für ein darauffolgendes Jahr erfolgt. **63** hat in Form eines

[96] Vgl. in diesem Zusammenhang den Exkurs zu den Urkundenschemata und Formulartypen im weiteren Verlauf des Einleitungsabschnittes, S. 38ff.

„Vertragsschemas“ offenbar die Lieferung einer Töpferachse zum Inhalt gehabt; vom Urkundenkopf dieses Dokumentes, in welchem vorweg die Person des Absenders und jene des Adressaten genannt gewesen sein dürften, sind noch Reste vorhanden, wobei die Reihenfolge der Erwähnung der betreffenden Personen aufgrund zahlreicher Kürzungen offen bleibt; der urkundlich niedergelegte Vorgang scheint jedenfalls den Oikonomos einer geistlichen Institution einerseits und einen, in seiner konkreten Funktion nicht mehr näher greifbaren Angestellten einer Domäne andererseits betroffen zu haben; wie dem weiteren Inhalt des Fragmentes zu entnehmen ist, war in die Transaktion auch ein nicht näher bezeugter Phrontistes – sei es in Eigenschaft als Auftraggeber, sei es in übermittelnder Funktion – eingebunden. In **50**, dem Fragment einer Urkunde unbekannten Charakters, welche eine Lieferung von Naturalien anbelangt haben dürfte, ist das dem Dokument zugrundeliegende Formalschema aus dem Erhaltungszustand nicht mehr ersichtlich; entweder hat es sich um eine Quittung oder um eine jener Lieferungsanweisungen gehandelt, welche sich im weiteren Verlauf des Corpus mehrfach eingestreut finden; neben den Angaben eines Ortes und eines Zeitraumes waren die Mengen dreier Produkte angeführt, unter denen sich nachweislich zwölf Artaben Weizen und zwei *sextarii* Öl befunden haben.

Incerta

Daneben sind aber auch noch jene Urkundenfragmente anzuführen, welche aufgrund ihres Erhaltungszustandes nicht einmal mehr Aufschlüsse über allfällige Zahlungsmittel oder Transaktionsobjekte geben: in **28** sind neben der Formulareinleitung im sogenannten „Quittungsschema“ nur noch Reste von den Herkunftsangaben des Absenders und des Adressaten überliefert. Das Fragment einer Urkunde im „Quittungsschema“, welche offensichtlich an einen Proairetes ergangen war, liegt in **30** vor; das Schriftstück ist von derselben Person namens Kallinikos wie **54** ausgefertigt worden; **45 A** hat sich an die Erben einer nicht näher bezeugten Person gerichtet; neben der im „Quittungsschema“ angesiedelten Formulareinleitung, dem Namen des Absenders und dem Bemessungszeitraum der Transaktion, welcher über den Zeitpunkt des nur noch unvollständig überlieferten Ausstellungsdatums der Urkunde hinausgereicht hat, sind noch Reste von der Unterschrift des Ausfertigers vorhanden; Schriftbild und Schreibfehler zeugen von minderer Ausfertigungsqualität. In **53** legt die Textverteilung eine Formalgestaltung nach dem sogenannten „Quittungsschema“ nahe; die inhaltliche Aussage des Fragmentes beschränkt sich auf spärliche Angaben zur Person des Absenders, des Adressaten und des Übermittlers der urkundlich festgehaltenen Zahlung oder Lieferung; weiters finden sich der Bemessungszeitraum, das Ausstellungsdatum und die Unterschrift des für die Ausfertigung verantwortlichen Grammateus. **60** gibt den Ausschnitt eines Schreibens eines Kephalaiotes (*capitularius*) wieder, welches an einen Farbhändler adressiert war; neben einer, keinem bestimmten Kontext zuzuordnenden Ortsangabe ist sonst nur noch die Angabe des Ausstellungsdatums der Quittung erhalten; ob der Urkunde ein privates Rechtsgeschäft oder wie im Fall der Steuerquittung eines Kephalaiotes in **61** eine staatliche Amtshandlung zugrundelag, bleibt aufgrund der beschränkten inhaltlichen Aussage des Fragmentes offen. In **101** sind Formulareinleitung, Name und Vatersname des Absenders sowie Individualname des Adressaten, in **102** die Formulareinleitung sowie die Anrede und der Titel des mutmaßlichen Adressaten greifbar. **18** weist neben dem Teil eines Vertragskopfes mit Angaben zur Person des Absenders und/oder des Adressaten Reste der Einleitung des Urkundenformulars auf. In **51**, wo zumindest der Name des mutmaßlichen Absenders, der Rest einer Zahlenangabe einer Summe und das Ausstellungsdatum überliefert sind, ist das Formalschema der Urkunde aus dem Textbefund nicht mehr zu ersehen.

2. Verträge und vertragsähnliche Urkunden

Im Unterschied zu den zahlreichen Quittungen und quittungsartigen Urkunden, welche sich in ihrer inhaltlichen Aussage gattungsspezifisch auf die Bestätigung eines Zahlungs- oder Lieferungsvorganges beziehen, fällt die Zahl der Verträge und vertragsähnlichen Urkunden im vorliegenden Corpusabschnittes, welche im wesentlichen aus Darlehen und Lieferungskäufen bestehen, vergleichsweise gering aus. Ihr Urkundencharakter ist entscheidend durch den Status einer vertraglichen Vereinbarung zwischen zwei oder mehreren Personen bzw. Parteien geprägt und weist im subjektiv stilisierten Urkundenformular eine zweiteilige Strukturierung auf: zum einen wird die Erbringung einer vertraglich vereinbarten Leistung dokumentiert, zum anderen ein Vollzug der vertraglich festgelegten Gegenleistung in Aussicht gestellt. Trotz ihres vertragsartigen Charakters dürften jene Urkunden demzufolge zumindest in formaler Hinsicht den funktionalen Aspekt einer Quittung erfüllt haben.

Was deren formale Gestaltung anbelangt, so lassen sich, ähnlich wie im Fall der Gruppe der Quittungen und quittungsartigen Urkunden, sowohl die Anwendung des sogenannten „Quittungsschemas" als auch der Gebrauch des sogenannten „Vertragsschemas" nachweisen. In ihrer Formularstruktur sind die vertragsartigen Urkunden durch folgenden Aufbau gekennzeichnet:

1. Name und personenspezifische Daten (Filiation, Berufs- oder Amtsbezeichnung, Herkunftsangabe) des Absenders, der eine der beiden Vertragsparteien darstellt;
2. Name und personenspezifische Daten des Urkundenadressaten, der anderen Vertragspartei;
3. Empfangsbestätigung und Schuldanerkenntnis einschließlich einer Angabe des Verwendungszweckes (Darlehen) oder des Zahlungs- bzw. Lieferungstitels (Lieferungskäufe);
4. Nennung der Darlehenssumme oder des Darlehensobjektes (Darlehen); Produkt und vereinbarte Liefermenge (Lieferungskäufe, wobei die Betragssumme des im voraus empfangenen Kaufpreises für gewöhnlich nicht eigens angeführt wird);
5. Rückgabe- bzw. Lieferungsbestimmung, welche an einen ausdrücklich erwähnten Rückzahlungs- bzw. Liefertermin gebunden ist;
6. Strafklausel für den Fall eines Fristversäumnisses oder einer (Rück-) Zahlungs- bzw. Lieferungsunfähigkeit seitens des Schuldners; in manchen Lieferungskäufen sind darüber hinaus Garantieklauseln verankert, welche im Fall eines nachweisbaren Qualitätsmangels des gelieferten Produktes Straf- bzw. Ersatzzahlungen oder -leistungen vorsehen;
7. Ausstellungsdatum;
8. Unterschrift des Ausfertigers (mitunter auch des Darlehens- bzw. Zahlungsempfängers und fallweise auch eines oder mehrerer Zeugen).

Ein Darlehen über Saatgut ist in **52** überliefert; die Urkunde baut auf dem Formalschema einer Quittung auf; der Darlehensempfänger bzw. Schuldner, von welchem ausschließlich Name und Herkunft genannt gewesen sein dürften, hat einem Anagnostes gegenüber den in einem sechsten Indiktionsjahr erfolgten Empfang einer nicht näher bezeugten Menge an Saatgut bestätigt, welche für die Aussaat auf einem von ihm, vermutlich im Rahmen eines Pachtverhältnisses genutzten Stück Landes im darauffolgenden siebenten Indiktionsjahr bestimmt gewesen ist; es wäre nicht abwegig, im Adressaten dieser Darlehensurkunde einen Funktionär jener nicht näher überlieferten kirchlichen Institution zu vermuten, welche das betreffende Grundstück an den Darlehensempfänger und Absender des Schreibens verpachtet hat. Der Rückgabebestimmung zufolge hatte der Schuldner die Saatgutmenge nach eingebrachter Ernte des siebenten Indiktionsjahres zur Zeit des Dreschens in Form reinen Getreides zurückzuerstatten; eine im Anschluß daran angeführte Straf- bzw. Sanktionsklausel ist fast vollständig verloren; die Urkunde endet nach dem Ausstellungsdatum mit der Unterschrift des Ausfertigers.

Ein Darlehen über einen Geldbetrag ist Gegenstand der im „Quittungsschema" gestalteten Urkunde **59**, wobei der Ausstellung des betreffenden Dokumentes entweder die Erneuerung eines bereits bestehenden Darlehensverhältnisses oder die Auszahlung eines mittels eines früheren Vertrages vereinbarten Gelddarlehens zugrundegelegen sein dürfte; einem Lampenanzünder oder Sohn eines verstorbenen Lampenanzünders wurde seitens eines Boethos (*adiutor*) der Empfang eines Geldbetrages von sieben Solidi quittiert, welcher diesem gemäß einer Vereinbarung, die er mit dem verstorbenen Vater des Urkundenadressaten abgeschlossen hatte, ausgezahlt worden ist; im Gegenzug hat der Adressat nicht näher überlieferte Pfandobjekte erhalten, welche im weiteren Verlauf des Schreibens genannt gewesen sein dürften; gleichzeitig hat sich der Schuldner dazu verpflichtet, die geliehene Geldsumme innerhalb eines Zeitraumes von 21 Tagen zurückzuerstatten; der Inhalt einer Strafklausel legte weiters fest, daß das Pfand im Fall einer nicht fristgerechten Rückzahlung des Darlehens in den Besitz des Urkundenadressaten überzugehen hätte; dem Ausstellungsdatum der Urkunde folgten Unterschrift und Einverständniserklärung des Darlehensempfängers, welcher das Dokument dem Anschein nach selbst verfaßt hat. Eine im sogenannten „Quittungsschema" verfaßte Urkunde eines Darlehens, welches zwei Krämer – Vater und Sohn – mit einem Papyrushändler über eine Summe von zweieinhalb Solidi abgeschlossen haben, ist in **115** überliefert; die beiden Schuldner haben hierin die Darlehensrückzahlung mittels eines Tilgungsplanes von drei Ratenzahlungen innerhalb eines Jahresviertels in Aussicht gestellt; eine im Fall allfälliger Terminüberschreitungen oder (Rück-) Zahlungsunfähigkeiten automatisch inkrafttretende Strafklausel war im Gegensatz zu **59** bemerkenswerterweise nicht angeführt; im Anschluß an das Ausstellungsdatum haben zwei Zeugen sowie der für die Ausfertigung der Urkunde zuständige Symbolaiographos, eine Person geistlichen Standes im Rang eines Diakonos, unterzeichnet.

Um ein „verstecktes" Darlehen könnte es sich in **68**, einer Urkunde im „Quittungsschema", gehandelt haben, welche formell die Zahlung einer Grundsteuer zum Inhalt gehabt hat; zwei mit Namen und Vatersnamen charakterisierte Personen aus dem herakleopolitischen Dorf Onne haben einer Person aus dem Dorf Leukogion den Empfang der Grundsteuer ihres Kleros quittiert, welche im voraus für ein fünfzehntes Indiktionsjahr erstattet worden ist; von der Zahlungssumme war auffälligerweise keine Erwähnung gemacht worden; der Adressat scheint den beiden Absendern offensichtlich durch ein Pachtverhältnis verbunden gewesen zu sein und die Vorauszahlung der Grundsteuer auf deren Veranlassung hin getätigt zu haben; das Urkundenformular hat seinem formellen Charakter gemäß keine Rückzahlungsbestimmung enthalten; in einer Abstandsklausel wurde jedoch ausdrücklich darauf verwiesen, daß mit dem urkundlich niedergelegten Vorgang alle Ansprüche der Absender gegenüber dem Adressaten in Bezug auf das folgende fünfzehnte Indiktionsjahr erloschen; das Schreiben schloß nach dem Ausstellungsdatum mit der Unterschrift des mit der Ausfertigung betrauten Grammateus.

Das Fragment eines Weinlieferungskaufes im sogenannten „Quittungsschema" liegt in **25** vor; zwei Personen, von denen nur noch die Reste unterschiedlicher Herkunftsangaben überliefert sind, haben einer nicht näher bezeugten Person namens Petros den Empfang eines Kaufpreises von 600 Lagynoi Wein bestätigt; der genaue Wortlaut einer im Anschluß an das Produkt und die Liefermenge wiedergegebenen Lieferungsbestimmung läßt sich nicht mehr erschließen; von einer, anscheinend unmittelbar darauffolgenden Straf- bzw. Garantieklausel, mittels welcher dem Urkundenadressaten für den Fall eines Unterbleibens der Lieferung oder einer Qualitätsunterschreitung die Verfügungsgewalt über das Privatvermögen der beiden Zahlungsempfänger eingeräumt worden ist, sind bloß einige wenige unzusammenhängende

Reste vorhanden; dem Ausstellungsdatum dürften die Unterschriften eines Zeugen und des Urkundenausfertigers gefolgt sein.

85 scheint als Vorlage oder als Muster eines Weizenlieferungskaufes gedient zu haben; im Formular ist das Schriftstück an das Schema eines Vertragstextes gebunden; der im Fall des sogenannten „Vertragsschemas“ übliche Kopfteil mit einer vorangestellten Nennung der beiden Vertragsparteien ist aufgrund des funktionalen Charakters des Dokumentes ausgespart geblieben; der Text ist unmittelbar vom Einleitungsformular des eigentlichen Vertragskörpers ausgegangen und hatte in Form eines subjektiv stilisierten „Homologie“ den fiktiven Empfang eines Kaufpreises von zwölf Artaben hochqualitativen Weizens zum Inhalt; die Lieferungsbestimmung hatte den Monat Payni als Vollzugstermin ausersehen und eine Mengenbemessung „im richtigen Maß“ garantiert; die Urkunde endete mit der Zeitangabe eines kommenden ersten Indiktionsjahres, welche wohl nicht allein auf den Zeitpunkt des Lieferung, sondern möglicherweise auch auf den Erntetermin der vertraglich zugesagten Weizenmenge zu beziehen ist.

3. Abrechnungen

Abrechnungen scheinen bloß ausnahmsweise, nämlich ausschließlich in Verbindung mit auf ein und demselben Schriftträger befindlichen quittungs- oder vertragsartigen Texten, ihren Eingang ins Corpus gefunden zu haben: eine im Rahmen der Sammelquittung **44** wiedergegebene Abrechnung stehen mit den dort quittierten Zahlungen von Pachtzinsen in offenkundigem Zusammenhang; die inhaltliche Stellung und der funktionale Charakter dieser Abrechnung bleiben weitgehend unklar; die einzeln verbuchten Geldsummen, die alle auf den Namen eines gewissen Apollos, des mutmaßlichen Pächters der Quittungstexte, verrechnet wurden, stimmen jedenfalls zumindest ungefähr mit den Geldbeträgen der auf demselben Dokument quittierten Pachtzinszahlungen überein; möglicherweise hat der betreffende Urkundenabschnitt der Berechnung einer Zwischensumme gedient. In **45 B** liegt ein weiteres Fragment einer Abrechnung vor, deren Buchungstitel ὑπὲρ κτητορικῶν nur mehr wenig über den Inhalt der Urkunde verrät; neben einer Reihe von Personennamen findet sich die Gesamtsumme einer nicht näher bezeugten Menge von Artaben eines unbekannten Produktes; die Abrechnung war zu einem späteren Zeitpunkt zwecks Wiederverwendung des Schriftträgers aus Anlaß der Ausstellung der auf der anderen Seite befindlichen Quittung **45 A** zerschnitten worden.

4. Urkunden nicht näher greifbaren Inhaltes

Drei Schriftstücke des vorliegenden Corpusabschnittes entziehen sich gänzlich einer konkreten inhaltlichen und formalen Zuordnung; lediglich eines dieser Dokumente war vom Erstherausgeber in transkribierter Form im Editionscorpus veröffentlicht worden, die übrigen zwei Urkunden waren als Rückseiten anderer im Corpus enthaltener Texte bei der Veröffentlichung unberücksichtigt geblieben.

Welche Beweggründe den Herausgeber veranlaßt hatten, **107**, das Fragment eines Schreibens, welches wegen der Erwähnung einer Mitgift und Morgengabe(n) mit einer Eheschließung in Zusammenhang gestanden sein könnte, dem Abschnitt der ersten 118 Corpusnummern einzugliedern, welcher Urkunden des Formulartyps „† ἔσχον καὶ ἐπληρώθην ἐγώ – παρά – Motivierung – Betrag – ἐγράφη mit Datierung – Unterschrift“ umfaßte, ist weder aus der Formalbeschreibung des Schriftstückes noch aus dessen Transkription ebendort zu ersehen; die Wiedergabe an betreffender Stelle ist umso verwunderlicher, als der Herausgeber das Dokument bereits im Rahmen seines 1889 erschienenen Beitrages *Pariser Papyri des Fundes von El-Faijum* in der Reihe der Wiener Denkschriften der kaiserlichen Akademie der Wissenschaften behandelt und auch dort keinerlei Andeutungen über einen allfälligen quittungsartigen Charakter des Schreibens gemacht hatte; im Zuge der Wiederveröffentlichung des Fragmentes als SB I 4850 war die Urkunde schließlich als Heiratsvertrag gedeutet worden.

Auf nicht näher bestimmbare Räumlichkeiten und die Reinigung technischer Teile oder Geräte einer Werkstatt wird im Fragment **108 B** Bezug genommen; im Unterschied zu der auf der anderen Seite desselben Schriftträgers überlieferten Urkunde **108 A**, einer Quittung über eine Erstattung von Produktionskosten für Hemden, welche in Verbindung mit Sachrequisitionen erfolgte (s. weiter unten), ist auf dieses Dokument merkwürdigerweise weder im Zuge der Erstedition des Schriftträgers in dem oben angeführten Aufsatz *Pariser Papyri des Fundes von El-Faijum* noch im Rahmen von dessen Wiederveröffentlichung in der wenig später erschienen Corpusedition ausdrücklich hingewiesen worden; beide Seiten des Urkundenblattes sind unvollständig erhalten und weisen gegenüber den beiden vorhandenen originalen Blatträndern schräge Zeilenverläufe auf; eine Unterscheidung zwischen Rekto und Verso ist aufgrund des Erhaltungszustandes nicht möglich, die chronologische Abfolge der Urkunden bleibt ebenfalls unklar.

In **65 B**, dem Fragment eines Schreibens, welches auf der Rückseite einer Quittung über eine Weizenlieferung (**65 A**; s. weiter unten) erhalten ist, scheint unter anderem auf eine Messung des Nilstandes eingegangen worden zu sein; Charakter, Inhalt und Umfang der Urkunde sind nicht mehr greifbar; das Schriftstück dürfte zum Zweck einer Wiederverwendung des Papyrusblattes zerschnitten worden sein; auf die Beschriftung dieser Seite des Schriftträgers wurde nicht einmal in der Formalbeschreibung der Corpusedition kurz eingangen; der Erstherausgeber könnte sowohl aufgrund des schlechten Erhaltungszustandes und der daraus resultierenden beschränkten Aussagekraft als auch in Hinblick auf die angestrebte formale und inhaltliche Konzeption des Gesamtcorpus von einer Bearbeitung dieses Textfragmentes Abstand genommen haben.

5. Urkunden steuerlichen Inhaltes

Als geschlossene Gruppe von Texten werden im folgenden jene Urkunden behandelt, welche entweder direkt oder aufgrund verwaltungstechnischer Aspekte indirekt mit dem Steuerwesen in inhaltlichem Zusammenhang gestanden sind. Die meisten dieser Dokumente sind in ihrer Formalfunktion dem sogenannten „Quittungstyp" verpflichtet und geben in ihren Zahlungs- bzw. Urkundentiteln ein vielfältiges Spektrum an unterschiedlichen Steuer- und Abgabenarten preis.

Diverse Grundsteuern

Mehrfach finden sich Zahlungen von Grundsteuern dokumentiert: in **15**, dem Fragment einer Sammelquittung, war die Steuer eines Grundes über mehrere Jahre hinweg von Funktionären bzw. Steuerbeamten der Steuerklasse der Komokatöken des arsinoitischen Dorfes Metrodoron eingehoben worden; die Festlegung des Betrages dieser Grundsteuer, deren Bezugsobjekt in der fünften Zeile des Rekto genannt ist[97], scheint einem zweijährigen Bemessungszeitraum unterworfen gewesen zu sein; die Steuerleistung ist im bzw. für den betreffenden Bemessungszeitraum zweimal – jeweils in Form eines Geldbetrages von neun Keratia – erbracht worden; dem Bemessungszeitraum dürfte demzufolge ein Steuersatz von achtzehn Keratia zugrundegelegen sein; die einzelnen Zahlungsbestätigungen des Dokumentes waren alle an ein und dieselbe Person, einen Soldaten namens Flavius Menas, Sohn des Kallinikos, als Steuerpflichtigen gerichtet, welcher weiters in **19** als Adressat einer Quittung über eine nicht näher zu definierende Geldzahlung bezeugt ist (s. weiter oben). Die mit παρὰ σοῦ τοῦ δεῖνος „persönlich" erfolgte Ansprache des Steuerzahlers im Quittungstext sowie der funktionelle Charakter der Urkunde als Zahlungsbestätigung könnten den Schluß nahelegen, daß sich die Sammelquittung im Besitz des Steuerpflichtigen befunden hat; die inhaltliche Struktur der betreffenden Urkunde, welche im wesentlichen durch eine Aneinanderreihung mehrerer Zahlungsbelege bestimmt war, läßt jedoch auch die Vermutung zu, daß selbige zum Zweck einer verwaltungsinternen fiskalischen Überprüfung und Buchhaltung in einem der Büros der Steuerbehörde aufbewahrt und regelmäßig aktualisiert worden ist.

Die Zahlung einer Grundsteuer von viereinhalb (oder mehr) Keratia, welche ein Heizer und Pronoetes von einem Symmachos empfangen hatte, ist in **35** bezeugt; in Hinblick auf die Funktionsbezeichnung des Zahlungsempfängers, welcher die Quittungsurkunde dem Anschein nach selbst ausgestellt hat, dürfte es sich hierbei nicht um eine Steuerurkunde offiziellen Charakters, sondern um eine Privatdokument gehandelt haben, welches – ähnlich wie **68** – möglicherweise als Zeugnis eines „versteckten Darlehens" vor dem Hintergrund eines bestehenden Pachtverhältnisses aufzufassen ist.

Eine weitere Zahlung für Grundsteuer wird in **38** quittiert; im Unterschied zu den bisher behandelten Urkunden weist dieses Dokument ein objektiv stilisiertes Quittungsformular auf, in welchem lediglich die Person des Steuerzahlers namentlich angeführt gewesen ist; dem Zahlungstitel zufolge hat sich die Steuerleistung auf ein viertes Indiktionsjahr bezogen und war, wie dem Ausstellungsdatum am Ende des Quittungstextes zu entnehmen ist, im Verlauf

---

97 Daß das Bezugsobjekt im Inhalt der Einzelquittungen ausdrücklich Erwähnung gefunden hatte, scheint auch aus den Z. 23, 31 und den Resten der Z. 25 hervorzugehen.

desselben erbracht worden; die in unmittelbarem Anschluß an den Bemessungszeitraum des Steuertitels erfolgte Erwähnung des arsinoitischen Dorfes Letus scheint sich weder auf die räumliche Lage des Steuerobjektes noch auf den betreffenden Steuerbezirk, sondern – in Hinblick auf die Höhe der Steuersumme von 117 ein achtel Keratia – auf eine kollektive Steuerleistung der ganzen oder eines Teiles der Dorfgemeinschaft bezogen zu haben[98]; die in der ersten Zeile des Dokumentes genannte Person könnte demzufolge als der Übermittler dieser Steuergelder aufzufassen sein; als Bemessungsgrundlage der Gesamtsumme des Steuersatzes hat laut Angaben eine (Land- bzw. Grundstücks-) Fläche von sechs Aruren einhalb ein viertel ein vierundzwanzigstel Ammata gedient, wobei ein Angabefehler oder die Auslassung einer Ziffer durch den Verfasser dieser Quittung, einen nicht näher bezeichneten Grammateus, angesichts eines daraus resultierenden, außergewöhnlich hoch bemessenen Steuersatzes von 19,48 Keratia/Arura nicht vollkommen ausgeschlossen werden darf.

42 A könnte ebenfalls auf eine Zahlung von Grundsteuern Bezug genommen haben, obwohl sich ein solcher Sachverhalt aufgrund des Fehlens eindeutiger Indizien nicht unbedingt aufzudrängen scheint; auf dem Dokument sind zwei Steuerzahlungen vermerkt und zu einer sogenannten „Doppelquittung“ zusammengefaßt worden; mit der ersten Zahlungsbescheinigung war der Eingang einer Geldsumme von vier Keratia bestätigt worden, welche von einem gewissen Tarou gemäß einer Steuerausschreibung seitens des aus anderen Urkunden hinlänglich bekannten Steuerbeamten Flavius Magistor, welcher hier als Diastoleus ohne Angabe eines näher definierten Kompetenzbereiches ausgewiesen ist, für ein laufendes Indiktionsjahr erbracht worden ist; aus einer von anderer Hand über der ersten Zeile des Textes angebrachten Ergänzung ὑπὲρ Αστουφορε scheint hervorzugehen, daß die Zahlung für ein mutmaßliches Grundstück bzw. Steuerobjekt dieses Namens geleistet worden ist; daß dieser Nachtrag, der als Teil des Zahlungstitels verstanden werden muß, nicht auf eine Person bezogen gewesen sein dürfte, läßt sich aus der Formulierung und dem inhaltlichen Kontext der zweiten Zahlungsbescheinigung ersehen, welche mittels eines rückbezüglichen Einleitungsformulars mit ὁμοίως τοῦ αὐτοῦ offensichtlich an die inhaltliche Aussage des Textes des ersten Zahlungsbeleges angeknüpft hat; im folgenden wurde der Empfang einer Steuersumme von einem Keration bestätigt, welches derselbe Tarou, diesmal jedoch im Namen eines gewissen Kallinikos, Sohn eines Pharesmanes, für dasselbe Jahr des Steuerzyklus erstattet hat. Die Höhe dieser zweiten Steuerleistung ist allerdings durch einen anderen Steuerbeamten als jene des ersten Quittungsabschnittes festgelegt worden. Das Dokument endete mit der Unterschrift und einer eigenhändig verfaßten Einverständniserklärung seitens eines gewissen Phoibammon, in welchem der Empfänger der beiden quittierten Steuerzahlungen zu erkennen sein dürfte. Die Urkunde scheint aufgrund ihres formalen Charakters in ihrer praktischen Anwendung nicht die Funktion eines herkömmlichen Zahlungsbeleges erfüllt zu haben, welcher dem Steuerpflichtigen ausgehändigt wurde, sondern dürfte als verwaltungsinternes Schreiben an die Steuerbehörde des Logisterion von Hermupolis gerichtet gewesen sein.

Embole

Ein andere Gruppe von Steuerquittungen kann unter dem Überbegriff der Embole, jener sowohl Geldzahlungen als auch Weizenlieferungen umfassenden Form einer Naturalsteuer subsumiert werden, welche in byzantinischer Zeit vorrangig die Getreideversorgung Konstantinopels gewährleisten sollte, daneben aber auch jene Alexandriens sicherzustellen

[98] Vgl. eine dasselbe Dorf betreffende Parallele in SPP III 261.

hatte und in früharabischer Zeit für die Versorgung Ägyptens sowie zum Zweck des Exports beibehalten worden war.

In **43** ist die Zahlung eines Geldbetrages von einem Solidus abzüglich sechs Keratia seitens einer bloß namentlich genannten Person vermerkt, die ἀπὸ ἐμβολῆς einschließlich einer darauffolgenden Jahresangabe vereinnahmt worden ist; die Quittung über diesen Geldbetrag, welcher dem Anschein nach nicht persönlich, sondern durch eine dritte Person übermittelt worden war, war offensichtlich von dem für die Einhebung verantwortlichen Steuerbeamten, einem Diastoleus des Logisterion von Hermupolis, eigenhändig ausgestellt worden. Derselbe Beamte ist als Zahlungsempfänger und Urkundenaussteller ein weiteres Mal in **78**, einer Quittung über eine mutmaßliche Nachzahlung von Rückständen der Weizensteuer, nachgewiesen; die Nachzahlung war hierbei in Form eines Geldbetrages von zwei Solidi und drei Keratia seitens eines Amtsdieners der Steuerklasse der Komokatöken erfolgt (vgl. in diesem Zusammenhang **15**); dieselbe Person könnte aufgrund der Namensgleichheit möglicherweise sogar mit dem Zahlungsüberbringer in **43** gleichzusetzen sein, dessen Funktionsangabe in jenem Zeugnis aufgrund des Textverlustes nicht mehr greifbar ist; beide Urkunden bauen auf demselben Quittungsschema und Formulartyp auf, wo die Person des Steuerzahlers bzw. Zahlungsüberbringers nicht „persönlich“ (nach dem Muster παρὰ σοῦ τοῦ δεῖνος), sondern „indirekt“ (nach dem Muster παρὰ τοῦ δεῖνος) angesprochen ist; ob die Quittung demzufolge überhaupt als Zahlungsbescheinigung für den Steuerpflichtigen gedacht gewesen ist, läßt sich nicht wirklich entscheiden, da es sich in beiden Fällen offenkundig nicht um reguläre Eingänge von Steuerzahlungen gehandelt hat, deren Charakter vielmehr unklar bleibt; zumindest im Fall von **78** könnte das Schreiben in Hinblick auf die Funktion des Zahlungsüberbringers auch als Bescheid eines verwaltungsinternen Vorganges verstanden werden.

Unter dem Zahlungstitel ὑπὲρ ἐμβολῆς werden in den Urkunden des sogenannten „Leontios-Archivs“ Lieferungen unterschiedlicher Weizenmengen quittiert: in **48** sind 200 Artaben Weizen seitens eines *comes* für die Embole eines zwölften Indiktionsjahres, in **49** sechzig Artaben Weizen seitens einer namentlich nicht näher eruierbaren Körperschaft für die Embole eines elften Indiktionsjahres und in **77** dreieinhalb Artaben Weizen seitens eines Archiatros für ein elftes und ein zwölftes Indiktionsjahr abgeliefert worden; in allen drei Fällen sind die Weizenmengen durch zwei Sitometrai von Antinoupolis in offizieller Vertretung eines gewissen Leontios, des Hypodektes von Hermupolis, in welchem der Vorgesetzte der Sitometrai zu erkennen sein dürfte, entgegengenommen und urkundlich bestätigt worden. Alle drei Lieferungen wurden ohne Aufschlagzahlung für anfallende Transportkosten verrechnet; die Dokumente sind bezeichnenderweise nach demselben Urkundenschema und Formulartyp wie die Texte **43** und **78** abgefaßt.

Dianome

Zumindest zwei Quittungen des vorliegenden Corpusabschnittes haben in ihrem Wortlaut nachweislich auf den ausschließlich in arabischer Zeit bezeugten Steuertitel der Dianome Bezug genommen. Darunter ist die regelmäßige Requirierung und Finanzierung staatlich angeordneter Sachleistungen zu verstehen. Um der Struktur und dem Charakter dieser Dokumente gerechter zu werden, ist der Gebrauch des Begriffes „Quittung“ hier in einem weiter gefaßten Sinn zu verstehen – d. h. „Quittung“ wird im vorliegenden Kontext nicht in der streng eingeschränkten juristischen Bedeutung („Empfangsbestätigung“, ohne eine damit einhergehende Verpflichtung zu einer Gegenleistung) verwendet. Eine Lieferung von nicht näher greifbaren Erzeugnissen, die mit Gonachia – einer Art von Überwürfen oder Decken aus dickem Stoff – in direktem Zusammenhang stand, ist in **106** überliefert; die inhaltliche

Aussage dieses Fragmentes ist im wesentlichen auf die am Ende des Urkundenformulars wiedergegebene formelle Bereitschaftserklärung seitens des Absenders beschränkt, mittels welcher dem bzw. den Quittungsadressaten versichert wurde, die empfangenen Sachleistungen für die Dianome des betreffenden Indiktionsjahres abzuliefern[99]. In **108 A** wird dem Zunftmeister der Leinenweber von Arsinoiton Polis gegenüber der Empfang von Finanzierungsmitteln für die Herstellung von drei Hemden quittiert, deren Anfertigung für die Dianome eines gegenwärtigen achten Indiktionsjahres in Auftrag gegeben worden ist; beim Zahlungsempfänger, dessen Berufsangabe verlorengegangen ist, könnte es sich um einen jener Leinenweber gehandelt haben, denen der Adressat des Schreibens in seiner Funktion als Zunftmeister vorstand. Ein recht ähnliches Szenario scheint aufgrund des Formulars auch dem Fragment **55** zugrundezuliegen. Einem nicht näher greifbaren Epistates, hinter dem sich gleichfalls ein Zunftmeister zu verbergen scheint, wird der Empfang eines Preises für die Herstellung oder Lieferung von Waren bestätigt. Der Textbefund gibt keinen Hinweis über die Art der Ware(n), deren Finanzierung vermutlich aus den Mitteln der Dianome bestritten wurde. Als Empfänger haben offensichtlich mehrere Personen fungiert.

Probata

Bei einem weiteren Steuertitel der arabischen Zeit, den Probata, der sogenannten „Schafssteuer", handelte es sich um eine adärierte Form von *extraordinaria*, welche zur Versorgung des arabischen Verwaltungsapparates eingehoben wurden. **88** hat die Bestätigung einer Geldzahlung von einigen Keratia zum Inhalt, welche möglicherweise in Zusammenhang mit den Probata erstattet wurden; sowohl die Person des Zahlungsempfängers als auch jene des Adressaten sind in ihrer genauen Funktion und Stellung nicht mehr greifbar; die in Resten erhaltene Amtsbezeichnung des Urkundenadressaten τοῦ προβάτου τῶν ἀπὸ Θεαξενίδος legt jedoch den Schluß nahe, daß die Urkunde einer Quittierung einer kollektiven Steuerleistung seitens des arsinoitischen Dorfes Theaxenis für Probata gedient hat. Das Fragment einer Abrechnung über Probata ist in **24 B** überliefert, wo alle dokumentierten Zahlungssummen gegenüber namentlich genannten Personen verbucht wurden[100] und sich dabei jeweils auf denselben Geldbetrag von fünf Keratia beliefen.

Diverse Abgaben

Einzelne Urkunden haben sich inhaltlich auch auf den Empfang bestimmter Abgaben oder Gebühren bezogen; der Wortlaut dieser Zeugnisse vermag angesichts eines Mangels an Parallelen allerdings nur mehr einen unzureichenden Einblick in das Wesen der betreffenden Abgabenleistungen zu geben und läßt kaum deren genauen Sachverhalt, Umstände und Hintergründe erahnen; in **82** wird Andreas, jenem aus den Lohnquittungen des nach ihm benannten Archivs hinlänglich bekannten Grammateus des Dorfes Tamauis, die Erstattung einer Geldsumme von drei Solidi als einer vermeintlichen Monopolabgabe für den Farbstoff Krimnos seitens eines Telonarches geistlichen Standes quittiert; das Formular dieser Quittung unterscheidet sich grundlegend von dem der übrigen Urkunden desselben Archivs, was mit dem funktionalen Charakter, vielleicht aber auch mit dem verwaltungsinternen Hintergrund des betreffenden Dokumentes zusammenhängen könnte; welcher geistlichen Institution der

[99] Der Aufbau und das Formular sind deutlich aus den Parallelen in **119**, **180** und **204** ersichtlich.

[100] Nur in Einzelfällen wurden Vatersname oder Titel angeführt.

Telonarches in seiner Eigenschaft als Anagnostes angehört hat, geht aus dem Urkundeninhalt nicht hervor; sein weltliches Amt könnte jedoch mit allfälligen administrativen Aufgaben, welche die kirchliche Institution möglicherweise im Auftrag des Staates wahrzunehmen hatte, in Zusammenhang gestanden sein.

Der Bestimmungszweck der Steuerleistung im Fragment **61**, wo ein nicht näher bezeugter Kephalaiotes von zwei oder mehreren Personen, deren Funktionsbezeichnungen verloren sind, ein sogenanntes δημόσιον τέλεσμα eines sechzigsten Teiles einer nicht näher überlieferten Bemessungsgrundlage für einen Bemessungszeitraum von drei oder mehreren Indiktionsjahren eingehoben hat; ein allfälliger Zahlungsbetrag ist nicht greifbar, muß jedoch aufgrund der Formulierung des Zahlungstitels, welcher in Form eines Akkusativ-Objektes auf das Verbum des Hauptsatzes und der Formulareinleitung reflektiert haben dürfte, auch nicht unbedingt angeführt gewesen sein.

99 könnte auf den ersten Blick als bislang einziges Zeugnis einer Art „Weinsteuer" (τὸ δημόσιον ῥύσεως οἴνου) aufgefaßt werden, welche einer unverheirateten, nicht näher charakterisierten Frau seitens einer anderen über einen Geldbetrag von eineinhalb Solidi bescheinigt worden ist. Daß es sich bei ῥύσωες οἴνου nicht um die Festlegung eines Bemessungszeitraumes – vergleichbar dem Terminus καρπῶν – gehandelt hat, wird anhand des Fehlens einer unmittelbar daran anschließenden Jahresangabe deutlich; aus der Stellung der betreffenden Personen geht hervor, daß die Urkunde trotz ihres Zahlungstitels kein offizielles Steuerdokument dargestellt haben dürfte, sondern offenbar einer privaten Vereinbarung, möglicherweise sogar einem „versteckten" Darlehen, entsprungen war; im Zuge einer solchen Deutung würde sich die Festlegung des Bemessungszeitraumes mittels der Angabe des betreffenden Indiktionsjahres als unwesentlich erweisen, was wiederum bedeuten könnte, daß ῥύσωες οἴνου doch als zeitlicher Terminus zu verstehen wäre und die Quittung folglich eine von privater Hand getätigte Vorstreckung einer herkömmlichen Steuerzahlung zum Inhalt gehabt hätte.

In einer Reihe anderer Urkunden werden nebenbei einige verwaltungstechnische Aspekte sowie der praktische Aufwand des Steuerwesens berührt: in **66** liegt das Fragment einer im „Vertragsschema" gehaltenen Meldung oder Quittung über ein Verladen von 60 Artaben Weizen (-korn) für die Embole vor; zwei Grammateis des Hafens von Thmoinepsi hatten diese Urkunde als verwaltungsinternes Schreiben an zwei Osprigitai gerichtet. Eine unbekannte Summe von Solidi war einem Grammateus einer Domäne in **100** als Frachtgebühr für Steuerweizen von einem nicht näher greifbaren Kollegium hinterbracht worden; auch dieses Dokument dürfte einen administrativen Vorgang zwischen zwei unterschiedlichen Instanzen widerspiegeln; gleichzeitig liefert die Urkunde ein Zeugnis für die Einbindung der Domänen in staatliche Verwaltungsaufgaben. In **65 A** hat ein Grammateus Steuerweizen des arsinoitischen Dorfes Turubestis in einer Menge von einhalb ein drittel ein zwölftel Artaben für ein dreizehntes Indiktionsjahr an einen Hypodektes abgeliefert; die Quittung weist jenen objektiv stilisierten Formulartyp auf, wie er im Corpus bei den Urkunden **261**ff. anzutreffen ist. **103** hat eine Requirierung von Grünfutter zum Inhalt; die betreffende Liefermenge, welche nicht im Hohlmaß, sondern durch Angabe der Anbaufläche (mindestens eineinhalb Aruren) angeführt ist, ist vom Verwalter der Kirche des Erzengels Michael eingehoben und einer nicht näher bezeichneten Person gegenüber quittiert worden; der Hintergrund dieses Verwaltungsvorganges dürfte aufgrund des Wesens der Institution jenem in **82** nicht unähnlich gewesen sein; der Umstand muß hier allerdings umso bemerkenswerter erscheinen, als die Ausstellung der Urkunde bereits in arabische Zeit gefallen ist.

Incerta

Der steuerliche Charakter einer in Naturalien und einem Geldbetrag erbrachten Leistung in **17** bleibt aufgrund des fragmentarischen Zustandes jener Urkunde ungeklärt; das Fragment gibt nur noch Aufschluß darüber, daß die Steuerleistung, deren genaue Menge und Beitragshöhe nicht mehr erhalten sind, vom Grammateus eines Weilers eingehoben und verbucht worden ist. In **31**, wo einem Erbsenhändler die Zahlung eines aufgrund des Textverlustes unbekannten Geldbetrages für ein laufendes viertes Indiktionsjahr bestätigt wurde, läßt vor allem die Amtsbezeichnung des Zahlungsempfängers und formellen Absenders, eines Diagrapharios, einen steuerlichen Hintergrund vermuten. Eine Quittung im sogenannten „Vertragsschema", welche die Zahlung eines Geldbetrages von einem Solidus abzüglich drei Keratia bescheinigte und von zwei Komarchai des Dorfes Prere an einen Ratsherrn aus Hermupolis namens Taurinos gerichtet war, ist in **95** überliefert; der mit ὑπὲρ λόγου eingeleitete Zahlungstitel ist nur noch unvollständig greifbar; die Angabe des Bemessungszeitraums als eines *canon* eines dritten Indiktionsjahres sowie die im Rahmen einer Verzichtserklärung bzw. „Abstandsklausel" erfolgte Präzisierung περὶ δημοσίου τῆς αὐτῆς τρίτης ἰνδικτίωνος lassen jedoch auf einen steuerlichen Kontext des Schreibens schließen; eine abschließende Einverständniserklärung seitens der beiden Zahlungsempfänger ist von einem Gnoster, dem vermeintlichen Verfasser der Urkunde, geschrieben und im Namen derselben – da jene des Schreibens unkundig gewesen waren– unterzeichnet worden.

ANALYTISCHER TEIL II

URKUNDENSCHEMATA UND FORMULARTYPEN

Auf den Umstand, daß die Reihenfolge der Urkunden im Corpus einer Anordnung nach formalen und typologischen Kriterien unterworfen ist, wurde bereits mehrfach hingewiesen. Daß dieses Verfahren nicht immer konsequent und systematisch angewandt worden ist, hatte schon Ulrich Wilcken in seiner Rezension zum Gesamtcorpus kritisch vermerkt und anhand einzelner Fallbeispiele erläutert[101]. Durch ein Aufgreifen des methodischen Ansatzes Wesselys und eine danach erfolgte Unterscheidung der Urkunden nach deren Formaltypen, welche dem Anordnungsprinzip der *editio princeps* zugrundegelegen war, sollen im folgenden Berechtigung und Sinnhaftigkeit einer solchen Methodik unter Beweis gestellt werden. Ein abschließender Vergleich widmet sich schließlich der Fragestellung, ob einzelne Formulartypen in ihrer Anwendung auf bestimmte Gruppen von Urkunden beschränkt waren, beziehungsweise – wenn nicht – inwieweit sie auf Art, Inhalt und Thematik der Urkunden Bezug genommen haben. Eine unerläßliche Voraussetzung für die folgenden Untersuchungen stellt die Festlegung einer brauchbaren und auf jeden Einzelfall anwendbaren Terminologie dar; grundsätzlich ist dabei zwischen drei technischen Grundbegriffen zu unterscheiden:

– Urkundentyp, worunter Art und Funktion der Urkunde zu verstehen sind. Im vorliegenden Corpusabschnitt sind dies hauptsächlich Quittungen oder quittungsartige Urkunden (sogenannter „Quittungstyp") einerseits und Verträge bzw. vertragsähnliche Urkunden wie Darlehen oder Lieferungskäufe (sogenannter „Vertragstyp") andererseits.

– Urkundenschema, womit die formale, von Art und Inhalt der Urkunde vollkommen unabhängige Gestaltung des betreffenden Dokumentes gemeint ist. Es liegt zum einen ein Gestaltungsmuster vor, in welchem die involvierten Personen oder Parteien im Verlauf des Urkundentextes namentliche Erwähnung erfahren (sogenanntes „Quittungsschema"; zum Beispiel ἔσχον καὶ ἐπληρώθην ἐγὼ ὁ δεῖνα παρὰ σοῦ τοῦ δεῖνος κτλ.), zum anderen Formen, in welchen die Namen der betreffenden Personen oder Parteien im vorangestellten Kopf des Dokumentes vorweg angeführt werden (sogenanntes „Vertragsschema"; zum Beispiel τῷ δεῖνι παρὰ τοῦ δεῖνος. ἔσχον παρὰ σοῦ κτλ.).

– Formulartyp, welcher das dem jeweiligen Text zugrundeliegende Urkundenformular kennzeichnet und vorrangig anhand der auf einer oder mehreren Verbalformen aufbauenden Hauptsatzeinleitung zu unterscheiden ist.

Im Fall des Formulartyps sind neben dem als unerläßlich zu betrachtenden strukturellen Aufbau, welcher sich aus der Abfolge der Formularbestandteile und der Reihenfolge der inhaltlichen Angaben ergibt, darüber hinaus aber auch noch andere Formalkriterien zu berücksichtigen:

– Formularstilisierung, welche – unabhängig von der inhaltlichen Aussage und der Art des Dokumentes – entweder subjektiv oder objektiv gefärbt ist, je nachdem, ob die auf den Absender des Schreibens bezogene Personalendung des Verbums der Hauptsatzeinleitung der ersten oder dritten Person entspricht.

[101] Vgl. dazu den betreffenden Passus im Abschnitt „Zu Revision und Neuedition", S. 5ff.

– Ansprache des Adressaten, welche sowohl „direkt“ bzw. „persönlich“ – etwa mittels des Personalpronomens der zweiten Person (σοῦ, ὑμῶν) oder in Form eines mit Possessivpronomen versehenen Abstraktums (zum Beispiel ἡ σὴ λαμπρότης oder ἡ ὑμετέρα θαυμασιότης) – als auch „indirekt“ bzw. „unpersönlich“ – etwa durch eine bloße Erwähnung des Namens oder Titels der betreffenden Person – erfolgen kann.

Einen entscheidenden Aufschluß über den Status und den Charakter des im Dokument urkundlich niedergelegten Sachverhaltes oder Rechtsgeschäftes, welche beide bis zu einem gewissen Grad auch mit dem Urkundentyp verbunden sind, liefert die Zeitstufe des im Urkundenformular angewandten Tempus. Während der Gebrauch des Aorist in der Regel auf den Urkundentyp der Quittung beschränkt war und die Abgeschlossenheit des urkundlich festgehaltenen Vorganges zum Ausdruck bringt, könnte mit der in vertragsähnlichen Urkunden wie Darlehen und Lieferungskäufen nachweisbaren Verwendung der Zeitstufe des Präsens zumindest formal auf die erst einseitige Erfüllung der vertraglichen Vereinbarung angespielt sein[102].

Von jenen 120 Einzeldokumenten des vorliegenden Corpusabschnittes sind 106 eindeutig dem Urkundentyp der Quittung und fünf jenem vertragsähnlicher Urkunden zuzuordnen; neben den zwei Abrechnungen **24 B** und **45 B**, der einzeiligen Notiz **42 B** und der Schreibübung **21 B** verbleiben fünf weitere Texte, deren gattungsspezifischer Hintergrund, Urkundenschema und Formulartyp aufgrund des fragmentarischen Charakters ungeklärt bleiben[103].

Der bei weitem überwiegende Teil dieser Urkunden und Fragmente läßt eine den ursprünglichen Dokumenten zugrundeliegende Formalgestaltung im sogenannten „Quittungsschema“ erkennen[104]. Es ist in diesem Zusammenhang jedoch darauf zu verweisen, daß es sich bei diesen Zeugnissen deshalb nicht unbedingt und ausschließlich um Quittungen oder quittungsartige Texte gehandelt haben muß, auch wenn diese den bei weitem am häufigsten dokumentierten Urkundentyp innerhalb des ersten Corpusabschnittes repräsentieren; auf demselben Formalschema bauen nachweislich nämlich auch vertragsähnliche Urkunden wie der Lieferungskauf **25** sowie die Darlehen **52**, **59** und **115** auf; umgekehrt finden sich Anwendungen des sogenannten „Vertragsschemas“ nicht nur im Fall des Lieferungskaufes **85**, sondern „paradoxerweise“ auch in den Quittungen **18**, **47**, **58**, **63**, **64**, **66**, **67**, **79**, **80**, **82**, **95**, **97** und **118**. Dieser Befund verdeutlicht, daß keine der beiden Urkundenschemata einem bestimmten Urkundentyp bzw. -inhalt vorbehalten gewesen sein dürfte, was darauf schließen läßt, daß die Formalschemata in ihrem praktischen Gebrauch keinem allgemein verbindlichen und einheitlichen Anwendungssystem unterworfen waren. Bei einigen Formulartypen läßt sich sogar ein paralleles Auftreten sowohl im „Quittungs- “ als auch im „Vertragsschema“ beobachten. Auf den Urkundentyp der Quittungen im sogenannten „Quittungsschema“ scheint der häufig anzutreffende, subjektiv stilisierte Formulartyp nach dem Einleitungsmuster ἔσχον καὶ ἐπληρώθην ἐγὼ ὁ δεῖνα παρὰ σοῦ τοῦ δεῖνος beschränkt zu sein. Die als Absender fungierende Person läßt darin einen bereits erfolgten Empfang von Zahlungen oder Lieferungen bestätigen, die an sie – entweder in Eigenschaft als Empfänger oder in Vertretung des Empfängers – ergangen sind; die Urkunde

102 Eine Ausnahme scheint das Muster des Formulartyps ἔσχον ἐγὼ ὁ δεῖνα παρὰ σοῦ τοῦ δεῖνος in den Darlehen **52** und **59** sowie im Lieferungskauf **25** darzustellen.

103 Im Fall der Fragmente **50** und **51** könnte es sich sowohl um Quittungen als auch um Anweisungen gehandelt haben; was hingegen den Charakter der Schreiben **65 B**, **107** und **108 B** anbelangt, so sind den inhaltlichen Aussagen der betreffenden Fragmente überhaupt keine konkreten Anhaltspunkte mehr zu entnehmen.

104 Außerachtzulassen sind hierbei allerdings jene Urkundentypen wie Abrechnungen und andere Dokumente, welche ausschließlich aufgrund des Inhalts ihrer Rückseiten ins Corpus aufgenommen worden waren, sowie jene Schriftstücke, deren fragmentarischer Erhaltungszustand weder das ihnen zugrundeliegende Urkundenschema noch den jeweiligen Urkundentyp oder Urkundeninhalt erahnen lassen.

wird in diesen Fällen zumeist in „direkter“ bzw. „persönlicher“ Ansprache an jene Person gerichtet, welche die Zahlung bzw. Lieferung erbracht hat, sei es, daß sie diese persönlich erstattet hat, sei es, daß sie diese durch eine dritte Person – angezeigt durch die vorangestellte Präposition διά – überbringen hat lassen.

Daß die „direkte“ bzw. „persönliche“ Ansprache des Urkundenadressaten beim vorliegenden Formulartyp möglicherweise nicht unbedingt die Regel darstellte, scheinen neben einer vermeintlichen Parallelentwicklung beim weiter unten behandelten Formulartyp ἔσχον ἐγὼ ὁ δεῖνα παρὰ σοῦ τοῦ δεῖνος[105] die Ausnahmen in **21 A**, **23**, **112 A** nahezulegen: Bei der Formulareinleitung der Quittung über eine Geldzahlung in **21 A** war im Anschluß an die Erwähnung des Zahlungsempfängers auffälligerweise jene Person, welche die Zahlung geleistet hat und dementsprechend in ihrer Eigenschaft als Urkundenadressat angesprochen hätte werden müssen, gar nicht erst angeführt. Das Dokument weist in seiner Ausfertigung jedoch eine Reihe von Mängeln und Unsicherheiten – zum Teil Schreibfehler, zum anderen Teil Auslassungen im Urkundenformular – auf, wodurch sich auch eine Erklärung für das Fehlen der Angabe des Quittungsadressaten böte. Die Formularstruktur dürfte hier auf das Unvermögen des Schreibers zurückzuführen sein und keine eigenständigen Variante des oben genannten Formulartyps repräsentieren.

Im Fragment **23** läßt der spärliche Textbefund vermuten, daß der Adressat dieser vermeintlichen Lohnquittung „indirekt“ bzw. „unpersönlich“ – offenbar nach dem Muster ἔσχον καὶ ἐπληρώθην ἐγὼ ὁ δεῖνα παρὰ τοῦ δεῖνος – angesprochen war; diese Art der Ansprache könnte in diesem Fall aber auch im praktischen Umstand begründet gelegen sein, daß die betreffende Zahlung nicht durch den Quittungsadressaten persönlich, sondern durch einen Übermittler erstattet worden war. Umgekehrt ließe sich daraus ersehen, daß die Quittung in Abwesenheit desselben ausgefertigt wurde.

Ein ähnliches Szenario wäre auch beim Quittungsfragment über die Tilgung einer Schuld in **112 A** vorstellbar; zwar bricht die Formulareinleitung dieser Urkunde bereits unmittelbar nach der Namensnennung des Zahlungsempfängers in der ersten Zeile des Dokumentes ab; die „unpersönliche“ Ansprache des Schuldners im Zuge einer Klausel, mittels welcher die vormals bestehenden Ansprüche seitens des Gläubigers für ungültig erklärt wurden, könnte aber auch als ein mögliches Indiz für eine „indirekte“ Ansprache des Adressaten in der Einleitungsformel (ἔσχον καὶ ἐπληρώθην ἐγὼ ὁ δεῖνα παρὰ τοῦ δεῖνος) gewertet werden, sofern dieser mit dem Schuldner überhaupt identisch gewesen ist.

Ein weiterer Sonderfall dieses Formulartyps scheint auch in **45 A** zu begegnen; zum einen finden sich hier die wesentlichen Elemente des Einleitungsformulars mit ἔσχον ἐγὼ ὁ δεῖνα παρὰ τοῦ δεῖνος καὶ ἐπληρώθην παρὰ σοῦ auf zwei räumlich getrennte Formularbestandteile aufgespalten, wie dies ein weiteres Mal nur noch im Formular einer Quittung über eine Schenkung in P.Oxy. LXI 4131, 19–22 (600) – dort allerdings im Formalschema eines Vertragstextes – der Fall ist, zum anderen wird von einer „indirekten“ Ansprache des bzw. der Adressaten im ersten Teil der Formulareinleitung bei der Fortsetzung des Urkundenformulars im zweiten Teil zu einer „direkten“ gewechselt.

Nach der Einleitungswendung wird das Formular für gewöhnlich mit der Angabe des Zahlungs- bzw. Lieferungstitels einschließlich einer Erwähnung zeitlicher und örtlicher Umstände fortgesetzt, in deren Anschluß Zahlungsmittel und Betrag bzw. Produkt und Lieferungsmenge angeführt werden; die Urkunden schließen mit der Angabe ihres Ausstellungsdatums und der Unterschrift ihres Ausfertigers.

Eine mögliche Variante des Formulartyps ἔσχον καὶ ἐπληρώθην ἐγὼ ὁ δεῖνα παρὰ σοῦ τοῦ δεῖνος könnte in der bloß einmalig bezeugten Wendung ἔσχον καὶ ἐδεξάμην ἐγὼ ὁ δεῖνα παρὰ τοῦ δεῖνος in **117** zu erkennen sein. Im Urkundenformular dieser Quittung über eine Entschädigungszahlung scheint die anfänglich „indirekt“ wiedergegebene Ansprache des

---

[105] Vgl. ἔσχον ἐγὼ ὁ δεῖνα παρὰ τοῦ δεῖνος in **120**, 1–2 und P.Laur. I 10, 2.

Urkundenadressaten gleichfalls von einer „direkten“ Ansprache im weiteren Formularverlauf abgelöst worden zu sein[106]. Die Auslassung des Personalpronomens σοῦ in der Formulareinleitung könnte hier möglicherweise aber auch auf ein Versehen seitens des Schreibers zurückgehen.

Die mit dem Muster ἔσχον καὶ ἐπληρώθην παρὰ σοῦ im sogenannten „Vertragsschema“ auftretende Parallelform dieses subjektiv stilisierten Formulartyps ist im betreffenden Corpusabschnitt lediglich ein einziges Mal, nämlich in **18**, einem Quittungsfragment unbekannten Inhaltes, nachweisbar; die Urkunde war, wie Reste einer „direkten“ bzw. „persönlichen“ Anrede des Quittungsadressaten in Form eines abstrakten Ausdruckes nahelegen, offenbar an eine höher gestellte Persönlichkeit gerichtet, was sich darüber hinaus auch im repräsentativen Schriftbild des Dokumentes anzudeuten scheint.

Ein mit ἐδεξάμην καὶ ἐπληρώθην παρὰ σοῦ recht ähnlich strukturierter Formulartyp findet sich hingegen ausschließlich in Urkunden des sogenannten „Vertragsschemas“ bezeugt; eine im „Quittungsschema“ auftretende Parallelform dieser subjektiv stilisierten Wendung, welche ἐδεξάμην καὶ ἐπληρώθην ἐγὼ ὁ δεῖνα παρὰ σοῦ τοῦ δεῖνος gelautet haben müßte, scheint bemerkenswerterweise nicht existiert zu haben. Die im „Vertragsschema“ überlieferte Form hat in **47**, einer Quittung über Erbpachtzins, welche einem Symmachos seitens des Spitales des heiligen Abba Leontios ausgestellt worden war, sowie in **80**, einer Quittung über Pachtzins, die auf Veranlassung der Kirche des heiligen Ioannes ausgefertigt worden war, und in **118**, einer verwaltungsinternen Quittung aus dem Logisterion von Hermupolis, Anwendung gefunden.

Zu den Formulartypen, welche einen parallelen Gebrauch in beiden Urkundenschemata konstatieren lassen, zählen jene subjektiv stilisierten Kurzformen, die in Form „direkter“ Ansprachen des Adressaten sowohl mit ἔσχον ἐγὼ ὁ δεῖνα παρὰ σοῦ τοῦ δεῖνος im „Quittungsschema“ bzw. ἔσχον παρὰ σοῦ im „Vertragsschema“ als auch mit ἐπληρώθην ἐγὼ ὁ δεῖνα παρὰ σοῦ τοῦ δεῖνος im „Quittungsschema“ bzw. ἐπληρώθην παρὰ σοῦ im „Vertragsschema“ eingeleitet werden konnten. Die Mehrzahl jener Dokumente, welche im vorliegenden Corpusabschnitt dem erstgenannten, allerdings nicht allzu häufig bezeugten Formulartyp des Musters ἔσχον ἐγὼ ὁ δεῖνα παρὰ σοῦ τοῦ δεῖνος zuzuordnen sind, gehört dem Urkundentyp der Quittungen an. In ihrer Formularstruktur und ihrer inhaltlichen Gliederung lehnen sie sich erwartungsgemäß recht deutlich an die Dokumente des Formulartyps ἔσχον καὶ ἐπληρώθην ἐγὼ ὁ δεῖνα παρὰ σοῦ τοῦ δεῖνος an, was sich eindrücklich anhand der Beispiele der beiden Quittungen über Lohnzahlungen in **57** und **86**, der Sammelquittung über regelmäßig erstattete Pachtzinsen in **44** und der Quittung über einen Preis für gelieferte oder verkaufte Gegenstände in **46** veranschaulichen läßt; andere Quittungen, wie **60** und **61**, wo zumindest bei letzterer der inhaltliche Bezug zu einer Bestätigung einer erbrachten Steuerleistung aufgrund des überlieferten Zahlungs- oder Lieferungstitels zweifelsfrei feststeht, lassen angesichts ihres fragmentarischen Erhaltungszustandes keine Aufschlüsse über Aufbau und Struktur ihrer Formulare mehr zu. Eine nach demselben Formularmuster eingeleitete Quittung über eine privat erfolgte Vorauszahlung der Grundsteuer in **68** scheint sich hinsichtlich ihrer formularspezifischen Eigenheiten einerseits einer Einordnung in gängige Formularstrukturen vollkommen zu entziehen, hat jedoch andererseits im Formular von P.Lond. II 392 eine auffallend enge Parallele; auch das Fragment des offenbar informellen Schreibens **94**, mit welchem monat-

---

[106] Vgl. die Formulierung des mit dem Zahlungstitel in Zusammenhang stehenden Relativsatzes ὧν ἔχις ἐνέχυρων (*l.* οὓς ἔχεις ἐνέχυρον) in Z. 2 und den Wortlaut der an dieser Stelle nur unvollständig wiedergegebenen, formulartypischen Floskel καὶ πρὸς ⟨σ⟩ὺν ἀσφάλειαν ὅς πρόκ(ειται) in Z. 3 (sinngemäß zu καὶ πρὸς σὴν ἀσφάλειαν πεποίημαί σοι ταύτην τὴν ἀποχὴν ὡς πρόκειται oder καὶ πρὸς σὴν ἀσφάλειαν ταύτην σοι πεποίημαι τὴν ἀποχὴν ὡς πρόκειται zu ergänzen).

liche Aufwendungen von Geldbeträgen quittiert wurden, dürfte in seinem Formularaufbau keiner der üblichen Normen entsprechen.

Neben dem Hauptanwendungsfeld im Bereich des Urkundentyps der Quittungen läßt sich der Gebrauch dieses Formulartyps – freilich mit inhaltlich bedingten Modifikationen im weiteren Verlauf der Formularstruktur – auch in einer nach „Quittungsschema“ gestalteten Darlehensurkunde über einen Geldbetrag in **59** nachweisen. Im Anschluß an einen Empfangsbestätigungsteil nach dem Muster ἔσχον ἐγὼ ὁ δεῖνα παρὰ σοῦ τοῦ δεῖνος, mit welchem die Auszahlung der Darlehenssumme quittiert wurde, findet sich mit καὶ ἑτοίμως ἔχω ἀποδοῦναι σοι das Formular der Rückgabebestimmung eingeleitet. Falls die in Aussicht gestellte Darlehensrückzahlung, welche innerhalb einer vorgeschriebenen und urkundlich niedergelegten Frist zu erfolgen hatte, unterbleiben sollte, war das Inkrafttreten einer im Urkundenformular enthaltenen Strafklausel vorgesehen. Das Dokument endete mit dem Ausstellungsdatum und der Unterschrift des Darlehensempfängers. Ähnlich dürften Formular und Struktur in den Darlehen über Wein bzw. Saatgut in **25** bzw. **52** aufzufassen sein.

Der im Vergleich zu ἔσχον ἐγὼ ὁ δεῖνα παρὰ σοῦ τοῦ δεῖνος wesentlich häufiger angewandte Paralleltyp des „Vertragsschemas“, welcher mit ἔσχον παρὰ σοῦ eingeleitet wird, findet sich in **64**, einer Quittung über eine Teilrückzahlung eines Darlehens in Geld, sowie in **67**[107], dem Fragment einer Quittung oder eines Lieferungskaufes über Rohre. Als einmalige Ausnahme könnte sich das Formular im Fragment **63** erweisen, wo die Einleitungswendung ἔσχον ἐγὼ παρὰ σοῦ, vielleicht aber auch ἔσχον ἐγώ mit unmittelbar daran anschließenden Lieferungstitel gelautet haben dürfte, was entweder auf eine Unachtsamkeit oder persönliche Eigenheit des Schreibers zurückzuführen sein dürfte.

Ein anderer, mit ἐπληρώθην ἐγὼ ὁ δεῖνα παρὰ σοῦ τοῦ δεῖνος im „Quittungsschema“ eher selten bezeugter Formulartyp könnte neben eindeutigen Belegen in **37**, dem Fragment einer Quittung über eine Geldzahlung, und der Lohnquittung **40** auch in **17**, dem Rest einer Steuerurkunde, in **30**, einem Dokument unbekannten Inhaltes, in **34**, einem Zeugnis über einen Empfang von Synetheia, und in **81**, einer Quittung über nicht näher bezeugte Aufwendungen, zur Anwendung gelangt sein[108]. Die im „Vertragsschema“ angesiedelte Parallelform ἐπληρώθην παρὰ σοῦ ist sowohl in **79**, einer Quittung über einen Preis für gelieferte Spreu, als auch in der Steuerquittung **95** hier im Tempus des Plusquamperfekt (!) nachgewiesen[109].

Zu weiteren subjektiv stilisierten Formulartypen, die sich mittels einer „persönlichen“ Ansprache direkt an den Urkundenadressaten wenden, zählt unter anderem die zumeist in Zusammenhang mit Vertragstexten im „Quittungsschema“ anzutreffende Wendung ἔχω ἐγὼ ὁ δεῖνα σοὶ τῷ δεῖνι. Die Verwendung des Präsens beim Verbum der Einleitungsformel dürfte den Status des urkundlich dokumentierten Rechtsgeschäftes als eines noch nicht abgeschlossenen Vorganges kennzeichnen: Während der Empfang einer bestimmten Leistung bestätigt wird, wird gleichzeitig das Erbringen der entsprechenden, an einen Vertrag oder eine mündliche Vereinbarung gebundenen Gegenleistung prospektiv in Aussicht gestellt. Daß es sich dabei nicht um eine urkundliche Niederlegung einer vertraglichen Vereinbarung gehandelt hat, wird anhand mehrerer Indizien deutlich: Zum einen wird das Faktum des bereits erfolgten Leistungsempfanges durch einen, manchen Lieferungskäufen beigegebenen Ausbau der Formularstruktur zu ἔχω ἐγὼ ὁ δεῖνα σοὶ τῷ δεῖνι καὶ πεπληρῶσθαι τὴν τιμὴν ausgedrückt, zum anderen scheint dies auch aus der in manchen Darlehen greifbaren Variation

---

107 Die „direkte“ Ansprache des Adressaten, eines πατὴρ πόλεως, war hier – wohl nicht zuletzt auch aufgrund dessen gesellschaftlichen Ranges – in die höflicherer Form παρ' ὑμῶν gekleidet worden.

108 Ein weiteres Beispiel dieses Formulartyps liegt in P.Dub. 29 (Arsinoites, 628 oder 643) vor.

109 Vgl. daneben BGU XII 2163, 4 (Hermupolis, 493/494) und 2168, 5–6 (Hermupolis, 498; Korr. der Datierung in BL X 24) sowie P.Stras. I 15, 2 (Hermopolites, 6./7. Jh.; Korr. der Herkunft und Datierung in BL X 253).

des Einleitungsformulars ἔχω καὶ χρεωστῶ hervorzugehen. Der Umstand einer erbrachten Leistung läßt sich darüber hinaus auch aus der vermeintlichen Parallelform dieses Formulartyps im „Vertragsschema" ersehen, welche in der Einleitungsformel ὁμολογῶ ἐσχηκέναι με παρὰ σοῦ zu erkennen sein dürfte. Daß das Formularmuster ἔχω ἐγὼ ὁ δεῖνα σοὶ τῷ δεῖνι – mitunter in der „Zwitterform" ἔχω ἐγὼ ὁ δεῖνα παρὰ σοῦ τοῦ δεῖνος – vereinzelt auch in Quittungsurkunden nachgewiesen werden kann, scheint gleichfalls für die eben angestellte Beobachtung zu sprechen, auch wenn Anwendungen dieser Art wohl eher auf einen unbewußten bis unreflektierten Gebrauch seitens des Schreibers bzw. auf dessen technisches Niveau oder sozialen Hintergrund zurückzuführen sein dürften. Die Zeitebene des Futur findet sich ausschließlich in der dem üblichen Formularstandard zugehörigen Rückgabe- bzw. Lieferungsbestimmung[110].

In **115**, einem Darlehen über einen Geldbetrag, setzt das Urkundenformular nach der mittels der Empfangsbestätigung ausgedrückten Schuldanerkenntnis mit der Wendung καὶ ἀπόδοσιν καὶ τελείαν συμπλήρωσιν ποιήσω σοι fort, welche die Rückzahlungsbestimmung einschließlich eines Tilgungsplanes von drei terminlich festgesetzten Ratenzahlungen einleitet. Im Fall von **106**, dem Fragment einer Dianome-Quittung, läßt sich die Einleitungsformel ἔχω ἐγὼ ὁ δεῖνα σοὶ τῷ δεῖνι anhand von Parallelen aus der für den Urkundentitel inhaltsspezifisch typischen Bereitschaftserklärung zur Überstellung bzw. Erstattung einer Sachleistung (καὶ ταῦτα ἑτοίμως ἔχω καταβαλεῖν) erschließen[111]. Der Urkundentyp der sogenannten Dianome-Quittungen ist – von seinem Wesen her und was die ihm zugrundeliegende Formularstruktur betrifft – vertragsähnlichen Urkunden wie Darlehen und Lieferungskäufen durchaus vergleichbar.

Ein Gebrauch der subjektiv stilisierten Homologie, jener im „Vertragsschema" angesiedelten Parallelform des Formulartyps, ist im Rahmen des vorliegenden Corpusabschnittes einzig und allein in **85**, einer Vorlage eines Weizenlieferungskaufes, überliefert. Der Wortlaut der Urkunde gibt ihrem vermeintlichen Zweck gemäß ausschließlich die Grundstruktur des Vertragskörpers mit ὁμολογῶ ἐσχηκέναι με παρὰ σοῦ διὰ χειρὸς καὶ πεπληρῶσθαι τὴν τιμήν als Empfangsbestätigung und ἅπέρ σοι ἀποδώσω als Lieferungsbestimmung wieder. Die eingesetzten Angaben zur gekauften Weizenmenge (σίτου εὐαρέστου ἀρταβῶν δώδεκα), zu Monat und Jahr der Lieferung (μηνὶ Παῦνι und ἀπὸ καρπῶν τῆς εἰσιούσης πρώτης ἰνδικτίωνος) dürften demzufolge willkürlich gewählt worden sein.

Alle übrigen, subjektiv stilisierten Formulartypen dieses Corpusabschnittes lassen sich in ihrem Auftreten dem Anschein nach ausschließlich in Verbindung mit sogenannten „Vertragsschemata" nachweisen: in **97**, einer Quittung über Einkünfte aus dem Erbteil an einer Vermögensrendite, wird das Formular mit der vielfach nachweisbaren Einleitungswendung πεπλήρωμαι παρὰ σοῦ eröffnet, auf welche der ausführlich umschriebene Zahlungstitel, eine Verzichtserklärung seitens des Zahlungsempfängers, die Sicherstellung des Adressaten, das Ausstellungsdatum der Urkunde sowie Unterschrift und eigenhändig verfaßte Einverständniserklärung des Zahlungsempfängers folgen.

Die Formulareinleitung ἔσχον καὶ ἐνεβαλόμην in **66** ist in jedem Fall als inhaltsspezifisch begründet aufzufassen, nicht zuletzt auch deshalb, weil in Formular und Inhalt P.Oxy. XVI 1997 (6. Jh.) als eindeutige Parallele herangezogen werden kann[112].

Nicht allein aufgrund ihrer formalen Strukturierung, sondern auch aufgrund ihrer inhaltlich-thematischen Ausrichtung, ihres Charakters und ihrer Funktion scheinen jene Urkunden

---

110 Die Rückgabe- bzw. Lieferungsbestimmungen werden für gewöhnlich mit ἅπερ bzw. καὶ ταῦτα – σοι ἀποδώσω bzw. παρασχῶ σοι oder καὶ τὴν τούτων ἀπόδοσίν σοι ποιήσομαι bzw. καὶ ταῦτα ἑτοίμως ἔχω παρασχεῖν σοι oder ähnlich eingeleitet.

111 Formulartyp und Struktur lassen sich aus den Parallelen in **180** und **204** ersehen.

112 Anderweitig sind in offenbar ähnlichem Kontext die höchstwahrscheinlich gleichbedeutenden Formulareinleitungen παρέλαβον καὶ ἐνεβαλόμην und μεμέτρημαι καὶ ἐνεβαλόμην nachweisbar.

eng miteinander verbunden gewesen zu sein, welche in ihren Einleitungswendungen mit ἔσχον παρὰ τοῦ δεῖνος und ἔσχον διὰ τοῦ δεῖνος zwei Varianten ein und desselben subjektiv stilisierten Formulartyps repräsentieren dürften. An die Einleitungsformel schließt die Angabe eines Zahlungs- oder Lieferungstitels und darauffolgender Nennung der betreffenden Geldsumme oder Produktmenge an. Das Urkundenformular endet mit dem Ausstellungsdatum und der Unterschrift des Ausfertigers, in welchem der Zahlungs- bzw. Lieferungsempfänger zu erkennen sein dürfte. Mit ἔσχον παρὰ τοῦ δεῖνος werden **43**, eine Quittung über eine Geldzahlung, welche in Zusammenhang mit der Embole erfolgte, **78**, eine Quittung über eine mutmaßliche Nachzahlung von Rückständen der Embole in Geld, sowie **48**, **49** und **77**, drei Quittungen über Weizenlieferungen für die Embole, eingeleitet worden. Die Formel ἔσχον διὰ τοῦ δεῖνος ist in **41**, der Quittung über eine Geldzahlung unbekannten Charakters, und **42 A**, zwei Quittungen über Grundsteuern, vorzufinden. Die Frage, inwieweit beide Präpositionen, διά und παρά, von ihrer praktisch-funktionellen Bedeutung her austauschbar waren, bleibt ungeklärt; während eine Gegenüberstellung der Präpositionen in **43**, **48** und **49** einen Bedeutungsunterschied suggeriert, scheint der Befund in **42 A**, wo διά offensichtlich auch anstelle von παρά verwendet wurde, zumindest für eine bedingte Deckungsgleichheit der beiden Wörter zu sprechen.

Zuletzt sei noch kurz auf die beiden einzigen Beispiele eines objektiv stilisierten Formulartyps innerhalb des ersten Corpusabschnittes eingegangen, welche in **38**, einer Quittung über den Empfang einer Grundsteuer, und **65 A**, einer Quittung über eine Lieferung von Steuerweizen, vorliegen. In beiden Fällen sind im Anschluß an die Formulareinleitung ἐπλήρωσεν ὁ δεῖνα[113] der Titel der Zahlung bzw. Lieferung und die Zahlungssumme bzw. Menge des gelieferten Produktes angegeben. Die Urkunden schließen mit dem Ausstellungsdatum und der Unterschrift des Ausstellers, welcher mit dem einhebenden bzw. die Zahlung oder Lieferung entgegennehmenden Steuerbeamten oder Funktionär gleichzusetzen sein dürfte.

Wendet man sich der eingangs aufgeworfenen Fragestellung nach einem allfälligen Zusammenhang zwischen formalen und inhaltlichen Kriterien dieser Urkunden zu, so zeigt sich, daß Urkundentyp und inhaltliche Ausrichtung offensichtlich nicht unbedingt für die Auswahl eines spezifischen Formulartyps entscheidend waren, wenngleich in einigen der hier vorgebrachten Fälle ein signifikanter Zusammenhang zwischen Urkundentyp und Formulartyp nicht bestritten werden kann. Bei der Beurteilung der genauen Sachlage und in Fragen der Definition einzelner Formulartypen sollte grundsätzlich nicht nur der Wortlaut der Einleitungswendungen als Maßstab dienen, sondern auch die den Urkunden zugrundeliegende Formularstruktur Berücksichtigung finden.

Jener Formulartyp, welcher mit ἔσχον καὶ ἐπληρώθην ἐγὼ ὁ δεῖνα παρὰ σοῦ τοῦ δεῖνος im „Quittungsschema" und ἔσχον καὶ ἐπληρώθην παρὰ σοῦ im „Vertragsschema" vom Erstherausgeber dem vorliegenden Corpusabschnitt gleichsam als übergeordnetes Motto vorangestellt worden war, ist ausschließlich in Verbindung mit dem Urkundentyp der Quittung überliefert. Seine Struktur ist im wesentlichen durch einen, in unmittelbarem Anschluß an das Einleitungsformular angeführten, von Fall zu Fall in seiner Ausführlichkeit unterschiedlich ausfallenden Zahlungs- oder Lieferungstitel, durch ausdrückliche Erwähnung der betreffenden Zahlungssumme oder Liefermenge, durch die Angabe des Tagesdatums der

[113] Weitere Urkunden dieses Formulartyps finden sich im Corpus erst an späterer Stelle, nämlich im Rahmen des Abschnittes „† ἐπλήρωσεν – Motivierung – Betrag" (Nr. 261–266, 268 und 271); was den Erstherausgeber veranlaßte, die beiden eben genannten Urkunden dem ersten Corpusabschnitt „† ἔσχον καὶ ἐπληρώθην ἐγώ – παρά – Motivierung – Betrag – ἐγράφη mit Datierung – Unterschrift (einschließlich der Varianten)" (Nr. **1–118**) einzugliedern, läßt sich nicht nachvollziehen; möglicherweise liefern der Umstand des unaufgelöst wiedergegebenen ἐπληρ( ) in der Texttranskription der betreffenden Urkundennummern und eine damit einhergehende falsche Rezeption eine plausible Erklärung für diese Vorgehensweise.

Urkundenausstellung und die Unterschrift der ausfertigenden Person gekennzeichnet. Die in einigen Fällen konstatierbare „indirekte“ Ansprache des Urkundenadressaten könnte in einer Konstellation situationsbedingter Umstände des urkundlich niedergelegten Tatbestandes bzw. der Urkundenausstellung begründet gelegen sein. Varianten dieses Formulartyps sind aufgrund übereinstimmender Funktionalität und unleugbarer Strukturähnlichkeit in der einmalig bezeugten Einleitungsformel ἔσχον καὶ ἐδεξάμην ἐγὼ ὁ δεῖνα παρὰ ⟨σοῦ⟩ τοῦ δεῖνος im „Quittungsschema“ sowie in der ausschließlich im „Vertragsschema“ bezeugten Wendung ἐδεξάμην καὶ ἐπληρώθην παρὰ σοῦ zu erkennen.

Dieselbe Formularstruktur läßt sich auch im Fall des im „Quittungsschema“ verankerten Formulartyps ἔσχον ἐγὼ ὁ δεῖνα παρὰ σοῦ τοῦ δεῖνος und bei dessen Parallelform ἔσχον παρὰ σοῦ im „Vertragsschema“ nachweisen, zumindest soweit dies den Urkundentyp der Quittung betrifft. Daneben kommt die Einleitungsformel ἔσχον ἐγὼ ὁ δεῖνα παρὰ σοῦ τοῦ δεῖνος aber auch bei einer Reihe von vertragsähnlichen Dokumenten wie Darlehen und Lieferungskäufen zur Anwendung, wo das Formular im Gegensatz zu jenem der Quittungen zu einer zweiteiligen Struktur erweitert ist; dem quittungsartigen Aspekt der Empfangsbestätigung (1. Teil der Formularstruktur) steht hierbei die im Textformular enthaltene Rückgabe- oder Lieferungsbestimmung (2. Teil der Formularstruktur) gegenüber, welche in einer mit καὶ ἑτοίμως ἔχω ἀποδοῦναί σοι oder ähnlich lautenden Einleitungswendung ihren Ausdruck findet.

Hinsichtlich seiner einteiligen Formularstruktur erweist sich jener Formulartyp, welcher mit einleitendem ἐπληρώθην ἐγὼ ὁ δεῖνα παρὰ σοῦ τοῦ δεῖνος im „Quittungsschema“ bzw. mit ἐπληρώθην παρὰ σοῦ im „Vertragsschema“ begegnet, als wiederum ausschließlich auf den Urkundentyp der Quittung beschränkt.

Mit der Formel ἔχω ἐγὼ ὁ δεῖνα σοὶ τῷ δεῖνι im „Quittungsschema“ und deren mutmaßlichem Pendant ὁμολογῶ ἐσχηκέναι με παρὰ σοῦ im „Vertragsschema“ liegt hingegen ein weiterer Formulartyp vor, welcher wie im Fall der Vertragsurkunden mit einleitendem ἔσχον ἐγὼ ὁ δεῖνα παρὰ σοῦ τοῦ δεῖνος auf einer zweiteiligen Struktur aufbaut. Der im „Vertragsschema“ angesiedelte Formulartyp πεπλήρωμαι παρὰ σοῦ ist aufgrund seiner einteiligen Struktur eindeutig dem Quittungstyp zuordenbar.

Im Unterschied zu den eben behandelten Formulartypen dürfte die in Quittungsurkunden des „Vertragsschemas“ greifbare Formulareinleitung ἔσχον καὶ ἐνεβαλόμην samt ihrer Varianten ausschließlich inhaltsspezifisch motiviert gewesen sein, da alle Dokumente dieses Typs auf ein Verladen von Steuerweizen Bezug nehmen. In annähernd ähnlicher Weise läßt auch jene Art von Formulartyp eine thematisch motivierte Prägung vermuten, welcher den Dokumenten mit der Formel ἔσχον παρὰ τοῦ δεῖνος bzw. ἔσχον διὰ τοῦ δεῖνος zugrundeliegt. Urkunden dieses Typs, welche allesamt als Steuerquittungen über Zahlungen bzw. Lieferungen für die Embole zu klassifizieren sind, weisen in ihrem Formular eine einteilige Strukturierung auf, wo sie den Namen des Steuerpflichtigen bzw. des Überbringers der Steuerleistung, den Steuertitel, die veranschlagte Zahlungssumme oder Weizenmenge sowie das Ausstellungsdatum verzeichnen und mit der Unterschrift des Ausfertigers enden. Das einzige Beispiel eines objektiv stilisierten Formulartyps innerhalb des ersten Corpusabschnittes ist in seiner Struktur dem Urkundentyp der Quittung verpflichtet und hält im Anschluß an das Einleitungsformular mit ἐπλήρωσεν ὁ δεῖνα den Namen des Zahlenden, den Zahlungstitel, die Zahlungssumme, das Ausstellungsdatum und die Unterschrift des Ausfertigers fest.

Daß Wortlaut und Struktur bestimmter Formular- und Urkundentypen zusätzlich auch einer lokalen Prägung unterworfen waren, findet sich schon bei A. Jördens, P.Heid. V, S. 301–331 in aller Ausführlichkeit erläutert – ein Befund, der angesichts einer gauspezifischen Auswertung des vorliegenden Urkundenmaterials nur bestätigt werden kann. Einige der hier behandelten Formulartypen lassen anhand der Provenienz ihrer Zeugnisse einen ungefähren Eindruck von regionaler Verbreitung und Schwerpunkten erahnen: Zu den Formulartypen, deren Gebrauch nachweislich auf den Bereich des arsinoitischen Gaues beschränkt gewesen ist, zählen die im „Quittungsschema" auf Quittungsurkunden überlieferten Muster ἐπληρώθην ἐγὼ ὁ δεῖνα παρὰ σοῦ τοῦ δεῖνος in subjektiver Stilisierung und ἐπλήρωσεν ὁ δεῖνα in objektiver Stilisierung sowie die ausschließlich in Vertragsurkunden des „Quittungsschemas" nachzuweisende Formel ἔχω ἐγὼ ὁ δεῖνα σοὶ τῷ δεῖνι. Während das im „Quittungsschema" von quittungsartigen Urkunden überlieferte Einleitungsmuster ἔσχον καὶ ἐπληρώθην ἐγὼ ὁ δεῖνα παρὰ σοῦ τοῦ δεῖνος und die im „Vertragsschema" von vertragsähnlichen Dokumenten greifbare Wendung ὁμολογῶ ἐσχηκέναι με παρὰ σοῦ sowohl für den arsinoitischen als auch für den herakleopolitischen Gau bezeugt sind, dürfte das in Vertragstexten des „Quittungsschemas" überlieferte Formularmuster ἔσχον ἐγὼ ὁ δεῖνα παρὰ σοῦ τοῦ δεῖνος ein ausschließlich herakleopolitisches Spezifikum darstellen. Die Anwendung der in quittungsartigen Urkunden dokumentierten und auf „Vertragsschemata" aufbauenden Einleitungswendungen ἐπληρώθην παρὰ σοῦ und πεπλήρωμαι παρὰ σοῦ dürften sich wie der Gebrauch des im Schema von Quittungen anzutreffenden ἔσχον παρὰ τοῦ δεῖνος lediglich auf den hermopolitischen Gau konzentriert haben.

Alle übrigen der hier untersuchten Formulartypen, jene im Schema von Quittungen vertretenen Muster ἔσχον ἐγὼ ὁ δεῖνα παρὰ σοῦ τοῦ δεῖνος aus arsinoitischen und herakleopolitischen Zeugnissen und ἔσχον διὰ τοῦ δεῖνος aus hermopolitischen Dokumenten einerseits sowie die im „Vertragsschema" von Quittungen nachweisbaren Wendungen ἔσχον καὶ ἐπληρώθην παρὰ σοῦ aus arsinoitischen Urkunden, ἐδεξάμην καὶ ἐπληρώθην παρὰ σοῦ aus hermopolitischen Schriftquellen und ἔσχον παρὰ σοῦ sowie ἔσχον καὶ ἐνεβαλόμην aus herakleopolitischen Urkundentexten andererseits, lassen trotz gewisser, deutlich erkennbarer lokaler Schwerpunktstreuungen in Hinblick auf den Dokumentationsbefund corpusfremder Parallelen keine Eingrenzungen auf einen bestimmten Gau oder eine bestimmte Region zu. Der Frage nach einer möglichen Ursache des Phänomens lokaler Formulartypen war in der Fachliteratur bisher außergewöhnlich wenig Beachtung geschenkt worden. Untersuchungen zu dieser Thematik erwiesen sich jedoch nicht allein in Hinblick auf eine grundlegende Analyse der Urkundenformulare als sinnvoll, sondern würden darüber hinaus auch neue Einblicke in das Wesen der Ausstellungspraxis gewähren.

ARCHIVE

Einige der hier enthaltenen Urkunden können bestimmten Archiven bzw. Dossiers zugeordnet werden. Der in der Papyrologie üblicherweise verwendete Begriff „Archiv“ für eine Gruppe von inhaltlich zusammenhängenden Texten soll ungeachtet mancher Einwände hier beibehalten werden[114]. Während die Textgruppe des sogenannten „Andreas-Archivs“ in ihrer vorläufig vollständigen Dokumentation auf das Urkundenmaterial des ersten Corpusabschnittes beschränkt bleibt, reichen die Zeugnisse des sogenannten „Leontios-Archivs“ zumindest über dessen Rahmen, nicht aber über den des Gesamtcorpus hinaus. Urkunden zu zwei weiteren Textgruppen, dem „Timotheos-Archiv“ und dem „Magistor-Dossier“, sind auch außerhalb des Corpus greifbar. Im Fall des „Andreas-Archivs“, des „Timotheos-Archivs“ und des „Leontios-Archivs“ können die Dokumente nicht nur aufgrund formaler, sondern auch inhaltlich relevanter Gemeinsamkeiten (zum Beispiel dem Auftreten derselben Adressaten) zusammengefaßt werden. Im Gegensatz dazu repräsentieren all jene Urkunden, in denen die Person des Flavius Magistor bezeugt ist, aufgrund von Unterschieden, die sich vor allem im Inhalt und Charakter der Dokumente sowie in der formellen Funktion des Magistor manifestieren, eine vergleichsweise heterogene Quellengruppe, weshalb im Zusammenhang mit diesen auf die Bezeichnung „Dossier“ zurückgegriffen wird. Mit Ausnahme eines einzigen Textes[115] scheinen alle diese Zeugnisse nicht dem Bereich eines Privaturkundenverkehrs entsprungen zu sein, sondern vielmehr die offiziellen Tätigkeiten und Amtsgeschäfte ihrer jeweiligen Protagonisten im Rahmen einer verwaltungsinternen Korrespondenz widerzuspiegeln.

Sowohl bei den zur Gänze dem Bestand der Wiener Papyrussammlung entnommenen 21 Urkunden des „Andreas-Archivs“ als auch bei zwei, ebenfalls in Wien befindlichen Dokumenten des „Timotheos-Archivs“, welche laut der Aufzeichnungen im handschriftlichen Inventarkatalog der Sammlung alle im Zuge des Ankaufes von Urkundenmaterial des sogenannten „Ersten Fayyumer Fundes“ im Jahre 1883 erworben wurden, steht die arsinoitische Herkunft auch aus inhaltlichen Gründen außer Frage. Von jenen drei Urkunden des „Timotheos-Archivs“, welche nicht in Wien aufbewahrt werden, scheint zumindest eine – ein in der Ägyptischen Abteilung des Pariser Louvre untergebrachtes Zeugnis – aus derselben Ankaufsquelle wie die beiden Wiener Fragmente zu stammen[116]. Die übrigen zwei Urkunden hatten sich im Privatbesitz ihres Herausgebers G. Zereteli in Tiflis befunden und waren wie die übrigen Papyri und Ostraka aus dessen Privatsammlung von B. Turaiev und M. Rostovtzev in Ägypten erworben worden[117]. Zumindest vier von möglichen fünf Urkunden des offenbar ausschließlich auf den Bestand der Wiener Sammlung beschränkten „Leontios-Archivs“ gehen auf 1887 getätigte Erwerbungen von Fundobjekten aus el-Aschmunein, dem antiken Hermupolis, zurück, lassen aber auch aufgrund ihres Archivcharakters und aufgrund ihres inhaltlichen Kontextes keinen Zweifel an ihrer hermopolitischen Herkunft aufkommen. Nachforschungen zu Fund- und Erwerbungsumständen des im „Magistor-Dossier“ vereinigten Urkundenmaterials, welchem zum gegenwärtigen Zeitpunkt neun Dokumente zuzuordnen sind[118], gestalten sich weitaus schwieriger. Der in Wien befindliche Teil des

---

[114] Zur Problematik vgl. allgemein Jördens, *Archive* 253–268, insbes. 256–266.

[115] Die im Rahmen des „Timotheos-Archivs“ überlieferte Pachtzinsquittung P.Ross.Georg. III 46 (Arsinoiton Polis, Mitte 7. Jh.).

[116] Vgl. C. Wessely im Vorwort zu *Pariser Papyri* 97.

[117] Vgl. G. Zereteli im Vorwort zu P.Ross.Georg. I, S. VI, wo keine näheren Angaben zu Fund- und Kaufort gemacht werden.

[118] Vgl. allgemein Sijpesteijn, *Magistor I* 93–102; Sijpesteijn, *Magistor II* 117–118.

Dossiers setzt sich – entsprechenden Angaben des handschriftlichen Inventarkatalogs zufolge – aus Material unterschiedlicher Ankäufe, namentlich Erwerbungen des sogenannten „Ersten Fayyumer Fundes“ zwischen 1881 und 1884 sowie eines nicht näher definierten Ankaufes des Jahres 1886, zusammen. Dieser Umstand muß hier umso bemerkenswerter erscheinen, als durch die im Dossier überlieferten topographischen Angaben ein eindeutiger Bezug zu Hermupolis bzw. dem hermopolitischen Gau hergestellt wird, wodurch letztendlich an der Richtigkeit der betreffenden Angaben im Inventarkatalog gezweifelt werden muß. Die näheren Fundumstände dieses Dossiers bleiben aber auch dadurch weitgehend ungeklärt, als die Erwerbungen der auswärtigen Texte des Dossiers bloß unzureichend dokumentiert sind: Zwei Urkunden, die sich neben vielen anderen seit dem Jahr 1906 im Besitz der Biblioteca Medicea Laurenziana befinden, dürfte G. Vitelli im Rahmen seiner zweiten Ägyptenreise im Jänner 1904 erworben haben[119]; eine Urkunde, welche heute in der Universitätsbibliothek Leipzig aufbewahrt wird, war wie der Großteil des Bestandes der Leipziger Papyrussammlung im Jahre 1902 angekauft worden[120]; ihre Erwerbung könnte in ähnlicher Weise mit den Bemühungen des „Deutschen Papyruskartells“ in unmittelbarem Zusammenhang gestanden sein, wie es etwa im Fall der 1902 bis 1914 getätigten Ankäufe für die Würzburger Papyrussammlung ausdrücklich nachgewiesen ist, deren Bestand ein weiteres Dokument des „Magistor-Dossiers“ enthält[121].

Während die Entstehungszeit der Urkunden des „Magistor-Dossiers“ anhand zweier auf das Jahr genau datierbarer Dokumente bestimmt werden kann, ist im Fall der Urkunden des „Andreas-Archivs“ und des „Timotheos-Archivs“ eine zumindest annähernd genaue zeitliche Einordnung der Texte aufgrund der Unterschriften zweier ihrer Ausfertiger, welche auch anderweitig in sicher datierten Zeugnissen anzutreffen sind, möglich; für die Datierung des „Leontios-Archivs“ gibt es hingegen keinen einzigen konkreten Anhaltspunkt.

ANDREAS-ARCHIV

Die bei weitem umfangreichste der hier behandelten Textgruppen stellt das sogenannte „Andreas-Archiv“ dar, dessen Gesamtdokumentation auf den Umfang des vorliegenden ersten Corpusabschnittes beschränkt zu sein scheint und nach gegenwärtigem Kenntnisstand 21 Einzelurkunden umfaßt. Alle Dokumente des Archivs waren an einen gewissen Andreas, den Grammateus des arsinoitischen Dorfes Tamauis, gerichtet[122]. Als offizieller Absender treten im Textformular dieser mehrheitlich als Lohnquittungen ausgewiesenen Zeugnisse, deren Ausfertigung aufgrund des Amtscharakters dieser Schriftstücke offensichtlich mehr oder weniger professionellen Schreibern oblag, die jeweiligen Zahlungs- bzw. Lohnempfänger entgegen. In der Erstedition des Corpus sind vom Herausgeber trotz eines evidenten, den Texttranskriptionen unmittelbar zu entnehmenden Zusammenhanges der Urkundennummern **1**, **2**, **3**, **4**, **5**, **6**, **9**, **14**, **70**, **71**, **72**, **82**, **82** ***bis***, **84**, **90**, **91** und **92** bloß die Urkunden der Nummern „**1–6**, **9**, *cf.* **14**, **71**, **72**“ zu einer eigenen Textgruppe von „Zahlungen

---

119 Vgl. R. Pintaudi im Vorwort zu P.Laur. III, S. 7, wo keine nähere Angaben zum Ort der Erwerbung gemacht werden.

120 Vgl. Mitteis, *Papyri* 259.

121 Vgl. U. Wilcken im Vorwort zu P.Würzb., S. 5.

122 Der Namensgenitiv des Adressaten ist innerhalb des Archivs in zwei unterschiedlichen Formen vertreten: Ἀνδρέου in **2**, **4**, **9**, **12**, **14**, **22**, **71**, **82** ***bis***, **90**, **91** und **92**, Ἀνδρέα in **6** und **70**; im Fall einer Ergänzung des betreffenden Namens in **1**, **3**, **5**, **8**, **36** und **72** wurde auf die mehrheitlich angewandte Form Ἀνδρέου zurückgegriffen.

des Andreas, Schulzen von Tamanis[123]“ zusammengestellt und als solche im Inhaltsverzeichnis ausdrücklich hervorgehoben worden[124]. Eine erste zusammenfassende, jedoch keineswegs vollständige Darstellung hatte das Archiv im Rahmen einer Wiederveröffentlichung der ersten sechs Urkundennummern erfahren[125], der Ergänzungen und eine Korrektur des Datierungsansatzes im Zug einer Revision dreier weiterer Urkundennummern nachgefolgt waren[126].

Aus den Ergebnissen des vorliegenden Bandes resultiert eine entscheidende Erweiterung des bisherigen Dokumentationsstandes zu diesem Archiv, was auch eine neuerliche Korrektur des Datierungsansatzes nach sich zieht. Einige Fragmente, welche in der Erstedition des Corpus unter eigener Urkundennummer veröffentlicht und in weiterer Folge als eigenständige Zeugnisse rezipiert worden waren, konnten mit anderen Bruchstücken zusammengefügt werden; nach derzeitigem Wissensstand sind dem Archiv folgende Urkundennummern der *editio princeps* des Corpus zuzuweisen: **1**, **2**, **3**, **4**, **5**, **6**, **8**, **9**, **12**, **13**, **14**, **16**, **22**, **36**, **70**, **71**, **72**, **74**, **82**, **82** ***bis***, **84**, **90**, **91** und **92**, wobei je zwei von sechs dieser Nummern zu einer einzigen Urkunde zusammengefaßt werden können. Im Fall der zwar zusammengehörigen, aber nicht unmittelbar aneinander anschließenden Fragmente **6** und **74** dürfte vom Gesamtumfang des Originaldokumentes etwa ein Sechstel fehlen, bei den ebenfalls nicht zusammenhängenden Fragmenten **12** und **13** scheint sich der Textverlust auf etwas mehr als die Hälfte vom ursprünglichen Gesamtumfang zu belaufen. Die Fragmente **22** und **84** schließen unmittelbar aneinander an, wobei der untere Originalrand sowie ein Teil des linken Randes dieser Urkunde verlorengegangen sind. Von den 21 Zeugnissen des Archivs, die alle dem Urkundentyp der Quittung angehören, beziehen sich 20 auf regelmäßig erfolgte Auszahlungen von Löhnen; ein einziges Dokument (**82**) hatte die Erstattung einer mutmaßlichen Monopolgebühr für den Farbstoff Krimnos zum Inhalt.

Von den 20 Lohnquittungen bestätigten allein acht Zeugnisse Lohnauszahlungen, welche an Symmachoi – in sieben Fällen dem Anschein nach direkt (**3**, **36**, **71**, **82** ***bis***, **90**, **91** und **92**), in einem weiteren Fall nachweislich indirekt (**14**) – ergangen sind. In **3** ist der Name des entlohnten Symmachos nicht erhalten, ein dort befindlicher Namensrest dürfte sich auf den Namen des Vaters im Rahmen der Filiationsangabe des betreffenden Zahlungsempfängers beziehen; auch bei **36** sind alle Angaben zur Person des Entlohnten – mit Ausnahme von dessen Funktionsbezeichnung – verlorengegangen; ein Symmachos namens Makarios, Sohn des Ptolemaios, aus dem Tameion etoi Katoteru-Viertel in Arsinoiton Polis findet sich in **71**, ein gewisser Pusis, Sohn eines Paulos, in **82** ***bis*** als Lohnempfänger; in **90** wurde eine Person mit Namen Naaraus aus Arsinoiton Polis, deren Vatersname Panteel oder ähnlich gelautet haben dürfte, in **91** ein gewisser Nepheras, dessen Vatersname gänzlich verloren ist und in **92** ein weiterer Naaraus, Sohn eines Papnuthios, entlohnt. Ein Symmachos namens Uenaphrios, Sohn eines Ieremias, hatte in **14** eine Lohnzahlung für seinen Kollegen Apollos, Sohn eines Ioseph, entgegengenommen, welcher aufgrund übereinstimmender Funktionsbezeichnung und gleichlautender Endung des Vatersnamens mit dem Lohnempfänger in **3** identisch gewesen sein könnte. Zwei mutmaßliche Lohnzahlungen an Symmachoi könnten – aufgrund annähernd gleicher Auszahlungssummen – aber auch in den Fragmenten **5** und **8** vorliegen: Für **5**, das auf Veranlassung einer namentlich unbekannten Person aus Arsinoiton Polis entstanden ist, hat aufgrund der Tatsache, daß deren Vatersname möglicherweise ebenfalls Ioseph gelautet hatte, dieselbe Vermutung wie im Fall des entlohnten Symmachos in **3** zu gelten. In **8**, wo ein aus dem arsinoitischen Dorf Kerkesis stammender Symmachos, dessen

[123] *Sic*! Eine systematische Korrektur dieses Toponyms zu Ταμαῦις findet sich erst bei B. C. McGing, P.Dub. 26, Komm. Z. 1 angeregt; vgl. dazu BL X, S. 2.

[124] Vgl. das Inhaltsverzeichnis zum Gesamtcorpus am Beginn von SPP VIII.

[125] Vgl. Buchinger et al., *Beiträge* 87–97, Nr. 13–18.

[126] Chlubna et al., *Neuedition* 227–232, Nr. 1–3.

Name nicht überliefert ist, die Zahlung für den eigenen Vater mit Namen Apa Iulios in Empfang genommen hat, ist die Funktion des Lohnempfängers auffälligerweise unerwähnt geblieben. Ob die in **1** quittierte Lohnzahlung an einen gewissen Stephanos aus Arsinoiton Polis, dessen Funktionsbezeichnung (sofern eine solche überhaupt angegeben worden war) auf den beiden Fragmenten der Urkunde nicht überliefert ist, dessen Vater zumindest jedoch als „gewesener Symmachos" (σύμμαχος γενόμενος) ausgewiesen ist, einem weiteren Symmachos gegolten hatte oder nicht, läßt sich anhand des Erhaltungszustandes des Dokumentes und aufgrund des Fehlens jeglicher konkreter Anhaltspunkte nicht entscheiden.

Zumindest in einem von zwei Fällen, wo Lohnauszahlungen an unverheiratete Frauen – in **4** an eine gewisse Martha aus dem Tameion etoi Katoteru-Viertel in Arsinoiton Polis und in **70** an Theodote, die Tochter eines gewissen Viktor, aus Arsinoiton Polis – dokumentiert sind, war die Angabe einer Berufs- bzw. Funktionsbezeichnung aus ungeklärten Gründen unterblieben. Unklarheit über den Tätigkeitsbereich des Lohnempfängers herrscht auch in **6**, dem Zeugnis einer nicht näher greifbaren Person, die eine Lohnzahlung für einen gewissen Georgios, von welchem lediglich das Attribut einer Anrede als θαυμασιώτατος, nicht aber dessen Amts- bzw. Berufsbezeichnung erhalten ist, entgegengenommen hatte. Die Anrede des Lohnempfängers als eines θαυμασιώτατος erscheint umso bemerkenswerter, als eine solche in **1** und **82** sonst nur noch dem Adressaten all dieser Urkunden und Namensgeber dieses Archivs, 'Ανδρέας γραμματεὺς κώμης Ταμαύεως, angediehen war. Die gleichlautende Anrede des Lohnempfängers Georgios in **6** läßt demzufolge auch auf eine höhere gesellschaftliche Stellung desselben gegenüber allen übrigen Lohnempfängern des Archivs schließen, die in einer offiziellen Amtstätigkeit begründet gelegen sein könnte.

In **12** ist der Lohnempfänger nur noch anhand seiner vermeintlichen Herkunftsangabe Arsinoiton Polis, in **16** ein anderer lediglich durch den Individualnamen Elias faßbar. Neben jenen acht Quittungen des „Andreas-Archivs", welche ihren inhaltlichen Aussagen zufolge Entlohnungen von Symmachoi zum Gegenstand gehabt hatten, läßt sich der Personenkreis der Lohnbezieher im Archiv anhand vier weiterer Quittungen auch auf andere Berufsfelder bzw. Funktionärsgruppen ausweiten: Zwei Quittungen hatten die Entlohnung eines Archihyperetes zum Inhalt; in **2** war der Lohnempfang seitens eines im betreffenden Aufgabenbereich nicht näher definierten und namentlich nur noch unvollständig überlieferten Archihyperetes bestätigt worden, in **9** war die Zahlung an einen namentlich nicht näher bezeugten Archihyperetes Ripariu, Riparias oder Riparion erfolgt. Zumindest ihrem Titel nach waren auch jene zwei Mandatarioi dem Amt des *riparius* unterstellt, deren Lohnauszahlung in **72** – der einzigen Urkunde des Archivs, in der zwei Personen entlohnt werden – dokumentiert ist. Während der Personenname des einen der beiden aufgrund des Textverlustes überhaupt nicht mehr greifbar ist, handelte es sich bei dem anderen um einen gewissen Pamun, Sohn eines Gerontios; sowohl die Tatsache, daß der Vatersname des ersten, namentlich unbekannten Mandatarios Pamun gelautet hatte, als auch jener Umstand, daß die Entlohnung beider Mandatarioi auf ein und demselben Schriftstück festgehalten worden war, lassen vermuten, daß zwischen den beiden Lohnempfängern auch eine verwandtschaftliche Beziehung – Vater und Sohn[127] oder Sohn und Vater[128] – bestanden hatte; in **22** war der Lohn an einen gewissen Sambas, den Torwächter eines in Tamauis gelegenen öffentlichen Gefängnisses ausgezahlt worden.

Die in den Lohnquittungen des Archivs dokumentierten Zahlungstitel setzen sich im wesentlichen aus drei Elementen zusammen:

[127] Der zuerst genannte Vater hätte in diesem Fall Γερόντιος geheißen, während der an zweiter Stelle genannte Sohn den Namen des Großvaters getragen hätte.

[128] Daß der zuerst genannte Sohn nach dem Namen des Großvaters benannt gewesen war, ist nicht vollkommen ausgeschlossen.

1. Art und Charakter der Zahlung – im betreffenden Fall Lohnzahlungen, die entweder κατ' ἔτος („jährlich") oder zumindest ἐξ ἔθους („regelmäßig") erstattet worden waren, wobei letztere Bezeichnung in Hinblick auf einen Vergleich der im Anschluß daran angeführten Bemessungszeiträume möglicherweise als auch Synonym für den Terminus „jährlich" aufgefaßt werden kann;
2. Definition des Bemessungszeitraumes, welcher sich in der Regel auf die Angabe des betreffenden Indiktionsjahres bezieht;
3. Höhe der ausgezahlten Geldsumme.

Darüber hinaus geht der „Status" des jeweiligen Zahlungscharakters aus der Relation zwischen Bemessungszeitraum und Zahlungszeitpunkt bzw. dem unmittelbar damit verbundenen Ausstellungsdatum des betreffenden Quittungsbeleges hervor. Anhand des Ausstellungsdatum läßt sich folglich ermessen, ob eine Zahlung im voraus, im Verlauf des im Urkundenformular festgehaltenen Bemessungszeitraumes oder überhaupt erst nachträglich erfolgte. Von den Lohnzahlungen an Symmachoi sind drei als „jährliche" (**90**, **91** und **92**) und eine als „regelmäßig" (**71**) erfolgte Transaktion ausgewiesen; in den übrigen vier Dokumenten dieses Archivs (**3**, **14**, **36** und **82** ***bis***), aber auch in den Quittungen **1**, **4**, **5**, **8**, **9** und **12** ist die betreffende Eigenschaft des Zahlungscharakters gar nicht oder bloß unvollständig erhalten[129]. Im Fall der Quittung des Archihyperetes in **2** und der Person in **6** sowie der Mandatarioi Riparias in **72** waren die Lohnzahlungen als „jährliche", im Fall des Fragmentes **16**, der Quittung des Torwächters in **22** und der Quittung einer Frau in **70** als „regelmäßige" definiert.

In **1**, **6**, **71**, **72**, **90**, **91** und **92** ist das jeweilige Indiktionsjahr als relevanter Bemessungszeitraum für die Auszahlung des Lohnes angegeben. In **2**, **3** und **9** ist betreffende Angabe mit dem vorangestellten Zusatz ὑπὲρ μερισμοῦ („für Zuteilung") versehen, der wohl auch bei der Parallelurkunde von derselben Hand in **82** ***bis*** zu ergänzen ist. In **22**, wo die Angabe des Bemessungszeitraumes im Zahlungstitel sich auf eine bloße Erwähnung des Indiktionsjahres beschränkt, findet sich derselbe Terminus erst im Anschluß an das Ausstellungsdatum. Bei den Urkunden **3**, **4**, **5**, **12**, **14**, **16**, **36** und **70** ist das Jahr des Bemessungszeitraumes nicht mehr bezeugt. Für die Urkunden **14**, **16** und **36** ist die Ergänzung eines vorangestellten ὑπὲρ μερισμοῦ wie im Fall von **82** ***bis*** aufgrund des Befundes in den Parallelen **2**, **3** und **9** von derselben Hand in Erwägung zu ziehen.

Die in den Dokumenten des Archivs überlieferten Zahlungssummen lassen – nach den Berufsgruppen der entlohnten Personen geordnet – kein einheitliches System von Gehaltsschemata erkennen, was offensichtlich mit dem Entlohnungsmodus in Zusammenhang standen. Da die in den Lohnquittungen dokumentierten Geldbeträge für Jahresgehälter als zu gering erscheinen, ist nicht bloß im Fall der Entlohnten des „Andreas-Archivs", sondern auch allgemein von einer anteiligen Finanzierung der Entlohnung durch mehrere Dörfer oder Institutionen auszugehen. Umgekehrt könnte der Aufgabenbereich dieser Beschäftigungsverhältnisse auf ein dementsprechend größeres Einsatzgebiet ausgedehnt gewesen sein: In **14**, **90** und **92** hat sich die Summe der an Symmachoi ausgezahlten Löhne auf einen Betrag von jeweils zwei Solidi minus zehn Keratia, in **71** und **91** auf zwei Solidi minus fünfzehneinhalb Keratia belaufen; in **36** und **82** ***bis***, aber auch bei der mutmaßlichen Lohnquittung eines Symmachos in **8** ist eine den Parallelen von derselben Hand entsprechende Ergänzung der Lohnsummen aufgrund vorhandener Reste der

[129] Aufgrund des Befundes im Fragment **16**, das demselben Schreiber wie die Urkunden **3**, **8**, **9**, **14**, **36**, **82** ***bis*** zugewiesen werden kann, ist in all diesen Fällen der Ergänzung einer „regelmäßig" erfolgten Zahlung der Vorzug zu geben; daß es sich dabei aber nicht unbedingt um ein verläßliches Kriterium handeln muß, wird anhand der einem anderen Schreiber zuzuordnenden Urkundengruppe **70**, **71** und **72** deutlich, wo die Zahlung in **70** und **71** als „regelmäßige", in **72** hingegen als „jährliche" dokumentiert ist.

Auszahlungssummen bzw. deren Münzfüße zu erwägen. In **3**, einer weiteren Quittung aus dieser, demselben Verfasser zugeordneten Urkundengruppe, liegt kein Anhaltspunkt für die Höhe des dort ausbezahlten Geldbetrages vor, während der vollständig bezeugte Münzfuß in **5** – wie in **71** und **91** – die Auszahlung eines Geldbetrages von zwei Solidi minus fünfzehneinhalb Keratia und damit auf die Entlohnung eines weiteren Symmachos schließen läßt. Im Gegensatz zu **2**, wo ein Archihyperetes mit einer gleich hoch bemessenen Summe (zwei Solidi minus zehn Keratia) wie die Symmachoi in **71** und **91** entlohnt wurde, hatte dessen Kollege in **9** cin vergleichsweise geringes Gehalt von lediglich zwanzig Keratia bezogen – derselbe Betrag übrigens, der auch an den Torwächter eines Gefängnisses in **22** als Lohn ausgezahlt wurde. Geringer scheint das in seiner Summe nur noch unvollständig überlieferte Jahresgehalt der beiden Mandatarioi Riparias in **72** ausgefallen zu sein; in **6**, wo die Amtsbezeichnung des mit dem Ehrentitel eines θαυμασιώτατος bedachten Lohnempfängers verloren ist, war der Empfang einer Lohnsumme von einem Solidus minus vier Keratia, in **12**, wo vom Lohnempfänger mit Ausnahme der Herkunftsangabe nichts erhalten ist, eine Auszahlung von dreieinhalb Solidi bestätigt worden; in **1**, **4**, **16** und **70** ist die Betragshöhe der jeweiligen Lohnzahlung nicht erhalten.

Ein Vergleich der Ausstellungsdaten der Urkunden in Bezug auf deren Bemessungszeiträume macht deutlich, daß die Lohnquittungen – von der Funktion und Stellung der Entlohnten offenbar vollkommen unabhängig – sich auch im Status ihres Zahlungscharakters stark voneinander unterschieden: In der Mehrzahl der Fälle waren die Löhne im Verlauf des Bemessungszeitraumes ausgezahlt worden (**1**, **6**, **9**, **22**, **71**, **82** ***bis***, **90** und **91**); bei einigen Urkunden ist der zeitliche Status des Zahlungscharakters bereits in der Wiedergabe des Bemessungszeitraumes vorweggenommen worden, indem die Angabe des Indiktionsjahres mit Attributen wie „gegenwärtig“ (**1**, **22**, **90** und **91**) oder „laufend“ (**6** und **71**) versehen wurde. In zwei Dokumenten läßt sich anhand des Ausstellungsdatums nachweisen, daß die Zahlung des Lohnes im voraus erfolgt war (**2** und **72**); in **92**, dem einzigen Zeugnis einer nachträglich erfolgten Entlohnung, ist dies schon aus der Angabe eines „vergangenen“ Indiktionsjahres zu ersehen.

Daneben lassen die Ausstellungsmonate der Urkunden eine auffällige Häufung der Ausfertigung im Monat Phaophi (**1**, **5**, **8**, **12**, **90** und **91**), d. h. am Ende des ersten Drittels des arsinoitischen Jahreszyklus, welcher im Monat Epeiph seinen Ausgang nahm, konstatieren. **72** wurde eine Ausfertigung im Monat Hathyr zu Beginn des zweiten Jahresdrittels ausgefertigt, **71** im Monat Mecheir am Ende des zweiten Jahresdrittels. Die Ausstellung von **22** fiel mit dem Monat Payni in das Ende des arsinoitischen Jahreszyklus, während **92** im Monat Epeiph und somit am Jahresbeginn ausgefertigt wurde – Umstände, welche in den beiden Urkunden auch ausdrücklich vermerkt wurden. Die unterschiedlichen Ausstellungsmonate scheinen weder mit dem zeitlichen Status der jeweiligen Lohnzahlung noch mit der Funktion bzw. dem Einsatzbereich des betreffenden Lohnempfängers in ursächlichem Zusammenhang gestanden zu sein.

Mehrere Quittungen des Archivs können – wie bereits mehrfach angedeutet – aufgrund des Schriftbildes und der Unterschrift ihres Ausfertigers einzelnen Schreibern zugewiesen und damit zu insgesamt drei archivinternen Untergruppen zusammengefaßt werden[130]:

---

[130] Sowohl beim „Andreas-Archiv“ als auch bei allen übrigen Urkunden des vorliegenden Corpusabschnittes ist aufgrund von Regelmäßigkeiten und Übereinstimmungen im Schriftbild der Ausfertiger vielfach mit dem Verfasser der Texte gleichzusetzen – ein Befund, den die archivinternen Textgruppierungen zu bestätigen scheinen. Ausnahmen dürften hierbei – neben dem inhaltlich zu begründenden Einzelfall einer Quittung über eine Monopolgebühr in **82** – die Lohnquittungen **5** und **6** darstellen, wo die Unterschrift des Ausfertigers aufgrund eines bemerkbaren Wechsels im Schriftduktus einer anderen Person zuzuschreiben ist. Unterschiede in der Funktionalität einzelner Schrifttypen (inhaltlicher Teil – bestätigender Charakter der Unterschrift) sind in diesen und ähnlichen Zusammenhängen allerdings nicht zu vernachlässigen. Unterschriften waren zudem in der Regel einer gewissen Stilisierung unterworfen, wodurch oftmals leicht der fälschliche

1. Untergruppe der von Phib Symbolaiographos ausgestellten Urkunden, zu der die Dokumente **2**, **90**, **91** und **92** zählen;

2. Untergruppe der von Strategios ausgestellten Urkunden, die die Quittungen **3**, **8**, **9**, **14**, **16**, **36** und **82** ***bis*** umfaßt[131];

3. Untergruppe der von Kosmas Symbolaiographos ausgestellten Urkunden, welcher die Zeugnisse **70**, **71** und **72** zuzuordnen sind[132].

Die Urkunden der erstgenannten Untergruppe weisen neben auffälliger Ähnlichkeit im Schriftbild und der Unterschrift, die im wesentlichen aus einem Anfangskreuz, der Formel δι' ἐμοῦ τοῦ δεῖνος und einer abschließenden, nahezu siegelartigen Paraphe besteht, ein äußerst eigenartiges Format auf, welches auf eine halbe Blattbreite der übrigen, *transversa charta* beschrifteten Quittungen des Archivs beschränkt ist; bei drei Dokumenten dieser Gruppe, nämlich **90**, **91** und **92**, sind Name und Titel des Ausfertigers mehr oder weniger vollständig überliefert; in **2** erfolgen Zuordnung und eine daraus resultierende Ergänzung des Namens aufgrund der charakteristischen Paraphe. Die Unterschrift des Strategios, des Ausfertigers der zweiten Urkundenuntergruppe, die im Rahmen der Unterschriftenformel δι' ἐμοῦ τοῦ δεῖνος mit unmittelbar daran anschließender Paraphe ausschließlich den Namen, aber keine Funktions- oder Amtsbezeichnung des Ausstellers nennt, findet sich in **9**, **14** und **36**. Im Fall von **8** läßt sich die Zugehörigkeit aus dem dort vorhandenen Paraphenrest erschließen; **3**, **16** und **82** ***bis*** können aus paläographischen Gründen, die sich auf charakteristische und unverwechselbare Merkmale im Schriftbild dieser Urkundenuntergruppe stützen, zugeordnet werden.

Hinsichtlich ihres auch anderweitig bezeugten Ausfertigers Strategios erweist sich die zweite Untergruppen auch für die zeitliche Fixierung des gesamten „Andreas-Archivs“ als überaus bedeutsam. Ursprünglich waren die Urkunden des „Andreas-Archivs“ von ihrem Erstherausgeber ins 6. Jh. datiert worden – ein Ansatz, an welchem noch anläßlich einer Revision der ersten sechs Urkundennummern des Corpus festgehalten worden war[133], der jedoch im Zuge der Wiederveröffentlichung von drei weiteren Urkundennummern zugunsten einer Datierung ins 6./7. Jh. aufgegeben wurde[134]. Die für eine chronologische Einordnung des „Andreas-Archivs“ erforderlichen Rahmenbedingungen werden durch den Nachweis desselben Ausfertigers in den beiden sicher datierten Zeugnissen, SB XXIV 16288 (= SB I 4671+4718+XVI 12701[135]) aus dem Jahr 600 und SPP XX 220 (= SB I 5269) aus dem Jahr 618, geschaffen. Ein darauf Bezug nehmender Vergleich mit den Angaben der Indiktionsjahre in den Dokumenten der vorliegenden Urkundenuntergruppe läßt darauf schließen, daß die zu einem unbekannten Zeitpunkt eines siebenten Indiktionsjahres ausgefertigte Lohnquittung **9** entweder 603/604 oder 618/619 und die zwischen einem zehnten und einem fünfzehnten Indiktionsjahr ausgestellte Quittung einer indirekt erfolgten Lohnauszahlung an einen Symmachos namens Apollos in **14** zwischen 606/607 und 611/612 verfaßt worden waren. Bei **14** ist die Möglichkeit einer Datierung in einen früheren oder einen späteren Indiktionszyklus

---

Eindruck eines Schreiberwechsels erzeugt werden kann vor allem wegen vordergründiger Abweichung zum Befund in den übrigen Dokumenten des Archivs – nicht außeracht gelassen werden sollte. Ein und dieselben Ausfertiger sind auch in **30** und **54** (Kallinikos), **43** und **78** (Petros Diastoleus) sowie **79** und **80** (Georgios) nachweisbar, wobei die beiden letztgenannten Urkundenpaare – jene als Steuerquittungen aus dem Logisterion von Hermupolis, diese als Quittungen der Kirche des heiligen Ioannes – auch inhaltlich eng miteinander verbunden sind.

[131] Dieselbe Person ist als Ausfertiger auch in SPP VIII 1216, SB XXIV 16288 (= SB I 4671+I 4718+XVI 12701), SB I 5269 (= SPP XX 220) und SB XVIII 13964 nachgewiesen; vgl. allgemein Byz. Not. 49 sowie Palme, *Neuedition* 178.

[132] Derselbe Ausfertiger findet sich weiters in SPP III 350, 5 bezeugt.

[133] Buchinger et al., *Beiträge* 87–97.

[134] Chlubna et al., *Neuedition* 227–232; insbes. 231–232.

[135] Vgl. Palme, *Neuedition* 175–179.

in Hinblick auf den allgemeinen Quellenbefund zur Person des Zahlungsempfängers, eines Symmachos namens Uenaphrios, Sohn eines Ieremias, der ein weiteres Mal in P.Lond. I 113, 5 (c) aus dem Jahr 600 bezeugt ist, auszuschließen. In Hinblick darauf scheint die Ausstellung von **82** ***bis***, der Lohnquittung eines Symmachos namens Pusis aus einem neunten Indiktionsjahr, wohl eher ins Jahr 605/606 als 620/621 zu fallen. Eine auf diesen absoluten Daten aufbauende relative chronologische Reihung der übrigen Urkunden des Archivs, die nach den jeweiligen Angaben ihrer Indiktionsjahre erstellt würde, könnte keinen Anspruch auf eine uneingeschränkt gültige Aussagekraft erheben; aufgrund des hiermit vorgegebenen Zeitrahmens sind die Urkunden des „Andreas-Archivs“ allgemein in den Anfang des 7. Jh. bzw. in den Verlauf dessen ersten Viertels zu datieren.

Für die Ausstellung der Quittungen der dritten und letzten der drei archivinternen Untergruppen zeichnete ein Symbolaiographos namens Kosmas verantwortlich. Seine Unterschrift, welche sich aus einem Kreuz, der Formel δι' ἐμοῦ τοῦ δεῖνος und einer aufwendigen, ebenfalls fast siegelartigen Paraphe zusammensetzt, ist in **72** vollständig, in **70** und **71** zumindest teilweise erhalten. Zu den Ausfertigern, die innerhalb des Archivs bloß ein einziges Mal nachweisbar sind, zählen ein gewisser Neilammon Grammateus in **6** und ein namentlich unbezeugter Symbolaiographos in **12**.

Neben den zwanzig Lohnquittungen gehört demselben Archiv des Grammateus von Tamauis auch jene Quittung über den Empfang einer Monopolabgabe in **82** an, welche auf Veranlassung eines Telonarches namens Kosmas verfaßt wurde. Der Absender, dessen Amtstitel für gewöhnlich mit der Funktion eines Zollbeamten in Verbindung gebracht wird, hatte dem Grammateus von Tamauis gegenüber den Empfang einer Geldsumme von drei (nicht vollwertigen) Solidi bestätigt, welche dieser als Abgabe für Krimnos – einen Farbstoff, der offenbar unter staatlichem Monopol stand – für den Bemessungszeitraum eines fünften Indiktionsjahres erstattet hat. Die Urkunde ist laut Ausstellungsdatum zu Beginn des Monats Epeiph – d. h. am Ende desselben fünften Indiktionsjahres des arsinoitischen Jahreszyklus – aufgesetzt worden. Auf dem Schriftstück hat – in einer für das gesamte Archiv einzigartigen Konstellation – der Zahlungsempfänger eigenhändig und mit ausdrücklicher Erwähnung seines geistlichen Ranges mit δι' ἐμοῦ Κοσμᾶ ἀναγνώστου καὶ τελωνάρχου unterzeichnet[136]. Der eigentliche Verfasser des Dokumentes ist in diesem Fall merkwürdigerweise unerwähnt geblieben, was auf eine Ausstellungspraxis schließen läßt, welche sich von jener der Lohnquittungen grundsätzlich unterschieden hat. Auch im Urkundenformular hebt sich die vorliegende Quittung deutlich vom Muster der übrigen Dokumente des „Andreas-Archivs“ ab; Urkundenschema und Formulartyp sind aufgrund des Erhaltungszustandes der ersten Zeile nicht mehr klar ersichtlich; die Nennung des Absenders im Nominativ läßt in formaler Hinsicht eine Gestaltung nach sogenanntem „Quittungsschema“ erwarten. Anrede, Name und Funktion des Adressaten scheinen im Dativ auf, was wiederum für den ausschließlich in Zusammenhang mit vertragsartigen Urkunden bezeugten Formulartyp ἔχω ἐγὼ ὁ δεῖνα σοὶ τῷ δεῖνι spräche.

Der Inhalt des Schreibens scheint jedenfalls neue Aspekte im Kompetenzbereich der einen wie auch der anderen Person bzw. derer Funktionen aufzuzeigen. Die Amtshandlungen des Grammateus von Tamauis haben sich demzufolge nicht ausschließlich auf die Entlohnung öffentlich Bediensteter beschränkt, die – soweit ersichtlich – offenbar alle im Bereich eines Wach- und Sicherheitsressorts beschäftigt waren[137], sondern auch auf eine Vielzahl anderer Aufgabenfelder im Verwaltungswesen auf Dorfebene, vielleicht sogar darüber hinaus – etwa

[136] Der Schreiberwechsel wird weniger anhand des Schriftduktus als vielmehr aufgrund von Widersprüchen und Fehlern in der Unterschrift deutlich.

[137] Die in **4** und **70** dokumentierte Entlohnung von Frauen erscheint in diesem Kontext umso erstaunlicher; möglicherweise lassen die Umstände der Überlieferung hier aber auch bloß eine von mehreren Facetten eines umfangreicheren Kompetenz- und Amtsbereiches des betreffenden Adressaten greifen.

im Fall der Einhebung und Weitergabe von Monopolgebühren – erstreckt. Umgekehrt dürften Telonarchai nicht, wie bisher angenommen, bloß mit Aufgaben im Rahmen des Zollwesens, sondern auch mit anderen handelspolitischen Fragen befaßt gewesen sein. Die Kombination mit der kirchlichen Rangbezeichnung eines Anagnostes mutet dem gegenüber äußerst merkwürdig und unpassend an, da mit dem griechischen Pendant zum lateinischen *lector* der Titel eines niedrigen Kirchenfunktionärs bezeichnet worden war, der im Rahmen des Gottesdienstes für das Vorlesen biblischer und liturgischer Texte verantwortlich war[138].

Auf einen praktischen Umstand scheint die im Urkundenformular von **82** niedergelegte „unpersönliche" Ansprache des Urkundenadressaten zurückzuführen sein. Im Gegensatz zu den Lohnquittungen des Archivs, die alle „direkt" und „persönlich" an den Grammateus von Tamauis adressiert waren und infolgedessen auch eine persönliche Anwesenheit des Adressaten zum Zeitpunkt der Auszahlung des Lohnes bzw. der Ausfertigung der Quittung voraussetzen oder zumindest nahelegen, könnte die Erstattung der Monopolgebühr trotz Fehlens der Angabe eines allfälligen Übermittlers auf indirektem Weg erfolgt sein. Bei den Lohnquittungen hat sich der Sachverhalt indirekter Zahlungen immerhin auch nachweislich in der Formulierung des Zahlungstitels der betreffenden Urkunden niedergeschlagen (vgl. **6**, **8** und **14**). Der eigentliche Lohnempfänger hat die Lohnsumme in diesen Fällen nicht persönlich und direkt von dem für die Entlohnung zuständigen Grammateus von Tamauis erhalten, sondern durch eine dritte Person übermittelt bekommen. Letztere scheint im Urkundenformular dieser Quittungen in ihrer Doppeleigenschaft als Zahlungsempfänger einerseits und Urkundenabsender andererseits auf, was letztendlich bedeutet, daß in Fällen, wo ein indirekt erfolgter Zahlungsvorgang nachgewiesen werden kann, möglicherweise zwischen der Person des Zahlungsempfängers und jener des eigentlichen Lohnempfängers zu unterscheiden ist[139]. Die deutlichen Formalunterschiede zwischen der Quittung über eine Monopolgebühr für Krimnos auf der einen Seite und den Lohnquittungen desselben Archivs auf der anderen Seite dürften demnach sowohl im Inhalt und in der Funktion der betreffenden Dokumente, die ihrerseits einen Urkundenverkehr auf unterschiedlichen Verwaltungsebenen widerzuspiegeln scheinen, als auch in den praktischen Umständen des jeweiligen Zahlungsvorganges und in Funktion sowie Stellung der jeweils involvierten Personen begründet sein.

Abschließend sei in aller Kürze noch auf das Milieu und den sozialen Hintergrund der im „Andreas-Archiv" dokumentierten Personenkreise eingegangen. Der Quittungsadressat Andreas dürfte aufgrund seiner Amtsbezeichnung als Grammateus mit dem Kompetenzbereich eines einzelnen Dorfes die Position eines staatlichen Funktionärs der unteren Verwaltungsebene innegehabt haben. Sein Amts- und Aufenthaltsort müssen dabei nicht unbedingt mit seinem Kompetenzbereich zusammengefallen sein. Die Koordination und Administration seiner Amtsgeschäfte könnte auch zentral von der Gaumetropole Arsinoiton Polis aus erfolgt sein, was in Hinblick auf das Niveau und die Ausstellungspraxis der Urkunden des Archivs sogar für wahrscheinlicher zu erachten ist[140]. Nicht zuletzt dürften

---

138 Vgl. Schmelz, *Amtsträger* 38–39.

139 Die Reihenfolge und Ausführlichkeit der personenspezifischen Daten geben keine Auskunft darüber, zumal sie von Urkunde zu Urkunde – selbst im Fall ein und desselben Schreibers – vollkommen unterschiedlich ausgefallen sind; in der Regel wird die Person des Absenders – gleich ob in Eigenschaft als Zahlungsempfänger oder in Eigenschaft als Lohnempfänger – entweder mit Name, Funktion, Filiation (mitunter auch Herkunft) oder mit Name, Filiation, Funktion (mitunter auch Herkunft) charakterisiert. Der einzige Unterschied besteht also in der Reihung von Funktion und Filiation, wobei die Anwendung des zweitgenannten Reihenfolgenschemas – vielleicht auch bloß zufällig – innerhalb des Archivs häufiger nachweisbar ist.

140 Daß sowohl der Ausstellungsort als auch der vermutlich damit in unmittelbarer Verbindung stehende Auszahlungsort in der Stadt lagen, scheint sich in den Unterschriften der Ausfertiger anzudeuten: So hat der für die Ausfertigung einiger Urkunden des „Andreas-Archivs" mehrfach bezeugte Strategios etwa auch für die Ausstellung der in Arsinoiton Polis aufgesetzten Vertragstexte SB XXIV 16288 (= SB I 4671+I 4718+XVI

auch die Fundumstände des sogenannten „Ersten Fayyumer Fundes“ nahe der antiken Metropole Arsinoiton Polis für einen Verwaltungs- bzw. Amtssitz des betreffenden Grammateus in ebendieser Stadt sprechen. Ein allfälliger Unterschied in der gesellschaftlichen Stellung des Adressaten gegenüber den Entlohnten scheint sich in dessen Anrede als θαυμασιώτατος in **1** kundzutun. Dieselbe Anrede ist im Archiv mit Bezug auf dieselbe Person ein weiteres Mal in **82** bezeugt und findet sich sonst nur noch im Fall des Lohnempfängers in **6** überliefert.

Die Berufs- und Funktionstitel der Zahlungs- und Lohnempfänger lassen einen bemerkenswerten Schwerpunkt im Bereich der mehr oder weniger untergeordneten Exekutivorgane des öffentlichen Sicherheitswesens und Wachdienstes erkennen. Für welche Tätigkeit die beiden Frauen in **4** und **70** Lohn erhalten haben, bleibt in diesem Zusammenhang vollkommen unklar. Die Frage nach der sozialen Stellung der Entlohnten sollte allerdings nicht ausschließlich an deren Funktionsbezeichnungen oder an der Höhe der ausgezahlten Lohnsummen bemessen, sondern auch anhand allfälliger Herkunftsangaben einer genaueren Beurteilung unterzogen werden. Während in vielen Urkunden des Archivs von einer ausdrücklichen Erwähnung der Herkunftsangabe gänzlich abgesehen worden war (**2**, **3**, **6**, **9**, **14**, **22**, **36**, **72**, **82** ***bis***, **91** und **92**), ist anhand jener Urkunden, wo eine solche nachweislich angeführt wurde, – unabhängig von der jeweiligen Funktion oder Aufgabenstellung des betreffenden Lohn- bzw. Zahlungsempfängers – ein deutliches Überwiegen der städtischen (**1**, **4**, **5**, **12**, **70**, **71** und **90**) gegenüber den ländlichen (**8**) Herkunftsbezeichnungen zu beobachten.

Über Herkunft und Amtsbereich jenes Telonarches, welcher in **82** als Abgabenempfänger fungiert hatte, herrscht weitgehend Unklarheit. Eine Nennung der Herkunftsangabe scheint angesichts des Charakters des Schriftstückes, in welchem ein internes Schreiben zwischen zwei unterschiedlichen Verwaltungsinstanzen zu erkennen sein dürfte, nicht unbedingt erforderlich gewesen zu sein. Ein Fehlen der Angabe des Amtsbereiches, welcher sich wohl nicht über die Grenzen der Verwaltungseinheit des arsinoitischen Gaues hinaus erstreckt haben dürfte, erscheint hingegen merkwürdig; zudem scheint die in der eigenhändigen Unterschrift des Abgabenempfängers dokumentierte Kombination aus dessen offizieller Amtsbezeichnung als Telonarches, welche für die Bestätigung des urkundlich festgehaltenen Vorganges maßgeblich gewesen war, und dem niedrigen geistlichen Titel eines Anagnostes eine – wie bereits erwähnt – eigentümliche Diskrepanz zu ergeben. Seine Stellung gegenüber dem Adressaten des Schreibens bleibt aber auch vor dem Hintergrund der Anrede desselben als eines θαυμασιώτατος insofern ungeklärt, als diese, welche eigentlich als Indiz für eine gesellschaftliche Höherstellung des Grammateus gegenüber dem Absender gewertet werden könnte, an dieser Stelle möglicherweise bloß einer formellen Höflichkeit entsprungen war.

12701) und SB I 5269 (= SPP XX 220) verantwortlich gezeichnet, was auf dessen Geschäftstätigkeit in betreffender Stadt schließen läßt.

TIMOTHEOS-ARCHIV

In drei Urkunden dieses Corpus, den Quittungsfragmenten **26**, **111** und **176** sowie zwei weiteren Dokumenten, die als P.Ross.Georg. III 46 und 47 veröffentlicht wurden, findet sich ein gewisser Timotheos, Ratsherr mit Titel eines Pater Poleos von Arsinoiton Polis, als Urkundenadressat bezeugt. Mit Ausnahme von P.Ross.Georg. III 46, dem Fragment einer Quittung über eine Pachtzinszahlung, scheinen sich alle übrigen Dokumente dieses Archivs auf Entlohnungen bezogen haben, welche der Adressat – offenbar in seiner Eigenschaft als städtischer Funktionär – vorgenommen hat. Schon der Herausgeber von P.Ross.Georg. III 46 und 47 hatte jenen Zusammenhang, in welchem die Texte zueinander stehen und welcher sich in der Identität der Person des Quittungsadressaten manifestiert, erkannt[141]; den Umfang des Archivs hatte selbiger aufgrund des damaligen Kenntnisstandes allerdings bloß auf vier der fünf Urkunden, nämlich auf **111**, **176**, P.Ross.Georg. III 46 und 47, beziffern können.

In **26** dürfte der Empfang eines Geldbetrages unbekannter Höhe seitens eines gewissen Menas, von dessen Funktionsangabe im Urkundentext bloß noch Reste eines Anfangsbuchstabens erhalten sind, bestätigt worden sein; während es sich bei der Erwähnung des Nymphaiu-Viertels von Arsinoiton Polis wohl um die Herkunftsbezeichnung des Zahlungsempfängers gehandelt haben dürfte, scheint die Nennung des öffentlichen Bades der Stadt im Rahmen des Zahlungstitels auf dessen Einsatzbereich angespielt zu haben. Die Zahlung war für einen unbestimmbaren Bemessungszeitraum in einem ersten Indiktionsjahr geleistet worden; der Inhalt des Fragmentes bricht mit dem Tagesdatum der Urkundenausstellung im Monat Pharmuthi ab. Von jenen beiden Personen aus Arsinoiton Polis, deren Entlohnung in **111** quittiert wurde, sind nur noch Name und Vatersname des einen der beiden, eines gewissen Georgios, Sohn eines Ioannes alias Salakon, überliefert. Eine auf beide Zahlungsempfänger bezogene Funktionsangabe dürfte dem Textverlust zum Opfer gefallen sein. Den Anlaß des urkundlich niedergelegten Zahlungsvorganges dürfte die Erstattung eines (Werk-) Lohnes für Bauarbeiten geboten haben, welche die beiden Zahlungsempfänger offensichtlich im Auftrag des Adressaten im arsinoitischen Dorf Alexandru Nesos durchgeführt haben. Während ein ähnlicher Kontext aus **176**, der Quittung eines Tekton Oikodomes („Bauzimmermann“) namens Kosmas, Sohn des Nepheras, über eine nicht näher dokumentierte (Teil-) Zahlung hervorzugehen scheint, hatte die Quittung P.Ross.Georg. III 47 die Lohnzahlung an einen im öffentlichen Bad von Arsinoiton Polis beschäftigten Symmachos namens Melas zum Inhalt. Die Entlohnung war dort offenbar im Rahmen eines regulären Dienstverhältnisses erfolgt, wie die Formulierung des ausführlichen Zahlungstitels dieser Urkunde nahelegt. Wie im Fall von **26**, wo in Hinblick auf die Erwähnung desselben Bades vermutlich ein ähnlicher Zusammenhang bestand, ist der Geldbetrag für ein erstes Indiktionsjahr erstattet worden und dürfte mit einer Auszahlungssumme von vierzehn Keratia bemessen gewesen sein[142]; die Urkunde wurde im Monat Mesore desselben ersten Indiktionsjahres durch den vielfach anderweitig bezeugten Iustos Symbolaiographos ausgefertigt. In P.Ross.Georg. III 46 hatte Menas, ein *primicerius* eines nicht näher bezeichneten, „hochrühmlichen“ *praetorium*, von Timotheos Pacht für besätes und unter dessen Nutzung stehendes Ackerland empfangen. Im Gegensatz zu jenen vier Lohnquittungen, welche offensichtlich mit Timotheos’ Amtstätigkeit in unmittelbarem

141 Vgl. G. Zereteli, P.Ross.Georg. III 46, Komm. Z. 2.

142 In der Edition dieser Urkunde, von der keine Abbildungen verfügbar sind, ist die Zahlungssumme in Z. 4 mit [χρύσινα] δ̣εκατέσσαρα ’Αλεξανδρείας, χρ(ύσινα) ιδ ’Αλεξ(ανδρείας) wiedergegeben, was als Entlohnung eines Symmachos unverhältnismäßig hoch bemessen erscheint.

Bezug stand und demzufolge als Teil seiner offiziellen Amtskorrespondenz aufzufassen sind, scheint die Pachtzinsquittung ausschließlich dessen private Geschäfte zu reflektieren.

Die Urkunden **26**, **111**, **176** und P.Ross.Georg. III 47 vermitteln einen ungefähren Eindruck vom Ausmaß des mit der Amtstätigkeit unweigerlich verbundenen Kompetenzbereiches ihres Adressaten, welcher die Verwaltung, die Finanzgebahrung und den Bau öffentlicher Gebäude und Einrichtungen sowohl im städtischen als auch im ländlichen Raum umfaßt haben dürfte.

Ein wichtiges Kriterium für die chronologische Einordnung des Archivs, das nach bisherigem Forschungsstand gemeinhin in das 6. Jh. datiert worden war, liefert die Unterschrift des Ausstellers in P.Ross.Georg. III 47, jenes besagten Iustos Symbolaiographos, welcher in einer Vielzahl von Urkunden als Ausfertiger bezeugt ist[143]. Seine Tätigkeit dürfte allgemeinen Indizien zufolge in die Zeit um die Mitte des 7. Jh. anzusetzen und damit sowohl in die letzten Jahre der byzantinischen als auch in die ersten Jahre der arabischen Herrschaft in Ägypten gefallen sein[144]. Aus einem von dessen Unterschrift in P.Ross.Georg. III 47 ausgehenden Schriftvergleich der Urkunden **26**, **111** und **176** mit weiteren Dokumenten des vorliegenden Corpusabschnittes, welche nachweislich von demselben Iustos Symbolaiographos unterzeichnet worden sind (**96**, **116** und **164**), ist aufgrund auffälliger Übereinstimmungen in Schriftbild und Duktus zu ersehen, daß auch jene drei Quittungen des „Timotheos-Archivs“ von Iustos Symbolaiographos verfaßt und ausgefertigt wurden.

Leontios-Archiv

Die Urkunden des sogenannten „Leontios-Archivs“ stellen sich in ihrer Gesamtheit als die bei weitem homogenste aller hier behandelten Textgruppen dar. Ihre Einheitlichkeit beruht nicht allein auf der Gemeinsamkeit in Person ihres offiziellen Absenders, sondern auch was Inhalt, Art, Funktion, Formular und die Person des Verfassers der betreffenden Zeugnisse anbelangt. Dem Archiv sind zum gegenwärtigen Zeitpunkt vier Dokumente mit Sicherheit zuzuweisen: **48**, **49**, **77** und SPP VIII 1282. Alle vier Urkunden bestätigten den Empfang unterschiedlicher Weizenmengen, die unter dem Steuertitel Embole abgeliefert und ohne Aufschläge für anfallende Transportkosten verbucht wurden. Als Lieferungsempfänger und Urkundenabsender hat ein gewisser Leontios fungiert, der in seiner Eigenschaft als Hypodektes von Hermupolis von Amts wegen für die Einnahme des Steuerweizens verantwortlich war; die Lieferungen waren de facto von zwei Sitometrai von Antinoupolis, einem gewissen Ioannes und einem gewissen Theodosakios, die jenem offensichtlich unterstellt waren, entgegengenommen und bestätigt worden. Beide hatten persönlich auch die Ausfertigung der Quittungsurkunden zu bewerkstelligen, wie den Unterschriften am Ende der Dokumente zu entnehmen ist, wobei Ioannes den Quittungstext verfaßt haben dürfte.

In **48** ist eine Lieferung von 200 Artaben Weizen quittiert, die ein *comes* namens Phoibammon durch einen Bediensteten gleichen Namens für ein zwölftes Indiktionsjahr im Verlauf desselben erstatten ließ. **49** nimmt auf eine Lieferung von sechzig Artaben Steuerweizen Bezug, die seitens einer offenbar geistlichen, mit genauem Namen allerdings nicht mehr greifbaren Institution durch einen Diakonos namens Severus in einem elften Indiktionsjahr für die Embole desselben Jahres erfolgt ist. Eine vergleichsweise geringe Menge von bloß dreieinhalb Artaben war in **77** von einem Archiatros namens Kolluthos in

[143] Vgl. eine Zusammenstellung und Auflistung der Zeugnisse bei J. Diethart, P.Rain.Cent., S. 432–438 sowie Byz. Not. 38–40.

[144] Die Eckdaten ergeben sich aus den sicher datierten Nachweisen in P.Ross.Georg. III 51 aus dem Jahr 631 und BGU II 366 aus dem Jahr 660; vgl. dazu B. Palme, CPR XXIV, S. 200 mit Anm. 19.

einem zwölften Indiktionsjahr für die Embole eines elften und eines zwölften Indiktionsjahres abgeliefert worden. In den formellen Zahlern der beiden erstgenannten Urkunden, dem *comes* in **48** und der Körperschaft in **49**, dürfen ein Funktionär bzw. eine Einrichtung erkannt werden, welche ihrerseits offenbar als Vollzugsorgane in den administrativen Prozeß der Steuereinhebung eingebunden gewesen sind und die betreffenden Weizenmengen demzufolge nicht in ihrem eigenen Namen abführen, sondern als Steueraufkommen anderer übermitteln. Im Fall des Archiatros in **77** scheint sich die Steuerleistung hinsichtlich der Funktionsbezeichnung des formellen Adressaten, vor allem aber aufgrund der relativ gering bemessenen Liefermenge einerseits und des doppelt so langen Bemessungszeitraumes von zwei Jahren andererseits eher auf dessen persönliches Steueraufkommen bezogen zu haben. Die Übereinstimmung der drei Urkunden in ihrer Formalgestaltung, welche vorrangig wohl auch in ihrer Funktionalität begründet war, sowie der allgemeine Kontext sprechen jedoch gegen eine solche Annahme. Auch die vierte und letzte sichere Archivparallele, SPP VIII 1282, wo die Namen von Leontios und Ioannes aufgrund des inhaltlichen Zusammenhanges zu ergänzen sind, kann darüber keinen Aufschluß geben, da sie sich in ihrem überlieferten Inhalt bloß auf eine Teilwiedergabe des Schlußpassus mit den Unterschriften der Ausfertiger beschränkt. Das Fragment einer weiteren Quittung, SPP VIII 1275, dürfte zumindest aufgrund desselben Verfassers, Ioannes Sitometres, und aufgrund einer ähnlichen inhaltlichen Ausrichtung (Erwähnung einer Weizenmenge) mit den Urkunden dieses Archivs in auffälligem Naheverhältnis gestanden sein; auf die enge Verbindung, die zwischen diesen fünf Zeugnissen besteht, hatte bereits deren Erstherausgeber in der Corpusedition aufmerksam gemacht. Die Frage nach der möglichen Archivzugehörigkeit von SPP VIII 1275 kann angesichts des fragmentarischen Zustandes dieses Dokumentes nicht entschieden werden; geringfügige formale Unterschiede im Schriftduktus und bei Kürzungen könnten Zweifel an einer möglichen Zuordnung aufkommen lassen.

Der Befund eines Archivumfanges von vier, bestenfalls fünf Texten widerspricht der Ansicht des Herausgebers von P.Bingen 147, wonach **48**, **49**, **77**, SPP III 294, 636, SPP VIII 1275, 1282 und P.Bingen 147 als geschlossene Textgruppe auf ein und dieselbe Person eines Hypodektes namens Leontios zu beziehen seien[145]; in SPP III 294 (*ed. pr.*: *s.* VII., angeblich Hermopol.) ist einem Diakonos namens Ioannes, Sohn eines Psanke, eine Geldzahlung von sechs Solidi für Kopfsteuer eines fünften Indiktionsjahres quittiert worden; SPP III 636 (*ed. pr.*: *s.* VI–VII., Faijûm) hatte eine Kopfsteuerzahlung für ein neuntes Indiktionsjahr in der Höhe von einem Solidus und 22 Keratia durch einen gewissen Senuthios, Sohn eines Phoibammon und Enkel eines Kyros, zum Inhalt gehabt; in P.Bingen 147 ist eine Kopfsteuerleistung von drei Solidi und viereinhalb Keratia durch einen gewissen Leontios, einen Hypodektes aus Antinoupolis (!), für ein achtes Indiktionsjahr erbracht worden; alle drei Diagraphon-Quittungen waren von derselben Person, einem nicht näher bezeichneten Leontios, unterzeichnet worden, der unmöglich mit der Person des gleichnamigen Steuerzahlers in P.Bingen 147 identisch gewesen sein kann[146]. Gleichzeitig scheint es wohl außer Diskussion zu stehen, daß keine dieser beiden Personen – also weder der Ausfertiger dieser drei Diagraphon-Quittungen namens Leontios noch der gleichnamige Adressat in einer dieser Quittungen – mit der Person des Hypodektes von Hermupolis aus den Urkunden des „Leontios-Archivs" identisch gewesen sein dürfte.

Aufgrund der Tatsache, daß die Urkunden des „Leontios-Archivs" weder an die eigentliche Person des Steuerzahlers bzw. Steuerpflichtigen gerichtet waren noch an diesen ergangen sind (wofür die Existenz und die Fundumstände des Archivs zu sprechen scheinen), dürften selbige nicht als herkömmliche Lieferbescheinigungen oder Steuerquittungen,

[145] H. Harrauer, P.Bingen 147: *Eine neue Hypodektenquittung des Leontios*, S. 587–592.

[146] Diese in P.Bingen 147, S. 588 richtig gezogene Schlußfolgerung steht in Widerspruch zur Aussage im allgemeinen Resümee, ebenda, S. 590.

sondern vielmehr als verwaltungsinterne Belege gedient haben. Diese waren wohl einer höheren Verwaltungsinstanz vorzulegen und könnten auf diesem Weg paradoxerweise letztendlich an die Adresse ihres formellen Absenders Leontios gelangt sein, wo sie einerseits zum Zweck einer Erfassung und Dokumentation der betreffenden Steuerdaten, andererseits als Rechenschaftsbericht der beiden Sitometrai aufbewahrt worden wären. Einer anderen Überlegung zufolge könnten ähnliche Urkunden als Quittungsbelege an die Übermittler der betreffenden Steuermengen, welche ihrerseits bloß Vertreter von jenen Vollzugsorganen bzw. -einheiten der Steuervereinnahmung waren, wie sie wohl im *comes* in **48** oder der kirchlichen Institution in **49** erkannt werden können, ausgehändigt worden sein. Von diesen Urkunden könnten wiederum Kopien angefertigt worden sein, welche in Form der vorliegenden Dokumente des Archivs in das Büro des Hypodektes von Hermupolis gesandt wurden.

Den beiden Sitometrai dürfte im vorliegenden Fall ausschließlich die praktische Erhebung und Kontrolle der betreffenden Steuerweizenmengen zugefallen sein. Eine bemerkenswerte Konstellation ergibt sich bloß aus den Angaben unterschiedlicher Amts- bzw. Kompetenzbereiche, da beide Sitometrai von Antinoupolis in ihrer Eigenschaft als Vertreter des Hypodektes von Hermupolis auftraten. Die Kooperation zwischen Funktionären dieser beiden, in unmittelbarer Nähe gelegenen Städte – Hermupolis diesseits und Antinoupolis jenseits des Nils – stellt offenbar jedoch keinen Einzelfall dar, sondern läßt sich auch anhand anderer Beispiele dokumentieren, wie H. Harrauer in der Einleitung zu P.Bingen 147 ausführt[147]. Ein gemeinsames Vorgehen der steuerbehördlichen Instanzen der beiden Städte, wie es im konkreten Fall bezeugt ist, läßt die Existenz einer gauübergreifenden Administrationseinheit voraussetzen, deren Wesen, Struktur, Umfang und Aufgabenverteilung aus dem gegenwärtigen Dokumentationsstand noch nicht einmal annähernd erschlossen werden können.

Hermupolis scheint als Provenienz der Urkunden des „Leontios-Archivs" aufgrund des Archivcharakters und mutmaßlicher Fund- und Ankaufsumstände außer Frage zu stehen. Anhaltspunkte, welche über die konkrete Entstehungszeit der betreffenden Dokumente Auskunft geben könnten, sind hingegen nicht vorhanden. Alle fünf Urkunden waren vom Erstherausgeber in das 6. Jh. datiert worden[148]; das Schriftbild dieser Zeugnisse würde durchaus jedoch eine zeitliche Einordnung ins 7. Jh. und somit entweder in die spätbyzantinische oder früharabische Phase Ägyptens erlauben.

MAGISTOR-DOSSIER

In zwei Zeugnissen des vorliegenden Corpus-Abschnittes, nämlich **42 A** und **118**, wird in einem Fall indirekt, im anderen Fall direkt auf die aus weiteren sieben Urkunden bekannte Person des im Logisterion von Hermupolis tätigen Steuerbeamten Flavius Magistor, Sohn des Kallinikos, Bezug genommen. Funktion, Stellung und Aufgabenbereich dieser Person sind in den Urkunden des Dossiers, welche größtenteils, aber nicht ausschließlich der Ebene des amtsinternen Urkundenverkehrs entstammen, in vielfältigster Weise greifbar. **42 A** enthält

[147] Vgl. beispielsweise jene Quittungen über Rekrutengelder etc. in P.Flor. I 95 (Hermupolis, 4. Jh.) und P.Lips. I 62 (Hermupolis/Antinoupolis, 384/385), die ein gewisser Aurelius bzw. Claudius Apis, χρυσώνης ἐπαρχίας Θηβαΐδος , Ratsherr aus Antinoupolis, an den ὑποδέκτης χρυσοῦ τιρώνων Aurelius Philammon und weitere Buleuten von Hermupolis ausgestellt hatte. Zu diesen und anderen Verweisen auf ähnliche Beispiele vgl. H. Harrauer, P.Bingen 147, S. 587.

[148] Der Herausgeber von P.Bingen 147 hatte ebenda, S. 589 die Ausstellung der Quittungen des „Leontios-Archivs" und der drei Diagraphon-Entagia ins 6./7. Jh. gesetzt, was vor allem in Bezug auf letztere umso verwunderlicher erscheint, als diese schon allein aufgrund ihres inhaltsspezifischen Gattungsbezuges als Diagraphon-Quittungen eindeutig der arabischen Zeit zuzuordnen sind; vgl. dazu Morelli, *Raccolta* 317.

eine Quittung, welche zwei Steuerleistungen für ein zehntes Indiktionsjahr belegt. Die erste der beiden quittierten Steuerzahlungen wurde von einer Person namens Tarou in Eigenschaft als Steuerpflichtiger geleistet, die zweite hingegen von selbigem im Namen eines gewissen Kallinikos, Sohn eines Pharesmanes. Diese Zahlungsumstände scheinen auch eine Erklärung für das Wesen dieser Doppelquittung zu liefern. Der Betrag der ersten Steuerzahlung ist durch eine Steuerausschreibung seitens des Steuerbeamten Flavius Magistor, der in diesem Kontext in der Funktion eines Diastoleus, jedoch ohne nähere Bezeichnung seines Amtsbereiches bezeugt ist, auf eine Summe von vier Keratia festgesetzt worden. Der Betrag der zweiten Steuerzahlung, die sich auf Steuerleistung von einem Keration belaufen hat, ist seitens eines Boethos des Logisterion namens Tribunas festgelegt worden. Beide Zahlungen waren offensichtlich vom nicht näher bezeichneten Ausfertiger der betreffenden Urkunde, einem gewissen Phoibammon, entgegengenommen worden. Eine von diesem über der ersten Zeile des Dokumentes nachgetragene Ergänzung ὑπὲρ Αστουφορε, die mit dem Titel der beiden Steuerzahlungen in Verbindung zu stehen scheint, ist in ihrer konkreten inhaltlichen Bedeutung ungeklärt.

In **118** (= P.Lips. I 90) hatte der Epikeimenos des Steuerregisters der Embole eines dritten Indiktionsjahres namens Basileios gegenüber Flavius Magistor, dem Boethos des Logisterion und Diastoleus des Dioskorides-Steuerbezirkes, den Empfang einer Geldsumme von einem Solidus und zweiundzwanzig ein viertel Keratia an Amtsgebühren für dasselbe Steuerregister bestätigt. Ein Teil dieser Summe, nämlich ein Solidus und zwölf Keratia, war im Amtsbereich des Boethos des Logisterion, die restlichen zehn ein viertel Keratia offenbar in jenem des Diastoleus der Dioskorides-Abteilung angefallen. Der Zahlungsempfänger könnte unter anderem für die Verrechnung, Verwaltung und Finanzbuchhaltung der betreffenden Amtsgebühren verantwortlich gewesen sein, weshalb diese – wie in der Urkunde ausdrücklich vermerkt – an ihn abgeführt wurden. In welchem hierarchischen Verhältnis die Person des Zahlungsempfängers zu jener des Quittungsadressaten stand, läßt sich nicht eindeutig entscheiden. Die in der dritten Zeile des Dokumentes greifbare und mittels des Abstraktums ἡ σὴ εὐδοκίμησις zum Ausdruck gebrachte Anrede des Adressaten dürfte jedoch seine höhere Stellung gegenüber dem Zahlungsempfänger ausdrücken.

Magistors unterschiedliche Funktionsbezeichnungen in den beiden Urkunden lassen nicht bloß einen gewissen zeitlichen Abstand zwischen den Ausstellungsdaten vermuten, sondern darüber hinaus zwei unterschiedliche Entwicklungsstufen in dessen Werdegang bzw. Ämterlaufbahn markieren. Einen Versuch, dessen Karriere anhand vorhandener Urkundendaten zu rekonstruieren, hat P. J. Sijpesteijn im Zuge einer zusammenfassenden Darstellung des „Magistor-Dossiers“ unternommen[149]. Als Ausgangsbasis dienten ihm die zwei einzigen sicher datierten Urkunden dieses Dossiers: ein in einem siebenten Indiktionsjahr ausgestelltes ἐπίσταλμα τοῦ σωματισμοῦ in P.Laur. III 77 aus dem Jahr 603[150] sowie eine bislang unpublizierte Urkunde (P.Berol. Inv. Nr. 21967) aus einem elften oder zwölften Indiktionsjahr, welche entweder 607 oder 608 zu datieren ist[151]. Gestützt auf diese beiden Daten und die Vermutung E. Wipszyckas[152], wonach in der Verwaltungseinheit eines Logisterion mehrere Diastoleis unter Leitung eines einzigen Boethos ihr Amt versehen hätten, wurde ein Laufbahnschema für die Person des Magistor erstellt, in welchem die Urkunden des Dossiers nach dessen unterschiedlichen Amtsbezeichnungen angeordnet und anhand überlieferter Indiktionsangaben mit Datierungen versehen wurden: Demnach wäre **42 A**, wo Magistor den Titel eines Diastoleus trägt, als frühestes Zeugnis aufgrund des Ausstellungsdatums in einem zehnten Indiktionsjahr ins Jahr 591 zu setzen. Danach können

---

149 Vgl. dazu allgemein Sijpesteijn, *Magistor I* 93–102 sowie Sijpesteijn, *Magistor II* 117–118.

150 Korrektur der Datierung durch Bagnall – Worp, *Notes VIII* 46 (BL VIII 166).

151 Vgl. dazu H. Maehler, BGU XII 2169, Einl., 68–69.

152 Vgl. Wipszycka, *Reçus* 109ff.

P.Laur. III 110, eine verwaltungsinterne Sammelquittung über Steuergelder, die Magistor in seiner Eigenschaft als Diastoleus eines oder mehrerer namentlich nicht näher bezeugter Steuerbezirke[153] an Leon, den *dux* der Thebais, abgeliefert hat, und **118**, wo Magistor als Boethos des Logisterion und Diastoleus der Dioskorides-Abteilung bezeugt ist, die beide aufgrund ihrer Ausstellungsdaten in einem dritten Indiktionsjahr ins Jahr 600 zu datieren wären. Im Anschluß an die eingangs erwähnten Ausgangszeugnisse P.Laur. III 77 aus dem Jahr 603, wo Magistor in der Funktion eines Boethos des Logisterion und Diastoleus des Dioskorides-Steuerbezirkes auftritt, und P.Berol. Inv. Nr. 21967 aus dem Jahr 607 oder 608, wo keine Hinweise über seinen Titel vorliegen[154], würde CPR VII 29, eine Doppelquittung über zwei Steuerzahlungen eines zwölften Indiktionsjahres, wo Magistor im Fall der ersten Zahlung den Titel eines Boethos des Logisterion und im Fall der zweiten Zahlung jenen eines Diastoleus (allerdings ohne ausdrückliche Erwähnung des Kompetenzbereiches) getragen hatte, ins Jahr 608/609 fallen. P.Würzb. 19, ein weiteres ἐπίσταλμα τοῦ σωματισμοῦ aus einem zehnten Indiktionsjahr, in welchem Magistor als Boethos des Logisterion und Diastoleus des Ammonios-Bezirkes, des Anatolios-Bezirkes, des Germanos-Bezirkes und des Taurinos-Bezirkes nachgewiesen ist, würde demzufolge aus dem Jahr 622, die Steuerquittung SB XVI 12264 eines zweiten Indiktionsjahres, wo Magistor als Boethos des Logisterion bezeugt ist, aus dem Jahr 628 stammen. Die in einem vierzehnten Indiktionsjahr ausgefertigte Quittung SB XVI 12999, die Magistor in der Eigenschaft eines Boethos des Logisterion nennt und aufgrund ihres späteren Publikationsdatums in betreffendem Laufbahnschema nicht berücksichtigt worden war, müßte dem Ansatz Sijpesteijns zufolge zwischen die beiden letztgenannten Dokumente einzureihen und somit in das Jahr 626 zu setzen sein.

Die Rekonstruktion des Karriereschemas weist jedoch insgesamt einige methodische Schwächen auf, weshalb sowohl an der Verbindlichkeit dieses Laufbahnmodells als auch an dessen Chronologie letztendlich gezweifelt werden muß. Vor allem die in CPR VII 29 konstatierbare Parallelität in der direkten Gegenüberstellung der beiden Amtsbezeichnungen βοηθὸς λογιστηρίου und διαστολεύς in ein und derselben Urkunde widersprechen eindeutig dem Ansatz des Rekonstruktionsversuches. Eine schlüssige Systematik ist zum gegenwärtigen Zeitpunkt aus der Quellenlage, der Formulierung, Kombination sowie dem Gebrauch der unterschiedlichen Amtstitel in ihrem jeweiligen Kontext nicht ableitbar – ein Umstand, der an der ungefähren Datierung des „Magistor-Dossiers“ in den Beginn des 7. Jh. allerdings kaum etwas ändert[155].

---

153 Vom Herausgeber wurde – offensichtlich in Anlehnung an P.Laur. III 77, 3–4 und 13 – als Amtsbereich μερίδος Διοσκουρίδου ergänzt. Die Schreibung Διοσκουρίδου scheint hier aus unerfindlichen bzw. nicht eigens dargelegten Gründen aus der Einleitung zu P.Würzb. 19, S. 98 übernommen worden zu sein).

154 Sijpesteijn, *Magistor I* 95 und 98 zufolge hatte Magistor in diesem Zeugnis als Boethos und Diastoleus fungiert; sowohl in dieser Urkunde als auch in der Dossierparallele P.Würzb. 19 ist Magistor als Sohn seines verstorbenen Vaters namens Kallinikos charakterisiert; P.Laur. III 77 muß aufgrund einer von Sijpesteijn, ebenda, S. 96 ignorierten Filiationsangabe bereits zu Lebzeiten des Kallinikos ausgestellt worden sein.

155 Neben den beiden sicher datierten Zeugnissen P.Laur. III 77 und P.Berol. Inv. Nr. 21967 kann der Datierungsansatz auch anhand der Gleichsetzung des Verfassers von SB XVI 12264 und 12999 mit dem „Schreiber 1“ in P.Sorb. II 69 gestützt werden; vgl. dazu J. Gascou, P.Sorb. II 69, S. 13.

Konkordanzen und Verzeichnisse

Konkordanz nach Inventarnummern

Wien, Papyrussammlung der Österreichischen Nationalbibliothek

P.Vindob. G	
2118	**14**
2119	**97**
2151 Rekto	**65 B**
2151 Verso	**65 A**
2205+11254	**33**
11001	**1**
11002	**2**
11003	**3**
11004	**4**
11005	**5**
11006+11074	**6**
11007	**7**
11008	**8**
11009	**9**
11010	**10**
11011	**11**
11012+11013	**12**
11013	**12**
11015+11020+11076	**15**
11016	**16**
11017	**17**
11018	**18**
11019+11039	**19**
11020	**15**
11021 Fleischseite	**21 A**
11021 Haarseite	**21 B**
11022+11084	**22**
11023	**23**
11024 Rekto	**24 B**
11024 Verso	**24 A**
11025	**25**
11026	**26**
11027	**27**
11028	**28**
11029+11075	**29**
11030	**30**
11031	**31**
11032	**32**
11034	**34**
11035	**35**
11036	**36**
11037	**37**
11038	**38**
11039	**19**
11040	**40**
11041	**41**
11042 Rekto	**42 A**
11042 Verso	**42 B**
11043	**43**
11044	**44**
11045 Rekto	**45 B**
11045 Verso	**45 A**
11046	**46**
11047	**47**
11048	**48**
11049	**49**
11050	**50**
11051	**51**
11052	**52**
11053	**53**
11054	**54**
11055	**55**
11056	**56**
11057	**57**
11058	**58**
11059	**59**
11060	**60**
11061	**61**
11062	**62**
11063	**63**
11064	**64**
11066	**66**

11067	**67**	11085	**85**
11068	**68**	11086	**86**
11069	**69**	11087	**87**
11070	**70**	11088	**88**
11071	**71**	11089	**89**
11072	**72**	11090	**90**
11073	**73**	11091	**91**
11074	**6**	11092	**92**
11075	**29**	11093	**93**
11076	**15**	11094	**94**
11077	**77**	11095	**95**
11078	**78**	11096	**96**
11079+11931	**79**	11254	**33**
11080+14306	**80**	11931	**79**
11081	**81**	14306	**80**
11082	**82**	39635	**72 *bis***
11083	**83**	39636	**82 *bis***
11084	**22**		

Paris, Département des Antiquités Égyptiennes, Musée du Louvre

P.Louvre AF		6846, 23	**99**
		6975	**98**
6583	**111**	7087	**106**
6594	**107**	7091	**105**
6661	**104**	7384 Rekto (?)	**108 A**
6671	**101**	7384 Verso (?)	**108 B**
6675 c	**102**	7387	**100**
6846	**109**	7391	**110**
6846, 6	**103**		

Berlin, Ägyptisches Museum und Papyrussammlung, Staatliche Museen zu Berlin

P.		6900	**117**
		7797 Rekto	**112 A**
2749	**115**	7797 Verso	**112 B**
2885	**114**	8651	**113**
2927	**116**		

Leipzig, Universitätsbibliothek

P.Lips. Inv. 74	**118**

KONKORDANZ NACH EDITIONSNUMMERN

Wessely, *Lettre* 161–183.

175–176, Nr. VII	**111**		

Magirus, *Papyri* 92–108.

100, M. 46	**114**	100, M. 51	**116**
100, M. 50	**115**		

Wessely, *Pariser Papyri* 97–256.

76 [170]	**107**	150 [244]	**104**
110 [204], Nr. LIX	**100**	150–151 [244–245]	**105**
110 [204], Nr. LX	**99**	156 [250]	**110**
122 [216], Nr. LXVI, 3	**106**	157 [251]	**101**
122–123 [216–217], Nr. LXVI, 4	**108**	157 [251]	**102**
148 [242]	**98**	160 [254], Nr. LXXIII, 2	**103**

BGU

I 29	**117**	III 828	**113**
III 808	**112 A+B**		

P.Lips.

„Erste Lieferung“, Nr. 4	**118**	I 90	**118**

SB

SPP

P.Batav.

Russ, *Bemerkungen* 228.

Buchinger et al., *Beiträge* 87–97.

Chlubna et al., *Neuedition* 227–232.

Verzeichnis zusammengefügter Fragmente

SPP III 6	**6+74 → 6**	SPP III 74	**6+74 → 6**
SPP III 12	**12+13 → 12**	SPP III 75	**29+75 → 29**
SPP III 13	**12+13 → 12**	SPP III 76	**15+20+76 → 15**
SPP III 15	**15+20+76 → 15**	SPP III 79	**79+1276 → 79**
SPP III 20	**15+20+76 → 15**	SPP III 80	**80**+P.Vindob. G 14306 → **80**
SPP III 22	**22+84 → 22**	SPP III 84	**22+84 → 22**
SPP III 29	**29+75 → 29**	SPP III 349	**33+349 → 33**
SPP III 33	**33+349 → 33**	SPP VIII 1276	**79+1276 → 79**

Verzeichnis getrennter Editionsnummern

21 A	→ SPP III 21 Fleischseite	**45 B**	→ SPP III 45 Rekto
21 B	→ SPP III 21 Haarseite	**65 A**	→ SPP III 65 Verso
24 A	→ SPP III 24 Verso	**65 B**	→ SPP III 65 Rekto (om. edd.)
24 B	→ SPP III 24 Rekto	**108 A**	→ SPP III 108 Verso?
42 A	→ SPP III 42 Rekto	**108 B**	→ SPP III 108 Rekto? (om. edd.)
42 B	→ SPP III 42 Verso	**112 A**	→ SPP III 112 Rekto
45 A	→ SPP III 45 Verso	**112 B**	→ SPP III 112 Verso

Ersteditionen

65 B	→ SPP III 65 Rekto (om. edd.)	**108 B**	→ SPP III 108 Rekto? (om. edd.)

VERZEICHNIS DER KORREKTUREN ZU WEITEREN URKUNDENTEXTEN

P.Batav. 23 (anhand einer Abbildung)

Aufgrund der engen Parallele von derselben Hand **24 A** ins 7. Jh. zu datieren.
Z. 2–3: πετιάτως (*l.* πεδιάδος) [ἀπὸ] | νότου Πεεμπθ( ) → πετιάτως (*l.* πεδιάδος) νότου Πεενπ( )θ( )
Z. 5: (ὑπὲρ) σηνεθιạ (*l.* συνηθείας) → (ὑπὲρ) σηνεθίας (*l.* συνηθείας)
Das Wort συνηθεία ist – analog zu **24 A** – an dieser Stelle entgegen der Ansicht des Herausgebers nicht als Pachtabgabe, sondern als Aufwandsentschädigung bzw. Dienstvergütung zu verstehen.
Z. 6: ἡμῶν → ἡμῶν (*l.* ὑμῶν)

P.Grenf. II 83

Z. 2: ἐν ἐποικίῳ Ἐλευσίνας (*l.* Ἐλευσῖνος) → ἐν ἐποικίῳ Ἐλευσίνας
Aufgrund der Datierung ins 5. Jh. scheint Ἐλευσίνας hier die korrekte Form wiederzugeben.

SPP X 52

Z. 7: ἀπὸ χωρ(ίου) Ἐ[λευσ]ῖ(νος) → ἀπὸ χωρ(ίου) Ἐ[λευσ]ί(νας)
Aufgrund der Datierung ins 7.–8. Jh. ist der Auflösung Ἐλευσίνας der Vorzug zu geben.

SPP X 77

Z. 17: (ὑπὲρ) Ἐλ[ευσ]ῖ(να) → (ὑπὲρ) Ἐλ[ευσ]ί(νας)

SPP X 112

Z. 3: Ἐλευσῖ(να) → Ἐλευσῖ(νος)
Aufgrund der Datierung ins 2.–3. Jh. ist der Genitiv der klassischen Namensform, nämlich Ἐλευσῖνος, zu erwarten.

SPP X 250

Z. 8: ἀπὸ χω(ρίου) Ἐλευσῖ(να) → ἀπὸ χω(ρίου) Ἐλευσί(νας)
In der *ed. pr.* ins 6. Jh. datiert; aufgrund der Bezeichnung χωρίον vermutlich jedoch arabischer Zeit.

SPP X 257

Z. 1: χω(ρίου) Ἐλευσῖ(να) → χω(ρίου) Ἐλευσί(νας)
In der *ed. pr.* ins 6. Jh. datiert; aufgrund der Bezeichnung χωρίον vermutlich jedoch arabischer Zeit.

Zur Form der Edition

Beim Abdruck der Papyrustexte wird nach dem sogenannten „Leidener Klammersystem“ verfahren; zu diesem vgl. U. Wilcken, APF 10 (1932) 211f. Die verwendeten Klammern und Zeichen bedeuten:

[αβγδε]	Lücke durch Beschädigung des Papyrus
[. . . . .]	vermutliche Anzahl der in der Lücke fehlenden Buchstaben
⟦αβγδε⟧	Tilgung durch den Schreiber
{αβγδε}	Tilgung durch den Herausgeber
<αβγδε>	Ergänzung oder Änderung durch den Herausgeber
(αβγδε)	Auflösung von Symbolen oder Abkürzungen
\`αβγδε´	vom Schreiber nachträglich hinzugefügte Buchstaben
. . . . .	nicht entzifferte Buchstaben
α̣β̣γ̣δ̣ε̣	stark beschädigte oder unsicher gelesene Buchstaben.

Die im vorliegenden Band sowie in den beiden anderen bereits publizierten Faszikeln der Neuedition von SPP III^2 1–118, 239–329 und 449–582 enthaltenen Urkunden werden unter Angabe der Publikationsnummer ohne Sigle in Fettdruck zitiert. Auf die übrigen Texte aus SPP III & VIII wird in Normaldruck unter Verwendung der Sigle verwiesen; in diesen Fällen ist vorläufig noch die ältere Fassung maßgeblich.

Der senkrechte Strich | im *apparatus criticus* zeigt an, daß die betreffende Zeile in der zitierten Vorlage an dieser Stelle endet.

Bei der Wiedergabe der Angaben zum Herkunftsort und zur Datierung in den bisherigen Editionen im Kopfteil des Lemmas zu jeder Urkunde wurde die Schreibweise der jeweils zitierten Werke beibehalten.

Sämtliche Jahresangaben sind, sofern nicht anders vermerkt, auf die nachchristliche Ära zu beziehen.

1. QUITTUNG ÜBER JAHRESLOHN (ANDREAS-ARCHIV)

P.Vindob. G 11001	Fr. 1: 6,8 × 12,5 cm	Anfang 7. Jh.
Tamauis (Arsinoites)	Fr. 2: 6,8 × 10 cm	Tafel I

ed. pr.: SPP III 1 (*s.* VI., Arsinoë) – *ed. sec.*: Buchinger et al., *Beiträge* 90–92, Nr. 13 (Tamauis, 6. Jh.) – Korr.: B. C. McGing, P.Dub. 26, Komm. Z. 1 (BL X 2); zur allgemeinen Datierung des „Andreas-Archivs“ in das Ende 6.–Anfang 7. Jh. vgl. BL XI 258; N. Kruit (BL XI 259).

Papyrus. Zwei nicht zusammenhängende Fragmente (Fr. 1 links, Fr. 2 rechts). Ränder an allen Seiten erhalten. Das Ausmaß des Textverlustes beschränkt sich auf das mittlere Blattdrittel (gemessen an der ursprünglichen Gesamtbreite des *transversa charta* beschrifteten Urkundenblattes, welche in der Regel der herstellungsbedingten Höhe der Papyrusrollen von maximal 35–36 cm entspricht). Vier horizontale Faltungen 1, 2,5, 4 und 5,3 cm unterhalb des oberen Randes. Die Symmetrie der Beschädigungen läßt auf eine vertikale Faltung in der Blattmitte schließen. Keine Klebung. Schwarze Tinte. Der Abstand der Schrift zum Rand beträgt oben, links und unten jeweils ca. 1 cm. Rechts bis zum Rand beschrieben. Verso leer. Mit keiner anderen Schreiberhand im Archiv gleichzusetzen. Schrifttyp: sog. „Minuskelkursive“; Formulartyp: ἔσχον καὶ ἐπληρώθην ἐγὼ ὁ δεῖνα παρὰ σοῦ τοῦ δεῖνος („Quittungsschema“). Ankauf: „Faijûm *ex* 1883“.

↓ 1 † Ἔσχον καὶ ἐπληρώθην ἐγὼ Στ̣[έ]φ[ανος υἱὸς ± 6 ο]υ συμμάχου γενομένου
2 ἀπὸ τῆς Ἀρσινοϊτῶν πόλεως π̣[αρὰ σοῦ Ἀνδρέου το]ῦ θαυμασιωτάτου
γραμμα(τέως)
3 κώμης Ταμαύεως [τὰ] κ[ατ' ἔτος διδόμενά μοι παρὰ σοῦ λόγῳ μ]ι̣σ̣θ̣ῶν τῆς
παρούσης
4 τετάρτης ἰν(δικτίωνος), ὅ ἐσ̣τ̣ιν [± 30] Ἐ̣γ̣[ρ]άφη μηνὶ
5 Φαῶφι ὀγδόῃ τ̣[- - - ἰν(δικτίωνος) - - -]

1. Σ[- - - υἱὸς τοῦ δεῖνος] συμμάχου *ed. pr.*, Στ̣[έ]φ[ανος - - -] συμμάχου *ed. sec.* 2. αρσινοϊτων *pap.* π[αρὰ σοῦ Ἀνδρέα *ed. pr.*, [παρὰ σοῦ Ἀνδρέα *ed. sec.* γραμμα(τέως) | *ed. pr.*, γραμμ(ατέως) | *ed. sec.* 3. Ταμανεως *ed. pr.*, Ταμαύεως McGing, *ed. sec.* κ[ατ' ἔτος 7 καρ]π̣ῶν *ed. pr.*, κ[ατ' ἔτος διδόμ(ενά) μοι ὑπ(ὲρ) μ]ισ̣θ̣ῶν *ed. sec.* 4. ὃ ἔσ̣τ̣ιν [11 ἐγρ]άφη μηνί | *ed. pr.*, ὅ ἐσ̣τ̣ιν [νόμισμα - - - ἐγρ]άφη μην(ί) | *ed. sec.* 5. ὀγδόῃ | *ed. pr.*, ὀγδόῃ [δ ἰνδ(ικτίωνος) † δι' ἐμοῦ | *ed. sec.*, ὀγδόῃ [δ (oder τετάρτης) ἰν(δικτίωνος) (2. H.) δι' ἐμοῦ N. N. (+ Funktion?) Kruit

„† Ich, Stephanos, Sohn des N. N., eines gewesenen Symmachos, aus Arsinoiton Polis, habe vollständig erhalten von dir, Andreas, dem hochverehrten Grammateus des Dorfes Tamauis, den mir jährlich von dir ausgezahlten Betrag als Lohn der gegenwärtigen vierten Indiktion, das ist [- - -] Geschrieben am achten Tag im Monat Phaophi der [- - -] Indiktion [- - -]“.

Zwei nicht zusammenhängende Fragmente einer Quittung über Jahreslohn, welcher von Ἀνδρέας γραμματεὺς κώμης Ταμαύεως, dem Namensgeber dieses Archivs (vgl. Komm. Z. 2–3), an eine Person, deren Beruf nicht bekannt ist, ausgezahlt worden ist. Neben den Resten der Filiationsangabe sowie der Herkunftsangabe des formellen Absenders, in welchem aufgrund des nachfolgenden Wortlautes nicht nur der Zahlungsempfänger, sondern die Person des eigentlichen Lohnempfängers zu erkennen ist, sind weiters der für die Lohnzahlung als Bemessungsgrundlage herangezogene Zeitraum eines gegenwärtigen vierten Indiktionsjahres und der Monatstag des Urkundenausstellungsdatums überliefert. Vom verlorengegangenen Drittel in der Mitte der Urkunde lassen sich die Z. 2 und 3 anhand des Formulars der Archivparallelen ergänzen. Zu Inhalt, Datierung und Herkunft vgl. den allgemeinen Exkurs zum „Andreas-Archiv" im vorangegangenen Einleitungsteil.

1. Στ̣[έ]φ̣[ανος υἱὸς ± 6 ο]υ συμμάχου γενομένου: Die Lesung des Namens des formellen Absenders ist mit Ausnahme des Anfangsbuchstabens äußerst unsicher. Vom Namen des Vaters desselben ist lediglich die Genitiv-Endung -ο]υ erhalten; es bleibt unklar, ob in der Lücke dazwischen – unmittelbar vor der mit υἱός eingeleiteten Filiationsangabe – eine ausdrückliche Erwähnung der Funktionsbezeichnung des Zahlungsempfängers Platz gefunden hatte (vgl. die Reihenfolge der personenspezifischen Angaben der Zahlungsempfänger in **2**, 1–2; **71**, 1; **90**, 1–2; **92**, 1–2). Die Angabe συμμάχου γενομένου dürfte sich aufgrund ihres Kasus jedenfalls auf den Vater des Lohnempfängers beziehen; die syntaktische Stellung von γενομένου, welches in ähnlichem Zusammenhang sonst eigentlich unmittelbar vor der Angabe einer Berufs- oder Amtsbezeichnung anzutreffen ist, erscheint hier äußerst merkwürdig; ob das Wort γενόμενος in vorliegendem Kontext als Synonym zu μακάριος (im Sinn von „verstorben") oder als Verweis auf einen allfälligen Ruhestand der betreffenden Person verstanden werden soll, ist den übrigen Belegen dieses Wortes in Verbindung mit Filiations-, Berufs- und Amtsbezeichnungen nicht zu entnehmen, da im Fall verstorbener Väter zumeist auf das übliche Filiationsmuster υἱὸς τοῦ μακαρίου δεῖνος γενομένου + Funktionsbezeichnung oder υἱὸς τοῦ τῆς μακαρίας μνήμης δεῖνος γενομένου + Funktionsbezeichnung zurückgegriffen wurde. Die Frage, ob der Zahlungsempfänger möglicherweise denselben Beruf wie sein Vater ausgeübt hatte, was sich für gewöhnlich in einem Filiationsmuster υἱὸς τοῦ δεῖνος γενομένου καὶ αὐτοῦ + Funktionsbezeichnung niederschlägt, läßt sich anhand des Textbefundes ebenso wenig beantworten wie jene Frage, ob es sich beim Zahlungsempfänger nicht überhaupt um eine weibliche Person – Στ̣[ε]φ̣[ανοῦς (von der Lesung her vielleicht aber auch Σο̣φ̣[ία) – gehandelt haben könnte, wie dies beispielsweise in den Archivparallelen **4** und **70** der Fall ist (zumindest in **70** war die Angabe einer Funktionsbezeichnung nachweislich unterblieben). Zur Funktionsbezeichnung und Aufgabenstellung eines σύμμαχος vgl. allgemein Jördens, *Symmachoi I* 105–118 (ebenda, 116 findet sich nicht der Vater, sondern der Sohn in die Liste der Symmachoi aufgenommen) und Jördens, *Symmachoi II* 219–231; weiters: S. J. Clackson, P.Mon.Apollo 45, Komm. Z. 9 (mit Aufzählung der koptischen Belege) sowie zuletzt B. Palme, P.Harrauer 60, Komm. Z. 10.

2.–3. Ἀνδρέου το]ῦ θαυμασιωτάτου γραμμα(τέως) κώμης Ταμαύεως: Die Ergänzung des Namens ergibt sich aus der Zuordnung zum „Andreas-Archiv". Von den im Archiv überlieferten Genitiv–Formen findet sich Ἀνδρέου gegenüber Ἀνδρέα deutlich häufiger belegt, weshalb im Fall von Ergänzungen auf die mehrheitlich bezeugte Form zurückgegriffen wird. Zur Anredeform θαυμασιώτατος (*admirandissimus*) vgl. Hornickel, *Rangprädikate* 15–16; Koch, *Beamtentitel* 74; für die Person des Andreas wird besagte Anrede ausschließlich hier und in **82** gebraucht.

Zur κώμη (später χωρίον) Ταμαῦις bzw. Ταμᾶις, welche in der Ἡρακλείδου μερίς des arsinoitischen Gaues lokalisiert ist, vgl. allgemein Wessely, *Topographie* 143 *s. v.* Ταμαις und Τάμανις, B. P. Grenfell, A. S. Hunt, P.Tebt. II, S. 357 *s. v.* Ταμαῦις und 403 *s. v.* Ταμάνις und Ταμαῦις (Ταμᾶις), Diz. IV 346–347 *s. v.* Ταμᾶις und Ταμᾶνις; Suppl. 2, 203 *s. v.* Ταμᾶις und Ταμᾶνις; Suppl. 3, 144 *s. v.* Ταμᾶις, † Ταμᾶνις und Ταμᾶυις; Timm, *Ägypten* VI 2477, *s. v.* Tamais; 2480 *s. v.* Tamanis; B. C. McGing, P.Dub. 26, Komm. Z. 1; D. Hagedorn, P.Hamb. IV 256, Komm. Z. 3.

3. κ[ατ᾽ ἔτος διδόμενά μοι παρὰ σοῦ λόγῳ μ]ι̣σ̣θῶν: Zur Ergänzung des Zahlungstitels vgl. die Archivparallelen; die Verwendung des Plurals μισθῶν statt des Singulars μισθοῦ erweist sich innerhalb des Archivs als einzigartig.

4. Ἐγ̣[ρ̣]άφη: φη in Ligatur.

5. Φαῶφι ὀγδόῃ τ̣[- - - ἰν(δικτίωνος): Φαῶφι ὀγδόῃ entspricht dem 5. (6.) Oktober. Im Anschluß an das Tagesdatum dürfte in Hinblick auf τῆς παρούσης τετάρτης ἰν(δικτίωνος) in Z. 3–4 die Angabe des Indiktionsjahres mit τ[ῆς αὐτῆς eingeleitet worden sein. Am Zeilenende ist die Unterschrift des Ausfertigers nach der Formel δι᾽ ἐμοῦ τοῦ δεῖνος zu erwarten.

2. Quittung über Jahreslohn eines Archihyperetes (Andreas-Archiv)

P.Vindob. G 11002 8,3 × 17 cm Anfang 7. Jh.
Tamauis (Arsinoites) Tafel II

ed. pr.: SPP III 2 (*s.* VI., Arsinoë) – *ed. sec.*: Buchinger et al., *Beiträge* 93–94, Nr. 14 (Tamauis, 6. Jh.) – Korr.: B. C. McGing, P.Dub. 26, Komm. Z. 1 (BL X 2); zur allgemeinen Datierung des „Andreas-Archivs" in das Ende 6.–Anfang 7. Jh. vgl. BL XI 258.

Papyrus. Ränder an allen Seiten erhalten. Drei horizontale Faltungen 2, 3,8 und 5,5 cm unterhalb des oberen Randes. Keine Klebung. Schwarze Tinte. Der Abstand der Schrift zum Rand beträgt oben ca. 1 cm, links und unten jeweils ca. 1,5 cm. Rechts bis zum Rand beschrieben. Kreuz in Z. 1 ausgerückt. Die Schrift auf dem Rekto verläuft quer zur Faserrichtung (*transversa charta*). Verso leer. Von derselben Hand wie **90**, **91** und **92** (Untergruppe der von Φῖβ συμβολαιογράφος ausgestellten Urkunden): Eine weitere Auffälligkeit dieser Archivuntergruppe besteht in deren Urkundenformat, welches sich in seinem Umfang auf die Hälfte einer herkömmlichen Blattbreite beschränkt. Schrifttyp: sog. „Minuskelkursive"; Formulartyp: ἔσχον καὶ ἐπληρώθην ἐγὼ ὁ δεῖνα παρὰ σοῦ τοῦ δεῖνος („Quittungsschema"). Ankauf: „Faijûm *ex* 1883".

↓ 1 † Ἔσχ[ο]ν κ[α]ὶ̣ ἐπληρώθηṿ ἐγὼ̣ [̣] ̣ερμ ̣ ̣ ἀ̣ρχιυπ(ηρέτης)
2 υἱὸς Γεωργίου παρὰ σοῦ Ἀνδρέοụ γραμματέως κώμ(ης)
3 Ταμαύεως τὰ κατ᾽ ἔ̣τ[ο]ς δ̣ι̣δ̣ό̣μ̣ε̣ν̣ά̣ μο̣ι παρὰ σοῦ
4 λόγῳ μισθοῦ, λέγω δὴ ὑπὲρ μερισμοῦ δωδεκάτης
5 ἰ̣ν(δικτίωνος), ὅ ἐστιν χρụσίου νομισμ̣ά̣τια δύο ἕκαστον παρ(ὰ)
6 κ̣[εράτι]α̣ πέντε, [γ]ί(νονται) χρ(υσίου) νο(μισμάτια) β ἕκαστ(ον) π(αρὰ)
κερ(άτια) ε. Ἐγράφη μηνὶ
7 ̣ ̣[± 5] ̣ ̣ ἑ̣ν̣δ̣εκ̣ά̣τ̣ης ἰ̣ṿ(δικτίωνος). †̣ Δ̣(ι᾽) ἐ̣[μοῦ Φῖβ] σ̣ụμ̣β̣ο̣λ̣αιογρ(άφου).
Paraphe

1. κ[αὶ] ἐπληρώθη[ν] *edd.* ἐγὼ̣ [̣] ̣ερμης (η *corr. ex* ε) *ed. pr.*, ἐ̣γ[ὼ] Γ̣ερμα̣ν(ός) *ed. sec.* 2. Ἀνδρέο[υ γ]ραμματέως *ed. pr.*, Ἀνδρέοụ γραμματέως *ed. sec.* 3. | Ταμανεως *ed. pr.*, | Ταμαύεως McGing, *ed. sec.* [διδόμ]ενά μοι *ed. pr.*, [διδόμ]ε̣ν̣ά̣ μ[ο]ι *ed. sec.* 5. | ἰ[ν(δικτιῶνος)] *edd.* χρ[υ]σίου νομισ[μάτ]ια *ed. pr.*, χρ[υ]σίου νομισμ̣[ά]τια *ed. sec.* 6. | [κεράτι]α *ed. pr.*, | κ̣[εράτι]α̣ *ed. sec.* 7. | [8] ἐνδεκάτης ἰν[(δικτιῶνος) † δι᾽ ἐμοῦ τοῦ δεῖνος συμβολ]α̣ιογρ(άφου) *ed. pr.*, | [12 ἐ]ν̣δ̣εκά̣[τ]ης ἰ̣ṿ(δικτιῶνος) [† δι᾽ ἐμοῦ τοῦ δεῖνος συμβολ]αιογρ(άφου) *ed. sec.*

„† Ich, N. N., Archihyperetes, Sohn des Georgios, habe vollständig erhalten von dir, Andreas, Grammateus des Dorfes Tamauis, den mir jährlich von dir ausgezahlten Betrag als

Lohn, nämlich für Zuteilung der zwölften Indiktion, das ist an Gold zwei Solidi, jeweils abzüglich fünf Keratia, das macht an Gold 2 Solidi, jeweils abzüglich 5 Keratia. Geschrieben [- - -] im Monat [- - -] der elften Indiktion. † Durch mich, Phib, Symbolaiographos".

Quittung über eine Jahreslohnzahlung, die ein ἀρχιυπηρέτης, über dessen Einsatzbereich keine näheren Angaben vorliegen, von Ἀνδρέας γραμματεὺς κώμης Ταμαύεως erhalten hat (Z. 1–3). Die Lohnsumme von zwei Solidi abzüglich zehn Keratia (Z. 5–6; auffälligerweise der gleiche Zahlungsbetrag wie in den Archivparallelen **14**, 3, **90**, 5–6 und **92**, 5–6) war – wie die Angabe eines elften Indiktionsjahres im Ausstellungsdatum der Urkunde (Z. 7) deutlich macht – im voraus für ein folgendes zwölftes Indiktionsjahr ausgezahlt worden (Z. 4–5). Die Quittung hatte ein gewisser Φῖβ συμβολαιογράφος ausgestellt, der auch für die Ausfertigung einer Reihe anderer Urkunden aus demselben Archiv verantwortlich gezeichnet hat (vgl. Komm. Z. 7). Zu Inhalt, Datierung und Herkunft vgl. weiters den allgemeinen Exkurs zum „Andreas-Archiv" im vorangegangenen Einleitungsteil.

1.–2. [̣] ̣ ερμ ̣ ̣ ἀρχιυπ(ηρέτης): Vom Namen des Zahlungsempfängers sind der Anfang und das Ende unsicher (vgl. dazu bereits die Bemerkung im Komm. zur *ed. sec.*). Vor ερμ sind Reste eines Buchstaben erkennbar, ein weiterer könnte davor verlorengegangen sein. Die letzten zwei Buchstaben des Namens waren vom Schreiber offensichtlich korrigiert worden, wobei weder die ursprüngliche Endung noch deren Korrektur gelesen werden können. Im Gegensatz zu **9**, der Lohnquittung eines ἀρχιυπηρέτης, der formell offenbar dem Amt der ῥιπάριοι unterstellt war, ist der Aufgabenbereich des entlohnten ἀρχιυπηρέτης in der vorliegenden Quittung nicht näher definiert gewesen. Zu den ἀρχιυπηρέται, die als Hilfs- und Exekutivorgane in unterschiedlichsten Bereichen eingesetzt werden konnten, vgl. allgemein Kupiszewski – Modrzejewski, *Hyperetai* 141–166 und Strassi, *Hyperetai* 270–271, wo die vorliegende Urkunde als Zeugnis eines ἀρχιυπηρέτης ῥιπαρίου zitiert wird, sowie zuletzt B. Palme, CPR XXIV 15, Komm. Z. 15.

2.–3. Ἀνδρέου̣ γραμματέως κώμ(ης) Ταμαύεως: Vgl. **1**, Komm. Z. 2–3.

4. μερισμοῦ: Vor allem in Hinblick auf **22**, 6 ist μερισμός an dieser Stelle nicht als „Teilzahlung", sondern in Zusammenhang mit Zahlungen von Jahreslöhnen ganz allgemein als „Zuteilung" zu verstehen. Weitere Parallelen lassen sich in **3**, 1 und **9**, 2 nachweisen.

7. Φῖβ] σ̣υ̣μ̣β̣ο̣λαιογρ(άφου): Die Ergänzung des Namens des Ausfertigers erfolgt anhand der Paraphe. Dieselbe Person hatte in **90**, **91** und **92** unterzeichnet; die Zuweisung weiterer Zeugnisse – **83**, **106**, **163** und SPP VIII 1099; vgl. dazu Byz. Not. 49–50 – erscheint zweifelhaft.

3. Quittung über Jahreslohn (?) eines Symmachos (Andreas-Archiv)

P.Vindob. G 11003 3,4 × 9,2 cm Anfang 7. Jh.
Tamauis (Arsinoites) Tafel IV

ed. pr.: SPP III 3 (*s.* VI., Arsin.) – *ed. sec.*: Buchinger et al., *Beiträge* 94–95, Nr. 15 (Tamauis, 6. Jh.) – Korr.: B. C. McGing, P.Dub. 26, Komm. Z. 1 (BL X 2); zur allgemeinen Datierung des „Andreas-Archivs" in das Ende 6.–Anfang 7. Jh. vgl. BL XI 258.

Papyrus. Oberer Rand erhalten. An der linken, rechten und unteren Seite abgebrochen. Das Fragment dürfte etwa ein Drittel der Gesamtbreite der Urkunde umfassen (gemessen an der ursprünglichen Gesamtbreite des *transversa charta* beschrifteten Urkundenblattes, welche in der Regel der herstellungsbedingten Höhe der Papyrusrollen von maximal 35–36 cm entspricht). Die genaue Textverteilung bleibt unklar. Zwei horizontale Faltungen 1,2 und 3 cm unterhalb des oberen Randes. Keine Klebung. Schwarze Tinte. Der Abstand der Schrift zum oberen Rand beträgt ca. 1,3 cm. Verso leer. Von derselben Hand wie **8**, **9**, **14**, **16**, **36** und **82** ***bis*** (Untergruppe der von Στρατήγιος ausgestellten Urkunden). Nach den Parallelen aus dem „Andreas-Archiv" ergänzt. Die Textverteilung lehnt sich dabei an jene in **82** ***bis*** an. Schrifttyp: sog. „Minuskelkursive"; Formulartyp: ἔσχον καὶ ἐπληρώθην ἐγὼ ὁ δεῖνα παρὰ σοῦ τοῦ δεῖνος („Quittungsschema"). Ankauf: „Faijûm *ex* 1883".

↓ 1 [† Ἔσχον (καὶ) ἐπληρ(ώθην) ἐγὼ ± 5 υἱὸς Ἰωσ]ὴφ σύμμαχος παρὰ σοῦ
Ἀνδ̣[ρέου γραμματ(έως) κώμ(ης) Ταμαύεως]
2 [τὰ ἐξ ἔθους διδόμενά μοι ὑπὲρ μισ]θ(οῦ), λ̣έγω̣ [δ]ὴ̣ (ὑ̣π̣ὲ̣ρ̣) μ̣ε̣ρ̣[(ισμοῦ) ± 25]
— — — — — —

1. | [† ἔσχον καὶ ἐπληρώθην ἐγὼ Ἰωσ]ήφ *edd.* Ταμανεως | *ed. pr.*, Ταμαύεως | McGing, *ed. sec.* 2. | [τὰ κατ' ἔτος διδόμενά μοι παρὰ σοῦ λόγῳ μισ]θ(οῦ) *edd.* λέγω̣ [δὴ ὑπ]ὲρ [μερισμοῦ ̣ ̣ ̣ | *ed. pr.*, λ̣έγ[ω δ]ὴ̣ [ὑ]π̣(ὲρ) [μ]ε[ρισμοῦ ̣ ̣ ̣ | *ed. sec.*

„† Ich, N. N., Sohn des Ioseph, Symmachos, habe vollständig erhalten von dir, Andreas, Grammateus des Dorfes Tamauis, den für gewöhnlich mir ausgezahlten Betrag für Lohn, nämlich für Zuteilung [- - -]".

Fragment einer Quittung über eine regelmäßig, vermutlich jährlich erfolgte Lohnzahlung, welche Ἀνδρέας γραμματεὺς κώμης Ταμαύεως an einen Symmachos erstattet hat, von dem nur mehr Vatersname und Berufsbezeichnung überliefert sind (vgl. Komm. Z. 1). Die spärlich vorhandenen Reste des Urkundenformulars, welche sich ausschließlich auf den Namen des formellen Adressaten und den Zahlungstitel beziehen, lassen sich anhand von Archivparallelen – im besonderen anhand der Urkunde **82** ***bis***, welche von derselben Hand wie das vorliegende Dokument verfaßt wurde – ergänzend miteinander verbinden. Die Handschrift weist – vornehmlich in der Schreibung von σύμμαχος in der Z. 1 – Charakteristika auf, wie sie auch im Schriftbild von **8**, **9**, **14**, **16**, **36** und **82** ***bis*** begegnen; aus der Unterschrift in **9**, 3 und **14**, 4 geht hervor, daß alle diese Urkunden durch ein und dieselbe Person, einen gewissen, nicht näher bezeichneten Στρατήγιος ausgestellt worden sind. Zu Inhalt, Datierung und Herkunft vgl. den allgemeinen Exkurs zum „Andreas-Archiv" im vorangegangenen Einleitungsteil.

1. Ἔσχον (καὶ) ἐπληρ(ώθην): Die Kürzungen erfolgen in Anlehnung an **16**, 1 und **82** ***bis***, 1.

Ἰωσ]ὴφ σύμμαχος: Der Name könnte auch Ἀσ]ήφ gelautet haben. Aufgrund des Ausmaßes der Ergänzung in Z. 2 und der üblichen Bezeichnungsweise der Zahlungsempfänger im Archiv ist dieser wohl als der Name des Vaters des Zahlungsempfängers aufzufassen. In Hinblick auf mutmaßliche Übereinstimmungen mit der Filiations– und Funktionsangabe in **14**, 2 gilt eine Identität mit der Person des dortigen Lohnempfängers, einem gewissen Ἀπολλῶς, als möglich; vgl. einen ähnlichen Fall in **5**, 1. Bei Jördens, *Symmachoi I* 113 findet sich – auf die Lesung der *ed. pr.* Bezug nehmend – der Vater des Zahlungsempfängers, Ἰωσήφ, in die Liste der σύμμαχοι aufgenommen.

Ἀνδ̣[ρέου γραμματ(έως) κώμ(ης) Ταμαύεως]: Vgl. **1**, Komm. Z. 2–3; das Ausmaß und die Kürzungen der Ergänzung lehnen sich an **82** ***bis***, 1 an.

2. ἐξ ἔθους: Nach der Untergruppen-Parallele in **16**, 2 ergänzt.

διδόμενά μοι ὑπὲρ μισ]θ(οῦ): Vgl. die gekürzte Form διδόμε(νά) μοι in **8**, 2 und **9**, 2 gegenüber der ausgeschriebenen Form in **14**, 2, **16**, 2 und **82** ***bis***, 2; ὑπὲρ μισθοῦ wird in Anlehnung an **9**, 2, **14**, 2 und **82** ***bis***, 2 ergänzt; eine Fortsetzung des Quittungsformulars mit παρὰ σοῦ λόγῳ μισθοῦ (*edd.*) ist aufgrund eines Mangels an Parallelen innerhalb der Archivuntergruppe auszuschließen.

μισ]θ(οῦ): Möglicherweise ist sogar μ]ι̣σ̣θ(οῦ) erkennbar.

λ̣έγ̣ω̣ [δ]ῆ̣ (ὑ̣π̣ὲ̣ρ̣) μ̣ε̣ρ̣[(ισμοῦ): Die Lesung ist hier trotz eines ähnlichen Passus in **9**, 2 unsicher; in unmittelbarem Anschluß ist die Angabe des Indiktionsjahres zu erwarten. Zur inhaltlichen Bedeutung des Terminus μερισμός an vorliegender Stelle vgl. **2**, Komm. Z. 4.

4. QUITTUNG ÜBER JAHRESLOHN EINER FRAU (ANDREAS-ARCHIV)

P.Vindob. G 11004 — 5,3 × 15,5 cm — Anfang 7. Jh.
Tamauis (Arsinoites) — Tafel I

ed. pr.: SPP III 4 (*s.* VI., Arsin.) – *ed. sec.*: Buchinger et al., *Beiträge* 95–96, Nr. 16 (Tamauis, 6. Jh.) – Korr.: Viereck, *Rezension* 715 (BL I 408); B. C. McGing, P.Dub. 26, Komm. Z. 1 (BL X 2); zur allgemeinen Datierung des „Andreas-Archivs" in das Ende 6.–Anfang 7. Jh. vgl. BL XI 258. Bei der Korrektur aus P.Ryl. I, S. 246 (BL I 408) dürfte es sich offenkundig um ein Fehlzitat handeln.

Papyrus. Oberer Rand erhalten. An der linken, rechten und unteren Seite abgebrochen. Das Fragment dürfte etwas weniger als die Hälfte der Gesamtbreite der Urkunde umfassen (gemessen an der ursprünglichen Gesamtbreite des *transversa charta* beschrifteten Urkundenblattes, welche in der Regel der herstellungsbedingten Höhe der Papyrusrollen von maximal 35–36 cm entspricht). Einen ungefähren Anhaltspunkt für das Ausmaß und die Verteilung der verlorenen Textpassagen liefern die Ergänzungen in den Z. 1–3. Faltungen nicht mehr deutlich erkennbar. Keine Klebung. Schwarze Tinte. Der Abstand der Schrift zum oberen Rand beträgt ca. 1,3 cm. Verso leer. Zusätzlich ein kleines, loses Fragment mit Schriftspuren, dessen genaue Positionierung unklar bleibt. Mit keiner anderen Schreiberhand im Archiv gleichzusetzen. Schrifttyp: sog. „Minuskelkursive"; Formulartyp: ἔσχον καὶ ἐπληρώθην ἐγὼ ὁ δεῖνα παρὰ σοῦ τοῦ δεῖνος („Quittungsschema"). Ankauf: „Faijûm *ex* 1883".

↓ 1 [† Ἔσχον καὶ] ἐπ̣λ̣ηρώθην ἐγὼ Μάρ̣θα̣ θυγάτηρ Ἀπ[± 5 ἀπὸ ἀμφόδου]
2 [Ταμείων ἤτοι Κ]α̣τ̣ω̣τέρου παρὰ σοῦ Ἀνδρέου γραμμα(τέως) κώμ[ης Ταμαύεως]
3 [τὰ κατ' ἔτος δι]δόμενά μοι παρὰ σοῦ λόγῳ μισ̣θ̣ο̣ῦ̣ ἐμοῦ [± 10]
4 [± 15]η̣σ̣[. .] . . . [.] ε . [± 20]
— — — — — —

1. ἐ[πλ]ηρώθην ἐγὼ Μα[ρ]θα *ed. pr.*, ἐ[π]λ̣ηρώθην ἐγὼ Μάρ̣θα̣ *ed. sec.* θυ[γ]άτηρ Ἀπ[| *edd.* 2. |]τερου (μειζο]τέρου?) *ed. pr.*, | [νεω]τέρου Viereck, | [πρεσβυ]τέρου P.Ryl. I, S. 246 (Fehlzitat in BL I 408), | πρε]σ̣β̣υτέρου *ed. sec.* γραμμ(ατέως) *ed. pr.*, γραμμα(τέως) *ibid.*, S. 235, γραμμ(ατέως) *ed. sec.* κώμ[(ης) *ed. pr.*, κώμ[ης *ed. sec.* Ταμανεως | *ed. pr.*, Ταμαύεως | McGing, *ed. sec.* 3. | δι]δόμενά μοι *ed. pr.*, | [κατ' ἔτος δι]δόμενά μοι Viereck, | τὰ ἐξ ἔθους δι]δόμενά μοι *ed. sec.* μι[σθοῦ] ἐ[μ]οῦ [| *ed. pr.*, μι⟨σ⟩θοῦ ἐμ̣οῦ | *ed. sec.* 4. | . . .]α[5]ε[. . . . . | *ed. pr.*, |]η[3]α̣ρ̣[5]ε | *ed. sec.*

„† Ich, Martha, Tochter des N. N. [- - -] aus dem Tameion etoi Katoteru-Viertel [- - -] habe vollständig erhalten von dir, Andreas, Grammateus des Dorfes Tamauis, den jährlich mir von dir ausgezahlten Betrag als meinen Lohn [- - -]“.

Fragment einer Quittung über eine Jahreslohnzahlung, die eine Frau namens Μάρθα von Ἀνδρέας γραμματεὺς κώμης Ταμαύεως erhalten hatte. Die Lohnempfängerin ist mittels ihrer Filiation (Z. 1; und demnach unverheiratet) und Herkunft (Z. 1–2) charakterisiert. Es fällt auf, daß im Fall der *origo*, welche aus Platzgründen auf die Nennung des Viertels Ταμείων ἤτοι Κατωτέρου beschränkt gewesen sein dürfte, die in diesen Fällen durchaus übliche vorangestellte Erwähnung der Stadt unterblieben ist. Auf die ausdrückliche Wiedergabe einer Berufs- bzw. Funktionsbezeichnung könnte – ähnlich wie im Fall der Archivparallele **70**, einer Quittung über eine Lohnzahlung an eine Frau namens Θεοδότη – aus bislang ungeklärten Gründen von vornherein verzichtet worden sein, so daß letztendlich dahingestellt bleiben muß, für welche Tätigkeit die Frau entlohnt wurde. Zu Inhalt, Datierung und Herkunft vgl. weiters den allgemeinen Exkurs zum „Andreas-Archiv“ im vorangegangenen Einleitungsteil.

1. Ἀπ̣[: Oder Ἀν̣[.

1.–2. ἀμφόδου Ταμείων ἤτοι Κ]α̣τ̣ωτέρου: Zu betreffendem Stadtviertel in Arsinoiton Polis vgl. allgemein Diz. IV 348; Suppl. 1, 239; Suppl. 2, 203; Suppl. 3, 144; Daris, *Quartieri I* 149–150; Daris, *Quartieri II* 171–196; Casarico, *Metropoli* 75; 80; 84.

3. [τὰ κατ' ἔτος δι]δόμενά μοι: In Hinblick auf **70**, 2 und **71**, 3 ist [τὰ ἐξ ἔθους δι]δόμενά μοι (*ed. sec.*) nicht auszuschließen.

5. Quittung über Jahreslohn (?) (Andreas-Archiv)

P.Vindob. G 11005	5,2 × 8 cm	Anfang 7. Jh.
Tamauis (Arsinoites)		Tafel VII

ed. pr.: SPP III 5 (*s.* VI., Arsin.) – *ed. sec.*: Buchinger et al., *Beiträge* 96, Nr. 17 (Tamauis, 6. Jh.) – Korr.: B. C. McGing, P.Dub. 26, Komm. Z. 1 (BL X 2); zur allgemeinen Datierung des „Andreas-Archivs" in das Ende 6.–Anfang 7. Jh. vgl. BL XI 258; N. Kruit (BL XI 259).

Papyrus. Oberer und unterer Rand erhalten. An der linken und rechten Seite abgebrochen. Das Fragment dürfte etwa ein Viertel bis Fünftel des Gesamtumfanges darstellen (gemessen an der ursprünglichen Gesamtbreite des *transversa charta* beschrifteten Urkundenblattes, welche in der Regel der herstellungsbedingten Höhe der Papyrusrollen von maximal 35–36 cm entspricht). Die genaue Textverteilung bleibt unklar. Eine horizontale Faltung 2,5 cm unterhalb des oberen Randes. Eine vertikale Faltung in der Mitte des Fragmentes. Keine Klebung. Schwarze Tinte. Der Abstand der Schrift zum Rand beträgt oben ca. 0,5 cm und unten ca. 1,5 cm. Verso leer. Mit keiner anderen Schreiberhand im Archiv gleichzusetzen. Schrifttyp: sog. „Minuskelkursive"; Formulartyp: ἔσχον καὶ ἐπληρώθην ἐγὼ ὁ δεῖνα παρὰ σοῦ τοῦ δεῖνος („Quittungsschema"). Ankauf: „Faijûm *ex* 1883".

↓ 1 [† Ἔσχον καὶ ἐπληρώθην ἐγὼ - - - υἱὸς Ἰωσὴ]φ ἀπὸ τῆς Ἀρσινο⟨ϊ⟩τῶ[ν πόλεως
2 [- - - παρὰ σοῦ Ἀνδρέου γραμματέως κώμ]ης Ταμαύεως [
3 [- - - νομισμάτια δύο παρὰ κεράτια] δ̣έκα̣ πέν̣τε ἥμισυ̣, (γί̣ν̣ο̣ν̣τ̣α̣ι̣) [
4 [- - - Ἐγράφη μηνὶ Φαῶ]φι κς ζ ἰν(δικτίωνος). (2. H.) † Δι᾽ ἐμοῦ̣ [

1. ἐγὼ Ἰωσή]φ *edd.* αρσινοτω[*pap.* πόλεως παρὰ] | *edd.* 2. | [σοῦ *edd.* 2. Ταμανεως [- - -] | *ed. pr.*, Ταμαύεως | McGing, *ed. sec.* 3. | [- - -] δέκα πέντε ἥμισ[υ - - -] | *ed. pr.*, | [- - - κεράτια] δ̣έκα̣ πέν̣τε ἥμ{ι}συ̣ γί̣[νεται | *ed. sec.* 4. | [- - - ἐγράφη *ed. pr.*, | [ἐγράφη *ed. sec.* † δι᾽ ἐμοῦ [- - -] | *ed. pr.*, † δι᾽ ἐμοῦ [+ Rest einer Paraphe | *ed. sec.*, † δι᾽ ἐμοῦ [Ἠ]λ̣[ία συμ(βολαιογράφου) ἐτελει(ώθη) Kruit

„† Ich, N. N. [- - -] Sohn des Ioseph, aus Arsinoiton Polis [- - -] habe vollständig erhalten von dir, Andreas, Grammateus des Dorfes Tamauis [- - -] zwei Solidi abzüglich fünfzehneinhalb Keratia, das macht [- - -] Geschrieben am 26. Tag im Monat Phaophi der 7. Indiktion. (2. H.) † Durch mich, N. N. [- - -]".

Vorliegendes Fragment dürfte hinsichtlich seines Urkundenformulars und der Angabe κώμ]ης Ταμαύεως [in Z. 2 als Rest einer weiteren Quittung über eine jährliche Lohnzahlung aufzufassen sein. Vom Zahlungsempfänger ist lediglich der Vatersname sowie ein Teil der Herkunftsangabe (vgl. dazu Komm. Z. 1–2) erhalten. Eine Funktionsbezeichnung könnte – wie im Fall von **2**, 1–2, **71**, 1, **90**, 1–2 und **92**, 1–2 – zwischen dem Namen des Zahlungsempfängers und dessen Filiation genannt gewesen sein (vgl. Komm. Z. 1). Der in Z. 3 überlieferte Münzfuß läßt auf einen Geldbetrag schließen, wie er im Fall von **71**, 4 und **91**, 5 – zwei weiteren Quittungen aus demselben Archiv, welche Jahreslohnzahlungen an σύμμαχοι zum Inhalt hatten – bezeugt ist, was Anlaß zur Vermutung gibt, daß auch in vorliegender Urkunde ein σύμμαχος entlohnt worden ist. In Hinblick auf den Vatersnamen Ἰωσή]φ wäre – ähnlich wie im Fall von **3**, 1 – eine Identität mit der Person des Lohnempfängers in **14**, 2, eines gewissen Ἀπολλῶς, nicht unwahrscheinlich (vgl. Komm. Z. 1). Aber auch die Möglichkeit, wonach es sich beim Zahlungsempfänger – wie bei **4**, 1 und **70**, 1 – um eine unverheiratete Frau gehandelt haben könnte, darf aufgrund des Fehlens eindeutiger Angaben nicht völlig verworfen werden. Vom Ausstellungsdatum und der Unterschrift des

Urkundenausfertigers sind nur noch Reste erhalten (Z. 4). Zu Inhalt, Datierung und Herkunft vgl. den allgemeinen Exkurs zum „Andreas-Archiv“ im vorangegangenen Einleitungsteil.

1. Ἰωσή]φ: Vielleicht auch Ἀσή]φ, was aufgrund der unmittelbar darauffolgenden Herkunftsbezeichnung als Vatersname des Zahlungsempfängers aufzufassen wäre; es bleibt ungewiß, ob zwischen dem verlorengegangenen Namen und der Filiationsangabe eine Berufsbezeichnung angeführt war; vgl. einen ganz ähnlichen Fall in **1**, 1. Zur Frage einer möglichen Identität mit Ἀπολλῶς υἱὸς Ἰωσὴφ σύμμαχος in **14**, 2 vgl. **3**, Komm. Z. 1.

1.–2. Der Angabe eines Stadtviertels wäre im Anschluß an ἀπὸ τῆς Ἀρσινο⟨ï⟩τῶ[ν πόλεως ausreichend Platz geboten; vgl. etwa **71**, 1–2.

2.–3. In Hinblick auf Archivparallelen dürfte der Zahlungstitel τὰ κατ' ἔτος διδόμενά μοι παρὰ σοῦ λόγῳ μισθοῦ (oder ähnlich) gelautet haben; vgl. in diesem Zusammenhang **2**, 3–4, **90**, 4, **91**, 3–4 und **92**, 3–4.

3. νομισμάτια δύο παρὰ κεράτια] δ̣έκα π̣έ̣ν̣τε ἥμισυ̣: Die Lesung von δ in δ̣έκα ist äußerst unsicher; eine Verschreibung τ̣έκα ist nicht auszuschließen; vor νομισμάτια dürfte χρυσοῦ oder χρυσίου zu ergänzen sein. Die Anzahl der Keratia des Münzfußes läßt eine Summe erwarten, wie sie in **71**, 4 und **91**, 5 überliefert ist. Zum Münzfuß von „1 Nomisma *minus* 7 3/4 Keratia“ vgl. allgemein Maresch, *Nomisma* 168–171 und F. Mitthof, P.Harrauer 54, Komm. Z. 13–14.

3.–4. Im Anschluß an (γ̣ί̣ν̣ο̣ν̣τ̣α̣ι̣) ist die Wiederholung des Zahlungsbetrages zu erwarten.

4. Φαῶ]φι κς: 23. (24.) Oktober.

† Δι' ἐμοῦ ̣ [: Die durch N. Kruit anhand einer Abbildung in Byz. Not. vorgenommene Identifizierung mit Ἠλίας συμβολαιογράφος in P.Gen. I 15, 4 (vgl. BL XI 259) ist aufgrund des paläographischen Befundes zweifelhaft.

6. + 74. QUITTUNG ÜBER JAHRESLOHN (ANDREAS-ARCHIV)

P.Vindob. G 11006+11074	**6**: 7,4 × 13,5 cm	Anfang 7. Jh.
Tamauis (Arsinoites)	**74**: 6,8 × 17,5 cm	Tafel VIII

ed. pr. **6**: SPP III 6 (*s.* VI., Arsin.) – *ed. pr.* **74**: SPP III 74 (*s.* VI.) – *ed. sec.* **6**: Buchinger et al., *Beiträge* 97, Nr. 18 (Tamauis, 6. Jh.) – Korr. **6**: B. C. McGing, P.Dub. 26, Komm. Z. 1 (BL X 2); zur allgemeinen Datierung des „Andreas-Archivs“ in das Ende 6.–Anfang 7. Jh. vgl. BL XI 258; N. Kruit (BL XI 259).

Papyrus. Zwei nicht zusammenhängende Fragmente (**74** links, **6** rechts). Ränder an allen Seiten erhalten. Das Ausmaß des Textverlustes beläuft sich auf etwa ein Sechstel des Gesamtumfanges der Urkunde (vgl. dazu den Raum für die Ergänzung in Z. 3). Vier horizontale Faltungen 1,2, 2,8, 4,5 und 5,7 cm unterhalb des oberen Randes. Keine Klebung. Schwarze Tinte. Der Abstand der Schrift zum Rand beträgt oben ca. 1,2 cm, links und unten jeweils ca. 1,5 cm. Rechts bis zum Rand beschrieben. Kreuz in Z. 1 ausgerückt. Z. 5 unterhalb des letzten Wortes der Z. 4. Die Schrift auf dem Rekto verläuft quer zur Faserrichtung (*transversa charta*). Verso leer. Mit keiner anderen Schreiberhand im Archiv gleichzusetzen. Schrifttyp: sog. „Minuskelkursive“; Formulartyp: ἔσχον καὶ ἐπληρώθην ἐγὼ ὁ δεῖνα παρὰ σοῦ τοῦ δεῖνος („Quittungsschema“). Ankauf: „Faijûm *ex* 1883“.

↓ 1 † Ἔσχον καὶ ἐπληρώθην ἐγὼ [± 10 παρὰ σ]ο[ῦ Ἀ]νδ[ρ]έα γραμμ(ατέως) [κώμ](ης) Ταμαύεως̣

2 ὑπὲρ μισθ(οῦ) τοῦ θαυμ(ασιωτάτου) Γεωργίο̣[υ ± 5 τὸ κα]τ̣' ἔτως διδόμ(ενον) παρὰ τ̣[ῶν ἀπὸ τ]ῆς αὐτῆς κώμ(ης),

3 τοῦτ' ἔστιν καὶ ὑπὲρ τῆς ἐνεστ̣[ώσης δωδεκάτη]ς ἰ̣ν(δικτίωνος), ὅ ἐστιν χρ̣υσίου νομ(ισμάτιον) ἓν παρὰ κεράτια

4 τέσσαρ(α), νο(μισμάτιον) α π(αρὰ κεράτια) δ. Ἐγράφη μη[νὶ ± 5] τ̣ῆς α̣ὐ̣τ̣ῆ̣[ς] δωδεκάτης ἰν(δικτίωνος). † (2. H.) † Δ̣ι̣' ἐ̣μ̣ο̣ῦ̣ Νει̣λ̣άμμ(ωνος)

5 *vac*. γραμ̣μ̣(ατέως). †

1. ἐγώ [| *ed. pr.* **74** | [† ἔσχον καὶ ἐπληρώθην ἐγὼ - - - παρά *edd.* **6** γραμμ[(ατέως) κώμ](ης) *ed. pr.* **6**, γραμ̣[μ(ατέως) κώμ](ης) *ed. sec.* **6** Ταμανεως | *ed. pr.* **6**, Ταμαύεως | McGing, *ed. sec.* **6** 2. Γεωργί[ου | *ed. pr.* **74** | [- - -] ἔτους διδόμ(ενα) παρ' ὑ[μῶν ὑπὲρ τ]ῆς *ed. pr.* **6**, | τὰ κατ'] ἔτους διδόμ(ενα) παρ' Ἀι̣[- - - ἀπὸ τ]ῆς *ed. sec.* **6** τὰ κατ'] ἔτους (*l.* ἔτος) *vel* τὰ ἐξ] ἔτους (*l.* ἔθους) Kruit *l.* ἔτος 3. καί *om. ed. pr.* **74** ἐν̣εστ[ώσης . . . ἰνδ(ικτιῶνος) χρυσοῦ νομισμάτιον ἓν παρὰ κερ(άτια)] | *ed. pr.* **74** | [- - -]ς ιν(δικτιωνος) *ed. pr.* **6**, | δεκάτη]ς ιν(δικτιῶνος) *ed. sec.* **6** 4. | [τ]έσσερ(α) *ed. pr.* **74** ἐγράφ[η | *ed. pr.* **74** | [τοσάδε γι/ χρ/ νο( ) α π/ (κεράτια) . . . ἐγράφη μηνὶ . . . . . . τ]ῆς αὐτ[ῆς] δωδεκάτης *ed. pr.* **6**, | [. . . γί(νεται) χρ(υσίου) νο(μισμάτιον) α π(αρὰ) κερ(άτια) . . . ἐγράφη μηνὶ . . . τ]ῆς [αὐ]τῆς δεκάτης *ed. sec.* **6** † *om. edd.* [δι' ἐμοῦ] *edd.* **6** 5. † | *ed. pr.* **6**, ⳨ | *ed. sec.* **6**

„† Ich, N. N. [- - -] habe vollständig erhalten von dir, Andreas, Grammateus des Dorfes Tamauis, als Lohn des hochverehrten Georgios [- - -] den jährlich ausgezahlten Betrag von den Einwohnern aus demselben Dorf, dies ist für die laufende zwölfte Indiktion, das ist an Gold ein Solidus abzüglich vier Keratia, 1 Solidus abzüglich 4 Keratia. Geschrieben [- - -] im Monat [- - -] derselben zwölften Indiktion. † (2. H.) † Durch mich, Neilammon, Grammateus †".

Zwei nicht zusammenhängende Fragmente einer Quittung über eine mutmaßliche Jahreslohnzahlung, welche eine Person, deren Name verlorengegangen ist, für einen gewissen Γεώργιος, über dessen Funktion keine Angaben erhalten sind, von Ἀνδρέας γραμματεὺς κώμης Ταμαύεως entgegengenommen hat. Der Lohnempfänger Γεώργιος findet sich in ehrenvoller Anrede als θαυμασιώτατος bezeichnet, was auf eine nicht unbedeutende gesellschaftliche Stellung schließen läßt. Möglicherweise hat er ein offizielles Amt auf lokaler Ebene bekleidet, wobei die Bewohner des Dorfes Ταμαῦις der inhaltlichen Aussage des Schriftstückes zufolge offensichtlich zumindest für einen Teil seiner Entlohnung aufzukommen hatten (Z. 2). Die Lohnzahlung über einen Geldbetrag von einem Solidus abzüglich vier Keratia war für ein laufendes zwölftes Indiktionsjahr getätigt worden (Z. 3–4). Die Urkunde schließt mit dem Ausstellungsdatum und der Unterschrift eines gewissen Νειλάμμων γραμματεύς. Zu Inhalt, Datierung und Herkunft vgl. den allgemeinen Exkurs zum „Andreas-Archiv" im vorangegangenen Einleitungsteil.

1. In der Lücke nach ἐγώ [dürften entweder Name und Vatersname oder Name und Berufs- bzw. Amtsbezeichnung des Zahlungsempfängers zu ergänzen sein; eine aufeinanderfolgende Erwähnung des Namens, der Berufsbezeichnung und des Vatersnamens ist an dieser Stelle aus Platzgründen auszuschließen. Weitere Lohnquittungen, in denen nachweislich zwischen einem Zahlungs- und einem Lohnempfänger zu unterscheiden ist, liegen in **8**, wo ein σύμμαχος den Lohn für den eigenen Vater empfangen hat, und in **14** vor, wo ein σύμμαχος die Lohnzahlung für einen Kollegen entgegengenommen hat.

γραμμ(ατέως): Über -μμ( ) sind Reste eines Buchstabens oder Zeichens erkennbar; ein hochgestelltes Kreuz über der Amtsbezeichnung des Adressaten wäre für eine Urkunde aus dem „Andreas-Archiv" ohne Parallele; ein hochgestelltes τ scheint schon allein aufgrund der

Positionierung nicht in Frage zu kommen; die Deutung dieses Schriftrestes bleibt demzufolge ungewiß.

4.–5. Δι' ἐμοῦ Νειλάμμ(ωνος) γραμμ(ατέως): Die Person des Ausfertigers ist anderweitig nicht bezeugt.

7. Quittung über Jahreslohn (?) eines Symmachos

P.Vindob. G 11007 — 10 × 18,8 cm — 7. Jh.
Tanis (Arsinoites) — Tafel XI

ed. pr.: SPP III 7 (*s.* VI., Arsin.) – *ed. sec.*: Chlubna et al., *Neuedition* 228–229, Nr. 1 (Arsinoites, 6. Jh.) – Korr.: Viereck, *Rezension* 715 (BL I 408).

Papyrus. Oberer und unterer Rand erhalten. An der linken und rechten Seite abgebrochen. Das Ausmaß des Textverlustes beläuft sich insgesamt auf etwa die Hälfte des Gesamtumfanges (gemessen an der ursprünglichen Gesamtbreite des *transversa charta* beschrifteten Urkundenblattes, welche in der Regel der herstellungsbedingten Höhe der Papyrusrollen von maximal 35–36 cm entspricht). Einen Anhaltspunkt für das ungefähre Ausmaß und die Verteilung der verlorenen Textpassagen liefert die Ergänzung in Z. 1. Vermutlich drei horizontale Faltungen 3,3, 5,4 und 7,6 cm unterhalb des oberen Randes. Eine vertikale Faltung in der Mitte des Fragmentes, in welcher auch die ursprüngliche Blattmitte zu erkennen sein dürfte, wodurch sich die weiter oben angeführte Einschätzung vom ungefähren Ausmaß und der Verteilung des Textverlustes zu bestätigen scheint. Keine Klebung. Braune Tinte. Der Abstand der Schrift zum Rand beträgt oben ca. 1,5 cm und unten ca. 5 cm. Sowohl auf dem Rekto als auch auf dem Verso Spuren früherer Beschriftung zu erkennen, welche deutlich machen, daß der Schriftträger zum Zweck einer Wiederverwendung abgewaschen worden war. Schrifttyp: sog. „Minuskelkursive" mit eingestreuten „Minuskel"-Elementen (vgl. etwa λ, π und τ); Formulartyp: ἔσχον καὶ ἐπληρώθην ἐγὼ ὁ δεῖνα παρὰ σοῦ τοῦ δεῖνος („Quittungsschema"). Ankauf: „Faijûm *ex* 1883".

↓ 1 [† Ἔσχον καὶ ἐπληρώθην] ἐγὼ̣ [Μ]η̣ν̣[ᾶς] σ̣[ύ]μμαχ(ος) παρὰ σοῦ Ἠλία γραμμ(ατέως) Τάν̣εως [
2 [± 15 ὑπ]ὲ̣ρ̣ [τ]ο̣ῦ̣ ἐμοῦ μισθ(οῦ) δε[υτ]έρα̣ς̣ ἰνδ(ικτίωνος), λέγω δὴ χρ[υ]σοῦ νομ̣ι[σ]μ̣[
3 [± 15 τ]ῆς [αὐ]τῆ̣ς β ἰνδ(ικτίωνος). † Δ(ι') ἐμοῦ Φήου ὑποδέκτ(ου).

1. ἐγ[ὼ Μ]η[νᾶς] συμαχ( ) (*l.* σύμμαχος) *ed. pr.*, ἐγὼ̣ [Μ]ην̣[ᾶς] σ̣[ύ]μμαχ(ος) *ed. sec.* 2. | τ]ου ἐμοῦ μισθοῦ δε[υτ]έ[ρας] ἰ[ν]δ(ικτιῶνος) *ed. pr.*, | [τὸ ἓν (?) νόμισμα (vgl. Nr. 10) τ]οῦ ἐμοῦ μισθοῦ Viereck, | [± 16 ἐ]κ̣ τοῦ ἐμοῦ μισθ(οῦ) δε[υτ]έρα̣ς̣ ἰνδ(ικτίωνος) *ed. sec.* χρ[υσ]οῦ νομισμ(ατι . . .) [| *ed. pr.*, χρ[υ]σοῦ νομ̣ι[σ]μ̣[άτ. | *ed. sec.* 3. | τῆ]ς [αὐ]τῆς *ed. pr.*, | [± 17 τ]ῆς [αὐ]τῆς *ed. sec.* ὑποδέκτ(ου) | *ed. pr.*, ὑποδέκ(του) | *ed. sec.*

„† Ich, Menas, Symmachos, habe vollständig erhalten von dir, Elias, Grammateus von Tanis [- - -] für meinen Lohn der zweiten Indiktion, nämlich an Gold [- - -] Solidus (bzw. Solidi) [- - -] derselben 2. Indiktion. † Durch mich, Pheu, Hypodektes".

Fragment einer Quittung über eine Lohnzahlung an einen σύμμαχος namens Μηνᾶς, die dieser von einem gewissen Ἠλίας γραμματεὺς Τάνεως in Empfang genommen hat. Ob mit der vorliegenden Urkunde ebenfalls die Auszahlung eines Jahreslohnes quittiert wurde, wie dies im allgemeinen bei den Lohnquittungen des sogenannten „Andreas-Archiv" der Fall war, geht aus dem Textbefund des Fragmentes nicht ausdrücklich hervor; es steht jedoch zu vermuten, daß in den Z. 1–2 des Dokumentes τὰ κατ' ἔτος διδόμενά μοι παρὰ σοῦ oder eine ähnliche Aussage stand. Die Höhe des ausgezahlten Geldbetrages ist nicht erhalten, lediglich der Hinweis, daß die Lohnzahlung für ein zweites Indiktionsjahr geleistet worden ist (Z. 2); dem Ausstellungsdatum in Z. 3 ist nicht mehr zu entnehmen, ob die Entlohnung am Anfang, im Verlauf oder am Ende desselben Jahres erfolgt war. Die Urkunde war auffälligerweise von einem ὑποδέκτης ausgestellt worden – ein einzigartiger Umstand, der möglicherweise mit dem Einsatzbereich oder offiziellen Dienstgeber des entlohnten σύμμαχος in Zusammenhang stand. Die Provenienz der Urkunde könnte mit dem mutmaßlichen Amtssitz des Quittungsadressaten gleichgesetzt werden, wofür ähnliche Überlegungen wie im Fall der Urkunden des „Andreas-Archivs" zu gelten haben (vgl. die allgemeinen Ausführungen zum „Andreas-Archiv" im Einleitungsteil). Die Urkunde wird aufgrund paläographischer Kriterien ins 7. Jh. datiert.

1. [† Ἔσχον καὶ ἐπληρώθην]: Die Ergänzung orientiert sich an inhaltlichen Parallelen anderer Lohnquittungen von σύμμαχοι, wie sie vor allem in einigen Urkunden des „Andreas-Archiv" vorliegen; [† Ἔσχον] ἐγὼ̣ oder [† Ἐπληρώθην] ἐγὼ̣ sind aufgrund einer vertikalen Faltung in der Blattmitte und der daraus resultierenden Textverteilung auszuschließen (vgl. Formalbeschreibung).

Τάν̣εως: Dorf in der Ἡρακλείδου μερίς des arsinoitischen Gaues, dessen Existenz von frühptolemäischer Zeit bis ins 8. Jh. hinein bezeugt ist; vgl. allgemein Wessely, *Topographie* 143–144; B. P. Grenfell, A. S. Hunt, P.Tebt. II, S. 357 und 403; Diz. IV 353–354; Suppl. 1, 240; Suppl. 2, 204; Suppl. 3, 145; Timm, *Ägypten* VI 2504; R. Duttenhöfer, P.Lips. II 139, Komm. Z. 3.

2. νομ̣ι[σ]μ̣[: Der Numerus dieses Akkusativ-Objektes – ob νόμισμα bzw. νομισμάτιον oder νομίσματα bzw. νομισμάτια – ist aufgrund der Verlustes der Betragssumme nicht bestimmbar.

3. Φήου: Zum indeklinablen koptischen Namen ⲫⲎⲨ vgl. allgemein Heuser, *Personennamen* 10.

8. QUITTUNG ÜBER JAHRESLOHN (?) (ANDREAS-ARCHIV)

P.Vindob. G 11008 — 6,4 × 20,3 cm — Anfang 7. Jh.
Tamauis (Arsinoites) — Tafel V

ed. pr.: SPP III 8 (*s.* VI., Arsin.) – *ed. sec.*: Chlubna et al., *Neuedition* 229–230, Nr. 2 (Arsinoites, 6. Jh.).

Papyrus. Oberer und unterer Rand vollständig, rechter Rand offenbar zumindest teilweise erhalten. An der linken Seite abgebrochen. Das Ausmaß des Textverlustes dürfte sich auf etwas weniger als die Hälfte bzw. auf etwas mehr als ein Drittel des Gesamtumfanges belaufen (gemessen an der ursprünglichen Gesamtbreite des *transversa charta* beschrifteten Urkundenblattes, welche in der Regel der herstellungsbedingten Höhe der Papyrusrollen von maximal 35–36 cm entspricht). Einen ungefähren Anhaltspunkt für das Ausmaß des Textverlustes liefert die Ergänzung in Z. 2. Zwei horizontale Faltungen 1,2 und 4,5 cm unterhalb des oberen Randes. Drei von möglicherweise ursprünglich fünf vertikalen Faltungen 5,7, 11,3 und 16,6 cm vom rechten Rand entfernt. Eine 2 cm breite Kollesis verläuft horizontal 3,1 cm unterhalb des oberen Randes (auf Höhe von Z. 2 des Rekto). Schwarze Tinte. Der Abstand der Schrift zum Rand beträgt oben ca. 1,3 cm. Rechts bis zum Rand beschrieben. Verso leer. Von derselben Hand wie **3**, **9**, **14**, **16**, **36** und **82** ***bis*** (Untergruppe der von Στρατήγιος ausgestellten Urkunden). Schrifttyp: sog. „Minuskelkursive"; Formulartyp: ἔσχον καὶ ἐπληρώθην ἐγὼ ὁ δεῖνα παρὰ σοῦ τοῦ δεῖνος („Quittungsschema"). Ankauf: „Faijûm *ex* 1883".

↓ 1 [† Ἔσχον (καὶ) ἐπληρ(ώθην) ἐγὼ ± 10 υἱὸς Ἄπα] Ἰουλ[ί]ου σύμμαχος ἀπὸ κώμ(ης) Κερκήσεως πα̣ρ̣ὰ σοῦ Ἀ̣ν̣[δρέου]

2 [γραμματ(έως) κώμ(ης) Ταμαύεως τὰ ἐξ ἔθους] διδό̣μ̣ε(να) τῷ αὐτῷ μου πατρὶ Ἄπα Ἰουλίῳ ὑπὲρ μ̣ι̣σ̣θ̣ο̣ῦ̣, λέγω δ̣ὴ [(ὑπὲρ) μερ(ισμοῦ)]

3 [± 5 ἰν(δικτίωνος) χρυσίου νομισμάτια δύο] παρὰ κερ(άτια) ἕνδ̣ε̣κ̣α̣, χ̣ρ̣υ̣(σίου) ν̣ο̣(μισμάτια) β π(αρὰ) κ̣ερ(άτια) ια̣. Ἐ̣γ̣ρ̣ά̣φ̣(η) [μη(νὶ)] Φ̣α̣ῶ̣φ̣ι̣ [τ]ῆ̣ς̣

4 [± 10 ἰ̣ν(δ̣ικτίωνος). Δ(ι') ἐμοῦ Στρατηγίου.] *Paraphe*

1. | [† ἔσχον καὶ ἐπληρώθην ἐγὼ ὁ δεῖνα υἱὸς Ἄπα] Ἰουλ[ίο]υ *ed. pr.*, | [† ἔσχον καὶ ἐπληρώθην ἐγὼ N. N. υἱὸς Ἄπα] Ἰουλ[ί]ου *ed. sec.* Κερκυσεως παρὰ σοῦ Μη[νᾶ] | *ed. pr.*, Κερκήσεως πα̣ρ̣ὰ σοῦ Α̣ ̣ [| *ed. sec.* 2. | [- - - δ]ιδόμ(ενα) *ed. pr.*, | [± 33] διδό̣μ̣ε(να) *ed. sec.* ϋπερ *pap.* μισθο[ῦ] *ed. pr.*, μισθοῦ *ed. sec.* λέγω δή | *ed. pr.*, λέγω δ̣ή [| *ed. sec.* 3. | [- - - χρυσοῦ νομισμάτια δύο] *ed. pr.*, | [± 14 χρυσοῦ νομισμάτια δύο] *ed. sec.* κερ(άτια) [δέκα γί(νεται) χρυ(σοῦ) νο(μισμάτια)] *ed. pr.*, κερ(άτια) ἕνδ[ε]κ̣(α) ̣ ̣ χ̣ρ̣υ̣(σοῦ) ν̣ο̣(μισμάτια) *ed. sec.* [κ]ερ(άτια) ι ὡς [πρ(όκειται) ̣ ̣ ̣ ̣ ̣ ̣]ων[̣ ̣] † [δι' ἐ]μ[οῦ ̣ ̣ ̣ | *ed. pr.*, κ̣ερ(άτια) ια̣. ἐ̣γ̣ρ̣ά̣φ̣(η) [μη(νὶ)] Φ̣α̣ῶ̣φ̣ι̣ ̣ τ̣ῆ̣ς̣ | *ed. sec.* 4. | [- - -] Abzeichnung des Paraphenrestes | *ed. pr.*, | [± 30] Paraphe | *ed. sec.*

„† Ich, N. N., Sohn des Apa Iulios, Symmachos, aus dem Dorf Kerkesis, habe vollständig erhalten von dir, Andreas, Grammateus des Dorfes Tamauis, den für gewöhnlich meinem selbigen Vater Apa Iulios ausgezahlten Betrag für Lohn, nämlich für Zuteilung der [- - -] Indiktion, an Gold zwei Solidi abzüglich elf Keratia, an Gold 2 Solidi abzüglich 11 Keratia. Geschrieben am [- - -] Tag im Monat Phaophi der [- - -] Indiktion. Durch mich, Strategios".

Fragment einer Quittung über eine regelmäßig, vermutlich jährlich erfolgte Auszahlung des Jahreslohnes, die ein σύμμαχος, dessen Name nicht erhalten ist, für den eigenen Vater Ἄπα Ἰούλιος von Ἀνδρέας γραμματεὺς κώμης Ταμαύεως in Empfang genommen hat (Z. 1–2). Dem Inhalt der Urkunde ist auffälligerweise nicht zu entnehmen, welche Funktion der Lohnempfänger Ἄπα Ἰούλιος innehatte, beziehungsweise für welche Tätigkeit er mit dem betreffenden Geldbetrag von zwei Solidi abzüglich elf Keratia entlohnt wurde (vgl. Z. 2–3); es läßt sich vermuten, daß Vater und Sohn demselben Tätigkeit nachgegangen sind. Neben Resten der Angabe des Ausstellungsdatums (Ende der Z. 3) ist noch ein Teil der Paraphe des Ausfertigers erhalten (Z. 4), in welchem – nicht zuletzt aufgrund weiterer unverwechselbarer Charakteristika im Schriftbild der Urkunde – die in **9**, 3 und **14**, 4 namentlich bezeugte Person des Στρατήγιος zu erkennen ist. Zu Inhalt, Datierung und Herkunft vgl. den allgemeinen Exkurs zum „Andreas-Archiv" im vorangegangenen Einleitungsteil.

1. Ἔσχον (καὶ) ἐπληρ(ώθην): Ergänzungen und Kürzungen erfolgen in Anlehnung an **16**, 1 und **82 *bis***, 1.

Ἄπα] Ἰουλ[ί]ου: Bei Jördens, *Symmachoi I* 112 als σύμμαχος geführt. Zu Ἄπα als Namensbestandteil bzw. Titel vgl. allgemein Derda – Wipszycka, *Abba* 23–56.

Κερκήσεως: Zum in der Πολέμωνος μερίς gelegenen Dorf Κερκῆσις bzw. Κερκεῆσις vgl. allgemein Wessely, *Topographie* 86–87; B. P. Grenfell, A. S. Hunt, P.Tebt. II, S. 359 und 383; Diz. III 98–99; 111–112; Suppl. 1, 169; Suppl. 2, 92; Suppl. 3, 60; Timm, *Ägypten* III 1238–1239.

2. [γραμματ(έως) κώμ(ης): Zu Ergänzungen und Kürzungen vgl. **82 *bis***, 1.

τὰ ἐξ ἔθους] διδό̣μ̣ε(να): Nach der Parallele in **16**, 2 ergänzt.

λέγω δ̣ὴ [(ὑπὲρ) μερ(ισμοῦ)]: Zu Ergänzungen und Kürzungen vgl. **3**, 2 und **9**, 2.

3. χρυσίου: Zu Ergänzung und darauf Bezug nehmender Kürzung vgl. die Parallelen in **9**, 2, **14**, 3 und **82 *bis***, 2.

3.–4. Aufgrund des Artikels [τ]ῆ̣ς am Ende der Z. 3 ist der Angabe des Indiktionsjahres am Beginn der Z. 4 αὐτῆς oder παρούσης voranzustellen.

4. Στρατηγίου: Die Ergänzung des Namens wird aufgrund des Befundes der Paraphe vorgenommen. Dieselbe Person hatte nachweislich die Ausfertigung von **9**, **14** (= SPP XX 119), **36**, SPP VIII 1216, SB XXIV 16288 (= SB I 4671+I 4718+XVI 12701), SB I 5269 (= SPP XX 220) und SB XVIII 13964 besorgt; vgl. allgemein Byz. Not. 49; Palme, *Neuedition* 178; selbigem ist aufgrund von Schriftvergleichen die Ausstellung der Urkunden **3**, **16** und **82** ***bis*** zuzuschreiben; eine offizielle Funktions- oder Amtsbezeichnung findet sich auffälligerweise in keinem der von ihm ausgefertigten Dokumente angeführt.

9. Quittung über Jahreslohn (?) eines Archihyperetes (Andreas-Archiv)

P.Vindob. G 11009 — 6 × 21,5 cm — 603/4 oder 618/9
Tamauis (Arsinoites) — Tafel V

ed. pr.: SPP III 9 (*s*. VI., Arsin.) – *ed. sec.*: Chlubna et al., *Neuedition* 230–232, Nr. 3 (Arsinoites, 603/604 oder 618/619) – Korr.: B. C. McGing, P.Dub. 26, Komm. Z. 1 (BL X 2); zur allgemeinen Datierung des „Andreas-Archivs" in das Ende 6.–Anfang 7. Jh. vgl. BL XI 258.

Papyrus. Oberer und unterer Rand erhalten. An der linken und rechten Seite abgebrochen. Das Ausmaß des Textverlustes dürfte sich insgesamt auf etwa ein Drittel des Gesamtumfanges belaufen (gemessen an der ursprünglichen Gesamtbreite des *transversa charta* beschrifteten Urkundenblattes, welche in der Regel der herstellungsbedingten Höhe der Papyrusrollen von maximal 35–36 cm entspricht). Die genaue Textverteilung bleibt weitgehend unklar. Die horizontalen Faltungen sind nicht mehr deutlich erkennbar. Eine vertikale Faltung, welche die ursprüngliche Blattmitte bezeichnen dürfte, liefert einen ungefähren Anhaltspunkt für das Ausmaß und die Verteilung des Textverlustes. Keine Klebung. Schwarze Tinte. Der Abstand der Schrift zum Rand beträgt oben ca. 1 cm und unten ca. 1,2 cm. Z. 3 zentriert. Verso leer. Von derselben Hand wie **3**, **8**, **14**, **16**, **36** und **82** ***bis*** (Untergruppe der von Στρατήγιος ausgestellten Urkunden). Schrifttyp: sog. „Minuskelkursive"; Formulartyp: ἔσχον καὶ ἐπληρώθην ἐγὼ ὁ δεῖνα παρὰ σοῦ τοῦ δεῖνος („Quittungsschema"). Ankauf: „Faijûm *ex* 1883".

↓ 1 [† Ἔσχον (καὶ) ἐπληρ(ώθην) ἐγὼ ± 10 υἱὸς Ἐ]ν̣ο̣χ ἀρχιυπη̣ρ(έτης) ῥιπαρ( ) παρὰ σοῦ Ἀνδρέου γραμ̣[ματ(έως) κώμ(ης) Ταμαύεως]
2 [τὰ ἐξ ἔθους διδό]μ̣ε̣(νά) μοι ὑπὲρ μισθοῦ `κ̣ ̣ τ̣ε̣τ̣α̣ρ̣( )´ (ὑπὲρ) μερ(ισμοῦ) ἐ̣β̣δόμης ἰν(δικτίωνος) χρυσίου κερ(άτια) εἴκοσι, χρυ(σίου) κερ(άτια) κ̣. [Ἐγράφ(η) μη(νὶ) ± 5]
3 [*vac.*] *vac.* ἑβδόμης ἰν(δικτίωνος). Δ(ι') ἐμ̣οῦ Στρατηγίου. *Paraphe vac.*

1. | [† ἔσχον καὶ ἐπληρώθην ἐγὼ ὁ δεῖνα - - -]χ ἀρχιυπ[η]ρ(έτης) ῥιπαρ(ίου) *ed. pr.*, | [† ἔσχον καὶ ἐπληρώθην ἐγὼ Ἐ]ν̣ο̣χ ἀρχιυπη̣ρ(έτης) ῥιπαρ(ίου) *ed. sec.* *l.* Ἐνώχ αρχιϋπηρ/ *pap.* π̣[αρά] *ed. pr.*, παρά *ed. sec.* γρα[μμ(ατέως) κώμης] | *ed. pr.*, γραμ̣[μ(ατέως) κώμης] | *ed. sec.* 2. | [Ταμανεως τὰ διδόμ](ενά) μοι *ed. pr.*, | [Ταμαύεως τὰ διδόμ]ε̣(νά) μοι *ed. sec.* | [Ταμαύεως McGing `[ἀ]πὸ̣ τεταρ( )´ *ed. pr.*, `[ἀ]π̣ὸ̣ τετάρ(του)´ *ed. sec.* [ἑβ]δόμης *ed. pr.*, ἐ̣β̣δόμης *ed. sec.* χρυσοῦ *edd.* χρ( ) *edd.* κ̣ [ἐγρ(άφη) μηνὶ ̣ ̣ ̣ ̣ | *ed. pr.*, κ̣[± 6] | *ed. sec.* 3. | [*spatium vacat*] ἑβδόμης *ed. pr.*, | ἑβδόμης *ed. sec.*

„† Ich, N. N., Sohn des Enoch, Archihyperetes [- - -] habe vollständig erhalten von dir, Andreas, Grammateus des Dorfes Tamauis, den für gewöhnlich mir ausgezahlten Betrag für

Lohn [- - -] für Zuteilung der siebenten Indiktion an Gold zwanzig Keratia, an Gold 20 Keratia. Geschrieben [- - -] im Monat [- - -] der siebenten Indiktion. Durch mich, Strategios“.

Fragment einer Quittung über eine regelmäßig, vermutlich jährlich erfolgte Auszahlung eines Jahreslohnes, welche Ἀνδρέας γραμματεὺς κώμης Ταμαύεως an einen ἀρχιυπηρέτης ῥιπαρίου, ῥιπαρίων oder ῥιπαρίας (vgl. Komm. Z. 1) erstattet hat, von dessen Identität mit Ausnahme des Vatersnamens nichts mehr bekannt ist (Z. 1–2). Die Lohnzahlung über eine Summe von zwanzig Keratia ist neben der Angabe eines Bemessungszeitraumes in einem siebenten Indiktionsjahr mittels eines unerklärlichen Nachtrages κ̣ τ̣ε̣τ̣α̣ρ̣( ) näher definiert gewesen, der möglicherweise auf eine genauere Beschreibung des Tätigkeitsbereiches des Lohnempfängers Bezug genommen hat (Z. 2). In der letzten Zeile ist die Jahresangabe des Ausstellungsdatums, welche mit dem Zuteilungsjahr der Lohnzahlung übereinstimmt, sowie die Unterschrift des aus anderen Urkunden bekannten Ausfertigers Στρατήγιος überliefert, wodurch in Hinblick auf die besagte Jahresangabe ein wesentlicher Anhaltspunkt für die Datierung der vorliegenden Urkunde und des Archivs geliefert wird (vgl. Komm. Z. 3). Zu Inhalt, Datierung und Herkunft vgl. den allgemeinen Exkurs zum „Andreas-Archiv“ im vorangegangenen Einleitungsteil.

1. Ἔσχον (καὶ) ἐπληρ(ώθην): Ergänzungen und Kürzungen erfolgen in Anlehnung an **16**, 1 und **82** ***bis***, 1.

Ἐ]ν̣ό̣χ: Die Schreibung des Namens mit ο ist ansonsten nur noch in P.Lond. IV 1420, 180 bezeugt.

ἀρχιυπηρ(έτης) ῥιπαρ( ): Zu den ἀρχιυπηρέται vgl. allgemein **2**, Komm. Z. 1–2. Die Kombination der beiden Titel ist bislang kein weiteres Mal bezeugt. In den edd. wird die Bezeichnung als ἀρχιυπηρέτης ῥιπαρίου gedeutet, was so auch Eingang in die Sekundärliteratur gefunden hat. In Hinblick auf μανδατάριοι ῥιπαρίας in **72**, 1 erschiene die Auflösung ἀρχιυπηρ(έτης) ῥιπαρ(ίας) jedoch weitaus naheliegender. In Anbetracht der Tatsache, daß es sich bei betreffendem Amt um ein Zweierkollegium gehandelt hat, darf aber auch ἀρχιυπηρ(έτης) ῥιπαρ(ίων) nicht als völlig ausgeschlossen gelten.

γραμ̣[ματ(έως) κώμ(ης): Zu Ergänzung und Kürzung vgl. **82** ***bis***, 1.

2. [τὰ ἐξ ἔθους διδό]με(νά) μοι: Nach der Parallele in **16**, 2 ergänzt.

`κ̣ τ̣ε̣τ̣α̣ρ̣( )´: Die Bedeutung dieses Nachtrages bleibt unklar; möglicherweise ist er inhaltlich auf μισθοῦ zu beziehen und hatte dazu gedient, die konkrete Funktion oder den Dienst- bzw. Aufgabenbereich des Entlohnten näher zu umreißen.

χρυσίου: Bei ι und ο ist die Tinte zu einem Fleck zerronnen, wodurch fälschlicherweise der Eindruck einer Korrektur zu χρυσοῦ (vgl. *edd.*) erzeugt wird.

[Ἐγράφ(η) μη(νὶ) ± 5]: Am Zeilenende sind der Monatsname und die Tagesziffer des Ausstellungsdatums zu ergänzen.

3. ἑ̣β̣δόμης ἰν(δικτίωνος): Aufgrund der sicher datierten Urkunden SB I 5269 (= SPP XX 220) aus dem Jahre 618 und SB XXIV 16288 (= Palme, *Neuedition* 175–179) aus dem Jahre 600, welche von derselben Person ausgefertigt wurden, dürfte die Ausstellung der vorliegenden Quittung entweder ins Jahr 603/4 oder ins Jahr 618/9 gefallen sein. Die in **14**, Komm. Z. 2–3 ausgeführten Überlegungen können jedoch als Argument für den früheren Datierungsansatz gewertet werden. Die Zuordnung des Textes zum sogenannten „Andreas-Archiv“ hat zur Folge, daß damit auch das Archiv zeitlich genauer einordenbar ist; dessen Urkunden, welche bislang in das 6. Jh. bzw. 6./7. gesetzt worden waren, können aufgrund des

eben angeführten Umstandes nun in den Beginn bzw. ins erste Viertel des 7. Jh. datiert werden.

Στρατηγίου: Vgl. **8**, Komm. Z. 4.

10. Quittung über Lohn eines (Hypo-?) Katastates

P.Vindob. G 11010 (?) 5,1 × 10,1 cm 6.–7. Jh. Tafel XI

ed. pr.: SPP III 10 (*s.* VI., Arsin.) – Korr.: Byz. Not. 43 (Datierung: 6.–7. Jh.; BL VIII 434).

Papyrus. Oberer Rand teilweise, linker und unterer Rand vollständig erhalten. An der rechten Seite abgebrochen. Das Ausmaß des Textverlustes dürfte sich angesichts der Ergänzungen in den Z. 4–6 auf etwa ein Drittel des Gesamtumfanges belaufen. Vier horizontale Faltungen 1,1, 2,2, 3,9 und 4,8 cm unterhalb des oberen Randes. Eine vertikale Faltung, welche die ursprüngliche Blattmitte bezeichnen dürfte, scheint einen weiteren Anhaltspunkt für das ungefähre Ausmaß des Textverlustes zu liefern. Keine Klebung. Schwarze Tinte. Der Abstand der Schrift zum Rand beträgt oben und unten jeweils ca. 0,5 cm, links ca. 1,3 cm. Kreuz in Z. 1 ausgerückt. Z. 7 zentriert. Die Schrift auf dem Rekto verläuft quer zur Faserrichtung (*transversa charta*). Verso leer. Zusätzlich zwei lose Fragmente mit Schriftspuren, deren Positionierung unklar ist. Schrifttyp: sog. „Minuskelkursive"; Formulartyp: ἔσχον καὶ ἐπληρώθην ἐγὼ ὁ δεῖνα παρὰ σοῦ τοῦ δεῖνος („Quittungsschema"). Ankauf: „Faijûm *ex* 1883".

↓ † Ἔσχο[ν] κ̣[α]ὶ̣ [ἐπληρώθην ἐγὼ ± 12]
καταστ̣ά̣τ̣ης ἀπ[ὸ] ἐ̣π̣οικ[ίου ± 12]
παρὰ σοῦ Κ̣ο̣σ̣μ̣ᾶ̣ γ̣ρ̣αμμ(ατέως) [̣ ̣] ̣ ̣[± 7]
τὸ ἓν νόμισμα τοῦ ἐμοῦ μισθοῦ (ὑπὲρ) κ[αρπῶν]
τῆς παρούσης δευ̣τέρας ἰ̣ν(δικτίωνος) ε̣ἰ̣ς̣ [πλῆρες. Ἐγρά-]
φη μηνὶ Θὼθ ι̣ε τῆς αὐτῆς β̣ [ἰν(δικτίωνος). † Δι' ἐμοῦ]
vac. Κοσμᾶ νομ(ικοῦ). *vac.*

1. ἔσχ[ον καὶ ἐπληρώθην ἐγὼ ὁ δεῖνα υἱὸς τοῦ δεῖνος ̣ ̣ ̣ ̣ ̣ ̣ ̣ ̣ ̣ ̣ | *ed. pr.* 2. | καὶ ἀστο[ῦ] τῆς λ̣αμ[πρ(οτάτης) Ἀλ]ε̣ξ[α]ν̣[δρείας ̣ ̣ ̣ ̣ ̣ ̣ ̣ ̣ ̣ ̣ | *ed. pr.* λαμ[πρᾶς Ἀλ]εξ[α]ν[δρείας | *ed. pr.*, Index, S. 249 3. σοῦ τ̣ο[ῦ] θ̣αυ̣μασ(ιωτάτου) [̣ ̣ ̣ ̣ ̣ | *ed. pr.* 4. μισθοῦ λέγ[ω δὴ ὑπέρ | *ed. pr.* 5. ἰ[νδ(ικτιῶνος) ̣ ̣ ̣ ̣ ̣ ̣ ἐγρά-] | *ed. pr.* 6. θωθ ε *ed. pr.* [β ἰν(δικτιῶνος) | *ed. pr.* 7. | [† δι' ἐμοῦ] Κοσμᾶ *ed. pr.*

„† Ich, N. N. [- - -] Katastates (bzw. Hypokatastates) aus dem Weiler [- - -] habe vollständig erhalten von dir, Kosmas, Grammateus [- - -] den einen Solidus meines Lohnes für Ernteerträge der gegenwärtigen zweiten Indiktion zum vollen Betrag. Geschrieben am 15. Tag im Monat Thoth derselben 2. Indiktion. † Durch mich, Kosmas, Nomikos".

Fragment einer Quittung über eine Lohnzahlung an einen καταστάτης oder ὑποκαταστάτης (vgl. Komm. Z. 2). Aufgrund des Erhaltungszustandes sind folgende Angaben nicht mehr greifbar: Name und möglicherweise auch Vatersname des Lohnempfängers (Z. 1) sowie das Toponym der Herkunftsangabe (Z. 2); die genaue Bezeichnung des Tätigkeitsbereiches bzw. Amtssprengels des für die Auszahlung des Lohnes verantwortlichen Κοσμᾶς γραμματεύς (Z. 3). Die weiteren Textabschnitte lassen sich anhand von Formularparallelen ergänzen (Z. 4–6). Die Auszahlungssumme von einem Solidus dürfte als Jahreslohn aufzufassen sein, auch wenn ein solcher Sachverhalt dem Wortlaut und Inhalt des

Fragmentes nicht ausdrücklich entnommen werden kann (vgl. die in ähnlichem Zusammenhang anzutreffende Formularwendung τὰ κατ' ἔτος διδόμενά μοι παρὰ σοῦ λόγῳ κτλ.); die im Anschluß an τὸ ἓν νόμισμα τοῦ ἐμοῦ μισθοῦ (ὑπὲρ) κ[αρπῶν] mit τῆς παρούσης δευτέρας ἰν(δικτίωνος) erfolgte Erwähnung des Bemessungszeitraumes legt eine Interpretation in diesem oder ähnlichem Sinn nahe. Ein gewisser Κοσμᾶς νομικός, welcher mit keinem anderen Ausfertiger dieses Namens gleichgesetzt werden kann (vgl. Komm. Z. 6–7), hat für die Ausstellung der Quittung verantwortlich gezeichnet. Die Provenienz des Zeugnisses bleibt aufgrund des Fehlens topographischer Angaben weitgehend unklar; aus den Aufzeichnungen des handschriftlichen Inventarkataloges ist jedoch zu ersehen, daß das Dokument im Zuge des 1883 getätigten Ankaufes von Urkundenmaterial des sogenannten „Ersten Fayyumer Fundes" nach Wien gelangt war, was als Indiz für eine arsinoitische oder herakleopolitische Herkunft der Urkunde angesehen werden kann. Im Fall einer arsinoitischen Provenienz wäre die Urkunde aufgrund ihres Ausstellungsdatums am Ende des ersten Viertels jenes Jahres ausgestellt worden, für das die Lohnzahlung geleistet worden war (zum Verlauf des arsinoitischen Jahreszyklus vgl. CSBE 27 sowie CSBE² 33); im Fall einer herakleopolitischen Herkunft des Fragmentes wäre der Lohn zu Beginn des Bemessungszeitraumes des zweiten Indiktionsjahres ausgezahlt worden (zum Beginn des herakleopolitischen Jahreszyklus am ersten Θώθ vgl. Bagnall – Worp, *Notes III* 242). Die Urkunde wird aufgrund paläographischer Kriterien ins 6.–7. Jh. datiert (vgl. dazu die Formalbeschreibung).

1. Am Zeilenende ist im Anschluß an den Namen des Lohnempfängers möglicherweise zusätzlich auch noch dessen Vatersname zu ergänzen.

2. καταστάτης: Die Funktionsangabe findet sich ein weiteres Mal in P.Oslo III 88, 16 und 35 (Herk. unb., 4. Jh.) bezeugt und dürfte einen im Steuerwesen eingesetzten staatlichen Beamten bezeichnet haben, der für die Stellung von Liturgen verantwortlich war; zumindest dem Wort nach scheint er dem aus P.Lips. I 55, 9–10 (Diokletianupolis, 375–379) und P.Flor. III 325, 3 (Oxyrhynchos, 489) bekannten ὑποκαταστάτης übergeordnet gewesen zu sein (eine Ergänzung ὑπο]|καταστάτης ist in Z. 1–2 der vorliegenden Urkunde übrigens nicht auszuschließen); in seiner zivilen Funktion war er dem römischen *stator* vergleichbar; vgl. dazu allgemein S. Eitrem, P.Oslo III 88, Komm. Z. 16.

6. Θὼθ ιε: 12. (13.) September.

6.–7. Δι' ἐμοῦ] Κοσμᾶ νομ(ικοῦ): Den Angaben in Byz. Not. 42–43 zufolge waren die vorliegende Quittung, **56** (vgl. BL VIII 435), SPP III 422 (vgl. BL VIII 440) und SB I 4699 (vgl. BL VIII 313) von ein und derselben Person unterzeichnet und ausgefertigt worden; im Fall von **10** und SPP III 422 wird ebenda eine Gleichsetzung mit dem Ausfertiger in **70** (vgl. BL VIII 435), **71** (vgl. BL VIII 435), **72** (vgl. BL VIII 435), SPP III 350, P.Lond. I 113 (6) a (S. 212; Taf. 138; vgl. BL XI 108), SB I 4485 (vgl. BL VIII 309), 4866, 5270 (= SPP XX 209; vgl. BL XI 267 und 196) und VI 9294 (vgl. BL VIII 343) erwogen, während in Zusammenhang mit SB I 5270 (= SPP XX 209) sogar die Möglichkeit einer Übereinstimmung mit jenem Aussteller ins Auge gefaßt wird, welcher in BGU I 307 und II 368 (mit BL VIII 25) seine Unterschrift geleistet hat. Die Schreibung von Κοσμᾶ in der vorliegenden Urkunde unterscheidet sich im Duktus jedoch deutlich von jener in den mutmaßlichen Parallelen; formale Ähnlichkeiten lassen sich bestenfalls im Vergleich mit der Unterschrift in SPP III 422 feststellen, da in beiden Fällen κ, ο sowie der untere Bogen des σ in einem Zug geschrieben wurden, wobei das verbindende ο in Form einer nach unten gezogenen Schlinge an das vorangegangene κ angebunden ist. Trotz dieser Gemeinsamkeiten bleibt es dennoch zweifelhaft, ob diese beiden Unterschriften tatsächlich von ein und derselben Person stammen.

11. Quittung über Geldzahlung

P.Vindob. G 11011 9,8 × 9 cm 7. Jh.
(?) Tafel XII

ed. pr.: SPP III 11 (*s.* VI., Arsin.?).

Papyrus. Linker und unterer Rand erhalten. An der oberen und rechten Seite abgebrochen. Das Ausmaß des Textverlustes bleibt weitgehend unklar. Das Fragment könnte sowohl die erste Hälfte als auch das erste Viertel der Gesamtbreite der Urkunde umfassen. Entweder zwei oder fünf horizontale Faltungen (2,9 und 7,2 cm bzw. 1,3, 2,9, 4,3, 7,2 und 8,8 cm oberhalb des unteren Randes). Zumindest die vertikale Bruchkante an der rechten Seite dürfte entlang einer weiteren Faltung verlaufen. Keine Klebung. Schwarze Tinte. Der Abstand der Schrift zum Rand beträgt links ca. 1 cm und unten ca. 3,6 cm. Z. 4 eingerückt oder zentriert. Die Schrift auf dem Rekto verläuft quer zur Faserrichtung (*transversa charta*). Verso mit Spuren einer Zeile auf Höhe der Z. 4 des Rekto (Schriftverlauf parallel zur Faserrichtung; gegenüber dem Rekto um 180° gedreht); ein inhaltlicher Zusammenhang mit dem Dokument auf dem Rekto ist wenig wahrscheinlich. Schrifttyp: sog. „Minuskelkursive“ mit eingestreuten „Minuskel“-Elementen (vgl. etwa λ und μ); auffallend große Buchstabenformen. Das Urkundenschema und der Formulartyp gehen aus dem Textbefund des Fragmentes nicht hervor. Ankauf: „*ex* 1883“.

— — — — — —

↓ 1 [̣]τ̣ουμ[
2 νο(μισμάτιον) α ῥυ(παρὸν) ̣( ) [̣] ̣[̣]( ) [
3 λέγο δὴ ἀπὸ Μεσορ(ὴ) α [
4 *vac. Paraphe* [

1. | του μ[| *ed. pr.* 2. ῥ(υπαρόν) Abzeichnung weiterer Buchstabenreste [| *ed. pr.* 3. *l.* λέγω ᾱ *pap.*

„[- - -] 1 nicht vollwertiger Solidus [- - -] nämlich vom 1. Mesore [- - -]“.

Fragment einer Urkunde, deren Charakter und inhaltliche Aussage aus dem Textbefund nicht ersichtlich sind. Während in Z. 2 die Nennung eines Geldbetrages von einem (nicht vollwertigen) Solidus überliefert ist, dürften die Angaben in Z. 3 auf den Bemessungszeitraum der Zahlung zu beziehen sein, welcher vom ersten Tag des Monats Mesore weg berechnet gewesen ist, dessen Dauer aufgrund des Textverlustes jedoch unbekannt bleibt. Ähnliche Bezeichnungen von Laufzeiten finden sich im Fall der Lohnquittungen **56**, 3–4 und **96**, 4–5, in der nicht näher bestimmbaren Quittung über eine Geldzahlung an einen νυκτοστράτηγος **62**, 2 sowie in der Quittung über eine Aufwendung in Wein **93**, 3 dokumentiert. In der letzten Zeile sind entweder eingerückt oder zentriert Reste der Paraphe des Ausfertigers der Quittung erhalten. Das Fragment bietet keinen einzigen Anhaltspunkt, der über seine mögliche Herkunft Aufschluß geben könnte. Im handschriftlichen Inventarkatalog des Erstherausgebers ist zu vorliegendem Fragment „*ex* 1883“ als Hinweis auf das Ankaufsjahr vermerkt; die Urkunde könnte demzufolge sowohl arsinoitischen als auch herakleopolitischen Ursprunges sein. Das Dokument wird aufgrund paläographischer Kriterien ins 7. Jh. datiert (vgl. dazu die Formalbeschreibung).

2. νο(μισμάτιον): Oder νό(μισμα).

3. Μεσορ(ὴ) α: 25. Juli.

12. + 13. QUITTUNG ÜBER JAHRESLOHN (ANDREAS-ARCHIV)

P.Vindob. G 11012+11013	**12**: 5,3 × 7,6 cm	Anfang 7. Jh.
Tamauis (Arsinoites)	**13**: 5,3 × 8,1 cm	Tafel VIII

ed. pr. **12**: SPP III 12 (*s.* VI., Arsin.?) – *ed. pr.* **13**: SPP III 13 (*s.* VI., Arsin.?) – Korr. **13**: Viereck, *Rezension* 715.

Papyrus. Zwei nicht zusammenhängende Fragmente (**13** links, **12** rechts). Ränder an allen Seiten erhalten. Das Ausmaß des Textverlustes beläuft sich auf etwas mehr als die Hälfte des Gesamtumfanges (gemessen an der ursprünglichen Gesamtbreite des *transversa charta* beschrifteten Urkundenblattes, welche in der Regel der herstellungsbedingten Höhe der Papyrusrollen von maximal 35–36 cm entspricht). Einen Anhaltspunkt für das ungefähre Ausmaß des Textverlustes liefert die anhand von Archivparallelen vorgenommene Ergänzung in Z. 2. Drei horizontale Faltungen 1, 2,1 und 3,7 cm unterhalb des oberen Randes. Eine 1,5 cm breite Kollesis verläuft horizontal 3 cm unterhalb des oberen Randes (auf Höhe der Z. 3–4 des Rekto). Schwarze Tinte. Der Abstand der Schrift zum Rand beträgt oben ca. 0,5 cm, links ca. 1 cm und unten ca. 1,5 cm. Rechts bis zum Rand beschrieben. Kreuz in Z. 1 ausgerückt. Verso leer. Mit keiner anderen Schreiberhand im Archiv gleichzusetzen. Schrifttyp: sog. „Minuskelkursive"; Formulartyp: ἔσχον καὶ ἐπληρώθην ἐγὼ ὁ δεῖνα παρὰ σοῦ τοῦ δεῖνος („Quittungsschema"). Ankauf: „*ex* 1883".

↓ 1 † Ἔσχ[ον καὶ ἐπληρώθην ἐγὼ - - - ἀπὸ τῆς Ἀρσινοϊτῶν π]όλεως
2 παρ̣[ὰ σ]ο̣[ῦ Ἀνδ]ρ̣έο̣υ̣ [γραμματέως κώμης Ταμαύεως τὰ κατ' ἔτος διδόμενά
μοι παρὰ σοῦ] λόγῳ μισθοῦ,
3 λέγω δὴ ὑπὲρ ̣ ̣[- - - ἰνδικτίωνος - - - χρυσοῦ νομισμάτι]α τρ[ί]α ἥμισυ,
χρ(υσοῦ) νο(μισμάτια) γ (ἥμισυ).
4 Ἐγράφη μηνὶ Φαῶφι [- - - ἰνδικτίωνος. Δι' ἐμοῦ - - - συμβολαιο]γράφ(ου).
Paraphe

1. ἔσχ[ον καὶ ἐπληρώθην ἐγὼ ὁ δεῖνα | *ed. pr.* **13**, | ὁ δεῖνα ἀπὸ τῆς ̣ ̣ ̣ ̣ ̣ ̣ π]όλεως | *ed. pr.* **12** 2. π[α]ρ[ὰ σοῦ | *ed. pr.* **13** |] λόγῳ *ed. pr.* **12** 3. ὑπέρ [| *ed. pr.* **13**, ὑπὲρ [τῆς ἰνδικτίωνος Viereck | χρυσοῦ νομισμάτι]α *ed. pr.* **12** 4. φαμ̣[ε]ν̣[ωθ | *ed. pr.* **13** | ἐ]γράφη *ed. pr.* **12**

„† Ich, N. N. [- - -] aus Arsinoiton Polis, habe vollständig erhalten von dir, Andreas, Grammateus des Dorfes Tamauis, den jährlich mir von dir ausgezahlten Betrag als Lohn, nämlich für [- - -] Indiktion [- - -] an Gold dreieinhalb Solidi, an Gold 3 1/2 Solidi. Geschrieben [- - -] im Monat Phaophi [- - -] Indiktion. Durch mich, N. N., Symbolaiographos".

Fragmentarische Quittung über eine Auszahlung des Jahreslohnes durch Ἀνδρέας γραμματεὺς κώμης Ταμαύεως. Inhalt und Formularwortlaut des verlorengegangenen Mittelteils der Urkunde lassen sich anhand der Archivparallelen annähernd rekonstruieren. Zum Lohnempfänger sind mit Ausnahme eines Restes von dessen Herkunftsbezeichnung am Ende der Z. 1 keine personenspezifischen Angaben mehr erhalten. Name, Vatersname und

Berufs- bzw. Amtsbezeichnung wären sinngemäß vor der Herkunftsangabe in Z. 1 zu ergänzen, wobei es in Hinblick auf die Parallelen im Archiv keineswegs als ausgeschlossen gilt, daß gegebenenfalls auch auf die ausdrückliche Erwähnung einer allfälligen Funktionsangabe verzichtet wurde (vgl. dazu etwa die Lohnquittung **70** oder die Urkunden **1** und **4**, deren fragmentarischer Charakter keinen sicheren Aufschluß über diesen Sachverhalt zu geben vermag). Die Auszahlungssumme hat sich auf dreieinhalb Solidi belaufen; für welches Indiktionsjahr die Entlohnung erfolgte, geht aus dem Textbefund nicht mehr hervor. Die Quittung endete mit dem Ausstellungsdatum, von welchem nur noch die Monatsangabe greifbar ist, und der Unterschrift des für die Ausstellung verantwortlichen συμβολαιογράφος, dessen Identität vor dem Hintergrund der übrigen Urkunden des „Andreas-Archivs" ungeklärt bleiben muß (Z. 4). Zu Inhalt, Datierung und Herkunft vgl. den allgemeinen Exkurs zum „Andreas-Archiv" im vorangegangen Einleitungsteil.

1. Ἔσχ[ον καὶ ἐπληρώθην ἐγώ: Eine Pluralform Ἔσχ[ομεν καὶ ἐπληρώθημεν ἡμεῖς, wie sie sich etwa in der Archivparallele **72**, 1–2 bezeugt findet, ist angesichts des zur Verfügung stehenden Platzes weniger wahrscheinlich.

ἀπὸ τῆς Ἀρσινοϊτῶν π]όλεως: Die Herkunft des Zahlungsempfängers wird aus dem inhaltlichen Kontext und der Provenienz des Archivs erschlossen.

3. ὑπὲρ ̣ ̣ [: Die Angabe des Bemessungszeitraumes dürfte vermutlich ὑπὲρ τ̣ῆ̣[ς παρούσης bzw. ἐνεστώσης (oder ähnlich) x ἰνδικτίωνος gelautet haben; die Art der Kürzung des Wortes ἰνδικτίωνος bleibt an dieser Stelle und im Ausstellungsdatum der Z. 4 unklar. Die Auszahlungssumme dürfte entweder in unmittelbarem Anschluß daran oder im Gefolge von ὅ ἐστιν bzw. λέγω δή (oder ähnlich) angeführt gewesen sein.

Statt χρυσοῦ wäre auch χρυσίου möglich, was dementsprechend auch im Fall der gekürzten Form bei der Wiederholung der Summe am Ende der Z. 3 zu gelten hätte.

4. συμβολαιο]γράφ(ου): Die Person des Ausfertigers ist in Hinblick auf die Paraphe und das Schriftbild mit keinem anderen der im „Andreas-Archiv" bezeugten συμβολαιογράφοι zu identifizieren.

13. → 12.

14. Quittung über Jahreslohn (?) eines Symmachos (Andreas-Archiv)

P.Vindob. G 2118 — 6,2 × 26 cm — 605/6–612/3
Tamauis (Arsinoites) — Tafel VI

ed. pr.: SPP III 14 (*s.* VI., Arsin.) – *ed. sec.*: SPP XX 119 (Arsinoites, *s.* V.) – Korr.: Viereck, *Rezension* 715; B. C. McGing, P.Dub. 26, Komm. Z. 1 (BL X 2); zur allgemeinen Datierung des „Andreas-Archivs" in das Ende 6.–Anfang 7. Jh. vgl. BL XI 258.

Papyrus. Oberer und unterer Rand vollständig erhalten. An der linken und rechten Seite abgebrochen. Das Ausmaß des Textverlustes dürfte sich insgesamt auf etwa ein Drittel des Gesamtumfanges belaufen (gemessen an der ursprünglichen Gesamtbreite des *transversa charta* beschrifteten Urkundenblattes, welche in der Regel der herstellungsbedingten Höhe der Papyrusrollen von maximal 35–36 cm entspricht), welches sich zu beiden Seiten des Fragmentes annähernd gleichmäßig zu verteilen scheint – d. h. links und rechts jeweils ein Sechstel des Gesamtumfanges. Einen Anhaltspunkt für das ungefähre Ausmaß und die Verteilung der verlorenen Textpassagen liefern die anhand von Parallelen der Archivuntergruppe vorgenommenen Ergänzungen der Z. 1 und 2. Zwei horizontale Faltungen 1,9 und 4 cm unterhalb des oberen Randes. Eine vertikale Faltung in der Mitte des Fragmentes, welche die ursprüngliche Blattmitte bezeichnen dürfte. Eine 1,5 cm breite Kollesis verläuft horizontal 3,5 cm unterhalb des oberen Randes (auf Höhe der Z. 2–3 des Rekto). Schwarze Tinte. Verso leer. Von derselben Hand wie **3**, **8**, **9**, **16**, **36** und **82** ***bis*** (Untergruppe der von Στρατήγιος ausgestellten Urkunden). Schrifttyp: sog. „Minuskelkursive"; Formulartyp: ἔσχον καὶ ἐπληρώθην ἐγὼ ὁ δεῖνα παρὰ σοῦ τοῦ δεῖνος („Quittungsschema"). Ankauf: „Faijûm *ex* 1883".

↓ 1 [† Ἔσχον (καὶ)] ε̣[π]λ̣η̣ρ̣(ώθην) ἐγὼ̣ Οὐενάφριος υἱὸς Ἰερεμίου σύμμαχος
παρὰ σοῦ Ἀνδρέου [γ]ρ̣α̣μ̣[ματ(έως) κώμ(ης) Ταμαύεως]
2 [τὰ ἐξ ἔθους] δ̣[ι]δ̣όμενά μοι ὑπὲρ μισθοῦ Ἀπολλῶ υἱοῦ Ἰωσὴφ καὶ αὐτοῦ
συμμάχ[ου, λέγω δὴ (ὑπὲρ) μερ(ισμοῦ)]
3 [± 12]δ̣εκάτης ἰν(δικτίωνος) χρυσίου νομισμάτια δύο παρὰ κερ(άτια) δέκα,
χρυ̣(σίου) νο(μισμάτια) β π(αρὰ) κερ(άτια) ι. Ἐγρά[φ](η) [μη(νὶ)]
4 [± 10 ἰν](δικτίωνος). Δ(ι') ἐμοῦ Στρατηγίου. *Paraphe*

1. | [†] ἔχω ἐγώ *edd.* [γρα]μ̣[μ(ατέως) κώμης Ταμανεως τά | *ed. pr.*, [γρα]μ̣[μ(ατέως) κώμης Ταμάνεως τὰ κατ' ἔτος] | *ed. sec.* Ταμαύεως McGing 2. | [δι]δόμενά μοι *edd.* ϋπερ *pap.* συμμάχ[ου . . . . . . | *ed. pr.*, συμμάχ[ου | *ed. sec.* ὑπὲρ μερισμοῦ Viereck 3. | [δ]εκάτης *edd.* δέκα γ/ νο( ) *edd.* ἐγρά[φ](η) [μηνί . . | *ed. pr.*, ἐγρά[φ(η) μηνί . . | *ed. sec.* 4. | [ι] ἰν(δικτιῶνος) *ed. pr.*, | [ι] ἰνδ(ικτιῶνος) *ed. sec.*

„† Ich, Uenaphrios, Sohn des Ieremias, Symmachos, habe vollständig erhalten von dir, Andreas, Grammateus des Dorfes Tamauis, den für gewöhnlich mir ausgezahlten Betrag für Lohn des Apollos, Sohn des Ioseph und selbst Symmachos, nämlich für Zuteilung [- - -] Indiktion, an Gold zwei Solidi abzüglich zehn Keratia, an Gold 2 Solidi abzüglich 10 Keratia. Geschrieben [- - -] im Monat [- - -] Indiktion. Durch mich, Strategios".

Fragment einer Quittung über eine regelmäßig, vermutlich jährlich erfolgte Lohnzahlung, welche ein σύμμαχος namens Οὐενάφριος υἱὸς Ἰερεμίου für seinen Kollegen Ἀπολλῶς υἱὸς Ἰωσήφ von Ἀνδρέας γραμματεὺς κώμης Ταμαύεως in Empfang genommen hat. Aufgrund des Vatersnamens ist Ἀπολλῶς möglicherweise mit den Zahlungs- bzw. Lohnempfängern in **3**, 1 und **5**, 1 gleichzusetzen, deren Individualnamen nicht erhalten sind (vgl. Komm. Z. 2). Über den formellen Absender Οὐενάφριος liegt sogar ein sicher datiertes Zeugnis vor, das dessen Person mit dem arsinoitischen Pagarchen Flavius Strategios Paneuphemos in Zusammenhang bringt und somit für die zeitliche Einordnung der vorliegenden Urkunde und des Archivs von wesentlicher Bedeutung ist (vgl. Komm. Z. 1). Die Lohnsumme von zwei Solidi abzüglich zehn Keratia – auffälligerweise dieselbe Summe, wie sie in **2**, 5–6, **90**, 5–6 und **92**, 5–6 anzutreffen ist – wurde für einen Bemessungszeitraum eines nicht näher feststellbaren Jahres zwischen einem zehnten und fünfzehnten Indiktionsjahr erstattet (vgl. Komm. Z. 3). Aus den Resten des Ausstellungsdatums der Urkunde ist nicht ersichtlich, zu welchem Zeitpunkt die Zahlung erfolgt ist (Z. 3–4). Für die Ausstellung der Quittung hat der aus anderen Urkunden bekannte Notar Στρατήγιος verantwortlich gezeichnet. Zu Inhalt, Datierung und Herkunft vgl. weiters den allgemeinen Exkurs zum „Andreas-Archiv" im vorangegangen Einleitungsteil.

1. [† Ἔσχον (καὶ)] ε̣[π]λ̣η̣ρ̣(ώθην): Ergänzungen und Kürzungen erfolgen in Anlehnung an **16**, 1 und **82** ***bis***, 1.

Οὐενάφριος υἱὸς Ἱερεμίου σύμμαχος: Vgl. allgemein Jördens, *Symmachoi I* 114. Dieselbe Person findet sich weiters in P.Lond. I 113, 5 (c), 8–9; Verso 14 (Arsinoites, 600; vgl. dazu Korr. in BL I 237) als Partei einer an den Pagarchen Flavius Strategios Paneuphemos gerichteten Erklärung. Zum Archiv des Strategios Paneuphemos, zu welchem unter anderem auch jener Vertrag SB XXIV 16288 gehört (vgl. bereits **9**, Komm. Z. 3), der von demselben Notar Στρατήγιος wie die vorliegende Quittung unterzeichnet worden ist, vgl. allgemein J. R. Rea, P.Oxy. LVIII 3935, Komm. Z. 7; Palme, *Domus gloriosa* 95–125; ders., *Strategius Paneuphemos* 289–322; ders., CPR XXIV 24, Einl., S. 139–140 mit Anm. 3; Mazza, *Apioni* 68–72. Die angeführten Umstände liefern einerseits einen wichtigen Hinweis für eine genauere Datierung der vorliegenden Urkunde, andererseits aber auch einen Anhaltspunkt für die zeitliche Einordnung aller übrigen, von demselben Στρατήγιος ausgestellten Schriftstücke des „Andreas-Archivs“ sowie des Archivs im allgemeinen; vgl. dazu Komm. Z. 2.–3.

[γ]ρ̣α̣μ̣[ματ(έως) κώμ(ης): Zu Ergänzung und Kürzung vgl. **82** ***bis***, 1. Unmittelbar vor der Bruchkante ist ein Rest eines hochgestellten waagrechten Striches erkennbar, dessen Deutung ungeklärt bleibt; eine Kürzung des Wortes γραμματέως mittels eines hochgestellten α oder τ – γραμμα(τέως) bzw. γραμμ(α)τ(έως) – ist an betreffender Stelle angesichts der Untergruppenparallele in **82** ***bis***, 1 zu verwerfen. Ein hochgestelltes Kreuz über dem Wort gilt als noch weniger wahrscheinlich (vgl. einen ähnlichen Fall in **6**, 1). In der *ed. sec.* war das Zeilenende offenkundig ursprünglich mit [γρα]μ̣[μ(ατέως) κώμης Ταμάνεως τά] (wie in der *ed. pr.*) transkribiert worden; in Hinblick auf [δι]δόμενά μοι in Z. 2 wurde später ohne Rücksichtnahme auf die bereits bestehende Klammernsetzung die Ergänzung κατ' ἔτος nachgetragen; vgl. die darauf Bezug nehmende Wiedergabe im kritischen Apparat.

2. [τὰ ἐξ ἔθους] δ̣[ι]δόμενά μοι: Nach der Parallele in **16**, 2 ergänzt.

Ἀπολλῶ υἱοῦ Ἰ̣ωσὴφ καὶ αὐτοῦ συμμάχ[ου: Aufgrund des Vatersnamens möglicherweise dieselbe Person wie in **3**, 1 und **5**, 1.

λέγω δὴ (ὑπὲρ) μερ(ισμοῦ)]: Zur Ergänzung vgl. **3**, 2 und **9**, 2.

3. [± 12]δ̣εκάτης ἰν(δικτίωνος): Der Lohn war für einen nicht mehr näher zu bestimmenden Bemessungszeitraum zwischen einem zehnten und fünfzehnten Indiktionsjahr ausgezahlt worden; die vorliegende Quittung muß allerdings nicht unbedingt im selben Indiktionsjahr, für welches die Zahlung geleistet worden war, verfaßt worden sein; sie könnte im Fall einer im voraus erfolgten Zahlung ebenso ein Jahr früher oder im Fall einer nachträglich vorgenommenen Entlohnung auch ein Jahr später ausgefertigt worden sein; demzufolge ist die Ausstellung der Urkunde in Hinblick auf die im Komm. Z. 1 dargelegten Überlegungen in die Jahre zwischen 605/6 und 612/13 zu setzen; ein späteres Entstehungsdatum in den Jahren zwischen 620/21 und 627/28, ist aufgrund des anderweitigen Quellenbefundes zur Person des Absenders bzw. Zahlungsempfängers, welche zu Flavius Strategios Paneuphemos nachweislich in Verbindung gestanden war (vgl. Komm. Z. 1), auszuschließen.

3.–4. Ἐγρά[φ](η) [μη(νὶ)] [± 10 ἰν](δικτίωνος): Zu Beginn der Z. 4 sind der Monatsname, die Tagesziffer und die Iteration des Indiktionsjahres zu ergänzen; für das Ausstellungsjahr kommen die neunte, die zehnte bis fünfzehnte und die erste Indiktion in Betracht.

4. Δ(ι') ἐμοῦ Στρατηγίου: Vgl. **8**, Komm. Z. 4.

15. + 20. + 76. SAMMELQUITTUNG ÜBER GRUNDSTEUER

P.Vindob. G 11015+11020+11076 30,7 × 13 cm Mitte 6. Jh.
Arsinoites Tafel XIV/XV

ed. pr. **15**: SPP III 15 (*s.* V.–VI., Arsin.) – *ed. pr.* **20**: SPP III 20 (*s.* V–VI., Arsin.) – *ed. pr.* **76**: SPP III 76 (*s.* V–VI., Arsin.).

Papyrus. Drei zusammenhängende Fragmente (von oben nach unten: **76+20+15**). Linker Rand zumindest teilweise erhalten. An der oberen, rechten und unteren Seite abgebrochen. Das Ausmaß und die Verteilung des Textverlustes bleiben weitgehend unklar. Den Abständen nach zu schließen, vermutlich zehn horizontale Faltungen. Eine vertikale Faltung 6,3 cm vom linken Rand entfernt. Weitere Faltungen dürften entlang der rechten und unteren Bruchkante verlaufen sein. Keine Klebung. Schwarze Tinte. Der Abstand der Schrift zum linken Rand beträgt 2 cm. Kreuz in Z. 14 und 18 ausgerückt. Unterschriften in Z. 8 und 13 offensichtlich zentriert oder zumindest eingerückt. Die Schrift auf dem Rekto verläuft quer zur Faserrichtung (*transversa charta*). Verso gegenüber dem Rekto um 180° gedreht und parallel zur Faserrichtung beschrieben. Kreuz in Z. 21 und 29 ausgerückt. Unterschriften in Z. 20 und 28 offensichtlich zentriert oder zumindest eingerückt. Schrifttyp: sog. „Minuskelkursive"; Formulartyp: ἔσχον καὶ ἐπληρώθην ἐγὼ ὁ δεῖνα παρὰ σοῦ τοῦ δεῖνος („Quittungsschema"). Ankauf: „Faijûm *ex* 1883" (**15** und **20**); „*ex* 1887" (**76**).

— — — — — —

↓ 1 *Spuren*
2 [† Ἔσ]χον καὶ ἐπληρώθη[ν ἐγὼ
3 κ̣ωμοκατοίκων κώμ̣[ης Μητροδώρων παρὰ σοῦ Φλ(αουίου) Μηνᾶ]
4 [στ]ρ̣ατιώτου υἱῷ Κ̣αλλινίκου [- - - (ὑπὲρ) δημοσίων]
5 [ἀρ]ο̣υρ[ῶ]ν̣ παρὰ Ἀ̣μοῦν πρεσβ[υτέρου (ὑπὲρ) καρπῶν τρεισκαιδεκάτης]
6 [κ]α̣ὶ̣ τεσσαρασκαιδεκάτη[ς ἰν(δικτιώνων) ἐν χρυσῷ κεράτια ἐννέα,]
7 [ἐν] χ̣ρυ(σῷ) κερ(άτια) ἐννέα μόν(α). Ἐγράφη μ̣[ηνὶ
8 [*vac.* (?)] †̣ Δ̣ι̣' ἐμοῦ Μακαρίου νομι[κοῦ.
vac.

9 [(2. H.) †] Ἔσ̣χων καὶ ἐπληρώθ(ην) ἐγὼ ̣[- - - κωμοκατοίκων κώμης]
10 [Μ]ητροδόρου παρὰ σοῦ Φλ(αουίου) Μη[νᾶ - - - (ὑπὲρ) καρπῶν]
11 [π]εντηκ[α]ιδεκάτης κ̣α̣ὶ̣ π̣ρ̣ώ̣[της ἰν(δικτιώνων)
12 ̣[̣ ̣ ̣ ̣] ̣ ̣ Ἐγράφ(η) μην̣ὶ̣ ̣ ̣ ̣ [
13 *vac.* Π̣έ̣τ[

vac.

14 (3. H.) ☧ Ἔσχων καὶ ἐπληρώθ(ην) ἐγὼ Μη[νᾶς - - - κωμοκατοίκων κώμης]
15 Μετροδόρον παρὰ σοῦ Φλ(αουίου) Μ̣[ηνᾶ - - - (ὑπὲρ) καρπῶν]
16 π̣ε̣ν̣τ̣ε̣κ̣α̣ι̣δ̣ε̣κ̣ά̣τ̣η̣ς̣ καὶ πρότη[ς ἰν(δικτιώνων)
17 ἐ̣ν χρυ(σῷ) κεράτια ἐννήα, κ(εράτια) θ μό(να). ̣ ̣ ̣[

vac.

18 (4. H.) † Ἔσχον καὶ ἐπληρώθη[ν ἐγὼ - - - κωμοκατοίκων]
19 κώμης Μητροδώρων πα̣[ρὰ σοῦ Φλ(αουίου) Μηνᾶ
— — — — — —

Verso:
(180°)

— — — — — —

→ *vac.* (5. H.) † Di emụ [

vac.

(1. oder 6. H.?) † Ἔσχον καὶ ἐπληρώθην ἐγ[ὼ
κωμοκατοίκω̣ν̣ κώμη̣[ς Μητροδώρων παρὰ σοῦ Φλ(αουίου) Μηνᾶ - - - υἱοῦ]
Καλλινίκου (ὑπὲρ) δημοσίων ἀ̣[ρουρῶν
[± 9 ὑ]π̣ὲρ κα̣ρπ̣[ῶν
[. . .] . . . . ἀρουρῶν . . [
[. .] . . . ἐ̣ν̣ χ̣ρ̣υ̣(σῷ) κ̣ε̣ρ(άτια) . . . . [
[. . .]η̣ν ἀποχ[ὴν] γραφεῖσα̣ν̣ μ̣η̣[νὶ
vac. Δ(ιὰ) Μακαρ[ίου

vac.

(7. H.) † Ἔσχων καὶ ἐπληρώθ(ην) ἐγὼ Α̣ . [- - - κωμοκατοίκων]
κ̣ώμης Μητρωδόρον παρ[ὰ σοῦ Φλ(αουίου) Μηνᾶ - - - υἱοῦ]
Κ̣α̣λ̣ινίκου (ὑπὲρ) δημοσίου ἀρου[ρῶν
(ὑ̣π̣ὲ̣ρ̣) κ[α]ρ̣π(ῶν) ἕκτης ἰν(δικτίωνος) καὶ [ἑ]β̣[δόμης ἰν(δικτίωνος)
. . . Παύλου γρα̣[μματέως
τέλι ἑβδόμης ἰν(δικτίωνος) . [

vac.

[(8. H.) † Ἔσ]χ̣ω̣ν καὶ ἐπληρώθ(ην) ἐ̣[γὼ
[± 6] . [. .] . . [
— — — — — —

1. *om ed. pr.* **76** 2. | ἔσ]χ̣ον καὶ ἐπληρώθη[ν | *ed. pr.* **76** 3. | Π]αυλω κατοικῶν κωμ̣[| *ed. pr.* **76** 4. |]α̣ι̣ωτου υιω Καλλινίκου [| *ed. pr.* **76** *l.* υἱοῦ, υἱῷ *ex* υἱοῦ, υϊω *pap.* 5. |] παρὰ Αμουν πρεσβ[υτέρου | *ed. pr.* **76** 6. |]ν τεσσαραςκαιδεκάτη[| *ed. pr.* **76** 7. |] χρ(υσοῦ) *ed. pr.* **76** ἐγράφη [| *ed. pr.* **76** 8. | δι'] *ed. pr.* **76** 9. | †] ἔσχων *ed. pr.* **76** *l.* ἔσχον ἐγώ [| *ed. pr.* **76** 10. *l.* Μητροδώρων, | Μ]ητροδορου *ed. pr.* **76** Φλ(αουίου) Μη[| *ed. pr.* **76** 11. *l.* πεντεκαιδεκάτης, | π]εντηκ[α]ιδεκάτης *ed. pr.* **76** ἰνδ(ικτιῶνος) μ̣α̣ν̣[| *ed. pr.* **76** 12. | ε̣[3]ε̣γραφ(η) μην̣[ί . . . . . | *ed. pr.* **20** 13. | π . . [| *ed. pr.* **20** 14. *l.* ἔσχον Μη[νᾶς . . . . . . ἀπὸ κώμης | *ed. pr.* **20** 15. *l.* Μητροδώρων, | Μετροδορ[ο]ν *ed. pr.* **20** Φλ(αουίου) Μ[. . . . | *ed. pr.* **20** 16. | [12 λα]μ̣προτη[τ . . . | *ed. pr.* **20** *l.* πρώτης 17. | εν χρ(υσοῦ) *ed. pr.* **20** *l.* ἐννέα κ/ θ Μη(νᾶς) Paraphe | *ed. pr.* **20** 18. ἐπληρώθη[ν . . . . | *ed. pr.* **15** 19. π[αρὰ σοῦ | *ed. pr.* **15**

Verso: 20. Δι' [ἐμοῦ . . . . | *ed. pr.* **20** 21. κ[αί] *ed. pr.* **20** ἐγ[ὼ ὁ δεῖνα | *ed. pr.* **20** 22. | καλα̣μο[υ] κατοικῶν καὶ μ[| *ed. pr.* **20** 23. δημοσίων [| *ed. pr.* **20** 24. |] . σερ . κ[| *ed. pr.* **76** 25. |] δημοσίου ἀρουρῶν ν( ) υ[| *ed. pr.* **76** 26. |]τρ[| *ed. pr.* **76** 27. | τὴ]ν ἀποχὴν γραφεῖσαν μη[νί | *ed. pr.* **76** 29. |] ἔσχων *ed. pr.* **76** *l.* ἔσχον ἐγὼ Α[| *ed. pr.* **76** 30. | κ]ώμης *ed. pr.* **76** *l.* Μητροδώρων παρ[ὰ σοῦ | *ed. pr.* **76** 31. |] Κ̣αλλινίκου *ed. pr.* **76** *l.* Καλλινίκου *l.* δημοσίων ἀρ[ουρῶν | *ed. pr.* **76** 32. |] κ[αρ]π(ῶν) *ed. pr.* **76** καὶ αὐτῆ[ς | *ed. pr.* **76** 33. |]μ̣η Παύλου γρ[| *ed. pr.* **76** 34. |] τέλ(ει) *ed. pr.* **76** *l.* τέλει ἰνδ[ικτιῶνος | *ed. pr.* **76** 35. | ἔσχ]ων καὶ ἐπληρώθην̣ [| *ed. pr.* **76** *l.* ἔσχον 36. *om. ed. pr.*

„[- - -] † Ich, N. N. [- - -] der Komokatöken des Dorfes Metrodoron, habe vollständig erhalten von dir, Flavius Menas, Soldat, Sohn des Kallinikos [- - -] für Steuern der Aruren von Amun, Presbyteros, für Ernteerträge der dreizehnten und vierzehnten Indiktion in Gold neun Keratia, in Gold neun Keratia, sonst nichts. Geschrieben [- - -] im Monat [- - -] † Durch mich, Makarios, Nomikos.

(2. H.) † Ich, N. N. [- - -] der Komokatöken des Dorfes Metrodoron, habe vollständig erhalten von dir, Flavius Menas [- - -] für Ernteerträge der fünfzehnten und ersten Indiktion [- - -] Geschrieben [- - -] im Monat [- - -] N. N. [- - -]

(3. H.) ☩ Ich, Menas [- - -] der Komokatöken des Dorfes Metrodoron, habe vollständig erhalten von dir, Flavius Menas [- - -] für Ernteerträge der fünfzehnten und ersten Indiktion [- - -] in Gold neun Keratia, 9 Keratia, sonst nichts [- - -]

(4. H.) † Ich, N. N. [- - -] der Komokatöken des Dorfes Metrodoron, habe vollständig erhalten von dir, Flavius Menas [- - -]".

Verso: „[- - -] (5. H.) [- - -] † Durch mich, N. N. [- - -]

(1. oder 6. H.?) † Ich, N. N. [- - -] der Komokatöken des Dorfes Metrodoron, habe vollständig erhalten von dir, Flavius Menas [- - -] Sohn des Kallinikos, für Steuern der Aruren [- - -] für Ernteerträge [- - -] Aruren [- - -] in Gold [- - -] Keratia [- - -] Quittung, geschrieben im Monat [- - -] Durch Makarios [- - -]

(7. H.) † Ich, N. N. [- - -] der Komokatöken des Dorfes Metrodoron, habe vollständig erhalten von dir, Flavius Menas [- - -] Sohn des Kallinikos für Steuer der Aruren [- - -] für Ernteerträge der sechsten Indiktion und der siebenten Indiktion [- - -] Paulos, Grammateus [- - -] am Ende der siebenten Indiktion [- - -]

(8. H.) † Ich, N. N. [- - -] habe vollständig erhalten [- - -]".

Fragment einer Sammelquittung über Zahlungen einer Grundsteuer, die ein Soldat namens Φλάουιος Μηνᾶς, Sohn des auch aus anderen Urkunden bekannten *Leontoclibanarius* Flavius Kallinikos Iuvinnianos (vgl. B. Palme, CPR XXIV 18, Einl., S. 114–115), über einen längeren Zeitraum hindurch geleistet hat. Demselben Φλάουιος Μηνᾶς wurde auch in **19** die Zahlung einer Geldsumme bestätigt, wobei Charakter und Umstände jener Zahlung aufgrund des fragmentarischen Erhaltungszustandes der Urkunde unklar bleiben; eine Zugehörigkeit zum vorliegenden Dokument läßt sich jedenfalls anhand der Beobachtung, daß die Verso-Seiten der beiden Urkunden in unterschiedlicher Ausrichtung zu den Rekto-Seiten beschrieben sind, mit Sicherheit ausschließen (das Blatt der vorliegenden Sammelquittung ist für die Beschriftung des Verso um 180° gedreht worden).

Aus dem vorhandenen Textmaterial läßt sich für die einzelnen Zahlungsbescheinigungen folgender Formularaufbau erschließen: Nach der subjektiv stilisierten Formulareinleitung mit ἔσχον καὶ ἐπληρώθην ἐγώ wurde der für die Einhebung der Steuern verantwortliche Beamte – ein in seiner genauen Bezeichnung nicht näher greifbarer Funktionär der Steuerklasse der κωμοκάτοικοι des Dorfes Μητροδώρων – als Zahlungsempfänger genannt; mit παρὰ σοῦ Φλαουίου Μηνᾶ wurde der Name des Steuerpflichtigen wiedergegeben, dessen Berufsangabe bloß ein einziges Mal (στρατιώτης in Z. 4) erhalten ist; ein Wechsel des Dienstgrades ist, gemessen an der Dauer des in dieser Urkunde dokumentierten Zahlungszeitraumes von mindestens zehn Jahren, nicht auszuschließen.

Der darauffolgende Zahlungs- bzw. Steuertitel wurde mit ὑπὲρ δημοσίων ἀρουρῶν eingeleitet und war auf einen Zeitraum von jeweils zwei Jahren bemessen, wobei die Steuerleistung dieses Bemessungszeitraumes offensichtlich in Form zweier Zahlungen zu erbringen war, wie die Jahresangaben der Zahlungstitel, welche hintereinander jeweils zweimal auf ein und denselben Bemessungszeitraum Bezug genommen haben, vermuten lassen: Die erste der überlieferten Zahlungsbescheinigungen auf dem Rekto hat sich auf ein dreizehntes und vierzehntes Indiktionsjahr bezogen, die zweite und dritte auf ein fünfzehntes und erstes

Indiktionsjahr. Die vierte Zahlungsbescheinigung, von welcher nur noch das Einleitungsformular erhalten ist, dürfte – gemeinsam mit einer weiteren – Steuerleistungen für ein zweites und drittes Indiktionsjahr zum Gegenstand gehabt haben. Auf dem Verso ist der Bemessungszeitraum lediglich im Fall der dritten Zahlungsbescheinigung, nämlich für ein sechstes und siebentes Indiktionsjahr, greifbar; aufgrund des Fehlens dieser Angabe bei allen übrigen Zahlungsbescheinigungen des Verso sind Gliederung, Abfolge und die paarweise Anordnung der einzelnen Zahlungsbestätigungen auf dieser Seite des Urkundenblattes nicht mehr ersichtlich. Der Steuersatz war, wie aus dem zweifach bezeugten Zahlungsbetrag in Z. 7 und 17 des Rekto hervorgeht, mit einer Geldsumme von neun Keratia veranschlagt; für den Bemessungszeitraum von zwei Indiktionsjahren hatte der Steuerpflichtige folglich einen Gesamtbetrag von achtzehn Keratia zu entrichten. Den Resten der Ausstellungsdaten am Ende der einzelnen Zahlungsbescheinigungen ist – mit Ausnahme von τέλει ἑβδόμης ἰνδικτίωνος am Ende der dritten Zahlungsbestätigung in Z. 34 des Verso – nicht mehr zu entnehmen, zu welchem Zeitpunkt im Jahr die Steuerzahlungen fällig waren.

In Z. 8, 13, 20 und 28 hatten die Ausfertiger bzw. Verfasser der einzelnen Zahlungsbescheinigungen unterzeichnet. An mindestens zwei Stellen des Fragmentes lassen sich offenkundige Abweichungen vom allgemeinen Formularwortlaut konstatieren: die Angabe παρὰ Ἀμοῦν πρεσβ[υτέρου in Z. 5, welche in unmittelbarem Anschluß an den Zahlungstitel anzutreffen ist, sowie Παύλου γρα̣[μματέως in Z. 33, bei welchem es sich um die Nennung eines Zahlungsübermittlers gehandelt haben könnte.

Die arsinoitische Provenienz geht aus der Erwähnung des Dorfes Μητροδώρων in den Z. 10, 15, 19 und 30 hervor und findet zumindest im Fall der Fragmente **15** und **20** in der Aufzeichnung der Ankaufsdaten Bestätigung. Aufgrund der Erwähnung des auch anderweitig bezeugten Vaters des Quittungsadressaten kann die Ausstellung der vorliegenden Urkunde zeitlich um die Mitte des 6. Jh. angesetzt werden.

3. κωμοκατοίκων: Die genaue Bedeutung dieses Begriffes, dessen Zeugnisse fast ausschließlich aus dem 4.–7. Jh. stammen, ist nach wie vor nicht geklärt. Möglicherweise stellte er eine Bezeichnung für die Bevölkerungsgruppe der ortsansässigen Fremden, vornehmlich in deren rechtlicher Stellung gegenüber den κωμῆται und πολῖται, dar; in diesem Sinne wird der Terminus jedenfalls bei Wilcken, *Grundzüge* 315, Anm. 2 und C. H. Roberts, E. G. Turner, P.Ryl. IV 657, Komm. Z. 7 (Arsinoiton Polis, 323/324; zur Herkunft vgl. J. Gascou, P.Sorb. II 69, S. 45) verstanden; Zweifel darüber finden sich bei R. Hübner, P.Münch. III 72, Komm. Z. 1 (Arsinoites?, 343; zur Herkunft vgl. J. Gascou, P.Sorb. II 69, S. 45) geäußert. Zu den κωμοκάτοικοι im allgemeinen sowie zur fiskalischen Bedeutung dieses Begriffes im besonderen vgl. die ausführliche Untersuchung bei J. Gascou, P.Sorb. II 69, S. 43–50. In vorliegendem Zeugnis ist κωμοκατοίκων κώμης Μητροδώρων wohl als Teil des Amtstitels des Zahlungsempfängers und formellen Absenders der einzelnen Zahlungsbescheide aufzufassen; vielleicht hat es sich beim Amtstitel um einen βοηθός κωμοκατοίκων gehandelt, wie er mehrfach in P.Sorb. II 69 (50, A, 2, 12; 70, D, 2, 7; 83, C, 1, 10; 100, A, 2, 27) und ein weiteres Mal in **78**, 1 bezeugt ist.

κώμ̣[ης Μητροδώρων: Vgl. allgemein Wessely, *Topographie* 105–106; B. P. Grenfell, A. S. Hunt, P.Tebt. II, S. 389; Diz. III 280; Suppl. 1, 198; Suppl. 2, 122.

3.–4. Φλ(αουίου) Μηνᾶ στ]ρατιώτου υἱῷ Καλλινίκου: Mit der gleichnamigen Person in **19**, 2 identisch; Sohn des aus anderen Urkunden bekannten *Leontoclibanarius* Φλάουιος Καλλίνικος Ἰουβινιανός und Enkel des Ἰωάννης; zur Person des Vaters, welche einen wichtigen Anhaltspunkt für die Datierung der vorliegenden Urkunde liefert, und dessen Familie vgl. allgemein B. Palme, CPR XXIV 18, Einl., S. 114–115.

4. υἱῷ: Fehlerhafte Korrektur *ex* υἱοῦ; derselbe Kasusfehler – Gebrauch des Dativs anstelle des Genitivs – ist in Zusammenhang mit der Filiationsangabe auffälligerweise ein weiteres Mal in **19**, 2, einem anderen Zeugnis desselben Μηνᾶς, anzutreffen.

17. κ(εράτια) θ μό(να). ̣ ̣ ̣ [: In unmittelbarem Anschluß an die Wiederholung der Betragssumme ist das Ausstellungsdatum der Urkunde zu erwarten.

28. Μακαρ[ίου: Die Unterschrift ist jener von Μακαρίου in Z. 8 des Rekto sehr ähnlich, wenn nicht mit ihr sogar identisch; daneben weist auch das Schriftbild des Urkundenabschnittes der Z. 21–27 des Verso – bis auf wenige Ausnahmen, beispielsweise im Falle der Schreibung des λ – zahlreiche Parallelen zu jenem der Z. 2–7 des Rekto auf; vgl. die darauf Bezug nehmende Angabe „1. oder 6. H.?“ am Beginn der Z. 21 des Verso.

34. τέλι (*l.* τέλει): Zum Gebrauch dieses Terminus vgl. allgemein CSBE 17–29; 60–62 sowie CSBE² 22–35; 116–117.

16. QUITTUNG ÜBER JAHRESLOHN (?) (ANDREAS-ARCHIV)

P.Vindob. G 11016 — 4,7 × 7,5 cm — Anfang 7. Jh.
Tamauis (Arsinoites) — Tafel IV

ed. pr.: SPP III 16 (*s.* V.–VI., Arsin.?).

Papyrus. Oberer Rand erhalten. An der linken, rechten und unteren Seite abgebrochen. Das Fragment dürfte etwas mehr als ein Fünftel der Gesamtbreite der Urkunde umfassen (gemessen an der ursprünglichen Gesamtbreite des *transversa charta* beschrifteten Urkundenblattes, welche in der Regel der herstellungsbedingten Höhe der Papyrusrollen von maximal 35–36 cm entspricht). Zwei horizontale Faltungen 1,8 und 3,1 cm unterhalb des oberen Randes. Keine Klebung. Schwarze Tinte. Der Abstand der Schrift zum oberen Rand beträgt ca. 2 cm. Kreuz in Z. 1 vermutlich ausgerückt. Verso leer. Von derselben Hand wie **3**, **8**, **9**, **14**, **36** und **82** ***bis*** (Untergruppe der von Στρατήγιος ausgestellten Urkunden). Schrifttyp: sog. „Minuskelkursive“; Formulartyp: ἔσχον καὶ ἐπληρώθην ἐγὼ ὁ δεῖνα παρὰ σοῦ τοῦ δεῖνος („Quittungsschema“). Ankauf: „Faijûm *ex* 1883“.

↓ [†] Ἔσχον (καὶ) ἐπληρ(ώθην) ἐγὼ Ἠλίας̣ [
τ̣ὰ̣ ἐξ ἔθους δ̣[ι]δ̣[όμ]ε̣[να
— — — — — —

2. | ἐξ ἔθους [| *ed. pr.*

„† Ich, Elias [- - -] habe vollständig erhalten [- - -] den für gewöhnlich ausgezahlten Betrag [- - -]“.

Fragment einer Quittung über eine vermeintliche Jahreslohnzahlung, dessen Textbefund auf den Namen des Zahlungsempfängers und auf Reste des Zahlungstitels beschränkt bleibt; in unmittelbarem Anschluß an den Namen des Zahlungsempfängers sind aufgrund der Parallelen dessen Filiationsangabe und Funktionsbezeichnung sowie die Erwähnung des Quittungsadressaten in Person des für die Auszahlung verantwortlichen Ἀνδρέας γραμματεὺς κώμης Ταμαύεως zu erwarten; die Zuordnung zur Untergruppe der von Στρατήγιος ausgestellten Urkunden des „Andreas-Archivs" erfolgt aufgrund des Schriftbildes, welches vor allem in seiner gekürzten Schreibweise der Formulareinleitung ἔσχον (καὶ) ἐπληρ(ώθην) in aller Deutlichkeit an die Parallele in **82 *bis***, 1 erinnert. Zu Inhalt, Datierung und Herkunft vgl. den allgemeinen Exkurs zum „Andreas-Archiv" im vorangegangenen Einleitungsteil.

1. Ἔσχον (καὶ) ἐπληρ(ώθην) ἐγὼ Ἡλίας [: Aufgrund von Archivparallelen, die auf denselben Ausfertiger Στρατήγιος zurückgehen, und in Hinblick auf die Fortsetzung in Z. 2 dürfte in Z. 1 mit ziemlicher Sicherheit Ἔσχον (καὶ) ἐπληρ(ώθην) ἐγὼ Ἡλίας [υἱός mit Vatersnamen, die Funktionsbezeichnung und παρὰ σοῦ Ἀνδρέου γραμματ(έως) κώμ(ης) Ταμαύεως] zu ergänzen sein.

2. τ̣ὰ̣ ἐξ ἔθους δ[ι]δ[όμ]ε̣[να: In Anbetracht der Parallelen der Archivuntergruppe in **9**, 2, **14**, 2 und **82 *bis***, 2 dürfte der Zahlungstitel τ̣ὰ̣ ἐξ ἔθους δ[ι]δ[όμ]ε̣[νά μοι ὑπὲρ μισθοῦ, λέγω δὴ (ὑπὲρ) μερ(ισμοῦ) (oder ähnlich) einschließlich einer nachfolgenden Angabe des betreffenden Indiktionsjahres gelautet haben.

17. QUITTUNG ÜBER STEUER

P.Vindob. G 11017 (?) — 6,4 × 10,7 cm — 6.–7. Jh. — Tafel XIII

ed. pr.: SPP III 17 (*s.* V.–VI., Arsin.?).

Papyrus. Oberer Rand erhalten. An der linken, rechten und unteren Seite abgebrochen. Das Ausmaß und die Verteilung des Textverlustes bleiben weitgehend unklar. Zwei horizontale Faltungen 2 und 3,7 cm unterhalb des oberen Randes. Zumindest die untere Bruchkante dürfte entlang einer weiteren, horizontalen Faltung verlaufen. Keine Klebung. Schwarze Tinte. Der Abstand der Schrift zum Rand beträgt oben ca. 1,7 cm. Die Schrift auf dem Rekto verläuft quer zur Faserrichtung (*transversa charta*). Verso leer. Schrifttyp: sog. „Minuskelkursive"; neben älteren Buchstabenformen (vgl. etwa λ) einige „Minuskel"-Elemente (vgl. etwa κ, π und τ) bemerkbar. Der Formulartyp („Quittungsschema") ist aus dem Textbefund des Fragmentes nicht klar ersichtlich; sowohl ἔσχον καὶ ἐπληρώθην ἐγὼ ὁ δεῖνα παρὰ σοῦ τοῦ δεῖνος als auch ἐπληρώθην ἐγὼ ὁ δεῖνα παρὰ σοῦ τοῦ δεῖνος kommen als Einleitungsformeln in Frage. Ankauf: „*ex* 1883".

↓ ἐπληρώ]θ(ην) ἐγ̣ὼ̣ Ἰουλια̣[ν]ὸ̣ς̣ γραμμ(ατεὺς) ἐποικ̣[ίου
τοῦ] μακαρίου Π̣έ̣τ̣ρ̣ο̣υ̣ (ὑπὲρ) δημο[σίων
ἰνδικτίωνος] κ[α]ὶ αὐ̣τῆς σ̣ίτου τε̣ καὶ χρ[υσ]ικο̣ῦ̣ [
] . . . . σίτου μέτρου τῆ[ς οὐ]σία̣ς̣ . . [
] . . . [± 5] . . [
— — — — — —

1. | [† ἔσχον (καὶ) ἐπληρώ]θ(ην) ἐγὼ Ἰούλιο̣ς *ed. pr.* ἐποι[κίου . . . . | *ed. pr.* 2. | υἱὸς τοῦ] μακαρίου Νε[ιλαμμ](ωνος) (ὑπέρ) δημο[σίων . . . . | *ed. pr.* 3. |]μ[3]της σιτου . . καὶ χρ[υσ]ικ[ῶν . . . . | *ed. pr.* 4. |] σιτου μετρου *ed. pr.*, σίτου μέτρου † *ibid.*, Index, S. 268, σιτουμετρου (*l.* σιτομέτρου) *ibid.*, Index, S. 241; 279 *l.* μέτρῳ τ[5]σ̣ι̣ο̣[. . . . | *ed. pr.* 5. *om. ed. pr.*

„[- - -] ich, Iulianos, Grammateus des Weilers [- - -] habe ausbezahlt bekommen [- - -] des seligen Petros für Steuern [- - -] Indiktion einschließlich an Weizen und an Steuergeld [- - -] im Weizenmaß des Landgutes [- - -]".

Fragment einer Quittung, in welcher Ἰουλιανός, der γραμματεύς eines Weilers, dessen Name verlorengegangen ist, den Empfang einer Steuerleistung bestätigt hat. Das Urkundenformular dürfte entweder mit ἔσχον καὶ ἐπληρώθην ἐγὼ ὁ δεῖνα παρὰ σοῦ τοῦ δεῖνος oder ἐπληρώθην ἐγὼ ὁ δεῖνα παρὰ σοῦ τοῦ δεῖνος eingeleitet worden sein (vgl. Komm. Z. 1). Über den Umfang und die Textverteilung herrscht aus Mangel an Anhaltspunkten weitgehend Unklarheit. Nach der Erwähnung des Zahlungsempfängers muß mit παρὰ σοῦ der Name des Steuerpflichtigen bzw. Steuerzahlers genannt gewesen sein (Z. 1–2), wobei mit τοῦ] μακαρίου Π̣έ̣τ̣ρ̣ο̣υ in Z. 2 zumindest noch Reste von dessen Filiationsangabe vorliegen dürften. Es folgt der Steuer- bzw. Zahlungstitel, dessen nähere Definition mit Ausnahme eines Restes von der Angabe des Bemessungszeitraumes – ἰνδικτίωνος] κ[α]ὶ αὐτῆς in Z. 3 – nicht mehr greifbar ist. Die Steuerleistung war, wie die nachfolgende Präzisierung des Zahlungstitels mit σ̣ίτου τε καὶ χρ[υσ]ικο̣ῦ̣ [(vgl. Komm. Z. 3) nahelegt, sowohl in Naturalien (Weizen) einerseits als auch in Geld andererseits zu entrichten; eine Nennung der gelieferten Weizenmenge und des erstatteten Geldbetrages ist in Z. 3–4 zu erwarten, wobei σίτου μέτρου τῆ[ς οὐ]σία̣ς in Z. 4 die Recheneinheit eines lokalen Weizenmaßes bezeichnet haben dürfte; ob der Name des betreffenden Landgutes im Anschluß daran angeführt war, läßt sich anhand des Textbefundes nicht entscheiden. Die Frage nach der Provenienz dieses Fragmentes ist mangels topographischer Angaben ungeklärt; der im handschriftlichen Inventarkatalog verzeichnete Hinweis „*ex* 1883“ könnte auf eine mögliche arsinoitische oder herakleopolitische Herkunft der Urkunde schließen lassen. Das Dokument wird aufgrund paläographischer Kriterien ins 6.–7. Jh. datiert (vgl. dazu die Formalbeschreibung).

1. ἐπληρώ]θ(ην): In der *ed. pr.* war nach dem gängigen Formulartyp [† ἔσχον (καὶ) ἐπληρώ]θ(ην) ἐγώ ergänzt; in Hinblick auf den Befund in **37**, 1 und **40**, 1 darf aber auch [† Ἐπληρώ]θ(ην) nicht als vollkommen ausgeschlossen erscheinen (vgl. ähnliche Fälle in **30**, 1 und **34**, 1).

3. χρ[υσ]ικο̣ῦ̣ [: Oder χρ[υσ]ικῶ̣[ν; vgl. **42 A**, 2; 6; die Wendung σίτου τε καὶ χρυσικῶν findet sich beispielsweise in einer Liste über Steuersendungen in CPR VII 26, 15–16 (Hermupolis, 6. Jh.) bezeugt.

4. σίτου μέτρου τῆ[ς οὐ]σία̣ς: Zum Gebrauch lokaler Individualmaße vgl. μέτρῳ [Ἀθηναίῳ] τῷ τῆς οὐσίας ἑκτη[μ̣ό̣ρῳ in CPR XVII A 4, 12–13 (Hermupolis, 314), μέτρῳ τῆς ουσίας το̣ῦ τῆς μεγαλοπρεποῦς μνήμης κόμετος Ἀμμωνίο(υ) in P.Hamb. I 68, 20–21 (Aphrodito, 549/550 oder 564/565; Korr. der Datierung in BL VIII 145), μέτρῳ δεκάτῳ τῆς ουσίας in P.Mert. I 36, 12 (Oxyrhynchos, 360), μέτρῳ τ̣ετάρτῳ τῆς ουσίας σο⟨υ⟩ in P.Vind.Sijp. 9, 15–16 (Herakleopolis, 5. Jh.) und μέτρῳ τῷ τῆς ουσίας SPP II, S. 33–34, 13 (Hermupolis?, 328). Ein Schreibfehler σιτουμέτρου anstelle von σιτομέτρου (vgl. SPP VIII 996, 3 und CPR X 64, 8) ist aufgrund der inhaltlichen Stellung im Text, nicht zuletzt aber auch aufgrund des Umstandes, daß eine solche Amtsbezeichnung generell nicht in Zusammenhang mit einer Verwaltung von Landgütern bezeugt ist, auszuschließen.

5. Von einer fünften Zeile sind nur noch vereinzelt Reste von Oberlängen sichtbar.

18. QUITTUNG

P.Vindob. G 11018 — 8,2 × 11,8 cm — 6. Jh.
Arsinoiton Polis — Tafel XIII

ed. pr.: SPP III 18 (*s.* V., Arsin.).

Papyrus. An allen Seite abgebrochen. Das Ausmaß und die Verteilung des Textverlustes bleiben weitgehend unklar. Vermutlich zwei horizontale Faltungen. Keine Klebung. Schwarze Tinte. Die Schrift auf dem Rekto verläuft quer zur Faserrichtung (*transversa charta*). Verso leer. Schrifttyp: sog. „Minuskelkursive" repräsentativen Charakters; keine „Minuskel"-Elemente greifbar (vgl. etwa λ, bogenförmiges π und gespaltenes τ); Formulartyp: ἔσχον καὶ ἐπληρώθην παρὰ σοῦ („Vertragsschema"). Ankauf: „Faijûm *ex* 1883".

— — — — — —
↓ τῆς Ἀρ]σ̣ι̣νοϊτῶ̣ν [πόλεως
] τ̣ῆς λαμπρᾶς μνήμης Πλο̣υ̣[τάμμωνος
Ἔσχομ]ε̣ν̣ καὶ ἐπληρώθημε̣ν̣ παρὰ τῆ̣ς [
]σ̣ . . [.]ε̣[.] . . . . [
— — — — — —

1. l Ἀρ]σ̣ι̣νοιτω̣ν[πόλεως l *ed. pr.* 2. l τ]ῆς *ed. pr.* πλ[l *ed. pr.* 3. τῆ[ς l *ed. pr.* 4. *om. ed. pr.*

„[- - -] Arsinoiton Polis [- - -] Plutammon, glänzenden Angedenkens [- - -] wir haben vollständig erhalten von [- - -]".

Fragment einer Quittung im sogenannten „Vertragsschema", von welcher nur noch Reste des vorangestellten Urkundenkopfes (Z. 1–2), in welchem der Quittungsadressat und der Urkundenabsender genannt waren, sowie das Einleitungsformular (Z. 3) erhalten sind. Ob mit τῆς Ἀρ]σ̣ι̣νοϊτῶ̣ν [πόλεως die erste Zeile des Dokumentes vorliegt, läßt sich weder anhand des äußeren Befundes noch anhand inhaltlicher Kriterien entscheiden. Spuren einer vorangegangenen Zeile – etwa in Form von Resten von Unterlängen – sind nicht vorhanden. Zumindest der obere Originalrand der Urkunde dürfte in jedem Fall verlorengegangen sein, wie der geringe Abstand der Schrift zur oberen Bruchkante des Fragmentes anzudeuten scheint. Daß das Fragment ganz offensichtlich Teil einer umfangreichen und großzügig gestalteten Urkunde gewesen sein dürfte, kann dem Schriftcharakter des Dokumentes entnommen werden, welcher damit auch indirekt eine hohe gesellschaftliche Stellung der Person des Urkundenadressaten, dessen „persönliche" Anrede in der Einleitungsformel der Urkunde mittels eines Abstraktums erfolgte (vgl. Komm. Z. 3), vorwegzunehmen scheint. Die Provenienz des Fragmentes geht aus der Erwähnung von Arsinoiton Polis hervor und findet in der Dokumentation des Ankaufsjahres im handschriftlichen Inventarkatalog Bestätigung. Das Dokument wird aufgrund paläographischer Kriterien ins 6. Jh. datiert (vgl. dazu die Formalbeschreibung).

3. παρὰ τῆ̣ς [: Die „persönliche" Anrede des Quittungsadressaten war mittels eines nicht näher bezeugten Abstraktums erfolgt (παρὰ τῆς + σῆς/ὑμῶν/ὑμετέρας + ἐνδοξότητος/λαμπρότητος/μεγαλοπρεπείας oder ähnlich).

4.]σ̣ . . [.]ε̣[.] . . . . [: Möglicherweise]ς̣ π̣ό̣[λ]ε̣[ω]ς̣ . . . [oder sogar τῆς αὐτῆ]ς̣ π̣ό̣[λ]ε̣[ω]ς̣ . . . [.

19. + 39. Quittung über Geldzahlung

P.Vindob. G 11019+11039 7,5 × 12,7 cm Mitte 6. Jh.
Arsinoites Tafel XVI

ed. pr. **19**: SPP III 19 (*s.* VI., Arsin.?) – *ed. pr.* **39**: SPP III 39 (*s.* VI.).

Papyrus. Zwei zusammenhängende Fragmente (**19** links, **39** rechts). Oberer, linker und unterer Rand erhalten. An der rechten Seite abgebrochen. Das Ausmaß des Textverlustes bleibt unklar. Zwei horizontale Faltungen ca. 1,1 und 2,9 cm unterhalb des oberen Randes. Keine Klebung. Schwarze Tinte. Der Abstand der Schrift zum Rand beträgt oben 1 cm, links und unten jeweils 2,5 cm. Kreuz in Z. 1 ausgerückt. Die Schrift auf dem Rekto verläuft quer zur Faserrichtung. Verso mit undeutlichen Spuren zweier Zeilen auf Höhe der Z. 2 und 3 des Rekto (Schriftverlauf parallel zur Faserrichtung; in der *ed. pr.* **39** als „χρυσίου, sonst Tachygraphie" gedeutet); ein inhaltlicher Zusammenhang mit dem Dokument auf dem Rekto ist wenig wahrscheinlich. Schrifttyp: sog. „Minuskelkursive"; Formulartyp: ἔσχον καὶ ἐπληρώθην ἐγὼ ὁ δεῖνα παρὰ σοῦ τοῦ δεῖνος („Quittungsschema"). Ankauf: „*ex* 1883".

↓ † Ἔσχ(ον) καὶ ἐπληρώθην ἐγὼ [
παρὰ σοῦ Φλ(αουίου) Μην̣ᾶ υἱῷ̣ Καλλ[ινίκου
Ἰωάννου ἀδελφ(οῦ) κεράτια δέ[κα

1. ἐπληρώθ̣[ην ἐγὼ ὁ δεῖνα | *ed. pr.* **19**, | [† ἔσχον καὶ ἐπληρώ]θην ἐγὼ [ὁ δεῖνα | *ed. pr.* **39** 2. Μην̣[ᾶ | *ed. pr.* **19**, | Μη]νᾶ *ed. pr.* **39** *l.* υἱοῦ 3. ϊωαννου *pap.* ἀδελφ(οῦ) κ̣[| *ed. pr.* **19**, | χρυσοῦ] κ̣εράτια *ed. pr.* **39**

„† Ich, N. N. [- - -] habe vollständig erhalten von dir, Flavius Menas, Sohn des Kallinikos [- - -] Bruder Ioannes [- - -] Keratia [- - -]".

Fragment einer Quittung über eine Geldzahlung, welche jene Person namens Φλάουιος Μηνᾶς, Sohn des Καλλίνκος, geleistet hat, die ein weiteres Mal in der Sammelquittung über Grundsteuern **15** bezeugt ist (zu dessen Vater und Familie vgl. **15**, Einl. und Komm. Z. 3–4). Charakter und Umstände der in vorliegender Quittung urkundlich niedergelegten Zahlung bleiben aufgrund des fragmentarischen Erhaltungszustandes weitgehend unklar; eine Zugehörigkeit zu **15** ist jedenfalls aufgrund unterschiedlicher Schreibrichtungen auf den Verso-Seiten der betreffenden Dokumente auszuschließen. Das vorliegende Fragment bricht in Z. 1 unmittelbar nach der Formulareinleitung mit ἔσχον καὶ ἐπληρώθην ἐγώ ab; der Name des Zahlungsempfängers sowie nähere Angaben zu dessen Person, welche sich auf dessen Funktion und Herkunft bezogen haben könnten, sind nicht mehr erhalten; sie müssen jedoch die erste Zeile zur Gänze ausgefüllt haben, da in Z. 2 mit παρὰ σοῦ bereits der Name und Vatersname des Quittungsadressaten folgen; eine allfällige Funktionsbezeichnung des Adressaten, die in Hinblick auf **15**, 4 einen möglichen Aufschluß über dessen militärische Laufbahn geben könnte, ist aufgrund des Textverlustes ebenso wenig greifbar wie der genaue Zahlungstitel der Quittung. Das Fragment setzt in Z. 3 mit der Erwähnung einer Person namens Ἰωάννης fort, welche als ἀδελφός bezeichnet ist und wohl als der ältere leibliche Bruder des Φλάουιος Μηνᾶς aufgefaßt werden kann, wie der in P.Rain.Cent. 112, 7 und SB I 4753, 3 bezeugte Vatersname des Vaters Καλλίνικος nahelegt; die Urkunde liefert auf diese Weise ein neues, ergänzendes Detail zu den prosopographischen Daten rund um die Urkundengruppe des sogenannten „Kallinikos-Archivs" bei B. Palme, CPR XXIV 18, Einl., S. 114–115. Kasus und inhaltliche Stellung von Ἰωάννου ἀδελφοῦ in Z. 3 der vorliegenden Urkunde lassen darauf schließen, daß die hierin bescheinigte Zahlung durch den Bruder des Quittungsadressaten übermittelt war. Die Urkunde bricht mit der Nennung der Zahlungssumme ab. Zu Herkunft und Datierung vgl. **15**, Einl.

2. Φλ(αουίου) Μηνᾶ υἱῷ Καλλ[ινίκου: Vgl. **15**, Komm. Z. 3–4.

υἱῷ: Derselbe Kasusfehler ist auffälligerweise in gleichem Zusammenhang in **15**, 4 (*ibid.*: *corr. ex* υἱοῦ) anzutreffen; eine Identität der beiden Schreiber ist jedoch auszuschließen.

3. Ἰωάννου: Offenbar der ältere Bruder und Zahlungsvertreter des Quittungsempfängers (vgl. Einl.), weshalb am Ende der Z. 2 sinngemäß ein vorangegangenes διά zu ergänzen wäre.

δέ[κα: Die Summe des quittierten Zahlungsbetrages ist möglicherweise unvollständig bezeugt.

20. → 15.

21. A Quittung über Geldzahlung

P.Vindob. G 11021	5,5 × 9,9 cm	7. Jh.
Arsinoiton Polis		Tafel XVII

ed. pr.: SPP III 21 (*s.* VI.–VII., Arsin.).

Pergament. Ränder an allen Seiten erhalten. Eine vertikale Faltung in der Blattmitte. Schwarze Tinte. Der Abstand der Schrift zum Rand beträgt oben ca. 0,5 cm, links ca. 0,9 cm und unten ca. 0,3 cm. Rechts bis zum Rand beschrieben. Kreuz in Z. 1 ausgerückt. Z. 6 leicht eingerückt. Haarseite mit zwei Zeilen auf Höhe von Z. 1 und Z. 3–4 (**21 B**, in der *ed. pr.* als „*l.* ἐν ὀνόματι τοῦ" gedeutet); kein inhaltlicher Zusammenhang mit dem Dokument auf der Fleischseite. Schrifttyp: sog. „Minuskelkursive" unbeholfenen Charakters mit zahlreichen Ligaturen; Formulartyp: ἔσχον καὶ ἐπληρώθην ἐγὼ ὁ δεῖνα παρὰ σοῦ τοῦ δεῖνος („Quittungsschema"). Ankauf: „Faijûm *ex* 1883".

Fleischseite:

† Ἔσχον καὶ ⟨ἐ⟩πληρώθην ἐγὼ Μην-
ᾶς μεθελίτης υἱὸς Ἰωσὴφ
ἀπὸ τῆς Ἀρσινοϊτῶν πό-
λεως Μεσωρὴ τῆς πα-
ρούσης ἐν[ά]τη⟨ς ἰνδικτίωνος⟩ κ̣ε̣ρ̣(άτια) ια.
Α̣μ̣α̣σ̣ε̣ . . . .

1. πλυρωθην *ed. pr.*   1.–2. Μηνα *ed. pr.*   4. *l.* Μεσορή   5. ἐν[δεκ(άτης)] ἰ(νδικτιῶνος) *ed. pr.*   ια̅ *pap.*   6. ǀ ἔ̣ν̣δ̣ε̣[κα - - -] ς ǀ *ed. pr.*

„† Ich, Menas, Schafzüchter, Sohn des Ioseph, aus Arsinoiton Polis, habe vollständig erhalten, Mesore der gegenwärtigen neunten Indiktion, 11 Keratia. N. N".

Das vorliegende Zeugnis hat den Empfang eines Geldbetrages von elf Keratia quittiert, welche ein μεθλίτης (zur Deutung des Wortes vgl. Komm. Z. 1–2) namens Μηνᾶς, Sohn eines Ἰωσήφ, aus Arsinoiton Polis erhalten hatte (Z. 1–4). Eine Person gleichen Namens und gleicher Berufsbezeichnung findet sich in SPP III 692, einer Steuerquittung aus arabischer Zeit. Eine Identität mit der Person des Zahlungsempfängers in der vorliegenden Quittung läßt sich zumindest nicht ausschließen. Von jener Person, welche die Zahlung geleistet hat und somit als Adressat des Schriftstückes anzusehen wäre, wird in der Urkunde auffälligerweise keine Erwähnung gemacht. Ebenso wenig findet sich ein allfälliger Zahlungstitel angeführt. Mit Μεσωρὴ τῆς παρούσης ἐν[ά]τη⟨ς ἰνδικτίωνος⟩ scheint jedoch immerhin auf den Bemessungszeitraum der betreffenden Geldzahlung, welche über einen Betrag von elf Keratia erfolgte, Bezug genommen zu sein (Z. 4–5). In der letzten Zeile des Dokumentes sind leicht eingerückt ungefähr acht Buchstaben zu erkennen, die möglicherweise als Name bzw. Unterschrift des Urkundenausfertigers aufzufassen sind. Auslassungen im Wortlaut des Quittungsformulars, welches dem Typus ἔσχον καὶ ἐπληρώθην ἐγὼ ὁ δεῖνα παρὰ σοῦ τοῦ δεῖνος zugeordnet werden kann, dürften wohl auf das Unvermögen des Urkundenverfassers zurückzuführen sein – ein Umstand, der sich auch im Schriftcharakter des Zeugnisses widerzuspiegeln scheint. Möglicherweise ist der in Z. 6 bezeugte Ausfertiger sogar mit dem formellen Adressaten des Schreibens gleichzusetzen, woraus sich eine plausible Erklärung für das Fehlen einer solchen Angabe ergäbe. Die Provenienz der Quittung scheint aus der Erwähnung von Arsinoiton Polis in Z. 3–4 unzweifelhaft hervorzugehen und findet in der im handschriftlichen Inventarkatalog festgehaltenen Angabe des Ankaufsjahres Bestätigung. Das Dokument ist weniger aufgrund paläographischer Kriterien, welche sich im vorliegenden Fall als untauglich erweisen, als vielmehr aufgrund des Materials des Schriftträgers – eines Stückes Pergament – ins 7. Jh. zu datieren.

1. Ἔσχον: ο und ν in Ligatur.
⟨ἐ⟩πληρώθην: Ein Augmentschwund ist beim selben Wort ein weiteres Mal in P.Lond. III 1038, Rekto I 2; II 2 (Hermupolis, 6. Jh.) nachweisbar; zum Phänomen an sich vgl. allgemein Mandilaras, *Verb* §§ 236; Gignac, *Grammar* II 223–225. Sowohl η und ρ als auch η und ν sind in Ligatur geschrieben.
Μην-: η und ν in Ligatur.

1.–2. Μηνᾶς μεθελίτης: Möglicherweise dieselbe Person wie in SPP III 692, 2. Das Wort μεθελίτης bzw. μεθλίτης ist in unterschiedlichen Schreib- und Kürzungsweisen belegt: μεθλίτ(ης) in SPP III 674, 2 (Arsinoiton Polis, 7. Jh.), μεθλιτ( ) in SPP III 691, 2 (Arsinoiton Polis, 8. Jh.), μεθλί(του) in SPP III 692, 2 (Arsinoiton Polis, 8. Jh.), μεθλί(της) in SPP VIII 746, 2 (Arsinoiton Polis, 7. Jh.), μεθλίτ(ης) in SPP VIII 800, 1 (Arsinoiton Polis?, 7. Jh.), μεθλίτης in SPP VIII 1175, 1 (Arsinoites, 6. Jh.), μεθλιτ( ) in SPP VIII 1291, Fleischseite 1 (Hermupolis?, 7.–8. Jh.), μεθλῖται bzw. μεθλιτ[ῶν in SB I 4671+I 4718+XVI 12701, 8; 14 (= SB XXIV 16288; Arsinoiton Polis, 601; Vereinigung der Urkunden und Korr. der Datierung in BL VIII 385), μεθλῖτε für μεθλῖται in SB XII 11003, 7 (Herk. unb., 4.–5. Jh.) und μεθλίτ(ου) *ex* μετλιτ(ου) in SPP X 74, Verso II 9 (Arsinoites, 7.–8. Jh.). Wie aus dem Kontext der Abrechnung in SB XII 11003 eindeutig hervorgeht, dürfte es sich hierbei um eine Berufsbezeichnung gehandelt haben; die genaue Bedeutung ist jedoch ungeklärt; in Hinblick auf die Hesych-Glosse „μέθλην· τὸν ἄρνα." könnte damit der Schafzüchter, vielleicht aber auch der Schafsschlächter oder Schaffleischverkäufer gemeint gewesen sein; zu dieser Deutung vgl. Sijpesteijn, *Papyri* 50, Komm. Z. 7; LSJ Suppl. *s. v.* μεθελίτης.

21. B SCHREIBÜBUNG (?)

Haarseite:

1 (2. H.) † ενοτι
2 † ενονοτιτου

22. + 84. QUITTUNG ÜBER JAHRESLOHN (?) EINES TORWÄCHTERS (ANDREAS-ARCHIV)

P.Vindob. G 11022+11084 — 15 × 23,3 cm — Anfang 7. Jh.
Tamauis (Arsinoites) — Tafel VII

ed. pr. **22**: SPP III 22 (*s.* VI., Arsin.?) – *ed. pr.* **84**: SPP III 84 (*s.* VI., Arsin.) – Korr. **84**: B. C. McGing, P.Dub. 26, Komm. Z. 1 (BL X 2); zur allgemeinen Datierung des „Andreas-Archivs" in das Ende 6.–Anfang 7. Jh. vgl. BL XI 258.

Papyrus. Zwei zusammenhängende Fragmente (**22** links, **84** rechts). Oberer und rechter Rand erhalten. An der linken und unteren Seite abgebrochen. Das Ausmaß des Textverlustes ist links auf einen schmalen Streifen und unten auf die letzte Urkundenzeile beschränkt. Faltungen nicht mehr deutlich erkennbar. Eine 2,5 cm breite Kollesis verläuft vertikal 10 cm vom rechten Rand entfernt. Schwarze Tinte. Der Abstand der Schrift zum Rand beträgt oben und rechts jeweils 1 cm. Kreuz in Z. 1 ausgerückt. Z. 7 eingerückt oder zentriert. Die Schrift auf dem Rekto verläuft parallel zur Faserrichtung, was in Hinblick auf die übrigen Urkunden des „Andreas-Archivs" als einzigartiger Umstand zu vermerken ist. Verso leer. Mit keiner anderen Schreiberhand im Archiv gleichzusetzen. Schrifttyp: sog. „Minuskelkursive"; Formulartyp: ἔσχον καὶ ἐπληρώθην ἐγὼ ὁ δεῖνα παρὰ σοῦ τοῦ δεῖνος („Quittungsschema"). Ankauf: „*ex* 1883" (**22**); „Faijûm *ex* 1883" (**84**).

→ 1 † Ἔσχον καὶ ἐπληρώθην ἐγὼ Σαμβᾶς προσθυραῖος τῆς δημοσίας
2 φυλακῆς παρὰ σοῦ Ἀνδρέου γραμματέως κώμης Ταμαύεως
3 [τ]ὸ ἐξ ἔθους διδόμενόν μοι λόγῳ μισθοῦ ἐμοῦ, λέγω δὴ καὶ ὑπὲρ
4 [κ]αρπῶν τῆς παρούσης τετάρτης ἰν(δικτίωνος) χρυσοῦ κερά⟨τια⟩ εἴκοσι, (γίνονται)
5 [χ]ρ(υσοῦ) κ(εράτια) κ μ̣ό(να). Ἐγράφη μηνὶ Παῦνι κη [τ]ε̣λ̣ε̣ι̣ [± 5] ̣[̣] ̣[- - -]
6 [μ]ε̣ρισμοῦ δ ἰν(δικτίωνος). † [*vac.*] *vac.*
7 *vac.* †̣ [± 10] ̣[
— — — — — —

1. κα̣[ὶ ἐπληρώθην ἐγὼ ὁ δεῖνα ̣ ̣ ̣ ̣ | *ed. pr.* **22** | [† ἔσχον καὶ] ἐπληρώθην *ed. pr.* **84** 2. φυλακῆς [̣ ̣ ̣ ̣ ̣ | *ed. pr.* **22** | [- - -]ς παρά *ed. pr.* **84** Ταμανεως | *ed. pr.* **84**, Ταμαύεως | McGing 3. *l.* τὰ ἐξ ἔθους διδόμενά μοι ἔθους [̣ ̣ ̣ ̣ | *ed. pr.* **22**, | [τὰ ἐξ ἔθους] διδόμενά μοι *ed. pr.* **84** 4. | [κ]αρπῶν [̣ ̣ ̣ ̣ | *ed. pr.* **22**, | [μερισμοῦ] τῆς *ed. pr.* **84** κερα (*l.* κεράτια) εἴκοσι | *ed. pr.* **84** 5. κ Ἀλ[εξανδρείας | *ed. pr.* **22** | [γι/ χρ/ κ/ κ μο]// *ed. pr.* **84** παϋνι *pap.* [τ]ε̣λ̣ει [δ ἰνδικτιῶνος | *ed. pr.* **84** 6. ἰν(δικτιωνος) [| *ed. pr.* **22** 7. Abzeichnung des waagrechten Kreuzbalkens [| *ed. pr.* **22** *om. ed. pr.* **84**

„† Ich, Sambas, Torwächter des öffentlichen Gefängnisses, habe vollständig erhalten von dir, Andreas, Grammateus des Dorfes Tamauis, den für gewöhnlich mir ausgezahlten Betrag als meinen Lohn, nämlich für Ernteerträge der gegenwärtigen vierten Indiktion an Gold zwanzig Keratia, das macht an Gold 20 Keratia, sonst nichts. Geschrieben am 28. Tag im Monat Payni am Ende [- - -] Zuteilung der 4. Indiktion. † † [- - -]".

Fragment einer Lohnquittung über einen Geldbetrag von zwanzig Keratia, die ein προσθυραῖος τῆς δημοσίας φυλακῆς von Ἀνδρέας γραμματεὺς κώμης Ταμαύεως erhalten hat. Ob der Dienstort des Lohnempfängers – besagtes öffentliches Gefängnis – sich in Tamauis befunden hat, wie allein der Umstand einer Auszahlung des Lohnes durch den γραμματεὺς κώμης Ταμαύεως nahezulegen scheint, ist dem Inhalt des vorliegenden Zeugnisses nicht eindeutig zu entnehmen. Die Lohnsumme dürfte trotz der allgemein gehaltenen Formulierung des Zahlungstitels mit [τ]ὸ ἐξ ἔθους διδόμενόν μοι λόγῳ μισθοῦ ἐμοῦ in Z. 3, welche ebenso in den Lohnquittungen **16**, 2, **70**, 2 und **71**, 3 anzutreffen ist, auf den Betrag eines Jahresgehaltes zu beziehen sein, wie die darauffolgenden Angaben ὑπὲρ [κ]αρπῶν τῆς παρούσης τετάρτης ἰν(δικτίωνος) in Z. 3–4 und [μ]ε̣ρισμοῦ δ ἰν(δικτίωνος) in Z. 6 in Hinblick auf die Archivparallelen vermuten lassen. Die Urkunde schließt mit dem Ausstellungsdatum, das nur mehr unvollständig erhalten ist (vgl. Komm. Z. 5–6), und der Unterschrift des Ausfertigers, von welcher bloß Reste des Anfangskreuzes erkennbar sind (Z. 7). Zu Inhalt, Datierung und Herkunft vgl. den allgemeinen Exkurs zum „Andreas-Archiv" im vorangegangenen Einleitungsteil.

1.–2. προσθυραῖος τῆς δημοσίας φυλακῆς: Dieselbe Wortkombination findet sich anderweitig sonst nicht bezeugt. Andere Belege der Funktionsbezeichnung προσθυραῖος treten jedoch in ähnlichem inhaltlichem Kontext auf: in P.Iand. III 37 (vgl. Korrektur in BL III 85; Oxyrhynchites, 5.–6. Jh.) hat etwa ein ῥιπάριος einem σύμμαχος καὶ προσθυραῖος den Empfang einer Summe ὑπὲρ συνηθείας τοῦ ῥιπαρίου bestätigt; in P.Oxy. XLIII 3104 (228) haben zwei προσθυραῖοι λογιστηρίου Ὀξυρυγχείτου dem Strategen vom Tod eines Inhaftierten Bericht erstattet; dem Inhalt der Urkunde ist jedoch nicht zu entnehmen, ob der Verstorbene sich bloß vorübergehend im λογιστήριον in Gewahrsam befunden hat oder ob er als Abgeurteilter dort eine Haftstrafe verbüßt hat. Zu den Torwächtern des λογιστήριον von Oxyrhynchos im besonderen vgl. weiters J. R. Rea, P.Oxy. L 3576, 18–19 (341) und R. A. Coles, P.Oxy. LIV 3764, 14 (326) mit den dortigen Verweisen; zum Gefängniswesen und der Haft im allgemeinen: Taubenschlag, *Emprisonnement* 262–368 (Nd. in: ders., *Opera minora* II, Warszawa 1959, 713–719); Krause, *Gefängnisse*; Bertrand-Dagenbach et al., *Carcer* ; Torallas Tovar, *Prisiones* 47–55; dies., *Arresto* 207-221.

4. κερά⟨τια⟩: Die Auslassung bzw. unvollständige Schreibung ist an dieser Stelle wohl auf ein Versehen des Schreibers zurückzuführen.

5. Ἐγράφη: φ und η in Ligatur.
Παῦνι κη: 22. Juni.

5.–6. [τ]έλε̣ι̣ [± 5] ̣ [̣] ̣ [- - - μ]ε̣ρισμοῦ δ ἰν(δικτίωνος): Nach τέλει wäre eine Fortsetzung mit τετάρτης ἰν(δικτίωνος) oder τῆς αὐτῆς δ ἰν(δικτίωνος) zu erwarten (zum Terminus τέλει vgl allgemein CSBE 61 mit Anm. 56 sowie CSBE[2] 116 mit Anm. 76); beide Möglichkeiten scheiden jedoch in Hinblick auf die Reste von zwei Oberlängen sowie deren Position am Ende der Z. 5 aus. Die vorhandenen Spuren legen eine Lesung [τρίτ]η[ς] ἰ[ν(δικτίωνος) nahe, was zwar einerseits eine plausible Erklärung für den scheinbar unnötigen Zusatz [μ]ε̣ρισμοῦ δ ἰν(δικτίωνος) am Beginn der Z. 6 (mit vorauszusetzender Ergänzung ὑπέρ] als Bindeglied am Ende der Z. 5) böte, andererseits aber zu τῆς παρούσης τετάρτης ἰν(δικτίωνος) in Z. 4 in deutlichem Widerspruch stünde (vgl. dazu etwa **2**, wo eine

Lohnzahlung ὑπὲρ μερισμοῦ δωδεκάτης ἰνδικτίωνος im vorangegangenen elften Indiktionsjahr quittiert war).

7. † [: Vom Kreuz ist nur noch ein Teil des waagrechten Balkens sichtbar (vgl. dessen Abzeichnung in der *ed. pr.*); die Unterschrift des Ausfertigers war im Anschluß daran erfolgt.

23. Quittung über Lohn (?)

P.Vindob. G 11023 | 10,3 × 12,6 cm | 6. Jh. (?)
Arsinoites | | Tafel XVIII

ed. pr.: SPP III 23 (*s.* VI., Arsin.?).

Papyrus. Oberer, linker und unterer Rand erhalten. An der rechten Seite abgebrochen. Das Ausmaß des Textverlustes bleibt weitgehend unklar; die obere Fragmenthälfte könnte ein Sechstel, die untere ein Drittel der Gesamtbreite umfassen (gemessen an der ursprünglichen Gesamtbreite des *transversa charta* beschrifteten Urkundenblattes, welche in der Regel der herstellungsbedingten Höhe der Papyrusrollen von maximal 35–36 cm entspricht). Möglicherweise sechs horizontale Faltungen 1,2, 2,8, 4,6, 6,8, 8,4 und 9,4 cm unterhalb des oberen Randes. Die Bruchkanten scheinen entlang vertikaler Faltungen zu verlaufen. Keine Klebung. Schwarze Tinte. Der Abstand der Schrift zum Rand beträgt oben und unten jeweils ca. 1,5 cm, links 1 cm. Z. 6 eingerückt oder zentriert. Verso mit Resten zweier Zeilen auf der Z. 1–2 des Rekto (Schriftverlauf parallel zur Faserrichtung; Position offenbar auf die rechte Blatthälfte beschränkt, vielleicht von einer vertikalen Mittelfaltung ausgehend). Schrifttyp: sog. „Maiuskel" mit auffallend großen Buchstabenformen (Rekto); sog. „Minuskelkursive" (Verso); Formulartyp: ἔσχον καὶ ἐπληρώθην ἐγὼ ὁ δεῖνα παρὰ σοῦ τοῦ δεῖνος („Quittungsschema"). Ankauf: „*ex* 1883".

↓ ⳩ Ἔσχον καὶ [ἐπληρώθην ἐγὼ
παρὰ τῶ[ν - - - τὸ ἓν νόμισ-]
μα τοῦ ἐμ̣[οῦ μισθοῦ
καταξιωσ[± 5] ̣ [̣] ̣ [
Ἐγράφη [μην]ὶ Ἐπὶφ̣ [
vac. [̣ ̣ ̣]ματ[

Verso:

→ (2. H.)] ̣ ̣ ὑ̣π̣ο̣δέκτ(ου) Καμίν(ων)
] *vac.* νο(μίσματος) α.

2. | παρα τω[ν | *ed. pr.* 3. | ματογρ[| *ed. pr.* 4. | καταξιωσ[| *ed. pr.* 5. [μηνι] επι[φ | *ed. pr.* *l.* Ἐπείφ 6. |]με[| *ed. pr.* 7.–8. *om. ed. pr.*

„⳩ Ich, N. N. [- - -] habe vollständig erhalten von den [- - -] den einen Solidus meines Lohnes [- - -] Geschrieben [- - -] im Monat Epeiph [- - -]".
Verso: „(2. H.) [- - -] N. N., Hypodektes von Kaminoi, über einen 1 Solidus".

Fragment einer Quittung über eine Lohnzahlung, über deren genaue Umstände keine gesicherten Angaben vorliegen. Als Lohnempfänger dürfte ein namentlich nicht bezeugter ὑποδέκτης mit Kompetenzbereich des Dorfes Κάμινοι fungiert haben (vgl. Komm. Z. 1), für dessen Entlohnung möglicherweise die Einwohner desselben Dorfes als Kollektiv aufzukommen hatten (vgl. Komm. Z. 2). Die erstattete Lohnsumme hat einen Solidus betragen (Z. 2–3), wie auch aus der inhaltlichen Zusammenfassung auf dem Verso zu ersehen ist. Das Ausstellungsdatum war in den Monat Epeiph, also vermutlich in den Beginn eines nicht näher greifbaren Indiktionsjahres gefallen; zum Verlauf des arsinoitischen Jahreszyklus vgl. allgemein CSBE 27 sowie CSBE² 33. In ihrer formalen Gestaltung weist die Urkunde eine bemerkenswerte Auffälligkeit auf: der Quittungsadressat, hinter welchem die Einwohner des Dorfes Καμίνων vermutet werden können (vgl. Komm. Z. 2), findet sich entgegen üblicher Praxis im Zusammenhang mit dem Formulartyp ἔσχον καὶ ἐπληρώθην ἐγὼ ὁ δεῖνα παρὰ σοῦ τοῦ δεῖνος in „indirekter" bzw. „unpersönlicher" Ansprache angeführt, was möglicherweise auch mit den situationsbedingten Umständen des Zahlungsvorganges bzw. der Urkundenausstellung in Zusammenhang gestanden sein könnte. Die arsinoitische Provenienz der Urkunde läßt sich aus der Erwähnung des Dorfes Κάμινοι in Z. 7 des Fragmentes ableiten und findet in der Dokumentation des Ankaufsjahres im handschriftlichen Inventarkatalog Bestätigung. Das Dokument ist möglicherweise ins 6. Jh. zu datieren, da der paläographische Befund aufgrund des eigentümlichen Schriftcharakters bloß bedingt als Datierungskriterium herangezogen werden kann (vgl. dazu die Formalbeschreibung).

1. Ἔσχον καὶ [ἐπληρώθην ἐγώ: Zumindest die Funktionsbezeichnung des nicht näher bezeugten Lohnempfängers und formellen Urkundenabsenders dürfte aus der Inhaltsangabe des Verso hervorgehen; vgl. ὑπ̣ο̣δ̣έκτ(ου) Καμίν(ων) in Z. 7.

2. παρὰ τῶ[ν: In Hinblick auf die mutmaßliche Amtsbezeichnung des Lohnempfängers (vgl. Komm. Z. 1) möglicherweise mit παρὰ τῶ[ν ἀπὸ κώμης Καμίνων (oder ähnlich) zu ergänzen.

2.–3. [τὸ ἓν νόμισ]μα τοῦ ἐμ̣[οῦ μισθοῦ: Vgl. die wortwörtliche Parallele in **10**, 4.

4. καταξιωσ̣[: Vgl. die Brieffloskel καταξιώσατε – „wollen Sie bitte belieben", „habt die Güte" – wie sie in P.Köln V 240, 4 (Antaiupolites?, 6. Jh.) anzutreffen ist; ein Gebrauch der Wendung in diesem Kontext wäre als äußerst ungewöhnlich zu betrachten.

6. [̣ ̣ ̣]: Aufgrund des Spatiums vor μ ist ein *vacat* in der Klammer nicht völlig auszuschließen (vgl. in diesem Zusammenhang die Worttrennung in Z. 2–3), wenngleich ein derartiger Umstand aufgrund der Zeileneinrückung als wenig wahrscheinlich gilt. An betreffender Stelle dürfte entweder die Unterschrift des Ausfertigers oder jene des Lohnempfängers – etwa in Verbindung mit einer Einverständniserklärung mittels στοιχεῖ μοι (oder ähnlich) – zu erwarten sein.

7.] ̣ ̣ ὑπ̣ο̣δ̣έκτ(ου) Καμίν(ων): Der Inhaltsangabe scheint das Muster Ἀπόδειξις μισθοῦ τοῦ δεῖνος + Auszahlungssumme zugrundegelegen zu sein; der Name des Zahlungsempfängers ist auch hier nicht erhalten; ὑπ̣ο̣δ̣έκτ( ): δ und ε in Ligatur. Zu dem in der Πολέμωνος μερίς des arsinoitischen Gaues gelegenen Dorf Κάμινοι (κώμη Καμίνων und χωρίον Καμίνων) vgl. allgemein Wessely, *Topographie* 81; B. P. Grenfell, A. S. Hunt, P.Tebt. II, S. 359 und 382; Diz. III 63; Suppl. 1, 165; 2, 87; Suppl. 3, 58; Timm, *Ägypten* III 1219–1220; Clarysse, *Necténibis* 322–323.

8. νο(μίσματος) α: Für die Wiedergabe des Zahlungsbetrages war in der Z. 7 nicht ausreichend Platz.

24. A Quittung über Synetheia eines Flurwächters

P.Vindob. G 11024 | 12 × 9,1 cm | 7. Jh.
Herakleopolites (?) | Tafel XX/XXI

ed. pr.: SPP III 24 (*s*. VI., nicht arsinoitisch) – *ed. sec.* **24 A**: P.Batav. 23 *bis* (Herkunft unbekannt, 6. Jh.) – Korr.: Kapsomenakis, *Voruntersuchungen* 78, Anm. 1 (BL III 233); Diethart, *Corrigenda* 109 (BL IX 332); Falivene, *Nome* 160 und 167 (unter anderem Herkunft: Herakleopolites?; BL XI 126).

Papyrus. Ränder an allen Seiten erhalten. Sechs horizontale Faltungen 1, 2,7, 4,7, 6,3, 8 und 10,7 cm unterhalb des oberen Randes. Keine Klebung. Schwarze Tinte. Der Abstand der Schrift zum Rand beträgt oben ca. 1 cm, links ca. 0,5 cm und unten ca. 4 cm. Rechts bis zum Rand beschrieben. Die Schrift auf dem Verso verläuft quer zur Faserrichtung. Rekto mit Resten einer Abrechnung (**24 B**, Schriftverlauf parallel zur Faserrichtung; gegenüber der Quittung auf dem Verso um 180° gedreht); Spuren einer mutmaßlichen Fortsetzung dieser Abrechnung, welche zum Zweck der Wiederverwendung des Schriftträgers offenbar abgewaschen worden war, am unteren Rand des Rekto erkennbar (um 180° gedreht). Zumindest **24 A** von derselben Hand wie P.Batav. 23 (vgl. die charakteristische Schreibweise der Buchstaben α, μ, ν mit einer zusätzlichen Schlinge: α in Z. 4 und 6; μ in Z. 3, 6, 8 und 9); Ähnlichkeiten mit dem Schriftbild in **34**. Schrifttyp: sog. „Minuskelkursive" mit zahlreichen „Minuskel"-Elementen (Verso); sog. „Minuskel" (Rekto); Formulartyp: ἔσχον καὶ ἐπληρώθην ἐγὼ ὁ δεῖνα παρὰ σοῦ τοῦ δεῖνος („Quittungsschema"). Ankauf: „*ex* 1883".

Verso:

↓ ⳨ Ἔσχων καὶ ἐπληρ(ώ)θ(ην) ἐ̣[γὼ]
Μηνᾶ πρωτωφήλακ(ος) π̣ε̣[διάδος]
μ̣έ̣σ̣ον Πεενπ( )θ( ) παρὰ σ̣[ο]ῦ̣
τοῦ υἱὸς Ἄνι πρε(σβυτέρου) ἡκω̣νόμου
τοῦ ἁγίου Ἄπα Ἰσὰκ (ὑπὲρ) σ̣η̣ν̣εθίας
ἀρουρ(ῶν) ἡμῶν. Ἐδεξάμεν [ἀ]π̣ὸ καρπ(ῶν)
ιε ἰ(ν)δ(ικτίωνος) τὼ πλῆρες. Ἐγράφ(η) μ̣η̣ν̣ὶ
Μεχεὶρ ι α ἰ(ν)δικ(τίωνος).
† Δι' ἐμοῦ Παπνουθίου̣ γ̣ραμ(ματέως).

1. *l.* ἔσχον κ[α]ὶ ἐπληρ(ώ)θ(ην) ἐ̣[γώ | *ed. pr.*, καὶ ἐπληρ(ώ)θ(ην) ἐ̣[γώ] | *ed. sec.* 2. *l.* Μηνᾶς *l.* πρωτοφύλαξ ἀ̣π[ὸ τῆς] | *ed.. pr.*, πε[τιά-] | *ed. sec.* 3. | κ[ω]μ(ης) Πονπ̣εε̣ ̣ ̣πθ( ) *ed. pr.*, | τως ⟨ἀ⟩πὸ νό(του) Πεεμπθ( ) *ed. sec.* Πεεμπ(ασβύ)θ(εως) (?) Falivene παρὰ [σοῦ] | *ed. pr.*, παρὰ [̣ ̣ ̣] | Kapsomenakis, παρὰ σ̣[οῦ] | *ed. sec.* 4. *l.* υἱοῦ υἱὸς Αανι *ed. pr.*, υἱο(ῦ) Ἀανι *ibid.*, Index, S. 271, υἱὸς Ἀάνι *ed. sec.* *l.* οἰκονόμου, ηκονομο[υ] | *ed. pr.*, ἡκωνόμου̣ | *ed. sec.* 5. Ἰσαὰκ μισθώ(ν) | (*l.* μισθόν) *ed. pr.*, Ἰσαὰκ (ὑπὲρ) συνηθία(ς) | *ed. sec.* *l.* συνηθείας 6. *l.* ὑμῶν *l.* ἐδεξάμην [ἀπ]ὸ καρπ(ῶν) | *ed. pr.*, (ὑπὲρ) καρπ(ῶν) | *ed. sec.* 7. *l.* τό μ̄η̄ν̄ῑ *pap.*, μηνί: μη *corr. ex* με (?), μη(νί) | *ed. pr.*, μην̣ί̣ | *ed. sec.* 8. ια ἴδ̣ι̣ο̣ν// | *ed. pr.*, ι α ἰ(ν)δικ(τίονος) | *ed. sec.* 9. Παπνουθίου *ed. pr.*, Παπνούθιο(ς) *ed. sec.* γραμμ(ατέως) | *ed. pr.*, γραμ(ματέως) | *ed. sec.*

„⳨ Ich, Menas, Protophylax des Flurabschnittes N. N.-Mitte, habe vollständig erhalten von dir, dem Sohn des Ani, Presbyteros, Verwalter (der Kirche) des heiligen Apa Isak, für Synetheia eurer Aruren. Ich habe empfangen von Ernteerträgen der 15. Indiktion die Gesamtsumme. Geschrieben am 10. Tag im Monat Mecheir der 1. Indiktion. † Durch mich, Papnuthios, Grammateus".

Das vorliegende Schriftstück dürfte – ebenso wie die Parallele P.Batav. 23 von derselben Hand – aus der Kanzlei der Kirche des heiligen Ἄπα Ἰσάκ stammen und hatte die Bestätigung eines Empfanges von συνήθεια zum Inhalt, die ein Flurwächter namens Μηνᾶς offenbar als eine Art Entlohnung für seine Dienste erhalten hat (vgl. Komm. Z. 5–6). Der Dienstbereich des Entlohnten war mit πεδιὰς μέσον Πεενπ( )θ( ) in Z. 2–3 näher definiert, womit der mittlere von drei oder mehreren Flurabschnitten in dem nicht näher bekannten Topos Πεενπ( )θ( ) gemeint gewesen sein dürfte (vgl. Komm. Z. 3). In P.Batav. 23 hat ein Kollege des Μηνᾶς, ein πρωτοφύλαξ namens Ὡριγένης – ebenda anstelle des Nominativs Ὡριγένης ebenfalls im Genitiv Ὡριγένου wiedergegeben; vgl. die Lesung Ὡρ̣ιγένου(ς) in der *ed. pr.* – eine Vergütung von derselben Institution und durch denselben Funktionär für eine Tätigkeit im südlichen Abschnitt desselben Topos in Empfang genommen – σηνεθίας statt σηνεθία(ς) in der *ed. pr.* Der Quittungsadressat, welcher die Auszahlung in seiner Eigenschaft als Amtsträger bzw. Funktionär der Kirche des heiligen Ἄπα Ἰσάκ im Auftrag derselben geleistet haben dürfte, war in beiden Urkunden auffälligerweise nicht mit Eigennamen, sondern bloß mit Vatersnamen und Funktionsbezeichnung angeführt (Z. 4–5). Worin die als συνήθεια bezeichnete Aufwandsentschädigung der beiden Flurwächter konkret bestanden hat, ob sie in Form eines Geldbetrages, einer Naturalleistung oder eines Warengeschenkes erstattet worden ist, findet sich in keinem der Dokumente näher erläutert. Wie aus dem Inhalt der Z. 6–8 des vorliegenden Zeugnisses hervorgeht, war die Entlohnung im gegebenen Fall für einen Bemessungszeitraum eines fünfzehnten Indiktionsjahres erfolgt, wobei die Auszahlung erst nachträglich im sechsten Monat des darauffolgenden ersten Indiktionsjahres stattgefunden hat (in P.Batav. 23 ist der zeitliche Status der erstatteten Dienstvergütung nicht mehr greifbar, da die Urkunde dort unmittelbar nach dem Zahlungstitel abbricht). Im Anschluß an das Ausstellungsdatum hat der Ausfertiger der Quittung, ein gewisser Παπνούθιος γραμματεύς, unterzeichnet (Z. 9). Die Provenienz des Zeugnisses scheint aus der Erwähnung des Toponyms Πεενπ( )θ( ) in Z. 3 (vgl. Komm. Z. 3) hervorzugehen und findet in der Dokumentation des Ankaufsjahres im handschriftlichen Inventarkatalog Bestätigung. Die Urkunde wird aufgrund paläographischer Kriterien (vgl. dazu die Formalbeschreibung) und wegen des auf dem Rekto überlieferten arabischen Steuertitels πρόβατα ins 7. Jh. datiert.

2. πρωτωφήλακ(ος): Zur Funktionsbezeichnung vgl. neben Rouillard, *Administration* 167 zuletzt P. van Minnen, P.Leid.Inst. 75, Einl., S. 256 mit einer Aufzählung der Belege dieses Wortes.

π̣ε̣[διάδος]: Vermutlich in der Schreibung π̣ε̣[τιάτως] wie in der Parallele P.Batav. 23, 2 von derselben Hand.

3. μ̣έ̣σ̣ον: Zum Terminus, welcher offenbar den mittleren von insgesamt drei – vgl. dazu πετιάτω̣ς̣ νότου Πεενπ( )θ( ) statt πετιάτως [ἀπὸ] νότου Πεεμπθ( ) in P.Batav. 23, 2–3 – Flurabschnitten bzw. Wachbezirken bezeichnet hatte, vgl. unter anderem die auch anderweitig häufig bezeugte Angabe ἐν τοῖς ἀνὰ μέσον μέρεσι in P.Benaki 2, 7–8 (Herakleopolites, 384?).

Πεενπ( )θ( ): Toponym; dementsprechend auch in der Parallele P.Batav. 23, 3 zu korrigieren: Πεεμπ( )θ( ) *nom. del.* Der ägyptische Anlaut πεεν- läßt auf eine herakleopolitische Herkunft schließen; zu vorliegender Stelle vgl. allgemein Falivene, *Nome* 159–160, 236 und 160–174, wo auch alle anderen Belegstellen aufgelistet sind.

4. τοῦ υἱὸς Ἄνι πρε(σβυτέρου) ἠκωνόμου: Dieselbe Person ist – inklusive desselben Kasusfehlers – in derselben Funktion in P.Batav. 23, 3–5 anzutreffen; der Vatersname Ἄνι könnte als indeklinable Form des häufiger belegten Personennamens Ἀάνιος (Gen. Ἀανίου) aufgefaßt werden. Die eigentümliche Schreibweise des α mit einer zusätzlichen Schlinge ist ein weiteres Mal bei Ἄπα Ἰσάκ in Z. 6 zu finden. Die Angabe πρε(σβυτέρου) dürfte den Vater des Adressaten betreffen.

τοῦ ἁγίου Ἄπα Ἰσάκ: Dieselbe Institution ist als Dienstgeber in der Parallele P.Batav. 23, 4–5 bezeugt. Zur Kirche vgl. allgemein Papaconstantinou, *Culte* 109.

5.–6. σ̣η̣νεθίας: Die Schreibung mit η ist in Hinblick auf die von derselben Hand stammenden Parallele in P.Batav. 23, 5 vorauszusetzen. Das Wort συνήθεια ist in diesem Zusammenhang eher als eine Art von Aufwandsentschädigung oder Dienstvergütung, und – im Gegensatz zur Deutung bei P. J. Sijpesteijn, P.Batav. 23, Einl., S. 127 – nicht als Pachtabgabe zu verstehen. Sowohl in P.Batav. 23 als auch im vorliegenden Zeugnis dürfte der jeweilige πρωτοφύλαξ für eine Tätigkeit bezahlt worden sein, die er im Bereich kirchlichen Landbesitzes wahrgenommen hat.
Ἡμῶν (*l.* ὑμῶν) ist demnach auf den Dienstgeber und – hierbei ebenfalls im Unterschied zur Auffassung bei P. J. Sijpesteijn, P.Batav. 23, S. 127 – nicht auf den Empfänger der συνήθεια zu beziehen.

7. μ̣η̣ν̣ί: μη- scheint aus einer Korrektur *ex* με- entstanden zu sein; entweder hat der Schreiber den unmittelbar nachfolgenden Monatsnamen Μεχείρ dabei vorweggenommen, oder er hat den am Ende der Z. 7 für den Monatsnamen zur Verfügung stehenden Platz als für zu gering bemessen vorgefunden, weshalb er den Wortlaut schließlich um ein zusätzliches μηνί ergänzte. Über μ̣η̣ν̣ί ist ein waagrechter Strich erkennbar, der als (überflüssige) Kürzung verstanden werden könnte; vielleicht war der ausgeschriebenen Form unter dem Eindruck des eben angeführten Umstandes ursprünglich die gekürzte Form μη(νί) vorausgegangen.

8. Μεχεὶρ ι: 4. (5.) Februar.

24. B ABRECHNUNG ÜBER PROBATA-STEUER

Rekto:
(180°)

→ ☧ Λώγ(ος) πρωβ(άτων)·
Ἡρακλι κ(εράτια) ε
Ἰω(άννης) Πτᾶς κ(εράτια) ε
Ἄπα Ὦλ πρε(σβύτερος) κ(εράτια) ε
Π[α]πνούθιος κ(εράτια) ε
Ἡ̣ρ̣ᾶ̣ς κ(εράτια) ε
Π̣ι̣σ̣ᾶ̣ς κ(εράτια) ε
Παπνούθ(ιος) κ(εράτια) ε̣
Σουμιν κ(εράτια) ε
Σι ̣ [- - -] κ̣(εράτια) ε̣
Γ̣ε̣ώ̣ρ̣γ̣ι̣[ος - - - κ(εράτια) ε]
[̣ ̣] ̣[- - - κ(εράτια) ε]
Γεώρ(γιος) Ἄπα Ὦλ κ(εράτια) ε
Γ̣ε̣ώ̣ρ̣(γιος) ̣ ̣ ̣ ̣ κ̣(εράτια) ε̣
 ̣ ̣ ̣ ̣ ̣ ̣[

— — — — — —

1. *l.* λόγος προβάτων   λώγ(ος) *ed. pr.*, λωγ(ου) *ibid.*, Index, S. 242   2. | Ηρακλι *ed. pr.*   3. | Ἰω(άννης) *ed. pr.*, *ibid.*, Index, S. 276, | Ἰωα( ) *ibid.*, Index, S. 235   πρεσ(βύτερος) *ed. pr.*, Πτᾶς Diethart   4. | Απα Ολ πρεσ( ) *ed. pr.*   6. | Σ[α]ραπ̣( ) *ed. pr.*   7. | Ἰ[ω]σηφ̣[φ κ( ) ε | *ed. pr.*   8. κ( ) [| *ed. pr.*   9. | Σου̣ ̣ιν *ed. pr.*, | Σουμιν Diethart   10. | Σι[- - - κ( ) - - -] | *ed. pr.*   11. | Γεωργι( ) | *ed. pr.*   12. *om. ed. pr.*   13. | Σ̣ ̣μ( ) [ἀ]πὸ Τωλ( ) *ed. pr.*   14. | Γ̣ε̣ω̣ρ̣γ̣ι̣[- - -] | *ed. pr.*   15. *om. ed. pr.*

„☧ Abrechnung über Probata: Herakli 5 Keratia; Ioannes, Sohn des Ptas, 5 Keratia; Apa Hol, Presbyteros, 5 Keratia; Papnuthios 5 Keratia; Heras 5 Keratia; Pisas 5 Keratia; Papnuthios 5 Keratia; Sumin 5 Keratia; N. N. [- - -] 5 Keratia; Georgios [- - -] 5 Keratia [- - -] 5 Keratia; Georgios, Sohn des Apa Hol, 5 Keratia; Georgios [- - -] 5 Keratia [- - -]".

Mit der vorliegenden Abrechnung über Zahlungen, welche als Abgaben für πρόβατα (vgl. Komm. Z. 1) entrichtet wurden, ist der ältere der beiden auf diesem Schriftträger überlieferten Urkundentexte erhalten. Ob die Abrechnung eine oder auch mehrere Kolumnen umfaßt hat, läßt sich angesichts des gegenwärtigen fragmentarischen Befundes nicht entscheiden; das Papyrusblatt dürfte jedenfalls zum Zweck der Wiederverwendung für die Ausstellung der Quittung auf dem Verso nicht bloß abgewaschen, sondern zumindest an einer Seite auch abgeschnitten worden sein. Die Abrechnung des Rekto gibt neben der Überschrift λόγος προβάτων die Namen mehrerer Personen sowie Geldbeträge von jeweils fünf Keratia wieder; die Namen der Zahlenden sind vereinzelt mit Zusätzen wie Titeln (vgl. πρεσβύτερος in Z. 4) oder Vatersnamen (vgl. Z. 3 und 13) versehen; Berufs- oder Amtsbezeichnungen finden sich nicht bezeugt; möglicherweise hat es sich bei diesen Personen in Hinblick auf den inhaltlichen Kontext des jüngeren Zeugnisses auf dem Verso um Ortsansässige des Topos Πεενπ( )θ( ) (vgl. **24 A**, 3) oder um Angehörige der Kirche des heiligen Ἄπα Ἰσάκ (vgl. **24 A**, 5) gehandelt, die die Adärationen im Auftrag des Staates eingehoben hat und in deren Büro die Urkunde allem Anschein nach aufbewahrt war (vgl. in diesem Zusammenhang **103**, wo ein ähnlicher Hintergrund vermutet werden kann).

1. πρωβ(άτων): Zu den πρόβατα als Steuertitel für adärierte *extraordinaria* zur Versorgung von Beamten und Staatsfunktionären in arabischer Zeit vgl. allgemein Morelli, *Olio* 112.

2. Ἡρακλι: Indeklinable Namensform, wie sie auch in P.Oxy. X 1330 (4.–5. Jh.) vorkommt.

5. Π[α]πνούθιος: Im Unterschied zur Schreibung desselben Namens in Z. 8 ist das Wort an dieser Stelle mit hochgestelltem υ in Form eines waagrechten Striches versehen und nicht gekürzt.

8. Παπνούθ(ιος): Vgl. Komm. Z. 5.

9. Σουμιν: Vielleicht aber auch Σοῦ Μίν(ου); vgl. hierzu Schmidt, *Rezension* 701. Die Deutung als Σοῦ Μίνου – Namen und Vatersnamen – erweist sich im vorliegenden Fall insofern jedoch als problematisch, als es sich bei Σοῦ um eine weibliche Namensform handelt.

13. Γεώρ(γιος) Ἄπα ῾Ωλ: Vgl. in Bezug auf die Lesung Σ̣ ̣μ( ) [ἀ]πὸ Τωλ( ) in der *ed. pr.* den Eintrag Τῶλλα in Diz. V 43 und Τ̣ω̣λ̣( ) bei Falivene, *Nome* 236.

25. LIEFERUNGSKAUF ÜBER WEIN

P.Vindob. G 11025	A: 7,3 × 5,9 cm	7. Jh.
Herakleopolites	B: 11,2 × 6 cm	Tafel XIX

ed. pr.: SPP III 25 (*s.* VI.–VII., Herakleopolites).

Papyrus. Zwei nicht zusammenhängende Fragmente (A links, B rechts). Ränder an allen Seiten erhalten. Vom Fragment A fehlt das obere Blattdrittel. Das Ausmaß des Textverlustes dürfte sich auf etwa zwei Drittel des Gesamtumfanges belaufen (gemessen an der ursprünglichen Gesamtbreite des *transversa charta* beschrifteten Urkundenblattes, welche in der Regel der herstellungsbedingten Höhe der Papyrusrollen von maximal 35–36 cm entspricht). Vier horizontale Faltungen 2,1, 4, 6 und 8,7 cm unterhalb des oberen Randes. Die Bruchkanten dürften entlang vertikaler Faltungen verlaufen (zwei von insgesamt fünf). Keine Klebung. Schwarze Tinte. Der Abstand der Schrift zum Rand beträgt oben ca. 2 cm, links ca. 1 cm und unten ca. 2,5 cm. Rechts bis zum Rand beschrieben. Z. 8 offenbar zentriert. Verso leer. Schrifttyp: sog. „Minuskelkursive“ (1. H.); sog. „Minuskel“ (2. H.); Formulartyp: ἔσχον ἐγὼ ὁ δεῖνα παρὰ σοῦ τοῦ δεῖνος („Quittungsschema“). Ankauf: „Ahnas *ex* 1883“.

↓ 1 [± 45]ν̣ης τοῦ Ἡρ(ακλεο)π(ολίτου) νομοῦ
2 [± 45]ου τοῦ αὐτοῦ νομοῦ
3 παρὰ σοῦ Πέτρου τοῦ [± 25 τιμὴν οἴ]νου νέου λαηγύν̣ω(ν)
4 ἑξακοσίων, γί(νονται) οἴν̣[(ου) λάγ(υνοι) χ ± 25] ̣ ̣ ἀναμφιβόλως
5 δίχα κα̣[± 30] τ̣οῦ αὐτ(οῦ) ἔτους κινδ(ύνῳ̣)
6 ἐμοῦ Φοιβ̣[άμμωνος ± 15 ὑπαρχό]ντων ἡμῖν. Ἐγρ(άφη) μη(νὶ)
7 Θὼθ κβ ἰ(ν)δ(ικτίωνος) β. † (2. H.) ⳨ ἀφ᾽ [Ἡρακλ(έους) π(όλεως) μαρτυρῶ. †
8 *vac.* (1. H.) †̣ [- - -]

1. | [† ἔσχον καὶ ἐπληρώθην ἐγὼ Φοιβάμμων ἀπὸ κώμης ̣ ̣ ̣] Νέας *ed. pr.* 3. *l.* λαγύνων, λαηγυνιων | (*l.* λαγυνίων) *ed. pr.* 4. οἴ(νου) [λαγ/ χ - - -]( ) ἀναμφιβόλως | *ed. pr.* 5. κα[κῆς *ed. pr.* ἔτους β ἰνδ(ικτιῶνος) | *ed. pr.* 6. Φοι[βάμμωνος βεβαιοῦντος ἐκ πάντων τῶν ὑπαρχό]ντων *ed. pr.* 7. [ὁ δεῖνα - - -] ἀφ᾽ Ἡρακ( )π( ) *ed. pr.* 8. *om. ed. pr.*

„[- - -] des herakleopolitischen Gaues [- - -] desselben Gaues [- - -] von dir, Petros, dem [- - -] Kaufpreis von sechshundert Lagynoi (Flaschen) frischen Wein, das macht 600 Lagynoi Wein [- - -] zuverlässig, ohne [- - -] desselben Jahres mit meinem, Phoibammons Risiko [- - -] unseren Besitz. Geschrieben am 22. Tag im Monat Thoth der 2. Indiktion. † (2. H.) ⳨ Ich, N. N. [- - -] aus Herakleopolis, bin Zeuge. † (1. H.) † [- - -]“.

Zwei nicht zusammenhängende Fragmente eines Lieferungskaufes über sechshundert Flaschen Wein, den zwei namentlich nicht bezeugte Personen, die offenbar aus verschiedenen Orten des herakleopolitischen Gaues stammten (Z. 1–2), mit einem gewissen Πέτρος, dessen Berufsbezeichnung und Herkunftsangabe verlorengegangen sind (Z. 3), abgeschlossen haben. Die Urkunde ist im Verzeichnis der Lieferungskäufe bei A. Jördens, P.Heid.V, S. 296–301 und Kruit, *Customs* 167–168 nicht erfaßt. Das Urkundenformular dürfte nach dem Muster ἔσχον ἐγὼ ὁ δεῖνα παρὰ σοῦ τοῦ δεῖνος καὶ πεπληρῶσθαι τὴν τιμήν eingeleitet worden sein. Die Summe des im voraus bezahlten Kaufpreises, dessen Empfang seitens der beiden Zahlungsempfänger mit vorliegender Urkunde bestätigt worden ist, findet sich – wie bei Lieferungskäufen allgemein üblich – nicht eigens angeführt. Der weitere Aufbau des Dokumentes ist folgendermaßen gekennzeichnet:

1. Festlegung des Produktes und der Menge der in Aussicht gestellten Lieferung (οἴνου νέου λαγύνων ἑξακοσίων in Z. 3–4);

2. Lieferungsbestimmung (Z. 4–5), in welcher für gewöhnlich der Lieferungstermin festgesetzt ist und von welcher in den vorliegenden Fragmenten nur noch das Adverb ἀναμφιβόλως (Ende der Z. 4; der Gebrauch dieses Wortes wäre nach A. Jördens, P.Heid. V, S. 313–314 in diesem Kontext gauspezifisch auf den Arsinoites beschränkt gewesen), δίχα κα̣[(Beginn der Z. 5) und] τ̣οῦ αὐτοῦ ἔτους (am Ende der Z. 5) zu greifen sind;

3. Strafklausel, in welcher einer der beiden Zahlungsempfänger erklärt hat, im Fall eines Lieferungsausfalls mit den persönlichen Vermögen beider zu haften (κινδύνῳ ἐμοῦ Φοιβάμμωνος und ὑπαρχόντων ἡμῖν in Z. 5–6).

Im Anschluß an das Ausstellungsdatum (Z. 6–7) folgte die Unterschrift eines namentlich nicht überlieferten Zeugen aus Herakleopolis (Z. 7). Von der zentriert wiedergegebenen Unterschrift des Urkundenausfertigers ist bloß das Anfangskreuz erhalten (Z. 8). Die Provenienz geht sowohl aus Erwähnungen des herakleopolitischen Gaues in Z. 1 und 2 als auch aus der Herkunftsangabe des unterzeichnenden Zeugen hervor. Das Dokument wird aufgrund paläographischer Kriterien ins 7. Jh. datiert (vgl. dazu die Formalbeschreibung).

1.–2. Die Ergänzung der Z. 1 aus der *ed. pr.* ist in Anbetracht des Urkundentyps zu verwerfen. Von jenen zwei Personen, die im vorliegenden Lieferungskauf als eine der beiden Vertragsparteien auftreten, sind lediglich die Reste unterschiedlicher Herkunftsbezeichnungen erhalten. Eine dieser Personen dürfte der in Z. 6 genannte Φοιβάμμων gewesen sein. Zu Weinlieferungskäufen und deren Formular vgl. allgemein A. Jördens, P.Heid. V, S. 296–331; Kruit, *Meaning* 265–276; ders., *Customs* 167–184.

]ν̣ης: Als Toponym käme etwa das der Μέση-Toparchie zugeordnete, im 5. Jh. als ἐποίκιον, in späterer Zeit als χωρίον bezeugte Δάφνη in Frage; vgl. Falivene, *Nome* 65–66.

3. λαηγύνω(ν): Hybride Mischform aus der koptischen Bezeichnung ⲗⲁⲏ und dem griechischen Wort λάγυνος bzw. λαγύνιον, worunter ein kleines Gefäß zu verstehen ist, das nur selten zur Abfüllung und Aufbewahrung von Wein verwendet wurde; die Verbindung mit Wein ist auch in P.Athen. 64, 13–14, P.Fayum 104 II 3, P.Prag. I 91, 2, P.Rein. II 101, 5 (dort ebenfalls in Zusammenhang eines Lieferungskaufes), SB V 7579, 8 und XXII 15255 nachweisbar.

4. οἴν̣[(ου) λάγ(υνοι) χ: Die Einleitung der Lieferungsbestimmung dürfte mit οὕσπερ σοι ἀποδώσομεν (oder ähnlich) erfolgt sein; im Anschluß daran ist in Hinblick auf Parallelen aus anderen Weinlieferungskäufen die Angabe einer terminlichen Festlegung – etwa ἀπὸ καρπῶν x ἰνδικτίωνος – zu erwarten.

5. δίχα κα̣[: Die Wendung δίχα κολακείας – vgl. P.Münch. I 9, 14–15 (Syene, 585) und 13, 12–13 (Syene, 594) – scheidet von der Lesung her aus; vgl. in diesem Zusammenhang darüber hinaus jedoch die im allgemeinen auf eine allfällige Gewaltanwendung gegenüber Personen bezogene Wendung δίχα κακώσ(εως?) in P.Ant. II 91, 4 (Antinoupolis, 6. Jh.), wo im Kommentar auf die inhaltlichen Schwierigkeiten bei der Deutung des Wortes κάκωσις an betreffender Stelle eingegangen wird (ein weiterer Interpretationsversuch wird in BL V 7 vorgeschlagen).

7. Θὼθ κβ: 19. (20.) September.

26. Quittung über Lohn (?) eines Symmachos (?) (Timotheos-Archiv)

P.Vindob. G 11026 — 4,7 × 20,5 cm — Mitte 7. Jh.
Arsinoiton Polis — Tafel XXII

ed. pr.: SPP III 26 (*s.* VI.–VII., Arsin.).

Papyrus. Oberer, linker und unterer Rand erhalten. An der rechten Seite abgebrochen. Das Ausmaß des Textverlustes beläuft sich auf etwas mehr als ein Drittel des Gesamtumfanges (gemessen an der ursprünglichen Gesamtbreite des *transversa charta* beschrifteten Urkundenblattes, welche in der Regel der herstellungsbedingten Höhe der Papyrusrollen von maximal 35–36 cm entspricht). Vier horizontale Faltungen 1,3, 2,4, 3 und 3,8 cm unterhalb des oberen Randes. Vertikale Faltung(en) nicht mehr deutlich erkennbar. Keine Klebung. Schwarze Tinte. Der Abstand der Schrift zum Rand beträgt oben und unten jeweils ca. 1 cm, links ca. 2 cm. Kreuz in Z. 1 ausgerückt. Verso leer. Von derselben Hand wie **96**, **111**, **116**, **164** und **176** (Gruppe der von Ἰούστος συμβολαιογράφος ausgestellten Urkunden). Schrifttyp: sog. „Minuskelkursive"; Formulartyp: ἔσχον καὶ ἐπληρώθην ἐγὼ ὁ δεῖνα παρὰ σοῦ τοῦ δεῖνος („Quittungsschema"). Ankauf: „Faijum *ex* 1883".

↓ 1 † Ἔσχον κ̣[αὶ] ἐπληρώθ̣η̣ν̣ ἐγὼ Μηνᾶς σ̣[ύμμαχος υἱὸς - - - ἀπὸ τῆς Ἀρσινοϊτῶν πόλεως ἀπὸ]
2 ἀμφόδου Νυμφέου παρ' ὑμ[ῶ]ν Τι̣μ̣οθέου το[ῦ περιβλέπτου πα]τ̣ρ̣[ὸς τῆς αὐτῆς πόλεως - - -]
3 ̣ ̣ ̣ ̣ ̣ ̣ ̣ ̣ ̣ ̣ ̣ ̣ ̣ ̣ ̣ ̣ ̣ [± 5] τ̣οῦ δημ̣ο̣σ̣ί̣[ου λου]τ̣ροῦ τῆς α̣[ὐτῆς πόλεως - - -]
4 πρώτης ἰν(δικτίωνος) εἰς πλήρης̣ κ̣α̣ὶ̣ ε̣ἰ̣ς̣ ὁ̣λ̣ό̣κ̣λ̣ηρον. Ἐγρ(άφη) μη(νὶ) [Φαρ]μ̣οῦθι ιζ [

1. [καὶ] ἐπ[λ]ηρώ[θη]ν̣ ἐγὼ Μηνας ̣[- - - ἀπὸ τῆς Ἀρσινοιτωνπόλεως ἀπό | *ed. pr.* 2. *l.* Νυμφαίου Τειμοθέου το[ῦ 13]ε[| *ed. pr.* 3. | δ ̣ ̣κ/ ̣[̣ ̣]μπ ̣ ̣ρ[̣ ̣ ̣ ̣ ̣ ἀμφόδου] Νυμφέ[ου - - -]ρου τῆς [| *ed. pr.* 4. *l.* πλῆρες πληρη[ς 12]ηρον *ed. pr.* φ[αρ]μουθι ιζ | *ed. pr.*

„† Ich, Menas, Symmachos, Sohn des N. N., aus Arsinoiton Polis aus dem Nymphaiu-Viertel, habe vollständig erhalten von euch, Timotheos, dem angesehenen Vater derselben Stadt [- - -] des öffentlichen Bades derselben Stadt [- - -] ersten Indiktion zum vollen Betrag und in allen Teilen unversehrt. Geschrieben am 17. Tag im Monat Pharmuthi [- - -]".

Fragment einer Quittung über eine vermeintliche Lohnzahlung, welche ein mutmaßlicher σύμμαχος namens Μηνᾶς von dem aus **111**, **176**, P.Ross.Georg. III 46 und 47 bekannten Τιμόθεος πατὴρ τῆς Ἀρσινοϊτῶν πόλεως, dem Namensgeber dieses Archivs (vgl. Komm. Z. 2), erhalten hat. Vom Zahlungsempfänger ist noch ein Rest der Herkunftsangabe erhalten (Z. 1–2), das Ausmaß des Textverlustes legt die Ergänzung einer Filiation im Anschluß an die Berufsbezeichnung nahe (Z. 1). Der Zahlungstitel ist nur mehr unvollständig überliefert und dürfte mit] τ̣οῦ δημ̣ο̣σ̣ί̣[ου λου]τ̣ροῦ τῆς α̣[ὐτῆς πόλεως (Z. 3) auf die Tätigkeit bzw. den Dienstbereich des Zahlungsempfängers im öffentlichen Bad der Stadt inhaltlich Bezug genommen haben (vgl. einen auffällig ähnlichen Hintergrund in der Archivparallele in P.Ross.Georg. III 47, wo ein im selbigen Bad beschäftigter σύμμαχος namens Μέλας entlohnt wurde; im Urkundenformular dürften sich die beiden Quittungen jedoch deutlich voneinander unterschieden haben); ein Zahlungsbetrag findet sich nicht bezeugt, scheint jedoch – sofern ein solcher überhaupt angeführt war – in Hinblick auf πρώτης ἰν(δικτίωνος) εἰς πλήρης κ̣α̣ὶ̣ ε̣ἰ̣ς̣ ὁ̣λ̣ό̣κ̣λ̣ηρον (Z. 4) am Ende der Z. 3 genannt gewesen zu sein. Das Fragment bricht unmittelbar nach der Angabe der Tagesziffer des Ausstellungsdatums ab. Zu Inhalt,

Datierung und Herkunft vgl. den allgemeinen Exkurs zum „Timotheos-Archiv" im vorangegangenen Einleitungsteil.

1. Μηνᾶς σ̣[ύμμαχος: Mit der gleichnamigen Person in **7**, 1 nicht identisch.
In Hinblick auf die Nennung des Stadtviertels am Beginn der Z. 2 dürfte – im Gegensatz zu σύμμαχος τοῦ δημοσίου λουτροῦ ταύτης τῆς Ἀρσινοϊτῶν πόλεως in der Archivparallele P.Ross.Georg. III 47, 1 – am Ende der Z. 1 der vorliegenden Urkunde die Herkunftsangabe des Zahlungsempfängers mit ἀπὸ τῆς Ἀρσινοϊτῶν πόλεως ἀπό] zu ergänzen sein.

2. ἀμφόδου Νυμφέου: Weitere Zeugnisse aus byzantinischer und früharabischer Zeit sind in **115**, 2 und SB I 5690, 2 anzutreffen; vgl. allgemein Diz. III 372; Suppl. 2, 138; Suppl. 3, 82.
Τι̣μοθέου: Dieselbe Person findet sich außerdem in **111**, 2, **176**, 2, P.Ross.Georg. III 46, 2 und 4̣7, 2; vgl. G. Zereteli, P.Ross.Georg. III 46, Komm. Z. 2; Pros. Ars. I, Nr. 5188 mit Anm. 603.
το[ῦ περιβλέπτου πα]τ̣ρ[ὸς τῆς αὐτῆς πόλεως: Als Anrede käme an betreffender Stelle auch λαμπροτάτου in Frage. Zum Titel πατὴρ τῆς πόλεως vgl. allgemein Sijpesteijn, *Pater Poleos* 171–174.

2.–3. Der Zahlungstitel bzw. die Zahlungsveranlassung sind offenbar mit einer genauen Beschreibung der Tätigkeit oder des Arbeitsbereiches des Zahlungsempfängers einhergegangen, wie τ̣οῦ δημ̣ο̣σ̣ί[ου λου]τροῦ τῆς α̣[ὐτῆς πόλεως in Z. 3 nahelegt. Die Lesung der Schriftspuren am Anfang der Z. 3 führt zu keinem befriedigenden Ergebnis. Die Lohnsumme könnte – sofern eine solche überhaupt Erwähnung gefunden hat – entweder am Ende der Z. 2 oder – mit höherer Wahrscheinlichkeit – am Ende der Z. 3 angeführt gewesen sein.

4. εἰς πλήρης κ̣α̣ὶ̣ εἰ̣ς̣ ὁ̣λόκληρον: Dieselbe Wendung läßt sich auch im Fall von CPR XIV 32, 21 (Arsinoiton Polis, 655?) und P.Grenf. I 65, 3 (Arsinoites) nachweisen.
[Φαρ]μ̣οῦθι ιζ: 12. April.
In Hinblick auf P.Ross.Georg. III 47 dürfte – ähnlich wie im Fall der Archivparallelen **111**, **176** und P.Ross.Georg. III 46 – im Anschluß an das Ausstellungsdatum aufgrund auffälliger Ähnlichkeiten mit dem Schriftbild in **96**, **116** und **164** die Unterschrift des Ausfertigers mit Δι' ἐμοῦ Ἰούστου συμβολαιογρ(άφου) zu ergänzen sein, was zugleich auch einen Anhaltspunkt für die Datierung der Urkunde und des Archivs in die Mitte des 7. Jh. liefert.

27. QUITTUNG

P.Vindob. G 11027	6,7 × 8,7 cm	6.–7. Jh.
(?)		Tafel XXIV

ed. pr.: SPP III 27 (keine Angaben zu Herkunft und Datierung) – Korr.: Kapsomenakis, *Voruntersuchungen* 93 (BL III 233).

Papyrus. Oberer, linker und unterer Rand erhalten. An der rechten Seite abgebrochen. Das Ausmaß des Textverlustes bleibt weitgehend unklar. Vier horizontale Faltungen 1,3, 2,8, 4,4 und 5,6 cm unterhalb des oberen Randes. Die rechte Bruchkante könnte entlang einer vertikalen Faltung verlaufen. Keine Klebung. Schwarze Tinte. Der Abstand der Schrift zum Rand beträgt oben ca. 0,5 cm, links ca. 1 cm und unten ca. 1,5 cm. Kreuz in Z. 1 ausgerückt. Die Schrift auf dem Rekto verläuft quer zur Faserrichtung (*transversa charta*). Verso leer.

Schrifttyp: sog. „Minuskelkursive"; einzelne Buchstaben (vgl. etwa κ, μ und τ) finden sich sowohl in einer „minuskelkursiven" als auch in einer „minuskelartigen" Form vertreten; Formulartyp: ἔσχον καὶ ἐπληρώθην ἐγὼ ὁ δεῖνα παρὰ σοῦ τοῦ δεῖνος („Quittungsschema"). Ankauf: „*ex* 1883".

↓ 1 † Ἔσχον καὶ ἐπληρώθην ἐγὼ̣ [- - -]
2 παρ' ὑμῖν Φοιβάμμων τοῦ λαμ̣[προτάτου - - -]
3 τὰ ἴσα τῶν ἐπαρθέντων πα̣[- - -]
4 τετάρτης ἰν(δικτίωνος) εἰς πλήρης̣ [- - - Ἐγράφη μηνὶ]
5 Μεχεὶρ κζ γ ἰν(δικτίωνος). † Δ(ι') ἐμ[οῦ - - -]

2. *l.* ὑμῶν Φοιβάμμωνος ὔμιν *pap.* 3. ϊσα *pap.* πα̣[ρὰ | *ed. pr.* 4. *l.* πλῆρες πληρης [| *ed. pr.*

„† Ich, N. N. [- - -] habe vollständig erhalten von euch, Phoibammon, dem erlauchten [- - -] das Gleiche der genommenen [- - -] vierten Indiktion zum vollen Betrag [- - -] Geschrieben am 27. Tag im Monat Mecheir der 3. Indiktion. † Durch mich, N. N. [- - -]".

Fragment einer Quittung, von welcher neben der üblichen Formulareinleitung nach dem Muster ἔσχον καὶ ἐπληρώθην ἐγὼ ὁ δεῖνα παρὰ σοῦ τοῦ δεῖνος nur noch der Name des oder – für den Fall, daß es sich bei der Ansprache παρ' ὑμῖν (*l.* ὑμῶν) nicht bloß um eine Respekt bekundende Höflichkeitsfloskel gehandelt haben sollte – eines von mehreren Quittungsadressaten erhalten ist (Z. 1–2). Die Anrede als λαμπρότατος, welche als Indiz für eine gesellschaftliche Stellung von erheblicher Bedeutung gewertet werden kann, scheint allerdings den Verdacht zu erhärten, daß das Dokument an die in Z. 2 bezeugte Person des Φοιβάμμων als einzigen Adressaten gerichtet war. Mit τὰ ἴσα τῶν ἐπαρθέντων πα̣[in Z. 3 dürfte auf den Gegenstand der in der Urkunde niedergelegten Transaktion eingegangen worden sein. Mit τετάρτης ἰν(δικτίωνος) in Z. 4 war der Bemessungszeitraum genannt, mit dem daran anschließenden εἰς πλήρης der vollständige Empfang des Transaktionsgegenstandes angezeigt. Nach dem Ausstellungsdatum (Z. 4–5) bricht der Inhalt des Fragmentes mit der Unterschrift des Ausfertigers ab. Der Textbefund bietet keinen einzigen Anhaltspunkt, der über eine mögliche Herkunft der Urkunde Aufschluß geben könnte; dem handschriftlichen Inventarkatalog des Erstherausgebers ist der Eintrag „*ex* 1883" als Hinweis auf das Ankaufsjahr zu entnehmen, demzufolge die Urkunde sowohl aus dem Gebiet des Arsinoites als auch aus dem Bereich des Herakleopolites stammen könnte. Das Dokument wird aufgrund paläographischer Kriterien ins 6.–7. Jh. datiert (vgl. dazu die Formalbeschreibung).

3. ἐπαρθέντων: Vgl. dazu E. Kießling, *Wörterbuch der griechischen Papyrusurkunden aus Ägypten* IV, 4. Lieferung, Marburg 1971, *s. v.* ἐπαίρω, wo in Zusammenhang mit vorliegender Urkunde die Übersetzung mit „nehmen, wegbringen" vorgeschlagen wird. In gekürzter Form ἐπαρθ(έντων) kommt in den Steuerabrechnungen P.Lond. IV 1412, 495 und 531 (Aphrodito, 699–705) vor, wo das Wort vom Herausgeber im fiskalischen Sinn als „eingehoben" verstanden wird; in der Abrechnung über Bauarbeiten P.Petr. III 46 (3), 11 (Gurob, 3. Jh.) findet sich ἐπαρθέντας in Zusammenhang mit Ziegel als „aufgemauert" übersetzt. Obwohl das Quittungsformular der vorliegenden Urkunde eher auf eine finanzielle Transaktion schließen läßt, bleibt aufgrund des fragmentarischen Erhaltungszustandes unklar, welche konkrete inhaltliche Bedeutung dem Verbum ἐπαίρω an dieser Stelle zugekommen war.

5. Μεχεὶρ κζ: 21. (22.) Februar.

28. QUITTUNG

P.Vindob. G 11028 2,8 × 5,4 cm 6.–7. Jh.
Arsinoiton Polis Tafel XXIV

ed. pr.: SPP III 28 (*s.* VI., Arsin.).

Papyrus. Oberer und linker Rand erhalten. An der rechten und unteren Seite abgebrochen. Das Ausmaß des Textverlustes bleibt weitgehend unklar. Keine Faltungen erkennbar; die rechte und untere Bruchkante könnten jedoch entlang von Faltungen verlaufen. Eine 2 cm breite Kollesis verläuft horizontal 2 cm unterhalb des oberen Randes (auf Höhe der Z. 2–3). Schwarze Tinte. Der Abstand der Schrift zum Rand beträgt oben und links jeweils ca. 0,5 cm. Kreuz in Z. 1 ausgerückt. Die Schrift auf dem Rekto verläuft quer zur Faserrichtung (*transversa charta*). Verso leer. Schrifttyp: sog. „Minuskelkursive"; Formulartyp: ἔσχον καὶ ἐπληρώθην ἐγὼ ὁ δεῖνα παρὰ σοῦ τοῦ δεῖνος („Quittungsschema"). Ankauf: „Faijûm *ex* 1883".

↓ † Ἔσχον καὶ ἐπληρ[ώθην ἐγὼ - - - ἀπὸ - - -]
Μάκρωνος τοῦ Ἀρσιν[οΐτου νομοῦ παρὰ σοῦ - - - ἀπὸ]
τῆς Ἀρσιν̣[οϊτῶν πόλεως - - -]
— — — — — —

1. ἐπλη[ρώθην ἐγὼ ὁ δεῖνα ἀπὸ κώμης | *ed. pr.* 2. Ἀρσιν̣[οιτου νομοῦ | *ed. pr.* 3. | της αρ̣ [| *ed. pr.*

„† Ich, N. N. [- - -] aus [- - -] Makronos des arsinoitischen Gaues, habe vollständig erhalten von dir, N. N. [- - -] aus Arsinoiton Polis [- - -]".

Fragment einer Quittung unbestimmbaren Inhaltes, von welcher mit Ausnahme von Resten des Einleitungsformulars nach dem Muster ἔσχον καὶ ἐπληρώθην ἐγὼ ὁ δεῖνα παρὰ σοῦ τοῦ δεῖνος sowie der mutmaßlichen Herkunftsangaben des Zahlungsempfängers und des Quittungsadressaten (vgl. Komm. Z. 2) nichts mehr erhalten ist. Die Provenienz geht aus der Herkunftsangabe des Quittungsadressaten hervor, was auch in der Dokumentation des Ankaufsjahres im handschriftlichen Inventarkatalog Bestätigung zu finden scheint. Das Fragment wird aufgrund paläographischer Kriterien ins 6.–7. Jh. datiert (vgl. dazu die Formalbeschreibung).

2. Μάκρωνος: In SPP X 108, 17 (Arsinoites, 8. Jh.) ist der Ort in der Bezeichnung eines χωρίον nachgewiesen, in weiteren Zeugnissen lediglich anhand seines Namens greifbar; eine Ergänzung der Herkunftsbezeichnung mit ἀπὸ χωρίου] Μάκρωνος ist im vorliegenden Fall durchaus möglich (χωρία sind als Herkunftsangabe nicht bloß ausschließlich, wenn auch vorwiegend in Urkunden mit steuerlichem Kontext anzutreffen), eine allgemeine Kategorisierung des Topos als κώμη (vgl. etwa die Ergänzung in der *ed. pr.*) gilt trotz des vorläufig eindeutig negativen Quellenbefundes als nicht vollkommen ausgeschlossen; vgl. allgemein Wessely, *Topographie* 104; B. P. Grenfell, A. S. Hunt, P.Tebt. II, S. 362; 388; Diz. III 228. Die Angabe des Ortes könnte aber auch als Teil einer offiziellen Amtsbezeichnung verstanden werden, was angesichts der nachfolgenden Gauangabe jedoch als wenig wahrscheinlich zu gelten hat; von einer Ergänzung der Präposition ἀπό wäre in diesem Fall abzusehen.

παρὰ σοῦ: Vielleicht auch παρ' ὑμῶν – sei es als Höflichkeitsfloskel, sei es als Ansprache mehrerer Urkundenadressaten (vgl. **27**, 2).

2.–3. τῆς Ἀρσιν[οϊτῶν πόλεως: Die Angabe könnte auch als Teil eines Amtstitels mit ταύτης] τῆς Ἀρσιν[οϊτῶν πόλεως aufgefaßt werden.

29. + 75. QUITTUNG ÜBER LOHN

P.Vindob. G 11029+11075 (?) 5,5 × 12,8 cm 6.–7. Jh.
Tafel XXV

ed. pr. **29**: SPP III 29 (*s.* VI., *ex* 1886) – *ed. pr.* **75**: SPP III 75 (*s.* VI.) – Korr. **75**: Pros. Ars. I, Nr. 2825, Anm. 377 (BL VIII 435).

Papyrus. Zwei zusammenhängende Fragmente (**75** links, **29** rechts). Oberer, linker und unterer Rand erhalten. An der rechten Seite abgebrochen. Das Ausmaß des Textverlustes dürfte sich auf etwa zwei Drittel des Gesamtumfanges belaufen (gemessen an der ursprünglichen Gesamtbreite des *transversa charta* beschrifteten Urkundenblattes, welche in der Regel der herstellungsbedingten Höhe der Papyrusrollen von maximal 35–36 cm entspricht). Faltungen nicht mehr deutlich erkennbar; die rechte Bruchkante könnte jedoch entlang einer vertikalen Faltung verlaufen. Keine Klebung. Schwarze Tinte. Der Abstand der Schrift zum Rand beträgt oben und unten jeweils ca. 0,5 cm, links ca. 1 cm. Z. 5 leicht eingerückt. Verso leer. Schrifttyp: sog. „Minuskelkursive"; Formulartyp: ἔσχον καὶ ἐπληρώθην ἐγὼ ὁ δεῖνα παρὰ σοῦ τοῦ δεῖνος („Quittungsschema"). Ankauf: „*ex* 1883" (**29**); „*ex* 1887" (**75**).

↓
† Ἔσχον καὶ ἐπληρώθην ἐγὼ Ṇ[- - -]
παρὰ σοῦ Ἰωάννου γραμματέως ̣[- - -]
κώμης ὑπὲρ τοῦ ἐμοῦ μισθοῦ ṭ[- - - χρυσοῦ νομισμάτια]
δύο ῥυπαρὰ καὶ χρυσοῦ κεράτια τέσ[σαρα - - -]
vac. (2. H.?) † Δι' ἐμοῦ Καλονᾶ συμβολαιογράφ(ου). *Paraphe* [*vac.* (?)]

1. ἐπλ[ηρώθην ἐγώ | *ed. pr.* **75** | [† ἔσχον καὶ ἐπλ]ηρώθην *ed. pr.* **29** 2. Ιωάν[νου | *ed. pr.* **75** |]νου γραμματέως [| *ed. pr.* **29** 3. ἐμ̣[οῦ | *ed. pr.* **75** | τοῦ] ἐ[μ]οῦ μισθοῦ ṭ[| *ed. pr.* **29** 4. χρυσοῦ [| *ed. pr.* **75** |] κεράτια τέσ[σαρα ̣ ̣ ̣ † δι' ἐμοῦ] | *ed. pr.* **29** 5. Καλονα (*l.* Καλομηνα) συμβ[ολαιογρ(άφου) | *ed. pr.* **75** | [τοῦ δεῖνος συμ]βολαιογραφ/ *ed. pr.* **29** Καλονᾶ (?) Diethart

„† Ich, N. N. [- - -] habe vollständig erhalten von dir, Ioannes, Grammateus [- - -] Dorfes für meinen Lohn [- - -] an Gold zwei nicht vollwertige Solidi und an Gold vier [- - -] Keratia [- - -] (2. H.?) † Durch mich, Kalonas, Symbolaiographos [- - -]".

Fragment einer Lohnquittung, in welcher der Name und die Funktionsbezeichnung des Lohnempfängers (sowie eine allfällige Herkunftsangabe) nicht erhalten sind (Z. 1); die Lohnauszahlung ist durch einen γραμματεύς namens Ἰωάννης erfolgt, dessen Kompetenzbereich verlorengegangen ist (Z. 2). Κώμης am Beginn der Z. 3 könnte im Rahmen eines ausführlich formulierten Zahlungstitels den Dienstbereich oder die Tätigkeit des Lohnempfängers näher bezeichnet haben, wobei das Wort inhaltlich an die in der Z. 2 zu gewärtigende Nennung des Amtsbereiches des Quittungsadressaten anknüpfte. Im Anschluß an die Fortsetzung des Urkundenformulars mit ὑπὲρ τοῦ ἐμοῦ μισθοῦ in Z. 3 dürfte auf den Bemessungszeitraum mit Angabe des betreffenden Indiktionsjahres verwiesen worden sein; die Höhe der ausgezahlten Lohnsumme, welche sich nachweislich auf einen Geldbetrag von zwei (nicht vollwertigen) Solidi und vier (oder auch mehr) Keratia belaufen hat (Z. 3–4; vgl. Komm. Z. 4), legt hinsichtlich des Formularwortlautes und der Stellung des Adressaten den

Umstand einer Auszahlung eines Jahresgehaltes nahe, wie dies zum überwiegenden Teil vor allem in den Urkunden des sogenannten „Andreas-Archivs“ der Fall war. Die Angabe eines Ausstellungsdatums wäre sinngemäß am Ende der Z. 4 zu ergänzen. Die in Z. 5 befindliche Unterschrift des Ausfertigers der Quittung ist leicht eingerückt und aufgrund des knapp bemessenen Platzes am unteren Rand des Urkundenblattes plaziert; im Gegensatz zum Schriftbild des Haupttextes sind die Buchstaben an dieser Stelle um einiges enger geführt und weisen kaum eine Rechtsneigung auf, wodurch ein – möglicherweise bloß fälschlicher – Eindruck eines Schreiberwechsels erweckt werden könnte. Urkunde und Text enden mit der Paraphe des unterzeichnenden Ausfertigers. Der Inhalt des Fragmentes bietet keinen einzigen Anhaltspunkt, der über eine mögliche Provenienz des Schriftstückes Auskunft geben könnte; die zu beiden Teilfragmenten im handschriftlichen Inventarkatalog aufgezeichneten Daten der Ankaufsjahre stimmen merkwürdigerweise nicht miteinander überein, widersprechen zugleich aber auch der Angabe des Ankaufsjahres in der *ed. pr.* **29**. Das Dokument wird aufgrund paläographischer Kriterien ins 6.–7. Jh. datiert (vgl. dazu die Formalbeschreibung).

1. Ν̣[: Vielleicht aber auch Π̣[.

2. γραμματέως ̣[: Die Angabe des Amtssprengels bzw. des Kompetenzbereiches des Quittungsadressaten war vermutlich mit κ̣[ώμης eingeleitet worden.

3. κώμης: Aufgrund der syntaktischen Stellung des Wortes wohl als rückbezügliches τῆς αὐτῆς] κώμης aufzufassen.

μισθοῦ τ̣[: In unmittelbarem Anschluß an den Zahlungstitel war wohl der Bemessungszeitraum der Lohnzahlung wiedergegeben (vgl. etwa **7**, 2); die Angabe des betreffenden Indiktionsjahres könnte τ̣[ρίτης, τ̣[ετάρτης, τ̣[ρεισκαιδεκάτης oder τ̣[εσσαρασκαιδεκάτης bzw. – im Fall eines vorangestellten Artikels – mit τ̣[ῆς παρούσης, τ̣[ῆς ἐνεστώσης, τ̣[ῆς εἰσιούσης, τ̣[ῆς παρελθούσης (oder ähnlich) gelautet haben.

νομισμάτια]: Oder νομίσματα].

4. κεράτια τέσ[σαρα: Der Betrag ist möglicherweise unvollständig überliefert, ein nachfolgender Bruchwert nicht auszuschließen.

5. Καλονᾶ: Die Person ist aus keinem anderen Zeugnis bekannt. Der Name Καλονᾶς ist sonst ausschließlich inschriftlich nachweisbar; vgl. 2866, 1 (Abydos/nördl. Troas, 1. Hälfte 9. Jh.) bei Zacos – Veglery, *Seals* sowie B, V, f, 59 bei Svoronos, *Cadastre*.

30. QUITTUNG

P.Vindob. G 11030	7,6 × 5,6 cm	2. Hälfte 7. Jh.
Arsinoiton Polis		Tafel XXVI

ed. pr.: SPP III 30 (*s.* VI., Arsin.) – Korr.: Pros. Ars. I, Nr. 3984 (BL VIII 434).

Papyrus. Oberer und unterer Rand erhalten. An der linken und rechten Seite abgebrochen. Das Ausmaß des Textverlustes bleibt weitgehend unklar. Drei horizontale Faltungen 1,5, 3,4 und 5,7 cm unterhalb des oberen Randes. Eine 2,2 cm breite Kollesis verläuft horizontal 5,6 cm unterhalb des oberen Randes (auf Höhe der Z. 4–5). Schwarze Tinte. Der Abstand der Schrift zum Rand beträgt oben ca. 1,5 cm und unten ca. 1 cm. Z. 5 mit Unterschrift eingerückt oder zentriert. Zwischen Z. 4 und 5 abgewaschene Spuren einer älteren Beschriftung. Die Schrift auf dem Rekto verläuft quer zur Faserrichtung (*transversa charta*). Verso leer. Zumindest von derselben Hand wie **54** (1. H. = Ausfertiger Καλλίνικος). Schrifttyp: sog. „Minuskelkursive“. Der Formulartyp („Quittungsschema“) ist aus dem Textbefund nicht klar ersichtlich: sowohl ἔσχον καὶ ἐπληρώθην ἐγὼ ὁ δεῖνα παρὰ σοῦ τοῦ δεῖνος als auch ἐπληρώθην ἐγὼ ὁ δεῖνα παρὰ σοῦ τοῦ δεῖνος kommen als Formularmuster in Frage. Ankauf: „Faijûm *ex* 1883“.

↓ ἐπλ]ηρώθην ἐγὼ Πρα̣[
Οὐ]ενάφριος προ̣α̣[ιρέτου
] τοῦ περιβλέ⟨π⟩του τ[
εἰς] πλήρης. Ἐγρά[φη μηνὶ
] *vac.* ⳨ Δι᾽ ἐμο̣ῦ̣ Καλλ[ινίκου

1. | [† ἔσχον καὶ ἐπλ]ηρώθην ἐγὼ Πρ̣ [| *ed. pr.* 2. | Οὐ]ενάφριος προς [| *ed. pr.* προα̣[ιρέτης (?) | Diethart 3. |]του *ed. pr.* 4. *l.* πλῆρες 5. | ⳨ δι᾽ ἐμ[οῦ] *ed. pr.* δϊ *pap.* Καλλ[ινίκου: Kreuz darüber (?)

„[- - -] Ich, N. N. [- - -] habe ausbezahlt bekommen [- - -] Uenaphris, Proairetes [- - -] des angesehenen [- - -] zum vollen Betrag. Geschrieben [- - -] im Monat [- - -] ⳨ Durch mich, Kallinikos [- - -]“.

Fragment einer Quittung, deren Inhalt und Charakter aufgrund des Textbefundes nicht näher bestimmt werden können; vom Namen des Zahlungs- oder Lieferungsempfängers sind nur noch die drei ersten Buchstaben erhalten (Z. 1); im Fall von Οὐ]ενάφριος προ̣α̣[ιρέτου (Z. 2) dürfte es sich dem Anschein nach um den Adressaten des Dokumentes gehandelt haben; Kasus sowie Aufbau und Formular der Urkunde legen die Ergänzung eines vorangegangenen παρά σοῦ nahe. Die Funktion und inhaltliche Bedeutung einer in Z. 3 genannten Person lassen sich hingegen nicht mehr eruieren; entweder war sie als offizieller Empfänger der Zahlung oder Lieferung im Rahmen des Zahlungs- bzw. Lieferungstitels der Quittung genannt – was bedeutete, daß der formelle Absender des Schreibens die Zahlung bzw. Lieferung nicht für sich selbst, sondern in Vertretung des eigentlichen Empfängers entgegengenommen und quittiert hätte – oder sie hat ihrerseits eine übermittelnde Funktion innegehabt. Nach erfolgter Nennung des Zahlungsbetrages bzw. der gelieferten Produkte oder Gegenstände (vgl. εἰς] πλήρης in Z. 4) wurde mit Ἐγρά[φη μηνί zum Ausstellungsdatum der Urkunde übergeleitet. Die Quittung war einer auch aus anderen Urkunden bekannten Person namens Καλλίνκος ausgefertigt worden, was einen wertvollen Anhaltspunkt für die Datierung und Herkunftsbestimmung des vorliegenden Fragmentes liefert (vgl. Komm. Z. 5).

1. ἐπλ]ηρώθην ἐγώ: Die vorliegende Urkunde war in der *ed. pr.* der Formulargruppe † ἔσχον καὶ ἐπληρώθην ἐγώ zugeordnet und dementsprechend ergänzt worden; es läßt sich jedoch nicht ausschließen, daß das Urkundenformular mit der Wendung [† Ἐπλ]ηρώθην ἐγώ eingeleitet war, wie es beispielsweise in **37**, 1 und **40**, 1 begegnet (vgl. dieselbe Fragestellung im Fall von **17**, 1 und **34**, 1).

2. Οὐ]ενάφριος: Entweder als Genitiv von Οὐενᾶφρις oder als Kasusfehler (Nominativ Οὐενάφριος anstelle des Genitivs Οὐεναφρίου) aufzufassen; zu den Genitiv-Endungen auf -ιος vgl. allgemein Clarysse, *Accents* 177–184; insbes. 180.

προα̣[ιρέτου: Der Amtstitel findet sich mehrfach bezeugt. In BGU II 362 (Arsinoites, 215) wird ein προαιρέτης βιβλιοθήκης dem Hilfspersonal im Büro- und Kassendienst zugerechnet; vgl. Oertel, *Liturgie* 411. Weitere Belege des Wortes προαιρέτης in P.Berl.Bork. 1 I 24 (Panopolis, 298–330), P.Lips. I 123, 20 (Mendesios Nomos, 136), P.Princ. II 74, 14 (Herkunft unbekannt, ca. 300), O.Douch I 54,2 (vielleicht aber auch Personenname Προα( ); Kysis, ca. 360–390; Korr. der Datierung und anderes in BL X 289) und SPP XX 123, 28; 29

(Herakleopolis, 445; Korr. der Datierung in BL VII 263) weisen keinerlei Zusätze in Bezug auf den Kompetenzbereich des jeweiligen Amtsträgers auf; im Fall von P.Lips. I 123 geht der Aufgabenbereich immerhin aus dem inhaltlichen Kontext der Urkunde hervor.

3.] τοῦ περιβλέ⟨π⟩του τ[: Im Anschluß an die Anredeform wäre ein Name oder ein Amtstitel zu erwarten; vielleicht] τοῦ περιβλέ⟨π⟩του τ[ριβούνου, wofür Parallelen in ὁ περ[ίβ]λεπτος τριβοῦνος νοτάριος in SB VI 9598, 1 (Herk. unb., 427/428 oder 442/443; Korr. der Datierung in BL X 201) und in τοῦ λαμπροτάτου καὶ πε[ρ]ιβλέπτου τριβούνου νοταρίου SPP XX 143, 6 (Hermopolites, ca. 435; Korr. der Datierung in BL VI 196) vorlägen.; vgl. daneben aber auch τῶν περιβλέπτων τρ[ακτευτῶν in P.Oxy. XVI 1882, 6 (504; vgl. Korr. in BL XI 153).

5. Δι᾽ ἐμοῦ̣ Καλλ[ινίκου: Dieselbe Person ist als Ausfertiger in **54**, 3 (mit griechischer Unterschrift ⳨̇ Δι ἐμοῦ Καλλι[νίκου), in BGU III 841, 10 (mit lateinisch-griechischer Unterschrift ⳨ Di emu Callinicu Δι᾽ ἐμοῦ Καλλινίκου †), in SB I 4658, 24 (mit lateinisch-griechischer Unterschrift † Di emu Callinicu Δι᾽ ἐμοῦ Καλλ̣ινίκ̣ου †), 4782, 4 ( ] Δ̣ι̣᾽ ἐ̣μ̣ο̣ῦ̣ Καλλινίκο[υ mit Kreuz darüber), 4825, 4 ([† Di] emu Callini[cu) und im Pachtvertrag über Saatland bei S. Hodeček, Eirene 40 (2004) 74–84, Nr. 10, 27–28 aus dem Jahr 681 bezeugt (vgl. ebenda, S. 83–84). Letztgenannte Urkunde liefert einen entscheidenden Hinweis für die zeitliche Einordnung des vorliegenden Fragmentes sowie der gesamten Urkundengruppe in die zweite Hälfte des 7. Jh., wodurch der bisherige, in Byz. Not. 41 vertretene und auf paläographischen Kriterien basierende Datierungsansatz ins 6.–7. Jh. eine deutliche Präzisierung erfährt.

31. QUITTUNG ÜBER KOPFSTEUER (?)

P.Vindob. G 11031	5,4 × 11,5 cm	7.–8. Jh.
(?)		Tafel XXV

ed. pr.: SPP III 31 (*s.* VI.–VII.) – Korr.: Viereck, *Rezension* 715.

Papyrus. Oberer und unterer Rand erhalten. An der linken und rechten Seite abgebrochen. Das Ausmaß des Textverlustes bleibt weitgehend unklar. Drei horizontale Faltungen 1,2, 2,5 und 4,2 cm unterhalb des oberen Randes. Keine Klebung. Schwarze Tinte. Der Abstand der Schrift zum Rand beträgt oben ca. 1 cm und unten ca. 0,5 cm. Die Schrift auf dem Rekto verläuft quer zur Faserrichtung (*transversa charta*). Verso leer. Schrifttyp: sog. „Minuskelkursive“. Der Formulartyp („Quittungsschema“) ist aus dem Textbefund nicht klar ersichtlich. Ankauf: „*ex* 1883“.

↓ 1]ν ἐγὼ Κολλοῦθος διαγραφάριος υἱὸς Φοιβ̣[άμμωνος
2 παρὰ] σοῦ Ἠσαΐου ὀρβοπώλου υἱοῦ Βίκτορος ἀπὸ τ̣[
3 τῆ]ς παρούσης τετάρτης ἰν(δικτίωνος) εἰς π̣[λῆρες
4] ̣ ̣ίου̣ς τ̣ῆς αὐτ(ῆς) τετάρτη̣[ς ἰν(δικτίωνος)

1. | [† ἔσχον καὶ ἐπληρώθη]ν ἐγώ *ed. pr.* 2. τ[ῆς ̣ ̣ ̣ | *ed. pr.* 3. ϊν( ) *pap.* εἰς [πλῆρες | *ed. pr.*, εἰς [πλήρης | Viereck 4. | δ̣]ους τῆ[ς] αὐτ(ῆς) τετάρτ[η̣ς ἰνδ(ικτιῶνος) | *ed. pr.*

„[- - -] Ich, Kolluthos, Diagrapharios, Sohn des Phoibammon [- - -] von dir, Esaias (= Jesaja), Erbsenhändler, Sohn des Viktor, aus [- - -] der gegenwärtigen vierten Indiktion zum vollen Betrag [- - -] derselben vierten Indiktion [- - -]“.

Fragment einer Quittung, die ein gewisser Κολλοῦθος διαγραφάριος, Sohn eines Φοιβάμμων, einem Erbsenhändler namens Ἡσαΐας, Sohn eines Βίκτωρ, ausgestellt hat bzw. ausstellen hat lassen. Der Inhalt der Urkunde könnte in Hinblick auf die Amtsbezeichnung des Zahlungsempfängers auf eine im Rahmen der arabischen Kopfsteuer (διάγραφον) erfolgte Leistung seitens des Erbsenhändlers Bezug genommen haben; ein privater Geschäftshintergrund ist freilich aufgrund des fragmentarischen Zustandes des Schriftstückes nicht gänzlich auszuschließen. Der Wortlaut der Formulareinleitung ist nicht vollständig erhalten (zu möglichen Ergänzungen vgl. Komm. Z. 1.). In Z. 1 waren weiters Name, Amtsbezeichnung und Filiationsangabe des Zahlungsempfängers angeführt; in Hinblick auf das offenbar rückbezügliche ἀπὸ τ̣[in Z. 2 ist im Anschluß an den Vatersnamen die Erwähnung einer Herkunftsangabe zu erwarten, was gemeinsam mit dem Umstand, daß bei der Angabe der Amtsbezeichnung des formellen Absenders von einer ausdrücklichen Erwähnung des offiziellen Kompetenzbereiches desselben abgesehen worden ist, eher für einen privaten Hintergrund des urkundlich festgehaltenen Vorganges spricht. In Z. 2 sind Name, Berufsbezeichnung, Vatersname und Herkunftsangabe des Quittungsadressaten überliefert; ein Zahlungs- oder Lieferungstitel scheint im Übergang der Z. 2–3 genannt gewesen zu sein; der Angabe des Bemessungszeitraumes in Z. 3, welche sich auf das gegenwärtige vierte Indiktionsjahr bezogen hat, müßte in Anbetracht des unmittelbar darauffolgenden εἰς π̣[λῆρες eine allfällige Erwähnung einer Zahlungssumme oder Produktmenge vorausgegangen sein. Nach dem Ausstellungsdatum, von welchem nur noch die Angabe des Indiktionsjahres greifbar ist (Z. 4), könnte die Quittung mit der Unterschrift des Ausfertigers geendet haben. Der Textbefund des Fragmentes bietet keinen einzigen Anhaltspunkt, der über eine mögliche Provenienz der Urkunde Aufschluß geben könnte; aufgrund des im handschriftlichen Inventarkatalog befindlichen Vermerkes „*ex* 1883“ könnte das Dokument arsinoitischen oder herakleopolitischen Ursprunges sein. Das Dokument wird aufgrund des Amtstitels des Zahlungsempfängers, welcher sich mit Sicherheit aus der Bezeichnung der Kopfsteuer in arabischer Zeit herleitet, ins 7.–8. Jh. datiert (vgl. Komm. Z. 1).

1.]ν ἐγώ: In der *ed. pr.* war gemäß dem Prinzip einer Anordnung nach Formulartypen der Zeilenbeginn mit [† ἔσχον καὶ ἐπληρώθη]ν ἐγώ ergänzt worden; der paläographische Befund scheint jedoch auf eine Einleitungswendung [† Ἔσχο]ν ἐγώ zu deuten, da im Fall von ἐπληρώθη]ν ἐγώ Reste der Oberlänge des η zu erwarten wären.

διαγραφάριος: Offensichtlich als Amtsbezeichnung eines Steuerbeamten aufzufassen; ein weiteres Mal in der koptischen Urkunde P.Lond. IV 1585, 1 (Herkunft und Datierung unbekannt) bezeugt. Zu dem damit offensichtlich in unmittelbarem Zusammenhang stehenden Begriff διάγραφον, der Bezeichnung der Kopfsteuer in arabischer Zeit, vgl. zuletzt F. Morelli, CPR XXIII 60, Einl., S. 284–285.

2. ὀρβοπώλου: Schreibvariante zu ὀρβιοπώλου; vgl. allgemein Uebel, *Monopolia phakes* 178–179; Gignac, *Grammar* I 307; Casarico, *Repertorio* 33–34; Drexhage, *Komposita I* 14–15; ders., *Komposita II* 6; daneben auch Ruffing, *Berufsbezeichnungen* 16–58; Drexhage, *Komposita III* 74–89.

ἀπὸ τ̣[: Rückbezügliche Herkunftsangabe des Quittungsadressaten, die sich mit ἀπὸ τ̣[ῆς αὐτῆς bzw. ἀπὸ τ̣[οῦ αὐτοῦ sowohl auf eine städtische als auch auf eine ländliche Herkunft bezogen haben könnte.

4.] ̣ιους: Eine Angabe des Wandeljahres nach ägyptischem Kalender mit κατ' Αἰγυπ]ṭị́ους (mit 365 Tagen pro Jahr gegenüber dem augusteischen Kalender mit 365 1/4 Tagen pro Sonnenjahr), welche – wie aus P.Kell. I 46, 11–12 (Kellis, 2. Hälfte 4. Jh.; vgl. BL XI 102) zu ersehen ist – eine vorangegangene Angabe des Tagesdatums zur Voraussetzung hätte, dürfte in Hinblick auf die Datierung der Urkunde in früharabische Zeit auszuschließen sein, da betreffender Terminus nach dem 4. Jh. offenbar nicht mehr gebraucht worden war; vgl. allgemein Hagedorn – Worp, *Wandeljahr* 243–255.

32. Quittung über Geldzahlung (?)

P.Vindob. G 11032	4,3 × 7,8 cm	6.–7. Jh.
Arsinoiton Polis		Tafel XXVII

ed. pr.: SPP III 32 (*s*. VI.–VII., Arsin.).

Papyrus. Oberer Rand vollständig, linker und unterer Rand teilweise erhalten. An der rechten Seite abgebrochen. Das Ausmaß des Textverlustes bleibt weitgehend unklar. Faltungen nicht mehr deutlich erkennbar. Keine Klebung. Schwarze Tinte. Der Abstand der Schrift zum Rand beträgt oben und unten jeweils ca. 0,7 cm, links ca. 1,5 cm. Kreuz in Z. 1 ausgerückt. Die Schrift auf dem Rekto verläuft quer zur Faserrichtung (*transversa charta*). Verso leer. Schrifttyp: sog. „Minuskelkursive“. Formulartyp: ἔσχον καὶ ἐπληρώθην ἐγὼ ὁ δεῖνα παρὰ σοῦ τοῦ δεῖνος („Quittungsschema“). Ankauf: „Faijûm *ex* 1883“.

↓ † Ἔσχον καὶ ἐπληρ[ώθην ἐγὼ
Ἐλευσίναṣ τοῦ Θεοδ[οσιοπολίτου νομοῦ παρὰ σοῦ
τῆς Ἀṛσịṇ[οϊ]τῶν π̣[όλεως
τεσσαρ̣[̣ ̣]κ ̣ ̣δ ̣[
[εἰς πλ]ḥρ̣ης̣. Ἐγρ(άφη) μ̣ ̣ ̣ ̣[

1. ἐπληρ[ώθην ἐγὼ ὁ δεῖνα ἀπὸ κώμης | *ed. pr.* 2. | Ἐλευσινα τοῦ Θεοδ[οσιουπολίτου νομοῦ | *ed. pr.* 3. | ἐκχ[6]τερο[| *ed. pr.* 4. | ἐμὸ[ν τ]ὸν διδό[μενον | *ed. pr.* 5. | [εἰς π]ληρ̣ης *ed. pr.* *l.* πλῆρες ἐγρ(άφη) [μηνὶ ̣ ̣ ̣ ̣ | *ed. pr.*

„† Ich, N. N. [- - -] Eleusina des theodosiupolitischen Gaues, habe vollständig erhalten von dir, N. N. [- - -] Arsinoiton Polis [- - -] zum vollen Betrag. Geschrieben [- - -]“.

Fragment einer Quittung, die vermutlich eine Auszahlung eines nicht näher überlieferten Geldbetrages zum Inhalt hatte (vgl. dazu Komm. Z. 4); Urkundencharakter und Zahlungshintergrund gehen aus dem gegenwärtigen Textbefund nicht hervor. Angaben zu involvierten Personen sind mit Ausnahme von Resten zweier mutmaßlicher Herkunftsbezeichnungen nicht mehr greifbar (Z. 2 und 3); die Urkunde liefert in diesem Zusammenhang den bislang einzigen Beweis für eine vorübergehende Zugehörigkeit des Dorfes Ἐλευσῖνα – des früheren Ἐλευσίς – zur Verwaltungseinheit des zeitweilig bestehenden theodosiupolitischen Gaues im südlichen Teil des Faijûm; die Zugehörigkeit zum arsinoitischen Gau ist mit SB VI 9596, 6–7 zumindest für die Zeit bis zum Jahr 579 und mit BGU II 366, 7–8 zumindest für die Zeit ab 645 oder 660 als erwiesen anzusehen; Rückschlüsse auf eine genauere Datierung der vorliegenden Urkunde können daraus zur Zeit (noch) nicht gezogen werden (vgl. den ausführlichen Exkurs im Komm. Z. 2). Vom Zahlungstitel scheint nichts erhalten zu sein. Das Fragment bricht in Z. 5 mit dem Ausstellungsdatum ab, in dessen Anschluß die Unterschrift des Ausfertigers zu erwarten sein dürfte. Die Provenienz der Urkunde ist der Herkunftsangabe des Quittungsadressaten zu entnehmen, was auch anhand der Ankaufsdaten im handschriftlichen Inventarkatalog Bestätigung zu finden scheint. Das Dokument wird allgemein aufgrund paläographischer Kriterien ins 6.–7. Jh. datiert (vgl. dazu die Formalbeschreibung).

2. Ἐλευσίνας τοῦ Θεοδ[οσιοπολίτου νομοῦ: Zur κώμη Ἐλευσῖνα bzw. Ἐλευσίς, welche in der Πολέμωνος μερίς des arsinoitischen Gaues gelegen ist, vgl. allgemein Wessely, *Topographie* 61; B. P. Grenfell, A. S. Hunt, P.Tebt. II, S. 364 und 376; Diz. II 138; Suppl. 1, 104; Suppl. 2, 50; Suppl. 3, 35; Timm, *Ägypten* II 908. Spätestens seit dem 6. Jh. ist der Ort dann ausschließlich in der vorliegenden Form Ἐλευσῖνα bezeugt: BGU II 366, 7 (645 oder 660; Korr. der Datierung in BL VIII 25), SB I 5336, 9 (byzant. Zeit; als Ἐλευσῖνα neben anderen Ortsnamen im Genitiv), VI 9596, 6 (579; Korr. der Datierung in BL VIII 351), SPP X 132, 2 (mit der Bezeichnung χωρίον; 8. Jh.), 249 I 15 (633; Korr. der Datierung in BL IX 343) und 264, 6 (mit der Bezeichnung χωρίον; 7.–8. Jh.); vgl. daneben ἐν ἐποικίῳ Ἐλευσίνας in P.Grenf. II 83, 2 (Arsinoites, 5. Jh.; mit – vermutlich falschem – Hinweis: *l.* Ἐλευσῖνος). In gekürzter Form ist das Toponym als Ἐλευσῖ(να) bzw. im Genitiv als Ἐλευσί(νας) in SPP III 504, 2 (vgl. die revidierte Fassung bei C. Kreuzsaler), SPP X 52, 7 (mit der Bezeichnung χωρίον; 7.–8. Jh.; in der *ed. pr.* fälschlicherweise Ἐλευσῖνος aufgelöst), 77, 17 (6.–7. Jh.; entgegen Ἐλευσῖνα in der *ed. pr.* als Genitiv Ἐλευσίνας aufzulösen), 250, 8 (mit der Bezeichnung χωρίον; in der *ed. pr.* ins 6. Jh. datiert; vermutlich jedoch arabisch; entgegen der Auflösung Ἐλευσῖνα in der *ed. pr.* als Genitiv Ἐλευσίνας aufzulösen) und 257, 1 (mit der Bezeichnung χωρίον; in der *ed. pr.* ins 6. Jh. datiert; vermutlich jedoch arabisch; entgegen der Auflösung Ἐλευσῖνα in der *ed. pr.* als Genitiv Ἐλευσίνας aufzulösen); vgl. daneben noch SPP X 112, 3 mit Auflösung Ἐλευσῖνα in der *ed. pr.*, wo in Hinblick auf die Datierung ins 2.–3. Jh. – Korr. der Datierung in BL I 408 – eigentlich der Genitiv der klassischen Namensform, nämlich Ἐλευσῖνος, zu erwarten wäre. Eine Zugehörigkeit des Ortes Ἐλευσῖνα zum theodosiupolitischen Gau ist bisher einzig in vorliegendem Dokument nachgewiesen; am Ende der Z. 1 ist in Anlehnung an BGU II 366, 7–8 und SB VI 9596, 6–7 (trotz der in beiden Fällen nachfolgenden Gauangabe τοῦ Ἀρσινοΐτου νομοῦ) vermutlich ἀπὸ κώμης] zu ergänzen; eine Angabe des Kompetenzbereiches im Rahmen des Titels einer Amtsbezeichnung ist im gegebenen Fall in Anbetracht der nachfolgenden Gauangabe auszuschließen.

Der theodosiupolitische Gau im Bereich des Faijûm, über dessen Umfang, Grenzverlauf und Existenzdauer sowie die Lage der Metropole angesichts der gegenwärtigen Quellenlage weitgehend Unkenntnis herrscht, ist namentlich seit dem 5. Jh. bezeugt. Unter Justinian waren der Arsinoites und der Theodosiupolites zur Verwaltungseinheit einer einzigen Pagarchie verschmolzen worden. Den Orten theodosiupolitischer Zugehörigkeit nach zu schließen, dürfte der theodosiupolitische Teil dieser neugeschaffenen Pagarchie den südlichen Abschnitt des Faijûm im Gebiet der früheren μερὶς Πολέμωνος umfaßt haben. Im Zuge dieser Neuerungen das Dorf Ἐλευσῖνα – zumindest zeitweise – dem theodosiupolitischen Gau zugeschlagen worden zu sein; zum Theodosiupolites und der damit verbundenen Problematik vgl. allgemein Wessely, *Topographie* 23–24; B. P. Grenfell, A. S. Hunt, P.Tebt. II, S. 364–365; Diz. II 263; G. Fantoni, CPR XIV, S. 41–48; zum gleichnamigen Gau im Bereich des nördlichen Hermopolites: zuletzt Gonis, *Localities* 176–179.

παρὰ σοῦ: Oder παρ' ὑμῶν; vgl. **28**, Komm. Z. 2.

3. τῆς Ἀρσιν[οΐ]τῶν π[όλεως: Vermutlich als Herkunftsangabe des Quittungsadressaten aufzufassen – dementsprechend am Ende der Z. 2 mit ἀπό] zu ergänzen – könnte aber auch als Bestandteil eines Amtstitels verstanden werden; zu einem ähnlichen Fall vgl. **28**, Komm. Z. 2–3.

4. τ̣εσσα̣ρ̣[. .]κ . . δ . [: Eher als Geldbetrag (vermutlich *sc.* χρυσοῦ bzw. χρυσίου νομίσματα bzw. νομισμάτια) τ̣έσσα̣ρ̣[α π(αρὰ)] κε̣ρ(άτια) δω̣[δέκα denn als eine mit dem Zahlungstitel der Urkunde in Verbindung stehende Iterationsangabe eines Indiktionsjahres τ̣εσσα̣ρ̣[ασ]κα̣ι̣δε̣[άτης zu deuten; die Summe könnte – sowohl was die Anzahl der Solidi als auch was jene der Keratia (Münzfuß) anbelangt – hierbei nur mehr unvollständig überliefert sein.

5. μ̣ . . . [: Inhaltlich kommen für die Ergänzung des Ausstellungsdatums μηνί, μηνός oder ein Monatsname mit Μ̣ . . [in Frage; ob ein Teil der nachfolgenden Spuren von einem hochgestellten Buchstaben oder von Resten einer Unterlänge aus der Zeile darüber herrühren, läßt sich nicht entscheiden.

33. + 349. Quittung über Verpflegungsgeld

P.Vindob. G 2205+11254	**33**: 6,3 × 13 cm	6.–7. Jh.
Arsinoiton Polis (?)	**349**: 6,5 × 12, 8 cm	Tafel XXVIII

ed. pr. **33**: SPP III 33 (*s.* VI., Arsin.) – *ed. pr.* **349**: SPP III 349 (*s.* V.–VI., Faijûm) – *ed. sec.* **33**: SPP XX 207 (*s.* VI., Arsin.) – Korr. **349**: Bonneau, *Régime* 215, Anm. 612 (BL X 262).

Papyrus. Zwei nicht zusammenhängende Fragmente (**33** links, **349** rechts). Ränder an allen Seiten erhalten. Das Ausmaß des Textverlustes dürfte in etwa auf das mittlere Blattdrittel beschränkt sein (gemessen an der ursprünglichen Gesamtbreite des *transversa charta* beschrifteten Urkundenblattes, welche in der Regel der herstellungsbedingten Höhe der Papyrusrollen von maximal 35–36 cm entspricht). Drei horizontale Faltungen 1,5, 3,5 und 5,5 cm unterhalb des oberen Randes. Eine 2 cm breite Kollesis verläuft horizontal 5–5,5 cm unterhalb des oberen Randes (auf Höhe der Z. 4–5). Schwarze Tinte. Der Abstand der Schrift zum Rand beträgt oben und links jeweils ca. 1 cm und unten ca. 0,5 cm. Rechts bis zum Rand beschrieben. Z. 5 leicht eingerückt. Verso leer. Schrifttyp: sog. „Minuskelkursive“. Formulartyp: ἔσχον καὶ ἐπληρώθην ἐγὼ ὁ δεῖνα παρὰ σοῦ τοῦ δεῖνος („Quittungsschema“). Ankauf: „Faijûm *ex* 1883“ (**33**); „*ex* 1883“ (**349**).

↓ 1 † Ἔσχο̣ν καὶ ἐπληρώθην ἐγὼ Παμοῦν̣ [υἱὸς ± 15] ὑ̣μέτερος ἀπὸ κώμης Πτολεμαΐδος

2 Ὅρμου τοῦ Ἀρσινοΐτου νομοῦ παρὰ σοῦ ὁμονύμ[ου ± 15]τάτου κτήτορος υἱοῦ Παλατίνου τὸ ἐποφειλόμε(νον)

3 δέξασθαί με παρὰ σοῦ λόγῳ ἀποτροφῆ̣ς τῶν ὑμ[ετέρων ± 4 ὑπου]ρ̣γ̣ούντων εἰς τὴν ἀντλείαν τῶν ὑδάτων ἤτοι ἀρδεία̣ν

4 τῶν ὑμετέρων χωρίων ἓν ῥυπαρὸν νόμισμα, λέγ̣[ω δὴ ὑπὲρ τῆς εἰ]σιούσης δωδεκάτης ἰν(δικτίωνος) ἐκ προχρείας εἰς πλήρης.

5 Ἐγράφη ἡ παροῦσα ἀποχὴ μηνὶ Θὼθ ιγ ι̣[α ἰν(δικτίωνος) ± 8] . ρ̣ου νομικ(οῦ).
Paraphe

1. [ἔσχον] *edd.* **33** Παμοῦν [υἱὸς τοῦ δεῖνος ἀπὸ κώμης Πτολεμαΐδος] | *ed. pr.* **33**, Παμουν [ἀπὸ κώμης Πτολεμαΐδος] | *ed. sec.* **33** |]μετερος *ed. pr.* **349** πτολεμαϊδος *pap.* Πτολεμαΐδος [Ὅρμου | *ed. pr.* **349** 2. αρσινοϊτου *pap.* *l.* ὁμωνύμου ὁμονύμ[ου υἱοῦ τοῦ δεῖνος . . . . . ὥστε | *ed. pr.* **33**, ὁμονύμ[ου - - - ὥστε] | *ed. sec.* **33** |]τατου *ed. pr.* **349** 3. ὑμ[ετέρων | *ed. pr.* **33**, ὑμ[ετέρων . . . . | *ed. sec.* **33** |]γ̣ουντ̣ων *ed. pr.* **349** 4. νομισμάτει[ον | *edd.* **33** | εἰσ]ιούσης *ed. pr.* **349** ϊν( ) *pap.* *l.* πλῆρες 5. θωθ ι γ [ἰνδικτιῶνος | *ed. pr.* **33**, Θωθ ι γ [ἰνδικτιόνος | *ed. sec.* **33** |]ρ̣ου νομικ(ου?) . . . . | (Tachygraphie) *ed. pr.* **349**

„† Ich, Pamun, Sohn des N. N., euer [- - -] aus dem Dorf Ptolemais Hormu des arsinoitischen Gaues, habe vollständig erhalten von dir, dem gleichnamigen [- - -] Grundbesitzer, Sohn des Palatinos, jenen einen nicht vollwertigen Solidus, den ich von dir zu empfangen gehabt habe als Verpflegung eurer [- - -] die arbeiten zur künstlichen Bewässerung eurer Grundstücke, nämlich für die kommende zwölfte Indiktion, als Vorauszahlung zum vollen Betrag. Geschrieben wurde die vorliegende Quittung am 13. Tag im Monat Thoth der 11. Indiktion. [- - -] N. N., Nomikos".

In der vorliegenden Quittung hat Παμοῦν (vgl. Komm. Z. 1), ein Angestellter oder Bediensteter, dessen Funktionsbezeichnung nicht erhalten ist, seinem gleichnamigen (!) Dienstherrn (vgl. Komm. Z. 2) den Empfang einer Geldsumme von einem Solidus bestätigt, welche als Verpflegungsgeld für Arbeitskräfte aufgewandt worden ist, die zu Bewässerungsarbeiten auf den Ländereien des Quittungsadressaten im Einsatz standen oder eingesetzt werden sollten. Vom Zahlungsempfänger ist die Herkunftsangabe ἀπὸ κώμης Πτολεμαΐδος Ὅρμου überliefert (Z. 1–2); beim Quittungsadressaten war aus unerfindlichen Gründen von einer ausdrücklichen Erwähnung einer Herkunftsangabe Abstand genommen worden; es darf jedoch davon ausgegangen werden, daß sich dieser seinem Status als Grundherr gemäß in der Gaumetropole Arsinoiton Polis aufgehalten hat, während seine weiter unten erwähnten Grundstücke und Ländereien (Z. 4: χωρία) entweder im unmittelbaren Umland der Stadt oder im ganzen Gau verstreut lagen. Die mit 1 Solidus bemessene Auszahlungssumme (Z. 4) vermag weder über die Anzahl der Arbeitskräfte – ob es sich um Arbeiter oder Nutztiere gehandelt hatte, geht aus dem Befund τῶν ὑμ[ετέρων ± 4 ὑπου]ρ̣γούντων in Z. 3 ohnehin nicht mehr hervor – noch über die Art und Dauer der Bewässerungsarbeiten Auskunft zu geben, zumal der Betrag in Form einer Vorauszahlung kurz nach Beginn eines elften Indiktionsjahres (vgl. das Ausstellungsdatum in Z. 5) für das folgende zwölfte Indiktionsjahr erstattet worden ist. Das Dokument ist von einem namentlich nicht bezeugten νομικός ausgefertigt und unterzeichnet worden (Z. 5). Die Urkunde dürfte in Arsinoiton Polis, dem mutmaßlichen Aufenthaltsort des Dienstherrn des Zahlungsempfängers, ausgestellt und aufbewahrt worden sein und wird aufgrund paläographischer Kriterien ins 6.–7. Jh. datiert (vgl. dazu die Formalbeschreibung).

1. Παμοῦν̣ [υἱὸς ± 15] ὑ̣μέτερος: Oder Παμούν̣[ιος. In der Lücke ist im Anschluß an einen Vatersnamen die Funktionsbezeichnung des Zahlungsempfängers zu erwarten; mit dem Personalpronomen ὑμέτερος war auf das gegenüber dem in Z. 2 genannten Adressaten bestehende Dienstverhältnis verwiesen worden.

1.–2. Πτολεμαΐδος Ὅρμου: Zum Ort Πτολεμαῒς ἡ ἐπὶ τοῦ Ὅρμου bzw. κώμη Πτολεμαῒς Ὅρμου, welcher in der Ἡρακλείδου μερίς des arsinoitischen Gaues lag, vgl. allgemein Wessely, *Topographie* 130–131; B. P. Grenfell, A. S. Hunt, P.Fay., S. 12–14; dies., P.Tebt. II, S. 357 und 400; U. Hagedorn, P.Petaus, Einl., S. 22–25; Bonneau, *Ptolémais Hormou* 310–326; Diz. IV 212–214; Suppl. 1, 231; Suppl. 2, 179; Suppl. 3, 132; Timm, *Ägypten* III 1485–1486.

2. ὁμονύμ[ου ± 15]τάτου κτήτορος: Die Bezeichnung des Quittungsadressaten mit ὁμώνυμος ist in Verbindung mit dem devoten Charakter des Schreibens ebenso auffällig, wie das in diesem Zusammenhang konstatierbare Pendeln zwischen Singular und Plural in der Anrede des Adressaten; als Anredeform käme nachfolgend am ehesten τοῦ θαυμασιω]τάτου κτήτορος in Frage; vgl. dazu die Parallelen in P.Cair.Masp. I 67088, 7 (Aphrodito, 6. Jh.); II 67130, 4 (Aphrodito, 557).

Παλατίνου: Eine Identität des Vaters des Quittungsempfängers mit Αὐρήλιος Παλατῖνος, Sohn des Νεῖλος und Bruder des Τριβοῦνος, welcher in SB VI 9596, 8

(Eleusina, 579; Korr. der Datierung in BL VIII 351) und SPP III 384, 1–2 bezeugt ist (vgl. dazu Pros. Ars. I, Nr. 1093 mit Anm. 186 sowie ders., *Ghost-Names und andere Berichtigungen zu Wiener Papyri*, ZPE 39 [1980] 189) kann aufgrund dessen Stellung, Herkunft (Arsinoiton Polis) und Zeit (2. Hälfte 6. Jh. bis Anfang des 7. Jh.) nicht ausgeschlossen werden; vgl. daneben aber auch den in P.Dub. 33, 22–23 (Arsinoiton Polis, 513) als Zeugen unterschreibenden Αὐρήλιος Παλατῖνος υἱὸς Ἄπα Ὀλ ἀπὸ τῆς Ἀρσινοϊτῶν πόλεως, Παλατῖνος Ἀγοραστοῦ in P.Stras. IX 819 I 4 (Arsinoiton Polis?, 6.–7. Jh.) und Αὐρήλιος Παλατῖνος υἱὸς Ἄμμωνος ἀπὸ τῆς Ἀρσινοϊτῶν πόλεως in P.Vind.Sijp. 10, 22 (Arsinoiton Polis, 6. Jh.; vgl. BL X 112).

τὸ ἐποφειλόμε(νον): Offensichtlich auf ἓν ῥυπαρὸν νόμισμα in Z. 4 zu beziehen.

3. ὑπου]ρ̣γούντων: Dem gegenwärtigen Textbefund ist nicht zu entnehmen, ob es sich bei den zur künstlichen Bewässerung von Ackerland eingesetzten Arbeitskräften um Menschen oder Tiere gehandelt hat. Die Höhe des vorausbezahlten Verpflegungsgeldes in Z. 4 läßt diesbezüglich ebenfalls keine Schlüsse zu, da über Art, Aufwand und Dauer dieser Arbeiten keine näheren Informationen vorliegen. Zur Beurteilung von Arbeitsanforderungen, welche an der Höhe ausgezahlter (Lohn-) Beträge zu messen sind, vgl. allgemein Morelli, *Olio* 153–164.

ἀντλείαν τῶν ὑδάτων ἤτοι ἀρδεί̣αν: An dieser Stelle wohl als synonymer Ausdruck zu verstehen; bei Bonneau, *Régime* 215, Anm. 612 wird die betreffende Passage mit „irrigation artificielle (*antleia*) ou plutôt irrigation générale (*ardeia*)“ übersetzt. Zur Bedeutung des Wortes ἤτοι in diesem und ähnlichem Zusammenhang vgl. Sijpesteijn, *Meanings* 241–247.

4. λέγ[ω δὴ ὑπὲρ τῆς εἰ]σιούσης: Aufgrund des zu gewärtigenden Ausmaßes des Textverlustes (vgl. dazu die Formalbeschreibung) vielleicht sogar mit λέγ[ω δὴ ὑπὲρ τῆς σὺν θεῷ bzw. θ(εῷ) εἰ]σιούσης zu ergänzen.

5. Ἐγράφη: φ und η in Ligatur.

Θὼθ ιγ: 10. (11.) September.

Δ(ι') ἐμοῦ ̣ ̣] ̣ρου νομικ(οῦ): Möglicherweise Δ(ι') ἐμοῦ Πέ]τ̣ρ̣ου νομικ(οῦ) (oder ähnlich); in Hinblick auf Byz. Not. 47 offenbar mit keinem anderen bekannten Ausfertiger dieses Namens identisch († Δι' ἐμοῦ Πέτρου νομικοῦ in SB I 4717, 5 aus dem 6.–7. Jh. ist mangels einer Abbildung nicht überprüfbar).

34. Quittung über Synetheia

P.Vindob. G 11034 — 7 × 7,4 cm — 7. Jh.
(?) — Tafel XXIX

ed. pr.: SPP III 34 (*s.* VI., Arsin.?) – Korr.: Pros. Ars. I, Nr. 1249, Anm. 208 und Nr. 3514, Anm. 449 (BL VIII 434).

Papyrus. An der linken, rechten und unteren Seite abgebrochen. Oberer Rand erhalten. Das Ausmaß und die Verteilung des Textverlustes bleiben weitgehend unklar. Faltungen nicht mehr deutlich erkennbar. Keine Klebung. Schwarze Tinte. Der Abstand der Schrift zum oberen Rand beträgt ca. 0,5 cm. Die Schrift auf dem Rekto verläuft quer zur Faserrichtung (*transversa charta*). Verso mit Resten einer Zeile auf Höhe der Z. 1–2 des Rekto (Schriftverlauf parallel zur Faserrichtung). Schrifttyp: sog. „Minuskelkursive“ mit einigen „Minuskel“-Elementen (vgl. etwa μ, π und τ). Der Formulartyp („Quittungsschema“) ist aus dem Textbefund nicht mehr klar ersichtlich: sowohl ἔσχον καὶ ἐπληρώθην ἐγὼ ὁ δεῖνα παρὰ σοῦ τοῦ δεῖνος als auch ἐπληρώθην ἐγὼ ὁ δεῖνα παρὰ σοῦ τοῦ δεῖνος kommen als Muster in Frage. Ankauf: „*ex* 1883".

↓
ἐπ]ληρόθην ἐγὼ Μη(νᾶς) Ἰ̣ω̣ά̣ν̣[νου
] ̣ παρὰ σοῦ Ἰωάννου γραμ̣[̣ματέως
] σ̣υ̣ν̣ηθ(είας) τ̣οῦ κυρ(ίου) Γα̣ ̣[
χρυσ]ί̣[ο]υ κεράτιν ἐν [
Χο]ι̣ὰκ δ τ(ῆς) α[ὐ]τ(ῆς) ̣[
] ̣ ̣ ̣ ̣ ̣[

Verso:

→
† Ἀπόδειξ̣(ις) Μ̣η̣ν̣ᾶ̣ Ἰ̣ω̣ά̣ν̣[νου

1. | [ἔσχον καὶ ἐπ]ληρόθην *ed. pr.* *l.* ἐπληρώθην Μη(νᾶς) [| *ed. pr.* 2. |] παρά *ed. pr.* 3. | λόγῳ συν]ηθ(είας) [τ]οῦ κυρ(ίου) Ν[| *ed. pr.* κυρ(ίου) Γαί[ου] Diethart 4. | χρυσοῦ] κερατιν *ed. pr.* *l.* κεράτιον 5. τρ[ί]τ̣η[ς ἰνδικτιῶνος | *ed. pr.* 6. *om ed. pr.* 7. *om ed. pr.* | † ἀπόδειξ(ις) Μην(ᾶ) ̣ ̣ ̣ | Diethart

„[- - -] ich, Menas, Sohn des Ioannes [- - -] habe ausbezahlt bekommen von dir, Ioannes, Grammateus [- - -] Synetheia des Herrn N. N. [- - -] an Gold ein Keration [- - -] am 4. Tag [- - -] Choiak derselben [- - -]".

Verso: „† Quittung des Menas, Sohn des Ioannes [- - -]".

Fragment einer Urkunde, in welcher eine in ihrer Funktion und Herkunft nicht näher bezeugte Person namens Μηνᾶς, Sohn eines Ἰωάννης, den Empfang einer als συνήθεια ausgezahlten Geldsumme quittiert hat (Z. 1). Möglicherweise war der Auszahlung eine Art Dienstvergütung zugrundegelegen, wie dies etwa in der Quittung **24 A** (vgl. ebenda, Komm. Z. 5) der Fall war. Der Zahlungsempfänger im vorliegenden Schriftstück hat jedoch – wie aus dem Inhalt der Z. 3 herausgelesen werden kann – den Geldbetrag nicht für sich selbst, sondern für eine andere Person entgegengenommen, von welcher mit Ausnahme eines Namensrestes keine weiteren Angaben mehr erhalten sind. Die Zahlung war in Hinblick auf die Angabe παρὰ σοῦ Ἰωάννου γραμ̣[̣ματέως in Z. 2 möglicherweise durch einen Dorffunktionär oder Beamten mit dörflichem Kompetenzbereich durchgeführt worden, was auf einen ähnlichen Entlohnungsmodus schließen läßt, wie er im Fall der Urkunden aus dem sogenannten „Andreas-Archiv" dokumentiert ist. Dem inhaltlichen Aufbau des Fragmentes nach zu urteilen sind im Anschluß an die Erwähnung der Auszahlungssumme (Z. 4), an das Ausstellungsdatum (Z. 5) und mutmaßliche Reste einer Unterschrift des Ausstellers (Z. 6) keine weiteren Angaben oder Zeilen zu erwarten. Die Urkunde bietet keinen einzigen Anhaltspunkt, der über die Herkunft Aufschluß geben könnte; der im handschriftlichen Inventarkatalog enthaltene Hinweis „*ex* 1883" läßt eine arsinoitische oder herakleopolitische Provenienz für möglich erachten. Das Dokument wird aufgrund paläographischer Kriterien ins 7. Jh. datiert (vgl. dazu die Formalbeschreibung).

1. ἐπ]ληρόθην ἐγώ: Vgl. **30**, Komm. Z. 1.

3.] σ̣υ̣ν̣ηθ(είας): Setzt die Ergänzung einer Präposition ὑπέρ oder λόγῳ (vgl. *ed. pr.*) voraus.

Γα̣ ̣[: Der bei Pros. Ars. I, Nr. 1249, Anm. 208 unterbreitete Lesungsvorschlag Γα̣ί̣[ου läßt sich anhand des paläographischen Befundes an betreffender Stelle nicht nachvollziehen;

die senkrechte Haste des vermeintlichen ι dürfte eher als Unterlänge des μ von γραμ̣[ματέως aus der Zeile darüber aufgefaßt werden.

5. Vor dem Monatsnamen des Ausstellungsdatums ist Ἐγράφη μηνί (bzw. μηνός), im Anschluß an die Tagesziffer und τ(ῆς) α[ὐ]τ(ῆς) das entsprechende Indiktionsjahr zu ergänzen.

35. QUITTUNG ÜBER GRUNDSTEUER

P.Vindob. G 11035 — 7,7 × 7,3 cm — 7.–8. Jh.
Hermupolis (Arsinoites) — Tafel XXVII

ed. pr.: SPP III 35 (*s.* VI., Arsin.) – Korr.: C. Wessely, „Vorrede“ zu SPP III (BL I 408).

Papyrus. Oberer, rechter und unterer Rand erhalten. An der linken Seite abgebrochen. Das Ausmaß des Textverlustes bleibt weitgehend unklar. Vermutlich vier horizontale Faltungen 1,2, 2,6, 4,9 und 6,3 cm unterhalb des oberen Randes. Die linke Bruchkante könnte entlang einer vertikalen Faltung verlaufen. Eine 1,6–1,7 cm breite Kollesis verläuft horizontal 2,5 cm unterhalb des oberen Randes (auf Höhe von Z. 3). Schwarze Tinte. Der Abstand der Schrift zum Rand beträgt oben ca. 1 cm und unten ca. 3,2 cm. Rechts bis zum Rand beschrieben. Die Schrift auf dem Rekto verläuft quer zur Faserrichtung (*transversa charta*). Verso leer. Schrifttyp: sog. „Minuskelkursive“ mit einigen „Minuskel“-Elementen (vgl. etwa κ, μ, π und τ). Der Formulartyp („Vertragsschema“) geht aus dem Textbefund nicht hervor. Ankauf: „Faijûm *ex* 1883“.

↓ 1 ἐ]μοῦ Μούιτος καύστου (καὶ) προν(οη)τ(οῦ)
2] σ̣υμμ(ά)χ( ) ἀπὸ χ̣(ωρίου) Ἑρμ(οῦ) π(όλεως) (ὑπὲρ) δημο̣(σίων) μέρο(υς)
ἀρου(ρῶν) ̣ε ̣ ̣( )
3] χρυσοῦ κερ(άτια) τέσσαρα ἥμισυ
4 ἀσφάλ]ε̣ι̣[αν] πεποίημαί σοι τὴν
5] Δι(ὰ) Μ̣ουι καύστου (καὶ) προν(οη)τ(οῦ) ἐ̣γ̣ρ̣ά̣φ(η).

1. | τοῦ ἐ]μοῦ π̣α̣τρὸς Κ̣ο̣σ̣μ̣α̣ τοῦ (καὶ) παρόντ(ος) | *ed. pr.* 2. |] σύμμ(α)χ(ος) ἀπὸ χ(ωρίου) Ἑρμ(ουπόλεως) (ὑπὲρ) δημο( ) μερ( ) ἀργυ( ) ἑβδ̣/ ι/ | *ed. pr.* δημο(σίων) *ed. pr.*, Index, S. 236 μερ(ισμου) *ed. pr.*, Index, S. 237 μερ( ) ἀρ(γυρικῶν) ἑβδ(όμης) ἰν( ) | *ed. pr.*, Index, S. 267, *s. v.* μερισμός ἀργυ(ρικῶν) *ed. pr.*, Index, S. 240, ἀργ(υρίου) *DDBDP* 4. | πρὸς ὑμετέραν ἀσφάλειαν] *ed. pr.* 5. | παροῦσαν ἀπόδειξιν - - -]α̣ικ̣αυτου (*cf. nomen instrumenti* μονορεκαυτου) (καὶ) παρόντ(ος) ἐξ ̣ ̣ ̣ ̣ | *ed. pr.*, |]α̣ικ̣αυ τοῦ (καὶ) παρόντ(ος) ἐξ ̣ ̣ ̣ ̣ ̣ ̣ | Wessely

„[- - -] Muis, Heizer und Pronoetes [- - -] Symmachos aus dem Dorf Hermupolis für Steuern des Anteils an Aruren [- - -] an Gold viereinhalb [- - -] Keratia [- - -] Sicherheit habe ich dir [- - -] ausgestellt [- - -] Durch Muis, Heizer und Pronoetes, geschrieben“.

Fragment einer Quittung über Grundsteuer, deren Schema, Formular und inhaltlicher Aufbau aus dem Textbefund nur mehr bedingt ersichtlich sind. Als Absender und Urkundenaussteller dürfte aufgrund des subjektiven Wortlautes (vgl. ἐ]μοῦ in Z. 1 und πεποίημαί σοι in Z. 4) der in Z. 1 und 6 bezeugte Heizer und προνοητής namens Μοῦις fungiert haben; der Genitiv in Z. 1 legt die Vermutung nahe, daß das Dokument nach dem Schema eines Vertragstextes aufgesetzt und mit einem Urkundenkopf nach dem Muster τῷ δεῖνι παρ' ἐμοῦ τοῦ δεῖνος oder τῷ δεῖνι παρὰ τοῦ δεῖνος δι' ἐμοῦ τοῦ δεῖνος eröffnet wurde; daß der Urkundenadressat vor der Person des Absenders genannt war, scheint aus] σ̣υμμ(ά)χ( ) ἀπὸ χ̣(ωρίου) Ἑρμ(οῦ) π(όλεως) in Z. 2 hervorzugehen, was aufgrund des unmittelbar nachfolgenden Zahlungstitels wohl kaum auf den Adressaten bezogen werden kann. Bei dem vorweg genannten Quittungsadressaten könnte es sich sowohl um den Steuerzahler selbst als auch um einen Zahlungsübermittler gehandelt haben, welcher die Zahlung im Namen des eigentlichen Steuerpflichtigen – möglicherweise des in Z. 2 angeführten Symmachos aus dem arsinoitischen Dorfe Hermupolis – geleistet hätte. Ein in Z. 4 überlieferter Hinweis auf die Rechtssicherheit läßt es für unwahrscheinlich erachten, daß die Urkunde als verwaltungsinternes Schreiben an einen Vorgesetzten des Μοῦις oder einen Beamten der Steuerbehörde ergangen ist. Der Zahlungstitel (ὑπὲρ) δημο̣(σίων) μέρο(υς) ἀρου(ρῶν) ̣ ε ̣ ̣ ( ) könnte darauf schließen lassen, daß die Steuerleistung nicht für Grundbesitz im Eigentum, sondern für gepachtetes Land zu erbringen war – ein Umstand, der den Verdacht nährt, daß vorliegendem Fragment womöglich gar keine offizielle Steuerquittung zugrundeliegt; möglicherweise hatte sich die Urkunde vielmehr auf eine im voraus erfolgte Zahlung eines Grundsteuersatzes bezogen, welche dem Grundbesitzer seitens des Pächters als Darlehen gewährt worden war (vgl. einen solchen Fall in **68**) – eine Vermutung, welche zumindest eine plausible Erklärung für die eigenartige Kombination der Funktionsbezeichnungen des Zahlungsempfängers (καύστης καὶ προνοητής), bei welchem es sich um einen Angestellten des Grundbesitzers gehandelt haben könnte, zu bieten scheint. Die in Z. 3 angeführte Zahlungssumme von viereinhalb Keratia ist in ihrem Gesamtbetrag möglicherweise nur mehr unvollständig überliefert, da eine Fortsetzung zu Beginn der nächsten Zeile nicht auszuschließen ist. Der abschließenden Unterschrift des Urkundenverfassers in Z. 5 dürfte das Ausstellungsdatum der Quittung vorausgegangen sein. Die Provenienz des Fragmentes läßt sich aus der Herkunftsangabe in Z. 2 erschließen. Die Quittung wird aufgrund der beachtlichen Zahl an Binnenkürzungen ins 7.–8. Jh. datiert.

1. ἐ]μοῦ: In Hinblick auf die Unterschrift in Z. 5 wohl als παρ' oder δι' ἐ]μοῦ aufzufassen; ein nachgestelltes Possessivpronomen] μου ist aus inhaltlichen Gründen auszuschließen.

Μοῦιτος: Als überaus bemerkenswert erweist sich der Parallelgebrauch der indeklinablen Namensform Μουι, welche in der Unterschrift in Z. 5 anzutreffen ist.

2.] συμμ(ά)χ( ): Aufgrund des mutmaßlichen Formularschemas wohl eher als Genitiv denn als Dativ aufzulösen; vgl. den Eintrag bei Jördens, *Symmachoi I* 117.

χ̣(ωρίου) Ἑρμ(οῦ) π̣(όλεως): Zu dem als κώμη und χωρίον bezeugten Ort, welcher in der Θεμίστου μερίς des arsinoitischen Gaues lokalisiert wird, vgl. allgemein Wessely, *Topographie* 62–63; B. P. Grenfell, A. S. Hunt, P.Tebt. II, S. 358 und 376; Diz. II 175; Suppl. 1, 113; Suppl. 2, 55; Suppl. 3, 38.

μέρο(υς) ἀρου(ρῶν) ̣ ε ̣ ̣ ( ): Im Anschluß an ἀρου(ρῶν) ist ein Personenname oder Toponym zu erwarten.

4.–5. ἀσφάλ]ε̣ι̣[αν] πεποίημαί σοι τήν: Sinngemäß dürfte die Formulierung an dieser Stelle καὶ πρὸς σὴν ἀσφάλ]ε̣ι̣[αν] πεποίημαί σοι τὴν [ἀποχὴν (oder ähnlich) gelautet haben, bevor mit dem Ausstellungsdatum der Urkunde fortgesetzt wurde.

36. QUITTUNG ÜBER JAHRESLOHN (?) EINES SYMMACHOS (ANDREAS-ARCHIV)

P.Vindob. G 11036 — 6,4 × 5,9 cm — Anfang 7. Jh.
Tamauis (Arsinoites) — Tafel IV

ed. pr.: SPP III 36 (*s.* VI., Arsin.?).

Papyrus. Oberer und unterer Rand erhalten. An der linken und rechten Seite abgebrochen. Das Fragment dürfte etwa ein Sechstel der Gesamtbreite der Urkunde umfassen (gemessen an der ursprünglichen Gesamtbreite des *transversa charta* beschrifteten Urkundenblattes, welche in der Regel der herstellungsbedingten Höhe der Papyrusrollen von maximal 35–36 cm entspricht). Die genaue Textverteilung bleibt unklar. Zwei horizontale Faltungen 1,8 cm und 4,7 cm unterhalb des oberen Randes. Keine Klebung. Schwarze Tinte. Der Abstand der Schrift zum oberen Rand beträgt ca. 1,5 cm. Verso leer. Von derselben Hand wie **3**, **8**, **9**, **14**, **16** und **82 *bis*** (Untergruppe der von Στρατήγιος ausgestellten Urkunden). Nach den Parallelen aus dem „Andreas-Archiv" ergänzt. Die Textverteilung lehnt sich dabei an jene in **82 *bis*** an. Schrifttyp: sog. „Minuskelkursive". Formulartyp: ἔσχον καὶ ἐπληρώθην ἐγὼ ὁ δεῖνα παρὰ σοῦ τοῦ δεῖνος („Quittungsschema"). Ankauf: „*ex* 1883".

↓ 1 [† Ἔσχον (καὶ) ἐπληρ(ώθην) ἐγὼ ± 10] σ̣ύμμαχος παρὰ̣ [σο]ῦ̣ [Ἀνδρέου γραμματ(έως) κώμ(ης) Ταμαύεως]
2 [τὰ ἐξ ἔθους διδόμενά μοι ὑπὲρ μ]ισθ(οῦ) ἐμο̣ῦ̣ [± 25]
3 [± 10 χρυσίου νομισμάτι]α δύο παρὰ [κερ(άτια) δέκα, χρυ(σίου) νο(μισμάτια) β π(αρὰ) κερ(άτια) ι. Ἐγράφ(η) μη(νὶ)]
4 [± 15 ἰν(δικτίωνος). Δ(ι') ἐμοῦ Στ]ρ̣ατηγίου. *Paraphe*

1. | [† ἔσχον καὶ ἐπληρώθην ἐγὼ ὁ δεῖνα] σύμμαχος παρὰ [σοῦ | *ed. pr.* 2. | μ]ισθ( ) ἐπιν[| *ed. pr.* 3. [κεράτια | *ed. pr.* 4. | δι' ἐμοῦ Στρ]ατηγίου Abzeichnung der Paraphe | *ed. pr.*

„† Ich, N. N. [- - -] Symmachos, habe vollständig erhalten von dir, Andreas, Grammteus des Dorfes Tamauis, den für gewöhnlich mir ausgezahlten Betrag für meinen Lohn [- - -] an Gold zwei Solidi abzüglich zehn Keratia, an Gold 2 Solidi abzüglich 10 Keratia. Geschrieben im Monat [- - -] Indiktion. Durch mich, Strategios".

Fragment einer Quittung über eine Jahreslohnzahlung, die ein σύμμαχος, dessen Name und Filiationsangabe verlorengegangen sind, von Ἀνδρέας γραμματεὺς κώμης Ταμαύεως erhalten hat. Die vorhandenen Formularbestandteile beziehen sich auf die Funktionsbezeichnung des Zahlungsempfängers, einen Teil des Zahlungstitels, einen Rest der Zahlungssumme sowie die Unterschrift des Ausfertigers und lassen sich anhand der Archivparallelen – und da vor allem anhand der Urkunde **82 *bis***, welche von derselben Hand wie das vorliegende Dokument verfaßt wurde – ergänzend verbinden. Die Handschrift weist – vor allem in der Schreibung von σύμμαχος in der Z. 1 – Charakteristika auf, wie sie auch im Schriftbild von **3**, **8**, **9**, **14**, **16** und **82 *bis*** anzutreffen sind. Aus der Unterschrift in **9**, 3 und **14**, 4 geht hervor, daß alle diese Urkunden durch eine gewisse, nicht näher bezeichnete Person namens Στρατήγιος ausgestellt worden waren. Zu Inhalt, Datierung und Herkunft vgl. den allgemeinen Exkurs zum „Andreas-Archiv" im vorangegangenen Einleitungsteil.

1. Ἔσχον (καὶ) ἐπληρ(ώθην): Die Ergänzungen und Kürzungen erfolgen in Anlehnung an **16**, 1 und **82 *bis***, 1.

ἐγὼ ± 10] σ̣ύμμαχος: In der Lücke nach ἐγώ sind den Parallelen zufolge der Name des Zahlungsempfängers, dessen Filiationsangabe mit υἱός und der Vatersname zu ergänzen.

γραμματ(έως) κώμ(ης): Zu Ergänzung und Kürzung vgl. **82** ***bis***, 1.

2. τὰ ἐξ ἔθους διδόμενά μοι ὑπὲρ μ]ισθ(οῦ): Nach der Parallele in **16**, 2 ergänzt; vgl. die gekürzte Form διδόμε(νά) μοι in **8**, 2 und **9**, 2 gegenüber der ausgeschriebenen Form in **14**, 2, **16**, 2 und **82** ***bis***, 2.

παρὰ̣ [σο]ῦ̣: Die Lesung ist wegen eines unerklärlichen schrägen Striches unterhalb des zweiten α von παρά̣ nicht einwandfrei; ein Rest des hochgestellten υ von [σο]ῦ̣ ist jedoch noch deutlich erkennbar. Inhaltliche Alternativen scheiden angesichts des evidenten Befundes in **3**, 1, **8**, 1, **9**, 1, **14**, 1 und **82** ***bis***, 1 aus.

ἐμ̣ο̣ῦ̣ [̣ : Die Lesung ist äußerst unsicher; vielleicht ist Εμ ̣ ̣[auch als Personenname des Empfängers einer indirekt erfolgten Lohnzahlung wie in **14**, 2 aufzufassen; eine an μ]ισθ(οῦ) anschließende Fortsetzung mit λέγω δὴ (ὑπὲρ) μερ(ισμοῦ) wie in **3**, 2 und **82** ***bis***, 2 oder mit (ὑπὲρ) μερ(ισμοῦ) wie in **9**, 2 ist von der Lesung her auszuschließen.

3. χρυσίου: Vgl. **8**, Komm. Z. 3.

4. Στ]ρ̣ατηγίου: Vgl. **8**, Komm. Z. 4.

37. Quittung über Geldzahlung

P.Vindob. G 11037 (?) — 6,9 × 10,5 cm — 6.–7. Jh.
Tafel XXX

ed. pr.: SPP III 37 (*s*. VI.).

Papyrus. Oberer Rand vollständig, linker und unterer Rand teilweise erhalten. An der rechten Seite abgebrochen. Das Ausmaß des Textverlustes bleibt weitgehend unklar. Vier horizontale Faltungen 1,2, 2,8, 4,3 und 5,6 cm unterhalb des oberen Randes. Eine 2 cm breite Kollesis verläuft horizontal knapp oberhalb des unteren Randes (unterhalb der Z. 5). Schwarze Tinte. Die Zeilenanfänge sind unregelmäßig zum linken Rand hin ausgerichtet (Z. 3 möglicherweise aufgrund eines Nachtrages ausgerückt). Der Abstand der Schrift zum Rand beträgt oben ca. 1 cm und unten ca. 1,2 cm. Z. 5 mit Unterschrift vermutlich entweder eingerückt oder zentriert. Kreuz am Beginn der Z. 1 wie im Fall einer Kürzung mit zusätzlichem Schrägstrich versehen. Die Schrift auf dem Rekto verläuft quer zur Faserrichtung (*transversa charta*). Verso leer. Schrifttyp: sog. „Minuskelkursive". Formulartyp: ἐπληρώθην ἐγὼ ὁ δεῖνα παρὰ σοῦ τοῦ δεῖνος („Quittungsschema"). Ankauf: „*ex* 1883".

↓ † Ἐπληρώθην ἐγ[ὼ ̣] ̣ ̣[
Φοιβάμμ(ωνος) γραμμα(τέως) κώμ(ης) Λ̣[
(ὑπὲρ) καρπ(ῶν) δευτέρας ἰν(δικτίωνος) νομ( ) ε̣[
Ἐγράφη μηνὶ Παῦ̣ν̣ι̣ κ̣θ̣ [
[*vac*. (?)] Δ(ι') ἐμοῦ Μην̣ᾶ̣ ̣[

1. †/ *pap*. ἐγ[ὼ ̣ ̣ ̣ παρὰ σοῦ] | *ed. pr*. 2. γραμμ(ατέως) κώμ[ης | *ed. pr*. 3. νομ[ισμάτια τοσάδε | *ed. pr*. 4. μηνὶ πα[| *ed. pr*. 5. Μη[νᾶ | *ed. pr*.

„† Ich, N. N. [- - -] habe erhalten [- - -] Phoibammon, Grammateus des Dorfes [- - -] für Ernteerträge der zweiten Indiktion [- - -] Geschrieben am 29. Tag im Monat Payni [- - -] Durch mich, Menas [- - -]".

Fragment einer Quittung, von der weder konkrete Angaben zum Zahlungstitel noch zur Person des Zahlungsempfängers erhalten sind. Das Urkundenformular folgt demselben Muster wie in **40**, 1–2, der Quittung über eine Lohnzahlung an einen κελλαρίτης, und war mit ἐπληρώθην ἐγὼ ὁ δεῖνα παρὰ σοῦ eingeleitet; im vorliegenden Fall hat die Auszahlung der in Z. 2 genannte Φοιβάμμων in seiner Funktion als γραμματεύς eines namentlich nur noch unvollständig überlieferten Dorfes vorgenommen. Als Hintergrund könnte in Hinblick auf die Konstellation in der Formularparallele in **40** und inhaltliche Übereinstimmungen mit den Urkunden des „Andreas-Archivs" eine Entlohnung der Person des Zahlungsempfängers in Erwägung gezogen werden. In Z. 3 war mit (ὑπὲρ) καρπ(ῶν) δευτέρας ἰν(δικτίωνος), das als Teil des nicht näher greifbaren Zahlungstitels zu verstehen ist, jener Zeitraum genannt, der als Bemessungsgrundlage für die im Anschluß erwähnte Auszahlungssumme gedient hat, deren Betragshöhe allerdings aufgrund des Textverlustes offen bleibt. Nach dem Ausstellungsdatum in Z. 4 hat die Urkunde mit der Unterschrift des Ausfertigers, eines nicht näher bezeugten Μηνᾶς (Z. 5), geendet. Das Fragment bietet keinen einzigen Anhaltspunkt, der über die Herkunft der Urkunde Aufschluß geben könnte; aufgrund des im handschriftlichen Inventarkatalog befindlichen Hinweises „*ex* 1883" könnte die Urkunde sowohl arsinoitischen als auch herakleopolitischen Ursprunges sein. Das Dokument wird aufgrund paläographischer Kriterien ins 6.–7. Jh. datiert (vgl. dazu die Formalbeschreibung).

2. Φοιβάμμ(ωνος) γραμμα(τέως) κώμ(ης): Der Genitiv ist von einem in Z. 1 zu ergänzenden παρὰ σοῦ abhängig.

3. (ὑπέρ): Die Angabe ist aufgrund ihrer Position außerhalb des Zeilenspiegels möglicherweise als Nachtrag zu deuten.
νομ( ) ε̣[: Der Numerus bleibt unklar; sowohl νόμ(ισμα) bzw. νομ(ισμάτιον) ἕ̣[ν als auch νομ(ίσματα) bzw. νομ(ισμάτια) ε̣ [sind möglich.

4. Πα̣ῦ̣ν̣ι κ̣θ̣ [: 23. Juni; es folgt die Angabe des Indiktionsjahres.

5. Δ(ι') ἐμοῦ Μη̣ν̣ᾶ̣ ̣ [: Die Person des Ausfertigers dürfte trotz gewisser formaler Ähnlichkeiten wohl nicht mit dem Unterzeichner in SB VI 9589, 20 (Arsinoiton Polis, 2. Hälfte 6. Jh.; Korr. der Datierung in BL VII 211) identisch sein. Vor Δ(ι') ἐμοῦ könnte noch ein Kreuz gestanden sein.

38. QUITTUNG ÜBER GRUNDSTEUERN

P.Vindob. G 11038	7,2 × 11,1 cm	7. Jh.
Arsinoites		Tafel XXXI

ed. pr.: SPP III 38 (*s.* VI., Arsin.) – Korr.: C. Wessely, „Vorrede" zu SPP III (BL I 408).

Papyrus. Oberer, linker und unterer Rand erhalten. An der rechten Seite abgebrochen. Das Ausmaß des Textverlustes scheint sich auf einen schmalen Streifen zu beschränken. Drei horizontale Faltungen 1,4, 2,9 und 4,5 cm unterhalb des oberen Randes. Eine 2 cm breite Kollesis verläuft horizontal 4 cm unterhalb des oberen Randes (knapp unterhalb der Z. 4). Schwarze Tinte. Der Abstand der Schrift zum Rand beträgt oben ca. 0,7 cm, links ca. 1,5 cm und unten ca. 2 cm. Kreuz in Z. 1 ausgerückt. Die Schrift auf dem Rekto verläuft quer zur Faserrichtung (*transversa charta*). Verso leer. Schrifttyp: sog. „Minuskelkursive" mit eingestreuten „Minuskel"-Elementen. Formulartyp: ἐπλήρωσεν ὁ δεῖνα („Quittungsschema"). Ankauf: „Faijûm *ex* 1883".

↓ † Ἐπλήρ(ωσεν) Μακαρίου Ἀπολλῶ απ ̣ ̣ ̣ ̣
(ὑπὲρ) δημοσί(ων) τετάρτης ἰνδ(ικτίωνος) χω(ρίου) Λητοῦς
(ὑπὲρ) (ἀρουρῶν) ς ἄμ(μα)τ(ος) (ἥμισυ) δ′ κδ′ (κεράτια) ριζ η′, ἑκ[ατὸν]
δέκα ἑπτὰ ὄγδο⟨ο⟩ν μ(όνα). Φαμε(νὼθ) η τῆ(ς) [αὐτ(ῆς)]
δ̣ [ἰ]νδ(ικτίωνος). † ̣ ̣ ̣ Ἰωα( ) γρα( ).

1. ἐπληρ( ) *ed. pr.* *l.* Μακάριος απο ε[| *ed. pr.* 2. δημοσί(ου) *ed. pr.*, δημοσί(ων) *ibid.*, Index, S. 251 Λητους [| *ed. pr.* 3. αμτ( ) *ed. pr.*, αμ( )τ( ) (*l.* ἀμμάτων) *ibid.* , Index, S. 239, ἀμ(μά)τ(ων) Wessely ἑκ[ατόν | *ed. pr.* 4. μ(ηνὶ) φαμε(νωθ) τη(ς) α[ὐτ(ῆς)] | *ed. pr.* 5. | [̣ ̣ ̣ ἰ]νδ(ικτιωνος) † δ̣/ ιωαν(νο)υ γρα/ | *ed. pr.* Ἰωα( ): Kreuz darüber

„† Makarios, Sohn des Apollos [- - -] hat bezahlt für Steuern der vierten Indiktion des Dorfes Letus für 6 Aruren 1/2 1/4 1/24 Ammata 117 1/8 Keratia, hundertsiebzehn und ein achtel, sonst nichts. 8. Phamenoth derselben 4. Indiktion. † [- - -] Ioannes, Grammateus“.

Schon aufgrund des objektiv stilisierten Eingangsformulars scheint die vorliegende Quittung nicht der in diesem Abschnitt behandelten Urkundengruppe des Formulartyps ἔσχον καὶ ἐπληρώθην ἐγὼ ὁ δεῖνα παρὰ σοῦ τοῦ δεῖνος (einschließlich sogenannter „Varianten“) anzugehören, sondern ist jener Kategorie von Texten zuzuordnen, die der Erstherausgeber unter den Nummern SPP III 261ff. (ebenfalls mit „Varianten“; vgl. das Inhaltsverzeichnis der *ed. pr.* im Band VIII) veröffentlicht hat. Im vorliegenden Dokument wurde einer Person namens Μακάριος, Sohn eines Ἀπολλῶς, eine Zahlung von Steuergeldern eines noch laufenden vierten Indiktionsjahres (vgl. Ausstellungsdatum in Z. 4–5) des arsinoitischen Dorfes Λητοῦς bestätigt (Z. 1–2); dem Inhalt der Z. 3–4 zufolge war dem Zahlungsbetrag von 117 1/8 Keratia eine Grundstücksfläche von 6 Aruren und 1/2 1/4 1/24 Ammata zugrundegelegt; der daraus resultierende Steuersatz von rund 19,48 Keratia pro Arure scheint im Vergleich zu den Sätzen in anderen Urkunden unverhältnismäßig hoch bemessen (vgl. in diesem Zusammenhang die Tabellen bei F. Morelli, CPR XXII, S. 142–143 sowie 144), weshalb ein Fehler bzw. eine Auslassung seitens des Urkundenverfassers – etwa (ἀρουρῶν) ⟨ι⟩ς ἄμ(μα)τ(ος) (ἥμισυ) δ′ κδ′ (= ca. 7,31 Keratia pro Arure) – zu erwägen wäre. Aufgrund des Zahlungstitels und der Höhe des ausgezahlten Geldbetrages dürfte es sich um eine kollektive Steuerleistung der Dorfgemeinschaft von Λητοῦς oder eines Teiles derselben gehandelt haben, welche die in Z. 1 genannte Person im Namen dieses Kollektivs an die Steuerbehörde geleistet hat. Ähnlichen Inhaltes scheinen – wohl nicht ganz zufällig – die Formularparallelen SPP III 261ff. gewesen zu sein. Im Anschluß an das Ausstellungsdatum hat ein nicht näher greifbarer γραμματεύς unterzeichnet. Die Provenienz der Urkunde geht aus der Ortsangabe in Z. 2 hervor. Das Dokument wird aufgrund paläographischer Kriterien ins 7. Jh. datiert (vgl. dazu die Formalbeschreibung).

1. απ ̣ ̣ ̣ ̣: Vermutlich Ἀπ̣ο̣λ̣λ̣ῶ; entweder als Name des Großvaters oder als Diplographie aufzufassen; eine Herkunftsangabe ist aus Platzgründen auszuschließen und wäre angesichts des inhaltlichen Kontextes auch nicht unbedingt erforderlich gewesen.

2. χω(ρίου) Λητοῦς: In ptolemäischer Zeit findet sich der Name des Dorfes, welches im Bereich der Ἡρακλείδου μερίς des arsinoitischen Gaues lokalisiert wird, entweder als Λητοῦς πόλις oder einfach als Λητοῦς wiedergegeben; in späterer Zeit als ἐποίκιον Λητοῦς bzw. χωρίον Λητοῦς bezeugt; vgl. allgemein Wessely, *Topographie* 98–99; B. P. Grenfell, A. S. Hunt, P.Tebt. II, S. 356 und 387; Diz. III 197–198; Suppl. 1, 186; Suppl. 2, 110; Suppl. 3, 68; Timm, *Ägypten* III 1493–1494.

3. ἄμ(μα)τ(ος): Zum ἄμμα, das in früherer Zeit ein Längenmaß (von 40 πήχεις), in byzantinischer und arabischer Zeit hingegen ein Flächenmaß (64 ἅμματα entsprechen für

gewöhnlich 1 ἄρουρα) bezeichnet, vgl. allgemein Hultsch, *Metrologie* 358–362; P. M. Meyer, P.Hamb. I 62, Komm. Z. 8 und K. Maresch, P.Köln VII, S. 184–185; zuletzt: F. Morelli, CPR XXII, S. 166–169, insbesonders 167, wo auch auf andere Relationen und Umrechnungsmöglichkeiten (1 ἄρουρα = 100 oder 96 ἄμματα) verwiesen wird.

4. Φαμε(νὼθ) η: 4. März.

5. † . . Ἰωα( ) γρα( ): Der Kasus des Namens und der Funktionsbezeichnung – Nominativ oder Genitiv – bleibt in Hinblick auf die vorangegangenen Spuren unklar; möglicherweise auch als Φλ(αούιος) Ἰωά(ννης) γρα(μματεύς) zu deuten.

39. → 19.

40. Quittung über Lohn eines Lagerverwalters

P.Vindob. G 11040	7,1 × 15,8 cm	6.–7. Jh.
Syron (Arsinoites)		Tafel XXXI

ed. pr.: SPP III 40 (*s.* VI., Arsin.).

Papyrus. Ränder an allen Seiten erhalten. Vier horizontale Faltungen 1,5, 3, 4,4 und 5,2 cm unterhalb des oberen Randes. Keine Klebung. Schwarze Tinte. Der Abstand der Schrift zum Rand beträgt oben, links und unten jeweils ca. 0,5 cm. Rechts bis zum Rand beschrieben. Die Schrift auf dem Rekto verläuft quer zur Faserrichtung (*transversa charta*). Verso leer. Schrifttyp: sog. „Minuskelkursive“ mit einigen „Maiuskel“-Elementen. Formulartyp: ἐπληρώθην ἐγὼ ὁ δεῖνα παρὰ σοῦ τοῦ δεῖνος („Quittungsschema“). Ankauf: „Faijûm *ex* 1883“.

↓ 1 † Ἐπληρώθην ἐγὼ Ἰωσὴφ Συμ⟨μ⟩ạ́χου κελλαρ̣ί̣τ̣ο̣υ̣
2 παρὰ σοῦ Ἰωάννου γραμματέος τ(ῶν) ἀπὸ Σύρω[ν]
3 (ὑπὲρ) ἐμ̣ο̣ῦ̣ μ̣ι̣σ̣[θ]οῦ ˋἑνδεκάτης ἰνδ(ικτίωνος)ˊ [χ]ρ̣υ̣σ̣[ί]ο̣υ̣ ν[ο]μισ-
4 μάτια δ̣ύ̣ο̣ [παρὰ κεράτια τ]έ̣σ̣σ̣ε̣ρ̣α̣
5 ἥ̣μ̣ι̣σ̣υ̣, χ̣ρ̣(υσίου) ν̣ο̣(μισμάτια) β̣ π̣(αρὰ) κ̣ε̣ρ̣(άτια) δ (ἥμισυ). Ἐγράφη μη(νὶ) Φαῶφι
6 κ̣ε̣ τ̣ῆ̣ς̣ α̣ὐ̣τ̣ῆ̣ς̣ ι̣α̣ ἰ̣ν̣δ̣(ικτίωνος). † † Δ(ιὰ) Ἀπ̣ο̣λ̣λ̣ῶ̣ . . . [- - -]

1. σὺν θε(ῷ) κελλαρίτης | *ed. pr.* *l.* κελλαρίτης, κελλαρίτου *ex* κελλαρ/ 2. *l.* γραμματέως 3. | (ὑπὲρ) ἑν[δεκάτης ἰνδικτιῶνο]ς ˋκ(ριθῆς) ἀρ(τάβας) δέκα κ/ (ἀρτάβας) ι μ(όνας)ˊ χρυσίου νομισ | *ed. pr.* κ( ) σί(του) μ(όνας) *DDBDP* 4. | μάτια δ[έκα τέσσα]ρα [παρὰ κεράτια τοσάδε ζυγῷ Ἀλεξανδρείας] | *ed. pr.* 5. | [γι/ χρυ( ) νο( ) ιδ π/ (κεράτια) . . . Ἀ]λεξ( ) ἐγράφη [μηνὶ] φαωφι | *ed. pr.* ἐγράφη *ex* εγρα/ Φαῶφι *ex* Φαωφ/ 6. | [- - -]ς ἰνδ(ικτιῶνος) δ(ιὰ) Ἀπολλω[. . . | *ed. pr.*

„† Ich, Ioseph, Sohn des Symmachos, Lagerverwalter, habe ausbezahlt bekommen von dir, Ioannes, Grammateus der Einwohner aus Syron, für meinen Lohn der elften Indiktion an Gold zwei Solidi abzüglich viereinhalb Keratia, an Gold 2 Solidi abzüglich 4 1/2 Keratia. Geschrieben am 25. Tag im Monat Phaophi derselben 11. Indiktion. † † Durch Apollos [- - -]“.

Quittung über eine nicht näher bezeichnete Lohnzahlung, die ein gewisser Ἰωσήφ, γραμματεύς des Dorfes Σύρων, an einen Lagerverwalter namens Ἰωσήφ, Sohn eines Σύμμαχος, erstattet hat (Z. 1–2); der Lohn ist in Form einer Geldsumme von zwei Solidi abzüglich viereinhalb Keratia für ein laufendes elftes Indiktionsjahr ausgezahlt worden (vgl. den Nachtrag der Angabe des Indiktionsjahres in Z. 3 gegenüber der Jahresangabe des Ausstellungsdatums in Z. 5–6), wobei die Auszahlung in Hinblick auf die mutmaßliche Herkunft der Urkunde am Ende des ersten Jahresdrittels erfolgt sein dürfte (zum Verlauf des arsinoitischen Indiktionszyklus vgl. CSBE 27 sowie CSBE² 33). Die Höhe des Auszahlungsbetrages legt die Vermutung nahe, daß in vorliegender Quittung der Empfang einer Jahreslohnzahlung bestätigt wurde, wie es beispielsweise mehrfach in den Urkunden des „Andreas-Archivs" dokumentiert ist, auch wenn ein solcher Sachverhalt allein aus der Formulierung des Zahlungstitels in Z. 3 nicht unbedingt in aller Deutlichkeit herausgelesen werden kann; der Umstand, daß die Lohnauszahlung vom γραμματεὺς τῶν ἀπὸ Σύρων, in welchem offenbar ein staatlicher Funktionär zu erkennen ist, vorgenommen wurde, scheint darauf zu deuten, daß der Lohnempfänger möglicherweise für die Verwaltung öffentlicher Lager und Speicheranlagen verantwortlich war. Die Urkunde ist von einem gewissen, nicht näher bezeugten Ἀπολλῶς ausgestellt worden. Die arsinoitische Provenienz der Urkunde geht aus dem Toponym in Z. 2 hervor. Das Dokument kann nur ungefähr ins 6.–7. Jh. datiert werden, da sich die Schrift in diesem Fall hinsichtlich ihres eigenwilligen Charakters als ein wenig verläßliches Datierungskriterium erweist (vgl. dazu die Formalbeschreibung).

1. Συμ⟨μ⟩άχου: Aufgrund der syntaktischen Stellung zwischen dem Personennamen und der Funktionsbezeichnung dürfte es sich hierbei um den Vatersnamen, und nicht um eine Konkretisierung der Funktionsbezeichnung (σύμμαχος κελλαρίτου) oder die Bezeichnung eines Doppelberufes des Lohnempfängers (etwa in Form von σύμμαχος ⟨καὶ⟩ κελλαρίτης) gehandelt haben.

κελλαρίτου: Wie anhand eines scheinbar überflüssigen Schrägstriches deutlich zu erkennen ist, war es ursprünglich Absicht des Schreibers, das Wort nach κελλαρ zu kürzen; angesichts eines Platzmangels für das unmittelbar darauffolgende παρὰ σοῦ dürfte er sich jedoch nachträglich für die ausgeschriebene Form entschieden haben (vgl. einen ähnlichen Fall bei ἐγράφη und Φαῶφι in Z. 5).

2. γραμματέος τ(ῶν) ἀπὸ Σύρω[ν]: Eine Amtsbezeichnung in dieser Form, welche sinngemäß mit γραμματέως κώμης Σύρων gleichzusetzen sein dürfte, ist für die Spätzeit eher ungewöhnlich.

Σύρω[ν]: Die Σύρων κώμη oder κώμη Σύρων (beide Formen möglich) war südlich von Πτολεμαὶς Ὅρμου in der Ἡρακλείδου μερίς des arsinoitischen Gaues gelegen (χωρίον in arabischer Zeit); vgl. allgemein Wessely, *Topographie* 141; B. P. Grenfell, A. S. Hunt, P.Tebt. II, S. 357 und 402; Kees, *Syron kome* 1788; Vaggi, *Siria* 31–32; U. Hagedorn, P.Petaus, Einl., S. 27–28; Diz. IV 322–323; Suppl. 1, 237; Suppl. 3, 141. In Hinblick auf deutlich erkennbare Spuren eines waagrechten Striches ist das Wort vielleicht auch in der mehrfach bezeugten, gekürzten Form Σύρω(ν) wiedergegeben.

3. (ὑπὲρ) ἐμοῦ μισ[θ]οῦ: Der bestimmte Artikel zwischen der Präposition und dem Possessivpronomen fehlt; die korrekte Konstruktion müßte (ὑπὲρ) τοῦ ἐμοῦ μισθοῦ lauten.

5.–6. Φαῶφι κε: 22. (23.) Oktober.

41. Quittung über Geldzahlung

P.Vindob. G 11041 | 6,3 × 7 cm | 7. Jh.
(?) | | Tafel XXX

ed. pr.: SPP III 41 (*s.* VI.).

Papyrus. Oberer, linker und unterer Rand erhalten. An der rechten Seite abgebrochen. Das Ausmaß des Textverlustes bleibt weitgehend unklar. Faltungen nicht mehr deutlich erkennbar. Keine Klebung. Schwarze Tinte. Der Abstand der Schrift zum Rand beträgt oben und links jeweils ca. 1,5 cm, unten ca. 2,5 cm. Die Schrift auf dem Rekto verläuft parallel zur Faserrichtung. Verso mit undeutlichen Tintenspuren, welche möglicherweise von einem älteren Text stammen, der zum Zweck der Wiederverwendung des Schriftträgers abgewaschen worden war. Schrifttyp: sog. „Minuskelkursive“ mit „Minuskel“-Elementen (vgl. etwa β, λ und τ); Formulartyp: ἔσχον διὰ τοῦ δεῖνος („Quittungsschema“). Ankauf: „*ex* 1883“.

→ 1 † Ἔσχ(ον) δ(ιὰ) Ἀββ(ᾶ) Βασιλ[ε]ί̣[ου - - -]
2 κεράτια τρεία̣ ἥ̣[μισυ - - - (2. H.?) - - -]
3 στοιχεῖ. (1. H.) Δι’ ἐμ̣(οῦ) Χ̣ρ̣ι̣[- - -]

1. Βασιλ[. . . . | *ed. pr.* 2. *l.* τρία τρεί[α] ἥ̣[μισυ . . . . | *ed. pr.* 3. ἐμ̣[οῦ . . . . | *ed. pr.*

„† Ich habe erhalten durch Abba Basileios [- - -] dreieinhalb Keratia [- - -] (2. H.?) [- - -] einverstanden. (1. H.) Durch mich, N. N. [- - -]“.

Fragment einer Urkunde jenes Formulartyps, der für gewöhnlich in Zusammenhang mit Steuerdokumenten anzutreffen ist (vgl. etwa **42**): Das Formular wird nach dem Formularmuster ἔσχον διὰ τοῦ δεῖνος eingeleitet, ohne daß sich – wie im Fall von Quittungen im sogenannten „Vertragsschema“ – die Namen und Daten der betreffenden Personen bzw. Parteien vorweg angeführt finden; eine namentliche Erwähnung des Zahlungsempfängers dürfte erst im Zuge der formellen, vermutlich eigenhändig verfaßten Einverständniserklärung in Z. 2–3 erfolgt sein (vgl. Komm. Z. 3). Die Zahlung der Geldsumme, deren Betragshöhe möglicherweise nur noch unvollständig erhalten ist (vgl. Komm. Z. 2), wurde durch einen gewissen, nicht näher greifbaren Ἀββᾶ Βασίλειος erbracht, welcher diese entweder in eigenem Namen (die Präposition διά wäre in diesem Fall in der Bedeutung von παρά aufzufassen) oder in Vertretung einer anderen Person erstattet hat. Ein allfälliger Zahlungstitel ist nicht überliefert, ließe sich jedoch in unmittelbarem Anschluß an die Erwähnung des Zahlers in Z. 1 erwarten. Ob die Urkunde nach der Nennung des Zahlungsbetrages mit der Angabe eines Ausstellungsdatums oder in direktem Anschluß mit der bereits erwähnten Einverständniserklärung seitens des Zahlungsempfängers fortgesetzt hat, läßt sich aufgrund des Erhaltungszustandes nicht entscheiden. Das Dokument dürfte jedenfalls mit der Unterschrift eines nicht näher bezeugten Ausfertigers geendet haben. Der Inhalt des Fragmentes liefert keinen Anhaltspunkt, der über eine mögliche Herkunft der Urkunde Aufschluß geben könnte; im handschriftlichen Inventarkatalog findet sich als Eintrag der Ankaufsdaten „*ex* 1883“, demzufolge die Urkunde sowohl arsinoitischen als auch herakleopolitischen Ursprunges gewesen sein könnte. Das Dokument wird aufgrund paläographischer Kriterien ins 7. Jh. datiert (vgl. dazu die Formalbeschreibung).

2. κεράτια τρεία̣ ἥ̣[μισυ: Entweder als Zahlungssumme oder als Teil der Angabe des Münzfußes (Schema: νομισμάτια x παρὰ κεράτια y) aufzufassen.

3. στοιχεῖ: Rest einer formellen Einverständniserklärung seitens des Zahlungsempfängers, dessen eigenhändige Unterschrift vorangegangen sein dürfte.
Χ̣ρ̣ι̣[: Vermutlich Χ̣ρ̣ι̣[στοδώρου oder Χ̣ρ̣ι̣[στοφώρου.

42. A Doppelquittung über Steuern (Magistor-Dossier)

P.Vindob. G 11042 — 7,4 × 13,3 cm — Anfang 7. Jh.
Hermopolites — Tafel XXXII

ed. pr.: SPP III 42 (*s*. VI.) – Korr.: Wilcken, *Rezension I* 310 (BL I 408–409); Wilcken, *Rezension II* 293 (BL I 409); Wipszycka, *Reçus* 112 (Herkunft: Hermupolis; Datierung: Ende 7. oder Anfang 8. Jh.; BL VI 193); Sijpesteijn, *Magistor I* 96, Anm. 7 (Datierung: 591; BL VIII 434).

Papyrus. Ränder an allen Seiten erhalten. Vermutlich fünf horizontale Faltungen 1,1, 2,3, 3,4, 4,1 und 6,1 cm unterhalb des oberen Randes. Eine 2–2,5 cm breite Kollesis verläuft horizontal knapp oberhalb des unteren Randes. Schwarze Tinte. Der Abstand der Schrift zum Rand beträgt oben ca. 0,5 cm, links ca. 1 cm und unten ca. 1,5 cm. Rechts bis zum Rand beschrieben. Kreuz in Z. 1 ausgerückt. Die Schrift auf dem Rekto verläuft quer zur Faserrichtung (*transversa charta*). Verso mit Notiz im Umfang einer Zeile auf Höhe von Z. 1 des Rekto (Schriftverlauf parallel zur Faserrichtung), die mit dem Inhalt des Rekto in keinem Zusammenhang steht. Schrifttyp: sog. „Minuskelkursive" (sog. „Schreibstil des Logisterion von Hermupolis") mit charakteristischer Schreibweise des η in Ligatur mit dem jeweils nachfolgenden Buchstaben (Rekto: 1. H.); sog. „Maiuskel" (Rekto: 2. H.); sog. „Minuskelkursive" (Verso: 3. H.). Formulartyp: ἔσχον διὰ τοῦ δεῖνος („Quittungsschema"). Ankauf: „*ex* 1883".

↓ 1 † Ἔσχ(ον) δ(ιὰ) Ταρόου \`(2. H.?) (ὑπὲρ) Ἀστουφόρε´ (1. H.) (ὑπὲρ) ἐν⟨ά⟩της ἐκταγῆς Μακίστωρ(ος)
2 διαστολ(έως) (ὑπὲρ) χρυσουκοῦ δεκάτης ἰ̣νδ(ικτίωνος) χρυσοῦ
3 κεράτι(α) τέσσερα, γί(νονται) κ(εράτια) δ μ(όνα). Ἐγρ(άφη) Παχὼν ις ι ⟨ἰ⟩νδ(ικτίωνος).
4 † Ὁμοί(ως) τοῦ α⟨ὐ⟩το⟨ῦ⟩ δ(ιὰ) Καλλινίχ(ου) Φαρεσμάνης δ(ιὰ) Ταρόου
5 (ὑπὲρ) ἐν⟨ά⟩της ἐκτακῆς Τριβουνᾶ βοη(θοῦ) λογιστυρ(ίου) (ὑπὲρ)
6 χρυσουκοῦ δεκάτης ἰνδ(ικτίωνος) χρ(υσοῦ) κερ(άτιον) ἕν, γί(νεται) κ(εράτιον) α μ(όνον). Ἐγρ(άφη) Παχὼν
7 ις ι ⟨ἰ⟩νδ(ικτίωνος). † (2. H.) Δ(ι') ἐμοῦ Φοι(βάμμωνος), στο{στο}ιχ(εῖ) τὸ ἐντάκ(ιον).

1. Αστουφορε *ed. pr.*, Αστουφορε( ) *DDBDP* (ὑπὲρ) ἐκ̣ τῆς *ed. pr.*, ὑπ(ηρέτου) ἐ̣κ τῆς Wilcken, (ὑπὲρ) ἐν⟨ά⟩της Sijpesteijn *l.* Μαγίστορος μακιστωρ(ος) | *ed. pr.*, Μακίστωρ(ος) | Wilcken 2. | διαστολ( ) *ed. pr.*, | διαστολ(έως) Wilcken *l.* χρυσικοῦ 3. παχων ι ς ἰν(δικτιῶνος) | *ed. pr.*, Παχὼν ις ⟨ι⟩ ἰνδ(ικτίονος) | Sijpesteijn 4. τοῦ α(ὐ)το(ῦ) *ed. pr.* *l.* Καλλινίκου *l.* Φαρεσμάνου 5. (ὑπέρ): *corr. ex* (?) | [̣ ̣]υ ἐκ̣ τῆς *ed. pr.*, | (ὑπὲρ) (*ex corr.*) ἐν⟨ά⟩της Sijpesteijn *l.* ἐκταγῆς τριβουνα *ed. pr.*, Τριβουνᾶ Wilcken βοηθ(οῦ) *ed. pr.* *l.* λογιστηρίου 6. *l.* χρυσικοῦ 7. | ι ς ἰν(δικτιῶνος) *ed. pr.*, | ις ⟨ι⟩ ἰνδ(ικτίονος) Sijpesteijn δι' *ed. pr.* στιστοιχ (*l.* στοιχεῖ) *ed. pr.* *l.* ἐντάγιον

„† Ich habe erhalten durch Tarou (2. H.?) für Astuphore (1. H.) für die neunte Steuerausschreibung des Magistor, Diastoleus, für Steuergeld der zehnten Indiktion an Gold vier Keratia, das macht 4 Keratia, sonst nichts. Geschrieben am 16. Pachon der 10. Indiktion. †

Auf gleiche Weise für denselben durch Kallinikos, Sohn des Pharesmanes, durch Tarou für die neunte Steuerausschreibung des Tribunas, Boethos (*adiutor*) des Logisterion (Rechnungsamtes), für Steuergeld der zehnten Indiktion an Gold ein Keration, das macht 1 Keration, sonst nichts. Geschrieben am 16. Pachon der 10. Indiktion. † (2. H.) Durch mich, Phoibammon, einverstanden mit der Quittung".

Urkundenblatt mit zwei Quittungen bzw. Zahlungsbescheinigungen über Steuerzahlungen in Geld, die eine gewisse, nicht näher bezeichnete Person namens Ταρόου geleistet hatte (Z. 1 und 4). Der Urkundentext baut auf demselben Formulartyp wie die Quittung **41** auf und wird nach dem Muster ἔσχον διὰ τοῦ δεῖνος eingeleitet. Zumindest die erste der beiden in dieser Urkunde dokumentierten Zahlungen dürfte von besagtem Ταρόου in Eigenschaft als Steuerpflichtiger erbracht worden sein (Z. 1). Die vermutlich von anderer Hand nachgetragene Ergänzung ὑπὲρ Ἀστουφόρε könnte sich hierbei auf einen Teil des Steuer- bzw. Zahlungstitels bezogen und den Namen jenes nicht näher definierten Ortes bzw. Grundstückes wiedergegeben haben, für welchen bzw. welches die urkundlich niedergelegte Steuerzahlung eingehoben wurde. Der Steuersatz der durch Ταρόου entrichteten Summe von vier Keratia (Z. 2–3) ist durch den aus anderen Urkunden hinlänglich bekannten Steuerbeamten Μαγίστωρ (vgl. Komm. Z. 1–2) für eine neunte Steuerausschreibung eines laufenden zehnten Indiktionsjahres festgesetzt worden (vgl. die entsprechenden Ausstellungsdaten in Z. 3 und Z. 6–7). Ob derselbe auch als Einheber oder als direkter Zahlungsempfänger dieses Betrages fungiert hat, ist in Hinblick auf den Inhalt der zweiten, auf demselben Urkundenblatt befindlichen Zahlungsbestätigung zu bezweifeln. Der erste Urkundenabschnitt schließt mit dem Ausstellungsdatum in Z. 3. Die Einleitung der zweiten Zahlungsbescheinigung hat mit ὁμοίως τοῦ αὐτοῦ (Z. 4) offensichtlich einen direkten inhaltlichen Bezug zur vorangegangenen Quittung hergestellt, welcher dasselbe mutmaßliche Steuerobjekt – ὑπὲρ Ἀστουφόρε in Z. 1 – betroffen haben dürfte. Die Steuerleistung ist in diesem Fall von einem gewissen Καλλίνικος, Sohn eines Φαρεσμάνης, erbracht worden, wobei die Zahlung, wie das nachgestellte δ(ιὰ) Ταρόου nahelegt, durch die Person des aus der ersten Zahlungsbescheinigung bekannten Steuerzahlers übermittelt worden sein dürfte; daß es sich bei δ(ιὰ) Καλλινί̣χ(ου) Φαρεσμάνης – analog zu (ὑπὲρ) Ἀστουφόρε in Z. 1 – um die Angabe des besteuerten Objektes gehandelt haben könnte, scheint allein schon aufgrund der unterschiedlichen Präpositionen und Φαρεσμάνης, welches im vorliegenden Fall bloß als Vatersname zu deuten ist, ausgeschlossen zu sein. Der zweite Steuersatz in einer Betragshöhe von einem Keration (Z. 6) war durch den auch anderweitig bezeugten Τριβουνᾶς βοηθὸς λογιστηρίου für dieselbe neunte Steuerausschreibung desselben zehnten Indiktionsjahres festgelegt worden (vgl. Komm. Z. 5). Wie das Ausstellungsdatum in Z. 6–7 beweist, sind beide Zahlungsbescheinigungen an ein und demselben Tag ausgestellt worden, was als weiteres Indiz gewertet werden kann, daß die beiden Steuerbeträge von ein und derselben Person, nämlich Ταρόου, an die Steuerbehörde abgeliefert wurden. Das Dokument hatte mit der persönlichen Unterschrift und Einverständniserklärung eines nicht näher bezeichneten Φοιβάμμων geendet, in welchem wohl der direkte Zahlungsempfänger der Steuergelder zu erkennen sein dürfte. Wer die Urkunde geschrieben hat, geht aus dem Inhalt der Quittungen merkwürdigerweise nicht hervor. Zu Datierung und Herkunft vgl. den allgemeinen Exkurs zum „Magistor-Dossier" im Einleitungsteil des vorliegenden Bandes.

1. Ταρόου: In einigen Urkunden aus Aphrodito, nämlich P.Lond. IV 1413 (717; Korr. der Datierung in BL V 56), 1414 (8. Jh.), 1416 (732/733; Korr. der Datierung in BL VIII 190), 1419 (716–717; Korr. der Datierung in BL V 56), 1433 (706–707), 1434 (714–715; Korr. der Datierung in BL V 56), 1442, 1445 (beide: 8. Jh.) sowie P.Ross.Georg. IV 19 und 20 (beide: 8. Jh.), ist Ταρόου als Name eines μοναστήριον bzw. ὄρος überliefert; vgl. dazu P.Lond. IV,

S. xvii, Anm. 1; im vorliegenden Fall ist das Wort aufgrund des Kontextes in jedem Fall als Personenname aufzufassen.

\`(ὑπὲρ) Ἀστουφόρε´: In der *ed. pr.* ist der Nachtrag als eigene Zeile geführt.

ἐκταγῆς: Im Unterschied zur inkorrekten Schreibung des Wortes in Z. 5.

1.–2. Μακίστωρ(ος) διαστολ(έως): Dieselbe Person ist auch in den hermopolitischen Urkunden **118** (= P.Lips. I 90: 614/615; Korr. der Datierung in BL VIII 172), P.Berol. Inv. Nr. 21967 (607/608; vgl. BGU XII 2169, Einl.), CPR VII 29 (608/609), P.Laur. III 77 (603; Korr. der Datierung in BL VIII 166), 110 (600; Korr. der Datierung in BL VIII 167), SB XVI 12264 (628), 12999 (626) und P.Würzb. 19 (Hermupolis, 622; Korr. der Datierung in BL VIII 513) überliefert. Zum Archiv des Flavius Magistor vgl. allgemein die ausführliche Zusammenfassung bei Sijpesteijn, *Magistor I* 93–102, insbes. 97–98 mit der hypothetischen chronologischen Rekonstruktion von dessen Laufbahn anhand der überlieferten Amtsbezeichnungen, derzufolge vorliegende Quittung in das Jahr 591 zu datieren wäre. Weitere Ergänzungen bei Sijpesteijn, *Magistor II* 117–118; zum δημόσιον λογιστήριον und seinen Amtsträgern: Wipszycka, *Reçus* 105–116, insbes. 109ff. Zum Schreibstil des Logisterion von Hermupolis, der sich auch in anderen Urkunden des „Magistor-Dossiers" greifen läßt: J. Gascou, P.Sorb. II 69, S. 13 mit Anm. 25; in Hinblick auf diesen spezifischen Schreibstil ist das Dossier ganz allgemein an den Beginn des 7. Jh. zu datieren, wodurch für vorliegende Urkunde die Jahre 606 und 621 als mögliche Ausstellungsdaten in Frage kämen.

2. χρυσοῦ: Im Unterschied zur gekürzten Schreibweise χρ(υσοῦ) in Z. 6.

3. κεράτι(α): Im Unterschied zur Kürzung der Singularform κερ(άτιον) in Z. 6.
Παχὼν ις: 11. Mai.

4. Φαρεσμάνης: Der Name findet sich außerdem in P.Bad. IV 95 XIII 287 und XIV 321 (Hermopolites, Anfang 6. Jh.; Korr. der Datierung in BL IX 13) und ist wohl als Variante zu Φαρεσμάνιος aufzufassen; zum georgisch-iranischen Ursprung des Namens vgl. J. Gascou, P.Sorb. II 69, S. 54, Anm. 213.

5. Τριβουνᾶ: Dieselbe Person ist in derselben Funktion auch in SPP VIII 1035, 2 (Name ergänzt), 1036, 2, 1037, 2 und P.Lond. V 1757, 11 (Hermupolis, 586/587; Herkunft nach BL VI 65, Korr. der Datierung in BL VIII 192) nachgewiesen; vgl. dazu Sijpesteijn, *Magistor I* 96–97, Anm. 7.

42. B Notiz über Aufwendung in Wein

Verso:

1 (3. H.) † (Ὑπὲρ) ἀναλώματος οἴ(νου) ἁπλ(οῦν) α.

1. | γί(νεται) *ed. pr.*, | † Sijpesteijn αιλ( ) // α *pap.*, ἁπλ(οῦν) α | *ed. pr.*, ἁπλ(οῦν) (κεράτιον) α | *DDBDP*

„(3. H.) † Für Aufwendung 1 Haplun Wein".

1. ἀπλ(οῦν): Ein Hohlmaß, das ausschließlich in Verbindung mit Wein bezeugt ist und in römischer Zeit vermutlich einem Standard von vier χόες, in byzantinischer Zeit vier *sextarii* – d. h. 2,189 Liter – entsprochen hat; vgl. Worp, *Measures* 145–146.

43. Quittung über Geldzahlung für Embole

P.Vindob. G 11043	3,8 × 9,8 cm	1. Hälfte 7. Jh.
Hermopolites		Tafel XXXIII

ed. pr.: SPP III 43 (*s.* V.–VI.) – Korr.: Sijpesteijn, *Magistor I* 93, Anm. 2 (BL VIII 434); J. Gascou, Bibliotheca Orientalis 39 (1982) 106 (Herkunft: wohl Hermopolites; BL VIII 435); ders., P.Sorb. II 69, S. 13 (geschrieben von der ersten Hand von P.Sorb. II 69 und SB XVI 12999; BL X 260–261).

Papyrus. Oberer, linker und unterer Rand erhalten. An der rechten Seite abgebrochen. Das Ausmaß des Textverlustes dürfte sich in Hinblick auf das Format einer Parallele von derselben Hand (**78**) in etwa auf die rechte Blatthälfte beschränken. Vermutlich eine horizontale Faltung 1,7 cm unterhalb des oberen Randes. Die rechte Bruchkante dürfte entlang einer vertikalen Mittelfaltung verlaufen. Eine ca. 1,5 cm breite Kollesis verläuft horizontal knapp oberhalb des unteren Randes des Rekto. Schwarze Tinte. Der Abstand der Schrift zum Rand beträgt oben ca. 0,5 cm, links und unten jeweils ca. 1 cm. Kreuz in Z. 1 ausgerückt. Die Schrift auf dem Rekto verläuft quer zur Faserrichtung (*transversa charta*). Verso leer. Von derselben Hand wie **78** und SPP III 617 (Gruppe der von Πέτρος διαστολεύς ausgestellten Urkunden; mit auffällig starker Verschleifung der Buchstaben). Schrifttyp: sog. „Minuskelkursive“ (sog. „Schreibstil des Logisterion von Hermupolis“); Formulartyp: ἔσχον παρὰ τοῦ δεῖνος („Quittungsschema“). Ankauf: „*ex* 1883“.

↓ 1 † Ἔσχ(ον) π(αρὰ) Δανιηλίου ἀπὸ ἐμβολῆς τε[- - - ἰν(δικτίωνος) νομ(ισμάτιον)]

2 ἓν παρὰ κεράτια ἕξ, γί(νεται) χ(ρυσοῦ) νο(μισμάτιον) α π(αρὰ κεράτια) ς δ(ιὰ) Γεω[ργίου

3 † Πέτρος διαστολεύς, σ̣υ̣μ̣φ̣(ωνῶ) . . . . . [

1. τε[. . . . ἰνδικτιῶνος χρυσοῦ νομισμάτιον | *ed. pr.* 2. π/ ς *ed. pr.*, π(αρὰ) ⟨(κεράτια)⟩ ς *DDBDP* 3. διαστολεὺς . . υπο το[| *ed. pr.*

„† Ich habe erhalten von Danielios von Embole (Weizensteuer) der [- - -] Indiktion einen Solidus abzüglich sechs Keratia, das macht an Gold 1 Solidus abzüglich 6 Keratia durch Georgios [- - -] † Petros, Diastoleus, ich bestätige [- - -]“.

Fragment einer Quittung über eine Geldzahlung, welche ein gewisser Δανιήλιος, über den keine weiteren Angaben vorliegen, geleistet hat. Aus dem Zahlungstitel ἀπὸ ἐμβολῆς scheint hervorzugehen, daß die Zahlung in Zusammenhang mit der Weizensteuer (die Präposition ἀπό dürfte an dieser Stelle sinngemäß sogar mit ὑπέρ gleichzusetzen sein) für ein nicht näher bezeugtes Indiktionsjahr getätigt worden ist (Z. 1). Die Zahlungssumme über einen Betrag von einem Solidus abzüglich sechs Keratia war der Steuerbehörde nicht durch den eigentlichen Kontribuenten – besagten Δανιήλιος – sondern durch eine andere Person, einen im vorliegenden Dokument nicht näher greifbaren Γεώργιος, zugekommen. Im Fall einer Identifizierung dieses Zahlungsübermittlers mit dem gleichnamigen βοηθὸς κωμοκατοίκων in **78**, 2 (vgl. Komm. Z. 2) wäre in Δανιήλιος ein Angehöriger der Steuerklasse der κωμοκάτοικοι (zu betreffendem Terminus vgl. allgemein **15**, Komm. Z. 3) zu erkennen. Ein

Ausstellungsdatum dürfte am Ende der Z. 2 genannt gewesen sein. Die Quittung ist von dem auch anderweitig bezeugten Πέτρος διαστολεύς, einem Beamten des λογιστήριον von Hermupolis, ausgestellt worden (vgl. Komm. Z. 3). Herkunft und Datierung ergeben sich aus der Person des Ausstellers und des in der Urkunde faßbaren „Schreibstils des Logisterion von Hermupolis" (vgl. Komm. Z. 3).

1. τε[: Entweder τε[τάρτης oder τε[σσαρασκαιδεκάτης; die Ergänzung ἰν(δικτίωνος) νομ(ισμάτιον) bzw. νόμ(ισμα)] erfolgt in Anlehnung an **78**, 1–2.

1.–2. νομ(ισμάτιον) bzw. νόμ(ισμα)] ἓν παρὰ κεράτια ἕξ, γί(νεται) χ(ρυσοῦ) νο(μισμάτιον) bzw. νό(μισμα) α π(αρὰ κεράτια) ς: Derselbe Münzfuß findet sich in **79**, 3–4.

2. χ(ρυσοῦ): Oder χ(ρυσίου); im auffälligen Unterschied zur Kürzung χρ(υσοῦ) bzw. χρ(υσίου) in der Parallele **78**, 2.

δ(ιὰ) Γεω[ργίου: An dieser Stelle als Zahlungsübermittler zu deuten; möglicherweise sogar mit Γεώργιος βοηθὸς κωμοκατοίκων in **78**, 1 gleichzusetzen.

3. Πέτρος διαστολεύς: Dieselbe Person ist als Aussteller ein weiteres Mal in **78**, 3 bezeugt und dürfte darüber hinaus auch als Verfasser der Urkunden SPP III 617, SB XVI 12264, 12999 und P.Sorb. II 69 (1. H.) zu identifizieren sein; vgl. Sijpesteijn, *Magistor I* 93, Anm. 2 und J. Gascou, P.Sorb. II 69, S. 13.

σ̣υ̣μ̣φ(ωνῶ) . . . . . [: Vgl. συμφ(ωνῶ) χρ(υσοῦ) bzw. χρ(υσίου) + Summe + ὡς πρόκ(ειται) in **78**, 3, wodurch im vorliegenden Fall σ̣υ̣μ̣φ(ωνῶ) χρ(υσοῦ) bzw. χρ(υσίου) νο(μισμάτιον) bzw. νό(μισμα) α π(αρὰ κεράτια) ς ὡς πρόκ(ειται) zu erwarten wäre; die Lesung einer solchen Formulierung ist an dieser Stelle jedoch nicht nachvollziehbar.

44. SAMMELQUITTUNG ÜBER PACHTZINS

P.Vindob. G 11044 22,6 × 13,5 cm Ende 6./Anfang 7. Jh.
(?) Tafel XXXVI/XXXVII

ed. pr.: SPP III 44 (*s*. VI.).

Papyrus. Drei zusammenhängende Fragmente (in der *ed. pr.* als zwei nicht zusammenhängende Fragmente wiedergegeben; **Fr. 1** umfaßt in Form eines linken Ausschnittes den Beginn der Z. 9–15 auf dem Verso, **Fr. 2** die Z. 1–8 sowie in Form eines weiteren Ausschnittes einen Teil der Z. 9–15 auf dem Verso, **Fr. 3** in Form eines linken Ausschnittes einen Teil der Z. 12, 13, 14 und 16). Linker und unterer Rand erhalten. An der oberen und rechten Seite abgebrochen. Das Ausmaß des Textverlustes bleibt – nicht zuletzt auch aufgrund unterschiedlicher Zeilenlängen – weitgehend unklar. Faltungen nicht mehr deutlich erkennbar. Eine ca. 2 cm breite Kollesis verläuft vertikal 6 cm vom linken Rand des Verso entfernt. Schwarze Tinte. Der Abstand der Schrift zum Rand des Verso beträgt links ca. 5 cm und unten ca. 8 cm. Z. 15 des Rekto als Fortsetzung der Z. 14 weit eingerückt. Die Schrift auf dem Verso verläuft quer, jene auf dem Rekto parallel zur Faserrichtung. Schrifttyp: sog. „Maiuskel" (1. H.); sog. „Minuskelkursive" (2. und 3. H.). Formulartyp: ἔσχον ἐγὼ ὁ δεῖνα παρὰ σοῦ τοῦ δεῖνος („Quittungsschema"). Ankauf: „*ex* 1883".

Verso:

— — — — — —

↓ 1 [- - -] . . [.] . η̣ν̣σ̣ε̣π̣ω̣ . [
2 [- - -] . ς οὐσ̣ί̣ας *vac.* [

vac.

3 (2. H.) † Ἔσχον ἐγὼ Ἄπα Νεῖλ[ος Ἀρωθέου]
4 προνοητ(ὴς) οὐσίας Τασ̣τ . [
5 παρὰ σοῦ Ἰωάννου υἱοῦ Ἀπ̣[ολλῶ
6 (ὑπὲρ) φόρου τῆς αὐτῆς οὐ̣σ̣ί̣[ας
7 Παχὼν δεκάτης ἰν(δικτίωνος) νομ(ισμάτιον) ἓν π̣[αρὰ ἑπτὰ]
8 ἥμισυ τέταρτον, (γίνεται) ν̣ο̣(μισμάτιον) α π(αρὰ) ζ̣ [(ἥμισυ)] ḍ [

vac.

9 † Ἔσχ[ον ἐγὼ Ἄ]πα Νεῖλος̣ [προνοητ(ὴς)]
10 παρὰ̣ [τοῦ πα]ι̣δὸς Ἀπολλ[ῶ
11 Παρευ̣̂ (ὑπὲρ) [φό]ρου οὐσ(ίας) Ταστ[
12 Παχὼν [νο]μ̣(ισμάτιον) ἓν παρὰ ἑπτὰ [

vac.

13 † Τῆ(ς) αὐ[τ(ῆς) οὐσ(ίας) (ὑπὲρ)] τ̣ῶν αὐτῶν φ[όρων
14 δ̣εκάτη̣[ς ἰν(δικτίωνος) νομ(ισμάτιον)] ἓ̣ν̣ παρ[ὰ ἑπτὰ
15 (γίνεται) νο(μισμάτιον) α π(αρὰ) [ζ - - -] *Paraphe*

Rekto:

— — — — — —

→ 1 (1. H.) - - -] . . [.] . [. . . .] . [
2 Ἀ]π̣ώλου . . ου . . . [

vac.

3] *Spuren* [
4] *Spuren* [
5] *Spuren vac.* [
6] . κ̣ι̣ *vac.* [
7] Ἀ̣πώλου – . . . κ νο(μισμάτιον) ⟨α π(αρὰ)⟩ ζ̣ ḍ
8 Ἀπ]ώλου – [. .] . κ νο(μισμάτιον) ⟨α π(αρὰ)⟩ ζ̣
9 Ἀπ]ώλου – [. . .]κω νο(μισμάτιον) ⟨α⟩ π̣(αρὰ) ζ
10] . Ἀπώλου – [. .]κ̣ω νο(μισμάτιον) ⟨α⟩ π(αρὰ) ζ ḍ
langer horizontaler Strich

vac.

11]σ̣ε̣π̣[.]

vac.

12] Ἀπώλου [...]... νο(μισμάτιον) α π(αρὰ) ζ d

vac.

13 (3. H.) - - -]... οὐσ(ίας) Τ̣α̣τ̣...[...] Φαῶφι ἐνάτης ἰ̣ν(δικτίωνος)

14]....., (γίνεται) νο(μισμάτιον) α π(αρὰ) ζ d μ(όνον). Δ(ι') ἐμοῦ Ἄπα [Ν]ε̣[ί]λου Ἀροθέ̣ο̣υ πρ(ονοητοῦ)

15 *vac.* (γίνονται) ὁ(μοῦ) νο(μισμάτια) ις

16]... νομ̣ι̣[σ]μ̣(άτιον) ἓν π̣[αρ]ὰ ἑπτ̣ὰ ἥ̣μ̣ι̣σ̣υ̣, (γίνεται) ν̣ο̣(μισμάτιον) α π(αρὰ) ζ̣ (ἥμισυ) μ̣ό̣(νον).

Verso: 1. |]μηνσετιω[| *ed. pr.* **Fr. 2** 2. |]εσαγ̣ορ̣ας | *ed. pr.* **Fr. 2** 3. | †] ἔσχον *ed. pr.* **Fr. 2** Νεῖλ[ος | *ed. pr.* **Fr. 2** 4. Ἀν̣αστ[ασι... | *ed. pr.* **Fr. 2** 5. υἱοῦ αὐτ[οῦ | *ed. pr.* **Fr. 2** 6. οὐ[σίας | *ed. pr.* **Fr. 2** 7. νομισ[μάτιον ἓν παρὰ ἑπτά | *ed. pr.* **Fr. 2** 8. / [νο( )] α π/ [ζ (ἥμισυ) δ' | *ed. pr.* **Fr. 2** 9. | † εσχ[ον | *ed. pr.* **Fr. 1**, | [† ἔσχον ἐγ]ὼ̣ Ἄπα Νεῖλος [| *ed. pr.* **Fr. 2** 10. | παρα̣[| *ed. pr.* **Fr. 1** | [προνοητ( ) οὐ]σίας Ἀπολλ[ω | *ed. pr.* **Fr. 2** 11. | παρεσχ̣[| *ed. pr.* **Fr. 1** | (ὑπὲρ) φό]ρου οὐσ(ίας) πολ[| (*l.* Ἀπολλ-) *ed. pr.* **Fr. 2** 12. | παχων [| *ed. pr.* **Fr. 1** | νομισμάτιον] ἓν παρὰ ἑπτὰ [ἥμισυ τέταρτον | *ed. pr.* **Fr. 2** 13. | τῆς αὐ[τῆς | *ed. pr.* **Fr. 1** |]ωνος των φ[| *ed. pr.* **Fr. 2** 14. | † δε..[| *ed. pr.* **Fr. 1** | νομισμάτιον] ἓν παρά [| *ed. pr.* **Fr. 2** 15. | νο( ) α π/ [| *ed. pr.* **Fr. 1** |] Abzeichnung der Paraphe [| *ed. pr.* **Fr. 2**

Rekto: 1. *om. ed. pr.* **Fr. 2** 2. |]τωλαι δι(ὰ) Αἰλια̣[νοῦ | *ed. pr.* **Fr. 2** 3. |]ειτ[| *ed. pr.* **Fr. 2** 4. |]δω.ω | *ed. pr.* **Fr. 2** 5. *om. ed. pr.* **Fr. 2** 6. |]κι | *ed. pr.* **Fr. 2** 7. |].. λα – [- - -] κ νο( ) ζ | *ed. pr.* **Fr. 2** 8. | ? π]αχων̣ – [| *ed. pr.* **Fr. 2** |]. κ νο(μισμάτια) δ | *ed. pr.* **Fr. 1** 9. |]αικαι – [| *ed. pr.* **Fr. 2** |]κω νο( ) //// ζ | *ed. pr.* **Fr. 1** 10. |]. πωλο [| *ed. pr.* **Fr. 2** |]α νο( ) ε/ ζ | *ed. pr.* **Fr. 1** 11. |]ω̣ νο( ) [ ] | *ed. pr.* **Fr. 1** 12. |]πωλο[| *ed. pr.* **Fr. 3** |]. τας νο( ) ωλζ δ | *ed. pr.* **Fr. 1** 13. |]ουσι ταγμ[| *ed. pr.* **Fr. 3** |].ω. ἐνάτης ιν(δικτιῶνος) | *ed. pr.* **Fr. 1** 14. |] / νο( ) α π/ ζ d μόν[α | *ed. pr.* **Fr. 3** |]σεμ[..] ~ αν ο θερ¯.. ρ/ | *ed. pr.* **Fr. 1** *l.* Ἀρωθέου 15. | Abzeichnung νο( ) ιζ̣ | *ed. pr.* **Fr. 1** 16. |]νομι[σ]μ( ) ἓν π[αρὰ.... | *ed. pr.* **Fr. 3** |]ας πρ[| *ed. pr.* **Fr. 1**

Verso: „[- - -] Landgutes [- - -] (2. H.) † Ich, Apa Neilos, Sohn des Arotheos, Pronoetes des Landgutes N. N. [- - -] habe erhalten von dir, Ioannes, Sohn des Apollos [- - -] für Pachtzins desselben Landgutes [- - -] Pachon der zehnten Indiktion einen Solidus abzüglich siebeneinhalb ein viertel, das macht 1 Solidus abzüglich 7 1/2 1/4 [- - -]. † Ich, Apa Neilos, Pronoetes, habe erhalten von dem Bediensteten des Apollos [- - -] Pareu für Pachtzins des Landgutes N. N. [- - -] Pachon einen Solidus abzüglich sieben [- - -]. † Desselben Landgutes für dieselben Pachtzinsen [- - -] der zehnten Indiktion einen Solidus abzüglich sieben [- - -] das macht 1 Solidus abzüglich 7 [- - -]".

Rekto: „(1. H.) [- - -] Apollos [- - -] Apollos [- - -] 1 Solidus abzüglich 7 1/4 [- - -] Apollos [- - -] 1 Solidus abzüglich 7 [- - -] Apollos [- - -] 1 Solidus abzüglich 7 [- - -] Apollos [- - -] 1 Solidus abzüglich 7 1/4 [- - -] Apollos [- - -] 1 Solidus abzüglich 7 1/4 [- - -] (3. H.) [- - -] Landgutes N. N. [- - -] Phaophi der neunten Indiktion [- - -] das macht 1 Solidus abzüglich 7 1/4, sonst nichts. Durch mich, Apa Neilos, Sohn des Arotheos, Pronoetes, das macht zusammen 16 Solidi [- - -] ein Solidus abzüglich siebeneinhalb, das macht 1 Solidus abzüglich 7 1/2, sonst nichts".

Fragment einer Sammelquittung über mehrere, mit jeweils einem Solidus abzüglich sieben oder mehr Keratia nahezu gleich hoch bemessene Pachtzinszahlungen, welche alle offenbar seitens oder im Namen eines gewissen Ἀπολλῶς an Ἄπα Νεῖλος, den προνοητής einer namentlich bloß unvollständig bezeugten Domäne (vgl. Verso, Komm. Z. 4), erstattet wurden. Weder über das Ausmaß des Textverlustes noch über den genauen Aufbau dieses Dokumentes können konkrete Aussagen getroffen werden. Die auf dem Rekto des Urkundenblattes überlieferten Textpassagen scheinen den älteren Teil der Urkunde zu umfassen (vgl. in diesem Zusammenhang die Angabe eines neunten Indiktionjahres in Z. 13 des Rekto gegenüber den Jahresangaben in Z. 7 und 14 des Verso; die vorliegende Transkription des Urkundentextes nimmt nicht auf die chronologische Reihung, sondern auf die Abfolge des Rekto und des Verso in der *ed. pr.* Rücksicht).

Das Verso des Urkundenfragmentes beinhaltet unter anderem die Reste dreier Zahlungsbestätigungen (Verso, Z. 3–15): die erste Zahlung war von Ἰωάννης, einem Sohn des mutmaßlichen Pächters Ἀπολλῶς (Verso, Z. 5), die zweite Pachtzinszahlung von einem Bediensteten des Ἀπολλῶς namens Παρεῦ (Verso, Z. 10–11; vgl. Verso, Komm. Z. 11) geleistet oder zumindest übergeben worden; im Fall der dritten Zahlungsbescheinigung geht die Person des Zahlers bzw. Zahlungsübermittlers aus dem Textbefund nicht mehr hervor; sowohl die erste als auch die zweite Pachtzinszahlung sind für oder im Monat Παχών geleistet worden (Verso, Z. 7 und 12), wobei der Bemessungszeitraum bzw. Zahlungszeitpunkt bloß im Fall der ersten Zahlungsbescheinigung mittels der Angabe eines (zehnten) Indiktionsjahres näher definiert war; in der dritten Zahlungsbestätigung, die in ihrem Charakter und Wortlaut auf den Inhalt der vorangegangenen Urkundenabschnitte Bezug genommen haben dürfte, ist der Monatsname nicht mehr greifbar; die Jahresangabe könnte sich – wie in den zwei unmittelbar vorangegangenen Zahlungsbescheinigungen – auf ein zehntes Indiktionsjahr bezogen haben oder aber auch unvollständig erhalten sein (vgl. Verso, Komm. Z. 14). Wie die Reste zweier Zeilen von einer anderen Hand an der oberen Bruchkante des Verso beweisen (Verso, Z. 1–2), war den drei Zahlungsbescheinigungen ein Text unbekannten Inhaltes vorausgegangen.

Das Rekto hat neben einem quittungsartigen Abschnitt am unteren Rand des Urkundenblattes (Rekto, Z. 13–16), der allem Anschein nach Zahlungen desselben Pachtzinses zum Gegenstand gehabt hat und von jenem, in den Zahlungsbescheinigungen des Verso als Empfänger der Pachtzinszahlungen nachgewiesenen προνοητής persönlich verfaßt worden sein dürfte (vgl. die Unterschrift am Ende der Z. 14), offensichtlich auch einen Abrechnungstext enthalten (Rekto, Z. 1–2 und 6–12). In diesem waren Geldbeträge angeführt, die alle auf den Namen des mutmaßlichen Pächters Ἀπολλῶς verbucht waren (zur merkwürdigen Schreibung des Namens in diesem Abschnitt vgl. Rekto, Komm. Z. 2) und in ihrer Höhe – wohl nicht ganz zufällig – mehr oder weniger der Bemessungssumme der in den Z. 7–8 des Verso überlieferten Pachtzinszahlung entsprochen haben. Die Summen differieren jedoch auffälligerweise in der Angabe ihrer Münzfüße: in Z. 7, 10 und 12 des Rekto sind jeweils Summen von einem Solidus abzüglich sieben ein viertel Keratia, in Z. 8 und 9 des Rekto Beträge zu je einem Solidus abzüglich sieben Keratia verrechnet worden. Im nachfolgenden quittungsartigen Abschnitt ist dann der Empfang einer Betragssumme von einem Solidus abzüglich sieben ein viertel Keratia für bzw. im Monat Φαῶφι eines neunten Indiktionsjahres (Rekto, Z. 13–14) sowie eine nicht näher dokumentierte Zahlung eines Betrages von einem Solidus abzüglich siebeneinhalb Keratia (Rekto, Z. 16) bestätigt worden. Keiner der eben genannten Geldbeträge stimmt demnach völlig mit der in der ersten Zahlungsbescheinigung des Verso angeführten Pachtzinshöhe von einem Solidus abzüglich siebeneinhalb ein viertel Keratia (Verso, Z. 7–8; im Fall der Zahlungsbescheinigungen der Z. 9–12 und 13–15 ist der jeweilige Münzfuß nicht oder vermutlich bloß unvollständig erhalten) überein. Eine schlüssige Erklärung für den Umstand dieser Unregelmäßigkeiten bietet sich vorläufig nicht an. Die in Z. 15 des Rekto wiedergegebene Gesamtsumme (γίνονται) ὁ(μοῦ) νο(μισμάτια) ις scheint nicht allein den Inhalt der Z. 13–14 zusammengefaßt, sondern auch die Zahlungsbeträge des vorangegangenen Abrechnungsabschnittes miteinbezogen zu haben. Auf welchen Zeitraum die Gesamtsumme dieser Pachtzinseinkünfte umzulegen ist – ob auf einen oder mehrere Monate, ob auf ein halbes oder ganzes Jahr – geht aus dem inhaltlichen Befund des Fragmentes nicht hervor. Der Inhalt und Charakter einer abgewaschenen Textpartie (Rekto, Z. 3–5) bleibt vollkommen ungewiß; es scheint sich dabei um den Rest einer älteren Beschriftung zu handeln, welche von derselben Schreiberhand wie die Urkundenabschnitte der Z. 1–2 und 6–12 des Rekto sowie jene der Z. 1–2 des Verso verfaßt worden ist (vgl. Verso, Komm. Z. 1).

Das Fragment bietet keinen verläßlichen Anhaltspunkt, der über die Herkunft der Urkunde Aufschluß geben könnte (vgl. Rekto, Komm. Z. 2); die im handschriftlichen Inventarkatalog vermerkte Angabe „*ex* 1883“ deutet auf eine arsinoitische oder herakleopolitische Provenienz. Das Dokument wird aufgrund des Münzfußes und paläographischer Kriterien an das Ende des 6. Jh. oder den Anfang des 7. Jh. datiert; vgl. in diesem Zusammenhang allgemein die chronologische Auflistung von datierbaren Belegen der Formel νομίσματα x παρὰ κεράτια y bei Maresch, *Nomisma* 159–171, insbes. 169–171.

Verso:

1.] ̣η̣ν̣σ̣ε̣π̣ω̣ ̣[: Vgl. Z. 11 des Rekto, wo offensichtlich dasselbe Wort bzw. derselbe Name gestanden war; selbiges scheint auch für das Ende der abgewaschenen Z. 3 des Rekto zu gelten.

1.–2. Wieviel am Beginn der beiden Zeilen verlorengegangen ist, läßt sich aufgrund des unregelmäßigen Zeilenspiegels schwer abschätzen.

4. Τασ̣τ̣ ̣[: Vielleicht Ταστωοῦτος, ein in früherer Zeit mehrfach belegter weiblicher Personenname; vgl. P.Mich. IX 531, 6 und 10 = SB XIV 11341, 6 und 10 (Karanis, 174), BGU XI 2019 I 22 (Memphites, 188), SPP XX 25, 6 (Herakleopolis, 218), SPP XX 35, 4 (Herakleopolites, 235) und SPP XX 88, 19 (Hermupolis, 337).

7. νομ(ισμάτιον): Oder νόμ(ισμα).

8. ν̣ο̣(μισμάτιον): Oder ν̣ό̣(μισμα). Im Anschluß an die Wiederholung der Summe vermutlich μ̣όνον (in gekürzter Form) zu ergänzen; selbiges ist auch im Fall der Z. 12 und 15 des Verso zu berücksichtigen.

11. Παρεῦ: Mit vorangegangenem καλουμένου (oder ähnlich) am Ende der Z. 10 vermutlich als Name des παῖς des Ἀπολλῶς aufzufassen.
Ταστ[: Vgl. Verso, Komm. Z. 4.

12. Παχών: Die für gewöhnlich nachfolgende Angabe des Indiktionsjahres war vom Schreiber an dieser Stelle merkwürdigerweise ausgelassen worden.
[νο]μ̣(ισμάτιον): Vgl. allgemein Verso, Komm. Z. 7.
ἓν παρὰ ἑπτά [: Der genaue Münzfuß bleibt angesichts der unterschiedlichen Beträge in den Z. 7–10 und 14–16 des Rekto ungewiß; vgl. einen ähnlichen Fall in Z. 14–15 des Verso.

13. Τῆ(ς) αὐ[τ(ῆς) οὐσ(ίας) (ὑπέρ)]: Für die betreffende Ergänzung scheint der Platz an reichlich knapp zu sein; eine Angabe τῇ αὐ[τ(ῇ)] ἡ(μέρᾳ) (vgl. P.Cair.Masp. II 67141, Fol. 1,

17; 20; 26 und P.Lond. IV 1441, Fol. 7, 51; 52) ist aufgrund des inhaltlichen Kontextes auszuschließen.

14. δεκάτη[ς ἰν(δικτίωνος): In Hinblick auf die Angabe eines zehnten Indiktionsjahres in Z. 7 vielleicht aber auch als ἑν]|δεκάτης oder aufgrund der unmittelbar vorausgegangenen Zahlungsbescheinigung sogar als δω]|δεκάτης (Z. 13–14) aufzufassen. Der Plural] τῶν αὐτῶν φ[όρων in Z. 13 könnte auch eine Angabe mehrerer Indiktionsjahre nahelegen, was dann allerdings der Betragshöhe der quittierten Zahlungssumme widerspräche.
νομ(ισμάτιον)]: Vgl. allgemein Verso, Komm. Z. 7.
ἐν παρ[ὰ ἑπτά: Vgl. Verso, Komm. Z. 12.

15. νο(μισμάτιον): Vgl. allgemein Verso, Komm. Z. 8.

Rekto:

1. Von der Zeile sind nur noch Reste einiger Unterlängen sichtbar.

2. 'Α]πώλου: In CPR XIV 9, Komm. Z. 5 (Arsinoiton Polis, 607; Korr. der Datierung in BL XI 71) als Nebenform des Namens 'Απολλῶς gedeutet; eine Schreibung Απολλου findet sich in CPR X 65, Verso III 43; 46 (Arsinoites, 6. Jh.) und P.Vind.Tand. 16 II 26–31 (Herk. unbek., 5.–6. Jh.) bezeugt; die Form Απολου ist in KSB I 79, 5 anzutreffen; vgl. in diesem Zusammenhang die Bemerkung bei Kahle, *Texts* I 87 (56 B), wonach ω durch ου ersetzt werden könnte. Die genannte Person scheint jedenfalls mit 'Απολλῶς aus den Z. 5 und 10 des Verso identisch gewesen zu sein.

3.–5. Spuren eines abgewaschenen Textes, welcher der 1. H. in den Z. 1–2 des Verso zugeschrieben werden kann. Am Ende der Z. 3 findet sich möglicherweise dasselbe Wort bzw. derselbe Name angeführt, welches bzw. welcher in der Z. 1 des Verso und in der Z. 11 des Rekto begegnet; vgl. dazu Verso, Komm. Z. 1. In Z. 4 könnten Reste jener Namensform Απωλου zu erkennen sein, welche auf dem Rekto mehrfach anzutreffen ist.

7., 8., 9., 10., 12. und 14. νο(μισμάτιον): Vgl. allgemein Verso, Komm. Z. 8.

11.]σεπ[ ]: Vgl. Verso, Komm. Z. 1 und Rekto, Komm. Z. 3–5.

13. Τατ . . . [: Im Gegensatz zur Schreibung desselben Namens in Z. 4 und 11 des Verso.

15. (γίνονται) ὁ(μοῦ) νο(μισμάτια) ις: Die abschließende Gesamtsumme findet sich als unmittelbare Fortsetzung der Z. 14 knapp unterhalb von 'Αροθέου πρ(ονοητοῦ) positioniert. Statt νο(μισμάτια) wäre auch νο(μίσματα) möglich.

16. νομι[σ]μ(άτιον): Oder νόμι[σ]μ(α).
νο(μισμάτιον): Vgl. allgemein Verso, Komm. Z. 8.

45. A Quittung

P.Vindob. G 11045 — 7,1 × 8,1 cm — 7. Jh.
(?) — Tafel XXXIV

ed. pr.: SPP III 45 (*s.* VI., Arsin.).

Papyrus. Oberer, linker und unterer Rand erhalten. An der rechten Seite abgebrochen. Das Ausmaß des Textverlustes bleibt weitgehend unklar. Zwei vertikale Faltungen 2,4 und 6 cm vom linken Rand entfernt. Keine Klebung. Schwarze Tinte. Der Abstand der Schrift zum Rand beträgt oben, links und unten jeweils ca. 1 cm. Kreuz in Z. 1 ausgerückt. Die Schrift auf dem Verso verläuft quer zur Faserrichtung. Rekto mit Resten einer Abrechnung (Schriftverlauf parallel zur Faserrichtung; gegenüber dem Verso um 180° gedreht). Schrifttyp: sog. „Minuskelkursive" mit einigen „Minuskel"-Elementen (Verso; vgl. λ, π und τ); sog. „Minuskelkursive" (Rekto). Formulartyp: ἔσχον ἐγὼ ὁ δεῖνα παρὰ τοῦ δεῖνος καὶ ἐπληρώθην παρὰ σοῦ („Quittungsschema"). Ankauf: „*ex* 1883".

Verso:

↓ 1 ⳨ Ἔσχων ἐγὼ Ἠλεία[ς - - -]
2 παρὰ τῶν κληρ(ονόμων) [- - -]
3 καὶ ἐπληρώθ(ην) παρ᾽ ὑμ[ῶν - - - τῶν παρελθόν-]
4 τον χρόνον ἕος γαρπô(ν) δ̣ [ἰνδ(ικτίωνος) - - -]
5 ἰνδ(ικτίωνος) γ. † Δ(ιὰ) Ναρ[αοῦτος - - -]

1. *l.* ἔσχον   *l.* Ἠλίας   3. ὑμ[ῶν | *ed. pr.*   3.–4. *l.* παρελθόντων χρόνων ἕως καρπῶν   4. | τὸν χρόνον ἕος γαρπο(ν) [| *ed. pr.*   γαρπ(ῶν) *ed. pr.*, Index, S. 242   δ/ *pap.*   5. γ// *pap.*   δι(ὰ) Ναορ[αυ | *ed. pr.*

„† Ich, Elias [- - -] habe erhalten von den Erben [- - -] und habe ausbezahlt bekommen von euch [- - -] der vergangenen Zeiten bis zu Ernteerträgen der 4. Indiktion [- - -] der 3. Indiktion. † Durch Naaraus [- - -]".

Fragment einer Quittung, deren Inhalt und Charakter nicht geklärt sind und deren Schreibfehler von einer minderen Ausfertigungsqualität zeugen. Das übliche Formulareinleitungsmuster ἔσχον καὶ ἐπληρώθην ἐγὼ ὁ δεῖνα παρὰ σοῦ τοῦ δεῖνος ist im vorliegenden Fall mit ἔσχον ἐγὼ ὁ δεῖνα παρὰ τοῦ δεῖνος in Z. 1–2 und καὶ ἐπληρώθην παρὰ σοῦ in Z. 3 auf zwei getrennte Wendungen aufgespalten, wie es ein weiteres Mal in P.Oxy. LXI 4131, 19–22 (600; ebenda allerdings im Rahmen eines „Vertragsschemas") begegnet. Vom Zahlungs- bzw. Lieferungsempfänger ist lediglich der Name bezeugt (Z. 1). Die Quittungsadressaten, deren Namen und personenspezifische Daten gänzlich verloren sind, waren als κληρονόμοι einer nicht näher greifbaren Person angeführt (Z. 2). Vom Zahlungstitel ist nur mehr die Angabe eines Bemessungszeitraumes überliefert (Z. 3–4). Ein Transaktionsgegenstand, welcher gegebenenfalls wohl am ehesten im Anschluß an den Zahlungstitel erwähnt gewesen sein könnte, läßt sich aufgrund des Textverlustes ebenso wenig greifen wie der am Ende der Z. 4 zu gewärtigende Ausstellungstag der Urkunde. Der Jahresangabe des Ausstellungsdatums nach zu schließen (Z. 5), mußte sich der dem Transaktionsvorgang zugrundegelegte Bemessungszeitraum bis in das Folgejahr erstreckt haben, was bedeutet, daß die Zahlung allem Anschein nach im voraus geleistet wurde. Die Quittung hat mit der Unterschrift des Ausfertigers geendet. Das Fragment liefert keinen Anhaltspunkt, der über eine mögliche Herkunft der Urkunde Aufschluß geben könnte; aufgrund des im handschriftlichen Inventarkatalog niedergelegten Verweises „*ex* 1883" könnte die Urkunde sowohl arsinoitischen als auch herakleopolitischen Ursprunges sein. Das Dokument wird aufgrund paläographischer Kriterien ins 7. Jh. datiert (vgl. dazu die Formalbeschreibung).

3.–4. τῶν παρελθόν]τον χρόνον: Vielleicht aber auch τῶν εἰσιόν]τον χρόνον (*l.* τῶν εἰσιόν]των χρόνων).

45. B ABRECHNUNG ÜBER AUSGABEN UND EINNAHMEN AUF EINEM GUTSBESITZ (?)

Rekto:
(180°)

— — — — — —
→ (3. H.) (καὶ) (ὑπὲρ) κτητορι̣κ̣[ῶν
(καὶ) (ὑπὲρ) Θεωδορ[
(γ̣ί̣ν̣ο̣ν̣τ̣α̣ι̣) ὁ(μοῦ) (ἀρτάβαι) ̣ [
(ὧν) δ(ιὰ) Φορτε ̣ ̣ ̣ [
(καὶ) δ̣[(ι')] Ε ̣ ̣ ̣ ̣ ̣ [
— — — — — —

1. κτητορ[ρ | (*l.* -όρων) *ed. pr.* 2 *l.* Θεοδώρ[3. (γ̣ί̣ν̣ο̣ν̣τ̣α̣ι̣) *om. ed. pr.* | ὁ(μοῦ) Abzeichnung [| *ed. pr.*, | ὁ(μοῦ) γ(ίνονται) [- - -] *DDBDP* 4. | Abzeichnung ει/ φορ/ πιτ[| *ed. pr.*, | (ἀφ' ὧν) εἰ(ς) φόρ(α) πιτ[- - -] *DDBDP* εἰ(ς) *ed. pr.*, Index, S. 236 φόρ(ον) *ed. pr.*, Index, S. 284 5. | (καὶ) [(ὑπὲρ) Γ]ε̣ω̣ρ̣γ̣ι[ου | *ed. pr.*

„[- - -] (3. H.) [- - -] und für Gutsbesitz- [- - -] und für N. N. [- - -] das macht zusammen [- - -] Artaben [- - -] davon durch N. N. [- - -] und durch N. N. [- - -]".

Fragment einer Abrechnung unbestimmten Umfanges, welche unter anderem, wie der Titel (ὑπὲρ) κτητορι̣κ̣[ῶν in Z. 1 vermuten läßt, zur Dokumentation allfälliger Ausgaben, die offenkundig im Rahmen der Verwaltung eines Landgutes angefallen waren, verfaßt wurde. Z. 3 hat auf eine Gesamtmenge von Naturalien Bezug genommen, die möglicherweise zur Verpflegung des Personals oder der Angestellten des Gutes aufgewandt oder bereitgestellt wurde (vgl. in diesem Zusammenhang die Buchung auf eine Person in Z. 2). In Z. 4 und 5 scheinen in Hinblick auf die Präposition διά Einnahmen verrechnet worden zu sein, die – wie (ὧν) am Beginn der Z. 4 nahelegt – zur Refundierung der oben angeführten Ausgaben gedient haben könnten.

1. (ὑπὲρ) κτητορι̣κ̣[ῶν: Offenbar als Sachtitel für Ausgaben zu verstehen; das Adjektiv κτητορικός begegnet sonst nur noch in CPR VII 8 III 61 (Arsinoites, 2.–3. Jh.; ebenda in Verbindung mit καλαμουργία), im Brieffragment P.Giss. 124, 7 (Herk. unbek., 6. Jh.) sowie in ergänzter Form κτητορ[ικά in P.Stras. V 315, 13 (Herk. unbek., 3. Jh.).

4. (ὧν): Zur Sigle vgl. allgemein Blanchard, *Sigles* 31.

46. Quittung über Preis für gelieferte Waren

P.Vindob. G 11046	Fr. 1: 7,4 × 10 cm	1. Hälfte 8. Jh.
Herakleopolis	Fr. 2: 6,9 × 9,9 cm	Tafel XXXVIII

ed. pr.: SPP III 46 (*s.* VI.–VII.) – Korr.: K. A. Worp, P.Rain.Cent. 121, Komm. Z. 6 (wohl von derselben Hand wie SPP III 343 und P.Rain.Cent. 121, Herkunft: Herakleopolites, Datierung: 8. Jh.; BL VIII 435); Byz. Not. 57 (BL VIII 435).

Papyrus. Zwei nicht zusammenhängende Fragmente (Fr. 1 links, Fr. 2 rechts). Ränder an allen Seiten erhalten. Das Ausmaß des Textverlustes dürfte sich in etwa auf das mittlere Blattdrittel beschränken (gemessen an der ursprünglichen Gesamtbreite des *transversa charta* beschrifteten Urkundenblattes, welche in der Regel der herstellungsbedingten Höhe der Papyrusrollen von maximal 35–36 cm entspricht). Einen ungefähren Anhaltspunkt für das Ausmaß der verlorenen Textpassagen liefert die Ergänzung in Z. 6. Das Urkundenblatt war nach rechts hin offenbar leicht konisch zugeschnitten. Vier horizontale Faltungen 1,6, 3,4, 5,1 und 6,5 cm unterhalb des oberen Randes. Die Bruchkanten könnten entlang vertikaler Faltungen verlaufen. Eine 2,5 cm breite Kollesis verläuft horizontal 2,6 cm unterhalb des oberen Randes (knapp unterhalb der Z. 2). Schwarze Tinte. Der Abstand der Schrift zum Rand beträgt oben ca. 1 cm, links ca. 1,5 cm und unten ca. 0,5 cm. Rechts bis zum Rand beschrieben. Kreuz in Z. 1 ausgerückt. Verso mit Resten einer Zeile auf Höhe der Z. 2 des Rekto (Position in der rechten Blatthälfte; Schriftverlauf parallel zur Faserrichtung). Von derselben Hand wie SPP III 343 und P.Rain.Cent. 121 (Gruppe der von Παῦλος συμβολαιογράφος ausgestellten Urkunden). Schrifttyp: sog. „Minuskelkursive"; Formulartyp: ἔσχον ἐγὼ ὁ δεῖνα παρὰ σοῦ τοῦ δεῖνος („Quittungsschema"). Ankauf: „*ex* 1883".

↓ 1 ☧ Ἔσχον ἐγὼ Στέφανος υἱὸς ̣ [ ] ̣ [- - - ἀφ' Ἡρακλ(έους) π(όλεως) παρὰ σοῦ] Γ[ε]ω̣ργίου Θεοδοσίο[υ] ἀ̣π̣ὸ τ(ῆς) αὐ̣[τ(ῆς)] π̣ό̣λ̣ε̣(ως)

2 τ̣ὴν τιμὴν κατὰ δ̣ί̣και[ον] δ̣[- - - ἄνευ - - - πάση]ς̣ ἀνάγκης σκευῶν τὸν ἀριθμὸν πέντε,

3 τοῦτ' ἔστιν κάγκελλ(ον) χαλκο(ῦν) α̣ ̣ ̣ ρ̣[- - - ὅ ἐσ]τιν χρυσοῦ νομισμ(άτια) τρία ὄβρυ(ζα), (γίνονται) χρυ(σοῦ) νο(μισμάτια) γ,

4 καὶ μὴ δύνασθ(αί) με μή τινα ἐκ τ̣ῆ̣[ς - - -] π̣ε̣ρὶ τούτων μὴ περὶ ἑτέρας αὐτῶν τιμῆ(ς).

5 Ἐπωμοσάμην θεὸν τὸν παντοκρά̣(τορα). Ἐ̣γρ(άφη) [μη(νὶ) - - - (2. H.) - - -] ̣ ὑπέγραψα. † (3. H.) † Γεώργιος ἐλέει θεοῦ

6 πρεσβύτερος τῶν ἁγίων ἀποστώλω[ν ἀφ' Ἡρ(ακλέους) π(όλεως) μαρτυρῶ. (1. H.) ☧ Δ(ι') ἐμοῦ Παύλου συ]μ̣βολαιογράφο̣υ̣. *Paraphe*

Verso:

→ 7 [- - -] ̣ ̣ ̣ χρ(υσοῦ) νο(μισματίων) γ. †

1. ἔ[σ]χο[ν] ἐγὼ Γερμανὸς υἱ[ὸς ̣ ̣ ̣ ̣ ἀπὸ ̣ ̣ ̣ ̣ παρὰ σοῦ Γεω]ργίου Θεοδοσίο[υ ἀ]πὸ τ(ῆς) α[ὐτῆς πό]λ[εως | *ed. pr.* 2. | τ[ὴ]ν τιμὴν κατα[̣ ̣ ̣ ̣] καὶ [- - -] ἀνάγκης *ed. pr.* 3. καγκελλ' χαλκο/ αγ[̣ ̣]ρ̣[*ed. pr.*, καγκελλ' χαλκο(ῦν) *ibid.*, Index, S. 261, χαλκο(ῦν) καγκελλ'(ιον) *ibid.*, Index, S. 284, καγκέλλ(ῳ) χαλκο( ) *DDBDP* χρυσίου *ed. pr.* ὀβρυ(ζιακά) *ed. pr.* (γίνονται) *om. ed. pr.* γ̄ *pap.* 4. ἐκτ[- - -] *ed. pr.*, ἐκ π̣[ροσώπου ἡμῶν σοι ἐγκαλεῖν] *vel sim.* Worp, ἐκ π̣[ροσώπου μου - - -] *DDBDP* τιμ(ῆς) | *ed. pr.* 5. τόν *om. ed. pr.* παντοκρά(τορα) [- - - τ]ουτο[ ] ἔγραψα *ed. pr.* 6. *l.* ἀποστόλων ἀποστώλω[ν - - - συ]μβολαιογράφος *ed. pr.* [☧ Δι' ἐμοῦ Παύλου συ]μβολαιογρά(φου) Diethart, Worp 7. *om. ed. pr.*

„☧ Ich, Stephanos, Sohn des N. N. [- - -] aus Herakleopolis, habe erhalten von dir, Georgios, Sohn des Theodosios, aus derselben Stadt, den Kaufpreis auf Rechtsgrundlage [- -

-] ohne [- - -] jeden Zwang an Geräten, fünf an der Zahl, dies ist 1 bronzenes Gitter [- - -] was an Gold drei nicht vollwertige Solidi ist, das macht an Gold 3 Solidi, und daß weder ich noch irgendjemand von [- - -] betreffs dieser (Gegenstände) oder betreffs eines anderen Preises für sie. Ich habe geschworen bei Gott, dem Allmächtigen. Geschrieben [- - -] im Monat [- - -] (2. H.) [- - -] ich habe unterschrieben. † (3. H.) † Georgios, von Gottes Gnaden Presbyteros der heiligen Apostel aus Herakleopolis, ich bin Zeuge. (1. H.) ⳨ Durch mich, Paulos, Symbolaiographos".

Verso: „[- - -] von 3 Solidi Gold †".

Zwei Fragmente einer Quittung, deren Textbefund auf die beiden äußeren Blattdrittel beschränkt ist. Die Urkunde ist auf Veranlassung eines gewissen Στέφανος aus Herakleopolis, dessen Vatersname und Berufsangabe nicht erhalten sind (Z. 1), an eine nicht näher bezeichnete Person namens Γεώργιος, Sohn eines Θεοδόσιος (Z. 1), aus derselben Stadt ausgestellt worden und hatte die Bestätigung eines Empfanges von drei Solidi als Preis von fünf Gegenständen zum Inhalt (Z. 2–3). Aus der fragmentarisch überlieferten Aufzählung der Gegenstände in der Z. 3 geht nur noch hervor, daß sich unter diesen auch ein Gitter aus Bronze befunden hat, dessen Verwendungszweck jedoch völlig unklar bleibt (möglicherweise handelte es sich dabei um einen Bau- oder Maschinenteil); weitere Angaben zu den vier übrigen Gegenstände sind im Anschluß daran verlorengegangen. Dem urkundlich dokumentierten Vorgang bzw. der Ausstellung des vorliegenden Schriftstückes, das in formaler Hinsicht dem Formularmuster ἔσχον ἐγὼ ὁ δεῖνα παρὰ σοῦ τοῦ δεῖνος entsprochen hat, dürfte die schriftliche Fixierung einer vertraglichen Vereinbarung vorausgegangen sein, wie die offensichtlich darauf Bezug nehmende Formulierung τ̣ὴν τιμὴν κατὰ δ̣ί̣και[ον] δ̣[in der Z. 2 nahezulegen scheint.

Ob die Gegenstände vom Zahlungsempfänger nicht bloß geliefert, sondern darüber hinaus auch hergestellt oder zumindest verkauft wurden, wie anhand einer weiter unten angeführten „Abstandsklausel" abgelesen werden könnte – womit die Urkunde folglich als Kaufpreisquittung gedeutet werden könnte (vgl. dazu etwa **83**) – läßt sich aufgrund des fragmentarischen Erhaltungszustandes nicht eindeutig nachweisen. Eine Passage, welche über den genauen Sachverhalt Aufklärung hätte geben können, ließe sich angesichts der textinternen Struktur am ehesten in der Z. 2 unmittelbar vor der Aufzählung der gelieferten Gegenstände erwarten. Im Anschluß an die Erwähnung der empfangenen Geldsumme am Ende der Z. 3 war die bereits erwähnte „Abstandsklausel" angeführt, mittels welcher der Zahlungsempfänger sich unter Eidesleistung verpflichtete, den in der Quittung festgehaltenen Transaktionsvorgang weder in Bezug auf die Gegenstände noch in Bezug auf deren Kaufpreis zu einem späteren Zeitpunkt anfechten zu wollen (vgl. Komm. Z. 4) – eine Aussage, welche vom Urkundenabsender durch dessen eigene Unterschrift im Anschluß an das Ausstellungsdatum des Dokumentes bekräftigt wurde (Z. 5). Die Quittung hat mit der Unterschrift eines Klerikers als Zeugen und jener des aus anderen Urkunden bekannten Ausfertigers Παῦλος συμβολαιογράφος geendet (Z. 5–6). Auf dem Verso sind Reste der knappen, einzeiligen Inhaltsangabe des Dokumentes erhalten. Die Provenienz der beiden Fragmente scheint nicht nur aus den Herkunftsbezeichnungen der involvierten Personen (Z. 1, 2 und 6), sondern auch aus der Unterschrift des Ausfertigers hervorzugehen (vgl. Komm. Z. 6). In Hinblick auf das letztgenannte Zeugnis ist die vorliegende Quittung in die 1. Hälfte des 8. Jh. zu datieren; vgl. dazu K. A. Worp, P.Rain.Cent. 121, Komm. Z. 6.

1. ἀ̣π̣ὸ τ(ῆς) αὐ̣[τ(ῆς)] π̣ό̣λ̣ε̣(ως): Zu Ergänzung und Kürzung vgl. die von derselben Hand stammende Parallele P.Rain.Cent. 121, 3.

2. ἄνευ - - - πάση]ς ἀνάγκης: Es scheint sich hierbei um eine in Zusammenhang mit Rechtsgeschäften übliche Wendung im Sinne eines Ausschlusses von Zwang und Arglist ge-

handelt zu haben, deren genauer Wortlaut an der vorliegende Stelle nicht mehr unvollständig greifbar ist; vgl. diesbezüglich die Materialsammlung solcher und ähnlicher Wendungen bei F. Mitthof, CPR XXIII, S. 251ff.

3. νομισμ(άτια): Oder νομίσμ(ατα).
ὄβρυ(ζα): Oder ὀβρυ(ζιακά) (*ed. pr.*). Zu beiden Termini, die in Verbindung mit nicht vollwertigen Münzen gebraucht wurden, vgl. allgemein Hendy, *Economy* 350–356; Maresch, *Nomisma* 26ff.; B. C. McGing, P.Dub. 25, Komm. Z. 4.
νο(μισμάτια): Oder νο(μίσματα).

4. μή τινα ἐκ τῆ̣[ς: Abstandsklausel ohne eindeutige Parallele. Ein von K. A. Worp unterbreiteter Ergänzungsvorschlag μή τινα ἐκ π̣[ροσώπου ἡμῶν σοι ἐγκαλεῖν] *vel sim.* findet in den Tintenspuren an betreffender Stelle keinerlei Bestätigung.

5. Ἐπωμοσάμην θεὸν τὸν παντοκρά̣(τορα): Zur betreffenden Eidesformel vgl. allgemein Montevecchi, *Pantokrator* 401–432; insbes. 420–424; Seidl, *Eid* 28; 137–160.
(2. H.) - - -] ̣ ὑπέγραψα: Als eigenhändige Unterschrift des Zahlungsempfängers Στέφανος aufzufassen.

5.–6. Γεώργιος ἐλέει θεοῦ πρεσβύτερος: Unterschrift eines Zeugen, welcher nicht mit dem gleichnamigen Quittungsadressaten aus der Z. 1 zu verwechseln ist. Die Person findet sich bei Schmelz, *Amtsträger* 251 mit Anm. 301 und 252 mit Anm. 304 irrtümlich als der ausfertigende Notar gedeutet.

6. τῶν ἁγίων ἀποστώλω[ν: Vgl. allgemein Antonini, *Chiese* 205 (ebenda – basierend auf der *ed. pr.* – ohne Herkunftsangabe). Bei Papaconstantinou, *Culte* 56 wird die vorliegende Urkunde irrtümlicherweise dem Arsinoites zugeordnet.
Die Ergänzung und Kürzung des Wortlautes in der Lücke erfolgen nach der von derselben Hand verfaßten Parallele SPP III 343, 8.
Δ(ι') ἐμοῦ Παύλου συ]μ̣βολαιογράφο̣υ̣: Von derselben Person waren weiters SPP III 343 und P.Rain.Cent. 121 (719/720) ausgefertigt worden; in Hinblick auf den Befund in SPP III 343 ist ein Kreuz über dem Namen Παύλου zu ergänzen; die siegelförmige Paraphe wird durch ein weiteres Kreuz überlagert; vgl. dazu allgemein K. A. Worp, P.Rain.Cent. 121, Komm. Z. 6; Byz. Not. 57.

7. νο(μισματίων): Oder νο(μισμάτων).

47. Quittung über Erbpachtzins

P.Vindob. G 11047	12,2 × 18,2 cm	7. Jh.
(?)		Tafel XXXV

ed. pr.: SPP III 47 (*s.* VI., Hermopolis Magna) – Korr.: P. M. Meyer, P.Giss. 106, Komm. Z. 3 (BL I 409); K. A. Worp (BL VII 255).

Papyrus. Ränder an allen Seiten erhalten. Vier horizontale Faltungen 2,1, 4,5, 6,7 und 9,3 cm unterhalb des oberen Randes. Eine ca. 2 cm breite Kollesis verläuft horizontal 4,5 cm unterhalb des oberen Randes (auf Höhe der Z. 3). Schwarze Tinte. Der Abstand der Schrift zum Rand beträgt oben ca. 1,8 cm, links ca. 1,3 cm und unten ca. 2,2 cm. Rechts bis zum Rand beschrieben. Z. 7 zentriert. Die Schrift auf dem Rekto verläuft quer zur

Faserrichtung (*transversa charta*). Verso mit Resten zweier Zeilen auf Höhe der Z. 1–3 des Rekto (Schriftverlauf parallel zur Faserrichtung); Z. 9 weit eingerückt. Schrifttyp: sog. „Minuskelkursive" mit „Minuskel"-Elementen (Rekto); sog. „Minuskelkursive" mit Anleihen an literarisch stilisierte Schrifttypen (Verso). Formulartyp: ἐδεξάμην καὶ ἐπληρώθην παρὰ σοῦ („Vertragsschema"). Ankauf: „Uschmunên (1887)".

↓ 1 † Π̣α(ρὰ) τοῦ ν̣ο̣σοκ(ομείου) τοῦ ἁγί(ου) Ἀββᾶ Λεο[ντ]ί[ου] δ(ι') ἐμοῦ Ὡρουώγ̣χιο̣ς̣
2 π̣[ρον]ο(ητοῦ) Κολλούθου συμμ(ά)χ(ῳ̣). Ἐδεξ̣[άμ]ην (καὶ) ἐπλ(ηρώ)θ(ην) παρὰ σοῦ
3 (ὑπὲρ) ε . . . . . . ου ἐμφ(υ)τ̣(εύματος) τ̣ο̣ῦ̣ . . . . ( ) ἀπὸ Π̣[α]χ̣[(ὼν) δωδεκάτ(ης)]
4 ἰνδ(ικτίωνος) ἕως Παχ(ὼν) τρεισκαιδεκάτ(ης) ἰνδ(ικτίωνος) χρυσοῦ κεράτια
5 ἕξ, γί(νονται) χρ(υσοῦ) κερ(άτια) ς (καὶ) πρὸς σὴν ἀσφάλ(ειαν) πεποίημαι
6 τὴν πληρ(ωτικὴν) ἀπόδειξ(ιν) ὡς πρόκ(ειται). † Δ(ι') ἐμοῦ
7 *vac.* † Ὡρουῶγχις προνοητοῦ, στοιχ(εῖ). †

Verso:

→ 8 †̣ ⳨̣ Ἀ̣π̣ό̣δ̣ι̣ξ̣(ις) ἐ̣μ̣φ̣(υτεύματος) τ[οῦ ἁ]γ̣ί̣(ου) ν̣ο̣σ̣ο̣κ̣(ομείου) Ἀββᾶ Λ̣ε̣ο̣ν̣τ̣(ίου)
9 *vac.* . . . . .

1. Ἀββᾶ: Kreuz darüber   Ὥρου Ωχιος | *ed. pr.*, Ὡρουώχις | (*l.* Ὡρουώχιος) Worp   2. | κ[αὶ αὐτ]οῦ [νοσο]κομου . . [. . .]ουχ( ) *ed. pr.*   *l.* Κολλούθῳ   3. | (ὑπὲρ) [- - -]/ του ἐμφ/(υτευ . . .) [- - -] ἀπὸ [- - - δωδεκάτης] | *ed. pr.*, | ὑπ(ὲρ) [πάκτου] τοῦ ἐμφ(υτευτικοῦ) [- - -] ἀπὸ [- - -] | Meyer   5. *l.* γί(νονται)   7. *l.* Ὡρουώγχιος | Ὥρου Ωχις *ed. pr.*, | Ὡρουώχις (*l.* Ὡρουώχιος) Worp   προνοητ(οῦ) *ed. pr.*   8. *l.* ἀπόδειξις   αποδιξ/ Ὥρου τ[ ] [ἁγ]ι/ νοσοκ/(ομι . .) Αββα Λε[οντίου] *ed. pr.*   9. *om. ed. pr.*

„† Von dem Spital des heiligen Abba Leontios durch mich, Horuonchis, Pronoetes, an Kolluthos, Symmachos. Ich habe empfangen und ausbezahlt bekommen von dir für [- - -] Erbpachtzins des [- - -] vom Pachon der zwölften Indiktion bis zum Pachon der dreizehnten Indiktion an Gold sechs Keratia, das macht an Gold 6 Keratia, und zu deiner Sicherheit habe ich die den Gesamtbetrag betreffende Quittung ausgestellt, wie es oben geschrieben steht. † Durch mich, † Horuonchis, Pronoetes, einverstanden †".

Verso: „† ⳨ Quittung über Erbpachtzins des heiligen Spitals des Abba Leontios [- - -]".

Quittung über Erbpachtzins (ἐμφύτευμα), den ein σύμμαχος namens Κολλοῦθος an das νοσοκομεῖον τοῦ ἁγίου Ἀββᾶ Λεοντίου entrichtet hat (Z. 1–2). Sowohl der Absender als auch der Adressat sind in ähnlichem Zusammenhang ein weiteres Mal in SPP III 314 bezeugt. Die Zahlungssumme ist vom προνοητής des Spitals, Ὡρουῶγχις, entgegengenommen worden, der gleichzeitig auch für die Ausstellung der vorliegenden Urkunde verantwortlich zeichnete (vgl. Z. 1 und die Unterschrift in Z. 6–7). Die Quittung folgt in ihrem Aufbau dem Schema einer Vertragsurkunde, da der Absender – im vorliegenden Fall das νοσοκομεῖον, vertreten durch die Person des Ὡρουῶγχις προνοητής – und der Adressat vorweg angeführt sind. Der inhaltliche Teil der Urkunde setzt mit dem subjektiv stilisierten Einleitungsformular ἐδεξάμην καὶ ἐπληρώθην παρὰ σοῦ ein (Z. 2). Der Zahlungstitel ist im Gegensatz zum Befund in der Parallele SPP III 314 nur noch unvollständig erhalten (vgl. Komm. Z. 3); die Reste der betreffenden Textpassage lassen allerdings deutlich genug erkennen, daß der Wortlaut des Zahlungstitels und die genaue Bezeichnung des Pachtobjektes der vorliegenden Quittung sich von den Angaben in SPP III 314 unterschieden. Während die Zahlung dort unter dem schlichten Titel (ὑπὲρ) ἐμφ(υ)τ(εύματος) verbucht wurde, scheint die Aussage im vorliegenden Dokument mit einer ausführlicheren Formulierung einhergegangen zu sein (vgl.

Komm. Z. 3). Daß der Zins in beiden Fällen ein und demselben Pachtobjekt gegolten hat, scheint aus dem Umstand einer in beiden Urkunden gleich hoch bemessenen Zahlungssumme von jeweils sechs Keratia (Z. 4–5) und der Übereinstimmung des jährlichen Bemessungszeitraums, welcher vom Monat Παχών seinen Ausgang genommen hat (Z. 3–4), hervorzugehen. In SPP III 314, 3 war der Geldbetrag für ein ganzes Haus (ἡ ὁλόκληρος οἰκεία) geleistet worden. In der vorliegenden Urkunde muß an betreffender Stelle aufgrund des Artikels τοῦ ein anderes Wort gestanden sein. Beide Schriftstücke auf ein und dasselbe Objekt zu beziehen, würde aber auch bedeuten, daß dem ἐμφύτευμα offenbar ein Pachtverhältnis von längerer Dauer zugrundelag – eine Annahme, die sich auch in der Tatsache widerzuspiegeln scheint, daß eine der Zahlungen für die Zeit zwischen dem Παχών eines zwölften Indiktionsjahres und jenem eines dreizehnten Indiktionsjahres, die andere für den Zeitraum vom Παχών eines vierzehnten bis zum Παχών eines fünfzehnten Indiktionsjahres erstattet worden ist. Ausstellungsdaten sind auf beiden Urkunden nicht eigens vermerkt, so daß unersichtlich bleibt, zu welchem Zeitpunkt im Jahr die Zahlung des ἐμφύτευμα fällig gewesen bzw. erbracht worden ist. Das Schriftstück bietet im Text keinen einzigen Anhaltspunkt, der über die Herkunft der Urkunde verläßlich Bescheid geben könnte; dem im handschriftlichen Inventarkatalog dokumentierten Ankaufsjahr nach zu schließen, müßte die Quittung hermopolitischer Provenienz sein. Die Urkunde wird aufgrund paläographischer Kriterien ins 7. Jh. datiert (vgl. dazu die Formalbeschreibung).

1. τοῦ ν̣οσοκ(ομείου) τοῦ ἁγί(ου) Ἀββᾶ Λεο[ντ]ί[ου]: Dieselbe Institution quittiert auch in SPP III 314, 1 den Empfang von Erbpachtzins; zur Einrichtung der νοσοκομεῖα vgl. allgemein J. Gascou, P.Sorb. II 69, S. 78–79; F. Morelli, CPR XXII 2, Einl., S. 26–29 und Komm. Z. 1–3.

2. Κολλούθου συμμ(ά)χ(ῳ): Nach Auskunft von SPP III 314 hat dieselbe Person zwei Jahre später – mittlerweile zum ἀρχισύμμαχος avanciert – Erbpachtzins an dasselbe νοσοκομεῖον abgeführt.

3. (ὑπὲρ) ε̣ ̣ ̣ ̣ ̣ ̣ο̣υ ἐμφ(υ)τ̣(εύματος) τ̣ο̣ῦ̣ ̣ ̣ ̣ ̣ ̣ ( ): Der Zahlungstitel hat entweder (ὑπέρ) + Adjektivum ε̣ ̣ ̣ ̣ ̣ίο̣υ̣ (wobei ἐτησίου und ἐνιαυσίου aufgrund der Lesung der vorhandenen Spuren ausscheiden) + ἐμφ(υ)τ̣(εύματος) oder (ὑπέρ) + Substantivum ε̣ ̣ ̣ ̣ + Artikel τοῦ + ἐμφ(υ)τ̣(εύματος) gelautet. Denkbar wäre auch (ὑπὲρ) ἐ̣κ̣φ̣ο̣ρ̣ί̣ο̣υ̣, was im Anschluß dann allerdings eher einen Gebrauch des Adjektivs ἐμφ(υ)τ̣(ευτικοῦ) als des Substantivs ἐμφ(υ)τ̣(εύματος) erwarten ließe. Eine Erwähnung des Pachtgrundes bzw. -objektes – beispielsweise κτήματος oder ähnlich (vgl. in diesem Zusammenhang ὑπὲρ ἐμφυτεύματος τῆς ὁλοκλήρου οἰκείας in der Parallele SPP III 314, 3) – ist in unmittelbarem Anschluß daran zu erwarten. Zur Erbpacht vgl. allgemein Johnson – West, *BE* 72–74; Wipszycka, *Ressources* 35–36; zu Miet- und Pachtverträgen in Zusammenhang mit Erbpacht: Comfort, *Emphyteusis* 3–24; Delmaire, *Largesses* 659–674.

ἀπὸ Π[α]χ̣[(ὼν) δωδεκάτ(ης)]: Angesichts der auffälligen Inkonsequenz in SPP III 314, 3–4 ἀπὸ Π̣[α]χ̣[ὼν α ιβ] nicht völlig auszuschließen, wenngleich weniger wahrscheinlich, da beide Urkunden von unterschiedlichen Schreiberhänden verfaßt wurden; wegen konstatierbarer Abweichungen beim Wortlaut der Zahlungstitel scheint beiden Urkunden auch keine gemeinsame Vorlage zugrundegelegen zu sein.

8.–9. Die Lesung der beiden Zeilen des Verso bereitet einige Schwierigkeiten. Das Schriftbild scheint an die sogenannte „Alexandrinische Maiuskel-Schrift“ angelehnt zu sein; vgl. allgemein Gardthausen, *Palaeographie* II[2] 248–251; Schubart, *Palaeographie* 168–169; Turner, *Manuscripts* 67, Nr. 47; Cavallo, *Grammata* 23–54. Die Wortstellung von ἁγίου in Z. 8, welches eigentlich auf Ἀββᾶ Λεοντίου zu beziehen wäre, könnte auf eine Unachtsamkeit des Schreibers zurückzuführen zu sein. Unterhalb von Ἀββᾶ Λε̣ο̣ν̣τ̣(ίου) sind Reste einer weit eingerückten Zeile erkennbar, wo möglicherweise ein weiteres Mal der Zahlungsbetrag genannt war.

48. Quittung über Weizenlieferung für Embole (Leontios-Archiv)

P.Vindob. G 11048 | 12,8 × 14,5 cm | 7. Jh.
Hermupolis | | Tafel XXXIX

ed. pr.: SPP III 48 (*s.* VI., Hermop. Magna) – Korr.: Drew-Bear, *Nome* 179 (BL VIII 435); H. Harrauer, P.Bingen 147, S. 589 (unter anderem Datierung: 6./7. Jh.).

Papyrus. Ränder an allen Seiten erhalten. Fünf horizontale Faltungen 1,5, 4, 6, 8 und 10 cm unterhalb des oberen Randes. Eine vertikale Faltung in der Blattmitte. Keine Klebung. Rekto mit schwarzer, Verso mit brauner Tinte beschrieben. Der Abstand der Schrift zum Rand beträgt oben ca. 0,8 cm, links ca. 1 cm, rechts ca. 2,7 cm und unten ca. 1,2 cm. Z. 10 weit eingerückt. Die Schrift auf dem Rekto verläuft quer zur Faserrichtung (*transversa charta*). Verso mit einer Zeile auf Höhe der Z. 2 des Rekto (Schriftverlauf parallel zur Faserrichtung; Positionierung in der rechten Blatthälfte, von der vertikalen Mittelfaltung ausgehend). Von denselben Händen wie **49**, **77** und SPP VIII 1282 (Ἰωάννης σιτομέτρης = 1. H. und Θεοδοσάκιος σιτομέτρης = 2. H.; 1. H. vermutlich dieselbe wie in SPP VIII 1275, das aufgrund des Schriftduktus und unterschiedlicher Kürzungen möglicherweise später zu datieren ist, und wo Ἰωάννης σιτομέτρης anscheinend als alleiniger Ausfertiger unterzeichnet hat). Schrifttyp: sog. „Minuskelkursive" mit „Minuskel"-Elementen (1. H.); „Maiuskel" kursiven Charakters (2. und 3. H.); Formulartyp: ἔσχον παρὰ τοῦ δεῖνος („Quittungsschema"). Ankauf: „Uschmunên *ex* 1887".

↓ 1 † Ἔσχο(ν) πα(ρὰ) τοῦ κυρ(ίου) Φοιβάμμωνι τ̣ο̣ῦ̣
2 {τοῦ} μεγαλοπρε(πεστάτου) κόμ(ε)τ(ος) δ(ιὰ) Φοιβάμμωνι
3 παιδὸ(ς) (ὑπὲρ) ἐμβολ(ῆς) δωδεκάτης ἰνδ(ικτίονος)
4 σίτου ἀρτ(άβας) διακοσίας μοδ(ίῳ) χωρ(ὶς) ναύλ(ου),
5 γί(νονται) σί(του) ἀρτ(άβαι) σ μ(ο)δ(ίῳ) χωρ(ὶς) ναύλ(ου) μό(ναι). † Ἐγρ(άφη)
μη(νὶ) Χο̣ι̣ὰ̣κ
6 ν̣ε̣ο̣μη[ν]ί̣[α̣] ἰν̣δ(ικτίονος) ιβ. † Λεοντ̣ί[ο]υ̣
7 ὑ̣ποδέκτου Ἑρμοῦ πόλ(εως) δι᾽ ὑμῶν Ἰωάν̣ν̣ου
8 [σ]ι̣τομέ(τρου) Ἀντι(νόου), στοιχεῖ μοι. *Paraphe* † Γί(νονται) σί(του)
[ἀρ]τ(άβαι) σ μ(ο)δ(ίῳ).
9 (2. H.) Θεοδοσάκ̣ε̣ο̣ς σιτομέ(τρης) Ἀντι(νόου), στο̣ι̣χ-
10 *vac.* εῖ με. † *Paraphe*

Verso:

11 (3. H.?) † Ἐ̣ν̣τ̣(άγιον) Θ̣ε̣ο̣δ̣ο̣σ̣α̣κ̣ί̣ο̣υ̣ ὀ̣ν̣(όματος) Φ̣ο̣ι̣β̣ά̣μ̣μ̣(ωνος).

1. φοιβαμμωνϊ *pap.*, *l.* Φοιβάμμωνος, Φοιβαμμωνι *ed. pr.* 2. *l.* Φοιβάμμωνος 4. χωρ(ίου) Ναυλ( ) | *ed. pr.*, χωρ(ὶς) ναύλ(ων) | Drew-Bear, χωρ(ὶς) ναύλ(ου) | Mitthof 5. ἀρτ(άβας) *ed. pr.*, ἀρτ(άβαι) *DDBDP* χωρ/ Ναυλ( ) *ed. pr.*, χωρ(ὶς) ναύλ(ων) Drew-Bear, χωρ(ὶς) ναύλ(ου) Mitthof μ(όνας) *ed. pr.*, μ(όναι) *DDBDP* 6. | νεομη[νία̣] ἰ[ν]δ(ικτιῶνος) *ed. pr.* ϊβ *pap.* *l.* Λεόντιος, Λεόντι[ο]ς *ed. pr.* 7. *l.* ὑποδέκτης *l.* ἡμῶν ϊωαννου *pap.* 8. | σιτομε(τρου) *ed. pr.* ἀντι( ) *ed. pr.*, ἀντι(γεούχου) *ibid.*, Index , S. 236 u. ö., Ἀντι(νόου) Harrauer μοι *om. ed. pr.* σιτ(ου) [- - -] Abzeichnung | *ed. pr.* 9. *l.* Θεοδοσάκιος | Θεοδοσακ(ις) *ed. pr.* σειτομε(τρης) *ed. pr.*,

σιτομέ(τρης) *DDBDP* ἀντι( ) *ed. pr.*, ἀντι(γεοῦχος) *ibid.*, Index, S. 236 u. ö., Ἀντι(νόου) Harrauer 9.–10. *l.* στοιχεῖ μοι, στοιχει με † *ed. pr.*, στοιχ( ) ειμε † *DDBDP* 11. | † ἐντ(αγειον) Θεοδοσακ(ίου) (καὶ) Ἰω̣(αννου) σ̣ι̣τ̣ο̣μ̣ε̣τ̣ρ̣(ῶν) | *ed. pr.* Ἰω(άννης) *ed. pr.*, Index, S. 292, Ἰωά(ννου) *ibid.*, Index, S. 235, Ἰω̣(άννου) *DDBDP*

„† Ich habe erhalten von dem Herrn Phoibammon, dem hochverehrtesten *comes*, durch Phoibammon, Knecht, für Embole der zwölften Indiktion zweihundert Artaben Weizen im Modius (-maß) ohne Frachtgebühr, das macht 200 Artaben Weizen im Modius (-maß) ohne Frachtgebühr, sonst nichts. † Geschrieben am Monatsersten im Monat Choiak der 12. Indiktion. † Leontios, Hypodektes von Hermupolis, durch uns, Ioannes, Sitometres von Antinoupolis, erkläre mich einverstanden. † Das macht 200 Artaben Weizen im Modius (-maß). (2. H.) Theodosakios, Sitometres von Antinoupolis, erkläre mich einverstanden".
Verso: „(3. H.?) † Quittung des Theodosakios im Namen des Phoibammon".

Quittung über eine Weizenlieferung auf das Konto der ἐμβολή, die ein gewisser Φοιβάμμων im Auftrag seines Herrn, eines κόμες namens Φοιβάμμων, an den zuständigen Steuerbeamten – Λεόντιος, ὑποδέκτης von Hermupolis – abgeliefert hat (Z. 1–3; 6–7). Die Urkunde ist eine von mehreren Steuerquittungen, welche im Namen dieses Λεόντιος ausgestellt wurden. Das Formular gleicht jenem der Archivparallelen **49** und **77** und wird nach dem Muster ἔσχον παρὰ τοῦ δεῖνος eingeleitet; ein weiterer Text dieses Archivs – das Fragment SPP VIII 1282 – scheint ebenfalls auf demselben Schema und Formular aufgebaut zu haben. Wie aus dem Verhältnis vom Bemessungszeitraum (Z. 3) zum Ausstellungsdatum während des Monats Χοιάκ (Z. 5–6) hervorgeht, ist die Steuerleistung für ein zwölftes Indiktionsjahr im Verlauf desselben erbracht worden. Die eingehobene Weizenmenge hat sich auf zweihundert Artaben belaufen und ist ohne Aufschlag für Transportkosten verbucht worden (Z. 4–5). Die Urkunde ist nicht vom zuständigen ὑποδέκτης von Hermupolis ausgestellt, sondern von zwei σιτομέτραι von Antinoupolis ausgefertigt worden, die diesem offensichtlich unterstellt waren (zur vielfältigen Verflechtung der beiden Städte in Sachen Verwaltung vgl. H. Harrauer, P.Bingen 147, S. 587). In einem der beiden σιτομέτραι, Ἰωάννης, ist der Verfasser des Haupttextes der Quittung zu erkennen, während der andere, ein gewisser Θεοδοσάκιος, die darin getätigten Aussagen mittels seiner Unterschrift bestätigt hat (Z. 6–10). Beide dürften in Vertretung des vorgesetzten ὑποδέκτης die Getreidezahlung persönlich in Empfang genommen haben. Beide Funktionäre sind im Verbund mit Λεόντιος ὑποδέκτης als Empfänger weiterer Zahlungen von Naturalsteuern für die ἐμβολή in den ebenfalls von Ἰωάννης σιτομέτρης verfaßten und von Θεοδοσάκιος σιτομέτρης mitunterzeichneten Urkunden **49** (ca. zehneinhalb Monate früher) und **77** (sechsundzwanzig Tage früher) nachgewiesen; im Fragment SPP VIII 1282 sind die Namen von Λεόντιος und Ἰώαννης aufgrund des inhaltlichen Kontextes und formaler Ähnlichkeiten zu ergänzen; ein weiteres Quittungsfragment – SPP VIII 1275 – das auf die Bestätigung einer Steuerleistung von einer Artabe Weizen (im Modius und ohne Frachtgebühr) Bezug nimmt, dürfte – entgegen der Ansicht in P.Bingen 147, S. 589 – von Ἰωάννης allein ausgestellt worden sein. Zu Inhalt, Datierung und Herkunft vgl. weiters den allgemeinen Exkurs zum „Leontios-Archiv" im vorangegangenen Einleitungsteil.

3. ἰνδ(ικτίονος): Zur Schreibung vgl. die Kürzung ἰνδ(ικτι)ό(νων) in **77**, 4 von derselben Hand.

4. χωρ(ὶς) ναύλ(ου): Der Gebrauch des Singulars ναύλου tritt für gewöhnlich in Verbindung mit der Präposition χωρίς auf, die Verwendung des Plurals ναύλοις läßt sich in Kombination mit der Präposition σύν nachweisen; vgl. dazu allgemein F. Mitthof, CPR XXIII 34, Komm. Z. 6.

5.–6. Χοιὰ̣κ̣ ν̣ε̣ο̣μη[ν]ί̣[α̣]: 27. (28.) November.

6.–7. Λεοντ̣ί[ο]υ ὑποδέκτου: Dieselbe Person begegnet in **49**, 4 und **77**, 7–8; in SPP VIII 1282 ist selbige zu ergänzen (die genannten Urkunden und das vorliegende Dokument werden zum sogenannten „Leontios-Archiv“ zusammengefaßt); keinesfalls ist sie mit dem gleichnamigen Aussteller von διάγραφον-Quittungen in SPP III 294, 3–4, SPP III 636, 4 und P.Bingen 147, 4–5 zu verwechseln; eine Identität mit Λεόντιος ὑποδέκτης Ἀντινόου in P.Bingen 147, 1–2 ist entgegen der Aussage in P.Bingen 147, S. 589–590, welche zur Feststellung ebenda, S. 588 in deutlichem Widerspruch steht, in jedem Fall auszuschließen.

7.–8. Ἰωάν̣ν̣ου [σ]ι̣τομέ(τρου): Dieselbe Person findet sich in **49**, 5; **77**, 8–9; SPP VIII 1275, 2; in SPP VIII 1282, 1–2 ist der Name zu ergänzen.

8. στοιχεῖ μοι: μοι geht an dieser Stelle und in **49**, 5 fast direkt in die unmittelbar daran anschließende Paraphe über.
Ἀντι(νόου): Vgl. H. Harrauer, P.Bingen 147, S. 589, Anm. 2 in Bezug auf die *ed. pr.* **77**, wo αντι/ mit ἀντι(γεοῦχος?) aufgelöst war.

9. Θεοδοσάκ̣ε̣ο̣ς̣ σιτομέ(τρης): Dieselbe Person ist auch in **49**, 6, **77**, 10–11 und SPP VIII 1282, 3 bezeugt; die in P.Bingen 147, S. 589 vorgeschlagene Ergänzung des Namens auf dem Verso von SPP VIII 1275 ist nicht nachzuvollziehen.

10. με: Wie in **77**, 11; im Gegensatz zu μει in **49**, 6.

11. Die 3. H. ist nach dem Schriftbild möglicherweise auch mit der 1. H. gleichzusetzen, obwohl inhaltlich eher die 2. H. an der betreffenden Stelle zu erwarten wäre.
Ἐ̣ν̣τ̣(άγιον): Das Wort scheint als *terminus technicus* für „Steuerquittung“ auf eine Datierung in die arabische Zeit zu weisen; vgl. dazu F. Morelli, CPR XXII 11, Einl., S. 66–67.

49. QUITTUNG ÜBER WEIZENLIEFERUNG FÜR EMBOLE (LEONTIOS-ARCHIV)

P.Vindob. G 11049	10 × 16,8 cm	7. Jh.
Hermupolis		Tafel XL

ed. pr.: SPP III 49 (*s.* VI., Hermopol.) – Korr.: Drew-Bear, *Nome* 179 (BL VIII 435); H. Harrauer, P.Bingen 147, S. 589 (unter anderem Datierung: 6./7. Jh.).

Papyrus. Ränder an allen Seiten erhalten. Vier horizontale Faltungen 1,4, 3, 5,3 und 7,7 cm unterhalb des oberen Randes; eine vertikale Faltung in der Blattmitte (vgl. dazu die symmetrischen Beschädigungen). Keine Klebung. Schwarze Tinte. Der Abstand der Schrift zum Rand beträgt oben ca. 1,3 cm, links ca. 0,6 cm und unten ca. 2,8 cm. Rechts bis zum Rand beschrieben. Die Schrift auf dem Rekto verläuft quer zur Faserrichtung (*transversa charta*). Verso mit Resten einer Zeile auf Höhe der Z. 3 des Rekto (Schriftverlauf parallel zur Faserrichtung; gegenüber dem Rekto um 180° gedreht; Positionierung in der rechten Blatthälfte, von der vertikalen Mittelfaltung ausgehend). Von denselben Händen wie **48**, **77** und SPP VIII 1282 (Ἰωάννης σιτομέτρης = 1. H. und Θεοδοσάκιος σιτομέτρης = 2. H.; 1. H. vermutlich dieselbe wie in SPP VIII 1275, das aufgrund des Schriftduktus und unterschiedlicher Kürzungen möglicherweise später zu datieren ist, und wo Ἰωάννης σιτομέτρης anscheinend als alleiniger Ausfertiger unterzeichnet hat). Schrifttyp: sog. „Minuskelkursive“ mit

„Minuskel“-Elementen (1. H.); „Maiuskel“ kursiven Charakters (2. und 3. H.); Formulartyp: ἔσχον παρὰ τοῦ δεῖνος („Quittungsschema“). Ankauf: „Uschmunên *ex* 1887“.

↓ 1 † Ἔσχο(ν) πα(ρὰ) τῆ(ς) μ̣ . . τῶ(ν) ζ γ̣ρ̣α̣μ̣μ̣( )τ( ) δ(ιὰ) Σεο̣υήρου τοῦ εὐλαβε̣(στάτου)
2 διακ(όνου) [(ὑπὲρ) ἐ]μ̣βολ(ῆς) ἑνδεκάτης ἰνδ(ικτίονος) σίτου ἀρτ(άβας) ἑξήκ̣ο̣ν̣τ̣α̣,
3 γί(νονται) σί(του) ἀρτ(άβαι) ξ μ̣[(ο)δ(ίῳ)] μό(ναι) χωρ(ὶς) ναύλ(ου). † Ἐγρ(άφη) μη(νὶ) Τῦ(βι) [ἐ]ννεακαιδ̣ε̣κ̣[(άτῃ)]
4 ἰνδ(ικτίονος) ια. † Λεοντίου ὑποδέκτου Ἑρμοῦ π̣[ό]λ̣(εως) δ̣ι̣’
5 Ἰωάννου σιτομέ(τρου) Ἀντι(νόου), στοιχεῖ μοι. *Paraphe* † Γί(νονται) σί(του) ἀρτ(άβαι) ξ μ(ο)δ(ίῳ).
6 (2. H.) Θεοδοσάκεος σιτομέ(τρης), στοιχεῖ μει. † *Paraphe*

Verso:
(180°)

→ 7 (3. H.?) †̣ Ἐ̣ν̣τ̣(άγιον) Θεοδοσακί̣ο̣υ̣ [- - -]

1. πα(ρά) *ed. pr.*, π(αρά) *DDBDP* τ(ῆς) [. .]ι( ) *ed. pr.*, τῆ(ς) κο̣ι̣(νωνίας) Harrauer ζ *pap.* γραμμ( )ττ( ) *pap.*, γραμμ(α)τ(έων) *ed. pr.*, γραμμ(ατέων) *DDBDP* Σευηρου *ed. pr.* [ε]ὐλαβε(στάτου) | *ed. pr.*, [ε]ὐλαβ(εστάτου) | *DDBDP* 2. ἐμ]βολ(ῆς) *ed. pr.* σίτου *ed. pr.*, σίτ(ου) *DDBDP* ἑξήκοντ[α | *ed. pr.* 3. μ̣[ο]δ(ίῳ) *ed. pr.* χωρ(ίου) Ναυλ( ) *ed. pr.*, χωρ(ὶς) ναύλ(ων) Drew-Bear, χωρ(ὶς) ναύλ(ου) Mitthof ἐγρ(άφη) *ed. pr.*, ἐγρά(φη) *ibid.*, Index, S. 235 μη(νί) *ed. pr.*, μ(ηνί) *DDBDP* [ἐ]ννεακαι[δεκά(τῃ)] | *ed. pr.* 4. ϊα *pap.* *l.* Λεόντιος ὑποδέκτης Ἑρμουπ[όλεως δ(ιά)] | *ed. pr.* 5. ϊωαννου *pap.* ἀντι( ) *ed. pr.*, ἀντι(γεούχου) *ibid.*, Index S. 283; 307, Ἀντι(νόου) Harrauer μ( )δ/ [χωρ/ Ναυλ( )] | *ed. pr.* 6. *l.* Θεοδοσάκιος | Θεοδοσακε σειτομε/ *ed. pr.* *l.* μοι 7. | Θεοδο]σακ(ε) (και) Ι[ω(άννης) σιτομ]έτρ(αι) | *ed. pr.*

„† Ich habe erhalten von [- - -] der 7 [- - -] durch Severus, dem überaus frommen Diakonos, für Embole der elften Indiktion sechzig Artaben Weizen, das macht 60 Artaben Weizen im Modius (-maß), sonst nichts, ohne Frachtgebühr. † Geschrieben am neunzehnten Tag im Monat Tybi der 11. Indiktion. † Leontios, Hypodektes von Hermupolis, durch Ioannes, Sitometres von Antinoupolis, erkläre mich einverstanden. † Das macht 60 Artaben Weizen im Modius (-maß). (2. H.) Theodosakios, Sitometres, erkläre mich einverstanden †“.

Verso: „(3. H.?) Quittung des Theodosakios [- - -]“.

Quittung über eine Weizenlieferung für die ἐμβολή, die dem ὑποδέκτης von Hermupolis, Λεόντιος, von einer namentlich nicht näher greifbaren Institution, bei welcher es sich aller Wahrscheinlichkeit nach um eine kirchliche Körperschaft gehandelt hatte, geleistet wurde (Z. 1). Das Formular gleicht jenem in den Archivparallelen **48** und **77** und wird nach dem Muster ἔσχον παρὰ τοῦ δεῖνος eingeleitet. Die Menge von sechzig Artaben Steuerweizen (Z. 2–3) ist durch Σεουῆρος διάκονος – offenbar einen Angehörigen oder Angestellten der betreffenden Institution – überstellt worden (Z. 1–2). Die Getreidemenge wurde wie im Fall von **48**, **77** und SPP VIII 1275 ohne Aufschlag für die auf dem Flußweg anfallenden Transportkosten verrechnet und von den aus den anderen Archivparallelen bekannten σιτομέτραι Ἰωάννης und Θεοδοσάκιος im Auftrag des Λεόντιος ὑποδέκτης (Z. 4–6) eingehoben. Die Quittung ist am neunzehnten Tag des Monats Τῦβι für das laufende elfte Indiktionsjahr ausgestellt worden (vgl. den Bemessungszeitraum des Zahlungstitels in Z. 2 mit der Angabe des Ausstellungsdatums in Z. 3–4). Zu Inhalt, Datierung und Herkunft vgl. weiters den allgemeinen Exkurs zum „Leontios-Archiv“ im vorangegangenen Einleitungsteil.

1. τῆ(ς) μ̣ . . τῶ(ν) ζ γρ̣α̣μ̣μ̣( )τ( ): Die Lesung und die Deutung dieser Passage bleiben vollkommen ungewiß; vgl. τῆ(ς) [. .]ι( ) τῶ(ν) ζ γραμμ(α)τ(έων) in der *ed. pr.* gegenüber τῆ(ς) [ἐκκλησ]ί(ας) τῶ(ν) ζ γραμμ̣(ατέων) bei Schmelz, *Amtsträger* 198, Anm. 174 und τῆ(ς) κο̣ι̣(νωνίας) τῶ(ν) ζ γραμμ(α)τ(έων) bei H. Harrauer, P.Bingen 147, S. 589. Mit γ̣ρ̣α̣μ̣μ̣( )τ( ) könnten sowohl Buchstaben als auch die Bezeichnung eines Stadtviertels gemeint gewesen sein; zu letzterer Deutungsmöglichkeit vgl. κατὰ ταύτην τὴ̣[ν Ἀντ]ι̣(νοέων) πόλ[ι]ν ἐν τῷ̣ γ γράμμ(ατι) in P.Cair.Masp. III 67302, 9 (Aphrodito, 555).

1.–2. Σεο̣υήρου τοῦ [ε]ὐλαβε(στάτου) διακ(όνου): Als Überbringer des Steuergetreides findet sich bei H. Harrauer, P.Bingen 147, S. 589 in Zusammenhang mit vorliegender Urkunde irrtümlicherweise Φοιβάμμων κόμες aus **48**, 1–2 angeführt.

3. μό(ναι): Die Angabe, welche eigentlich im Anschluß an χωρ(ὶς) ναύλ(ου) zu erwarten wäre, ist im Text an falscher Position wiedergegeben.
Τῦ(βι) [ἐ]ννεακαιδ̣ε̣κ̣[(άτῃ)]: 14. (15.) Jänner.

4. Λεοντίου ὑποδέκτου: Vgl. **48**, Komm. Z. 6–7.

4.–5. δι' Ἰωάννου σιτομέ(τρης): Vgl. **48**, Komm. Z. 7–8; ὑμῶν (*l.* ἡμῶν; vgl. in diesem Zusammenhang **48**, 7 und **77**, 8) war vom Schreiber an dieser Stelle offensichtlich ausgelassen worden.

5. στοιχεῖ μοι: Vgl. **48**, Kmm. Z. 8.

6. Θεοδοσάκεος σιτομέ(τρης): Vgl. **48**, Komm. Z. 9.
μει: Vgl. **48**, Komm. Z. 10.

7. Zur Bezeichnung des Schriftstückes als ἐντάγιον vgl. **48**, Komm. Z. 11.

50. Quittung oder Anweisung über Lieferung von Naturalien

P.Vindob. G 11050 | 5,1 × 19,7 cm | 6. Jh.
Arsinoites | | Tafel XLII

ed. pr.: SPP III 50 (*s.* VI., Arsin.).

Papyrus. Oberer, rechter und unterer Rand erhalten. An der linken Seite abgebrochen. Der Textverlust dürfte sich etwa auf ein Drittel des Gesamtumfanges belaufen (gemessen an der ursprünglichen Gesamtbreite eines *transversa charta* beschrifteten Urkundenblattes, welche in der Regel der herstellungsbedingten Höhe der Papyrusrollen von maximal 35–36 cm entspricht). Keine horizontalen Faltungen erkennbar. Eine vertikale Faltung 10,5 cm vom rechten Rand entfernt; die linke Bruchkante könnte entlang einer weiteren vertikalen Faltung verlaufen. Keine Klebung. Schwarze Tinte. Der Abstand der Schrift zum Rand beträgt oben und rechts jeweils ca. 1 cm, unten ca. 1,2 cm. Die Schrift auf dem Rekto verläuft quer zur Faserrichtung (*transversa charta*). Verso leer. Schrifttyp: sog. „Minuskelkursive"; Urkundenschema (möglicherweise „Quittungsschema") und Formulartyp aus dem Textbefund nicht mehr klar ersichtlich. Ankauf: „Faijûm *ex* 1883".

↓ 1] . . . . ρεσ . αρ . . . . Πισάι τῇ ἀπὸ Φαῶφι̣
2] . . . [. . .] . τρεία καὶ σίτ(ου) ἀρτάβ(ας) δώδεκα
3] τ̣ρ̣ε̣ῖ[. καὶ] ἐ̣λ̣α̣ίου ξέσ̣τ̣(ας) δύ̣ο, . . γ (καὶ) σίτ(ου) (ἀρτάβας) ιβ (καὶ) λ̣α̣ . . γ̣
(καὶ) ἐλαί(ου) ξ(έστας) β.

1. |] β̣εστιαρ̣ιος [ἀπ]ὸ Πισαι τὴν [ἀπ]ὸ φαωφ[ι] | *ed. pr.* 2. |] τρεῖς *ed. pr.* *l.* τρία 3. | ελα]ίου ξέστ(ου) d ὃ ἔστι σιτ( ) *ed. pr.* λ[3] κ/ γ (καὶ) ἐλαι( ) ξ/ d | *ed. pr.* γ̄ *pap.* (καί) *om. DDBDP*

„[- - -] Pisais [- - -] vom Phaophi [- - -] drei [- - -] und zwölf Artaben Weizen [- - -] drei [- - -] und zwei *sextarii* Öl [- - -] und 12 Artaben Weizen und 3 [- - -] und 2 *sextarii* Öl".

Fragment einer Quittung oder Anweisung, von welcher die entscheidenden Formularelemente sowie der genaue Wortlaut des Lieferungstitels verlorengegangen sind. Mit Ausnahme von Πισάι (Z. 1), das auf den ersten Blick hin als Bezeichnung einer Herkunft oder eines Amtssprengels aufgefaßt werden könnte (vgl. Komm. Z. 1), scheinen sich keine weiteren Angaben zur Person des Lieferungsempfängers oder zu jener des Urkundenadressaten erhalten zu haben. Eine unmittelbar daran anschließende Erwähnung eines Bemessungszeitraumes, von welchem bloß der Ausgangstermin feststeht, könnte aber auch die Deutung von Πισάι als Teil eines ausführlicher formulierten Lieferungstitels nahelegen. Die in den Z. 2 und 3 anzutreffenden Angaben haben sich anscheinend auf die Erwähnung von vier Mengen unterschiedlicher Produkte bezogen, von denen nur mehr zwei – nämlich zwölf Artaben Weizen und zwei *sextarii* Öl – vollständig zu greifen sind; von den restlichen Produkten ist lediglich die Angabe der jeweiligen Bemessungsmenge bzw. deren Stückzahl überliefert. Diese Produktmengen lassen jedoch keine Schlüsse in Bezug auf die Veranlassung und den Charakter des urkundlich niedergelegten Lieferungsvorganges zu. Möglicherweise sind jene Naturalmengen zu Versorgungs- oder Entgeltungszwecken bereitgestellt worden. Die arsinoitische Provenienz der Urkunde geht aus der Erwähnung des Toponyms in Z. 1 hervor. Das Dokument wird aufgrund paläographischer Kriterien ins 6. Jh. datiert (vgl. dazu die Formalbeschreibung).

1.] . . . . ρεσ . αρ . . . . :] β̣εστιαρ̣ιος (*ed. pr.*) scheint schon aufgrund der Lesung ausgeschlossen zu sein; das darauf Bezug nehmende Zitat bei Lex. Lat. Lehn. II 158, *s. v.* βεστιάριος ist zu streichen.

Πισάι: Zu Πισᾶις, das als ἐποίκιον, κώμη und χωρίον in der Θεμίστου μερίς des arsinoitischen Gaues lokalisiert ist, vgl. allgemein Wessely, *Topographie* 125–126; B. P. Grenfell, A. S. Hunt, P.Tebt. II, S. 358 und 396; Diz. IV 144; Suppl. 3, 127. Da die Schriftreste vor Πισάι nicht zu ἀπό passen, scheint hier keine Herkunftsangabe vorzuliegen.

1.–2. τῇ ἀπὸ Φαῶφι̣: Rest der Angabe eines Bemessungszeitraumes; am Beginn der Z. 2 vermutlich mit [ἕως - - - ἰνδικτίωνος κτλ. zu ergänzen.

3. τ̣ρ̣ε̣ῖ[. : Entweder τρεῖ[ς oder τ̣ρ̣ε̣ί[α (*l.* τρία).

δύ̣ο, . . γ: Daß die Wiederholung der Summe mit (γίνονται) eingeleitet worden war, ist von der Lesung her auszuschließen.

51. QUITTUNG ODER ANWEISUNG (?)

P.Vindob. G 11051 (?) — 5,2 × 20,3 cm — 7. Jh. — Tafel XLII

ed. pr.: SPP III 51 (*s.* VI.).

Papyrus. Oberer und unterer Rand erhalten (nach der Formalbeschreibung in der *ed. pr.* oben unvollständig). An der linken und rechten Seite abgebrochen. Das Ausmaß und die Verteilung des Textverlustes bleiben weitgehend unklar. Insgesamt könnte bis zu einem Drittel vom Gesamtumfang verlorengegangen sein (gemessen an der ursprünglichen Gesamtbreite des *transversa charta* beschrifteten Urkundenblattes, welche in der Regel der herstellungsbedingten Höhe der Papyrusrollen von maximal 35–36 cm entspricht). Drei horizontale Faltungen 1,2, 2,6 und 3,9 cm unterhalb des oberen Randes. Eine vertikale Faltung in der Fragmentmitte. Keine Klebung. Schwarze Tinte. Der Abstand der Schrift zum Rand beträgt oben und unten jeweils ca. 1,5 cm. Verso mit Spuren einer Beschriftung im Umfang von etwa drei Buchstaben im linken oberen Eck des Fragmentes (Schriftverlauf parallel zur Faserrichtung). Schrifttyp: sog. „Minuskelkursive“ mit einzelnen „Minuskel“-Elementen (vgl. etwa λ und π); Urkundenschema und Formulartyp aus dem Textbefund nicht mehr ersichtlich. Ankauf: „*ex* 1883“.

↓ 1] . . . . . ν( ) † Ἐπι[φ]άνιος λημμ(α)τ̣( ) ἀπ̣[
2]δεκα τέταρτ(ον) εἰκοστ̣(ὸν) μ̣( ). Π(α)ῦ(νι) ιζ ἰνδ(ικτίωνος) θ. *vac.* [

1. |]/ † Ἐπι[φ]άνιος λημματιστ[ής | *ed. pr.* 2. | δ]έκα *ed. pr.* εἰκοσ[τόν - - -]// π(α)υ(νι) *ed. pr.* ϊνδ/ *pap.* θ | *ed. pr.*

„[- - -] † Epiphanios [- - -] ein viertel ein zwanzigstel, sonst nichts. 17. Payni der 9. Indiktion [- - -]“.

Der Textbefund dieses Fragmentes läßt keine Schlüsse über den Charakter und Inhalt des ursprünglichen Schriftstückes zu; die Urkunde war im Rahmen des auf Formulartypen aufbauenden Gliederungsschemas der *ed. pr.* der typologischen Kategorie „† ἔσχον καὶ ἐπληρώθην ἐγὼ und Varianten“ des ersten Corpusabschnittes zugeordnet worden – ein Umstand, der darauf schließen läßt, daß der Eingliederung des Fragmentes an der betreffenden Stelle des Corpus eine Ergänzung der besagten Formulareinleitung seitens des Erstherausgebers intendiert war. Bei Ἐπιφάνιος in Z. 1 könnte es sich nicht allein um den Zahlungs- bzw. Lieferungsempfänger, sondern gleichzeitig auch um den Aussteller des Dokumentes gehandelt haben. Der Adressat dürfte vorweg angeführt gewesen sein, was als Indiz für ein der Urkunde zugrundegelegtes „Vertragsschema“ zu werten wäre; sowohl beim Aussteller als auch beim Adressaten bleiben Funktion und Herkunft ungeklärt. Reste einer in Z. 2 genannten Summe scheinen sich auf die Erwähnung eines Geldbetrages oder einer Lieferungsmenge bezogen zu haben. Das Dokument dürfte bereits im Anschluß an das Ausstellungsdatum geendet haben (vgl. in diesem Zusammenhang das *vacat* am Ende der Z. 2; in der Texttranskription der *ed. pr.* war wohl in Hinblick darauf das Setzen einer geöffneten eckigen Klammer am Zeilenende unterblieben). Die Möglichkeit einer Fortsetzung des Urkundentextes in dieser Zeile – etwa in Form einer abschließenden Unterschrift oder Paraphe seitens des Verfassers und Ausfertigers – kann freilich in Hinblick auf den äußerlichen Gesamtbefund nicht ausgeschlossen werden. Das Fragment bietet keinen Anhaltspunkt, der über die Herkunft der Urkunde Aufschluß geben könnte; aufgrund des im handschriftlichen Inventarkatalog befindlichen Vermerks „*ex* 1883“ könnte die Urkunde sowohl arsinoitischen als auch herakleopolitischen Ursprunges sein. Das Zeugnis wird aufgrund paläographischer Kriterien ins 7. Jh. datiert (vgl. dazu die Formalbeschreibung).

1.] . . . . . ν( ): Vielleicht als Rest einer Angabe des Adressaten zu werten; als Kasus wäre gegebenenfalls der Dativ zu erwarten.

λημμ(α)τ̣( ): Als Form möglicherweise entweder von λημματίζω oder von λημματισμός herzuleiten; der bislang einzige Beleg des Wortes λημματιστής, welches im WB II, *s. v.* λημματιστής auf der Lesung der *ed. pr.* beruhend mit „Einnehmer (Steuer?)" übersetzt wird, entfällt.

ἀπ̣[: Vermutlich die Präposition ἀπ̣[ό, mit welcher die Herkunftsbezeichnung eingeleitet wurde.

2.]δεκα: Die Zahlenangabe dieser Summe ist möglicherweise unvollständig überliefert.

μ̣( ): Von μ(όνος) ist nur noch die Kürzung in Form eines Doppelstriches sichtbar; als Numerus wäre in Hinblick auf die vorweg genannte Zahlenangabe der Plural zu erwarten; das Genus bleibt mangels eines Bezugswortes unklar.

Π(α)ῦ(νι) ιζ: 11. Juni.

52. Darlehen über Saatgut

P.Vindob. G 11052 — 6,2 × 19,1 cm — 7. Jh.
Herakleopolis (?) — Tafel XLIII

ed. pr.: SPP III 52 (*s.* VI.–VII., Herakleop.).

Papyrus. Oberer und unterer Rand erhalten. An der linken und rechten Seite abgebrochen. Das Ausmaß des Textverlustes dürfte sich insgesamt auf etwa ein Drittel des Gesamtumfanges belaufen (gemessen an der ursprünglichen Gesamtbreite des *transversa charta* beschrifteten Urkundenblattes, welche in der Regel der herstellungsbedingten Höhe der Papyrusrollen von maximal 35–36 cm entspricht); die genaue Textverteilung bleibt jedoch unklar. Vier horizontale Faltungen 1,3, 2,5, 4,1 und 5,3 cm unterhalb des oberen Randes. Eine ca. 2 cm breite Kollesis verläuft horizontal 4 cm unterhalb des oberen Randes (auf Höhe der Z. 4). Schwarze Tinte. Der Abstand der Schrift zum Rand beträgt oben und unten jeweils ca. 1 cm. Verso leer. Schrifttyp: sog. „Minuskelkursive" mit eingestreuten „Minuskel"-Elementen; Formulartyp: möglicherweise ἔσχον ἐγὼ ὁ δεῖνα παρὰ σοῦ τοῦ δεῖνος („Quittungsschema"). Ankauf: „Ahnas *ex* 1883".

↓ 1] . [. .] . [. . .]π̣α̣μ̣ο̣ . . ν̣α̣τ̣α̣λ̣η̣ ἀφ᾽ Ἡρ(ακλέους) π(όλεως) παρὰ σοῦ Ἠλία τοῦ εὐλα(βεστάτου) ἀναγνώστου υἱοῦ . [
2] σπερμο̣βολε̣[ί]α̣ς τῶν ὑπ᾽ ἐμὲ ἀρουρῶν καρπῶν ἑβδόμης ἰ[ν(δικτίωνος)] σ̣ί̣του ἀρ̣τ̣ά[βας
3 ἁ]λωνίας τῆς α̣[ὐ]τ(ῆς) ἑβδ̣[ό]μ̣ης ἰν(δικτίωνος) ἀναμ̣φ̣ι̣βόλως μέτρῳ δικαίῳ καθαροῦ γεν[ήματος
4] . . ε[. .]χ . . . . . [. . .]ε . . . . ω[. .] . [. .] . [. .] . [. .] . [.] . . . . [
5] τ̣ῆ̣[ς π]α̣ρού(σης) ἕκτης ἰν(δικτίωνος). † Δ(ι᾽) ἐμοῦ Π̣τ̣ο̣λ̣ε̣μ̣[αίου ἐγρ]ά̣φ̣(η). *Paraphe*

1. |]μμων Απ[.]λ[. .] ἀφ᾽ *ed. pr.* Ἡρ(ακλεουσ)π(όλεως) *ed. pr.*, Ἡρ(ακλεου)π(όλεως) *DDBDP* Ἠλία: Kreuz darüber υἱοῦ τ[οῦ . . . | *ed. pr.* 2. | σ]περμοβολε̣[ία]ς *ed. pr.* *l.* σπερμοβολίας ἰ[νδ(ικτιῶνος)] ἐκ τοῦ . [.] . . [| *ed. pr.* 3. | ἁ]λωνίας *ed. pr.* [αὐτ(ῆς)] ἑ[βδόμ]ης *ed. pr.* ἀναμ[φι]βόλως μέτρ[ῳ] *ed. pr.* καθαροῦ πεπ[| *ed. pr.* 4. |]ε[- - -]χ[4]μ̣η̣[10]α[| *ed. pr.* 5. |]της ἕκτης *ed. pr.* δ(ι᾽) ἐμ[οῦ | *ed. pr.* δ(ι᾽) ἐμοῦ: Kreuz darüber

„[- - -] N. N. [- - -] aus Herakleopolis [- - -] von dir, Elias, dem überaus frommen Anagnostes, Sohn des N. N. [- - -] Aussaat der unter meiner Nutzungsbefugnis stehenden Aruren der Ernteerträge der siebenten Indiktion [- - -] Artaben Weizen [- - -] (zum Zeitpunkt) des Dreschens derselben siebenten Indiktion zuverlässig, im richtigen Maß, gereinigt, des Jahresertrages [- - -] der gegenwärtigen sechsten Indiktion. † Geschrieben durch mich, Ptolemaios".

Die vorliegende Urkunde hat einen im Rahmen eines Darlehens erfolgten Empfang von Saatgut bestätigt, das für die Aussaat im darauffolgenden Jahr bestimmt war. Die Formulareinleitung dieses Zeugnisses ist zwar verlorengegangen, dürfte jedoch in Hinblick auf das später folgende παρὰ σοῦ – analog zu **59**, 1 – ἔσχον ἐγὼ ὁ δεῖνα gelautet haben. Vom Darlehensempfänger bzw. Schuldner sind nur mehr Reste des Namens oder Vatersnamens erhalten (Z. 1). Das Saatgut ist von einem ἀναγνώστης, einem gewissen Ἠλίας, entweder in Eigenschaft als Privatmann oder als Vertreter bzw. Funktionär einer Institution (Kirche, Kloster oder ähnlich) zur Verfügung gestellt worden (Z. 1–2). In Hinblick auf τῶν ὑπ' ἐμὲ ἀρουρῶν (Z. 2) scheint der Schuldner dem Darlehensgeber darüber hinaus auch in einem Verhältnis als Pächter verbunden gewesen zu sein. Das betreffende Grundstück hat sich demzufolge entweder im Besitz des ἀναγνώστης oder dessen Dienstgebers befunden. Der Schuldner hat sich verpflichtet, die empfangene Saatgutmenge in Form reinen Getreides zurückzuerstatten. Die Rückgabe sollte unmittelbar nach Einbringung der Ernte jenes Jahres, für welches das Darlehen gewährt worden war, zum Zeitpunkt des Dreschens (ἁλωνία; vgl. Komm. Z. 3) erfolgen. In der schwer beschädigten Z. 4 könnte eine Klausel bezüglich der Rückgabebestimmungen angeführt gewesen sein. Nach dem Ausstellungsdatum hat das Dokument mit der Unterschrift des Ausstellers geendet (Z. 5). Anhand der Formularparallele P.Oxy. XVI 1976 aus dem Jahr 582 lassen sich zusätzliche Ergänzungen in Erwägung ziehen: Die Rückgabebestimmung dürfte im Anschluß an die Erwähnung der zur Verfügung gestellten Getreidemenge entweder am Ende der Z. 2 oder am Anfang der Z. 3 mit ἅσπερ σοι ἀποδώσω (oder ähnlich) eingeleitet worden sein. Vor der zeitlichen Bestimmung des Rückgabetermins mit ἁλωνίας τῆς αὐτῆς ἑβδόμης ἰνδικτίωνος könnte ein Monatsname oder die allgemeinere Formulierung ἐν καιρῷ gestanden sein. Die Provenienz dieser Darlehensurkunde geht aus der Herkunftsangabe in Z. 1 hervor; das Dokument wird aufgrund paläographischer Kriterien ins 7. Jh. datiert (vgl. dazu die Formalbeschreibung).

1. ἀναγνώστου: Titel eines kirchlichen Funktionärs niederen Ranges, der ursprünglich für das Verlesen der heiligen Schrift im Rahmen des liturgischen Dienstes verantwortlich war; vgl. allgemein K. A. Worp, P.Vind.Worp 14, Komm. Z. 12; Wipszycka, *Ordres mineurs* 194–205; Naldini, *Cristianesimo*, Nr. 6 III, Komm. Z. 6; Schmelz, *Amtsträger* 38–39.

υἱοῦ ̣[: Nach υἱοῦ ist noch die senkrechte Haste eines Buchstabens zu erkennen; τ̣[– wie es beispielsweise bei τ̣[οῦ μακαρίου τοῦ δεῖνος (vgl. *ed. pr.*) zu erwarten wäre – ist von der Lesung her auszuschließen.

2.] σπερμοβολ̣ε[ί]α̣ς: Vielleicht λόγῳ] σπερμοβολ̣ε[ί]α̣ς; vgl. P.Oxy. XVI 1976, 15 (582).

ὑπ' ἐμέ: Vgl. H. Zilliacus, P.Berl.Zill. 8, Komm. Z. 9; weitere Belege desselben Ausdruckes liegen in P.Amh. II 149, 9 (Oxyrhynchites, 6. Jh.) und ChLA XLVI 1392, 7; 8 (Herk. unb., 425–450) vor.

3. ἁ]λωνίας: Zum Gebrauch dieses Terminus vgl. P.Harr. I 81, 3 (ἐν τῷ καιρῷ ἁλωνίας, Pachturkunde, Herk. unb., 6. Jh.), P.Oxy. XVI 1976, 19 (ἐν καιρῷ τῆς ἁλ[ω]ν̣ί[ας, 582), P.Select. 15, 13 (μηνὶ Παῦνι ἁ̣λων̣ίας, Lieferungskauf, Herakleopolis, 435), P.Vind.Sijp. 9, 14–15 (μέχρι τῆς ἁλων̣[ί]α̣ς; vgl. Korr. in BL VII 96, Pachturkunde, Herakleopolis, 417;

Korr. der Datierung in BL IX 152) und SB VI 9593, 21 (τ[ῷ̣] μηνὶ Παῦνι ἀλλωνίης, Darlehensquittung, Herakleopolis, 6.–7. Jh.; zur Datierung vgl. BL X 110).

4. Von dieser Zeile, die entlang einer Klebung verläuft und deshalb stark abgerieben ist, läßt sich mit Ausnahme eines hochgestellten χ nicht mehr viel erkennen. Dem Aufbau und allgemeinen Kontext zufolge dürfte an dieser Stelle eine Rückgabeklausel gestanden sein.

5.] τ̣ῆ̣[ς π]α̣ρ̣ο̣ύ(σης) ἕκτης: Zur Abkürzung παρού(σης) vgl. beispielsweise SPP III 424, 2; 448, 3, sowie allgemein H. I. Bell, P.Lond. IV, Index of Symbols and Abbreviations, S. 607.

Δ(ι') ἐμοῦ Π̣τ̣ο̣λ̣ε̣μ̣[αίου ἐγρ]ά̣φ̣(η): Für συμβολαιογρ]ά̣φ̣(ου) wäre nicht ausreichend Platz vorhanden. In Byz. Not. 57 ist im Rahmen des Abschnittes über Notare aus dem Herakleopolites keine Person dieses Namens erfaßt.

53. QUITTUNG

P.Vindob. G 11053 (?) 7,2 × 5,1 cm 7. Jh. Tafel XLIV

ed. pr.: SPP III 53 (*s.* VI.).

Papyrus. Oberer und unterer Rand erhalten. An der linken und rechten Seite abgebrochen. Das Ausmaß und die Verteilung des Textverlustes bleiben weitgehend unklar. Vier horizontale Faltungen 1,3, 2,9, 4,9 und 6,2 cm unterhalb des oberen Randes. Keine Klebung. Schwarze Tinte. Der Abstand der Schrift zum Rand beträgt oben ca. 1,1 cm und unten ca. 1,5 cm. Die Schrift auf dem Rekto verläuft quer zur Faserrichtung (*transversa charta*). Verso leer. Schrifttyp: sog. „Minuskelkursive" mit einzelnen „Minuskel"-Elementen (vgl. etwa β und π; paläographische Auffälligkeit: Schreibung des α mit langem Aufstrich). Urkundenschema und Formulartyp aus dem Textbefund nicht mehr klar ersichtlich; die Textanordnung macht eine Anwendung des „Quittungsschemas" wahrscheinlich. Ankauf: „*ex* 1883".

↓ πρ]ε̣[σ]βυτερ( ) ἀπὸ κώμης [
αδ]ελφου ἀπὸ ἐποικί̣[ου
λ]έ̣γω δὴ ὑπὲρ κ̣αρπ̣[ῶν
'Εγρά]φη μηνὶ Τῦβ[ι
]ο̣υ γραμ(μ)α(τέως). † *Paraphe*

1. | πρεσ]βύτερ(ος) *ed. pr.* 2. |]αφου ἀπὸ ἐποικ[ίου | *ed. pr.* 3. | λέ]γω δὴ ὑπὲρ [τ(ῆς)] παρ[ούσης . . . ἰνδικτιῶνος | *ed. pr.* 4. τυβ[ι | *ed. pr.* 5. | δι' ἐμοῦ . . . .]ου γραμ(μ)α(τέως) . . . . [| *ed. pr.*

„[- - -] Presbyteros, aus dem Dorf [- - -] aus dem Weiler [- - -] nämlich für Ernteerträge [- - -] Geschrieben [- - -] im Monat Tybi [- - -] N. N., Grammateus †".

Fragment einer Quittung unbekannten Charakters und Inhaltes, deren Angaben in den ersten beiden Zeilen auf die Person des Zahlungs- oder Lieferungsempfängers und jene des Quittungsadressaten zu beziehen sein dürften. In welcher Reihenfolge die Personen angeführt waren, läßt sich nicht mehr feststellen, zumal ein solcher Umstand nicht unwesentlich von der formalen Gestaltung der Urkunde – entweder im sogenannten „Quittungs-" oder „Vertragsschema" – abhängt. Die Textanordnung legt auf den ersten Blick hin die Vermutung nahe, daß mit πρ]ε[σ]βυτερ( ) in Z. 1 der geistliche Titel des Zahlungsempfängers, mit -αδ]έλφου bzw. ἀδ]ελφοῦ in Z. 2 entweder Eigen- oder Vatersname bzw. Verwandtschaftsgrad oder – im übertragenen Sinn – das kollegiale Verhältnis des Urkundenadressaten zum Zahlungs- oder Lieferungsempfänger genannt war (vgl. Komm. Z. 2). Beide Personen stammten nachweislich nicht aus ein und demselben Ort, wie aus der unterschiedlichen Typisierung ihrer namentlich nicht bezeugten Herkunftsbezeichnungen hervorgeht. In Z. 3 war offenkundig auf den Bemessungszeitraum des urkundlich dokumentierten Zahlungs- oder Lieferungsvorganges Bezug genommen (vgl. Komm. Z. 3), in Z. 4 das Ausstellungsdatum der Urkunde angegeben. Die Quittung hat in Z. 5 mit der Unterschrift des Ausfertigers – eines namentlich nicht näher greifbaren γραμματεύς – geendet (vgl. Komm. Z. 5). Das Fragment bietet keinen Anhaltspunkt, der über die Herkunft der Urkunde Auskunft geben könnte; laut dem im handschriftlichen Inventarkatalog verzeichneten Vermerk „*ex* 1883" könnte das Dokument sowohl arsinoitischen als auch herakleopolitischen Ursprunges sein. Das Zeugnis wird aufgrund paläographischer Kriterien ins 7. Jh. datiert (vgl. dazu die Formalbeschreibung).

1. πρ]ε̣[σ]βυτερ( ): Der Kasus des Titels πρεσβύτερος ist aus dem vorhandenen syntaktischen Kontext nicht mehr ersichtlich.

2. αδ]ελφου: Entweder als Rest eines Personennamens – zum Beispiel von Φιλαδ]έλφου oder Τριαδ]έλφου – oder als Rest einer verwandtschaftlichen oder kollegialen Bezeichnung mit ἀδ]ελφοῦ zu deuten.

3. λ]έγω δὴ ὑπὲρ κ̣αρπ̣[ῶν: Auf ὑπὲρ κ̣αρπ̣[ῶν folgte die Angabe des Indiktionsjahres (vgl. *ed. pr.*).

5. Von der Unterschrift des Ausfertigers der Urkunde ist nur noch ein Namensrest (entweder Eigen- oder Vatersname) sowie dessen Funktionsbezeichnung γραμματεύς mit anschließendem Kreuz und Paraphe erhalten; der Wortlaut dürfte dabei auf dem häufig angewandten Formelmuster δι' ἐμοῦ τοῦ δεῖνος oder διὰ τοῦ δεῖνος basieren.

54. SAMMELQUITTUNG ÜBER GELDZAHLUNGEN

P.Vindob. G 11054	5,5 × 13,8 cm	2. Hälfte 7. Jh.
Arsinoiton Polis		Tafel XXVI

ed. pr.: SPP III 54 (*s.* VI., Faijûm oder Herakleopol.).

Papyrus. An allen Seiten abgebrochen. Das Ausmaß des Textverlustes bleibt unklar; die Textverteilung läßt sich annähernd anhand des Zeilenspiegels am linken Rand feststellen. Keine Faltungen erkennbar. Keine Klebung. Schwarze Tinte. Die Schrift auf dem Rekto verläuft quer zur Faserrichtung (*transversa charta*). Verso leer. 1. H. mit jener des Ausstellers in **30** identisch (Gruppe der von Καλλίνικος ausgestellten Urkunden). Schrifttyp: sog. „Minuskelkursive" (1. H. und 3. H.); sog. „Minuskelkursive" mit deutlichen „Minuskel"-Elementen (2. H.). Formulartyp: ἔσχον καὶ ἐπληρώθην ἐγὼ ὁ δεῖνα παρὰ σοῦ τοῦ δεῖνος („Quittungsschema"). Ankauf: „*ex* 1883".

— — — — — —

↓ 1 [ἐ]ν̣άτης ἰν(δικτίωνος) εἰς πλήρης̣, ὅ ἐστιν̣ χρ[υσοῦ - - -]
2 ̣ ̣ θ ἰν(δικτίωνος). † (2. H.) ⳨ Κοσμ(ᾶς) διάκ(ονος) τῆς θεωτώκου μαρτυρῶ
τῆ̣[δε τῆ̣ ἀποδείξει ὡς πρόκειται. (3. H.) - - - μαρτυρῶ τῆ̣δε τῆ̣]
3 ἀποδείξι ὡ̣ς̣ π̣ρό(κειται). *vac.* † (1. H.) ⳨ Δι' ἐμοῦ Καλλι̣[νίκου]
vac.
4 (1. H.) ⳨ Ἔ̣σ̣χ̣αμεν καὶ ἐπληρώθημεν ἡ[μεῖς - - -]

— — — — — —

1. |]κατης *ed. pr.* *l.* πλῆρες ὃ ἔστι[| *ed. pr.* 2. |]τ(ῆς) θ *ed. pr.* *l.* θεοτόκου θεωτωκου μαρτυρῶ | *ed. pr.* 3. *l.* ἀποδείξει |] ἀπόδειξιν *ed. pr.* δϊ *pap.* Καλλινίκου: Kreuz darüber Καλλ[ινίκου | *ed. pr.* 4. | [† ἔσχ]ο̣μεν *ed. pr.*

„[- - -] neunten Indiktion zum vollen Betrag, das ist an Gold [- - -] 9. Indiktion. † (2. H.) ⳨ Kosmas, Diakonos der Gottesmutter, ich bin Zeuge für diese Quittung, wie es oben geschrieben steht. (3. H.) N. N. [- - -] ich bin Zeuge für diese Quittung, wie es oben geschrieben steht. † (1. H.) ⳨ Durch mich, Kallinikos.
(1. H.) ⳨ Wir, NN. NN. [- - -] haben vollständig erhalten [- - -]".

Fragment einer Urkunde, welches Reste vom Ende und Anfang zweier Zahlungsbelege enthält und demzufolge als Teil einer umfangreichen Sammelquittung aufgefaßt werden könnte. Im Gegensatz zu den anderen hierorts behandelten Sammelquittungen (**15** und **44**) weist das vorliegende Fragment am Ende seiner ersten Zahlungsbescheinigung ein notarielles Abschlußformular mit Zeugenunterschriften auf. Über den Inhalt der beiden Quittungstexte lassen sich nur mehr bedingt Aussagen treffen. Zahlungstitel und Zahlungssumme sind nicht bezeugt. Der erste der beiden Zahlungsbelege ist für bzw. in einem neunten Indiktionsjahr ausgestellt worden (Z. 2) und hat die Bestätigung des Empfangs eines in seiner Höhe nicht mehr näher zu beziffernden Geldbetrages für dasselbe neunte Jahr zum Gegenstand gehabt (Z. 1). Am Ende dieses Beleges haben zwei Zeugen die inhaltliche Aussage des betreffenden Urkundenpassus mit ihrer Unterschrift bestätigt; einer der beiden Zeugen, Κοσμᾶς, ist mit dem geistlichen Titel eines διάκονος als Funktionär der Theotokos-Kirche von Arsinoiton Polis ausgewiesen. Die erste Zahlungsbescheinigung wurde von dem aus anderen Urkunden bekannten Καλλίνικος verfaßt und ausgefertigt (vgl. Komm. Z. 3). Vom darauffolgenden zweiten Quittungstext sind nur mehr die Formulareinleitung nach dem Muster ἔσχον καὶ ἐπληρώθην ἐγὼ ὁ δεῖνα παρὰ σοῦ τοῦ δεῖνος und das Personalpronomen des Zahlungsempfängerkollektivs überliefert. Aufgrund des mutmaßlichen Sammelquittungscharakters sind für beide Zahlungsbescheinigungen entweder dieselben Zahlungsempfänger oder derselbe Zahler vorauszusetzen. Bei B. Palme, *Das Archiv des Johannes ἀπαιτητής*, CPR X 1–16, S. 37 wird das vorliegende Dokument als Steuerquittung interpretiert. Zu Herkunft und Datierung vgl. **30**, Komm. Z. 5.

1. χρ[υσοῦ: Oder χρ[υσίου.

2. ̣ ̣ θ ἰν(δικτίωνος): Entweder als τ̣ ( ) θ ἰν(δικτίωνος) oder τ( ) mit hochgestelltem Kreuz θ̇ ἰν(δικτίωνος); beides erscheint in diesem Kontext ungewöhnlich.
τῆς θεωτώκου: Zur Kirche der „Mutter Gottes" in Arsinoiton Polis vgl. allgemein Antonini, *Chiese* 170; B. Palme, CPR X, S. 28.

3. ἀποδείξι ὡς πρό(κειται): Von anderer Hand als die Zeugenunterschrift in Z. 2; nicht zuletzt aufgrund des auf der rechten Seite zu gewärtigenden Textverlustes ist Z. 3 unmöglich als Fortsetzung der Unterschrift des ersten (und dann einzigen) Zeugen aufzufassen.
Καλλι̣[νίκου: Vgl. **30**, Komm. Z. 5.

4. Ἔσ̣χ̣αμεν: Schon in byzantinischer Zeit als Nebenform zu ἔσχομεν geläufig; vgl. allgemein Mandilaras, *Verb* §§ 317 (19); Gignac, *Grammar* II 342.

55. Quittung über Preis für Herstellung oder Lieferung von Waren für die Dianome-Steuer (?)

P.Vindob. G 11055	4,8 × 14,1 cm	2. Hälfte 7. Jh.
(?)		Tafel XLIII

ed. pr.: SPP III 55 (*s.* VI., Faijûm oder Herakleopolites).

Papyrus. Linker Rand erhalten. An der oberen, rechten und unteren Seite abgebrochen. Das Ausmaß des Textverlustes ist nicht genau feststellbar. Keine Faltungen erkennbar, aber die Bruchkanten könnten entlang horizontaler Faltungen verlaufen. Keine Klebung. Schwarze Tinte. Der Abstand der Schrift zum Rand beträgt links ca. 2,4 cm. Die Schrift auf dem Rekto verläuft quer zur Faserrichtung (*transversa charta*). Verso leer. Schrifttyp: sog. „Minuskelkursive"; Formulartyp („Quittungsschema") aus dem Texbefund des Fragmentes nicht klar ersichtlich. Ankauf: „*ex* 1883".

— — — — — —

↓
[± 17] . [. . . .] . [
[.] . . . [. .] Γ̣ε̣ω̣ργίου υἱοῦ Σερήνου καὶ τ̣[
παρὰ σοῦ Κοσμᾶ ἐπισ̣τάτου τῆς αὐτῆ̣ς [
τιμῆς τῆς δοθείσης σοι παρὰ Κ[ο]υλ[ᾶ
δέκα τέσσαρα . . . [.] . . . . . . [.] . [.] . [.] . [

— — — — — —

1. *om. ed. pr.* 2. | [- - -] Γ[εω]ργίου *ed. pr.* 3. ἐπι[σ]τάτου *ed. pr.* 4. παρὰ κ[| *ed. pr.* 5. | δεκατεσσαρ[| *ed. pr.*

„[- - -] Georgios, Sohn des Serenos, und N. N. [- - -] von dir, Kosmas, Epistates derselben (oder desselben) [- - -] Preis der (oder des) dir von Kulas gegebenen [- - -] vierzehn [- - -]".

Der Charakter und die inhaltliche Aussage dieses Fragmentes sind aus dem Textbefund nicht ohne weiteres zu erschließen. Der Textverlust am Beginn scheint sich aufgrund der Erwähnung der Namen in Z. 2, vor allem aber auch aufgrund der Nennung des Quittungsadressaten am Beginn der Z. 3 auf eine einzige Zeile zu beschränken, von welcher die zwei Unterlängen knapp unterhalb der oberen Bruchkante herrühren. Unten dürften – unter Miteinberechnung einer allfälligen Wiederholung der in den Z. 4–5 angeführten Summe – höchstens ein bis zwei Zeilen verlorengegangen sein. Vom Einleitungsformular ist nichts erhalten; in Hinblick auf παρὰ σοῦ am Beginn der Z. 3 könnte das Formular jedoch auf der für Quittungen üblichen Einleitungswendung ἔσχον καὶ ἐπληρώθην ἐγὼ ὁ δεῖνα παρὰ σοῦ τοῦ δεῖνος (oder ähnlich) aufgebaut haben. Wer die Zahlung empfangen hat, geht aus dem Textbefund des Fragmentes nicht ausdrücklich hervor; wegen seiner Position müßte] Γ̣ε̣ω̣ργίου υἱοῦ Σερήνου καὶ τ̣[in Z. 2 auf den bzw. die Zahlungsempfänger zu beziehen sein, was aber – wollte man nicht von einem Kasusfehler ausgehen – aufgrund des Genitiv nicht völlig außer Zweifel steht. Möglicherweise hat es sich dabei um zwei oder mehrere Personen gehandelt, welche die in Z. 4–5 erwähnte Summe vom Adressaten der Quittung, jenem Κοσμᾶς ἐπιστάτης (Z. 3), als Kaufpreis eines bereits im voraus gelieferten Gegenstandes (Z. 4) in Empfang genommen haben. Welcher Institution der Adressat in seiner Eigenschaft als ἐπιστάτης angehört hat, ist dem Fragment aufgrund des Textverlustes nicht zu entnehmen. Die Angabe ἐπιστάτου τῆς αὐτῆς [könnte allerdings die Vermutung nahelegen, daß er einer städtischen Handwerkerzunft als Oberhaupt vorgestanden ist. Dieser Umstand läßt es angesichts einiger deutlich konstatierbarer Parallelen im Urkundenformular von **108 A** für möglich erachten, daß das vorliegende Fragment den Ausschnitt einer Quittung über eine Geldzahlung als Preis von Waren oder Gegenständen wiedergibt, welche – aus den Mitteln der arabischen Sachrequisitionssteuer (διανομή) finanziert – erzeugt und geliefert worden waren. In Hinblick auf die Parallele **108 A** könnte das vorliegende Fragment ebenfalls aus Arsinoiton Polis stammen. Das Dokument wird weniger aufgrund paläographischer Kriterien als vielmehr wegen des mutmaßlichen Hintergrundes in die 2. Hälfte des 7. Jh. datiert.

2. Γ̣ε̣ω̣ργίου: Andere Namen, wie zum Beispiel Σε̣ρ̣γίου, lassen sich von der Lesung her nicht vertreten.
τ̣[: Wohl als Anfangsbuchstabe eines Personennamens aufzufassen.

3. ἐπι[σ]τάτου τῆς αὐτῆ̣ς [: Offenbar in Bezug auf die nicht erhaltene Berufsbezeichnung des bzw. der Zahlungsempfänger mit ἐργασίας (oder ähnlich) zu ergänzen; vgl. in diesem Zusammenhang ἐπιστάτῃ [ἐργασίας σιτομετρῶν] καὶ σακκοφόρων in BGU II 370, 8–9 (Korr. in BL I 436; Arsinoites, 638), ἐπιστάτῃ ἐργασίας σιτομετρῶν und ἐπιστά(την) ἐρ̣γ̣[ασίας in BGU III 838, 15–16 bzw. Verso 2 (Arsinoiton Polis, 578).

4. τιμῆς: Die Lesung τιμήν ist definitiv ausgeschlossen; der Genitiv setzt eine Präposition wie ὑπέρ oder λόγῳ am Ende der Z. 3 voraus.
Κ[ο]υλ[ᾶ: υ als hochgestellter, waagrechter Strich über dem (nicht erhaltenen) ο; vgl. eine ähnliche Schreibung bei der Endung von Σερήνου in Z. 2.

56. Quittung über Lohn eines Eseltreibers

P.Vindob. G 11056 — 7,9 × 22 cm — 6.–7. Jh.
Arsinoites — Tafel XLV

ed. pr.: SPP III 56 (*s.* VI., Arsin.) – Korr.: Byz. Not. 43 (Datierung: 6.–7. Jh.; BL VIII 435).

Papyrus. Oberer und unterer Rand erhalten. An der linken und rechten Seite abgebrochen. Das Fragment dürfte insgesamt etwa zwei Drittel des Gesamtumfanges der Urkunde umfassen (gemessen an der ursprünglichen Gesamtbreite des *transversa charta* beschrifteten Urkundenblattes, welche in der Regel der herstellungsbedingten Höhe der Papyrusrollen von maximal 35–36 cm entspricht); der Textverlust scheint sich größtenteils auf das linke Blattdrittel zu beschränken; rechts dürfte bloß ein schmaler Streifen verlorengegangen zu sein. Vier horizontale Faltungen 1,8, 2,6, 5 und 6 cm unterhalb des oberen Randes. Eine vertikale Faltung in der Mitte des Fragmentes, eine weitere dürfte entlang der linken Bruchkante verlaufen. Keine Klebung. Schwarze Tinte. Der Abstand der Schrift zum Rand beträgt oben ca. 1,5 cm und unten ca. 1 cm. Verso leer.

Schrifttyp: sog. „Minuskelkursive“; Formulartyp: ἔσχον καὶ ἐπληρώθην ἐγὼ ὁ δεῖνα παρὰ σοῦ τοῦ δεῖνος („Quittungsschema“; aus dem an der linken Seite zu gewärtigenden Ausmaß des Textverlustes erschlossen). Ankauf: „Faijûm“.

↓ 1 [† Ἔσχον καὶ ἐπληρώθην ἐγὼ] Μ̣ακάριος υἱὸς Ἀπολλῶ ὀνελάτης μετ' ἐγγύου τῆς τούτου μ̣η̣[τ]ρ[ὸς ± 3]

2 [± 12 ἀπὸ κώμης] Μ̣ούχεως τοῦ Ἀρσινοΐτου νομοῦ παρὰ σοῦ Γεωργίου τοῦ περιβλέπτο̣υ [± 3]

3 [± 10 τὸν ἐμὸν] μ̣[ι]σθὸν οὗ δέχομαι παρὰ σοῦ ἀπεντεῦθεν καὶ ἕως τοῦ Φαρμοῦθι μην̣[ὸς]

4 [τῆς εἰσιούσης ἑβδό]μ̣ης ἰν(δικτίωνος) εἰς πλήρης. Ἔσχον δὲ παρὰ σοῦ ἐκ προχρείας ἄλλα κεράτια τ̣[± 3]

5 [± 15 Ἐ]γ̣ράφη μηνὶ ἐπαγομέ(νων) β ς ἰν(δικτίωνος). † Δ(ι') ἐμοῦ Κοσμᾶ νομικοῦ. †

1. |] Μακάριος *ed. pr.* *l.* ὀνηλάτης εγ'γυου *pap.* μη[τρὸς . . . ἀπό | *ed. pr.* 2. | κώμης] Μουχεως *ed. pr.* τοῦ Ἀρσινοίτο[υ] νομο[ῦ] *ed. pr.* περιβλέπτ[ου | *ed. pr.* 3. | μι]σθόν *ed. pr.* παρά: π *ex* (ὑπέρ) μη[νός | *ed. pr.* 4. |]ης ἰν(δικτιῶνος) *ed. pr.* *l.* πλῆρες κεράτια [| *ed. pr.* 5. | ἐ]γράφη *ed. pr.* ἐπαγομε(νῳ) *ed. pr.*

„† Ich, Makarios, Sohn des Apollos, Eseltreiber, mit dessen (*sic*) Mutter N. N. als Bürgen [- - -] aus dem Dorf Muchis des arsinoitischen Gaues, habe vollständig erhalten von dir, Georgios, dem *spectabilis* [- - -] meinen Lohn, den ich von dir empfange von jetzt an und bis zum Monat Pharmuthi der kommenden siebenten Indiktion zum vollen Betrag. Ich habe außerdem erhalten von dir als Vorschuß weitere [- - -] Keratia [- - -] Geschrieben am 2. Tag im Monat der Epagomenen der 6. Indiktion. † Durch mich, Kosmas, Nomikos †“.

Quittung über eine Lohn- und eine Vorschußzahlung, die ein ὀνηλάτης namens Μακάριος (Z. 1) von einem gewissen Γεώργιος (Z. 2–3) empfangen hat. Γεώργιος führt das hohe Rangprädikat περίβλεπτος, seine Funktionsbezeichnung ist jedoch nicht erhalten. Die Urkunde dürfte sowohl aufgrund formaler Kriterien (Erhaltungszustand und Textverteilung) als auch in Hinblick auf ihre inhaltliche Aussage (Lohnzahlung; vgl. die zahlreichen Parallelen, allen voran jene des „Andreas-Archivs“) dem Formulartyp ἔσχον καὶ ἐπληρώθην ἐγὼ ὁ δεῖνα παρὰ σοῦ τοῦ δεῖνος zuzurechnen sein (vgl. auch die *ed. pr.*, wo das Einleitungsformular zwar nicht ergänzt, das Zeugnis aber der entsprechenden Formulargruppe zugeordnet war). Wie in den Z. 1–2 des Dokumentes ausdrücklich vermerkt wurde, hat der aus dem arsinoitischen Dorf Μοῦχις stammende Absender die urkundliche niedergelegte Zahlung in Gegenwart der eigenen Mutter (oder Großmutter?) als Bürgen entgegengenommen (vgl. Komm. Z. 1). Wer für den Lohn des ὀνηλάτης (und in weiterer Folge auch für den betreffenden Vorschuß) aufgekommen war, ist dem Text nicht mehr zu entnehmen, da darüber einzig die Funktionsbezeichnung des Adressaten Γεώργιος Aufschluß geben hätte können, in welchem am ehesten ein Grundherr oder der Verwalter einer kirchlichen Institution oder einer Domäne vermutet werden kann. Die Höhe des ausgezahlten Geldbetrages war im Text offensichtlich nicht ausdrücklich angeführt (vgl. – ähnlich wie im Fall von **96**, 3 – τὸν ἐμὸν μισθόν in Z. 3 als Bezugsobjekt des Hauptsatzes), dafür aber der Bemessungszeitraum (ἀπεντεῦθεν καὶ ἕως τοῦ Φαρμοῦθι μηνὸς τῆς εἰσιούσης ἑβδόμης ἰνδικτίωνος in Z. 3–4), für den der Lohn erstattet wurde und in Hinblick auf die weiter unten erwähnte Vorschußzahlung wohl auch noch künftig zu erstatten war. Dieser Umstand liefert zum einen einen wichtigen Anhaltspunkt für die Dauer des zugrundeliegenden Beschäftigungsverhältnisses und macht zum anderen deutlich, daß die vorliegende Quittung nicht auf eine einmalige Entlohnung Bezug nahm. Anhand des Ausstellungstages der Urkunde (μηνὶ ἐπαγομένων β ς ἰνδικτίωνος in Z. 5) läßt sich errechnen, daß das Arbeitsverhältnis zumindest für einen Zeitraum von zwanzig Monaten anberaumt war – allerdings nur gesetzt den Fall, daß die Angaben hierbei auf den Indiktionsbeginn im Arsinoites Bezug genommen haben; wenn die Urkunde an einem anderen, außerhalb des arsinoitischen Gaues gelegenen Ort verfaßt worden wäre, zöge dies eine Änderung des Berechnungsmodus nach sich; aus einer Zählung im Rahmen des herakleopolitischen Jahreszyklus, dessen Beginn in den Monat Θώθ fiel, ergäbe sich demnach eine Beschäftigungsdauer von lediglich acht Monaten. Im Gegensatz zur Lohnzahlung war die Geldsumme der Vorschußzahlung ausdrücklich beziffert und dürfte sich auf einen Betrag von drei Keratia belaufen haben (vgl. Komm. Z. 4). Die Formulierung ἄλλα κεράτια ṭ[läßt allerdings darauf schließen, daß die regulär an Μακάριος ὀνηλάτης erstattete Lohnsumme gleich hoch bemessen war. Weitere Angaben zur Vorschußzahlung könnten dem Textverlust am Beginn der Z. 5 zum Opfer gefallen sein; das Fragment endet nach dem Ausstellungsdatum mit der Unterschrift des anderweitig sonst nicht bezeugten Ausfertigers, eines gewissen Κοσμᾶς νομικός (Z. 5). Eine inhaltliche Zusammenfassung zu diesem Zeugnis ist bei A. Jördens, P.Heid. V, S. 139 unter der Nummer II 35 zu finden. Die arsinoitische Provenienz der Urkunde ist aus der Herkunftsangabe des Lohnempfängers abzuleiten. Das Dokument wird aufgrund paläographischer Kriterien ins 7. Jh. datiert (vgl. dazu die Formalbeschreibung).

1. ὀνελάτης: Zur Schreibung des Wortes vgl. allgemein Gignac, *Grammar* I 243.

μετ' ἐγγύου τῆς τούτου μ̣η̣[τ]ρ̣[ός: Der Ausdruck μετ' ἐγγύου findet sich für die Spätzeit sonst nicht bezeugt; stattdessen ist für gewöhnlich μετ' ἐγγυητοῦ anzutreffen; statt τούτου wäre angesichts der subjektiven Stilisierung des Formulars eigentlich ἐμοῦ (1. statt 3. Person) zu erwarten; vgl. etwa **163**, 2, P.Lips. I 12, 6; Verso 2 (Hermupolis, 3.–4. Jh.), außerdem: P.Prag. II 175, 8 (ergänzt; Arsinoiton Polis, 602/3), SB I 4781, Verso 26 (abgekürzt; vgl. Korr. in BL VII 185; Herkunft unbekannt, byz. Zeit) und 4884, 1 (abgekürzt; vgl. Korr. in BL VII 185; Arsinoites, byz. Zeit). Bei Beaucamp, *Statut* 38–39 und Anm. 33 wird auf vorliegende Urkunde in Zusammenhang mit der Funktion der Mutter als Bürgen eingegangen; zum Phänomen weiblicher Bürgen vgl. allgemein ebenda, 41 mit Anm. 50, 45 mit Anm. 72 und 188 mit Anm. 122.

2. Μ̣ούχεως: κώμη und χωρίον, in der Πολέμωνος μερίς des arsinoitischen Gaues gelegen; vgl. allgemein Wessely, *Topographie* 107–108; B. P. Grenfell, A. S. Hunt, P.Tebt. II, S. 359 und 390; Diz. III 301–302; Suppl. 1, 200; Suppl. 2, 126; Suppl. 3, 76; Timm, *Ägypten* II 889–890.

3. τ̣ὸν ἐμὸν] μ̣[ι]σθ̣όν: Zur Ergänzung vgl. die Parallele in **96**, 3.

οὗ δέχομαι: Zum Genitiv des Relativpronomens, welcher durch Assimilation des Akkusativ-Relativums an ein vorausgegangenes bzw. nachfolgendes Beziehungswort hervorgerufen wird (οὗ statt ὅν), vgl. Mayser, *Grammatik* II 3, 102–105.

4. [τῆς εἰσιούσης ἑβδό]μ̣ης ἰν(δικτίωνος): Die Ergänzung reicht fast nicht aus, um die Lücke vollständig auszufüllen; vor diesem Hintergrund vielleicht auch mit [τῆς σὺν θεῷ εἰσιούσης ἑβδό]μ̣ης ἰν(δικτίωνος) zu ergänzen.

ṭ[± 3]: Von ṭ ist nur ein Rest der schlingenförmigen Unterlänge erhalten; wahrscheinlich ṭ[ρία].

5. μηνὶ ἐπαγομέ(νων) β: 25. August. Die ἐπαγόμενοι (Zusatztage) wurden zwar grundsätzlich außerhalb des Zwölfmonatssystems gerechnet, dürften im praktischen Umgang

bisweilen aber auch dem Monat Μεσορή zugeschlagen worden sein, wie es sich etwa in der häufig bezeugten Wendung μηνὶ Μεσορὴ ἐπαγομένων bzw. Μεσορὴ ἐπαγομένων zu manifestieren scheint; zur vorliegenden, korrekten Ausdrucksweise vgl. neben P.Grenf. II 105,4 sowie 106,4 (Korr. in BL IX 97–98; Arsinoites, 719), P.Lond. IV 1512, Fr. 1, 2 (Aphrodito, 708; Korr. der Datierung in BL VI 65) und SB I 1979, 1 (gegen BL VIII 306; Oxyrhynchos, 6. Jh.) vor allem die ausgeschriebene Form in P.Stras. IV 190, 13 (Hermupolis, 592). Für ἐπαγομέ(νῳ) (*ed. pr.*) gibt es hingegen keinen einzigen ausgeschriebenen Beleg.

Δ(ι') ἐμοῦ Κοσμᾶ νομικοῦ: Dem Schriftbild nach zu urteilen, ist Κοσμᾶς mit keinem anderen Ausfertiger dieses Namens identisch; vgl. **10**, Komm. Z. 6–7.

57. QUITTUNG ÜBER LOHN

P.Vindob. G 11057 — 8,7 × 34,8 cm — 7. Jh.
Arsinoites — Tafel XLVI

ed. pr.: SPP III 57 (*s.* VI., Arsin.) – Korr.: Pros. Ars. I, Nr. 18, Anm. 3 (BL VIII 435).

Papyrus. Ränder an allen Seiten erhalten. Fünf horizontale Faltungen 1,5, 3, 4,5, 6 und 7,2 cm unterhalb des oberen Randes. Eine vertikale Faltung in der Blattmitte. Keine Klebung. Schwarze Tinte. Der Abstand der Schrift zum Rand beträgt oben ca. 1,5 cm, links ca. 2 cm und unten ca. 3 cm. Rechts bis zum Rand beschrieben. Kreuz in Z. 1 ausgerückt. Die Schrift auf dem Rekto verläuft quer zur Faserrichtung (*transversa charta*). Verso mit Resten einer Zeile auf Höhe der Z. 1 des Rekto (Schriftverlauf parallel zur Faserrichtung; in der rechten Blatthälfte positioniert, von der vertikalen Mittelfaltung ausgehend). Schrifttyp: sog. „Minuskelkursive" mit „Minuskel"-Elemente (Rekto; vgl. etwa π und τ); „Maiuskel" (Verso; paläographische Auffälligkeit: Anklänge an die sog. „Alexandrinische Maiuskel" bei der Schreibung des Namens Πκερμες); Formulartyp: ἔσχον ἐγὼ ὁ δεῖνα παρὰ σοῦ τοῦ δεῖνος („Quittungsschema"). Ankauf: „Faijûm *ex* 1883".

↓ 1 † Ἔσχον ἐ[γ]ὼ Ἰ̣[ω]ά̣ν̣[νη]ς Π̣[κ]ε̣ρμες υἱὸς Γ̣ε̣ρ̣[οντί]ο̣υ̣ ἀπὸ κώ[μ]η̣ς Κερκεσούχων το[ῦ Ἀ]ρ̣σ̣ινοΐτου νομοῦ πα[ρὰ] σοῦ

2 τοῦ θ[ε]ο̣φιλ̣εστάτω Ἀβ̣β̣ᾶ Γεωργί̣ω̣ π̣ρ̣εσβυτέρ(ου) καὶ ἡγουμ̣[ένου ὑπ]ὲρ μ̣ι̣σ̣θ̣ο̣ῦ̣ ἕ̣κ̣τ̣η̣ς ἰ̣ν̣δ̣(ικτίωνος), ὅ̣ ἐ̣[σ]τ̣ιν χρυσοῦ κεράτια

3 εἴκοσι τ̣ρ̣[ία], γ̣ί̣(νονται) χρυ(σοῦ) κερ(άτια) κγ μ̣(όνα). Ἐγράφη μηνὶ Πα[ῦν]ι̣ ε̣ π̣έ̣μ̣π̣τ̣η̣ς̣ ἰνδ(ικτίωνος). Δ(ι') ἐμο[ῦ Φ]ο̣ι̣β̣[ά]μμων(ος) υἱοῦ Ἠλία̣ γ̣[ρ]αμμ(α)τ(έως). †̣

Verso:

→ 4 [(2. H.?) †] Π̣κερμες *vac.* νομιτ(ευόμενον) νό(μισμα) α.

1. ἔσχον (καὶ) ἐ[π]λ[ηρ]ώ[θην ἐγὼ] Κα̣[̣]αρμεσ( ) υἱὸς Ν[8] ἀπό *ed. pr.* ϊωαννης *pap.* κώ[μη]ς *ed. pr.* τοῦ Ἀρσινοΐτου *ed. pr.* παρά *ed. pr.* 2. *l.* θεοφιλεστάτου, θ[εο]φιλι[στ]ατω *ed. pr.* *l.* Γεωργίου καὶ κτο̣[5] ερ/ [6 ἕ]κτης ἰ[νδ(ικτιῶνος) ὃ ἔσ]τιν *ed. pr.* καὶ ἡγού[με(νος)] ερ/ [Diethart 3. τρία [μόνα γι(νεται)] χρ/ *ed. pr.* μηνὶ πα[χων] πέμτης (*l.* -εμπ-) ἰνδ(ικτιῶνος) δ(ι') ἐμ[οῦ 16]εως υἱοῦ Ἡλια γραμμ(ατέως) | *ed. pr.* γραμμα(τέως) *ibid.*, Index, S. 235 4. *om. ed. pr.*

„† Ich, Ioannes, Pkermes, Sohn des Gerontios, aus dem Dorf Kerkesucha des arsinoitischen Gaues, habe erhalten von dir, dem gottgeliebtesten Abba Georgios, Presbyteros und Abt, für Lohn der sechsten Indiktion, das ist an Gold dreiundzwanzig Keratia, das macht an Gold 23 Keratia, sonst nichts. Geschrieben am 5. Tag im Monat Payni der fünften Indiktion. Durch mich, Phoibammon, Sohn des Elias, Grammateus †".

Verso: „ (2. H.?) † Pkermes, 1 landläufiger Solidus".

Quittung über Lohn, den ein gewisser Ἰωάννης alias Πκερμες, Sohn eines Γερόντιος (Z. 1), aus dem arsinoitischen Dorf Κερκεσοῦχα von Ἀββᾶ Γεώργιος, dem πρεσβύτερος und ἡγούμενος einer unerwähnt gebliebenen Institution (Z. 2), ausgezahlt bekommen hat. Auf den Beruf des Zahlungsempfängers ist im Urkundentext ebenso wenig eingegangen worden wie auf die Tätigkeit, für welche dieser im vorliegenden Fall entlohnt wurde. Bei der Anrede des Quittungsadressaten ist im besonderen ein auffälliges Schwanken zwischen Genitiv und Dativ zu bemerken, das auf einen wenig routinierten Umgang mit unterschiedlichen Formulartypen – ἔσχον ἐγὼ ὁ δεῖνα παρὰ σοῦ τοῦ δεῖνος einerseits, ἔχω ἐγὼ ὁ δεῖνα σοὶ τῷ δεῖνι andererseits – schließen läßt. Die Lohnsumme von dreiundzwanzig Keratia ist am Ende des fünften Indiktionsjahres im voraus für das (folgende) sechste Indiktionsjahr ausgezahlt worden (Z. 2–3). Der einzeiligen Inhaltsangabe auf dem Verso ist zu entnehmen, daß der Geldbetrag hierbei dem Wert eines – offenbar nicht vollwertigen – Solidus entsprochen hat (vgl. Komm. Z. 4). Für die Ausfertigung der Quittung zeichnete ein anderweitig nicht bezeugter Φοιβάμμων γραμματεύς, Sohn eines Ἠλίας, verantwortlich (Z. 3). Die arsinoitische Provenienz der Urkunde ist durch die Herkunftsangabe des Lohnempfängers in Z. 1 angedeutet. Das Dokument wird aufgrund paläographischer Kriterien ins 7. Jh. datiert (vgl. dazu die Formalbeschreibung).

1. Ἰ[ω]ά̣ν̣[νη]ς Π[κ]ε̣ρμες: Bei Doppel- bzw. Alias-Namen ist zwischen den beiden Namensbestandteilen für gewöhnlich ein eingeschobenes ὁ καί vorzufinden, was hier jedoch unterblieb. In der Inhaltsangabe auf dem Verso wurde lediglich der zweite Namensteil Πκερμες, der in der Schreibung Πκερμης ein weiteres Mal in P.Lond. IV 1430, Fr. 1 II 25 (Aphrodito, 8. Jh.) bezeugt ist, angeführt.

3. Πα[ῦν]ι̣ ε: 30. Mai.

4. νό(μισμα) α: In Hinblick auf die Angabe der Lohnsumme auf dem Rekto wohl als νόμισμα bzw. νομισμάτιον ῥυπαρόν – d. h. als nicht vollwertiger Solidus – zu verstehen; vgl. allgemein Maresch, *Nomisma* 16–19 und 26–28.

58. Quittung über Geldzahlung

P.Vindob. G 11058	Fr. 1: 7,5 × 9,5 cm	7. Jh.
Arsinoiton Polis	Fr. 2: 2,8 × 2,8 cm	Tafel XLIV
	Fr. 3: 1,8 × 2 cm	

ed. pr.: SPP III 58 (*s.* VI.).

Papyrus. Drei nicht zusammenhängende Fragmente. (Fr. 1 links, Fr. 2 rechts auf Höhe der Z. 3 und 4 zu positionieren; die Positionierung des Fr. 3 läßt sich nicht mehr feststellen). Fr. 1: oberer und unterer Rand erhalten. An der linken und rechten Seite abgebrochen. Das Ausmaß und die Verteilung des Textverlustes bleiben weitgehend unklar. Vermutlich zwei horizontale Faltungen 2,8 und 5,4 cm unterhalb des oberen Randes; eine vertikale Faltung ca. 2 cm von der linken Bruchkante entfernt, eine weitere könnte entlang der rechten Bruchkante verlaufen sein. Keine Klebung. Schwarze Tinte. Der Abstand der Schrift zum Rand beträgt oben ca. 1,5 cm und unten ca. 2 cm. Die Schrift auf dem Rekto verläuft quer zur Faserrichtung (*transversa charta*). Verso leer. Von den beiden losen Fragmenten, welche an einem in den Papyrus eingenähten Bindfaden befestigt vorgefunden wurden (vgl. dazu die Formalbeschreibung in der *ed. pr.*), beinhaltet das Rekto des Fr. 2 Reste der Z. 2–4; auf dem Rekto des Fr. 3 sind nur noch Reste zweier Unter- oder Oberlängen zu erkennen. Schrifttyp: sog. „Minuskelkursive"; Formulartyp („Vertragsschema") aus dem Textbefund nicht ersichtlich. Ankauf: „*ex* 1883".

↓ 1 το]ῦ ἐνδοξοτάτου στρατηλάτου κ[α]ὶ [παγάρχου
2 τοῦ μ]α̣κ̣α̣ρίου Μηνᾶ ἀπὸ τῆς αὐτῆς πόλ[εως - - -] ̣ ̣ [
3]μένου ἕως τοῦ Θὼθ μηνὸς τῆς παρ[ούσης - - - δε]κάτης ἰν[δικτίωνος
4 κεράτια ἕνδεκα τ]έταρτον, χρ(υσοῦ) νο(μίσματος) (ἥμισυ) ̣ εἰ(ς) (κεράτια) ια
d ̣( ). Ἐγράφ[η μηνὶ - - -] ̣ ἀρχ(ῇ) τ̣[ῆς αὐτῆς - - - ἰνδικτίωνος

1. καί [| *ed. pr.* 2. | κυ]ρίου Μηνᾶ *ed. pr.* πόλ[εως | *ed. pr.* 3. παρ[ούσης || ̣ ̣ ̣]κατης ι[νδ(ικτιῶνος) | *ed. pr.* ϊν[*pap.* 4. | ἕνδεκα τ]έταρτον *ed. pr.* χρ( ) νο( ) (ἥμισυ) γει(νεται) κ(εράτια) ια d μ// ἐγράφ[η || ̣ ̣ ̣ ̣ ̣] ἀρχ(ῇ) τ(ῆς ̣ ̣ ̣ ἰνδ(ικτιῶνος) | *ed. pr.*

„[- - -] dem *gloriosissimus magister militum* und Pagarchen [- - -] des verstorbenen Menas aus derselben Stadt [- - -] bis zum Monat Thoth der gegenwärtigen [- - -] Indiktion [- - -] elf ein viertel Keratia, an Gold ein halber Solidus [- - -] zu 11 1/4 Keratia [- - -] Geschrieben [- - -] im Monat [- - -] am Beginn der [- - -]".

Fragmente einer Quittung über eine Geldzahlung, deren Charakter, Hintergrund und Umstände völlig ungeklärt bleiben. Das Urkundenformular dürfte auf dem sogenannten „Vertragsschema" mit vorangestelltem Kopfteil παρά τοῦ δεῖνος τῷ δεῖνι aufgebaut haben. In Z. 1 war mit το]ῦ ἐνδοξοτάτου στρατηλάτου κ[α]ὶ [παγάρχου offenbar der formelle Absender in seiner Eigenschaft als Zahlungsempfänger genannt. In der Z. 2 dürften Reste der Filiationsangabe und der Herkunftsangabe des Quittungsadressaten vorliegen. Vom Zahlungstitel ist nur noch ein Teil des Bemessungszeitraumes überliefert, dessen Ende auf den Monat Θώθ des laufenden Indiktionsjahres (Z. 3) – d. h. zwei Monate nach dem Zeitpunkt der Urkundenausstellung (vgl. Komm. Z. 4) – angesetzt war. Die Zahlung ging über die Summe von einem halben Solidus, dessen Realwert einem Betrag von elf ein viertel Keratia entsprochen hat (vgl. Komm. Z. 4). Der Textbefund bricht mit der Angabe des Ausstellungsdatums ab. Die Provenienz der Urkunde scheint aus dem Pagarchentitel in Z. 1 hervorzugehen (vgl. Komm. Z. 1). Das Schriftstück ist vor allem aufgrund des darin überlieferten Münzfußes ins 7. Jh. zu datieren (vgl. Komm. Z. 4).

1. το]ῦ ἐνδοξοτάτου στρατηλάτου κ[α]ὶ [παγάρχου: Die Zeugnisse dieses Titels sind in ihrer lokalen und zeitlichen Streuung auf die Verwaltungseinheit des arsinoitischen Gaues und die Zeit des 6.–7. Jh. beschränkt. In Hinblick auf die Herkunftsangabe des mutmaßlichen Quittungsadressaten in Z. 2 drängt sich die Ergänzung ταύτης τῆς Ἀρσινοϊτῶν πόλεως auf: vgl. BGU I 320, 7–8 (Arsinoites, 644; Korr. der Datierung in BL XI 17), III 737, 4–5 (vgl. BL I 440; Arsinoites, 648?; Korr. der Datierung in BL VIII 33) und P.Ross.Georg. III 50, 3–5 (Arsinoiton Polis, 643; Korr. der Datierung in BL VIII 291). In anderen Fällen ist der Titel auch in Verbindung mit τῆς Ἀρσινοϊτῶν καὶ Θεοδοσιουπολιτῶν nachgewiesen: vgl. BGU I 305, 3–5 (vgl. BL I 37; IX 18; Arsinoites, 556), CPR XIV 11, 6–7 (Arsinoiton Polis, 578), SB I 4721, 3–4 (Arsinoites, 589; vgl. BL XI 195–196) und SPP XX 240, 4–6 (Arsinoites, 622; Korr. der Datierung in BL VII 264). Zum Amt des Pagarchen vgl. allgemein Mazza, *Pagarca* 169–242.

2. τοῦ μ]ακαρίου Μηνᾶ: Wohl als Filiationsangabe des Quittungsadressaten aufzufassen. ἀπὸ τῆς αὐτῆς πόλ[εως: Vgl. Komm. Z. 1.

]. . [: Reste zweier Unterlängen am oberen Bruchrand des Fr. 2.

3. δε]κάτης ἰν[δικτίωνος: Die Iteration – zwischen einem zehnten und einem fünfzehnten Indiktionsjahr – geht auch aus dem übrigen Textbefund nicht hervor. Das Wort ἰνδικτίωνος dürfte gekürzt wiedergegeben sein.

3.–4. In Anbetracht von κεράτια ἕνδεκα τ]έταρτον und der nachfolgenden Wiederholung der Betragssumme in Z. 4 läge die Ergänzung eines vorangegangenen χρυσοῦ (bzw. χρυσίου) νομίσματος (bzw. νομισματίου) ἥμισυ εἰς nahe.

4. χρ(υσοῦ): Oder χρ(υσίου).
νο(μίσματος): Oder νο(μισματίου)
(ἥμισυ) . : Nach dem Symbol für ἥμισυ ist eine senkrechte Haste mit daruntergesetztem Punkt zu erkennen, deren Bedeutung ungeklärt ist; sinngemäß wäre die betreffende Angabe entweder mit der unmittelbar nachfolgenden Angabe des Münzfußes oder mit dem damit verbundenen Realwert des Solidus-Betrages in Kontext zu setzen.
εἰ(ς) (κεράτια) ια d . ( ): Auf die Ziffer für τέταρτον folgt ein Zeichen mit schrägem Doppelstrich, das aufgrund der Position dem Sinn nach entweder als μόνα oder – mit Bezug auf den Münzfuß – als ῥυπαρά gedeutet werden könnte. Zum Münzfuß von 22 1/2 Keratia pro Solidus, welcher ein wichtiges Kriterium für die Datierung des vorliegenden Fragmentes darstellt, vgl. allgemein Maresch, *Nomisma* 75 mit Anm. 8.
] . ἀρχ(ῇ) τ̣[ῆς αὐτῆς: Von der Tagesangabe des Ausstellungsdatums scheinen Reste einer Ziffer erhalten zu sein. In Hinblick auf die mutmaßliche arsinoitische Provenienz dürfte die Urkunde aufgrund der Angabe ἀρχῇ im Monat Ἐπείφ oder Μεσορή ausgestellt worden sein; vgl. allgemein CSBE 27 sowie CSBE^2 33. Im Anschluß an τ̣[ῆς αὐτῆς war das Indiktionsjahr angeführt (vgl. Komm. Z. 3).

59. Darlehen über Geldbetrag

P.Vindob. G 11059	12,7 × 28,5 cm	7. Jh.
Herakleopolis		Tafel XLVII

ed. pr.: SPP III 59 (*s*. VI., Herakleopolis).

Papyrus. Oberer, rechter und unterer Rand erhalten. An der linken Seite abgebrochen, wobei das Ausmaß des Textverlustes sich auf einen schmalen Streifen zu beschränken scheint. Fünf horizontale Faltungen 2, 4,5, 6, 8 und 10 cm unterhalb des oberen Randes. Zusätzlich zwei vertikale Faltungen 13,5 und 27 cm vom rechten Rand entfernt (vgl. die symmetrischen Beschädigungen). Keine Klebung. Schwarze Tinte. Der Abstand der Schrift zum Rand beträgt oben ca. 1 cm und unten ca. 2 cm. Rechts bis zum Rand beschrieben. Z. 8 vermutlich eingerückt. Die Schrift auf dem Rekto verläuft quer zur Faserrichtung (*transversa charta*). Verso leer. Schrifttyp: sog. „Minuskelkursive“ mit deutlich erkennbaren „Minuskel“-Elementen (paläographische Auffälligkeit: α bei Ἄπα in Z. 1 sowie bei ἀπό in Z. 1 und 2 jeweils mit langem Aufstrich versehen). Formulartyp: ἔσχον ἐγὼ ὁ δεῖνα παρὰ σοῦ τοῦ δεῖνος („Quittungsschema“). Ankauf: „Ahnas *ex* 1883“.

↓ 1 [†] Ἔσχον ἐγὼ Μηνᾶ βοηθ(ὸς) υἱὸς τοῦ μακαρίου Ἄπα Ἰουλίου ἀφ' Ἡρακλέου⟨ς⟩ πόλεως παρὰ σοῦ Γεωργίου ⟨υ⟩ἱοῦ τοῦ

2 [μ]ακ̣αρ̣ίο̣[υ] Π̣αύλου φ̣ανάπτου ἀπὸ τῆς αὐτ(ῆς) πόλεως (ὑπὲρ) πα[ν]τὸς λ̣όγ(ου) μου μετὰ τοῦ πατρός σου ἔχω καθαρο̣ῦ̣ς

3 [καὶ] ἀ̣π̣ο̣κ̣ρ̣ό̣τ̣ο̣ς̣ χ̣ρ̣υ̣σ̣ο̣ῦ̣ ν̣ο̣μ̣ι̣σ̣μ̣ά̣τ̣ι̣α̣ ἑπτὰ ἀρσατικ̣ά, γί(νονται) νο(μισμάτια) ζ ἀ̣ρ(σατικὰ) μό(να). Ἔχεις οὖ̣ν ὑπὲρ αὐτ̣ῶ̣ν̣ τὰ ἐ̣ν̣έ̣χ̣υ̣ρ̣α̣, τοῦτ' ἔ̣στιν

4 [± 10] ἀργυρίου ε . . . . [± 5] . . . [± 5] . . . . [. . .] . . . . . . τ̣ω̣ν̣ κ̣α̣ὶ̣ ἑ̣τ̣ο̣ί̣μ̣ω̣ς̣ ἔ̣χ̣ω̣

5 [ἀποδοῦναι] σοι τὰ χρεωστῶ ὀκτώῃ τοῦ Φαμ(ενὼ)θ μη(νὸς) τῆς π[αρο]ύσης ἑβδόμης ἰνδ(ικτίωνος) ἀναμφιβόλος. Εἰ δὲ μὴ καὶ

6 [νῦν ἀποδώσω] τὰ αὐτὰ ἑπτὰ ὁλοκότινα ἀρσατικὰ ἐν τῇ αὐτ(ῇ) προθεσμί̣α̣, ἐξουσίαν ἔχεις τὰ ἐνέχυρα ἀπὸ τ̣ο̣ῦ̣

7 [νῦν ἐπὶ τὸ]ν ἑξῆς ἅπαντα χρόνον κα̣ὶ ο̣ὐδένα λόγ(ον) ἔχω πρὸς ⟨σ⟩έ. Ἐγράφη μη(νὶ) Μεχεὶρ ιζ τῆς αὐτ(ῆς) ἑβδόμης ἰνδ(ικτίωνος).

8 [*vac.* † Δι'] ἐμοῦ Μηνᾶ βοηθ(οῦ), στοιχεῖ μοι π̣ά̣ν̣τ̣α̣ ὡς πρόκειται. †

1. *l.* Μηνᾶς, Μηνα *ed. pr.*, Μηνᾶ(ς) *DDBDP* Ἡρακλεουπόλεως *ed. pr.* Γεωργίου υἱοῦ *ed. pr.* 2. | [μα]κ[α]ρ̣ί[ου Πα]ύλου φ[α]νάπτου *ed. pr.* φανάπτου: α *ex corr.* (?) ἔχω *om. ed. pr.* *l.* καθαρῶς, καθαρο̣ῦ̣ | *ed. pr.* 3. | [. . .]κ[.]τος χρυσίου νομισμάτ(ια) *ed. pr.* *l.* ἀποκρότως εστιν' *pap.* 4. | [15]τοκ . . κ[16]ι . . . [9]ρ[6]ε[3]των[4]νιμοσ[5] | *ed. pr.* 5. | [9] σοι *ed. pr.* *l.* ἃ χρεωστῶ τῇ ὀγδόῃ ὀκτώ, η τοῦ *ed. pr.* π[αρούσ]ης *ed. pr.* *l.* ἀναμφιβόλως 6. | [νῦν . . . . . . ω] τά *ed. pr.* *l.* ὁλοκόττινα *l.* τῶν ἐνεχύρων 6.–7. ἀπὸ τ̣ο̣ύ-|[των . . . ειν ἐπὶ τό]ν *ed. pr.* 7. ἐγράφη *ed. pr.*, ἐγράφ(η) *DDBDP* 8. | [- - - δι'] ἐμοῦ *ed. pr.* βοη(θοῦ) *ed. pr.* μοι ἅπαντα *ed. pr.*

„† Ich, Menas, Boethos (*adiutor*), Sohn des verstorbenen Apa Iulios, aus Herakleopolis, habe erhalten von dir, Georgios, Sohn des verstorbenen Paulos, Lampenanzünder, aus derselben Stadt, für alle meine Vereinbarungen mit deinem Vater, ich erhalte ohne jeden Zweifel (wörtlich: rein und unabänderlich) an Gold sieben Solidi Arsatika, das macht 7 Solidi Arsatika, sonst nichts. Du erhältst dafür als Pfand, das ist [- - -] an Silber (-geld?) [- - -] und ich erkläre mich bereit, dir das zurückzuerstatten, was ich dir schulde, am achten Tag des Monats Phamenoth der gegenwärtigen siebenten Indiktion zuverlässig. Wenn ich aber nun eben diese sieben Solidi Arsatika in eben dieser Frist nicht zurückgebe, erhältst du das Eigentumsrecht für das Pfand von jetzt an auf unbeschränkte Zeit, und ich habe keinen Anspruch dir gegenüber. Geschrieben am 17. Tag im Monat Mecheir derselben siebenten Indiktion. † Durch mich, Menas, Boethos (*adiutor*), ich erkläre mich mit allem einverstanden, wie es oben geschrieben steht †".

Die vorliegende Urkunde dürfte sich auf eine durch Tod des Gläubigers verursachte Erneuerung und Auszahlung eines Darlehens bezogen haben. Das Urkundenformular hat dem Formulartyp ἔσχον ἐγὼ ὁ δεῖνα παρὰ σοῦ τοῦ δεῖνος im sogenannten „Quittungsschema" entsprochen. Das vom Verbum der Einleitungswendung abhängige grammatikalische Objekt des Hauptsatzes findet sich jedoch erst im Anschluß an die scheinbar überflüssige Floskel ἔχω καθαρῶς καὶ ἀποκρότως. Als formeller Absender der Urkunde fungierte der Sohn eines verstorbenen Ἄπα Ἰούλιος namens Μηνᾶς aus Herakleopolis, welcher den Amtstitel eines βοηθός führte (Z. 1). Dieser hat gegenüber einem gewissen Γεώργιος, dem Sohn eines verstorbenen Παῦλος, aus derselben Stadt den Empfang von sieben Solidi als Gelddarlehen bestätigt (Z. 1–3); die im Anschluß an den Vatersnamen des Urkundenadressaten erwähnte Funktionsangabe φανάπτης könnte aufgrund des Kasus und der Wortstellung grundsätzlich sowohl auf den Sohn als auch auf den Vater bezogen werden; in Anbetracht der Position der Berufsbezeichnung des Zahlungsempfängers liegt allerdings die Vermutung nahe, daß mit φανάπτης der Vater des Urkundenadressaten gemeint war. Der Sachverhalt des Vollzugs eines bereits seit längerer Zeit bestehenden Darlehensverhältnisses geht aus der Formulierung ὑπὲρ παντὸς λόγου μου μετὰ τοῦ πατρός σου in Z. 2 hervor. Die Darlehensvereinbarung über den Geldbetrag von sieben Solidi war demnach zwischen Μηνᾶς βοηθός und dem mittlerweilen verstorbenen Vater des Urkundenadressaten geschlossen worden. Die Auszahlung erfolgte jedoch erst nach dem Tod des Παῦλος durch dessen Sohn Γεώργιος (Z. 2–3). Letzterer dürfte vom Darlehensempfänger im Gegenzug mehrere, aufgrund des Textverlustes nicht näher zu greifende (Wert-) Gegenstände als Pfand erhalten haben (Z. 3–4). Gleichzeitig hatte sich der Schuldner dazu verpflichtet, die geliehene Geldsumme innerhalb eines Zeitraumes von einundzwanzig Tagen zurückzuerstatten (Z. 4–5; vgl. das Datum der Urkundenausstellung am 17. Tag im Monat Μεχείρ in Z. 7 gegenüber dem Ende der Frist am 8. Tag des Folgemonats Φαμενώθ). In einer zusätzlichen Klausel ist außerdem festgelegt worden, daß im Fall einer nicht fristgerechten Rückerstattung der Darlehenssumme das Pfand endgültig in den Besitz des Gläubigers überginge (Z. 5–7). Die Urkunde endet im Anschluß an das Ausstellungsdatum (Z. 7) mit der Unterschrift und Einverständniserklärung des Darlehensempfängers (Z. 8). Die Provenienz der Urkunde steht aufgrund der Herkunftsangaben des Schuldners und des Gläubigers (Z 1 und 2) fest. Das Dokument ist aufgrund paläographischer Kriterien ins 7. Jh., wenn nicht sogar ins 7.–8. Jh. zu datieren (vgl. dazu die Formalbeschreibung).

2. φαν̣άπτου: Die Lesung des ersten α ist aufgrund einer deutlich sichtbaren, aber überflüssigen Unterlänge unsicher; selbige könnte als Rest einer Korrektur (etwa aus φαινάπτης) zu deuten sein; zu den φανάπται vgl. allgemein Schmelz, *Amtsträger* 39.

3. ἀρσατικά: Vgl. **86**, Komm. Z. 5.
ἔστιν: Im Anschluß daran ist ein kurzer, hochgestellter Schrägstrich erkennbar, der an dieser Stelle entweder als Zeilenfüller oder in Hinblick auf die darauffolgende Aufzählung als eine Art Doppelpunkt aufgefaßt werden könnte.

5. τά: Zum Gebrauch des bestimmten Artikels anstelle eines Relativums vgl. Mayser, *Grammatik* II 1, 58–60; Gignac, *Grammar* II 179 und zu Belegen aus späterer Zeit weiters Dieterich, *Untersuchungen* 198–199.
ὀκτώῃ (*l.* ὀγδόῃ) τοῦ Φαμ(ενώ)θ μη(νός): 4. März; zur Schreibung des Wortes ὄγδοος mit κ vgl. ὀκτώης in SPP XX 161, 2 (Arsinoites, 6. Jh.).

6.–7. ἐξουσίαν ἔχεις τὰ ἐνέχυρα ἀπὸ τ̣ο̣ῦ̣ [νῦν ἐπὶ τὸ]ν ἑξῆς ἅπαντα χρόνον: Kombination zweier verschiedener Konstruktionen, wobei τὰ ἐνέχυρα in Hinblick auf die feststehende Wendung ἀπὸ τ̣ο̣ῦ̣ [νῦν ἐπὶ τὸ]ν ἑξῆς ἅπαντα χρόνον wohl als Kasusfehler für τῶν ἐνεχύρων und somit als direktes Objekt zu verstehen ist; vgl. einen ähnlichen Fall in P.Michael. 41, 44–46 (Aphroditopolites, 539 oder 554). Zur Konstruktion mit dem Infintiv vgl. P.Michael. 43, 20–21 (Aphroditopolites, 526; vgl. BL XI 130).

7. 'Εγράφη: φη in Ligatur.
Μεχεὶρ ιζ: 11. (12.) Februar.

60. QUITTUNG

P.Vindob. G 11060 9,1 × 15,9 cm 6. Jh.
Arsinoites Tafel XLVIII

ed. pr.: SPP III 60 (*s.* VI., angeblich Hermop.).

Papyrus. Oberer, linker und unterer Rand erhalten. An der rechten Seite abgebrochen. Fragment dürfte die linke Hälfte des Urkundenblattes umfassen (gemessen an der ursprünglichen Gesamtbreite des *transversa charta* beschrifteten Urkundenblattes, welche in der Regel der herstellungsbedingten Höhe der Papyrusrollen von maximal 35–36 cm entspricht). Drei horizontale Faltungen 2,8, 5,5 und 7,3 cm unterhalb des oberen Randes. Die rechte Bruchkante könnte entlang der vertikalen Mittelfaltung des Urkundenblattes verlaufen. Keine Klebung. Schwarze Tinte. Der Abstand der Schrift zum Rand beträgt oben und links jeweils ca. 2 cm, unten ca. 3,5 cm. Kreuz in Z. 1 ausgerückt. Verso leer. Schrifttyp: sog. „Minuskelkursive"; Formulartyp: ἔσχον ἐγὼ ὁ δεῖνα παρὰ σοῦ τοῦ δεῖνος („Quittungsschema"). Ankauf: „*ex* 1883".

↓ 1 † Ἔσχον ἐγὼ Κῦρος κεφ̣α̣λ̣αιοτὴ[ς
2 παρὰ σοῦ Δαμιανοῦ χρω̣μ̣α̣τ̣ο̣πόλου [̣] ̣ ̣ ̣[
3 σοὶ παρ' ἐμοῦ κώμης καλουμένη̣ς [Σ]τ̣ρ̣ά̣τ̣[ω]ν̣ο̣[ς - - - Ἐγράφη μηνὶ]
4 Παῦνι δευτέρᾳ τῆς αὐτῆς τεσσαρασκαιδεκάτη[ς ἰνδικτίωνος

1. Κυρ[ο]ς κε[φ̣α̣λ̣]αιοτη[ς ̣ ̣ ̣ | *ed. pr.* *l.* κεφαλαιωτής 2. *l.* χρωματοπώλου πρε[σβ]υτ(έρου) πόλε̣[ως ̣ ̣ ̣ | *ed. pr.* 3. καλουμένη[ς | *ed. pr.* 4. τεσσαρακαιδεκα̣τ̣η[ς ἰνδ(ικτιῶνος) | *ed. pr.*

„† Ich, Kyros, *capitularius* [- - -] habe erhalten von dir, Damianos, Farbenhändler [- - -] dir von mir [- - -] Dorf namens Straton [- - -] Geschrieben am zweiten Tag im Monat Payni derselben vierzehnten Indiktion [- - -]".

Fragment einer Quittung, deren Textbefund wenig über den Charakter und Inhalt des Dokumentes verrät. In Hinblick auf den Umstand, daß die Quittung von einem oder auf Veranlassung eines κεφαλαιώτης hin ausgestellt worden war (vgl. die Amtsbezeichnung des formellen Absenders Κῦρος in Z. 1), könnte das Zeugnis – ähnlich wie im Fall von **61**, wo ein κεφαλαιώτης als Empfänger bzw. Einnehmer des δημόσιον τέλεσμα begegnet – die Bestätigung einer nicht näher greifbaren Steuerleistung zum Gegenstand gehabt haben. Beide Quittungen scheinen auch in ihrem Urkundenformular übereingestimmt zu haben. Quittungsadressat ist im vorliegenden Fragment ein χρωματοπώλης (zu dieser, bislang nicht bezeugten Berufsbezeichnung vgl. Komm. Z. 1) namens Δαμιανός. Die Angaben in Z. 3, σοὶ παρ' ἐμοῦ und eine unmittelbar darauffolgende Nennung des arsinoitischen Dorfes Στράτωνος, lassen sich keinem konkreten inhaltlichen Kontext zuordnen. Die letzte Zeile hatte anscheinend auf das Ausstellungsdatum der Urkunde Bezug genommen. Die arsinoitische Provenienz des Fragmentes ist der Erwähnung des Toponyms in Z. 3 zu entnehmen. Das Dokument wird aufgrund paläographischer Kriterien ins 7. Jh. datiert (vgl. dazu die Formalbeschreibung).

2. χρω[μ]α̣τ̣οπόλο[υ]: In der papyrologischen Evidenz war diese Berufsbezeichnung, deren lateinische Entsprechung *pigmentarius* lautet, bislang nicht bezeugt; zu den literarischen Belegstellen des Wortes vgl. LSJ *s. v.* χρωματοπώλης (*Glossaria*); zu den Berufsbezeichnungen auf -πώλης und -πράτης vgl. allgemein Casarico, *Repertorio* 33–34; Drexhage, *Komposita I* 14–15; ders., *Komposita II* 6; daneben auch Ruffing, *Berufsbezeichnungen* 16–58; Drexhage, *Komposita III* 74–89.

3. [Σ]ṭρά̣ṭ[ω]ν̣ο̣[ς: Als κώμη, ἐποίκιον und χωρίον in der Ἡρακλείδου μερίς des arsinoitischen Gaues lokalisiert; vgl. allgemein Wessely, *Topographie* 140; B. P. Grenfell, A. S. Hunt, P.Tebt. II, S. 357 und 402; Diz. IV 313; Suppl. 2, Bonn 1996, 197; Suppl. 3, Pisa 2003, 140; Timm, *Ägypten* V 2387.

4. Παῦνι δευτέρᾳ: 27. Mai.
ἰνδικτίωνος: Vermutlich in gekürzter Form wiedergegeben.

61. Quittung über Steuer

P.Vindob. G 11061 — 7,3 × 14 cm — 6.–7. Jh.
Arsinoites — Tafel XLVIII

ed. pr.: SPP III 61 (*s.* IV.–V., Arsin.).

Papyrus. Oberer Rand erhalten. An der linken, rechten und unteren Seite abgebrochen. Das Ausmaß des Textverlustes bleibt weitgehend unklar. Zwei horizontale Faltungen 2,1 und 4,2 unterhalb des oberen Randes; eine weitere scheint entlang der unteren Bruchkante verlaufen zu sein. Keine Klebung. Schwarze Tinte. Der Abstand der Schrift zum Rand beträgt oben ca. 1,5 cm. Kreuz in Z. 1 offenbar ausgerückt. Die Schrift auf dem Rekto verläuft quer zur Faserrichtung (*transversa charta*). Verso leer. Schrifttyp: sog. „Minuskelkursive" mit einigen „Minuskel"-Elementen (vgl. etwa κ, π und τ); Formulartyp: ἔσχον ἐγὼ ὁ δεῖνα παρὰ σοῦ τοῦ δεῖνος („Quittungsschema"). Ankauf: „Faijûm (1883)".

↓ 1 †̣ Ἔσχον ἐγὼ Πλῆς υἱὸς Πέτρου κεφαλ[αιωτὴς
2 [τοῦ Ἀρσ]ι̣ν̣ο̣είτου νομοῦ παρ' ὑμῶν Μηνᾶ καὶ Ν[
3 [τὸ δημ]ό̣σιον τέλεσμα τοῦ ἐξ̣η̣κ̣ο̣στοῦ μέρο[υς - - - ὀγδόης]
4 [κα]ὶ̣ ἐνάτης καὶ δεκάτης τῶν ἰνδικτιόνω̣[ν
5 ὑ̣π̣ὲ̣ρ̣ ἑ̣κ̣ά̣σ̣τ̣ο̣υ̣ . . . . . . [ ] . . . . [
— — — — — —

1. | [†] *ed. pr.* κεφαλ[αιώτης . . . . . . | *ed. pr.* 2. | [Ἀρσι]ν̣οείτου *ed. pr.* *l.* Ἀρσινοΐτου ὑμων *pap.* Ν[. . . . . . | *ed. pr.* 3. | [τὸ δημό]σιον *ed. pr.* ἐξη[κοσ]τοῦ *ed. pr.* μέρο[υς . . . . | *ed. pr.* 4. | ἐνάτης *ed. pr.* ϊνδικτιονων *pap.* ϊνδικτιονω̣[ν . . . . | *ed. pr.* 5. ϋπερ *pap.* ἑκάστη[ς | *ed. pr.*

„† Ich, Ples, Sohn des Petros, *capitularius* [- - -] des arsinoitischen Gaues, habe erhalten von euch, Menas und N. N. [- - -] das Demosion Telesma des sechzigsten Teils [- - -] der achten und neunten und zehnten Indiktion [- - -] für jeden [- - -]".

Fragment einer Quittung über eine Steuerleistung, die ein κεφαλαιώτης namens Πλῆς, Sohn eines Πέτρος (Z. 1), von zwei oder mehreren Personen, von denen lediglich die erstgenannte namentlich bezeugt ist (Z. 2), in Empfang genommen hat. Im Formalaufbau und Urkundenformular dürfte das Dokument in etwa dem Urkundenschema und Formulartyp von **60** entsprochen haben, das aufgrund der übereinstimmenden Amtsbezeichnung seines Absenders auch als mögliche inhaltliche Parallele interpretiert werden könnte. Welche Art von Kollektiv die Quittungsadressaten des vorliegenden Zeugnisses gebildet haben, ist dem Befund des Fragmentes nicht zu entnehmen. Die Präzisierung des Zahlungstitels τὸ δημόσιον τέλεσμα mit τοῦ ἐξηκοστοῦ μέρους bleibt aufgrund des fehlenden Kontextes letztlich unverständlich. Ob die Steuerleistung in Geld oder Naturalien erbracht wurde, bleibt angesichts des Textverlustes gleichfalls unklar. Der erstattete Betrag oder die Menge könnte allenfalls nach dem Zahlungstitel, also in Z. 4–5, angeführt gewesen sein. Die Steuer war jedenfalls, wie die Nennung mehrerer Indiktionsjahre nahelegt (Z. 3–4), auf einen längeren Zeitraum hin bemessen. Das Fragment bricht nach ὑπὲρ ἑκάστου in der Z. 5 ab. Die arsinoitische Provenienz der Urkunde geht aus der Gauangabe in Z. 2 hervor. Das Dokument wird aufgrund paläographischer Kriterien ins 6.–7. Jh. datiert (vgl. dazu die Formalbeschreibung).

1. Πλῆς: Neben Πλησ in BGU IX 1896 IV 91 (Theadelphia, 166?) gibt es Belege für den gleichen Namen ohne den ägyptischen Artikel Π-, nämlich Λῆς, in P.Abinn. 79 I 22 (Arsinoites, 4. Jh.), O.Douch I 30, 4 (Kysis, 306–430), O.Leid. 409, 1 (Theben, byz. Zeit) und O.Medin.Madi 1, 1 (Narmuthis, 4. Jh.; Korr. der Datierung in BL VII 286).

3. [τὸ δημ]όσιον τέλεσμα: Der Singular findet sich sonst nur noch in SPP III 325, 3, P.Oxy. XVI 1887, 6 (538) und SB XVI 12945, 2 (Arsinoites, 6. Jh.) bezeugt.
ὀγδόης]: Davor könnten noch weitere Indiktionsjahre gestanden sein.

5. ὑπὲρ ἑκάστου . . . . . . [.] . . . . [: Der Papyrus ist knapp oberhalb der Zeilenmittellinie abgerissen, so daß im Anschluß an ὑπὲρ ἑκάστου nur mehr Reste von Oberlängen zu erkennen sind.

62. Quittung über Geldzahlung an einen Nyktostrategos

P.Vindob. G 11062 6,5 × 15,9 cm 6. Jh.
(?) Tafel XLIX

ed. pr.: SPP III 62 (*s.* IV.–V., Hermop.) – Korr.: H. Maehler, BGU XII 2190, Komm. Z. 2 (BL VII 255).

Papyrus. Oberer und unterer Rand erhalten. An der linken und rechten Seite abgebrochen. Das Ausmaß und die Verteilung des Textverlustes bleiben weitgehend unklar. Zwei horizontale Faltungen 2,1 und 4,1 cm unterhalb des oberen Randes. Eine vertikale Faltung in der Fragmentmitte, in welcher die ursprüngliche Blattmitte zu erkennen sein dürfte. Keine Klebung. Schwarze Tinte. Der Abstand der Schrift zum Rand beträgt oben ca. 0,8 cm und unten ca. 2,5 cm. Die Schrift auf dem Rekto verläuft quer zur Faserrichtung (*transversa charta*). Verso mit Spuren einer Zeile auf Höhe der Z. 1–2 des Rekto (Schriftverlauf parallel zur Faserrichtung; gegenüber dem Rekto um 180° gedreht; Positionierung in der rechten Blatthälfte, von der vertikalen Mittelfaltung ausgehend). Schrifttyp: sog. „Minuskelkursive" unbeholfenen Charakters; Urkundenschema und Formulartyp aus dem Textbefund nicht ersichtlich. Ankauf: „Uschmunên (1887)".

↓ 1 Πτολεμα]ίου νυκτοστρ( ) παρὰ τοῦ ἐμοῦ ἀδελφ(οῦ) Βίκτωρος
νυκτοστ[ρ(ατήγου)
2 τ]ῶν ἀπὸ Φαμενὼθ α ἕως Μεσορὴ λ . . ε . . [
3 νομισμάτια τρία παρὰ κεράτια δέκα] τρία ἥμισυ, (γίνονται) νο(μισμάτια) γ
π(αρὰ) κερ(άτια) ιγ (ἥμισυ) (μόνα). Ἐγράφη Φ[α]μ[ενὼθ

Verso:
(180°)

→ 4 † Ἀπόδειξις Πτολεμαίου *vac.* . [

1. | ̣ ̣ ̣]ιου νυκτοστρ(ατήγου) *ed. pr.*, | ὑπὲρ χρυσ]ίου νυκτοστρ(ατήγων) Maehler *l.* Βίκτορος νυκτοσṭ[ρατήγου | *ed. pr.* 2. | ̣ ̣ ̣ τ]ῶν *ed. pr.* μεσορη λ (καὶ?) ἕως χ[| *ed. pr.* λ̅ *pap.* 3. | ̣ ̣ δέκα τ]ρία *ed. pr.* ἐγράφ[η | *ed. pr.* 4. |]ιṣ ̣ ̣ ̣ [2 φ]αμεν[ωθ ̣ ̣ ̣ ̣ | *ed. pr.*

„[- - -] Ptolemaios, Nyktostrategos [- - -] von meinem Kollegen Viktor, Nyktostrategos [- - -] vom 1. Phamenoth bis zum 30. Mesore [- - -] drei Solidi abzüglich dreizehneinhalb Keratia, das macht 3 Solidi abzüglich 13 1/2 Keratia, sonst nichts. Geschrieben [- - -] im Phamenoth [- - -]".

Verso: „† Quittung des Ptolemaios [- - -]".

Fragment einer Quittung über den Empfang einer Geldsumme, welche einem νυκτοστράτηγος namens Πτολεμαῖος (vgl. Komm. Z. 1; aufgrund der Angabe auf dem Verso dürfte es sich beim Genitiv Πτολεμαίου auf dem Rekto wohl kaum um den Vatersnamen des Zahlungsempfängers gehandelt haben) von einem Kollegen (das Wort ἀδελφός scheint in Hinblick auf die gleichartige Funktionsbezeichnungen des Absenders und des Adressaten auf die Bedeutung „Kollege" bezogen gewesen zu sein) namens Βίκτωρ ausgezahlt wurde (Z. 1). Wo die beiden ihren Dienst versahen bzw. stationiert waren, geht aus dem erhaltenen Text nicht hervor. Vom Zahlungstitel ist lediglich die Angabe des Bemessungszeitraumes von der Dauer eines halben Jahres – vom 1. Tag des Φαμενώθ bis zum 30. Tag des Μεσορή – überliefert (Z. 2). Die im Dokument bestätigte Auszahlung einer Geldsumme von drei Solidi abzüglich dreizehneinhalb Keratia (Z. 3) könnte mit einer allfälligen Amtsvertretung in Zusammenhang gestanden sein, die Πτολεμαῖος für den Kollegen Βίκτωρ entweder anzutreten im Begriff war oder vielleicht sogar schon angetreten hat; die Tagesziffer des Ausstellungsdatums der Urkunde, welche eben über letzteren Sachverhalt den entscheidenden Aufschluß geben könnte, ist verlorengegangen. Aufgrund der erhaltenen Monatsangabe scheint jedoch immerhin festzustehen, daß die Ausstellung der Quittung offensichtlich in den Beginn des in Z. 2 genannten Bemessungszeitraumes gefallen (zum Ausstellungsdatum vgl. Komm. Z. 3). Das Zeugnis könnte aber auch auf eine Begleichung von Sach- oder Lohnkosten Bezug genommen haben. Ungeklärt bleibt letztendlich auch die unweigerlich damit verbundene Frage, ob dem Schriftstück ein privater oder ein offizieller Anlaß zugrundelag. Der Text des Fragmentes enthält keinen Anhaltspunkt, der über die Provenienz der Quittung Auskunft geben könnte. Die im handschriftlichen Inventarkatalog angeführten Ankaufsdaten „Uschmunên (1887)" könnten als Indiz für eine hermopolitische Herkunft der Urkunde gewertet werden. Das Fragment wird aufgrund des allgemeinen paläographischen Befundes ins 6. Jh. datiert, wobei das Schriftbild jedoch aufgrund des unbeholfenen Charakters ein wenig verläßliches Datierungskriterium darstellt (vgl. dazu die Formalbeschreibung).

1. Πτολεμα]ίου νυκτοστρ( ): Der Genitiv ist in Anbetracht des nachfolgenden παρὰ τοῦ ἐμοῦ ἀδελφ(οῦ) Βίκτωρος νυκτοσṭ[ρ(ατήγου) möglicherweise als Kasusfehler zu deuten. Im Fall eines sogenannten „Quittungsschemas" wäre der Nominativ, im Fall eines sogenannten „Vertragsschemas" der Dativ (Muster τῷ δεῖνι παρὰ τοῦ δεῖνος) zu erwarten. Der Name Πτολεμαῖος ist nach dem Befund in Z. 4 ergänzt. Zu den νυκτοστράτηγοι vgl. allgemein F. Mitthof, CPR XXIII 33, Komm. Z. 3.

Βίκτωρος νυκτοσṭ[ρ(ατήγου): Möglicherweise mit Φλάουιος Βίκτωρ αἰδέσιμος νυκτοστράτηγος in SB X 10287 (= P.David 17; datiert auf das Jahr 504) identisch; vgl. dazu P.David 17, Einl.

3. νομισμάτια: Oder νομίσματα.
νο(μισμάτια): Oder νο(μίσματα).

(μ̣ο̣ν̣α̣): Die Herleitung und Deutung des Zeichens ist unsicher (vgl. die Abzeichnung in der *ed. pr.* sowie die dortige Bemerkung). Die Auflösung erfolgt in Anlehnung an eine Parallele in P.Bingen 135, 2 (Herakleopolites, 6. Jh.?; vgl. die Abbildung ebenda, Pl. 85).

63. QUITTUNG ÜBER LIEFERUNG EINER TÖPFERACHSE (?)

P.Vindob. G 11063 (?)	7,3 × 8,5 cm	7. Jh. Tafel L

ed. pr.: SPP III 63 (*s.* VI.).

Papyrus. Oberer und unterer Rand erhalten. An der linken und rechten Seite abgebrochen. Das Ausmaß und die Verteilung des Textverlustes bleiben weitgehend unklar. Faltungen nicht mehr deutlich erkennbar. Keine Klebung. Schwarze Tinte. Der Abstand der Schrift zum Rand beträgt oben ca. 1 cm und unten ca. 2,4 cm. Die Schrift auf dem Rekto verläuft quer zur Faserrichtung (*transversa charta*). Verso leer. Schrifttyp: sog. „Minuskelkursive" mit einzelnen „Minuskel"-Elementen (vgl. etwa π und τ); Formulartyp: ἔσχον παρὰ σοῦ („Vertragsschema"). Ankauf: „*ex* 1883".

↓ πρ]ε̣σβυ( ) (καὶ) οἰκονόμ( ) τοῦ εὐαγο̣[ῦς
]ευς ἐξαιρ( ) οὐσι( ). Ἔσχον ἐγ[ὼ
]χίου φρ(οντιστοῦ) Μαγδώλων ̣ [̣ ̣ ̣] ̣[
ἐπι]κ̣ειμ( ) αὔξ(ωνα) πηλουρ(γικὸν) α ̣ ̣[

1. | πρ]ε̣σβ(ύτερος) (καὶ) οἰκονομ(ος) τοῦ εὐαγ[οῦς | *ed. pr.* 2. |]εντ( ) ἐξαιρ( ) *ed. pr.* ἐγ[ὼ̣ ὁ δεῖνα | *ed. pr.* 3. |]χϊου *pap.* Μαγδώλων [| *ed. pr.* 4. |]κ̣ειμ/ Ἀυ̣ξ̣( ) πηλουρ( ) α Abzeichnung [| *ed. pr.* *l.* ἄξωνα πηλουρ/(γ *ed. pr.*, Index, S. 275 ᾱ *pap.*

„[- - -] Presbyteros und Oikonomos (Verwalter) des (bzw. der) frommen [- - -] der Domäne (bzw. Domänen). Ich habe erhalten [- - -] Vorsteher von Magdola [- - -] 1 Töpferachse [- - -]".

Fragment einer Quittung, die offenbar die Lieferung einer (Töpfer-) Achse bestätigt hat (vgl. Z. 4). Das Urkundenformular dürfte auf dem Schema eines Vertragstextes aufgebaut haben (τῷ δεῖνι παρὰ τοῦ δεῖνος). Das eigentliche Quittungsformular scheint mit der subjektiv stilisierten Einleitungswendung ἔσχον παρὰ σοῦ eingesetzt zu haben; das in vorliegender Urkunde im Anschluß an das Einleitungsverbum folgende Personalpronomen ἐγώ dürfte in diesem Zusammenhang überflüssig sein. In der ersten Zeile des Fragmentes scheinen der geistliche Titel und die Funktionsbezeichnung des namentlich nicht bezeugten Urkundenadressaten überliefert zu sein, während]ευς ἐξαιρ( ) οὐσι( ) in Z. 2 auf den Namen und die Funktionsbezeichnung des Lieferungsempfängers zu beziehen sein dürfte. Welche Funktion der in Z. 3 angeführten Person]χίου φρ(οντιστοῦ) Μαγδώλων zukam, läßt sich mangels eines inhaltlichen und syntaktischen Kontextes nicht eruieren. Die betreffende Angabe könnte sowohl mit dem Lieferungstitel als auch mit einem allfälligen Auftraggeber in Zusammenhang gestanden sein, wenn sie nicht überhaupt auf die Person des Übermittlers bzw. Zulieferers Bezug genommen hat. In Z. 4 war mit αὔξ(ωνα) πηλουρ(γικὸν) α schließlich das gelieferte Objekt – möglicherweise auch eines von mehreren – angeführt. Weitere Angaben, die das Ausstellungsdatum der Urkunde und die Person des Ausfertigers betroffen haben könnten, sind verlorengegangen. Der Textbefund läßt keinen Schluß über die

Herkunft des Fragmentes zu. Der im handschriftlichen Inventarkatalog verzeichnete Vermerk „*ex* 1883" legt eine arsinoitische oder herakleopolitische Provenienz nahe. Das Zeugnis wird aufgrund paläographischer Kriterien ins 7. Jh. datiert (vgl. dazu die Formalbeschreibung).

1. πρ]εσβυ( ) (καὶ) οἰκονόμ( ): Zur Person des mutmaßlichen Quittungsadressaten vgl. allgemein Schmelz, *Amtsträger* 163; zur Frage der Herkunft der vorliegenden Urkunde: ebenda, 177.

τοῦ εὐαγο̣[ῦς: Im Anschluß daran ist die Nennung einer kirchlichen Institution – etwa eines νοσοκομεῖον oder μοναστήριον – zu erwarten.

2. ἐξαιρ( ) οὐσι( ): Entweder ἐξαιρ( ) οὐσί(ας) oder ἐξαιρ( ) οὐσι(ῶν). Das Wort ἐξαίρετα ist in seiner Bedeutung „Pächterabgaben" auf die ptolemäisch-römische Zeit beschränkt und aus diesem Grund für den Kontext an betreffender Stelle auszuschließen; vgl. allgemein WB I 505–506; IV 818. ἐξαιρ( ) hier wohl als anderweitig bislang nicht nachgewiesene Funktionsbezeichnung bzw. als Teil einer solchen zu verstehen.

3. Μαγδώλων: Als Toponym gleich für mehrere Gaue nachweisbar; vgl. Diz. III 218–219; Suppl. 1, 190; Suppl. 2, 114; Suppl. 3, 71.

4. ἐπι]κ̣ειμ( ): Möglicherweise ἐπικείμενος; der Kasus bleibt an der betreffenden Stelle unklar. Zur Bedeutung des Wortes im Sinne von „Aufseher" vgl. Mitthof – Papathomas, *Sambas* 71.

αὔξ(ωνα): Zur Schreibung des Wortes vgl. Gignac, *Grammar* I 229 sowie P.Col. XI 297, 1 u. ö. Zum Begriff und Gegenstand, der gemeinhin als Bauteil von Bewässerungsmaschinen gedeutet wird: Ménassa – Laferrière, *Sâqia*; Oleson, *Water-Lifting Devices* 381; H. G. Ioannidou, P.Oxy. LIX 4000, Komm. Z. 8; Habermann, *Wasserversorgung* 202–203 mit Anm. 326; N. Gonis, P.Oxy. LXVII 4623, Komm. Z. 2.

πηλουρ(γικόν): Das Adjektiv ist weder in dokumentarischen noch literarischen Zeugnissen ein weiteres Mal anzutreffen. Der Genitiv des Substantivs πηλουργός ist an vorliegender Stelle nicht völlig auszuschließen.

64. QUITTUNG ÜBER TEILRÜCKZAHLUNG EINES DARLEHENS ÜBER GELDBETRAG

P.Vindob. G 11064 — 9,9 × 34 cm — 6.–7. Jh.
Herakleopolis — Tafel XLV

ed. pr.: SPP III 64 (*s.* VI., Herakleopolis) – Korr.: Byz. Not. 55 (Datierung: 7. Jh.; BL VIII 435); Diethart, *Corrigenda* 110 (BL IX 332).

Papyrus. Ränder an allen Seiten erhalten. Vier horizontale Faltungen 1,5, 3,5, 5,5 und 7,5 cm unterhalb des oberen Randes. Eine vertikale Faltung in der Blattmitte. Keine Klebung. Braune Tinte. Der Abstand der Schrift zum Rand beträgt oben ca. 1,6 cm, links ca. 1,2 cm und unten ca. 1,8 cm. Rechts bis zum Rand beschrieben. Kreuz in Z. 1 ausgerückt. Die Schrift auf dem Rekto verläuft quer zur Faserrichtung (*transversa charta*). Verso leer. Schrifttyp: sog. „Minuskelkursive" (1. H.); „Maiuskel" unbeholfenen Charakters (2. H.); Formulartyp: ἔσχον παρὰ σοῦ („Vertragsschema"). Ankauf: „Ahnas *ex* 1883".

↓ 1 † Τ̣ῷ λ[α]μπροτάτῳ Γ̣ρηγορίῳ κτήτορι υἱῷ τοῦ μακαρίου Μεγάλο[υ] ἀφ' Ἡρ(ακλέους) π̣(όλεως) Ἀαρὼν διάκονος καὶ καγκελλάριος

2 τοῦ εὐαγοῦς κλήρου τῆσδε τῆς πόλε(ως) υἱὸς τοῦ μακαρίου Ἀ̣[ν]ανίου. Ἔσχον παρ' ὑμῶν ἐκ τῶν τοῦ χρυσοῦ νομι[σ]μ(ατίων) δέκα ἓξ

3 [ὀβρ]ύ̣(ζων) τῶν ἐγ[κ]ε̣ι̣μένων ἐ̣ν̣ τῷ ἐκτ̣ε̣θ̣έντι̣ π̣αρ[ὰ] σοῦ τῷ ὁσιωτάτῳ μου ἀδελφῷ Ἀββᾷ Σε[υ]ήρῳ ἐπισκό̣πῳ χρυ̣σεικῷ

4 [γρα]μ̣μ̣ατίῳ ὧ κ . . . . . ιδια κατέχω κ̣υ̣ρ̣ί̣α̣ [.]πλη[. . .] . [. . .] . χ̣ρ̣υ(σοῦ) ν̣[ο]μ̣ι̣[σ]μ̣(άτια) [ὀ]κ̣τὼ ὄβρυ(ζα) ὑπὲρ τῆς πρώτης δόσε(ως),

5 (γίνονται) χρυ(σοῦ) νο(μισμάτια) η ὄβρυ(ζα). Ἐγρ(άφη) μη(νὶ) Τῦ(βι) ιγ ἰ(ν)δ(ικτίωνος) ι. †̣ (2. H.) †̣ Ἀαρὼν διάκονος, στοιχῖ μοι. † (1. H.) † Δ(ι') ἐμοῦ Ἐνὼχ συμβολ(αιογράφου). *Paraphe*

1. | [† τ]ῷ λ[αμ]προτάτῳ *ed. pr.* Μεγάλου *ed. pr.* Ἡρ(ακλεουσ)[π](όλεως) *ed. pr.*, Ἡρ(ακλεου)π(όλεως) *DDBDP* 2. [Α]ανιου *ed. pr.*, [Α]ἰανίου *DDBDP* 3. | [6]των εν[4]μενων ἐ̣ν̣ τῷ ἐκ[τ]εθέντ[ι] *ed. pr.* ἀδελφ[ῷ] Ἀββᾶ Σ[ερ]η[ν]ῳ *ed. pr.* ἄββα Σε[υ]ήρῳ Diethart *l.* Σεουήρῳ *l.* χρυσικῷ χρ[υ]σεικων | *ed. pr.* (*l.* χρυσικῶν; vgl. *ibid.*, Index, S. 226), χρυσεικῶ(ν) *ibid.*, Index, S. 285; 242 4. | [4]ω ἁγίῳ Β̣ίκτ[ορ]ι [ὡς] ἴδια κατέχω π . ρ[5]ντ[30 ὀκ]τώ ὀβρυ(ζιακά) *ed. pr.* ῶ *pap.*, *l.* οὗ *vel* ὧν (?) 5. (γίνονται) *om. ed. pr.* χρυ( ) *ed. pr.*, χρυ(σίου) *DDBDP* ῆ *pap.* ι( )δ( ) ι [†] Ἀάρων *ed. pr.* *l.* στοιχεῖ δ(ι') ἐμοῦ: Kreuz darüber σ[υ]μβολ(αιογράφου) *ed. pr.*

„† An den erlauchten Gregorios, Grundbesitzer, Sohn des verstorbenen Megas aus Herakleopolis, Aaron, Diakonos und *cancellarius* des frommen (geistlichen) Kleros dieser Stadt, Sohn des seligen Ananias. Ich habe erhalten von euch von den sechzehn nicht vollwertigen Solidi Gold, die in der von dir an meinen überaus frommen Bruder, Abba Severus, den Bischof, aufgesetzten Gelddarlehensurkunde enthalten sind, von der (oder von denen) ich rechtskräftige [- - -] besitze, an Gold acht nicht vollwertige Solidi für die erste Rate, das macht an Gold 8 nicht vollwertige Solidi. Geschrieben am 13. Tag im Monat Tybi der 10. Indiktion. † (2. H.) † Aaron, Diakonos, ich erkläre mich einverstanden. † (1. H.) † Durch mich, Enoch, Symbolaiographos".

Quittung über die Teilrückzahlung einer Geldsumme, welche ein Grundbesitzer namens Γρηγόριος, Sohn eines verstorbenen Μέγας, aus Herakleopolis (Z. 1) vom geistlichen κλῆρος der Stadt geliehen hatte. Die Rückzahlungsrate war von einem gewissen Ἀαρών, dem διάκονος καὶ καγκελλάριος des besagten κλῆρος, Sohn eines verstorbenen Ἀνανίας, wohl in Vertretung oder im Auftrag des Bischofs der Stadt entgegengenommen worden (vgl. Z. 1–2 in Bezug auf τῷ ὁσιωτάτῳ μου ἀδελφῷ Ἀββᾷ Σε[υ]ήρῳ ἐπισκό̣πῳ in Z. 3). Das Quittungsformular dieser im „Vertragsschema" abgefaßten Urkunde war mit der Wendung ἔσχον παρὰ σοῦ eingeleitet, wobei das Personalpronomen σοῦ im vorliegenden Fall durch die höflichere Anredeform ὑμῶν ersetzt wurde. Mit dem unmittelbar daran anschließenden Zahlungstitel ist man ausführlich auf den Hintergrund und die Umstände des urkundlich niedergelegten Sachverhaltes eingegangen. Das Darlehensverhältnis war demnach zu einem früheren Zeitpunkt zwischen dem Darlehensempfänger und dem Bischof Ἀββᾶ Σεουῆρος über einen Geldbetrag von sechzehn Solidi (Z. 2–3) vereinbart und in einer eigens aufgesetzten Vertragsurkunde schriftlich festgehalten worden (Z. 3–4). Der Absender des vorliegenden Schriftstückes gab in diesem Zusammenhang an, über mehrere Kopien dieser Vertragsurkunde zu verfügen (vgl. Komm. Z. 4). Die Quittung hat sich auf den Empfang einer ersten Rückzahlungsrate bezogen und den Erhalt einer Summe von 8 Solidi bestätigt (Z. 4–5). Im Anschluß an das Ausstellungsdatum (Z. 5) hat der Absender der Urkunde in seiner Eigenschaft als Zahlungsempfänger eine eigenhändig verfaßte Einverständniserklärung unterzeichnet; das Schriftbild zeugt hierbei von einer im besonderen Maße ins Auge stechenden Unbeholfenheit. Die Quittung ist von dem auch anderweitig bezeugten Ἐνὼχ συμβολαιογράφος geschrieben und ausgefertigt worden (vgl. Komm. Z. 5). Die Provenienz der Urkunde geht aus der Herkunftsangabe des Quittungsadressaten in Z. 1 hervor. Das Dokument wird aufgrund paläographischer Kriterien ins 6.–7. Jh. datiert (vgl. dazu die Formalbeschreibung).

1. Ἀαρὼν διάκονος καὶ καγκελλάριος: Vgl. den Verweis bei Schmelz, *Amtsträger* 164.

2. τοῦ εὐαγοῦς κλήρου τῆσδε τῆς πόλε(ως): Vgl. demgegenüber τοῦ εὐαγοῦς κλήρου τῆς λαμπρᾶς Ὀξυρυγχιτῶ[ν] π[όλ]εως in PSI I 77, 5–6 (Oxyrhynchos, 551; Korr. der Datierung in BL VII 232).
νομι[σ]μ(ατίων): Oder νομι[σ]μ(άτων).

3. [ὀβρ]ύ(ζων): Oder [ὀβρ]υ̣(ζιακῶν).
ἐγ[κ]ειμένων: Zur Bedeutung „worin enthalten sein" vgl. WB I, *s. v.* ἔγκειμαι.
ἐκτεθέντι: Zur Bedeutung „eine Urkunde aufsetzen; Vertrag abschließen; Quittung ausstellen" vgl. WB I, *s. v.* ἐκτίθημι 5).
Ἀββᾶ̣ Σε[υ]ήρῳ ἐπισκόπῳ: Für Σε[ου]ήρῳ wäre nicht ausreichend Platz vorhanden. Ἀββᾶ Σευῆρος ist als Vatersname eines gewissen Γρηγόριος in SPP VIII 1032, 1 bezeugt; eine Identität mit dem Bischof der vorliegenden Urkunde gilt als unwahrscheinlich; vgl. Worp, *Bishops* 283–318; insbes. 287, 288, 291, 293 und 299, wo die betreffende Person noch als Σ[ερ]ῆ[ν]ος geführt wird.

3.–4. χρυ̣σεικῷ [γρα]μ̣μ̣ατίῳ: Die Deutung dieses Terminus als „Urkunde über ein Gelddarlehen" geht einzig und allein aus dem Kontext des vorliegenden Zeugnisses hervor; vgl. daneben aber auch den Ausdruck χρυσικὸς φόρος als Parallele für die Verwendung im übertragenen Sinn in BGU XII 2150, 13 (Hermupolis, 472), 2151, 16 und 18 (Hermupolis, 476), 2152, 11 (Hermupolis, 512; Korr. der Datierung in BL VIII 52), 2155, 12 (Hermupolis, 481), 2159, 14 (Hermupolis, 485), 2182, 12 (Hermupolis, 510), P.Amst. I 43, 7 (Ophis, 5.–6. Jh.), P.Flor. III 299, 4 (Hermupolis, 6. Jh.), P.Lond. III 1036, 5 (Hermopolites, 6. Jh.), SB XIV 11373, 13 (Hermupolis, 513) und SB XVIII 13586, 11 (Hermupolis, 6.–7. Jh.).

4. ὧ: Das Relativpronomen dürfte entweder im Sinne von οὗ in Bezug auf das vorangehende γραμματίῳ oder im Sinne von ὧν in Bezug auf νομισμ(ατίων) bzw. νομισμ(άτων) in Z. 2 aufzufassen sein. Bei dem darübergesetzten waagrechten Strich könnte es sich sowohl um einen *spiritus asper* als auch um eine Kürzung handeln.
κ . . . . . . ιδια κατέχω κ̣υ̣ρ̣ί̣α̣ [.]π̣λ̣η̣[. . .] . [. . .] . : Das Verbum κατέχω hat offensichtlich auf ein Objekt mit Neutrum-Plural-Endung -ιδια Bezug genommen; im Anschluß daran wäre dementsprechend κυρία ἁπλῆ (*l.* ἁπλᾶ) γραφέντα zu lesen. Wäre δια hingegen als Präfix zu διακατέχω zu verstehen, würden sich die nachfolgenden Adjektiva κυρίαν und ἁπλήν sowie das Partizip γραφεῖσαν auf ein Singular-Femininum bezogen haben; das Objekt würde in diesem Fall dann nicht auf -ν, sondern auf -ι geendet haben.
χ̣ρ̣υ(σοῦ): Oder χ̣ρ̣υ(σίου).
ν̣[ο]μ̣ι[σ]μ̣(άτια): Oder ν̣[ο]μ̣ί[σ]μ̣(ατα).
ὄβρυ(ζα): Vgl. Komm. Z. 3.

5. χρυ(σοῦ): Vgl. Komm. Z. 4.
νο(μισμάτια): Oder νο(μίσματα).
ὄβρυ(ζα): Vgl. Komm. Z. 3
Τῦ(βι) ιγ: 8. (9.) Jänner.

Δ(ι') ἐμοῦ Ἐνὼχ συμβολ(αιογράφου): Derselbe Ausfertiger findet sich ein weiteres Mal in SPP III 421, 4 bezeugt; vgl. Byz. Not. 55.

65. A Quittung über Lieferung von Steuerweizen

P.Vindob. G 2151 — 9,3 × 9,1 cm — 6.–7. Jh.
Arsinoites — Tafel LII

ed. pr.: SPP III 65 (*s.* VI.) – *ed. sec.*: SPP XX 152.

Papyrus. Ränder an allen Seiten erhalten. Faltungen nicht mehr deutlich erkennbar. Keine Klebung. Schwarze Tinte. Der Abstand der Schrift zum Rand beträgt oben ca. 1 cm, links ca. 1,5 cm und unten ca. 0,5 cm. Rechts bis zum Rand beschrieben. Die Schrift auf dem Verso verläuft parallel zur Faserrichtung. Rekto mit Resten von fünf Zeilen eines älteren Textes (**65 B**: Schriftverlauf parallel zur Faserrichtung; gegenüber dem Verso um 90° gedreht); die ältere Urkunde war zum Zweck einer Wiederverwendung des Schriftträgers an der oberen, linken und rechten Seite abgeschnitten worden. Schrifttyp: sog. „Minuskelkursive" mit einigen „Minuskel"-Elementen (Verso; vgl. etwa π und τ; auffällig große Buchstabenformen); sog. „Minuskelkursive" ähnlichen Charakters (Rekto); Formulartyp: ἐπλήρωσεν ὁ δεῖνα („Quittungsschema"). Ankauf: „*ex* 1883".

Verso:

→ † Ἐπλήρ(ωσεν) ὁ κύρ(ιος) Ἀνδρέας
γραμμ(ατεὺς) τὸν σῖτον
Το[υ]ρουβέ(στεως) τρισκαιδεκ(άτης)
ἰν(δικτίωνος), ὅ ἐστι(ν) ἀρ(τάβης) ἥμισυ
τρίτον δωδέκατον,
(ἀρτάβης) (ἥμισυ) γ´ ιβ´. Φαμ(ενὼ)θ κ τῆ(ς) αὐτ(ῆς)
ιγ ἰν(δικτίωνος). Δ(ι') ἐμοῦ Κυρίκου
σ̣ὺ̣ν̣ θ̣(εῷ) ὑπ(οδέκτου). *Paraphe*

1. ἐπληρ( ) *ed. pr.*, ἐπλήρ(ωσε) *ed. sec.* 2. | γ[ρ]αμμ(ατεύς) *edd.* 3. | το[. . .]ου κε( ) *ed. pr.*, | Το[υρ]ουβε(στεως) *ed. sec.* *l.* τρεισκαιδεκάτης 4. | ἰν[δ](ικτιῶνος) *edd.* ὃ ἔστι *edd.* ἀρ(τάβας) *ed. pr.*, ἀρ(τάβης) *ed. sec.* 6. α[ὐτ(ῆς)] | *edd.* 8. | ἐνυπ( ) *edd.* (vgl. auch *ed. pr.*, Index, S. 294), ἐνυκ( ) *ed. pr.*, Index, S. 257 (*s. v.* ἐνοικιολόγος) ϋπ( ) *pap.*

„† Der Herr Andreas, Grammateus, hat geliefert den Weizen von Turubestis der dreizehnten Indiktion, das ist ein halb ein drittel ein zwölftel Artaben, 1/2 1/3 1/12 Artaben. 22 Phamenoth derselben 13. Indiktion. Durch mich, Kyrikos, mit Gott, Hypodektes".

Quittung über eine Lieferung von (Steuer-) Weizen des arsinoitischen Dorfes Τουρουβέστις, die von einem gewissen Ἀνδρέας γραμματεύς – offensichtlich in dessen ungenannt bleibender Eigenschaft als zuständiger Funktionär des betreffenden Dorfes – durchgeführt wurde (Z. 1–3). Das Urkundenformular entspricht dem Muster ἐπλήρωσεν ὁ δεῖνα, wie es unter anderem auch bei den Zeugnissen des Corpusabschnittes SPP III 261ff. anzutreffen ist. Im Verfasser und Ausfertiger des Schriftstückes, einem ὑποδέκτης namens Κύρικος (Z. 7–8), dürfte der Lieferungsempfänger bzw. jene Person zu erkennen sein, welche die Weizenlieferung in Ausübung ihrer offiziellen Tätigkeit entgegengenommen hat. Die Weizenmenge, deren Erstattung im vorliegenden Fall für ein dreizehntes Indiktionsjahr quittiert wurde (Z. 2–4), fällt mit ein halb ein drittel ein zwölftel Artaben denkbar gering aus (Z. 4–6) und ist deshalb wohl als ein Teilbetrag zu verstehen. Die Urkunde ist zu Beginn des letzten Drittels desselben dreizehnten Indiktionsjahres ausgefertigt worden (vgl. dazu den Zeitpunkt der Urkundenausstellung im Monat Φαμενώθ in Z. 6–7). Die arsinoitische Provenienz dieser Quittung scheint sich aus dem Toponym in Z. 3 zu ergeben. Das Dokument wird aufgrund paläographischer Kriterien ins 6.–7. Jh. datiert (vgl. dazu die Formalbeschreibung).

1.–2. Ανδρέας γραμμ(ατεύς): Bei Ἀνδρέας war die Endung -ας aus Platzgründen oberhalb der Buchstaben ρε geschrieben worden. Neben Ἀνδέας γραμματεὺς κώμης Ταμαύεως, welcher mit der Person in diesem Zeugnis kaum identisch gewesen sein dürfte, begegnen γραμματεῖς dieses Namens in drei weiteren Urkunden: SPP III 586, 2–3, SPP VIII 1260, 1 (*ed. pr.*: Ἀν]δρέα γραμματευ οσιας) und SB XVIII 13997, 16 (Arsinoites, Anfang 7. Jh.). Zumindest im Fall von SPP III 586 scheint eine Gleichsetzung mit der Person in der vorliegenden Quittung nicht gänzlich ausgeschlossen zu sein; vgl. dazu Pros. Ars. I, Nr. 318 und 320 und Jördens, *Teilpachtverträge* 112.

3. Το[υ]ρουβέ(στεως): Sowohl das zweite υ als auch ε sind hochgestellt; zum Ort, der als κώμη, ἐποίκιον und χωρίον nicht näher lokalisiert ist; vgl. Wessely, *Topographie* 149; B. P. Grenfell, A. S. Hunt, P.Tebt. II, S. 362 und 404–405; Diz. V 22; Suppl. 2, 220.

6. Φαμ(ενὼ)θ κ . : Die zweite Ziffer des Tagesdatums ist nur noch undeutlich zu erkennen; eine senkrechte Haste könnte auch als Rest der Oberlänge des zweiten κ von Κυρίκου in Z. 7 gedeutet werden.

7.–8. Κυρίκου σ̣ὺ̣ν̣ θ(εῷ) ὑπ(οδέκτου): Die Person des Κύρικος ist anderweitig weder als Unterzeichner noch mit namentlicher Erwähnung ein weiteres Mal greifbar.

65. B Schreiben unbekannten Inhaltes

Rekto (*om. edd.*):
(90°)

— — — — — —

→ (2. H.?)] . [± 6] . [.] . . [.] . . [

ν]ε̣ι̣λ̣ο̣μ̣ε̣τ̣ρ̣ . . . και̣α̣ . α̣ . [

]τ̣ηνε̣ . . ε̣π̣τ̣α̣κ̣ο̣σ̣ . . . [

] . Νεῖλος . . . ἦ̣λθ̣εν . [

]γ̣υναικὸς . . . . ονο[

„[- - -] (2. H.?) [- - -] Nilometer [- - -] Nil [- - -] kam [- - -] der Frau [- - -]“.

Um welchen Urkundentyp oder welche Art von Schreiben es sich bei vorliegendem Textfragment gehandelt hat, bleibt aufgrund des allgemeinen Erhaltungszustandes vollkommen unklar. Konkrete Aussagen über den Umfang und Inhalt des Schriftstückes können aus Mangel an Anhaltspunkten nicht getroffen werden. Die in den Z. 2 und 4 erhaltenen Angaben lassen andeutungsweise vermuten, daß der im Fragment überlieferte Abschnitt des Schreibens eine mit dem Nilstand in Zusammenhang stehende Thematik zum Gegenstand gehabt haben könnte (vgl. Komm. Z. 2).

1. Der Erhaltungszustand dieser Zeile ist auf spärliche Reste von Unterlängen beschränkt.

2. Zu den νειλομέτρια vgl. allgemein Bonneau, *Fisc* 25–65.

3.]ṭ: Oder]γ.

4. Νεῖλος: In Hinblick auf die Lesung in Z. 2 wohl eher auf den Fluß als auf einen Personennamen zu beziehen.

66. Quittung über Verladung von Weizen für die Embole (?)

P.Vindob. G 11066 — 10,4 × 28,7 cm — Anfang 7. Jh.
Thmoinepsi (Herakleopolites) — Tafel LI

ed. pr.: SPP III 66 (*s.* VI, angeblich Herakleop.) – Korr.: Wilcken, *Rezension II* 293 (BL I 409); P. J. Sijpesteijn, P.Rain.Cent. 137, Komm. Z. 2 (BL VIII 435); H. Harrauer bei B. Kramer, P.Neph. 45, Komm. Z. 19 (BL IX 332).

Papyrus. Oberer, rechter und unterer Rand erhalten. An der linken Seite abgebrochen. Das Ausmaß des Textverlustes dürfte sich auf das erste Blattviertel beschränken (gemessen an der ursprünglichen Gesamtbreite des *transversa charta* beschrifteten Urkundenblattes, welche in der Regel der herstellungsbedingten Höhe der Papyrusrollen von maximal 35–36 cm entspricht). Drei horizontale Faltungen 2,6, 5,1 und 7,5 cm unterhalb des oberen Randes. Zwei vertikale Faltungen 7,4 und 18,7 cm vom rechten Rand entfernt; die linke Bruchkante könnte entlang einer weiteren vertikalen Faltung verlaufen. Eine ca. 2 cm breite Kollesis verläuft horizontal 3,2 cm unterhalb des oberen Randes (auf Höhe der Z. 2). Schwarze Tinte. Der Abstand der Schrift zum Rand beträgt oben ca. 1,3 cm und unten ca. 3 cm. Rechts bis zum Rand beschrieben. Verso leer. Schrifttyp: sog. „Minuskelkursive". Formulartyp: ἔσχον καὶ ἐνεβαλόμην („Vertragsschema"). Ankauf: „Ahnas?, *ex* 1883".

↓ 1]ν Μηνᾶ καὶ Ζαχαρίạ γραμμ(ατέων) ὅρμου Θμοινέψ(ι) πρὸς τοὺς ἡμῶν δεσπότ(ας)
2 Φω]σ̣φ̣ώρου καὶ Ἰακὼβ ὀσπριγῆται. Ἤσχαμεν καὶ ἐνεβαλόμεθα
3] ̣ ἀπὸ τοῦ λαμπρο(τάτου) κυρίῳ Βελι[σ]αρίου τραπεζ(ί)τ(ου) δ(ιὰ) Ἰωάννοụ ζυγ[οστ]ạ́ṭ(ου)
4 σίτου κό]κ̣ου ἀρτάβας ἑξήκοντα, γί(νονται) σί(του) κόκο(υ) (ἀρτάβαι) ξ μό(ναι) προσάπạξ̣. Ἐγράφη μη(νὶ) [̣ ̣ ̣]( )[̣ ̣]
5 [- - -] *vac.*

1. γραμμ(ατέων) *ed. pr.*, γραμμα(τέων) *ibid.*, Index, S. 235 Ὅρμου Θμοινες τὰ πρός *ed. pr.* Ὅρμου Θμοινέσλ̣α (?) Wilcken, Θμοινέψ(ι) Harrauer bei Kramer 2. *l.* Φωσφόρον |]δωρου *ed. pr.* *l.* ὀσπριγίτας, ὀσπριτηταί *ed. pr.* *l.* ἔσχαμεν 3. |]ς ἀπό *ed. pr.* *l.* κυρίου, κυρίου *ed. pr.* Ἰωάννου ẹ̓π̣ι̣σ̣ṭ[άτου | *ed. pr.* 4. *l.* κόκκου |]ιου ἀρτάβας *ed. pr.* σί(του) κοβ( ) *ed. pr.*, σί(του) κόκ⟨κ⟩ο(υ) Sijpesteijn πρόσαπ[αξ] ἐγράφη μη(νί) [| *ed. pr.* 5. *om. ed. pr.*

„[- - -] Menas und Zacharias, Grammateis des Hafens von Thmoinepsi, an unsere Herrschaften [- - -] Phosphoros und Iakob, Osprigitai. Wir erhielten und verluden [- - -] von dem erlauchten Herrn Belisarios, Kassenführer, durch Ioannes, Zygostates [- - -] sechzig Artaben Weizenkorn, das macht 60 Artaben Weizenkorn, sonst nichts, auf einmal. Geschrieben im Monat [- - -]".

Mit vorliegender Urkunde haben zwei γραμματεῖς der Hafenbehörde von Thmoinepsi gegenüber ihren Vorgesetzten, zwei ὀσπριγῖται, die Verladung einer Menge von sechzig Artaben Weizen bestätigt. Wie die Funktionsbezeichnungen der betreffenden Personen und der im Schriftstück dokumentierte Vorgang vermuten lassen, dürfte es sich bei der verladenen Weizenmenge um Steuergetreide gehandelt haben, das zum Zweck der Versorgung Konstantinopels und Alexandriens unter dem Titel der ἐμβολή eingehoben wurde. Die formellen Absender und Adressaten dieses Schriftstückes – Μηνᾶς und Ζαχαρίας, die beiden γραμματεῖς einerseits, Φωσφόρος und Ἰακώβ, die beiden ὀσπριγῖται andererseits – waren gleich zu Beginn des Urkundentextes namentlich angeführt (Z. 1–2). Der inhaltliche Teil der Quittung war mit der scheinbar formelhaften Wendung ἔσχαμεν καὶ ἐνεβαλόμεθα eingeleitet (Z. 2); vgl. P.Oxy. XVI 1997 als enge Parallele; recht ähnlich scheint es sich in diesem Kontext auch mit der vielfach nachweisbaren Formel μεμέτρημαι καὶ ἐνεβαλόμην verhalten zu haben. Inhaltlichen Parallelen zufolge dürfte das Urkundenformular am Beginn der Z. 3 mit εἰς und einer anschließenden Erwähnung des Transportmittels – in Hinblick auf den Verladungsort ὅρμος Θμοινέψι wohl eines Schiffes – fortgesetzt haben. Ob die Angabe des Zahlungs- bzw. Steuertitels ἐμβολῆς in unmittelbarem Anschluß daran oder im weiteren Verlauf des Urkundentextes erfolgte, läßt sich aus dem gegenwärtigen Erhaltungszustand nicht ersehen; die Textverteilung scheint jedoch eine Ergänzung am Beginn der Z. 4 nahezulegen. Die verladene Menge an Steuerweizen war, wie den Angaben der Z. 3 zu entnehmen ist, auf den Namen des aus anderen Urkunden bekannten Βελισάριος τραπεζίτης, des mutmaßlichen Kassenführers der herakleopolitischen *domus* des Flavius Strategios Paneuphemos (vgl. Komm. Z. 3), verbucht, was einen wesentlichen Anhaltspunkt für die zeitliche Einordnung des vorliegenden Dokumentes darstellt. In Anbetracht des Befundes in CPR XXIV 29, wo Βελισάριος bereits als μακαρίτης bezeichnet ist, muß die Ausstellung der vorliegenden Quittung aus diesem Grund vor dem Jahr 616 erfolgt sein. Die Getreidemenge ist durch einen ζυγοστάτης namens Ἰωάννης überstellt worden (Ende Z. 3). Das Zeugnis scheint mit dem Ausstellungsdatum geendet zu haben (vgl. Komm. Z. 4). Die herakleopolitische Provenienz der Urkunde geht aus der Ortsangabe in Z. 1 hervor. Die Datierung ergibt sich aus der Erwähnung des Βελισάριος τραπεζίτης (vgl. Komm. Z. 3).

1.]ν: Vermutlich Παρ' ὑμῶ]ν oder ähnlich.
ὅρμου Θμοινέψ(ι): Offensichtlich indeklinables Toponym (eine Form Θμοινέψις ist zumindest nicht bezeugt). Zum Dorf, dessen Hafen anderweitig nicht überliefert ist, vgl. Diz. II 285; Suppl. 1, 145; Suppl. 2, 72; Suppl. 3, 50; Timm, *Ägypten* VI 2637–2638; B. Kramer, P.Neph. 45, Komm. Z. 19; Falivene, *Nome* 79–80.

2. ὀσπριγῆται: Die ὀσπριγῖται waren im 6. und 7. Jh. für den Transport des (Steuer-) Getreides verantwortlich gewesen; zur Herleitung des Wortes und zur Amtsbezeichnung vgl. die Ausführungen bei M. G. Sirivianou, P.Oxy. LVI 3873, Komm. Z. 8 und K. Maresch, P.Köln VII 317, Komm. Z. 14.
Ἤσχαμεν: Zur Form vgl. Mandilaras, *Verb* §§ 265 (6); §§ 317 (19); Gignac, *Grammar* II 231.

3. Am Zeilenbeginn möglicherweise εἰς + Transportmittel (Schiff) + ἐμβολῆς (oder ähnlich) zu ergänzen; der Steuertitel könnte aber auch an späterer Stelle genannt gewesen sein.

τοῦ λαμπρο(τάτου) κυρίῳ Βελι[σ]αρίου τραπεζ(ί)τ(ου): Dieselbe Person begegnet außerdem in CPR XXIV 29 (Herakleopolites, 616), P.Erl. 73 (Herakleopolis, 604) und P.Vars. 31 (Herakleopolis, 609; Korr. der Herkunft in BL V 152; Korr. der Datierung in BL XI 287); vgl. Rémondon, *Papyrologica* 178–179; M. G. Sirivianou, P.Oxy. LVI 3872, Komm. Z. 3; B. Palme, CPR XXIV 29, Einl., S. 172–173. Zum Titel des τραπεζίτης in byzantinischer Zeit und zu dessen Tätigkeit als Leiter der Finanzbuchhaltung einer *domus* vgl. Hardy, *Estates* 94–100; Bogaert, *Banque* 95–96.

Ἰωάννου̣ ζυγ[οστ]α̣τ̣(ου): Die betreffende Person ist mit keinem anderen ζυγοστάτης dieses Namens sicher zu identifizieren.

4. κόκου (*l.* κόκκου): Zu κόκκος vgl. allgemein Schnebel, *Landwirtschaft* 119; G. Fantoni, CPR XIV 1, Komm. Z. 12; die Schreibung κόκου findet sich darüber hinaus auch in P.Mert. I 47, 4 (Herk. unb., 6.–7. Jh.?) und PSI Corr. I 835, 10 (Oxyrhynchos, Datierung unb.) nachgewiesen.

Ἐγράφη μη(νὶ) [̣ ̣ ̣]( )[̣ ̣]: Im Anschluß an Ἐγράφη μη(νί) sind der Monatsname – drei Buchstaben mit Kürzung – und die Ziffer des entweder ein- oder zweistelligen Tagesdatums zu erwarten. Die Angabe des Indiktionsjahres dürfte erst am Beginn der nächsten Zeile (Z. 5) angeführt gewesen sein.

67. Quittung in Zusammenhang mit einer Lieferung von Schilfrohr

P.Vindob. G 11067 | 9,7 × 18 cm | 7. Jh.
Herakleopolis | | Tafel LIII

ed. pr.: SPP III 67 (*s.* VII., Herakleop.) – Korr.: Diethart, *Corrigenda* 110 (BL IX 332).

Papyrus. Linker und oberer Rand erhalten. An der rechten und unteren Seite abgebrochen. Das Ausmaß des Textverlustes bleibt weitgehend ungeklärt. Zwei horizontale Faltungen 3,5 und 7 cm unterhalb des oberen Randes. Zwei vertikale Faltungen 6 und 12 cm vom linken Rand entfernt. Keine Klebung. Schwarze Tinte. Der Abstand der Schrift zum Rand beträgt oben ca. 4,8 cm und links ca. 2,3 cm. Kreuz in Z. 1 ausgerückt. Die Schrift auf dem Verso verläuft parallel zur Faserrichtung. Rekto mit einem Ausschnitt eines abgewaschenen Abrechnungstextes in einem Umfang von zwölf Zeilen (Schriftverlauf parallel zur Faserrichtung; gegenüber dem Verso um 90° gedreht); die Abrechnung war zum Zweck der Wiederverwendung des Schriftträgers an der oberen und linken Seite abgeschnitten worden. Schrifttyp: sog. „Minuskelkursive" mit deutlich erkennbaren „Minuskel"-Elementen (vgl. etwa κ, λ, π und τ); Formulartyp: ἔσχον παρὰ σοῦ („Vertragsschema"). Ankauf: „Ahnas *ex* 1883".

Verso:

→ 1 † Τῷ λαμπροτάτῳ Κοσμᾷ πατὴρ πόλε(ως) υἱὸς τοῦ τ̣ῆ̣ς̣ μ̣α̣κ̣α̣ρ̣[ίας μνήμης
2 ἀπὸ χ(ωρίου) Τωσάχμε(ως) τοῦ Ἡρακλ(εο)π(ολίτου). Ἔσχον παρ' ὑμῶν διαχ̣
δ̣ι̣ ̣[
3 γί(νονται) καλαμουργ(ικῶν) καλάμων χ̣ι̣λίω̣ν τριάκοντ̣(α) ἑπτὰ καὶ τ[
4 τῆς καλαμ̣ί[ας] κωπ̣ρ̣ι̣γίας ἐκ τοῦ ̣η̣ ̣[̣ ̣ ̣] ̣[̣ ̣] ̣ ̣[
— — — — — —

1. *l.* πατρί *l.* υἱῷ μακαρ(ίας) [μνήμης . . . | *ed. pr.* 2. *l.* Τοσάχμεως δι' ἀγκαιο[| (*l.* ἀναγκ.) *ed. pr.* 3. *l.* καλαμουργ(ικοὶ) κάλαμοι χίλιοι καλαμουρ[ ]( ) καλάμων χιλί[ω]ν̣ τριακο( ) ἑπτὰ καὶ γ[| *ed. pr.* 4. | τη καλαμ( ) κ̣α̣ὶ παντοίας *ed. pr.*, | τῆς καλάμ(ων) κωπριγίας Diethart *l.* κοπρηγίας ἐκ τοῦ [| *ed. pr.*

„† Dem erlauchten Kosmas, Stadtvater, Sohn des N. N. seligen Gedenkens [- - -] aus dem Dorf Tosachmis des herakleopolitischen Gaues. Ich habe erhalten von euch durch N. N. [- - -] das macht eintausendundsiebenunddreißig Schilfrohre zur Befestigung der Reben am Spalier und [- - -] Düngung der Schilfrohrpflanzung aus dem (oder der) [- - -]".

Fragment einer Quittung, die offenbar mit einer Lieferung von Rohren in engerem Zusammenhang stand und an Κοσμᾶς, einen Ratsherrn aus Herakleopolis mit dem Titel eines πατὴρ πόλεως gerichtet war (Z. 1). Vom Absender des Schreibens sind weder der Name noch die Berufs- bzw. Funktionsbezeichnung, sondern nur noch die auf das herakleopolitische Dorf Τοσάχμις bezogene Herkunftsangabe erhalten (Z. 2). Nach der Nennung des Urkundenadressaten und des Absenders im vertragsartigen Kopfteil des Dokumentes wurde das Urkundenformular mit der Wendung ἔσχον παρὰ σοῦ eingeleitet, wobei das Personalpronomen σοῦ im vorliegenden Fall durch die größeren Respekt bekundende Anredeform ὑμῶν ersetzt worden war, was in der gesellschaftlichen Stellung des Adressaten begründet gelegen sein dürfte. Die Lieferung ist vermutlich durch einen im Anschluß an die Einleitungsformel erwähnten Mittelsmann erfolgt (vgl. Komm. Z. 2). Der Titel und das Objekt der Lieferung dürften im weiteren Verlauf der Z. 2 erwähnt gewesen sein, wie sich unter anderem auch im offenbar darauf Bezug nehmenden γί(νονται) am Beginn der Z. 3 anzudeuten scheint; nicht zuletzt aufgrund dieses γίνονται dürfte es sich bei dem vorliegenden Schriftstück weder um einen Lieferungskauf noch um eine Kaufpreisquittung gehandelt haben. Die Angabe der unmittelbar nachfolgend angeführten Menge von 1037 Rohren im Genitiv könnte in Hinblick auf die γίνεται-Formel entweder als Kasusfehler – anstelle des Nominativs – oder als Partitivus aufgefaßt werden, mit dem auf die gelieferte Stückzahl als Teil einer Warenmenge von insgesamt 1037 Rohren Bezug genommen worden war. Im Fall dieser letztgenannten Möglichkeit wäre vor der Erwähnung der Gesamtmenge jedoch eher eine vorangestellte Präposition ἐκ zu erwarten (vgl. Komm. Z. 3). Sowohl καὶ τ[in Z. 3 als auch τῆς καλαμί̣[ας] κωπ̣ρ̣ι̣γίας in Z. 4 können als mögliche Angabe zu weiteren gelieferten Waren und als Hinweis auf deren Verwendungszweck verstanden werden. Aufgrund des allgemeinen Kontextes scheint jedenfalls außer Zweifel zu stehen, daß die Rohre ihren Anwendungsbereich im Weinbau gefunden haben. Ob die dargelegten Ausführungen ausreichen, um in der Person des Lieferungsempfängers und Absenders der Quittung einen Weinbauern, einen Verwalter oder einen Pächter von Weinland zu erkennen, muß freilich dahingestellt bleiben. In welcher Eigenschaft dem Urkundenadressaten der Empfang der Lieferung gemeldet bzw. bestätigt worden war – ob als Grundherrn oder als Verpächter von Weinland, dem das vorliegende Bestätigungsschreiben dann entweder seitens des eigenen Verwalters oder seitens des Pächters zugekommen war – läßt sich angesichts des fragmentarischen Charakters dieses Dokumentes ebenfalls nicht mit Sicherheit sagen, liegt aber wegen seiner Stellung als πατὴρ πόλεως nahe, denn gerade die lokale Elite war am Weinbau maßgeblich beteiligt; vgl. Banaji, *Agrarian change* 218f. mit Anm. 36. Die herakleopolitische Provenienz der Urkunde steht aufgrund des Ehrentitels des Adressaten und der Herkunftsangabe des Absenders fest. Das Zeugnis wird aufgrund paläographischer Kriterien ins 7. Jh. datiert (vgl. dazu die Formalbeschreibung).

1. πατὴρ πόλε(ως): Zum Titel vgl. **26**, Komm. Z. 2.

2. Τωσάχμε(ως): Vgl. Diz. V 20–21; Suppl. 3, 152; Falivene, *Nome* 233–234; Mitthof, *Topographie* 79–101.

διαχ̣ ̣δ̣ι̣ ̣[: Vermutlich als Präposition διά (oder δι') mit nachfolgender Erwähnung des Namens des Überbringers zu deuten. Eine Formulierung διὰ χειρὸς ἐντεῦθεν ἤδη ὑπὲρ τιμῆς, wie sie in der Kaufpreisquittung SPP XX 240, 10–11, welche ein φροντιστής in auffällig ähnlichem inhaltlichen Kontext an seinen Grundherrn gerichtet hatte, vorliegt, scheint aufgrund der Lesung ausgeschlossen zu sein.

68. QUITTUNG ÜBER VORAUSZAHLUNG DER GRUNDSTEUER

P.Vindob. G 11068 — 11,5 × 34,6 cm — Ende 6./Anfang 7. Jh.
Leukogion (Herakleopolites) — Tafel LIV

ed. pr.: SPP III 68 (*s*. VII., Herakleop.).

Papyrus. Ränder an allen Seiten erhalten. Vier horizontale Faltungen 2,5, 5, 7,5 und 10 cm unterhalb des oberen Randes. Eine vertikale Faltung in der Blattmitte. Keine Klebung. Schwarze Tinte. Der Abstand der Schrift zum Rand beträgt oben ca. 1,7 cm, links ca. 2 cm und unten ca. 2,1 cm. Rechts bis zum Rand beschrieben. Die Unterschrift in Z. 5 ist von der übrigen Zeile deutlich abgesetzt und tiefer positioniert. Die Schrift auf dem Rekto verläuft quer zur Faserrichtung (*transversa charta*). Verso mit Resten von vier Zeilen eines Protokollon (Schriftverlauf parallel zur Faserrichtung). Schrifttyp: sog. „Minuskelkursive"; einige Buchstaben (darunter etwa π und τ) sind sowohl in „minuskelkursiver" als auch „minuskelartiger" Form vertreten; paläographische Auffälligkeit: δ, η, κ an der Oberlänge mit rückwärts gewandter Schlaufe versehen; w-förmiges ν. Formulartyp: ἔσχον ἐγὼ ὁ δεῖνα παρὰ σοῦ τοῦ δεῖνος („Quittungsschema"). Ankauf: „Ahnas *ex* 1883".

↓ 1 ⳨ Ἔσχαμεν ἡμεῖς Ὀνοφρίου υἱὸς Μηνᾶ Πμουει καὶ Πανίσκου υἱὸς Πεκυσίου
2 ἀμφότεροι ἀπὸ κώμ(ης) Ὀννὴ τοῦ Ἡρακλεοπολείτου νομοῦ παρὰ σοῦ Μηνᾶ υἱοῦ Εἰατροῦ
3 ἀπὸ κώμης Λευκογίου τοῦ αὐτοῦ νομοῦ, χαίρ(ειν), ὑπὲρ δημοσίου τοῦ ἐμοῦ κλήρου, ἰδού, ἐδεξά̣(μεθα)
4 παρὰ σοῦ (ὑπὲρ) καρπῶ(ν) τῆς πεντηκαι[δεκάτης] ἰ̣[νδ(ικτίωνος) καὶ οὐ]δ̣έ̣[να λόγο]ν̣ ἔχω. Ἐγράφ(η) μη(νὶ)
5 Παῦνι ιζ τῆς {τῆς} ιδ ἰνδ(ικτίωνος). †̣ Δ̣(ιὰ) Μακαρ(ίου) γρ(αμματέως).

1. *l*. Ὀννώφριος, Ὀννοφριου *ed. pr.* *l*. Πμουι *l*. Πανίσκος 2. κώμης *ed. pr.* *l*. Ἡρακλεοπολίτου *l*. Ἰατροῦ 3. ϋπερ *pap.* *l*. δημοσίων, δημοσιουν *ed. pr.* *l*. ἡμετέρου κλήρου ἀρ(ουρῶν) δύ[ο] ἐδεξ/ά(μην) | *ed. pr.* 4. *l*. καρπῶν τῆς πεντεκαιδεκάτης καρπο(ν) *ed. pr.* πεντηκαι[δεκάτης ἰνδ(ικτιῶνος) 20] ἔχω *ed. pr.* *l*. ἔχομεν ἐγράφ(η) *ed. pr.*, ἐγράφη *DDBDP* 5. ῑζ *pap.* τῆς αὐτῆς *ed. pr.* δ(ι') [ἐ]μ[οῦ] Ἀβρααμ/ γρ(αμματέως) | *ed. pr.*

„⳨ Wir, Onnophrios, Sohn des Menas Pmuis, und Paniskos, Sohn des Pekysios, beide aus dem Dorf Onne des herakleopolitischen Gaues, haben erhalten von dir, Menas, Sohn des Iatros, aus dem Dorf Leukogion desselben Gaues, Grüße, für Steuern unseres Grundstückes, siehe da, wir haben empfangen von dir für Ernteerträge der fünfzehnten Indiktion und haben keinen Anspruch. Geschrieben am 17. Tag im Monat Payni der 14. Indiktion. † Durch Makarios, Grammateus".

Quittung über den Empfang einer Geldsumme als Grundsteuer für ein fünfzehntes Indiktionsjahr, deren Zahlung ein Jahr im voraus erfolgt war (vgl. Z. 4 gegenüber dem Ausstellungsdatum in Z. 5). Die Urkunde ist im sogenannten „Quittungsschema" abgefaßt und baut auf dem geläufigen Formulartyp ἔσχον ἐγὼ ὁ δεῖνα παρὰ σοῦ τοῦ δεῖνος auf. Als Zahlungsempfänger sind ein gewisser Ὀννώφριος, Sohn eines Μηνᾶς Πμουις, und eine Person namens Πανίσκος, Sohn eines Πεκύσιος, überliefert (Z. 1). Beide waren im selben Ort, dem herakleopolitischen Dorf Ὀννή (Z. 2), beheimatet. Die Zahlung ist von einem gewissen Μηνᾶς, Sohn eines Ἰατρός, aus dem Dorf Λευκόγιον ausgegangen (Z. 2–3). Der Zahlungstitel ὑπὲρ δημοσίου τοῦ ἐμοῦ κλήρου (Z. 3) läßt auf den Umstand schließen, daß der Quittungsadressat den beiden Zahlungsempfängern durch ein zu diesem Zeitpunkt bestehendes Pachtverhältnis verbunden war. Aufgrund der Beobachtung, daß keine einzige der drei Personen mit einer offiziellen Funktion angeführt war, könnte dem urkundlich niedergelegten Vorgang eine mündliche Darlehensvereinbarung zugrundegelegen sein, wobei der Pächter das Darlehen den Verpächtern mittels einer Vorauszahlung der Grundsteuer für ein bestimmtes Pachtobjekt gewährt hatte. Der mutmaßliche Sachverhalt scheint sich auch darin zu bestätigen, daß nirgendwo eine Zahlungssumme erwähnt wird. Ein ähnlicher Fall eines „versteckten Darlehens" dürfte auch als Hintergrund von **150**, einer Quittung über eine vorgezogene Mietzinszahlung, vermutet werden. Dem Quittungstext war außerdem eine formelle Erklärung seitens der Zahlungsempfänger beigefügt, in welcher sie von Forderungsansprüche, die aus der in der Urkunde niedergelegten Zahlung erwachsen könnten, Abstand nehmen (Z. 4). Das Schriftstück ist von einem Μακάριος γραμματεύς ausgefertigt worden (Z. 5). Mit ihrem inhaltlichen Aufbau sowie einigen formularspezifischen Eigenheiten steht die Urkunde in einem deutlichen Naheverhältnis zu P.Lond. II 293 (Herk. unb., 6.–7. Jh.) – einem Dokument, das von einem gewissen Πεκύσιος γραμματεύς verfaßt worden ist; vgl. in diesem Zusammenhang die in beiden Texten konstatierbaren Unsicherheiten im Umgang mit vorgegebenen Formularmustern, auf die bereits im Corpus der *ed. pr.* verwiesen wurde. Neben überflüssigen Floskeln (χαίρειν, ἰδού und ἐδεξάμεθα in Z. 3) fallen insbesondere die Auslassungen (Fehlen des Akkusativ-Objektes in der Hauptsatzfolge; καὶ οὐδένα λόγον ἔχω ohne das übliche πρὸς σέ), Kasusfehler (Namen der beiden Zahlungsempfänger im Genitiv), phonetisch bedingte Schreibfehler und ein oftmaliges Wechseln des Numerus (Singular statt Plural bei τοῦ ἐμοῦ κλήρου in Z. 3 und bei καὶ οὐδένα λόγον ἔχω in Z. 4) auf.

Die Beschriftung des Verso scheint in der Gestaltung dem fünf- bis sechszeiligen Protokollon-Typ der spätbyzantinischen Zeit entsprochen zu haben, wobei lediglich die ersten drei Zeilen erhalten sind. Am unteren Rand der rechten Blatthälfte sind noch Reste der Oberlängen aus einer vierten Zeile zu erkennen. In der Entwicklungsphase dieses Protokollon-Typs wurde der Text schon längst nicht mehr mit der Hand geschrieben, sondern mittels eines Stempels auf dem Schriftträger angebracht (sog. „Stempelschrift"). Gleichzeitig wurde die Leserlichkeit der Schrift durch eine fortschreitende Stilisierung der Buchstaben stark beeinträchtigt. Im vorliegenden Fall sticht im besonderen ein im aufwendig gestalteten φ zu Beginn des Protokollon eingeschriebenes Kreuz hervor. Links von der Mitte der ersten Zeile ist deutlich ein ξ erkennen. Als Parallelen für diesen Protokollon-Typ können unter anderem P.Cair.Masp. II 67151, 67178 und 67186 sowie P.Ness. III 41 und 42 angeführt werden. Zur Veranschaulichung des formaltechnischen Kontextes und äußerlichen Erscheinungsbildes des Protokollon, welches als amtliches Kontroll- und Gütezeichen das äußerste (Schutz-) Blatt von Papyrusballen geziert hat, vgl. P.Köln. III 157. Zu den Protokolla und ihren Entwicklungsstufen vgl. allgemein Diethart – Feissel – Gascou, *Prôtokolla* 9–40 mit Verweisen auf weiterführende Literatur; zum fünf- bis sechszeiligen Typ der spätbyzantinischen Zeit: ebenda, 32–34; zum etwas später anzusetzenden dreizeiligen Typus, welcher im vorliegendem Fall theoretisch auch noch in Frage käme: ebenda, 34–35 mit P.Oxy. LVIII 3958 und P.Ness. 76 als mögliche Vergleichsbeispiele.

Die herakleopolitische Provenienz der Urkunde geht aus den Herkunftsangaben der Personen hervor. Das Schriftstück wird aufgrund paläographischer Kriterien (vgl. dazu die

Formalbeschreibung) und in Anbetracht des auf dem Verso greifbaren Protokollon-Typs Ende 6./Anfang 7. Jh. datiert.

1. Ἔσχαμεν: Vgl. **54**, Komm. Z. 4.
Πμουει: Zur koptischen Namensform ΜΟΥΙ (mit der Bedeutung „Löwe") vgl. Heuser, *Personennamen* 14; 73; Crum, *Dictionary* 160; zur demotischen Form: NB Dem.186.

2. Ὀννή: Dorf in der Τέκμει-Toparchie; vgl. allgemein Diz. III 389; Suppl. 1, 214; Suppl. 3, 85; Timm, *Ägypten* IV 1794–1795; Falivene, *Nome* 150–152; Mitthof, *Topographie* 79–101. In der Spätzeit offenbar ausschließlich in der indeklinablen Form Ὀννή bezeugt.
Εἰατροῦ: Ἰατρός ist in diesem Fall wohl als – bislang nicht bezeugter – Personenname aufzufassen.

3. Λευκογίου: Hafenort mit Bezeichnung als κώμη, ἐποίκιον und χωρίον, der bis zum 6. Jh. im fünften *pagus* des Arsinoites gelegen war und danach der administrativen Einheit des Herakleopolites zugeschlagen wurde; vgl. allgemein Diz. III 191–192; Suppl. 1, 185; Suppl. 2, 108–109; Suppl. 3, 67; Timm, *Ägypten* III 1494; Falivene, *Nome* 119–123; Mitthof, *Topographie* 79–101.
ἰδού, ἐδεξά(μεθα): Vgl. SPP III 331, 3 als mögliche Parallele.

4. καὶ οὐ]δέ[να λόγο]ν ἔχω: Vgl. SPP III 387, 4; πρὸς σέ ist in vorliegender Urkunde ausgelassen.

5. Παῦνι ιζ: 11. Juni.
τῆς {τῆς} ιδ ἰνδ(ικτίωνος): Aus der Lesung τῆς αὐτῆς (*ed. pr.*), welche anhand des paläographischen Befundes durchaus nachvollziehbar ist, ergäbe sich ein inhaltlicher Widerspruch zur Angabe des Indiktionsjahres in Z. 4. Die in diesem Kontext anzutreffende Verwendung des bestimmten Artikels ist zwar auffällig, keineswegs jedoch als außergewöhnlich zu betrachten.

69. QUITTUNG ÜBER GELDZAHLUNG

P.Vindob. G 11069 | 4,2 × 9,2 cm | 6. Jh.
(?) | | Tafel LIII

ed. pr.: SPP III 69 (*s.* V., Arsin.) – Korr.: Diethart, *Papyri* 110–111; Worp, *Notes* 71–74 (BL X 261).

Papyrus. Oberer und unterer Rand erhalten. An der linken und rechten Seite abgebrochen. Das Ausmaß des Textverlustes an der rechten Seite bleibt weitgehend unklar; links dürfte sich der Textverlust auf einen schmalen Streifen beschränken. Faltungen nicht mehr deutlich erkennbar. Keine Klebung. Schwarze Tinte. Der Abstand der Schrift zum Rand beträgt oben ca. 1 cm und unten ca. 0,8 cm. Die Schrift auf dem Rekto verläuft quer Faserrichtung (*transversa charta*). Verso leer. Schrifttyp: sog. „Minuskelkursive"; Formulartyp: ἔσχον ἐγὼ ὁ δεῖνα παρὰ σοῦ τοῦ δεῖνος („Quittungsschema"). Ankauf: „Faijûm *ex* 1883".

↓ 1 [† Ἔσ]χον ἐγὼ Ἡρακλείδης σὺν θεῷ βοη[θ(ὸς)] ̣ [
2 [ὑπ]ὲρ Ἄπα ʿΩλ Παοῦτ(ος) χρυσοῦ νο(μισμάτια) β ἀρσ(ατικὰ) καὶ δο ̣ [
3 [Φ]αρμοῦθι κδ ι ἰνδ(κτίωνος). *Paraphe*

1. βοη[θ(ὸς)] [| *ed. pr.* 2. | ὑπ]έρ *ed. pr.* Ἀρσ(ατικα?) *ed. pr.*, Ἀρσ( ) *ibid.*, Index, S. 301, ἀρσ(ατικά) *vel* Ἀρσ(ινοιτικῷ) Worp δο( ) [| *ed. pr.* 3. | φαρμ]ουθι κα ι ιν(δικτιῶνος) *ed. pr.* κ̅δ *pap.* *tḥ g̣̣̣ | ed. pr.*

„† Ich, Herakleides, mit Gott, Boethos (*adiutor*) [- - -] erhalte für Apa Hol, Sohn des Paus, an Gold 2 Solidi Arsatika und [- - -] 24. Pharmuthi der 10. Indiktion".

Quittung über eine hinsichtlich ihres Charakters und ihrer Umstände nicht näher greifbaren Geldzahlung, die ein βοηθός namens Ἡρακλείδης (Z. 1) offenbar für Ἄπα Ὡλ, Sohn eines Παοῦς (Z. 2), entgegengenommen hat. Der Wortlaut der Urkunde scheint auf dem Formulartyp ἔσχον ἐγὼ ὁ δεῖνα παρὰ σοῦ τοῦ δεῖνος aufgebaut zu haben. Angaben über den Quittungsadressaten, die sich auf dessen Eigenschaft als Zahler bzw. Zahlungsübermittler bezogen haben müssen, sind ebenso wenig erhalten wie die vollständige Bezeichnung des Zahlungstitels, von welchem lediglich die Angabe des eigentlichen Zahlungsempfängers [ὑπ]ὲρ Ἄπα Ὡλ Παοῦτ(ος) am Beginn der Z. 2 überliefert ist. Ob die im Schriftstück dokumentierte Transaktion auf den in Z. 2 genannten Geldbetrag von zwei Solidi beschränkt war oder angesichts des nachfolgenden, aufgrund des Textverlustes nicht näher bestimmbaren καὶ δο̣ [auch noch weitere Zahlungen für andere Personen umfaßt hat, läßt sich nicht entscheiden. Nach dem Ausstellungsdatum endete das Schriftstück mit der Paraphe des Ausfertigers (Z. 3). Das Fragment bietet keinen Anhaltspunkt, der über die Herkunft der Urkunde Aufschluß geben könnte. Im handschriftlichen Inventarkatalog findet sich der Verweis „Faijûm *ex* 1883", demzufolge die Quittung aus dem Arsinoites stammen müßte. Das Dokument wird aufgrund paläographischer Kriterien ins 6. Jh. datiert (vgl. dazu die Formalbeschreibung).

2. νο(μισμάτια): Oder νο(μίσματα).
ἀρσ(ατικά): Vgl. **86**, Komm. Z. 5.

3. [Φ]αρμοῦθι κδ: 19. April.
Die abschließende Paraphe scheint sich aus lateinischen Buchstaben zusammenzusetzen; am Beginn ist noch deutlich ein *th-* zu erkennen (vgl. die Abzeichnung in der *ed. pr.*).

70. QUITTUNG ÜBER JAHRESLOHN (?) EINER FRAU (ANDREAS-ARCHIV)

P.Vindob. G 11070 6,1 × 22,1 cm Anfang 7. Jh.
Tamauis (Arsinoites) Tafel IX

ed. pr.: SPP III 70 (*s.* VI., Arsin.) – Korr.: Byz. Not. 42 (unter anderem Datierung: 6.–7. Jh.; BL VIII 435); B. C. McGing, P.Dub. 26, Komm. Z. 1 (BL X 2); zur allgemeinen Datierung des „Andreas-Archivs" in das Ende 6.–Anfang 7. Jh. vgl. BL XI 258.

Papyrus. Oberer und unterer Rand erhalten. An der linken und rechten Seite abgebrochen. Der Textverlust dürfte sich insgesamt auf ein Drittel des Gesamtumfanges belaufen; einen ungefähren Eindruck von dessen Ausmaß liefern die Ergänzungen in Z. 1 und 2. Zwei horizontale Faltungen 2,4 und 3,8 cm unterhalb des oberen Randes. Eine vertikale Faltung in der Mitte des Fragmentes, bei welcher es sich auch um die Mitte des Urkundenblattes gehandelt haben dürfte (ein weiterer Anhaltspunkt für das Ausmaß und die Verteilung des Textverlustes). Keine Klebung. Schwarze Tinte. Der Abstand der Schrift zum Rand beträgt oben ca. 1,1 cm und unten ca. 1,4 cm. Die Schrift auf dem Rekto verläuft quer zur Faserrichtung (*transversa charta*). Verso leer. Von derselben Hand wie **71**, **72** und SPP III 350 (Untergruppe der von Κοσμᾶς συμβολαιογράφος ausgestellten Urkunden). Schrifttyp:

sog. „Minuskelkursive“; Formulartyp: ἔσχον καὶ ἐπληρώθην ἐγὼ ὁ δεῖνα παρὰ σοῦ τοῦ δεῖνος („Quittungsschema“). Ankauf: „Faijûm *ex* 1883“.

↓ 1 [† Ἔσχον καὶ ἐπληρώ]θην ἐγὼ Θεοδότη θυγάτηρ Βίκτορος ἀπὸ τῆς Ἀρ[σινοϊτῶν]

2 [πόλ(εως) παρὰ σοῦ Ἀνδρ]έ̣α̣ γ̣ρ̣αμματέως Ταμαύεως τὸ ἐξ ἔθους διδόμενόν μ̣[οι]

3 [± 15] ̣ ̣ χ̣ρ̣(υσίου) κ̣ε̣ρ̣(άτια) ̣ ̣ ὑπὲρ μισθοῦ ἐμ[ο]ῦ. Ἐγράφ̣η̣ μ̣[η]ν̣ὶ ̣ ̣ [± 5]

4 [± 15 † Δ(ι’) ἐμοῦ Κο]σ̣μ̣ᾶ συμβολαιογρ(άφου). *Paraphe*

1. | ἐπληρώ]θην *ed. pr.* Ἀρ[σινοιτωνπόλεως | *ed. pr.* 2. | παρὰ σοῦ Ἀνδρέα γ]ραμματέως *ed. pr.* Ταμανε[ως τῶν] ἐξ *ed. pr.* Ταμαύεως McGing διδομένων [μοι | *ed. pr.* 3. |] ̣ α χρ/ [νο( ) ̣ ̣ ̣ ̣ ̣] ὑπὲρ μισθο[ῦ] μ[ου] ἐγράφη [| *ed. pr.* 4. | δι’ ἐμοῦ - - -]α *ed. pr.*, | [† δι’ ἐμοῦ Κοσμ]ᾶ Diethart, Worp

„† Ich, Theodote, Tochter des Viktor, aus Arsinoiton Polis, habe vollständig erhalten von dir, Andreas, Grammateus von Tamauis, den für gewöhnlich mir ausgezahlten Betrag [- - -] an Gold [- - -] Keratia für meinen Lohn. Geschrieben [- - -] im Monat [- - -] † Durch mich, Kosmas, Symbolaiographos“.

Quittung über eine Lohnzahlung, die Ἀνδρέας γραμματεὺς κώμης Ταμαύεως an eine Person namens Θεοδότη erstattet hat. Die Lohnempfängerin ist als θυγάτηρ Βίκτωρος (Z. 1) und mit ihrer Herkunft aus Arsinoiton Polis charakterisiert (Z. 1–2). Eine Berufs- bzw. Funktionsbezeichnung war auffälligerweise überhaupt nicht angeführt, wodurch unklar bleibt, für welche Tätigkeit die formelle Absenderin entlohnt worden ist. Dasselbe Phänomen dürfte ein weiteres Mal bei der Lohnempfängerin in **4**, 1 – einer weiteren Quittung des „Andreas-Archivs“ – begegnen. Trotz der allgemein gehaltenen Formulierung des Zahlungstitels mit τὸ ἐξ ἔθους διδόμενόν μ̣[οι] (Z. 2) ist es keineswegs auszuschließen, daß mit der vorliegenden Quittung – ähnlich wie in den Archivparallelen **22** und **71** – der Empfang einer Jahreslohnzahlung bestätigt wurde (vgl. Komm. Z. 3). Nach der Wiederholung der Lohnsumme (Z. 3), die eine ausgeschriebene Wiedergabe des Zahlungsbetrages voraussetzt (vgl. Komm. Z. 3), waren das Datum der Urkundenausstellung (Z. 3–4) und die Unterschrift des auch aus anderen Zeugnissen bekannten Κοσμᾶς συμβολαιογράφος angeführt (vgl. Komm. Z. 4). Zu Inhalt, Datierung und Herkunft vgl. weiters den allgemeinen Exkurs zum „Andreas-Archiv“ im vorangegangenen Einleitungsteil.

2. [πόλ(εως): Aus Platzgründen ist eine Ergänzung der ausgeschriebenen Form πόλεως auszuschließen (vgl. die Länge der Ergänzung in Z. 1 als ungefähren Anhaltspunkt). Die gekürzte Form ist außerdem auch in der Parallele **71**, 1 anzutreffen.

Ἀνδρ]έ̣α̣ γ̣ρ̣αμματέως: Die Genitivbildung auf -α erscheint Hinblick auf die in **71**, 2 (von derselben Hand) nachweisbare Form Ἀνδρέου als bemerkenswert.

τὸ ἐξ: Das Spatium zwischen τό und ἐξ läßt sich möglicherweise aus dem Umstand einer schadhaften Stelle auf dem Schriftträger erklären.

3. Am Zeilenbeginn könnte anstelle einer ausgeschriebenen Wiedergabe der Zahlungssumme auch der der Lohnzahlung zugrundeliegende Bemessungszeitraum genannt gewesen sein.

χ̣ρ̣(υσίου): Oder χ̣ρ̣(υσοῦ); vgl. die Form χρυσοῦ in **72**, 4 gegenüber der Form χρυσίου in **71**, 4 und SPP III 350, 4.

3.–4. In der Lücke sind Monat, Ausstellungstag und Indiktionsjahr zu ergänzen.

4. Δ(ι’) ἐμοῦ Κο]σ̣μ̣ᾶ̣ συμβολαιογρ(άφου): Dieselbe Person ist als Ausfertiger darüber hinaus in **71**, 5, **72**, 5 und SPP III 350, 5 bezeugt; vgl. **10**, Komm. Z. 6–7.

71. QUITTUNG ÜBER JAHRESLOHN (?) EINES SYMMACHOS (ANDREAS-ARCHIV)

P.Vindob. G 11071 — 8,6 × 33,5 cm — Anfang 7. Jh.
Tamauis (Arsinoites) — Tafel X

ed. pr.: SPP III 71 (*s.* VI., Arsin.) – Korr.: Byz. Not. 42 (Datierung: 6.–7. Jh.; BL VIII 435); B. C. McGing, P.Dub. 26, Komm. Z. 1 (BL X 2); zur allgemeinen Datierung des „Andreas-Archivs“ in das Ende 6.–Anfang 7. Jh. vgl. BL XI 258.

Papyrus. Ränder an allen Seiten erhalten. Vier horizontale Faltungen 1,5, 2,9, 4,4 und 6,2 cm unterhalb des oberen Randes. Eine vertikale Faltung in der Blattmitte. Keine Klebung. Schwarze Tinte. Der Abstand der Schrift zum Rand beträgt oben ca. 1,1 cm, links ca. 1 cm und unten ca. 1,5 cm. Rechts bis zum Rand beschrieben. Kreuz in Z. 1 ausgerückt. Die Schrift auf dem Rekto verläuft quer zur Faserrichtung (*transversa charta*). Verso leer. Von derselben Hand wie **70**, **72** und SPP III 350 (Untergruppe der von Κοσμᾶς συμβολαιογράφος ausgestellten Urkunden). Schrifttyp: sog. „Minuskelkursive“; Formulartyp: ἔσχον καὶ ἐπληρώθην ἐγὼ ὁ δεῖνα παρὰ σοῦ τοῦ δεῖνος („Quittungsschema“). Ankauf: „Faijûm *ex* 1883“.

↓ 1 † Ἔσχον καὶ ἐπληρώθην ἐγὼ Μακάριος σύμμαχος υἱὸς Πτολεμαίου ἀπὸ τῆς Ἀρσινοϊτῶν πόλ(εως)
2 ἀπὸ ἀμφόδου Ταμίων ἤτοι Κατωτέρου παρὰ σοῦ Ἀνδρέου γραμματέως κώμης Ταμαύεως
3 τὰ ἐξ ἔθους διδόμενά μοι παρὰ σοῦ λόγῳ μισθοῦ, λέγω δὴ ὑπὲρ τῆς ἐνεστώσ(ης) ὀγδόης ἰν(δικτίωνος),
4 τ̣ο̣ῦ̣τ̣’ ἔ̣σ̣τ̣ι̣ν̣ [̣]φ̣ ̣ ̣ ̣ ̣ ̣ ̣η̣ν̣ι̣ χ̣ρ̣υσίου νομισμάτια δύο παρὰ κερ(άτια) δέκ̣α̣ π̣έ̣ν̣τ̣ε̣ ἥμι̣σ̣[υ], χρ(υσίου) νο(μισμάτια) β π(αρὰ) κερ(άτια) ι̣[ε (ἥμισυ).]
5 Ἐγρ(άφη) μη̣(νὶ) Μεχεὶρ δ τῆ̣[ς] αὐτῆς ὀγδόης ἰν(δικτίωνος). † Δ(ι’) ἐμ̣[ο]ῦ Κ[ο]σ̣μ̣ᾶ̣ σ̣υμβολα̣ι̣ογρ̣(άφου). *Paraphe*

1. Μακάριος: Kreuz darüber 2. *l.* Ταμείων Ταμανεως | *ed. pr.*, Ταμαύεως | McGing 3. ϋπερ *pap.* ϊν( ) *pap.* 4. | τ[οῦτ’] ἔ[σ]τιν τ[10]εν ̣[̣ ̣ χρ]υσίου *ed. pr.* παρὰ κεράτια δέκα πέντε ἥμ[ισυ] *ed. pr.* [ιε (ἥμισυ) μο(να)] | *ed. pr.* 5. μ[η](νί) *ed. pr.* τῆς *ed. pr.* ϊν( ) *pap.* ⳨ † δ̣[ι’ ἐμοῦ Κοσ]μ[ᾶ σ]υμβολ[αι̣]ογρ(άφου) *ed. pr.*

„† Ich, Makarios, Symmachos, Sohn des Ptolemaios, aus Arsinoiton Polis aus dem Tameion etoi Katoteru-Viertel, habe vollständig erhalten von dir, Andreas, Grammateus des Dorfes Tamauis, den für gewöhnlich mir von dir ausgezahlten Betrag als Lohn, nämlich für die laufende achte Indiktion, das ist [- - -] an Gold zwei Solidi abzüglich fünfzehneinhalb Keratia, an Gold 2 Solidi abzüglich 15 1/2 Keratia. Geschrieben am 4. Tag im Monat Mecheir derselben achten Indiktion. † Durch mich, Kosmas, Symbolaiographos“.

Quittung über eine Lohnzahlung, die ein σύμμαχος namens Μακάριος, Sohn eines Πτολεμαῖος, von Ἀνδρέας γραμματεὺς κώμης Ταμαύεως erhalten hat (Z. 1–2). Als *origo* des Lohnempfängers war das Ταμείων ἤτοι Κατωτέρου-Stadtviertel von Arsinoiton Polis genannt. Die Formulierung τὰ ἐξ ἔθους διδόμενά μοι παρὰ σοῦ λόγῳ μισθοῦ (Z. 3) könnte –

ähnlich wie bei **22**, 3–4 und **70**, 2 – auf den Empfang eines Jahresgehaltes schließen lassen, wie die nachfolgende Definition des Bemessungszeitraumes λέγω δὴ ὑπὲρ τῆς ἐνεστώσης ὀγδόης ἰνδικτίωνος in Hinblick auf den Kontext in den Archivparallelen nahelegt. Am Beginn der Z. 4 dürfte entweder die Angabe des Bemessungszeitraumes präzisiert oder der Zeitpunkt der Lohnzahlung angeführt gewesen sein. Die ausgezahlte Lohnsumme belief sich auf zwei Solidi abzüglich fünfzehneinhalb Keratia (Z. 4). Die Quittung endete mit dem Ausstellungsdatum und der Unterschrift des Κοσμᾶς συμβολαιογράφος (Z. 5), der darüber hinaus auch für die Ausfertigung der Urkunden **70**, **72** und SPP III 350 verantwortlich zeichnete. Zu Inhalt, Datierung und Herkunft vgl. den allgemeinen Exkurs zum „Andreas-Archiv" im vorangegangenen Einleitungsteil.

2. Ταμίων ἤτοι Κατωτέρου: Vgl. **4**, Komm. Z. 1–2.
Ἀνδρέου: Vgl. **70**, Komm. Z. 2.

4. τ̣ο̣ῦ̣τ̣' ἔ̣σ̣τ̣ι̣ν̣ [ ]φ̣ . . . η̣ν̣ι̣: Sinngemäß wäre eine konkretisierende Zeitangabe zu erwarten; die Lesung τ[ῷ] Φαῶφι μηνί erscheint von den Schriftspuren her ausgeschlossen.
κερ(άτια) ι̣[ε (ἥ̣μισυ).]: Für eine Ergänzung κερ(άτια) ι̣[ε (ἥμισυ) μό(να).] (*ed. pr.*) wäre nicht ausreichend Platz vorhanden.

5. Μεχεὶρ δ: 29. (30.) Jänner.
Δ(ι') ἐ̣μ̣[ο]ῦ Κ[ο]σ̣μ̣ᾶ̣ σ̣υμβολα̣ι̣ογρ(άφου): Vgl. **70**, Komm. Z. 4.

72. QUITTUNG ÜBER JAHRESLOHN ZWEIER *MANDATARII* (ANDREAS-ARCHIV)

P.Vindob. G 11072 | 6,4 × 24,4 cm | Anfang 7. Jh.
Tamauis (Arsinoites) | Tafel X

ed. pr.: SPP III 72 (*s.* VI., Arsin.) – Korr.: Byz. Not. 42 (Datierung: 6.–7. Jh.; BL VIII 435); B. C. McGing, P.Dub. 26, Komm. Z. 1 (BL X 2); zur allgemeinen Datierung des „Andreas-Archivs" in das Ende 6.–Anfang 7. Jh. vgl. BL XI 258.

Papyrus. Ränder an allen Seiten erhalten. Zwei horizontale Faltungen 2,2 und 4,5 cm unterhalb des oberen Randes. Eine vertikale Faltung in der Blattmitte. Keine Klebung. Schwarze Tinte. Der Abstand der Schrift zum Rand beträgt oben ca. 0,6 cm, links ca. 1 cm und unten ca. 0,9 cm. Rechts bis zum Rand beschrieben. Kreuz in Z. 1 ausgerückt. Z. 5 eingerückt. Die Schrift auf dem Rekto verläuft quer zur Faserrichtung (*transversa charta*). Verso leer. Von derselben Hand wie **70**, **71** und SPP III 350 (Untergruppe der von Κοσμᾶς συμβολαιογράφος ausgestellten Urkunden). Schrifttyp: sog. „Minuskelkursive"; Formulartyp: ἔσχον καὶ ἐπληρώθην ἐγὼ ὁ δεῖνα παρὰ σοῦ τοῦ δεῖνος („Quittungsschema"). Ankauf: „Faijûm *ex* 1883".

↓ 1 † Ἔσχωμεν καὶ ἐπλ̣ηρώθη[μεν ἡμεῖς ± 6 υἱὸ]ς Π[α]μοῦν καὶ Παμ̣ο̣[ῦ]ν̣ υ̣ἱ̣ὸ̣ς̣ Γ̣ε̣ρ̣ο̣ν̣τ̣ί̣[ου]
2 μ̣α̣ν̣δ̣α̣τάρ[ιο]ι ῥ̣ιπ̣αρίας παρ̣ὰ̣ σ̣ο̣ῦ̣ [Ἀνδρέου γ]ρ̣αμματέως κώμης Ταμα̣ύ̣εως
3 τὰ κατ' ἔτος διδ[ό]μ̣ενον ἡμῖν λόγῳ μ̣ι̣σθοῦ ἡμῶν, λέγομεν δὴ ὑπὲρ καρπ̣ῶ(ν)
4 τρίτης ἰν(δικτίωνος) χρυσοῦ κεράτια δέκ[α ± 5] ̣ . Ἐγράφη μηνὶ Ἁθὺρ α δευτέρ(ας) ἰν(δικτίωνος). †
5 *vac.* † Δ(ι') ἐμοῦ Κοσμᾶ συμβολαιογρ(άφου). *Paraphe*

1. *l.* ἔσχομεν ἐπ[ληρ]ώθη[μεν ἡμεῖς, ὁ δεῖνα υἱός] *ed. pr.* Σαμβᾶς υἱὸς [4]λ[- - - ἀμφότεροι] | *ed. pr.* 2. | οιτ[οι (*l.* ἤτοι) . . . .]αστα[ὶ πα]ρ[ὰ σοῦ 'Ανδρέα γραμ]ματέως κώμης Ταμ[αν]εως | *ed. pr.* Ταμαύεως | McGing 3. *l.* διδόμενα, δι[δό]μενον (*l.* -να) *ed. pr.* μ[ισ]θοῦ *ed. pr.* λέγομεν: ο *corr. ex* ω, λέγωμεν (*l.* -γο-) *ed. pr.* καρπῶ[ν] | *ed. pr.* 4. κεράτια [12 ἐγρά]φη *ed. pr.* † *om. ed. pr.*

„† Wir, N. N., Sohn des Pamun, und Pamun, Sohn des Gerontios, *mandatarii* der *riparia*, haben vollständig erhalten von dir, Andreas, Grammateus des Dorfes Tamauis, den jährlich uns ausgezahlten Betrag als unseren Lohn, nämlich für Ernteerträge der dritten Indiktion, an Gold [- - -] zehn (bzw. -zehn) Keratia [- - -] Geschrieben am 1. Tag im Monat Hathyr der zweiten Indiktion. † † Durch mich, Kosmas, Symbolaiographos".

Quittung über den Empfang eines Jahreslohnes, den 'Ανδρέας γραμματεὺς κώμης Ταμαύεως an zwei μανδατάριοι ῥιπαρίας ausgezahlt hat. Vom erstgenannten Lohnempfänger ist lediglich der Vatersname, nicht aber der Eigenname erhalten. Wie aus der Relation des Bemessungszeitraumes (Z. 3–4) zum Ausstellungsdatum (Z. 4) hervorgeht, ist die Lohnzahlung, deren – möglicherweise nur noch unvollständig überlieferte – Betragssumme auf zehn oder mehr Keratia beziffert war (Z. 4), im voraus für das folgende dritte Indiktionsjahr geleistet worden. Die Urkunde wurde von Κοσμᾶς συμβολαιογράφος ausgefertigt – d. h. von derselben Person, die in **70**, **71** und SPP III 350 unterzeichnet hat. Die beiden Lohnempfänger scheinen in Anbetracht des Zusatzes ῥιπαρίας zumindest formell der obersten Polizeibehörde auf Gauebene, den ῥιπάριοι des Arsinoites, unterstanden und in deren Auftrag für die Aufrechterhaltung der öffentlichen Sicherheit und Ordnung in den Dörfern verantwortlich gewesen zu sein. Daß ihr Einsatzbereich nicht auf das Territorium von Ταμαῦις beschränkt war, sondern mehrere Dörfer umfaßte, scheint sich in der geringen Höhe der ausgezahlten Lohnsumme anzudeuten: Das Lohnaufkommen der beiden *mandatarii* dürfte in seiner Gesamtheit von mehreren Dörfern zu bestreiten gewesen sein. Zu Inhalt, Datierung und Herkunft vgl. den allgemeinen Exkurs zum „Andreas-Archiv" im vorangegangen Einleitungsteil.

2. μανδατάρ[ιο]ι ῥιπαρίας: Die kombinierte Funktionsbezeichnung ist kein weiteres Mal bezeugt. Zur Funktionsbezeichnung μανδατάριος vgl. SPP X 79 II 3 (ebenda allerdings ohne nachfolgende Erwähnung eines allfälligen Kompetenz- bzw. Dienstbereiches; die Lesung erscheint außerdem unsicher; Arsinoites, 7.–8. Jh.) und 251 *bis*, 8 (mit Resten einer näheren Definition des Aufgabenbereiches, der mit τῶν eingeleitet wird; Arsinoites, 7. Jh.; Korr. der Datierung in BL IX 343). Das Wort ῥιπαρία, worunter das institutionalisierte Amt des ῥιπάριος bzw. des Kollegiums der ῥιπάριοι zu verstehen ist, ist auch in den beiden Abrechnungen P.Cair.Masp. III 67287 IV 30 (Aphrodito, 6. Jh.) und P.Oxy. XVI 2032, 50 (540/541; Korr. der Datierung in BL VI 105) sowie in der Petition CPR XIV 48, 3 (Herakleopolis?, 506; Korr. der Datierung in BL IX 77) nachgewiesen.
'Ανδρέου: Oder 'Ανδρέα; vgl. **70**, Komm. Z. 2.

4. 'Εγράφη: φ und η in Ligatur.
'Αθὺρ α: 28. (29.) Oktober.

5. Δ(ι') ἐμοῦ Κοσμᾶ συμβολαιογρ(άφου): Vgl. **70**, Komm. Z. 4.

72. *BIS* QUITTUNG ÜBER PREIS FÜR VERKAUFTE ODER GELIEFERTE SCHMIERE

P.Vindob. G 39635 — 13,3 × 34,4 cm — 7. Jh.
Arsinoiton Polis — Tafel LV

ed. pr.: SPP III 72 (*s.* VI., Arsin.) – Korr.: Pros. Ars. I, Nr. 4578 und Anm. 547 (BL VIII 435).

Papyrus. Oberer, rechter und unterer Rand erhalten. An der linken Seite abgebrochen. Das Ausmaß des Textverlustes dürfte sich auf einen schmalen Streifen beschränken. Faltungen nicht mehr deutlich erkennbar. Keine Klebung. Schwarze Tinte. Der Abstand der Schrift zum Rand beträgt oben ca. 1,3 cm und unten ca. 2,2 cm. Rechts bis zum Rand beschrieben. Die Schrift auf dem Rekto verläuft quer zur Faserrichtung (*transversa charta*). Verso leer. Schrifttyp: sog. „Minuskelkursive" mit eleganten Zügen; Formulartyp: ἔσχον καὶ ἐπληρώθην ἐγὼ ὁ δεῖνα παρὰ σοῦ τοῦ δεῖνος („Quittungsschema"). Ankauf: „Faijûm *ex* 1883".

↓ 1 ⳨ Ἔσχον καὶ ἐπληρώθ̣η̣[ν ἐγ]ὼ Πουα̣αειε ἐλαιουργὸς υἱὸ̣ς Ψούρου ἀ̣π̣[ὸ] κ̣ώ̣μης Εἰκοσιπενταρούρων
2 [τ]ο̣[ῦ Ἀρσινο]ΐτου νομοῦ π̣[α]ρ̣᾽ [ὑ]μῶν Φλ(αουίᾳ) Διδύμῃ τῇ ἐνδοξοτάτῃ γαμετῇ τοῦ τῆς ἐνδόξου μνήμη[ς]
3 [± 5 γ]ε̣ν̣ομένου στρατηλάτου ταύτης τῆς Ἀρσινοϊτῶν πόλεως διὰ Στεφάνου τοῦ λαμπροτάτου
4 [ὑμῶν χαρ]τολαρίου τὴν τιμὴν τῶν δοθέντων αὐτῇ παρ᾽ ἐμοῦ σμηγμάτων ἐπὶ τῆς
5 [παρούσης τ]εσσαρασκαιδεκάτης ἰν(δικτίωνος) εἰς πλήρης καὶ πρὸς ὑμετέραν ἀσφάλειαν ταύτην πεποίημαι
6 [τὴν ἀπό]δ̣[ειξιν γρα]φ̣εῖσαν μηνὶ Χοιὰκ κζ τῆς αὐτ(ῆς) τεσσαρασκαιδεκάτης ἰν(δικτίωνος). † ⳨ Δι᾽ ἐμοῦ Νικήτα. *Paraphe*

1. ἔ[σχον καὶ] ἐπληρώ[θην ἐγ]ὼ [. . .]ασειε *ed. pr.* ἐγ]ὼ Πουα̣αειε Diethart ἐλαιουργὸς υἱός: Kreuz darüber [υἱ]ὸ[ς] Ψουρου [ἀπὸ κώ]μης *ed. pr.* 2. | [τοῦ Θεοδοσιουπολ]ίτου νομο[ῦ] π[αρ᾽ ὑ]μῶν *ed. pr.* *l.* Φλ(αουίας) Διδύμης τῆς ἐνδοξοτάτης γαμετῆς ἐνδοξοτάτῃ: *corr. ex* ἐνδοξωτάτῃ (?) 3. | [12 γεν]ομένου *ed. pr.* 4. *l.* χαρτουλαρίου | [- - - χαρ]τουλαρίο[υ τ]ήν *ed. pr.* *l.* ὑμῖν 5. τεσ]σαρασκ̣[αιδεκ]άτης *ed. pr.* *l.* πλῆρες 6. | [τὴν ἀπόδειξ(ιν) γραφεῖ]σαν *ed. pr.* δϊ *pap.*

„† Ich, Puaaeie, Ölmüller, Sohn des Psuros, aus dem Dorf Eikosipentaruron des arsinoitischen Gaues, habe vollständig erhalten von euch, Flavia Didyme, der *gloriosissima* Gattin des N. N. ruhmvollen Gedenkens, des ehemaligen *magister militum* dieser Stadt der Arsinoiten, durch Stephanos, euren erlauchten *chartularius*, den Preis für die euch von mir im Verlauf der gegenwärtigen vierzehnten Indiktion gegebene Schmiere zum vollen Betrag, und zu eurer Sicherheit habe ich diese Quittung ausgestellt, geschrieben am 27. Tag im Monat Choiak derselben vierzehnten Indiktion. † ⳨ Durch mich, Niketas".

In vorliegender Quittung bestätigte ein ἐλαιουργός mit Namen Πουαaειε, Sohn des Ψοῦρος, aus dem arsinoitischen Dorf Εἰκοσιπενταρούρων (Z. 1–2) den Empfang einer Geldzahlung, welchen er von Φλαουία Διδύμη, der Witwe einer namentlich nicht bezeugten, mit dem Ehrentitel eines στρατηλάτης (*magister militum*) ausgestatteten Person (Z. 2–3) aus Arsinoiton Polis erhalten hat. Die in ihrer Höhe ungenannt bleibende Geldsumme ist dem formellen Absender durch Στέφανος, den χαρτουλάριος der Φλαουία Διδύμη, ausgehändigt worden (Z. 3–4). Der Wortlaut des Urkundenformulars entspricht dem für Quittungen üblichen Formulartyp ἔσχον καὶ ἐπληρώθην ἐγώ ὁ δεῖνα παρὰ σοῦ τοῦ δεῖνος. Die Anrede der Urkundenadressatin im Plural mit παρ' ὑμῶν dürfte deren hohe gesellschaftliche Stellung widerspiegeln. Der Geldbetrag ist entweder für den Kauf oder die Lieferung – der genaue Sachverhalt geht aus der reichlich allgemein gehaltenen Formulierung τῶν δοθέντων αὐτῇ παρ' ἐμοῦ in Z. 4 nicht eindeutig hervor – von Schmierstoffen (σμήγματα), welche im übertragenen Sinn vielleicht auch als Kosmetika gedeutet werden können, erstattet worden. Aufgrund der Berufsbezeichnung (ἐλαιουργός) könnte es sich beim Zahlungsempfänger jedoch durchaus um den Produzenten der Schmiere selbst gehandelt haben (vgl. Komm. Z. 4). Die Ware ist an die Urkundenadressatin im selben Jahr ausgeliefert worden, in dem die vorliegende Quittungsurkunde ausgefertigt wurde (vgl. die Z. 4–5 in Bezug auf das Ausstellungsdatum in Z. 6). Die Ausstellung des Dokumentes geht auf einen gewissen Νικήτας zurück, der in derselben Funktion auch in SPP III 345 und 442 begegnet.

Ein besonderes Interesse kommt dem Zeugnis in Bezug auf den Titel des zu diesem Zeitpunkt bereits verstorbenen Gatten der Adressatin zu. Die Ehrenbezeichnung (γενόμενος) στρατηλάτης ist als deutliches Indiz für dessen Zugehörigkeit zu den höchsten Kreisen der ägyptischen Provinzialgesellschaft zu werten – wozu auch dessen Anrede mit τῆς ἐνδόξου μνήμης einerseits und jene der hinterbliebenen Gemahlin als ἡ ἐνδοξοτάτη andererseits paßt. Der Ehrentitel στρατηλάτης ταύτης τῆς 'Αρσινοϊτῶν πόλεως findet sich auch in P.Ross.Georg. III 53 und SB I 4659 (vgl. Komm. Z. 3). Im erstgenannten Fall ist ein gewisser Φλαούιος Στέφανος, der möglicherweise mit Στέφανος Κύρου γενόμενος πάγαρχος in CPR VIII 71, 6 gleichzusetzen ist (vgl. dazu K. A. Worp, CPR X, S. 155), Träger dieses Titels. Bei SB I 4659 hingegen handelt es sich um eines von mehreren Testimonia, die zu Φλαούιος Μηνᾶς – den ehemaligen und offenbar letzten Pagarchen des vereinigten Arsinoites und Theodosiupolites, den Vater der Φλαουία Μαροῦς (vgl. SPP III 246ff.), ihrerseits Gattin des späteren arsinoitischen Pagarchen Φλαούιος Πεττήριος (spätestens ab dem Jahr 667) – vorliegen (zur Quellenlage und Person des Pagarchen Μηνᾶς vgl. B. Palme, CPR XXIV, S. 178–181; zu Πεττήριος und dessen Gemahlin Μαροῦς vgl. ebenda, S. 179, Anm. 4). In der betreffenden Urkunde wird Μηνᾶς auffälligerweise wie die Person in der vorliegenden Quittung als ὁ τῆς ἐνδόξου μνήμης Μηνᾶς γενόμενος στρατηλάτης ταύτης τῆς 'Αρσινοϊτῶν πόλεως bezeichnet – ein Umstand, der die berechtigte Vermutung nahelegt, daß in beiden Fällen ein und dieselbe Person gemeint war. Das Ausmaß des Textverlustes am Beginn der Z. 4 des vorliegenden Schriftstückes, das sich auf einen Umfang von etwa fünf Buchstaben zu belaufen scheint, spräche jedenfalls nicht gegen eine entsprechende Ergänzung des Namens. Aus der Zuordnung ergäbe sich in weiterer Folge ein wichtiger Anhaltspunkt für die zeitliche Einordnung dieses Dokumentes. Einer hypothetischen chronologischen Reihung von Zeugnissen zur Person des Pagarchen Μηνᾶς zufolge, die bei B. Palme, CPR XXIV, S. 180 angeführt ist, müßte Φλαούιος Μηνᾶς in den 30er Jahren des 7. Jh. noch am Leben gewesen sein. Sein Tod scheint wohl erst in die Zeit unmittelbar vor 653 gefallen zu sein (vgl. dazu die Überlegungen in CPR XXIV, S. 179). Die Ausstellung der vorliegenden Quittung wäre demnach um die Mitte des 7. Jh. anzusetzen. Das Dokument würde damit nicht bloß ein weiteres Testimonium zur Person des Pagarchen Φλαούιος Μηνᾶς darstellen, sondern den Namen seiner Gattin Φλαουία Διδύμη, der mutmaßlichen Mutter der Φλαουία Μαροῦς, preisgeben und damit unsere Kenntnis um ein wertvolles prosopographisches Detail bereichern.

Die Provenienz der Urkunde geht aus den Ortsangaben in Z. 1–2 und 3 hervor. Das Schriftstück wird aufgrund des Titels στρατηλάτης ταύτης τῆς 'Αρσινοϊτῶν πόλεως ins 7. Jh. datiert (vgl. Komm. Z. 3).

1. Πουααειε: Vgl. diesbezüglich Πουαα, den Namen eines τόπος, in P.Lond. IV 1474 und 1491 (f), Verso (Aphrodito, 8. Jh.) sowie den Beleg eines Personennamens Πουάει in SB XVIII 13779, 12 (Memnoneia?, 6. Jh.).

Ψούρου: Variante der geläufigeren Namensform Ψῦρος; weitere Beispiele sind in SB I 4672, 15 (Arsinoites, 630–645; Korr. der Datierung in BL VIII 313) und SPP XX 113, 6 (Herk. unb., 401) greifbar.

Εἰκοσιπενταρούρων: In der Bezeichnung als κώμη und als χωρίον in der Πολέμωνος μερίς des arsinoitischen Gaues lokalisiert; vgl. allgemein Wessely, *Topographie* 75–77; B. P. Grenfell, A. S. Hunt, P.Tebt. II, S. 359 und 380; Diz. III 10–11; Suppl. 1, 152; Suppl. 2, 76; Suppl. 3, 53; Timm, *Ägypten* II 902–903.

2. τ̣[οῦ Ἀρσινο]ΐτου νομοῦ: Für eine Ergänzung [τοῦ Θεοδοσιουπολ]ίτου νομοῦ (*ed. pr.*) wäre nicht ausreichend Platz vorhanden.

Φλ(αουίᾳ) Διδύμῃ τῇ ἐνδοξοτάτῃ γαμετῇ τοῦ τῆς ἐνδόξου μνήμη[ς]: Vgl. allgemein den Verweis bei Beaucamp, *Statut* 133; 404. Bei der Anrede des Quittungsadressaten hat der Schreiber vom Genitiv in den Dativ gewechselt.

3. στρατηλάτου ταύτης τῆς Ἀρσινοϊτῶν πόλεως: Vgl. die Parallelen Φλ[(αυίῳ) Στεφάνῳ τῷ] ἐνδοξοτάτῳ στρατηλάτῃ ταύτης τῆς Ἀρσιν[ο]ιτῶν [πό]λ[εω]ς in P.Ross.Georg. III 53, 6–7 (Arsinoites, 674/675) und τοῦ τῆς] ἐνδόξου μνήμης Μηνᾶ γεν̣[ομένου στρατηλάτου] ταύτης τῆς Ἀρσινοιτῶν πόλεως in SB I 4659, 5–7 (Arsinoites, 6̣5̣2/653; vgl. B. Palme, CPR XXIV, S. 181, Anm. 12 in Bezug auf die Korr. der Datierung in BL VIII 311). In Hinblick auf SB I 4659 ist am Zeilenbeginn der vorliegenden Quittung möglicherweise [Μηνᾶ zu ergänzen; vgl. oben Einleitung. Zur umfangreichen Gruppe von Testimonia zu dieser Person, zu welchen die Urkunden SPP III 303 (zur nunmehrigen Datierung ins Jahr 617 vgl. BL XI 260), 344, SPP VIII 1044, 1048 (zur nunmehrigen Datierung ins Jahr 620 vgl. BL XI 262), CPR XIX 32, XXIV 30, MPER XV 111 und P.Münch. III 130 zählen und **58** mit geringer, die Dokumente SPP III 400, SB I 1449 und 4805 (Rekto = SB XXIV 16287) dafür aber mit hoher Wahrscheinlichkeit dazugerechnet werden können, vgl. B. Palme, CPR XXIV, S. 180–181; eine allgemeine Zusammenstellung sowie den Versuch einer chronologischen Reihung der Zeugnisse arsinoitischer στρατηλάται und πάγαρχοι hat K. A. Worp, CPR X, S. 153–156 unternommen. Der Titel στρατηλάτης als Ehrenbezeichnung wird unter anderem bei Jones, *LRE* II 535 und Gascou, *Domaines* 55 behandelt.

Ἀρσινοϊτῶν: ι von τ durchkreuzt.

4. [ὑμῶν: Zur Ergänzung vgl. dieselbe Art der Anrede in Z. 2; [ὑμετέρου wäre zu lang.

σμηγμάτων: Allgemeine Bezeichnung für Schmierstoffe und Fette, aber auch für Seifen. Im vorliegenden Fall scheinen die σμήγματα in Hinblick auf die Berufsangabe des Lieferanten und Zahlungsempfängers in Z. 1, eines ἐλαιουργός, aus Rückständen der Ölproduktion gewonnen worden zu sein; zur Erläuterung des Begriffes vgl. Morelli, *Note* 143; zur technischen Verwendung als Schmierstoff für Maschinen: Ménassa – Laferrière, *Sâqia* 31 sowie Habermann, *Wasserversorgung* 174, Anm. 249.

5. [παρούσης: Aufgrund des zur Verfügung stehenden Platzes im Ausmaß von etwa fünf Buchstaben höchstwahrscheinlich in gekürzter Form mit [παρού(σης) wiedergegeben.

6. Χοιὰκ κζ: 23. (24.) Dezember.

Δι' ἐμοῦ Νικήτα: Derselbe Ausfertiger wie in SPP III 345, 2 und 442, 1.

73. Quittung über Vorauszahlung des Erbteiles an einer Darlehenssumme

P.Vindob. G 11073 — 11 × 33,8 cm — 6.–7. Jh.
Arsinoiton Polis (?) — Tafel LI

ed. pr.: SPP III 73 (*s.* VI.).

Papyrus. Oberer Rand teilweise, linker, rechter und unterer Rand vollständig erhalten. Vier horizontale Faltungen 1,2, 2,9, 5,3 und 7,5 cm unterhalb des oberen Randes. Zwei vertikale Faltungen 3 und 18,3 cm vom linken Rand entfernt. Eine ca. 2 cm breite Kollesis verläuft horizontal 1,4–3,5 cm oberhalb des unteren Randes (auf Höhe der Z. 6). Schwarze Tinte. Der Abstand der Schrift zum Rand beträgt oben ca. 1 cm, links ca. 2 cm und unten ca. 0,5 cm. Rechts bis zum Rand beschrieben. Kreuz in Z. 1 ausgerückt. Die Schrift auf dem Rekto verläuft quer zur Faserrichtung (*transversa charta*). Verso leer. Schrifttyp: sog. „Minuskelkursive" (1. H.); „Maiuskel" (2. H.); Formulartyp: ἔσχον καὶ ἐπληρώθην ἐγὼ ὁ δεῖνα παρὰ σοῦ τοῦ δεῖνος („Quittungsschema"). Ankauf: „*ex* 1887".

↓ 1 † Ἔσχον καὶ ἐπληρ[ώθην ἐγὼ Μακάριος υἱὸς Μαξιμίνου τυ]λο̣π̣ο̣ι̣ὸς οἰκῶν
2 ἐπ᾽ ἀμφόδου Μεγάλου μ[ά]ρ[τυρος - - - παρὰ σοῦ - - - τοῦ] ἐ̣μοῦ ἀδελφοῦ καὶ αὐτοῦ
3 τυλοποιοῦ τὰ τρία νομίσματα τοῦ ἐμοῦ μέ̣ρ̣[ο]υ̣ς τοῦ γραμματείου γενομέ(νου)
4 εἰς προσηγορίαν τοῦ μακαρίου ἡμῶν πατρὸς Μαξιμίνου παρὰ Κουλᾶς
5 ἐ̣κ̣ πατρὸς Νειλάμμ(ωνος) χρυσοῦ νομισμάτων ἓξ εἰς πλήρης, καὶ σὲ λαβεῖν
6 τ̣ὰ̣ εἰρημένα ἓξ νόμισ̣μ̣α̣, τοῦ λοιποῦ μηδένα λόγον ἔ̣χειν με πρὸς σὲ περὶ τούτω(ν).
7 Ἐγράφη μη(νὶ) Φαῶφι η δ ἰν(δικτίωνος). ⳨ Δ(ι') ἐμοῦ Κοσμᾶ ν̣ομικ(οῦ). (2. H.) Ἐγὼ Μακάρις, στυχῖ μι ὡς πρόκιτε.

1. ἐπλ[ηρώθην ἐγὼ Μακάρις.... στυλοποιὸς.....] προσοικῶν | *ed. pr.* 2. Μ[ά]ρ[τυρος... παρὰ... τοῦ ἐ]μοῦ *ed. pr.* 3. | [σ]τυλοποιοῦ *ed. pr.* μ[έ]ρ[ο]υς το[ῦ γ]ραμματείου *ed. pr.* *l.* γραμματίου 4. Παρακουλας | *ed. pr.* *l.* Κουλᾶ 5. | ἐ[κ] *ed. pr.* χρ[υ]σοῦ νομισμάτιον ἕν *ed. pr.* *l.* πλῆρες 6. ἓ[ν] νόμισμα *ed. pr.* *l.* νομίσματα [ἔ]χειν *ed. pr.* τούτω(ν) | *ed. pr.*, τούτων *ibid.*, Index, S. 226 7. *l.* Μακάριος, στοιχεῖ μοι ὡς πρόκειται προκιτ[ε] | *ed. pr.*

„† Ich, Makarios, Sohn des Maximinos, Polsterer, wohnhaft im Viertel des Großen Märtyrers N. N. [- - -] habe vollständig erhalten [- - -] von dir [- - -] meinem Bruder und selbst Polsterer, die drei Solidi meines Anteiles des Darlehens, das auf den Namen unseres verstorbenen Vaters Maximinos seitens Kulas, Sohn des Neilammon, aufgesetzt wurde über sechs Solidi Gold zum vollen Betrag, und du sollst die besagten sechs Solidi nehmen, und ich habe künftig keinen Anspruch dir gegenüber betreffs dieser. Geschrieben am 8. Tag im Monat Phaophi der 4. Indiktion. ⳨ Durch mich, Kosmas, Nomikos. (2. H.) Ich, Makarios, erkläre mich einverstanden, wie es oben geschrieben steht".

Vorliegende Quittung hat den Empfang eines im voraus ausgezahlten (Erb-) Anteiles an der Summe einer Darlehensrückzahlung zum Inhalt, den ein τυλοποιός namens Μακάριος (Z. 1–2) vom eigenen, namentlich nicht bezeugten Bruder, der ebenfalls den Beruf eines Polsterers ausübte (Z. 2–3), erhalten hatte. Das Urkundenformular scheint dem geläufigen Typ ἔσχον καὶ ἐπληρώθην ἐγώ ὁ δεῖνα παρὰ σοῦ τοῦ δεῖνος entsprochen zu haben, auch wenn sich dies anhand der Angabe des Quittungsadressaten nicht eindeutig nachweisen läßt. Das Darlehen, auf das im vorliegenden Schriftstück Bezug genommen wird, ging auf eine

Vereinbarung zwischen dem mittlerweile verstorbenen Vater der beiden τυλοποιοί, Μαξιμῖνος (Z. 4), und einer im Dokument nicht näher bezeichneten Person namens Κουλᾶς, Sohn eines Νειλάμμων (Z. 4–5), zurück und belief sich auf eine Geldsumme von sechs Solidi. Mit dem vorzeitigen Tod des Gläubigers Μαξιμῖνος waren die aus dem Darlehen erwachsenen Ansprüche auf eine Rückzahlung der geliehenen Geldsumme auf dessen Söhnen übergegangen und haben damit zugleich auch einen Teil der Erbmasse ausgemacht, die auf die beiden Brüder aufzuteilen war. Wie der Aussage des vorliegenden Zeugnisses zu entnehmen ist, hat der Absender Μακάριος die ihm zustehende Hälfte der Darlehenssumme – d. h. drei der sechs Solidi – von seinem Bruder nun bereits im voraus vor dem Fälligkeitstermin der Darlehensrückzahlung erstattet bekommen, wodurch bzw. womit seine Ansprüche auf die Gesamtsumme gänzlich erloschen waren (Z. 5–6). Die Quittung endet nach dem Ausstellungsdatum und der Unterschrift des Ausfertigers Κοσμᾶς νομικός mit der eigenhändig verfaßten Bestätigung seitens des Zahlungsempfängers Μακάριος (Z. 7). Die Provenienz der Urkunde läßt sich aus der Angabe des Stadtviertels in Z. 2 erschließen. Das Dokument wird aufgrund paläographischer Kriterien ins 6.–7. Jh. datiert (vgl. dazu die Formalbeschreibung).

1. Μακάριος υἱὸς Μαξιμίνου τυ]λο̣π̣ο̣ι̣ός: Die Ergänzung des Namens erfolgt nach Z. 7, jene des Vatersnamens nach Z. 4 und jene des Berufes nach Z. 2–3. Die Filiationsangabe erscheint an betreffender Stelle jedoch nicht unproblematisch, da der Vater Μαξιμῖνος in Hinblick auf Z. 4 eigentlich als μακάριος zu charakterisieren wäre, wofür die Lücke wiederum nicht annähernd ausreicht.

1.–2. οἰκῶν ἐπ' ἀμφόδου: Dieselbe Wendung ist in CPR VIII 71, 9–10 (Arsinoites, 684?; Korr. der Datierung in BL VIII 115) und P.Lond. I 113, 6b, 14–15 (Arsinoites, 633) nachzuweisen.

2. Μεγάλου μ[ά]ρ[τυρος: Möglicherweise Μεγάλου μ[ά]ρ[τυρος ἁγίου Βίκτορος; vgl. F. Mitthof, P.Harrauer 54, Komm. Z. 4–7. In Hinblick auf P.Ross.Georg. III 55, 6–7 (Arsinoites, 630?; Korr. der Datierung in BL VIII 291) vielleicht aber auch als Μεγάλου μ[ά]ρ[τυρος Θεοδώρου aufzufassen; zur Kirche und der nach ihr benannten λαύρα vgl. allgemein Antonini, *Chiese* 170 und Diz. II 264–265; Suppl. 2, 68.

3. τυλοποιοῦ: Weitere Belege des Wortes τυλοποιός sind in SPP III 704, 3 und SB I 4771, 9 (statt στυλοποιός bzw. στυλοποιοῦ in den *edd.*) zu finden; vgl. in diesem Zusammenhang die Berufsbezeichnung τυλοεργός in P.Iand. VIII 150, Verso II 3 (3. Jh.), τυλοπλόκος in PSI XII 1239, 3 (Antinoe, 430) und τυλοφάντης in SPP VIII 823, 1.

4. εἰς προσηγορίαν: Zur Wendung vgl. WB II, *s. v.* προσηγορία 4) und die Parallele in P.Cair.Masp. II 67168, 64.

παρὰ Κουλᾶς: Derselbe Personenname ist in CPR IX 51, 9 (Hermopolites, 7. Jh.), P.Amh. II 124, 18; 19; 24 (Hermupolis, 3. Jh.), P.Lips. I 94 II 12 (Hermupolis?, 2.–3. Jh.), P.Mich. IV 223 XLVI 1346 (Karanis, 171–172), 224 XXXIX 1670 (Karanis, 172–173), 224 CLI 5802 (Karanis, 172–173), P.Mich. XV 721 II 20; 35; 37; 43 (3.–4. Jh.) und SB XVI 12380, Verso I 50 (Theadelphia, 3. Jh.) anzutreffen. Mit der Neulesung entfällt der bislang einzige Beleg eines Namens Παρακουλᾶς, der im NB angeführt ist.

6. νόμισ̣μ̣α̣, τοῦ λοιποῦ: τ von τοῦ ist deutlich sichtbar an das α von νόμισ̣μ̣α̣ angebunden; als Numerus ist der Plural zu erwarten; eine Kürzung ist nicht erkennbar; zwischen νόμισ̣μ̣α̣ und τοῦ ist sinngemäß <καί> einzufügen.

Φαῶφι η: 5. (6.) Oktober.

Δ(ι') ἐμοῦ Κοσμᾶ ν̣ομικ(οῦ): Mit keinem anderen νομικός dieses Namens identisch; vgl. dazu bereits den Eintrag in Byz. Not. 42.

74. → 6.

75. → 29.

76. → 15.

77. Quittung über Weizenlieferung für Embole (Leontios-Archiv)

P.Vindob. G 11077 | 10,3 × 9,5 cm | 7. Jh.
Hermupolis | | Tafel XLI

ed. pr.: SPP III 77 (*s.* VI., Hermopol.) – Korr.: Drew-Bear, *Nome* 179 (BL VIII 435); H. Harrauer, P.Bingen 147, S. 589 (unter anderem Datierung: 6./7. Jh.).

Papyrus. Ränder an allen Seiten erhalten. Faltungen nicht mehr deutlich erkennbar. Keine Klebung. Rekto mit schwarzer, Verso mit brauner Tinte. Der Abstand der Schrift zum Rand beträgt oben und links jeweils ca. 0,8 cm und unten ca. 1,3 cm. Rechts bis zum Rand beschrieben. Z. 11 leicht eingerückt. Die Schrift auf dem Rekto verläuft quer zur Faserrichtung (*transversa charta*). Verso mit einer zentrierten Zeile auf Höhe der Z. 6 des Rekto (Schriftverlauf parallel zur Faserrichtung). Von denselben Händen wie **48**, **49** und SPP VIII 1282 (Ἰωάννης σιτομέτρης = 1. H. und Θεοδοσάκιος σιτομέτρης = 2. H.; 1. H. vermutlich dieselbe wie in SPP VIII 1275, das aufgrund des Schriftduktus und unterschiedlicher Kürzungen möglicherweise später zu datieren ist, und wo Ἰωάννης σιτομέτρης anscheinend als alleiniger Ausfertiger unterzeichnet hat). Schrifttyp: sog. „Minuskelkursive" mit „Minuskel"-Elementen (1. H.); „Maiuskel" kursiven Charakters (2. und 3. H.); Formulartyp: ἔσχον παρὰ τοῦ δεῖνος („Quittungsschema"). Ankauf: „*ex* 1887 Uschmunên".

↓ 1 † Ἔσχο(ν) πα(ρὰ) τοῦ κυρ(ίου) Κολλούθου
2 τοῦ σοφοτά(του) ἀρχειατροῦ (ὑπὲρ) ἐμβολ(ῆς)
3 ἑνδεκάτης (καὶ) δωδεκάτης
4 ἰνδ(ικτι)ό(νων) σίτου ἀρτ(άβας) τρῖς ἥμισυ μοδ(ίῳ)
5 χωρ(ὶς) ναύλ(ου), γί(νονται) σί(του) ἀρτ(άβαι) γ (ἥμισυ) μ(ο)δ(ίῳ) χωρ(ὶς) ναύλ(ου)
6 μό(ναι). † Ἐγρ(άφη) μη(νὶ) Ἁθὺρ πέμπτῃ ἰνδ(ικτίονος)
7 δωδεκάτης. † Λεοντίου
8 ὑποδέκτου δι' ὑμ̣[ῶ]ν̣ Ἰωάννου
9 σιτομέ(τρου) Ἀντι(νόου), στοιχεῖ μοι. *Paraphe*
10 † Γί(νονται) σί(του) ἀρτ(άβαι) γ (ἥμισυ) μ(ο)δ(ίῳ). (2. H.) Θεοδοσάκεο̣ς̣
11 *vac.* σιτομέ(τρης) Ἀντι(νόου), στ{στ}ο̣ιχεῖ μ̣ε. † *Paraphe*

Verso:

→12 (3. H.) † Ἐντ(άγιον) Θεοδοσακ̣ί̣ου ὀν(όματος) Κολλ(ούθου) σ̣ί̣τ̣(ου) (ἀ̣ρ̣τ̣ά̣β̣ω̣ν̣) γ̣ (ἥ̣μ̣ι̣σ̣υ̣) χ̣(ωρὶς ναύλου).

2. *l.* σοφωτάτου ἀρχιατροῦ 4. ἰνδ( )ο( ) (*l.* ἰνδικτιῶνος) *ed. pr.* *l.* τρεῖς 5. | χωρ(ίου) Ναυλ( ) *ed. pr.*, | χωρ(ὶς) ναύλ(ων) Drew-Bear, | χωρ(ὶς) ναύλ(ου) Mitthof ἀρ(τάβας) *ed. pr.*, ἀρτ(άβαι) *DDBDP* χωρ(ίου) Ναυλ( ) | *ed. pr.*, χωρ(ὶς) ναύλ(ων) | Drew-Bear, χωρ(ὶς) ναύλ(ου) | Mitthof 6. | μό(νας) *ed. pr.* | μό(ναι) *DDBDP* 7. *l.* Λεόντιος 8. *l.* ὑποδέκτης, | ὑποδέκτ(ης) *ed. pr.* *l.* ἡμῶν, ὑμ̣[ῶν] *ed. pr.* ϊωαννου *pap.* 9. ἀντι( ) *ed. pr.*, ἀντι(γεούχου) *ibid.*, Index, S. 236 u. ö., Ἀντι(νόου) Harrauer 10. μ(όναι) (2. Hand) Θεοδοσακε̣ | *ed. pr.* *l.* Θεοδοσάκιος 11. | σιτομε/ αντι/ στιχει με † (*l.* σιτομέτρης ἀντιγεοῦχος? στοιχεῖ μοι) *ed. pr.* ἀντι(γεούχου) *ed. pr.*, Index, S. 236 u. ö., Ἀντι(νόου) Harrauer *l.* στοιχεῖ μοι 12. ὀν(όματι?) Κολλουθ(ου) Abzeichnung der Paraphe | *ed. pr.* Κολλούθου *DDBDP*

„† Ich habe erhalten von dem Herrn Kolluthos, dem überaus weisen Archiatros, für Embole der elften und zwölften Indiktion dreieinhalb Artaben Weizen im Modius (-maß) ohne Frachtgebühr, das macht 3 1/2 Artaben Weizen im Modius (-maß) ohne Frachtgebühr, sonst nichts. † Geschrieben am fünften Tag im Monat Hathyr der zwölften Indiktion. † Leontios, Hypodektes, durch uns, Ioannes, Sitometres von Antinoupolis, erkläre mich einverstanden. † Das macht 3 1/2 Artaben Weizen im Modius (-maß). (2. H.) Theodosakios, Sitometres von Antinoupolis, erkläre mich einverstanden".

Verso: „† Quittung des Theodosakios im Namen des Kolluthos über 3 1/2 Artaben Weizen ohne Frachtgebühr".

Quittung über eine Weizenlieferung für die ἐμβολή, die Λεόντιος von einem ἀρχιατρός namens Κολλοῦθος (Z. 1–2) erstattet worden war. Λεόντιος ist ὑποδέκτης von Hermupolis; der Amtsbereich geht an betreffender Stelle nicht unmittelbar aus dem Text, sondern aus dem Befund in den Archivparallelen in **48**, 6–7, **49**, 4 sowie SPP VIII 1282, 1 hervor, wobei der Name desselben in letztgenannter Urkunde sinngemäß zu ergänzen ist. Die Urkunde hat – wie **48** und **49** – auf dem Formulartyp ἔσχον παρὰ τοῦ δεῖνος aufgebaut; selbiges dürfte im übrigen auch auf das Dokument SPP VIII 1282 zutreffen. Die Weizenmenge von dreieinhalb Artaben wurde für die ἐμβολή eines elften und zwölften Indiktionsjahres und – wie im Fall von **48**, **49** und SPP VIII 1275 – ohne zusätzliche Verrechnung einer Verschiffung eingehoben (Z. 2–6). Die Lieferung haben, wie im Fall aller anderen Dokumente des Archivs, Ἰωάννης und Θεοδοσάκιος in ihrer Eigenschaft als σιτομέτραι von Antinoupolis in Empfang genommen und in Vertretung bzw. im Namen ihres mutmaßlichen Vorgesetzten Λεόντιος ὑποδέκτης auch schriftlich bestätigt (Z. 7–11). Das vorliegende Schriftstück ist im Verlauf des zwölften Indiktionsjahres ausgestellt worden (Z. 6–7; der Jahreswechsel in der

Thebais fiel allem Anschein nach in den Monat Παχών; vgl. dazu CSBE 25–26 sowie CSBE² 30). Zu Inhalt, Datierung und Herkunft vgl. weiters den Exkurs zum „Leontios-Archiv" im vorangegangenen Einleitungsteil.

2. ἀρχειατροῦ: Zur Bezeichnung ἀρχιατρός vgl. allgemein Nutton, *Archiatri* 191–226; Marganne, *Collection* 120.

5. χωρ(ὶς) ναύλ(ου): Vgl. **48**, Komm. Z. 4.

6. Ἀθὺρ πέμπτῃ: 1. (2.) November.

7.–8. Λεοντίου ὑποδέκτου: Vgl. **48**, Komm. Z. 6–7.

8.–9. Ἰωάννου σιτομέ(τρου): Vgl. **48**, Komm. Z. 7–8.

9. Ἀντι(νόου): Vgl. **48**, Komm. Z. 8.

10.–11. Θεοδοσάκεος σιτομέ(τρης): Vgl. **48**, Komm. Z. 9.

11. με̣: Vgl. **48**, Komm. Z. 10.

12. Zur Bezeichnung des Schriftstückes als ἐντάγιον vgl. **48**, Komm. Z. 11. σ̣ί̣τ̣(ου) (ἀ̣ρ̣τ̣ά̣β̣ω̣ν̣) γ̣ (ἥ̣μ̣ι̣σ̣υ̣) χ̣(ωρὶς ναύλου): Die Angabe einer Summe wäre auch im Fall von **48**, 11 und **49**, 7 zu erwarten; der Gebrauch des Artaben-Symbols an dieser Stelle kann als Indiz für eine 3. H. gewertet werden (vgl. dazu die Bemerkung in **48**, Komm. Z. 11).

78. Quittung über Geldzahlung in Zusammenhang mit der Weizensteuer

P.Vindob. G 11078 — 5,1 × 21 cm — 1. Hälfte 7. Jh.
Hermopolites — Tafel XXXIII

ed. pr.: SPP III 78 (*s.* V.–VI.) – Korr.: Wipszycka, *Ressources* 167, Anm. 3 (Datierung: 7./8. Jh.; BL VI 193).

Papyrus. Ränder an allen Seiten erhalten. Faltungen nicht mehr deutlich erkennbar. Eine 4 cm breite Kollesis verläuft horizontal 0,5 cm unterhalb des oberen Randes (oberhalb der Z. 1). Schwarze Tinte. Der Abstand der Schrift zum Rand beträgt oben und links jeweils ca. 1 cm, rechts ca. 2,5 cm und unten ca. 1 cm. Die Schrift auf dem Rekto verläuft quer zur Faserrichtung (*transversa charta*). Verso leer. Von derselben Hand wie **43** und SPP III 617 (Gruppe der von Πέτρος διαστολεύς ausgestellten Urkunden; mit auffällig starker Verschleifung der Buchstaben; angebundenes ρ extrem reduziert geschrieben; zumeist drei Buchstaben zu einer geschlossenen Einheit verbunden). Schrifttyp: sog. „Minuskelkursive" (sog. „Schreibstil des Logisterion von Hermupolis"); Formulartyp: ἔσχον παρὰ τοῦ δεῖνος („Quittungsschema"). Ankauf: „*ex* 1883".

↓ 1 Ἔσχον π(αρὰ) Γεωργίου βοηθ(οῦ) κ(ωμοκατοίκων) (ὑπὲρ) ἐκτιμ(ήσεως) σίτου κωμο̣κ̣(ατοίκων) ια ἰν(δικτίωνος)

2 νομ(ισμάτια) δύο καὶ κερ(άτια) τρία, γί(νονται) χρ(υσοῦ) νο(μισμάτια) β κ(εράτια) γ μό(να). Ἐγρ(άφη) Ἐπεὶφ ια ια ἰν(δικτίωνος).

3 † Πέτρος δι(αστολεύς), συμφ(ωνῶ) χρ(υσοῦ) νο(μισμάτια) β κ(εράτια) γ ὡ̣ς̣ π̣ρ̣ό̣κ(ειται).

1. ǀ † ἔσχον (ὑπὲρ) Γεωργίου βοηθ(οῦ) κ(αὶ) (ὑπέρ) *ed. pr.* (ὑπὲρ) ἐκτιμ(ήσεως): Kreuz darüber ἐκτιμ( ) *ed. pr.*, ἐκτιμ(ήσεως) *DDBDP* σίτου κωμη(τικοῦ?) *ed. pr.* 2. κε(ράτια) τρία *ed. pr.* ἐγ(ράφη) *ed. pr.* επειφ · ια *pap.* 3. Πέτρος δι(άκονος) συμφ(ωνεῖ) *ed. pr.* (ὑπὲρ) νο( ) *ed. pr.* ὑπόκ(ειται) ǀ *ed. pr.*

„Ich habe erhalten von Georgios, Boethos (*adiutor*) der Komokatöken, für Ektimesis (*adaeratio*) des Weizens der Komokatöken der 11. Indiktion zwei Solidi und drei Keratia, das macht an Gold 2 Solidi 3 Keratia, sonst nichts. Geschrieben am 11. Epeiph der 11. Indiktion. † Petros, Diastoleus, ich bestätige an Gold 2 Solidi 3 Keratia, wie es oben geschrieben steht".

Vorliegende Quittung hat die Zahlung eines Geldbetrages von zwei Solidi und drei Keratia (Z. 2) bestätigt, die ein βοηθός κωμοκατοίκων namens Γεώργιος (Z. 1) einem Beamten des λογιστήριον von Hermupolis – dem aus anderen Urkunden bekannten Πέτρος διαστολεύς (vgl. Komm. Z. 3) – gegenüber geleistet hatte. Mit dem Zahlungstitel ὑπὲρ ἐκτιμήσεως σίτου κωμοκατοίκων ια ἰνδικτίωνος in Z. 2 wurde unter anderem auch auf den Berechnungsmodus Bezug genommen, auf dessen Grundlage die Zahlungssumme ermittelt worden war. Dem betreffenden Betrag war hierbei eine bestimmte, im Dokument nicht eigens angeführte Menge an (Steuer-) Weizen zugrundegelegt, die mittels einer *adaeratio* (ἐκτίμησις) auf einen Geldwert umgelegt worden war, der letzten Endes von Γεώργιος βοηθός in dessen Eigenschaft als zuständiger Funktionär oder Beamter der Steuerklasse der κωμοκάτοικοι erstattet wurde. Vom Amts- bzw. Kompetenzbereich des Zahlers – beispielsweise in Form einer zu gewärtigenden anschließenden Erwähnung eines oder vielleicht auch mehrerer Dörfer oder Toponyme – hat man in vorliegendem Zeugnis keine Angabe gemacht – ein Umstand, der sich exakt mit dem Befund in den Parallelen SPP III 617, P.Lond. III 1077, SB XVI 12264 und P.Sorb. II 69 deckt. Der Quittungsadressat könnte mit der gleichnamigen Person des Zahlungsübermittlers in **43**, 2 identisch gewesen sein (vgl. ebenda, Komm. Z. 3). Der Sachverhalt der im Zahlungstitel angesprochenen *adaeratio* (ἐκτίμησις) läßt darauf schließen, daß der Inhalt des vorliegenden Schriftstückes keine regulär erfolgte Steuerzahlung zum Gegenstand hatte, sondern daß es sich bei der quittierten Zahlung vielmehr um eine offenbar einmalige und außerordentliche Transaktion gehandelt haben dürfte. Diese Transaktion war möglicherweise in einem Zahlungsrückstand von Naturalsteuern seitens der Steuerklasse der κωμοκάτοικοι eines bestimmten Ortes oder einer bestimmten Region begründet, indem die zu diesem Zeitpunkt noch ausständige Menge an Steuerweizen mittels Erstattung eines Geldbetrages ausgeglichen wurde. Das Ausstellungsdatum am Ende der Z. 2 scheint jedoch andererseits gegen die Annahme einer nachträglich erfolgten Zahlung zu sprechen, da der Ausstellungstag in den dritten Monat jenes (elften) Indiktionsjahres fiel, für das dem Zahlungstitel zufolge der Geldbetrag verbucht worden war; zum Beginn und Verlauf des hermopolitischen Jahreszyklus vgl. allgemein CSBE 25–26 sowie CSBE² 30. Die Herkunft und Datierung ergeben sich unter anderem aus der Person des Ausstellers und aus dem „Schreibstil des Logisterion von Hermupolis" (vgl. **43**, Komm. Z. 3).

1. Γεωργίου βοηθ(οῦ) κ(ωμοκατοίκων): Vgl. **43**, Komm. Z. 3. Nicht allein in Hinblick auf das später folgende σίτου κωμοκ̣(ατοίκων) ist κ(ωμοκατοίκων) aufzulösen. Für die Amtsbezeichnung βοηθὸς κωμοκατοίκ̣ων bzw. κωμοικ( ) lassen sich mehrere Parallelen aus P.Sorb. II 69 (Hermupolis, 7. Jh.) beibringen; vgl. ebenda, S. 48–49 mit einigen Korrekturen und Vorschlägen zu SPP III 617, 1, P.Lond. III 1077 (= SB XXII 15706; Hermopolites, Anfang 7. Jh.) und SB XVI 12264, 1 (Hermopolites, 628; vgl. Korr. in BL IX 280; X 212). Gegen eine Auflösung κ(ώμης) spricht, daß im Anschluß daran für gewöhnlich der Name des Dorfes folgt; vgl. in diesem Zusammenhang etwa SPP III 371, 2, 399, 1 (βοηθός ergänzt), SPP VIII 989, 2, 1050, 2, P.Cair.Masp. I 67049, 3–4 (Aphrodito, 6. Jh.), 67088, 4 (Aphrodito, 6. Jh.), III 67300, 3–4 (Aphrodito, 527; Korr. der Datierung in BL VII 35), P.Erl. 54, 5 (Oxyrhynchites, 4. Jh.), SB XIV 11593, Verso 1–2 (Hermopolites, 338–341; Korr. der

Datierung in BL VIII 372), wo κώμης ausgeschrieben ist, bzw. SPP III 300, 3, BGU XII 2196, 1 (Hermupolis, 6. Jh.), P.Flor. III 347, 2 (Hermopolites, 5. Jh.?), P.Herm. 83, 1 (Hermopolites?, 6. Jh.), P.Lond. V 1753, 1 (Hermopolites, 6.–7. Jh.) und SB XII 10810, 1; 6 (Herkunft unbekannt, 2. Hälfte 6. Jh.), wo die gekürzte Form κώμ(ης) begegnet. Der Titel βοηθός ist in Verbindung mit κ( ) lediglich ein weiteres Mal in P.Athen.Xyla 20, 2 (Antinoites, 6. Jh.; nach Überprüfung der Abbildung entgegen der Korr. in BL X 253) greifbar, wo κ( ) mit Verweis auf die Erwähnung des Amtes eines βοηθὸς κώμης bei Wilcken, *Grundzüge* mit κ(ώμης) aufgelöst wird; ein Dorfname folgt – wie im Fall der vorliegenden Urkunde – jedoch auch dort nicht nach; einer Korrektur in BL XI 254 zufolge wären die Schriftspuren als βοηθ(οῦ) κ(αὶ) ὑπὲρ τ̣[ο`ῦ´] Ἑρμο̣υ̣ zu lesen. Zum Begriff κωμοκάτοικοι vgl. allgemein **15**, Komm. Z. 3.

(ὑπὲρ) ἐκτιμ(ήσεως): Zum griechischen Terminus für *adaeratio*, worunter das Abschätzen und Festsetzen eines Natural- oder Sachwertes zum Zweck einer Umrechnung in einen Geldwert zu verstehen ist, vgl. neben WB I, *s. v.* ἐκτίμησις die Parallelen in P.Cair.Isid. 11 III 47; 53 (Karanis, 312), P.NYU I 11 a, Verso II 197 (Karanis, 338–342; Korr. der Datierung in BL VIII 227; darüber hinaus: Ziegler, *Bemerkungen* 93; vgl. BL XI 140), O.Wilck. 1173, 4 (Elephantine, 2. Jh.), 1175, 1 (Theben, 244–249; Korr. der Datierung in BL II 1, 95) und R. S. Bagnall, P.Kell. IV Gr. 96, S. 60–61. Ein über dem Wort befindliches Kreuz (vgl. *app.*) findet sich in der Transkription der *ed. pr.* an falscher Stelle – nämlich über Γεωργίου – als hochgestelltes χμ wiedergegeben und war vom Herausgeber als unvollständige Schreibung der christlichen Sigle χμγ (vgl. dazu allgemein **100**, Komm. Z. 5) gedeutet worden.

σίτου κωμο̣κ̣(ατοίκων): Vgl. in diesem Zusammenhang die Überschrift λόγ(ος) σίτ(ου) κωμοκατ(οίκων) in der Abrechnung SPP XX 221 I 1 (Hermopolites, 6. Jh.; vgl. Korr. in BL I 421; zur Herkunft: BL VIII 472).

2. νομ(ισμάτια): Oder νομ(ίσματα).
χρ(υσοῦ): Oder χρ(υσίου).
νο(μισμάτια): Oder νο(μίσματα).
Ἐπεὶφ ια: 5. Juli.

3. Πέτρος δι(αστολεύς): Vgl. **43**, Komm. Z. 3.
χρ(υσοῦ): Vgl. Komm. Z. 2.
νο(μισμάτια): Vgl. Komm. Z. 2.

79. + 1276. Quittung über Preis für gelieferte Spreu

P.Vindob. G 11079+11931	8,4 × 27,9 cm	6.–7. Jh.
Hermopolites (?)		Tafel LVI

ed. pr. **79**: SPP III 79 (*s.* V.–VI., angeblich Hermopol.) – *ed. pr.* **1276**: SPP VIII 1276 (*s.* VI.).

Papyrus. Zwei zusammenhängende Fragmente (**1276** links, **79** rechts). Oberer, rechter und unterer Rand erhalten. An der linken Seite abgebrochen. Das Ausmaß des Textverlustes ist auf einen schmalen Streifen beschränkt. Zwei horizontale Faltungen 2,7 und 5,6 cm unterhalb des oberen Randes. Keine Klebung. Schwarze Tinte. Der Abstand der Schrift zum Rand beträgt oben ca. 2,2 cm, rechts ca. 2,8 cm und unten ca. 2,5 cm. Z. 1 zentriert. Die Schrift auf dem Rekto verläuft quer zur Faserrichtung (*transversa charta*). Verso leer. Von derselben Hand wie **80** (Gruppe der von Γεώργιος ausgestellten Urkunden; in **80** hatte dieselbe Person jedoch nicht namentlich unterzeichnet; ein am Ende der Urkunden anzutreffender langgezogener Ausstrich macht allerdings deutlich, daß es sich in beiden Fällen um ein und denselben Schreiber gehandelt haben muß). Schrifttyp: sog. „Minuskelkursive“ mit einzelnen „Minuskel“-Elementen (vgl. π und τ); Formulartyp: ἐπληρώθην παρὰ σοῦ („Vertragsschema“). Ankauf: „*ex* 1887“ (**79**); „*ex* 1883“ (**1276**).

↓ 1 *vac.* Π̣[(αρὰ)] . . [. .] . . . ιου τ[ο]ῦ ἁγίο̣υ Ἰ̣ω̣ά̣ν̣[νο]υ *vac.*
2 [⳨ σοὶ . .] . . . . ε . . . [. Ἐπλη]ρ̣[ώ]θ̣η̣ν̣ παρὰ σοῦ (ὑπὲρ) τιμῆς ἀχύρου
3 [. . . . το]ῦ αὐτ[ο]ῦ ἁγίου Ἰω[άν]ν̣[ου] *vac.* (ὑπὲρ) πάκτου χρυσοῦ νομισμάτιον
4 [ἓν παρ]ὰ κεράτια ἕξ, γί(νεται) χρ(υσοῦ) νο(μισμάτιον) α π(αρὰ κεράτια) ς μόν(ον). Ἐγράφη Θὼθ ιδ ἰνδ(ικτίωνος) ιε. Ζαχαρία̣ς
5 [οἰκο]νόμ̣(ος) ὡς πρόκ(ειται). Δι’ ἐμοῦ Γεωργίου ἐγράφ(η).

1. | [- - - π(αρὰ) τοῦ αὐ]γου[σ]ταλίο[υ] Ἰ̣ω̣α̣ννου | *ed. pr.* **79** 2. |] . ερ[.]ω καὶ ι[| *ed. pr.* **1276** |]ν παρὰ σοῦ (ὑπὲρ) τιμῆς ἀχύρ[| *ed. pr.* **79** 3. |] . ου τ[οῦ] Ἁγίου Ἰω[άννου | *ed. pr.* **1276** |] (ὑπὲρ) πάκτου χρυσοῦ νομισμάτιον δ[ίμοιρον | *ed. pr.* **79** 4. | παρ]ά *ed. pr.* **1276** π(αρὰ) [(κεράτια) ς | *ed. pr.* **1276** | χρ/ νο( )] (δίμοιρον) μόν(ον) *ed. pr.* **79** μόν(ου) *DDBDP* **79** 5. |]νον ὡς *ed. pr.* **1276** δι’ ἐμοῦ [| *ed. pr.* **1276** | δι’ ἐμοῦ] Γεωργίου *ed. pr.* **79**

„Von [- - -] des heiligen Ioannes ⳨ an dich, N. N. [- - -] Ich habe ausbezahlt bekommen von dir für Preis von [- - -] Spreu desselben heiligen Ioannes, für (vertragliche) Vereinbarung an Gold einen Solidus abzüglich sechs Keratia, das macht an Gold 1 Solidus abzüglich 6 Keratia, sonst nichts. Geschrieben am 14. Thoth der 15. Indiktion. Zacharias, Oikonomos, wie es oben geschrieben steht. Geschrieben durch mich, Georgios“.

Fragment einer Quittung, in der einer namentlich nicht bezeugten Person die Zahlung einer Geldsumme als Preis für gelieferte Spreu bestätigt wurde. Die Urkunde hat zunächst im Rahmen eines sogenannten „Vertragsschemas“ den Namen und/oder die Funktionsbezeichnung des Zahlungsempfängers in einer zentrierten Kopfzeile wiedergegeben (Z. 1). Eine Erwähnung des Adressaten erfolgt erst am Beginn der nächsten Zeile (Z. 2). Der inhaltliche Teil des Dokumentes ist allem Anschein nach mit der formelhaften Wendung ἐπληρώθην παρὰ σοῦ eingeleitet worden (Z. 2). In Z. 1 wäre als Absender – analog zum Aufbau in der von demselben Schreiber verfaßten Quittung über Pachtzinsen **80** – sinngemäß der in Z. 4–5 genannte Ζαχαρίας οἰκονόμος zu erwarten. Eine Lesung dieses Namens läßt sich jedoch anhand der vorhandenen Buchstabenreste nicht einmal annähernd verifizieren; zur möglichen Deutung der Spuren vgl. weiters Komm. Z. 1. Selbiger Ζαχαρίας dürfte in Z. 4–5 als Vertreter oder Funktionär der in Z. 1 mit τοῦ ἁγίου Ἰωάννου bezeichneten (kirchlichen) Körperschaft angeführt gewesen sein und in eben dieser Eigenschaft die im vorliegenden Zeugnis schriftlich festgehaltene Zahlung entgegengenommen haben. Daß dieselbe Institution ebenso in **80** als eigentlicher, wenn auch nicht ausdrücklich genannter Zahlungsempfänger fungiert hat, steht angesichts auffallender formaler und inhaltlicher Parallelen zu vermuten. Darüber hinaus könnte sich auch bei den Adressaten der beiden Urkunden – dem Zahler des Preises für gelieferte Spreu im vorliegenden Dokument einerseits und jenem von Pachtzinsen in Form von Naturalien in **80** andererseits – um ein und dieselbe Person gehandelt haben, was jedoch aufgrund des Textbefundes in den beiden Dokumenten nicht bewiesen werden kann. „Archivimmanente“ Umstände, die in einem gemeinsamen Fundkontext begründet liegen dürften, scheinen jedenfalls eine solche Annahme nahezulegen, es sei denn, daß beide Urkunden wiederum als Kopien aus dem Verwaltungsbüro des formellen Absenders aufzufassen wären. Ob beide Quittungen nebenbei auch ein und dasselbe Pachtverhältnis bzw. Pachtobjekt betroffen haben, ist anhand des Textbefundes nicht zu eruieren. Möglicherweise ist sogar ausdrücklich auf das Pachtobjekt im Anschluß an den Zahlungstitel (ὑπὲρ) τιμῆς ἀχύρου (Ende Z. 2) verwiesen worden (Anfang Z. 3), wie die unmittelbar darauffolgende

Angabe τοῦ αὐτοῦ ἁγίου Ἰωάννου vermuten läßt (vgl. dazu und in Hinblick auf eine andere Möglichkeit Komm. Z. 3). Beim folgenden ὑπὲρ πάκτου könnte anstelle der zu gewärtigenden näheren zeitlichen Bestimmung – etwa in Form einer Indiktionsangabe – auf die Umstände der Zweckgebundenheit der Zahlung angespielt worden sein (vgl. Komm. Z. 3). Nach der Erwähnung des empfangenen Geldbetrages, welcher sich auf einen Solidus abzüglich sechs Keratia (Z. 3–4) belaufen hat, und dem Ausstellungsdatum (Z. 4; vgl. demgegenüber auch die Jahresangabe in **80**) endete das Schriftstück mit einer formellen Einverständniserklärung seitens des Absenders und unmittelbaren Zahlungsempfängers Ζαχαρίας (Z. 4–5) und der Unterschrift des Verfassers und Ausfertigers Γεώργιος (Z. 5). Die Angaben im Text bieten keinen Anhaltspunkt, der über die Herkunft der Urkunde Aufschluß geben könnte. Aufgrund der im handschriftlichen Inventarkatalog aufgezeichneten Ankaufsdaten könnte das Zeugnis sowohl hermopolitischer (vgl. dazu das vermeintliche Ankaufsjahr von **79**) als auch arsinoitischer bzw. herakleopolitischer (vgl. dazu das vermeintliche Ankaufsjahr von **1276**) Provenienz sein. In Anbetracht des formellen Absenders τ[ο]ῦ ἁγίο̣υ̣ Ἰ̣ωάν[νο]υ (vgl. dazu J. Gascou, P.Sorb. II 69, S. 74) dürfte einer hermopolitischen Herkunft der Vorzug zu geben sein. Das Dokument wird aufgrund paläographischer Kriterien ins 6.–7. Jh. datiert (vgl. dazu die Formalbeschreibung), könnte in Hinblick auf den Münzfuß von 1 Solidus *minus* 6 Keratia aber auch späteren Datums (7. Jh.) sein; vgl. dazu allgemein **43**, 2.

1. Π̣[(αρὰ)] . . [. .] . . . ιου: An dieser Stelle wären am ehesten der Name und die Funktionsbezeichnung der in Z. 4–5 genannten Person zu erwarten (vgl. in diesem Zusammenhang **80**), was jedoch anhand der Schriftspuren auszuschließen ist. Vielleicht Π̣[(αρὰ)] τ̣ο̣[ῦ δ]ι̣καίου, wodurch der vorhandene Platz gut ausgefüllt wäre; vgl. diesbezüglich τῷ δικαίῳ τοῦ ἁγίου εὐκτηρίου [ἄ]ββα Ἰωάννου βαπτιστοῦ καλ[ο]υμένου Ἐρηναίου τοῦ διακει[μ]ένου ἐπὶ τῆς Ἑρμουπ[ο]λιτῶν δ̣ι̣ὰ̣ Ζαχ̣α̣ρ̣ί[ο]υ̣ ο̣ἰκ[ονόμου] in CPR IX 32, 6–8 (Hermopolites, 551).

τ[ο]ῦ ἁγίο̣υ̣ Ἰ̣ωάν[νο]υ: Zu Institutionen dieses Namens und deren lokalen Streuungen vgl. allgemein Papaconstantinou, *Culte* 112–119; zu vorliegendem Beleg im besonderen: J. Gascou, P.Sorb. II 69, S. 74.

2. [☧ σοὶ . . .] . . . . ε . . . [. : Möglicherweise [☧ σοὶ . . .] . . . . . . Γ̣ε̣ω̣ρ̣γ̣ί̣[ῳ.

3. Am Zeilenbeginn könnte ein auf die Produktangabe ἀχύρου am Ende der Z. 2 zu beziehendes Adjektiv oder – in Hinblick auf τοῦ αὐτοῦ ἁγίου Ἰωάννου – eine das Pachtobjekt betreffende Bezeichnung zu ergänzen sein.

(ὑπὲρ) πάκτου: Im gegenwärtigen Kontext wohl nicht als zusätzlicher Zahlungstitel, sondern vielmehr als erläuternde Angabe in Bezug auf den Verwendungszweck zu verstehen.

4. Θὼθ ιδ: 11. (12.) September.

5. [οἰκο]νόμ̣(ος): In Hinblick auf das nachfolgende ὡς πρόκ(ειται) wäre eher eine Wendung wie στοιχεῖ μοι zu erwarten; eine Lesung] μοι scheidet hier jedoch aufgrund des eindeutigen Befundes aus. Die Angabe des Wortes οἰκονόμος, welche sich auf die Funktion des Zahlungsempfängers Ζαχαρίας bezogen hat, läßt sich an betreffender Stelle auch inhaltlich begründen, da selbiger – im Gegensatz zu seinem Pendant Χριστόδωρος προνοητής in **80** – vorweg nicht genannt gewesen sein dürfte. Die Wendung ὡς πρόκειται bleibt in dieser unvollständigen Form freilich mehr oder weniger unverständlich, sie scheint sich jedoch unzweifelhaft auf eine in solchem Zusammenhang durchaus übliche Einverständniserklärung bezogen zu haben; vgl. ein ähnliches Phänomen im Fall von καὶ πρ̣ὸς ⟨σ⟩ὺ̣ν̣ ἀσφάλει(αν) ταύτην τὴν ἀποχὴν ὡς πρόκ(ειται) in **80**, 5.

80. Quittung über Pachtzins

P.Vindob. G 11080+14306 7,8 × 30 cm 6.–7. Jh.
Hermopolites (?) Tafel LVI

ed. pr.: SPP III 80 (*s.* V–VI, angeblich Hermopol.) – P.Vindob. G 14306 *ined.*

Papyrus. Zwei zusammenhängende Fragmente (P.Vindob. G 14306 links, **80** rechts). Ränder an allen Seiten erhalten. Vier horizontale Faltungen 1,2, 2,5, 3,8 und 5,8 cm unterhalb des oberen Randes. Eine vertikale Faltung in der Blattmitte. Keine Klebung. Schwarze Tinte. Der Abstand der Schrift zum Rand beträgt oben ca. 0,5 cm, links ca. 1,5 cm und unten ca. 2 cm. Rechts bis zum Rand beschrieben. Z. 1 zentriert. Kreuz in Z. 2 ausgerückt. Auslassungen von Buchstaben dürften auf mangelnde Konzentration des Schreibers zurückzuführen sein. Die Schrift auf dem Rekto verläuft quer zur Faserrichtung (*transversa charta*). Verso leer. Von derselben Hand wie **79** (Gruppe der von Γεώργιος ausgestellten Urkunden; im Unterschied zu **79** hat die betreffende Person hier jedoch nicht namentlich unterzeichnet; ein am Ende der beiden Urkunden anzutreffender langgezogener Ausstrich macht jedoch deutlich, daß es sich in beiden Fällen um ein und denselben Schreiber gehandelt haben muß). Schrifttyp: sog. „Minuskelkursive“ mit einzelnen „Minuskel“-Elementen (vgl. π und τ); Formulartyp: ἐδεξάμην καὶ ἐπληρώθην παρὰ σοῦ („Vertragsschema“). Ankauf: „*ex* 1887 (**80**)“; nicht dokumentiert (P.Vindob. G 14306; die Signaturen P.Vindob. G 13000–15999 deuten aber in der Regel auf eine hermopolitische Provenienz hin; vgl. dazu H. Loebenstein, P.Rain.Cent., S. 21).

↓ 1 *vac.* Π(αρὰ) Χριστοδώρου προνοητ(οῦ)
2 ⳨ σοὶ . . . . Ἐδεξάμην καὶ ἐπληρώθην παρὰ σοῦ (ὑ̣π̣ὲ̣ρ̣) ἐ̣κ̣φ̣[ο]ρ̣ίων τοῦ ἁγίου Ἰωάννο̣υ̣
3 νεοκ̣τί⟨σ⟩του (ὑπὲρ) καρπῶν τρίτης ἰνδ(ικτίωνος) σίτου ἀρτάβας τριάκοντα δύο καὶ κριθῶν ἀρτάβας
4 δέκα δίμ⟨οιρ⟩ον καὶ λαχανοσπέρμ(ου) ἀρτ(άβην) μίαν, γί(νονται) κ( ) σί(του) (ἀρτάβαι) λβ κρ(ιθῶν) (ἀρτάβαι) ι β´ καὶ λαχ(ανοσπέρμου) ἀρ(τάβη) α μόνα. Ἐγράφη
5 Θὼθ ς γ ἰνδ(ικτίωνος) καὶ πρὸ̣ς ⟨σ⟩ὐ̣ν̣ ἀσφάλει(αν) ταύτην τὴν ἀποχὴν ὡς πρόκ(ειται). Χριστόδωρος, στοιχεῖ μοι
6 ἡ ἀποχὴ ὡς πρόκ(ειται).

1. | [- - - π(αρὰ) τοῦ δεῖνος - - -] προνοητ(οῦ) | *ed. pr.* 2. | [† ἔσχον καὶ ἐπ]ληρώθην *ed. pr.* [συν]ηθιῶν τοῦ ἁγίου Ἰωάννο[υ | *ed. pr.* 3. | [- - - σίτου ἀρ]τάβας *ed. pr.* 4. | [δέκα ἑπτὰ καὶ λαχ(ανοσπέρμου) ἀρτάβην μί]αν γί(νεται) (ὑπὲρ) σι( ) *ed. pr.* ϊ *pap.* ϊζ *ed. pr.* *l.* μόναι 5. | [μηνὶ . . . - - - τ]ήν *ed. pr.* *l.* σήν 6. *om. ed. pr.*

„Von Christodoros, Pronoetes ⳨ an dich, N. N. [- - -] Ich habe vollständig empfangen von dir für Pachtzinsen des neugegründeten heiligen Ioannes für Ernteerträge der dritten Indiktion zweiunddreißig Artaben Weizen und zehn zwei drittel Artaben Gerste und eine Artabe Gemüsesamen, das macht [- - -] 32 Artaben Weizen, 10 2/3 Artaben Gerste und 1 Artabe Gemüsesamen, sonst nichts. Geschrieben am 6. Thoth der 3. Indiktion, und zu deiner Sicherheit diese Quittung, wie es oben geschrieben steht. Christodoros, ich erkläre mich einverstanden mit der Quittung, wie es oben geschrieben steht“.

Quittung über Pachtzinsen, die eine namentlich nicht bezeugte Person (Z. 2) einem gewissen Χριστόδωρος προνοητής gegenüber entrichtete (Z. 1). Der Name und die Funktion des Pachtzinsempfängers finden sich im Rahmen des Formalschemas eines Vertragstextes vorweg in der zentrierten Kopfzeile des Dokumentes angeführt. An die Angabe der Person des Quittungsadressaten in Z. 2, von der mit Ausnahme einiger unleserlicher Buchstabenreste nichts mehr erhalten ist, schließt sich die Einleitungswendung des Quittungsformulars ἐδεξάμην καὶ ἐπληρώθην παρὰ σοῦ an (Z. 2). Der Zahlungstitel ὑπὲρ ἐκφορίων τοῦ ἁγίου Ἰωάννου νεοκτίστου läßt deutlich auf einen gemeinsamen Kontext mit **79**, einer von demselben Schreiber verfaßten Quittung über einen Preis für Spreu, schließen. Im Gegensatz zu **79** war jedoch im vorliegenden Zeugnis der Dienstbereich des Absenders, welcher angesichts des Zahlungstitels wohl auf dieselbe Institution τοῦ ἁγίου Ἰωάννου wie in **79** zu beziehen und – analog zum dortigen Befund – letztendlich auch als eigentliche Zieladresse der Pachtzinsleistung zu verstehen ist, nicht ausdrücklich genannt. Der in Naturalien abgeführte Pachtzinsbetrag dürfte demnach von Χριστόδωρος προνοητής bloß in dessen Eigenschaft als Funktionär der Körperschaft τοῦ ἁγίου Ἰωάννου entgegengenommen worden sein. In Hinblick auf den Gesamtkontext könnte im Fall des in Z. 2 genannten Pächters eine Gleichsetzung mit der nicht weiter greifbaren Person des Quittungsadressaten und Zahlers in **79**, 2 in Erwägung gezogen werden. Die Pachtzinsen wurden in Form von zweiunddreißig Artaben Weizen, zehn zwei drittel Artaben Gerste und einer Artabe Gemüsesamen für ein drittes Indiktionsjahr erstattet (Z. 3–4). Nach dem Ausstellungsdatum, demzufolge die Lieferung der betreffenden Naturalienmengen und die daraufhin erfolgte Ausfertigung der Quittung in den Verlauf desselben Jahres gefallen sind, und der für die vorliegende Urkundenart weitverbreiteten Formel καὶ πρὸς σὴν ἀσφάλειαν πεποίημαι ταύτην τὴν ἀποχὴν ὡς πρόκειται (vgl. Komm. Z. 5) endet das Dokument mit einer formellen Einverständniserklärung seitens des Absenders Χριστόδωρος (Z. 5–6). Eine Unterschrift des für die Ausfertigung des Schriftstückes verantwortlich zeichnenden Schreibers Γεώργιος, wie sie in der Parallele **79**, 5 zu finden ist, war aus unerklärlichen Gründen hier unterblieben. Die Urkunde bietet kaum Anhaltspunkte, die über die Herkunft des Zeugnisses verläßlich Aufschluß geben könnten; aufgrund von τοῦ ἁγίου Ἰωάννου νεοκ̣τί⟨σ⟩του (Z. 2–3) könnte die Quittung aus dem hermopolitischen Gau stammen; vgl. dazu allgemein J. Gascou, P.Sorb. II 69, S. 74. Das Dokument wird aufgrund paläographischer Kriterien ins 6.–7. Jh. datiert (vgl. dazu die Formalbeschreibung), könnte in Anbetracht des Münzfußes in der Parallele **79**, 3–4 aber auch später (7. Jh.) entstanden sein; vgl. dazu allgemein **43**, 2.

2. τοῦ ἁγίου Ἰωάννου: Vgl. **79**, Komm. Z. 1.

3. νεοκ̣τί⟨σ⟩του: Als korrekte Nebenform zu νεοκτίστου (vgl. SPP III 312, 2) literarisch mehrfach nachweisbar. Eine Verschreibung für νεοκτείτου (in der Bedeutung „neuerworben") ist in Hinblick auf SPP III 312 auszuschließen.

4. κ( ): Aufgrund des nachfolgenden σί(του) am ehesten wohl als κ(αθαροῦ) aufzufassen. Eine bloß einmalig erfolgte Angabe κ(αγκέλλῳ) ist nicht allein vor dem Hintergrund einer nachfolgenden summarischen Aufzählung mehrerer Produktmengen, sondern auch aufgrund ihrer Positionierung als problematisch zu werten.

(ἀρτάβαι) ι β′: Zum Symbol β′ = (δίμοιρον) vgl. allgemein J. Gascou, P.Sorb. II 69, S. 16; zur Verwendung der Bruchzahl 2/3 bei Mengenangaben in Artaben vgl. Fowler, *Fractions* 273–274.

5. Θὼθ ς: 3. (4.) September.

καὶ πρ̣ὸς ⟨σ⟩ῦ̣ν̣ ἀσφάλει(αν) ταύτην τὴν ἀποχὴν ὡς πρόκ(ειται): Zwischen ἀσφάλει(αν) und ταύτην ist das Verbum πεποίημαι zu ergänzen; vgl. in diesem Zusammenhang aber die unvollständige Formulierung der Einverständniserklärung Ζαχαρίας [οἰκο]νόμ̣(ος) ὡς πρόκ(ειται) in **79**, 4–5.

81. QUITTUNG ÜBER AUFWENDUNG(-EN)

P.Vindob. G 11081 6,4 × 6,6 cm 6.–7. Jh.
(?) Tafel L

ed. pr.: SPP III 81 (*s.* VI.).

Papyrus. Oberer, linker und unterer Rand erhalten. An der rechten Seite abgebrochen. Das Ausmaß des Textverlustes bleibt weitgehend unklar. Zwei horizontalen Faltungen 2,4 und 4,4 cm unterhalb des oberen Randes. Keine Klebung. Schwarze Tinte. Der Abstand der Schrift zum Rand beträgt oben, links und unten jeweils ca. 1 cm. Z. 4 möglicherweise zentriert. Die Schrift auf dem Rekto verläuft quer zur Faserrichtung (*transversa charta*). Verso leer. Schrifttyp: sog. „Minuskelkursive" mit einzelnen „Minuskel"-Elementen (vgl. λ und τ, wobei erstgenannter Buchstabe sowohl in „minuskelkursiver" als auch „minuskelartiger" Form vertreten ist); Formulartyp: ἐπληρώθην ἐγὼ ὁ δεῖνα παρὰ σοῦ τοῦ δεῖνος („Quittungsschema"). Ankauf: „*ex* 1883".

↓ 1 † Ἐπληρώθ( ) [
2 ̣ ̣ ἀναλωμα( ) τọ[ῦ] οἰν[
3 φρο( ) τῶν ἐκεῖ ̣ ̣ [̣] ̣ [
4 *vac.* Χọịạ̀]κ̣ [

1. | † ἐπληρώθ(ην) [| *ed. pr.* 2. | [τ]ὰ ἀναλώμα(τα) τ[| *ed. pr.* 3. | φρ( ) τῶν ἐκει[| *ed. pr.* 4. | χ[ο]ι̣[α]κ̣ [| *ed. pr.*

„† Ich, N. N., habe ausbezahlt bekommen (bzw. wir, NN. NN., haben ausbezahlt bekommen) [- - -] Aufwendung (bzw. Aufwendungen) des [- - -] Phrontistes der dortigen [- - -] Choiak [- - -]".

Wenig aussagekräftiges Fragment einer Quittung über eine nicht näher bezeugte Aufwendung (ἀνάλωμα oder ἀναλώματα). Das Urkundenformular hat offensichtlich auf dem Formulartyp ἐπληρώθην ἐγὼ ὁ δεῖνα παρὰ σοῦ τοῦ δεῖνος aufgebaut. Weder der bzw. die Zahlungsempfänger noch der bzw. die Quittungsadressaten sind namentlich und mit ihren personenspezifischen Daten greifbar, dürften jedoch zur Gänze im Verlauf der Z. 1 genannt gewesen sein. Die Angabe ἀναλωμα( ) τọ[ῦ] οἰν[am Beginn der Z. 2 hat sich offensichtlich bereits auf einen Teil des Zahlungstitels bezogen. Die inhaltliche Bedeutung des einzig verbliebenen Restes der nächsten Zeile, φρο( ) τῶν ἐκεῖ, bleibt aufgrund des fehlenden Kontextes weitgehend unklar. In Z. 4 war allem Anschein nach das Ausstellungsdatum des Dokumentes wiedergegeben. Im Anschluß an die überlieferte Monatsangabe dürften sinngemäß die Tagesziffer, das Indiktionsjahr sowie die Unterschrift des Ausfertigers zu ergänzen sein. Der Textbefund des Fragmentes bietet keinen Anhaltspunkt, der über die Herkunft der Urkunde Aufschluß geben könnte. Der Dokumentation des Ankaufsjahres im handschriftlichen Inventarkatalog – „*ex* 1883" – zufolge könnte das Schriftstück sowohl arsinoitischen als auch herakleopolitischen Ursprunges gewesen sein. Das Zeugnis wird aufgrund paläographischer Kriterien ins 6.–7. Jh. datiert (vgl. dazu die Formalbeschreibung).

1. Ἐπληρώθ( ) [: Der Numerus bleibt aufgrund der verlorengegangenen Fortsetzung unklar. In Hinblick auf den mutmaßlichen Formulartyp ist die Kürzung entweder als Singular Ἐπληρώθ(ην) (*sc.* [ἐγώ) oder als Plural ἐπληρώθ(ημεν) (*sc.* [ἡμεῖς) aufzulösen.

2. ἀναλωμα( ): Der Numerus des Wortes ἀνάλωμα ist an dieser Stelle nicht ersichtlich; als Kasus käme vor dem Hintergrund der Deutung der betreffenden Angabe als Teil des Zahlungstitels wohl am ehesten der Genitiv in Frage.

οἰν[: Aufgrund des vorangegangenen Artikels ist οἴν[ου wohl kaum möglich; eher Teil einer Berufsbezeichnung (οἰνοπράτης etwa).

3. φρο( ): Numerus und Kasus der Funktionsbezeichnung φροντιστής bleiben weitgehend ungeklärt; in Bezug auf eine vermeintliche Rolle der betreffenden Person als Übermittler möglicherweise als Singular Genitiv aufzulösen. Zur Verbindung mit τῶν ἐκεῖ vgl. weiters PSI XIV 1428, 3–4 (1. Hälfte 6. Jh.; Korr. der Datierung in BL XI 251): ὁ φροντιστὴς τῶν ἐκεῖ.

82. Quittung über Monopolgebühr für den Farbstoff Krimnos (Andreas-Archiv)

P.Vindob. G 11082	7,6 × 17,5 cm	Anfang 7. Jh.
Tamauis (Arsinoites)		Tafel IX

ed. pr.: SPP III 82 (*s.* VI., Arsin.) – *ed. sec.*: SB XXII 15571 (Arsinoites, 6. Jh.) = Russ, *Bemerkungen* 228 (BL X 261) – Korr.: B. C. McGing, P.Dub. 26, Komm. Z. 1 (BL X 2); zur allgemeinen Datierung des „Andreas-Archivs" in das Ende 6.–Anfang 7. Jh. vgl. BL XI 258 und 239.

Papyrus. Linker, rechter und unterer Rand erhalten. An der oberen Seite abgebrochen. Das Ausmaß des Textverlustes dürfte sich auf einen schmalen Steifen beschränken. Eine horizontale Faltung 1,1 cm oberhalb des unteren Randes. Weitere Faltungen nicht mehr deutlich erkennbar. Keine Klebung. Schwarze Tinte. Der Abstand der Schrift zum Rand beträgt links ca. 2 cm, rechts ca. 1,5 cm und unten ca. 2 cm. Die Schrift auf dem Rekto verläuft quer zur Faserrichtung (*transversa charta*). Verso leer. Mit keiner anderen Schreiberhand im Archiv gleichzusetzen. Schrifttyp: sog. „Minuskelkursive"; Formulartyp aus dem Textbefund nicht mehr klar ersichtlich („Quittungsschema"?). Ankauf: „*ex* 1883 Faijûm".

↓ 1 †̣ [̣] ̣[± 5] ̣ ̣[̣] ̣[ἐγ]ὼ̣ Κ̣[οσ]μ̣ᾶ̣ς̣ τελωνάρχ(ης) [
2 τῷ̣ θαυμασιωτάτ(ῳ) Ἀνδρέᾳ γραμμ(ατεῖ) κώμ(ης) [*vac.* (?)]
3 Ταμαύ̣ε̣[ω]ς (ὑπὲρ) τέλους κρίμ̣ν̣ον πέμπτη̣[ς ἰνδ(ικτίωνος)]
4 νομίσματα τρία ῥυπ̣αρά, γί(νονται) νο(μίσματα) γ ῥ(υπαρά). Ἐγράφ(η) μη[(νὶ)]
5 Ἐπε[ὶ]φ γ̣ τῆς αὐτ(ῆς) ε ἰνδ(ικτίωνος). †̣ (2. H.) Δ(ι') ἐμοῦ Κοσμᾶς
6 ἀναγνώστης καὶ τελονάρχης. †

1. | [- - - Κοσ]μᾶ τελωναρχ( ) [| *ed. pr.*, | [† - - - Κοσ]μᾶς τελωνάρχ(ης) | *ed. sec.* 2. γραμμ(ατεῖ) *ed. pr.*, γραμμα(τεῖ) *ed. sec.* 3. | Ταμαν[εω]ς *ed. pr.*, | Ταμαύε̣[ω]ς McGing, *ed. sec.* (ὑπέρ) *ed. pr.*, ὑ(πέρ) *ed. sec.* *l.* κρίμνου, κ ̣ ̣ ̣ μ̣ω̣ν̣ *ed. pr.*, κρ̣ί̣μ̣ν̣ον (*l.* κρίμνων) *ed. sec.* 4. | νομισμάτια *ed. pr.*, | νομίσματα *ed. sec.* ῥυ[π]αρά *ed. pr.*, ῥυπαρά *ed. sec.* μη(νί) | *edd.* 5. | [πα]χω[ν - - -] τῆς *ed. pr.*, | Επε[ὶφ ̣] τ̣ῆς *ed. sec.* *l.* Κοσμᾶ 6. *l.* ἀναγνώστου καὶ τελωνάρχου ἀναγνώστης *om. ed. pr.* | [τε]λωνάρχης *ed. pr.*, | ἀναγνώστης καὶ τελονάρχης *ed. sec.*

„† Ich, Kosmas, Telonarches [- - -] dem hochverehrten Andreas, Grammateus des Dorfes Tamauis, für Krimnos-Abgabe der fünften Indiktion drei nicht vollwertige Solidi, das macht 3 nicht vollwertige Solidi. Geschrieben am 3. Tag im Monat Epeiph derselben 5. Indiktion. † (2. H.) Durch mich, Kosmas, Anagnostes und Telonarches †".

Quittung über eine Abgabenleistung für den Farbstoff κρίμνος, die Ἀνδρέας γραμματεὺς κώμης Ταμαύεως an einen τελωνάρχης namens Κοσμᾶς erstattet hat. Die Einleitungsformel des Urkundenformulars, welches sich offenbar deutlich von jenem der übrigen Zeugnisse des „Andreas-Archivs" unterschieden hat, ist aus dem unmittelbaren Textbefund heraus nicht genau ersichtlich. Der Zahlungstitel ὑπὲρ τέλους κρίμνου dürfte auf eine Art Monopolabgabe für den Farbstoff κρίμνος Bezug genommen haben (vgl. Komm. Z. 3). Die Abgabenhöhe war im vorliegenden Fall – möglicherweise auch von der allfälligen, im Dokument jedenfalls unerwähnt gebliebenen Produktmenge völlig unabhängig – auf drei Solidi angesetzt (Z. 4). Die auffällig runde Summe könnte somit demzufolge auch als Fixsatz einer Pauschalgebühr gewertet werden. Dem Ausstellungsdatum war die eigenhändig verfaßte Unterschrift des Abgabenempfängers Κοσμᾶς nachgefolgt, welche selbigen zusätzlich zu dessen offizieller Eigenschaft als τελωνάρχης auch als Träger des kirchlichen Titels ἀναγνώστης auswies (Z. 5–6). Zu Inhalt, Datierung und Herkunft vgl. den Exkurs zum „Andreas-Archiv" im vorangegangenen Einleitungsteil.

1. τελωνάρχ(ης): Das Wort war bislang ausschließlich als Bezeichnung für einen Zollbeamten gedeutet worden; weitere Belege liegen in P.Col. VIII 244, 20 (Arsinoites, 6. Jh.), P.Got. 14, 2 (Herkunft unbekannt, 7. Jh.) und P.Lond. V 1754, 1 (vgl. Korr. in BL IX 147; Babylon, arab. Zeit) vor. Der Kompetenzbereich der τελωνάρχαι scheint aber aufgrund des nunmehrigen Befundes im vorliegenden Dokument weitaus umfassender gewesen zu sein, als bisher gemeinhin angenommen worden war, und sich demnach nicht allein auf das Zollwesen im engeren Sinn beschränkt zu haben.

2. τῷ θαυμασιωτάτ(ῳ) Ἀνδρέᾳ γραμμ(ατεῖ): Vielleicht aber auch im Genitiv als το[ῦ] θαμαυσιωτάτ(ου) Ἀνδρέα γραμμ(ατέως) aufzufassen, was hierbei in erster Linie vom jeweiligen Formulartyp abhängt; aufgrund dieses Umstandes ist für das Ende der Z. 1 auch eine Ergänzung [παρὰ σοῦ] zu erwägen.

κώμ(ης) [: Möglicherweise κώμ(ης) [καλουμ(ένης) (oder ähnlich) zu ergänzen, womit der Zeilenspiegel vollständig ausgefüllt würde.

2.–3. τῷ θαυμασιωτάτ(ῳ) Ἀνδρέᾳ γραμμ(ατεῖ) κώμ(ης) [*vac.* (?)] Ταμαύε̣[ω]ς: Zur Person und Anredeform vgl. **1**, Komm. 2–3.

3. (ὑπὲρ) τέλους: Im vorliegenden Kontext wohl eher als Monopolabgabe denn als Zollgebühr zu verstehen.

κρίμ̣ν̣ον: Die Form ist in diesem Fall offenbar nicht auf τὸ κρίμνον, die Gerste, sondern auf den Farbstoff ἡ κρίμνος bzw. κρῆμνος zu beziehen; vgl. diesbezüglich einen weiteren Beleg in P.Holm. *pag.* 8, 43 sowie den dazugehörigen Kommentar ebenda, S. 183, Komm. Z. 40–44; zu den Farbstoffen im allgemeinen: Pfister, *Teinture* 14–15; Halleux, *Alchimistes* 219.

3.–4. νομίσματα: Davor ist sinngemäß χρυσίου bzw. χρυσοῦ zu ergänzen.

5. Ἐπε[ὶ]φ̣ γ̣: 27. Juni.

6. ἀναγνώστης: Vgl. **52**, Komm. Z. 1.

82. *BIS* QUITTUNG ÜBER JAHRESLOHN (?) EINES SYMMACHOS (ANDREAS-ARCHIV)

P.Vindob. G 39636 — 6,4 × 30,6 cm — 605/606
Tamauis (Arsinoites) — Tafel VI

ed. pr.: SPP III 82 *bis* (*s.* VI., Arsin.) – Korr.: B. C. McGing, P.Dub. 26, Komm. Z. 1 (BL X 2); zur allgemeinen Datierung des „Andreas-Archivs“ in das Ende 6.–Anfang 7. Jh. vgl. BL XI 258.

Papyrus. Oberer Rand erhalten. An der linken, rechten und unteren Seite abgebrochen. Das Ausmaß des Textverlustes läßt sich anhand der Archivparallelen annähernd abschätzen. Zwei horizontale Faltungen 2 und 4 cm unterhalb des oberen Randes. Eine vertikale Faltung in der Blattmitte. Keine Klebung. Schwarze Tinte. Der Abstand der Schrift zum Rand beträgt oben ca. 1,3 cm und unten ca. 1,4 cm. Die Schrift auf dem Rekto verläuft quer zur Faserrichtung (*transversa charta*). Verso leer. Von derselben Hand wie **3**, **8**, **9**, **14**, **16** und **36** (Untergruppe der von Στρατήγιος ausgestellten Urkunden). Schrifttyp: sog. „Minuskelkursive“; Formulartyp: ἔσχον καὶ ἐπληρώθην ἐγὼ ὁ δεῖνα παρὰ σοῦ τοῦ δεῖνος („Quittungsschema“). Ankauf: „Faijûm *ex* 1883“.

↓ 1 †̣ Ἔσχον (καὶ) ἐπληρ(ώθην) ἐγὼ Ποῦσις υἱὸς Παύλου σύμμαχος παρὰ σοῦ Ἀνδρέου γραμματ(έως) κώμ(ης) Ταμαύεως
2 [τὰ ἐξ ἔθους] δ̣[ι]δ̣όμενά μ̣ο̣[ι] ὑ̣π̣ὲρ μ̣[ισ]θ̣ο̣ῦ̣, λ̣έ̣[γω] δὴ (ὑ̣π̣ὲ̣ρ̣) μ̣ε̣ρ̣(ισμοῦ) ἐνάτης ἰν(δικτίωνος) χρυσίου νο[μ]ισμ(άτια)
3 [δύο παρὰ κερ(άτια)] δέκ[α, χρυ̣(σίου) νο(μισμάτια) β π(αρὰ) κερ(άτια) ι. Ἐγράφ(η) μη(νὶ) ± 5] ̣ [τῆς αὐ]τ̣ῆ̣[ς] ἐ̣ν̣[ά]τ̣ης ἰν(δικτίωνος). Δ(ι’) ἐμ̣[οῦ Στρατηγίου *Paraphe*]

1. Πουσι *ed. pr.* γραμμ(ατέως) *ed. pr.* Ταμ̣α̣ν̣εως | *ed. pr.*, Ταμ̣α̣ύ̣εως | McGing 2. | [τὰ ἐξ ἔθους διδ]όμενά [μοι ὑπ]ὲρ [μισθοῦ λέγω] δὴ [ὑπ]ὲρ ἐνάτης *ed. pr.* νο[μ]ισμ[άτια ̣ ̣ ̣ | *ed. pr.* 3. | τ]ης ἰνδ( ) *ed. pr.* † δι’ ἐ[μοῦ | *ed. pr.*

„† Ich, Pusis, Sohn des Paulos, Symmachos, habe vollständig erhalten von dir, Andreas, Grammateus des Dorfes Tamauis, den für gewöhnlich mir ausgezahlten Betrag für Lohn, nämlich für Zuteilung der neunten Indiktion an Gold zwei Solidi abzüglich zehn Keratia [- - -] Geschrieben [- - -] im Monat [- - -] derselben neunten Indiktion. Durch mich, Strategios“.

Quittung über die Auszahlung einer regelmäßig, vermutlich jährlich erstatteten Lohnsumme, die ein σύμμαχος namens Ποῦσις, Sohn des Παύλος, von Ἀνδρέας γραμματεὺς κώμης Ταμαύεως erhalten hat (Z. 1). Die Lohnzahlung betrug zwei Solidi abzüglich zehn Keratia und ist für dasselbe Jahr geleistet worden (Z. 2), in welchem das vorliegende Dokument ausgestellt wurde (zur Jahresbestimmung und zeitlichen Einordnung des Zeugnisses vgl. Komm. Z. 3). Die Tages- und Monatsangabe des Ausstellungsdatums sind nicht erhalten. Das charakteristische Schriftbild läßt das Schriftstück der Archivuntergruppe der von Στρατήγιος ausgefertigten Urkunden zuweisen und den Namen sowie die Paraphe desselben am Ende der Z. 3 ergänzen. Zu Inhalt, Datierung und Herkunft vgl. den Exkurs zum „Andreas-Archiv“ im vorangegangenen Einleitungsteil.

2. [τὰ ἐξ ἔθους] δ̣[ι]δόμενά μ̣ο̣[ι]: Nach der Parallele in **16**, 2 ergänzt.

2.–3. [δύο παρὰ κερ(άτια)] δέκ[α, χρυ̣(σίου) νο(μισμάτια) β π(αρὰ) κερ(άτια) ι: Zur Ergänzung der Auszahlungssumme und des Münzfußes vgl. **14**, 3.

3. ἐν̣[ά]της ἰν(δικτίωνος): In Hinblick auf die Angaben der Indiktionsjahre in **9**, 2–3 und **14**, 3–4 dürfte die Ausstellung der vorliegenden Quittung im Jahre 605/606 erfolgt sein.
Στρατηγίου: Zur Person vgl. **8**, Komm. Z. 4.

83. QUITTUNG ÜBER KAUFPREIS FÜR TEXTILIEN

P.Vindob. G 11083	9,4 × 25,3 cm	7. Jh.
Arsinoiton Polis		Tafel LVII

ed. pr.: SPP III 83 (*s.* VI.–VII., Arsin.) – Korr.: Die in BL XI 258 vorgeschlagene Datierung der Urkunde in das Ende 6.–Anfang 7. Jh. geht auf eine fälschliche Zuordnung des Fragmentes zur Gruppe der Texte des sogenannten „Andreas-Archivs" zurück.

Papyrus. Oberer, rechter und unterer Rand erhalten. An der linken Seite abgebrochen. Das Ausmaß des Textverlustes ist anhand der Ergänzungen in Z. 1 und 2 zu bemessen und scheint sich auf das erste Blattviertel zu beschränken. Fünf horizontale Faltungen 1,7, 3,2, 4,8, 6,5 und 7,9 cm unterhalb des oberen Randes. Eine vertikale Faltung in der Mitte des Fragmentes, eine weitere dürfte entlang der linken Bruchkante verlaufen sein. Keine Klebung. Schwarze Tinte. Der Abstand der Schrift zum Rand beträgt oben ca. 0,9 cm und unten ca. 1,7 cm. Rechts bis zum Rand beschrieben. Die Schrift auf dem Rekto verläuft quer zur Faserrichtung (*transversa charta*). Verso leer. Schrifttyp: sog. „Minuskelkursive" mit einigen Minuskelelementen (vgl. etwa κ, λ und τ, wobei diese Buchstaben sowohl in „minuskelkursiver" als auch „minuskelartiger" Form vertreten sind); Formulartyp: ἔσχον καὶ ἐπληρώθην ἐγὼ ὁ δεῖνα παρὰ σοῦ τοῦ δεῖνος („Quittungsschema"). Ankauf: „Faijûm *ex* 1883".

↓ 1 [† Ἔσχον καὶ ἐπληρώ]θην ἐγὼ Θεοφανία θυγάτηρ τοῦ μακαρίου Ἀπολλῶ ἄνευ ἀνδρὸς χρηματίζ(ουσα)
2 [ἀπὸ τῆς Ἀρσινοϊτῶν πό]λ̣εως ἀπὸ ἀ̣μ̣φ[ό]δου Ἀλυπίου παρὰ σοῦ Βίκτορος τοῦ θαυμα(σιωτάτου) γεωμέτρου υἱοῦ Ἀνδρέου γραμ(μ)α(τέως)
3 [± 8 τὴν τιμὴν] τῶν ̣ [̣ ̣]εν ̣ ̣ δι[απ]ραθ̣έντων σοι παρ' ἐμοῦ ἱματίων, τοῦτ' ἔστιν· καρακάλλ[ι]ν̣ ξενικὸν ἕν,
4 [± 15]α τρία, ὀθ̣ώνια ἀνδρ̣ι̣κὰ ἔμπλουμα τέσσαρα, ὑποκαμάσια πέντε̣, σ̣ά̣βανα δύ̣[ο], στιχάρια
5 [± 15] ̣ , μαλλ[ω]τὰ̣ δύο, ἓν καμίσιν καὶ ἓν ὀθώνιν, θυμιατήριν ἓν εἰς πλήρης καὶ εἰς ὁλόκληρ(ον),
6 [χρυσίου νομισμ(άτια) πέντ]ε̣ ῥ̣υπαρ(ά), χρ(υσίου) [ν]ο(μισμάτια) ε ῥ(υπαρά), κ[α]ὶ τοῦ λ[ο]ι̣ποῦ οὐδένα λόγον ἔχω, οὐκ ἐγὼ οὐ κλ̣η̣ρονόμοι μου, πρὸς σὲ περὶ τού-
7 [των ± 10] α̣ὐτῶν τὸ σύνολον. Ἐγράφη μη(νὶ) Ἁθὺρ ε̣ δευτέρας ἰν(δικτίωνος). † Δ(ι') ἐμοῦ Φῖβ συμβολαιογράφ(ου). *Paraphe*

2. πόλ]εως ἀπὸ ἀμφόδου *ed. pr.* 3. | [τὴν τιμὴν - - -]των ̣ [̣ ̣] εμ̣ ̣ ̣ (τῶν π̣[αρ'] ἐμ̣ο̣ῦ̣?) δι[απ]ραθ̣έντων *ed. pr.* σοι *om. ed. pr.* ϊματιων *pap.* *l.* καρακάλλιον, καρακάλλ[ι]ον *ed. pr.* 4. *l.* ὀθόνια δ[ύο] *ed. pr.* 5. |] μαλλ[ω]τά *ed. pr.* *l.* καμίσιον *l.* ὀθόνιον *l.* θυμιατήριον *l.* πλῆρες 6. [ν]ο( ) *ed. pr.*, [ν](ομισμάτια) *DDBDP* λ[οι]ποῦ *ed. pr.* 7. |]υτων *ed. pr.* αθυρ [τῆ(ς)] δευτέρας *ed. pr.*, Ἁθὺρ [τ(ῆς)] δευτέρας *DDBDP*

„† Ich, Theophania, Tochter des seligen Apollos, die ihre Rechtsgeschäfte ohne Beistand eines Ehemannes tätigt, aus Arsinoiton Polis aus dem Alypiu-Viertel, habe vollständig erhalten von dir, Viktor, dem hochverehrten Geometres, Sohn des Andreas, Grammateus [- - -] den Preis der [- - -] dir von mir verkauften Textilien, das ist: ein fremdländischer Kapuzenmantel [- - -] drei [- - -] vier bestickte Männerleinengewänder, fünf Unterhemden, zwei Handtücher [- - -] Sticharia [- - -] zwei Wollgewänder, ein Hemd und ein Leinengewand, ein Räucherfaß, zum vollen und ganzen Betrag, an Gold fünf nicht vollwertige Solidi, an Gold 5 nicht vollwertige Solidi, und fortan habe ich keinen Anspruch, weder ich noch meine Erben, dir gegenüber betreffs dieser [- - -] im ganzen. Geschrieben am 5. Tag im Monat Hathyr der zweiten Indiktion. † Durch mich, Phib, Symbolaiographos".

Quittung über den Empfang eines Kaufpreises für Textilien, den eine Frau namens Θεοφανία, die offenbar unverheiratete Tochter eines gewissen, zu diesem Zeitpunkt bereits verstorbenen 'Απολλῶς – und aufgrund eben dieser Tatsache als eigene Rechtsperson auftretend – aus dem Viertel 'Αλυπίου in Arsinoiton Polis von Βίκτωρ γεωμέτρης, dem Sohn eines 'Ανδρέας γραμματεύς, erhalten hat (Z. 1–2). Daß der Vater des Quittungsadressaten mit dem gleichnamigen Protagonisten aus dem Archiv des 'Ανδρέας γραμματεὺς κώμης Ταμαύεως identisch war, gilt als eher unwahrscheinlich, wenngleich keineswegs ausgeschlossen, da weder Angaben über den Amtsbereich des Vaters noch welche über die Herkunft des Sohnes vorliegen bzw. überliefert sind; allfällige Hinweise diesbezüglich könnten am Beginn der Z. 3 Erwähnung gefunden haben. Das Urkundenformular folgt dem für Quittungen üblichen Muster des Formulartyps ἔσχον καὶ ἐπληρώθην ἐγὼ ὁ δεῖνα παρὰ σοῦ τοῦ δεῖνος. Daß das Zeugnis dem Gattungstyp der Kaufpreisquittungen angehörte, scheint aufgrund der Formulierung τῶν [̣ ̣]εν ̣ ̣ δι[απ]ραθέντων σοι παρ' ἐμοῦ ἱματίων in Z. 3 zweifelsfrei festzustehen. Der Kaufpreis über eine Summe von fünf Solidi (Z. 6) ist zu einer Zeit beglichen worden, als der Kaufgegenstand bereits im Besitz des Quittungsadressaten stand. Die verkauften Waren, welche fast ausschließlich Kleidungsstücke gewesen und in einem eigenen Passus des Dokumentes der Reihe nach aufgezählt waren, haben unter anderem aus einem als ξενικόν bezeichneten Kapuzenmantel, vier bestickten Männerleinengewändern, fünf Unterhemden, zwei Handtüchern, einer aufgrund des Textbefundes unbekannten Anzahl an Sticharia (*togae*), zwei Wollgewändern, einem Hemd und einem Leinengewand bestanden (Z. 3–5). Angaben zu weiteren Textilien sind jeweils am Beginn der Z. 4 und 5 verlorengegangen, wobei von einem dieser Posten immerhin noch dessen Anzahl greifbar ist (vgl.]α τρία in Z. 4). Unter den verkauften Waren hat sich merkwürdigerweise auch ein Räucherfaß befunden (Z. 5). Die Zahlungsempfängerin und Absenderin hat den Empfang des Kaufpreises nachdrücklich zur Kenntnis genommen, indem sie mit vorliegendem Zahlungsempfang alle Ansprüche betreffs dieses Rechtsgeschäftes im eigenen, aber auch im Namen ihrer Erben gegenüber dem Käufer und Quittungsadressaten für erfüllt erklärt (Z. 6–7). Im Anschluß an das Ausstellungsdatum hat der Urkundenausfertiger Φῖβ συμβολαιογράφος unterzeichnet (vgl. Komm. Z. 7). Die Provenienz des Zeugnisses ist aus der Herkunftsangabe der Absenderin zu erschließen (Z. 2). Das Schriftstück wird aufgrund paläographischer Kriterien ins 7. Jh. datiert (vgl. dazu die Formalbeschreibung).

1. Θεοφανία θυγάτηρ τοῦ μακαρίου 'Απολλῶ ἄνευ ἀνδρὸς χρηματίζ(ουσα): Vgl. den Verweis auf die betreffende Person bei Beaucamp, *Statut* 197, Anm. 24; 198, Anm. 27; 202. Die Formel ἄνευ ἀνδρὸς χρηματίζουσα ist ein weiteres Mal in PSI VII 773, 7–8 (Oxyrhynchites, 611; Korr. der Herkunft in BL VIII 401) zu finden und ist eine Variante des häufigeren χωρὶς κυρίου χρηματίζουσα.

2. ἀ̣μ̣φ[ό]δου 'Αλυπίου: Vgl. allgemein Wessely, *Arsinoë* 19; Diz. I 2, 7; Daris, *Quartieri II* 180.

3. τῶν [̣ ̣]εν ̣ δι[απ]ραθέντων: Möglicherweise τῶν ἀ[σμ]ένως δι[απ]ραθέντων, wobei das Adverb ἀσμένως für gewöhnlich sonst in Rechtstexten zum Ausdruck einer freiwilligen Zustimmung Verwendung findet.
καρακάλλ[ι]ν: Vgl. allgemein Kramer, *Caracalla* 247–256.

4. ὀθώνια: Zum Kleidungsstück vgl. allgemein Bartina, *Othonia* 27–38; P.Sarischouli 23, Komm. Z. 5; C. Gloss. biling. II 72–73; D. Kaltsas, P.Heid. VIII 420 E, Komm. Z. 1.
ἔμπλουμα: Vgl. allgemein die Zusammenstellung der Belege dieses Adjektivs bei Diethart, *Texte* 76.
ὑποκαμάσια: Vgl. neben A. Papathomas, P.Heid. VII 406, Komm. Z. 4 vor allem Kramer, *Camisia* 133–142, demzufolge (ebenda, 135) die Bildung des Wortes in der Form auf -α- (καμάσιον) zu Beginn des 6. Jh. verschwunden war, was jedoch anhand des vorliegenden Zeugnisses widerlegt werden kann.
σάβανα: Zum σάβανον, einem Leintuch zum Trockenreiben, vgl. allgemein Lauffer, *Preisedikt* 276; D. Hagedorn, P.Bub. I 2 I, Komm. Z. 2; A. Papathomas, P.Heid. VII 406, Komm. Z. 18; S. Kambitsis, P.Graux III 30 VII, Komm. Z. 6; Förster, *Wörterbuch s. v.* σάβανον.

5.] ̣, μαλλ[ω]τὰ δύο: Möglicherweise δύ]ο, μαλλ[ω]τὰ δύο; vielleicht aber auch ὀθον]ομάλλ[ω]τα δύο; vgl. in letzterem Zusammenhang P.Apoll. 104, Verso 15 (Apollonopolis magna, 703–715; Korr. der Datierung in BL VIII 10).
καμίσιν: Vgl. Komm. Z. 4 zu ὑποκαμάσια.

6. χρυσίου: Oder χρυσοῦ; dementsprechend auch als χρ(υσοῦ) bei der Wiederholung der Summe wiederzugeben.
νομισμ(άτια): Oder νομίσμ(ατα); analog dazu bei der später erfolgten Wiederholung der Summe als νο(μίσματα) aufzulösen.

6.–7. περὶ τού[των ± 10] αὐτῶν: Vielleicht περὶ τού[των ἢ περὶ ἑτέρας τίμης α]ὐτῶν; vgl. demgegenüber die Wendungen μὴ περὶ ἑτέρας τιμῆς αὐτο(ῦ) τὸ σύνολον in BGU II 371, 28–29 (Arsinoites, arab. Zeit) und καὶ μηδὲν παρασαλεύειν ἐξ αὐτῶν τὸ σύνολον in P.Münch. I 7, 81–82 (Antinoupolis, 583); letztere Formel scheint für eine Ergänzung an betreffender Stelle zu lang zu sein.

7. Ἀθὺρ ε: 1. (2.) November.
Δ(ι') ἐμοῦ Φῖβ συμβολαιογράφ(ου): Entgegen dem Hinweis in Byz. Not. 49–50 mit keinem anderen συμβολαιογράφος dieses Namens gleichzusetzen. Nach Ansicht des Erstherausgebers war im Anschluß an συμβολαιογράφ(ου) ein zweites, fehlerhaftes αφ überschrieben worden (vgl. diesbezüglich die Abzeichnung der *Paraphe* in der *ed. pr.*).

84. → 22.

85. MUSTER EINES LIEFERUNGSKAUFES ÜBER WEIZEN

P.Vindob. G 11085 14,3 × 17,3 cm 6.–7. Jh.
(?) Tafel LVIII

ed. pr.: SPP III 85 (*s.* VI., Arsin. oder Herakleop.) – Korr.: A. Jördens, P.Heid. V, S. 321, Anm. 205 (BL IX 332).

Papyrus. Ränder an allen Seiten zumindest teilweise erhalten. Zwei horizontale Faltungen 4,5 und 9 cm unterhalb des oberen Randes. Vermutlich zwei vertikale Faltungen 5,5 und 11,5 cm vom linken Rand entfernt (vielleicht aber auch fünf Faltungen; vgl. dazu die unterschiedlichen Ausrichtungen der Zeilen auf dem Verso). Keine Klebung. Schwarze Tinte. Der Abstand der Schrift zum Rand beträgt oben ca. 1,5 cm. Die Schrift auf dem Rekto verläuft parallel zur Faserrichtung. Verso mit Resten von zwei Zeilen (Schriftverlauf parallel zur Faserrichtung; Z. 10 gegenüber dem Rekto um 90° gedreht; Z. 11 um 270°; Positionierung im ersten Blattdrittel des Rekto; 2 und 4,5 cm vom linken Rand des Rekto entfernt); das Blatt – ein mutmaßliches Abfallprodukt – dürfte erst im Anschluß an die Beschriftung des Rekto zugeschnitten worden sein (vgl. σ von σοί in Z. 6). Schrifttyp: sog. „Maiuskel“ unbeholfenen Charakters; Formulartyp: ὁμολογῶ ἐσχηκέναι με παρὰ σοῦ (διὰ χειρὸς) καὶ πεπληρῶσθαι („Vertragsschema“). Ankauf: „*ex* 1883“.

→ 1 † Ὁ[μολογ]ῶ̣ ἐσχηκέναι
2 με παρ̣[ὰ] σοῦ διὰ
3 χειρὸς καὶ πεπληρῶσθαι
4 τὴν τιμὴν σίτου εὐαρέστου
5 ἀρταβῶν δώδεκα, ἅπερ
6 σοι ἀπ̣[ο]δ̣[ώ]σω μηνὶ Παῦνι
7 [μέτρῳ δ]ι̣καίῳ ἀπὸ καρπῶν
8 [τῆς εἰσι]ο̣ύσης πρώτης
9 [ἰνδικτίων]ο̣ς. †

Verso:
(90°)

→10 ἔσ{την} (2. H.) τιν (1. H.) νο(μισμάτιον) α ̣ ̣ [

(270°)

→11] ̣πεαπαη̣[

1. ὁ[μολογῶ] *ed. pr.* ἐσχηκέναι: Kreuz darüber 2. πα[ρά] *ed. pr.* 5. δωδεκα// *pap.*, δέκα *ed. pr.* *l.* ὥσπερ 6. ἀ[ποδώ]σω *ed. pr.* 7. | [ἀναγ]καίω (*l.* -ως) *ed. pr.*, | [μέτρῳ δι]καίῳ Jördens 8. εἰσιο]ύσης *ed. pr.* 9. | [ἰνδικτιῶνο]ς *ed. pr.* 10. *om. ed. pr.* *l.* ἔστιν 11. *om. ed. pr.* απα: Kreuz darüber (?)

„† Ich erkläre, von dir bar auf die Hand erhalten und ausbezahlt bekommen zu haben den Kaufpreis von zwölf Artaben Weizen von bester Qualität, die ich dir abliefern werde im Monat Payni im richtigen Maß von Ernteerträgen der kommenden ersten Indiktion †“.
Verso: „(2. H.) Ist (1. H.) 1 Solidus [- - -]“.

Bei der vorliegenden Urkunde scheint es sich um ein Muster oder eine Vorlage für einen Weizenlieferungskauf gehandelt zu haben, da ein Empfänger und ein Adressat erst gar nicht angeführt waren. Das Schriftstück ist in Form einer subjektiven Homologie gestaltet und war mit der für Lieferungskäufe typischen Eingangsformel ὁμολογῶ ἐσχηκέναι παρὰ σοῦ διὰ χειρὸς καὶ πεπληρῶσθαι eingeleitet (Z. 1–3; vgl. die Parallelen in BGU III 873, CPR XIV 4 und 5, P.Heid. V 361 sowie P.Prag. II 164). Eine namentliche Erwähnung des Empfängers und des Adressaten sowie eine Wiedergabe personenspezifischer Daten wären aufgrund des Formalschemas in einem eigens vorangestellten Kopfteil zu erwarten. Das Dokument hat die Bestätigung eines Empfanges eines Kaufpreises für zwölf Artaben Weizen von bester Qualität zum Inhalt gehabt (Z. 4–5). Ein allfälliger Zahlungsbetrag war in Dokumenten dieser Art üblicherweise nicht genannt. Die Lieferung der betreffenden Getreidemenge, welche „im richtigen Maß" (vgl. μέρτῳ δικαίῳ in Z. 7) zu erfolgen hatte, ist für den Monat Παῦνι eines ersten Indiktionsjahres anberaumt worden (Z. 5–9). Auf dem Verso des Urkundenblattes sind Reste einer Angabe einer Geldsumme von einem Solidus sowie einer weiteren Zeile überliefert (vgl. Komm. Z. 11), die mit dem Inhalt des Textes auf dem Rekto nicht unbedingt in direktem Zusammenhang gestanden sein müssen. Das Zeugnis bietet keinen Anhaltspunkt, der über die Herkunft dieser Aufzeichnungen Aufschluß geben könnte. Der im handschriftlichen Inventarkatalog festgehaltene Vermerk „*ex* 1883" läßt sowohl eine arsinoitische als auch eine herakleopolitische Provenienz für möglich erachten. Das Schriftstück kann bloß grob in das 6.–7. Jh. gesetzt werden, da der paläographische Befund im vorliegenden Fall aufgrund des unbeholfenen Schriftcharakters kein verläßliches Datierungskriterium darstellt (vgl. dazu die Formalbeschreibung).

1. Ὁ[μολογ]ῶ̣: Der Anfangsbuchstabe ist durch ein eingeschriebenes, schlangenförmiges Ornament hervorgehoben.

6. ἀπ[ο]δ̣[ώ]σω: In Hinblick auf den zur Verfügung stehenden Platz möglicherweise auch ἀπ̣[ο]δ̣[ό]σω. Ein anderes Wort kommt aufgrund des Befundes und der Formulargebundenheit des Urkundentextes wohl kaum in Frage.

11.] ̣πεαπαη̣[: Vielleicht] ̣πε Ἄπα η̣[.

86. Quittung über Lohn eines Bauern für Bewässerungsarbeiten

P.Vindob. G 11086 6,2 × 34,1 cm 593
Herakleopolis Tafel LV

ed. pr.: SPP III 86 (*s.* VI., Herakleop.) – Korr.: West – Johnson, *Currency* 121; 151 (BL III 233); Diethart, *Corrigenda* 110; Diethart, *Papyri* 110–111, Nr. 12, Komm. Z. 5 (BL IX 332; Korrektur eines Druckfehlers: BL X 261).

Papyrus. Ränder an allen Seiten erhalten. Zwei horizontale Faltungen 1,8 und 3,8 cm unterhalb des oberen Randes. Eine vertikale Faltung in der Blattmitte. Eine ca. 3,3 cm breite Kollesis verläuft horizontal knapp oberhalb des unteren Randes (auf Höhe der Z. 6). Schwarze Tinte. Der Abstand der Schrift zum Rand beträgt oben ca. 0,8 cm, links ca. 0,5 cm und unten ca. 1 cm. Rechts bis zum Rand beschrieben. Kreuz in Z. 1 ausgerückt. Z. 6 beschränkt sich auf die weit eingerückte Paraphe, welche sich unter der Unterschrift des Ausfertigers befindet. Die Schrift auf dem Rekto verläuft quer zur Faserrichtung (*transversa charta*). Verso leer. Schrifttyp: sog. „Minuskelkursive"; Formulartyp: ἔσχον ἐγὼ ὁ δεῖνα παρὰ σοῦ τοῦ δεῖνος („Quittungsschema"). Ankauf: „Ahnas *ex* 1883".

↓ 1 ⳨ Ἔσχον ἐγὼ Π[± 5 ὁ] κ̣αὶ Παλεοῦς υἱὸς Πεκυσίου γεωργὸς ἀπὸ ἐποικίου Ταπουρσήει τοῦ Ἡρακλεοπολί-

2 του νομοῦ π[α]ρ̣ὰ̣ σ̣ο̣ῦ̣ ̣ ρ̣ [̣]τ̣ου τοῦ αἰδεσίμου ῥιπαρ(ίου) τοῦ ἐνδόξ(ου) οἴκου Ἀπίωνος τοῦ πανευφήμου ὑπάτου

3 ἀφ' Ἡρακλέους̣ πόλ(εως) (ὑπὲρ) μισθ(οῦ) ἀρδείας ἧς ποιοῦμαι τῶν ὑπὸ τὴν ὑμετέρ(αν) αἰδεσιμ(ότητα) ἀμπελικῶν χωρίων

4 ἐποικίου Ταπουρσήει μερίδ(ος) Παωμίου Κελεβῆς ἀμπελουργ(οῦ) τέλ(ει) τῆς παρούσ(ης) ἑνδεκάτης ἰνδ(ικτίωνος) ἐκ πλήρ(ους)

5 ἕτερ(ον) χρυσοῦ νομισμ(άτιον) ἓν ἀρσ(ατικόν), (γίνεται) χρ(υσοῦ) νο(μισμάτιον) α ἀρσ(ατικόν). Ἐγράφη μη(νὶ) Μεσορὴ ἐπαγομέ(νων) γ ια ἰ(νδικτίωνος). † Di emu Pseeiu. *Paraphe* Δ(ι') ἐμοῦ Ψεείου.

6 *vac. Paraphe*

1. N[7 ὁ κ]αί *ed. pr.*, Π[Diethart υϊος *pap.* 2. π[α]ρ̣[ὰ] σ̣ο̣ῦ̣ [̣ ̣ ̣]ρ[̣ ̣]τ̣ου *ed. pr.* 5. εν̄ *pap.* Ἀρσ( ) *ed. pr.*, ἀρσ(υτικά) West, Johnson, ἀρσ(ατικόν) Diethart (γίνεται) *om. ed. pr.* γ̄ *pap.* † *om. DDBDP*

„† Ich, N. N. alias Paleus, Sohn des Pekysios, Bauer, aus dem Weiler Tapurseei des herakleopolitischen Gaues, habe erhalten von dir, N. N., dem gnädigen *riparius* des hochrühmlichen Hauses (*domus gloriosa*) des Apion, des allerorts gepriesenen (*famosissimus*) *consul*, aus Herakleopolis, für Lohn der Bewässerungsarbeit, die ich durchführe in den euer Gnaden unterstehenden Weingärten des Weilers Tapurseei der Parzelle des Paomis, Sohn des Kelebes, Winzer, am Ende der gegenwärtigen elften Indiktion zum vollen Betrag an Gold einen weiteren Solidus Arsatikos, das macht an Gold 1 Solidus Arsatikos. Geschrieben am 3. Epagomenentag im Monat Mesore der 11. Indiktion. † Durch mich, Pseeios. Durch mich, Pseeios".

Quittung über Lohn, den ein Bauer aus dem herakleopolitischen Weiler Ταπουρσήει, von dem lediglich der Alias-Name und Vatersname überliefert sind, von einem namentlich nicht bezeugten ῥιπάριος τοῦ ἐνδόξου οἴκου Ἀπίωνος τοῦ πανευφήμου ὑπάτου aus Herakleopolis erhalten hat (Z. 1–3). Der Urkundentext baut auf dem Formulartyp ἔσχον ἐγὼ ὁ δεῖνα παρὰ σοῦ τοῦ δεῖνος auf. Der Zahlungsempfänger und Absender ist laut Zahlungstitel für die Bewässerung von Weingütern in Ταπουρσήει entlohnt worden, die einem Winzer namens Παῶμις, dem Sohn eines Κελεβῆς, gehörten und unter der Nutzungsbefugnis des Urkundenadressaten standen (Z. 3–4; ein weiteres Zeugnis einer Nutzungsbefugnis liegt übrigens in **52** vor). Die Thematik von Bewässerungsarbeiten wird weiters in **33** berührt, wo Verpflegungsgeld für nicht näher greifbare Arbeitskräfte erstattet wurden, die bei der künstlichen Bewässerung von Grundstücken eingesetzt worden sind. Das vorliegende Schriftstück dürfte keine regulär erfolgte Lohnzahlung zum Gegenstand gehabt haben, sondern – wie aus der Formulierung der Angabe des ausgezahlten Betrages mit ἕτερον χρυσοῦ νομισμάτιον (bzw. νόμισμα) ἓν ἀρσατικόν hervorzugehen scheint – eine Teil- oder Vorschußzahlung dokumentieren (Z. 5). Daß die Geldsumme vorgestreckt bzw. im voraus gezahlt worden ist, gilt angesichts des Ausstellungsdatums (Μεσορὴ ἐπαγομένων γ ια ἰνδικτίωνος in Z. 5) und dessen Relation zum Bemessungszeitraum (τέλει τῆς παρούσης ἑνδεκάτης ἰνδικτίωνος in Z. 4) als unwahrscheinlich, da die Quittung am Ende desselben Jahres ausgefertigt war; zum Beginn des herakleopolitischen Jahreszyklus am ersten Θώθ vgl. allgemein Bagnall – Worp, *Notes III* 242. Die Urkunde endet mit der bilinguen Unterschrift des Quittungsausstellers (Z. 5–6).

Besondere Aufmerksamkeit verdient vorliegendes Schriftstück vor allem in Hinblick auf den Titel des Adressaten, der als ῥιπάριος τοῦ ἐνδόξου οἴκου Ἀπίωνος τοῦ πανευφήμου ὑπάτου bezeichnet wird. Mit τοῦ ἐνδόξου οἴκου κτλ. dürfte nicht auf den eigentlichen Amtsbereich, sondern auf das Verhältnis des Quittungsadressaten gegenüber dessen Vorgesetzten – einem hochrangigen Vertreter der Reichsaristokratie – hingewiesen worden sein (vgl. Komm. Z. 2). Obwohl der ῥιπάριος in vorliegender Quittung nicht in einer Ausübung oder Erfüllung offizieller Amtsgeschäfte, sondern als Privatperson auftritt, ist der Tonfall des Schreibens durch eine ausgesuchte Höflichkeit gegenüber dem Adressaten gekennzeichnet, die sich besonders deutlich in dessen Anrede als αἰδέσιμος in Z. 2 und als ἡ ὑμετέρα αἰδεσιμότης in Z. 3 bemerkbar macht. Beim Vorgesetzten des Urkundenempfängers, Ἀπίων ὁ πανεύφημος ὕπατος, handelt es sich außerdem um niemand geringeren als um die Person Flavius Apion III. (vgl. Komm. Z. 2). Die Tatsache, daß die *domus* (οἶκος) nach diesem als führendem Familienoberhaupt benannt war, liefert einen wichtigen Anhaltspunkt für die zeitliche Einordnung der vorliegenden Zeugnisses; aufgrund des Ausstellungsdatums in einem elften Indiktionsjahr kann das Schriftstück demnach mit ziemlicher Sicherheit ins Jahr 593 datiert werden (vgl. Komm. Z. 5). Die herakleopolitische Provenienz der Urkunde scheint in Anbetracht der Herkunftsangabe des Quittungsadressaten in Z. 3 außer Zweifel zu stehen.

1. Π[: Die Anbindung des π an den nachfolgenden Buchstaben ist noch deutlich sichtbar.
Ταπουρσῆει: Kein weiters Mal bezeugt; vgl. allgemein Diz. IV 360; Falivene, *Nome* 211, wo auf ein χ(ωρίον) Ταπρουσ[in SPP X 22, 3 (Herakleopolites, 7. Jh.; vgl. BL XI 263) Bezug genommen wird.

2. ῥιπαρ(ίου) τοῦ ἐνδόξ(ου) οἴκου: *riparii* waren seit der Mitte des 4. Jh. mit der Leitung des Polizei- und Sicherheitswesens auf Gauebene betraut. In späterer Zeit ist der Titel vermehrt auch in Verbindung mit privaten Institutionen bezeugt, wie zum Beispiel im Fall der vorliegenden Urkunde oder von P.Erl. 67, 24 (Herakleopolis, 591; Korr. der Datierung in BL VII 47) – ein Umstand, der wohl mit der zunehmenden Einbindung von Großgrundbesitzern und Repräsentanten der Reichsaristokratie in staatliche Angelegenheiten in Zusammenhang zu setzen ist; vgl. allgemein Rémondon, *Contradictions* 21–24 sowie Gascou, *Domaines* 5–6 und 43–46, vor allem in Bezug auf die ältere Forschungsmeinung bei Oertel, *Liturgie* 284–286; Rouillard, *Administration* 163–167; Hardy, *Estates* 71; Lallemand, *Administration* 163–164, wo in Zusammenhang mit diesen Fällen von privaten Anstellungen und Beschäftigungsverhältnissen ausgegangen worden war.
Ἀπίωνος τοῦ πανευφήμου ὑπάτου: Zu Flavius Apion III. (570/575–619?) sowie zur Familie der Apionen vgl. allgemein Hardy, *Estates* 25–38; Johnson – West, *BE* 50–55; Gascou, *Domaines* 61–75; Palme, *Strategius Paneuphemos* 289–322; Mazza, *Apioni* 39. Zum herakleopolitischen Grundbesitz der Apionen: B. Palme, CPR XXIV, S. 148–149.

4. μερίδ(ος) Παωμίου Κελεβῆς ἀμπελουργ(οῦ): Eine ähnliche, mittels einer Parzelle angeführte Flurbezeichnung ist weiters in P.Münch. III 132, 2 (Herkunft unbekannt, 5.–6. Jh.) finden.

5. νομισμ(άτιον): Oder νόμισμ(α).
ἀρσ(ατικόν): Vgl. allgemein die Bemerkungen bei West – Johnson, *Currency* 121; Diethart, *Papyri* 110–111; Worp, *Notes* 71–74. Über die Etymologie und die Bedeutung des Wortes ἀρσατικόν herrscht weitgehend Unklarheit. Bei West und Johnson (ebenda, 121) wird – gestützt auf die Datierung von BGU I 314 – eine Ableitung vom persischen Wort *arsha*, in der Bedeutung von ὄβρυζον, in Erwägung gezogen. ἀρσατικόν in Verbindung mit νόμισμα findet sich als finanztechnischer *terminus* in BGU I 314, 15 und 16 (Herakleopolis, 630), CPR I 30, Fr. 2, 44 (Herakleopolis, Datierung unbekannt; Korr. der Herkunft in BL VIII 97), **59**, 3 und 6, in abgekürzter Form αρσ( ) möglicherweise in **69**, 2 (ebenda das einzige Mal

in Zusammenhang mit κεράτια), SPP III 586, 5 und SPP VIII 964, 4 bezeugt. Von den drei letztgenannten Belegen des Wortes geht einzig bei SPP III 586 die Herkunft (Arsinoites) unmittelbar aus dem Inhalt des Textes hervor. **69** ist in der *ed. pr.* dem arsinoitischen, SPP VIII 964 dem hermopolitischen (?) Gau zugeordnet worden. Die arsinoitische Provenienz von SPP III 586 (gesichert) und **69** (unsicher) hat Worp, *Notes* 73 veranlaßt – mit dem Verweis, daß kein ausgeschriebenes Zeugnis des Adjektivs ἀρσατικός aus dem Arsinoites überliefert ist – αρσ( ) an betreffender Stelle mit Ἀρσ(ινοιτικῷ; *sc.* ζυγῷ) aufzulösen. Umgekehrt muß allerdings herausgestrichen werden, daß in keiner einzigen Urkunde die Kürzung αρσ( ) neben der ausgeschriebenen Form Ἀρσινοιτικῷ ζυγῷ nachgewiesen werden kann, wodurch Worps Theorie letztendlich in Frage zu stellen ist. Von der ungeklärten Herkunft der oben erwähnten Urkunden erst einmal abgesehen, ist festzuhalten, daß die Verwendung eines *terminus* ἀρσατικός schließlich nicht unbedingt auf den herakleopolitischen Gau beschränkt gewesen sein muß.

νο(μισμάτιον): Oder νό(μισμα).

Ἐγράφη: φ und η in Ligatur geschrieben.

Μεσορὴ ἐπαγομέ(νων) γ: 26. August.

ια ἰ(νδικτίωνος): Die Urkunde war von Gascou, *Domaines* 75, Anm. 424 in Anlehnung an West – Johnson, *Currency* 121 und aufgrund des Ausstellungsdatums in einem elften Indiktionsjahr ins Jahr 623 datiert worden. Bei West und Johnson basiert der Datierungsansatz auf dem umstrittenen Begriff ἀρσατικ(όν) (s. o.), den diese mit der Zeit der persischen Eroberung Ägyptens in Verbindung gebracht haben. Daß der Tod Apions III. in diese Zeit gefallen ist, beweisen P.Iand. III 49 vom 5. Juli 619 als *terminus post quem* und P.Oxy. LVIII 3959 vom 12. Jänner 620 als *terminus ante quem*. Die Ausstellung der Urkunde dürfte in Hinblick auf die Nennung der *domus gloriosa* Apions III. und anhand von P.Oxy. XVIII 2202 (593, Korr. der Datierung in BL VII 147), wo Apion III. zum ersten Mal als alleiniger Repräsentant der *domus* nachgewiesen ist, in das Jahr 593 zu setzen sein.

Δ(ι') ἐμοῦ Ψεείου: Byz. Not. 58 zufolge war CPR VIII 62, 38 (Herakleopolis, 575) von derselben Person ausgefertigt worden, was in Hinblick auf die Erwähnung der *domus* Apions III. unmöglich der Fall gewesen sein kann. Worp, *Notes* 72, Anm. 3 begegnet diesem Dilemma, indem er die Angabe Ἀπίωνος τοῦ πανευφήμου ὑπάτου in Z. 2 der vorliegenden Urkunde auf die Person Flavius Apion II. (539–577/579) bezieht.

87. Quittung über Taggeld eines Leinenwebers (Unterhaltszahlung)

P.Vindob. G 11087	12,1 × 14,3 cm	Mitte 6. Jh.
Arsinoiton Polis		Tafel LIX

ed. pr.: SPP III 87 (*s.* VI.).

Papyrus. Ränder an allen Seiten zumindest teilweise erhalten. Faltungen nicht mehr deutlich erkennbar. Keine Klebung. Schwarze Tinte. Der Abstand der Schrift zum Rand beträgt oben ca. 0,7 cm, links ca. 0,5 und unten ca. 3,3 cm. Rechts bis zum Rand beschrieben. Kreuz in Z. 1 ausgerückt. Paraphe in Z. 8 zentriert. Am unteren Blattrand zwei Oberlängen: Vermutlich war das Papyrusblatt gleich mit mehreren Quittungstexten beschrieben, die erst nachträglich einzeln abgeschnitten wurden. Die Oberlängen dürften demzufolge von einer unten unmittelbar anschließenden Urkunde herrühren. Aufgrund des unterschiedlichen Neigungswinkels – die Oberlängen des nachfolgenden Dokumentes sind im Gegensatz zu jenen des vorliegenden Schriftstückes gerade ausgerichtet – dürften die Urkunden von unterschiedlichen Schreibern verfaßt worden sein. Die Schrift auf dem

Rekto verläuft parallel zur Faserrichtung. Verso leer. Schrifttyp: sog. „Minuskelkursive“; Formulartyp: ἔσχον καὶ ἐπληρώθην ἐγὼ ὁ δεῖνα παρὰ σοῦ τοῦ δεῖνος („Quittungsschema“). Ankauf: „*ex* 1883“.

→ 1 ⳨ Ἔσχον καὶ ἐπληρώθην ἐγὼ Ἰουβῖνος λινόυφος
2 υἱὸς Μαρτυρίου παρὰ σοῦ Νειλάμμωνος ἐνοικο-
3 λόγ(ου) τοῦ ἐμο⟨ῦ⟩ διαρίου̣ ἐλαίου καὶ νουμίων
4 μηνῶν δύο̣ Παῦνι τέλει δωδεκάτης ἰν(δικτίωνος)
5 καὶ Ἐπ̣ε̣ὶ̣φ ἀρχῇ τρισκαιδεκάτης ἰν(δικτίωνος) εἰς πλῆρ(ες).
6 Ἐγράφη μηνὶ Παῦνι ιδ τέλει τῆς αὐτῆς
7 δωδεκάτης ἰν(δικτίωνος). ⳨ Δ(ι’) ἐμοῦ Ἰωάννου νο̣[± 5]
8 *vac. Paraphe*

1. ϊουβινος *pap.* 3. *l.* τὸ ἐμὸν διάριον *l.* νουμμίων 5. *l.* τρεισκαιδεκάτης πλῆρες *ed. pr.* 7. ϊν( ) *pap.* ν[ο̣ταρίου | *ed. pr.*

„⳨ Ich, Iuvinos, Leinenweber, Sohn des Martyrios, habe vollständig erhalten von dir, Neilammon, Enoikologos, meinen Tageslohn an Öl und Kupfergeld (*nummia*) von zwei Monaten, Payni am Ende der zwölften Indiktion und Epeiph am Beginn der dreizehnten Indiktion, zum vollen Betrag. Geschrieben am 14. Tag im Monat Payni am Ende derselben zwölften Indiktion. ⳨ Durch mich, Ioannes [- - -]“.

Quittung über eine Auszahlung von Taggeld an einen Leinenweber namens Ἰουβῖνος, den Sohn eines Μαρτύριος, die ein nicht näher charakterisierter Νειλάμμων ἐνοικιολόγος vorgenommen hat (Z. 1–3). Der Urkundenwortlaut baute auf dem für Lohnquittungen üblichen Formulartyp ἔσχον καὶ ἐπληρώθην ἐγὼ ὁ δεῖνα παρὰ σοῦ τοῦ δεῖνος auf. Der Zahlungstitel τὸ ἐμὸν διάριον deutet auf eine Art Entlohnung hin, die dem Zahlungsempfänger seitens eines im Text nicht genannten Dienstgebers gewährt und durch einen in desselben Diensten stehenden ἐνοικιολόγος als dafür zuständige Instanz zugekommen ist (vgl. Komm. Z. 2–3). Die Entlohnung ist teils in Öl, teils in Geld erfolgt, die Menge und der Betrag waren im Dokument allerdings nicht ausdrücklich angeführt (Z. 3). Dem διάριον war ein Bemessungszeitraum in der Dauer von zwei Monaten zugrundegelegen (Z. 4–5). Die vollständige Auszahlung des ganzen Taggeldes hatte bereits um die Mitte des ersten Lohnmonats stattgefunden, wie dem Ausstellungsdatum der Quittung eindeutig entnommen werden kann (Z. 6–7). Das Schriftstück endet mit der Unterschrift des Ausfertigers (vgl. Komm. Z. 7). Die Provenienz und Datierung der Urkunde scheinen sich aus CPR X 27 zu ergeben, wo die Person des Quittungsadressaten ein weiteres Mal bezeugt sein dürfte (vgl. Komm. Z. 2–3).

2.–3. Νειλάμμωνος ἐνοικολόγ(ου): Allem Anschein nach dieselbe Person wie in SPP VIII 790, 6–7 und in CPR X 27, 7–8 (Arsinoiton Polis, 533); zum mit Geldgeschäften befaßten ἐνοικιολόγος bzw. ἐνοικολόγος, dem Verwalter des städtischen Bereiches einer Domäne vgl. allgemein M. R. Sirivianou, P.Oxy. LVIII 3870, Komm Z. 7.

3. διαρίου: Zum Begriff vgl. allgemein Ehrenstrasser, *Diarion* 243, Morelli, *Olio* 19, Anm. 26 und Lex. Lat. Lehn. II 243.
νουμίων (*l.* νουμμίων): Offizielle Werteinheit des Bronzegeldes bei Kupfermünzen; vgl. West - Johnson, *Currency* 131; Bagnall, *Currency* 12–15; Maresch, *Nomisma* 2–3; 29; 49–50; 77–80; insbes. den Index zur Verdeutlichung der Relation zum Solidus. Eine Zusammenstellung der Belege findet sich bei Daris, *Lessico s. v.* νούμμιον (νοῦμμος). Dieselbe

Schreibweise mit einem einzigen μ begegnet weiters in CPR VIII 62, 30 (Herakleopolis, 575) und SPP XX 164, 3 (Herakleopolites, 5. Jh.; Korr der Herkunft und Datierung in BL VIII 470).

4.–5. Παῦνι τέλει δωδεκάτης ἰν(δικτίωνος) καὶ Ἐπεὶφ ἀρχῇ τρισκαιδεκάτης ἰν(δικτίωνος): Zu den Termini ἀρχῇ und τέλει vgl. allgemein CSBE 55–62 sowie CSBE[2] 110–117.

7. Ἐγράφη: φ und η in Ligatur geschrieben.
Παῦνι ιδ: 8. Juni.
νο̣[: Entweder νο̣[ταρίου] (*ed. pr.*) oder νο̣[μικοῦ]; vgl. dazu bereits den Hinweis in Byz. Not. 41. Die Person in der vorliegenden Urkunde ist trotz mancher formaler Ähnlichkeiten mit dem Ausfertiger in SPP III 439, 4, Ἰωάννης νομικός, nicht identisch.

88. Quittung über Geldzahlung für Probata-Steuer

P.Vindob. G 11088	8,2 × 6,6 cm	2. Hälfte 7. Jh.
Theaxenis (Arsinoites)		Tafel LX

ed. pr.: SPP III 88 (*s.* VI.–VII., Arsin.).

Papyrus. Oberer, linker und unterer Rand erhalten. An der rechten Seite abgebrochen. Das Ausmaß des Textverlustes bleibt weitgehend unbekannt. Fünf horizontale Faltungen 0,8, 2, 3,5, 5 und 6,2 cm unterhalb des oberen Randes. Die linke Bruchkante könnte entlang einer vertikalen Faltung verlaufen. Keine Klebung. Schwarze Tinte (stellenweise verschmiert). Der Abstand der Schrift zum Rand beträgt oben ca. 1 cm, links ca. 0,8 cm und unten ca. 1 cm. Die Schrift auf dem Rekto verläuft quer zur Faserrichtung (*transversa charta*). Verso mit Resten von zwei Zeilen auf Höhe der Z. 1 und 2–3 des Rekto (Schriftverlauf parallel zur Faserrichtung). Schrifttyp: sog. „Minuskelkursive“ (Rekto); sog. „Minuskelkursive“ mit „Minuskel“-Elementen (Verso); Formulartyp: ἔσχον καὶ ἐπληρώθην ἐγὼ ὁ δεῖνα παρὰ σοῦ τοῦ δεῖνος („Quittungsschema“). Ankauf: „Faijûm *ex* 1883“.

↓ † Ἔσχον καὶ ἐπληρώ̣[θην ἐγὼ
Περκεθαυουν παρὰ σο̣ῦ [
τοῦ προβάτου τῶ[ν ἀπὸ Θεαξενίδος
μερισμῶν ἑνδεκάτη[ς
τῷ καὶ λογισθέντ[ι
καὶ τοῦ λ[οι]ποῦ οὐδένα λό̣[γον
Ἐγράφ(η) μηνὶ Φαρμοῦθι γ τῆ(ς) [

Verso:

→] ̣ ̣( ) τοῦ προβ̣(άτου) τ̣ῶ̣(ν) ἀπὸ Θεα̣ξενίδ(ος)
] *vac.* κ̣ε̣ρ̣( ) ̣ ̣

1. ἐπληρ[ώθην ἐγὼ ὁ δεῖνα ἀπὸ κώμης | *ed. pr.* 2. σο[ῦ | *ed. pr.* 3. *l.* τῶν προβάτων τω[| *ed. pr.* 6. λ[υ]πού (*l.* λοι-) *ed. pr.* λ[όγον ἔχω | *ed. pr.* 7. γ [ἰνδικτιῶνος | *ed. pr.* 8. | ιν( ) ⳨ π̣α̣ρ̣α [̣ ̣ ̣ ̣]σ̣ιο/ χ̣ε̣ ̣ ̣ ε̣π̣ι̣σ̣τ̣( ) | *ed. pr.* *l.* τῶν προβ(άτων) 9. |]ει[ ]μων | *ed. pr.*

„† Ich, N. N. [- - -] Perkethauun, habe vollständig erhalten von dir, N. N. [- - -] Probata-Steuer [- - -] der Einwohner aus Theaxenis [- - -] Repartitionen der elften [- - -] berechnet [- - -] und fortan [- - -] keinen Anspruch [- - -] Geschrieben am 3. Tag im Monat Pharmuthi der [- - -]".

Verso: „[- - -] Probata-Steuer [- - -] der Einwohner aus Theaxenis [- - -] Keratia".

Fragment einer Quittung, deren Formular auf dem Muster ἔσχον καὶ ἐπληρώθην ἐγὼ ὁ δεῖνα παρὰ σοῦ τοῦ δεῖνος basierte und offensichtlich die Bestätigung einer Geldzahlung in Zusammenhang mit der arabischen Sondersteuer der πρόβατα zum Inhalt gehabt hat (Z. 1–3). Weder der Name des Zahlungsempfängers und Absenders noch jener des Urkundenadressaten sind erhalten. Von beiden Personen sind mit Περκεθαυουν in Z. 2 (vgl. Komm. Z. 2) und τοῦ προβάτου τῶ[ν ἀπὸ Θεαξενίδος in Z. 3 (zur Ergänzung vgl. Z. 8 des Verso) immerhin Reste von Angaben der mutmaßlichen Amtstitel überliefert, von denen insbesondere letzterer den steuerlichen Charakter des Schriftstückes erkennen läßt. Von dem in Z. 3–4 zu gewärtigenden Zahlungstitel des Dokumentes ist lediglich ein Teil des Bemessungszeitraumes (vgl. Komm. Z. 4) greifbar, dessen Formulierung mit vorangestelltem μερισμῶν ebenfalls einem fiskalischen Hintergrund Rechnung zu tragen scheint. Die Zahlungssumme von einigen Keratia geht aus der auf dem Verso befindlichen inhaltlichen Zusammenfassung hervor (Z. 9). Die Angabe τῷ καὶ λογισθέντ[ι in Z. 5 des Rekto läßt sich aufgrund der syntaktischen Unterbrechungen und aus Mangel an wörtlichen Parallelen keinem konkreten Kontext zuordnen. Neben Resten einer in Quittungen häufig gebrauchten Wendung καὶ τοῦ λοιποῦ οὐδένα λόγον ἔχω πρὸς σέ (Z. 6) sind sonst nur noch die Monats- und Tagesangabe des Ausstellungsdatums bezeugt (Z. 7). Die arsinoitische Provenienz des Schriftstückes scheint aufgrund der Ortsangabe in Z. 8 des Verso als sicher zu gelten. Das Schriftstück wird aufgrund des arabischen Steuertitels der πρόβατα in die 2. Hälfte des 7. Jh. datiert (vgl. **24 B**, Komm. Z. 1).

2. Περκεθαυουν: In Anbetracht des mutmaßlichen fiskalischen Charakters dieses Schriftstückes dürfte die Ortsangabe, welche mit dem Toponym Περκεθαούτ oder Περκεθαύτ gleichzusetzen ist, wohl eher als eine Bezeichnung des Sprengels im Rahmen einer Amtsbezeichnung denn als eine Herkunftsbezeichnung zu verstehen sein. Zum Topos vgl. allgemein Wessely, *Topographie* 122; B. P. Grenfell, A. S. Hunt, P.Tebt. II, S. 395; Diz. IV 105 *s. v.* Περκεθαυτ; Suppl. 3, 124; Timm, *Ägypten* IV 1917–1921; Worp, *Atias-Papyrus* 253–254.

3. τοῦ προβάτου: Zum Steuertitel vgl. **24 B**, Komm. Z. 1.

Θεαξενίδος: Ergänzt nach Z. 8 auf dem Verso. Zum Ort, der in der Bezeichnung als κώμη und χωρίον in der Θεμίστου μερίς des arsinoitischen Gaues nachgewiesen ist, vgl. allgemein Wessely, *Topographie* 73; B. P. Grenfell, A. S. Hunt, P.Tebt. II, S. 358 und 379, *s. v.* Θεοξενίς; Diz. II 265–266, *s. v.* Θεοξενίς, Suppl. 1, 140, *s. v.* Θεοξενίς; Suppl. 2, 69, *s. v.* Θεοξενίς; Suppl. 3, 48 *s. v.* Θεοξενίς; Timm, *Ägypten* VI 2633–2634. Zur Schreibung Θεαξενίς vgl. κώ]μης Θεαξενίδο(ς) τοῦ Θεοδωσι[ο[πο]λίτου νομοῦ in BGU I 320, 10–11 (Arsinoites, 644; Korr. der Datierung in BL XI 17), Θεαξενίς in SB I 5338, 18 und χωρ(ίον) Θεαξε(νίδος) in SB I 5339 I 6 (beide: Arsinoites, byzantinische Zeit), χωρ(ίον) Θεαξ(ενίδοσ) κώμ(ης) und χωρ(ίον) Θεαξενί(δος) οὐσίας in SB VI 9583, Fragment 3, 15 bzw. 17 (Arsinoiton Polis, 7. Jh.), Θεαξενίδ(ος) οὐσί(ας) in SPP X 24, 5 (Arsinoites, 7.–8. Jh.), Θεαξέ(νιδος) κώμ[η(ς) und Θεαξέ(νιδος) οὐσί(α) in SPP X 131, 3 bzw. 4 (Arsinoites, 8. Jh.), Θεαξενίς in SPP X 147 II 3 (Arsinoites, 7. Jh.) und SPP X 249 I 7 (Arsinoites, 633; Korr. der Datierung in BL IX 343).

4. μερισμῶν: An dieser Stelle im fiskalischen Sinn als Repartition zu deuten; vgl. dazu allgemein F. Morelli, CPR XXII 3, Komm. Z. 7.
ἐνδεκάτη[ς: Im Anschluß daran ἰνδικτίωνος in gekürzter Form zu ergänzen; aufgrund des Plurals könnte sich μερισμῶν aber auch auf einen Zeitraum von mehreren Jahre bezogen haben.

5. τῷ καὶ λογισθέντ[ι: Vielleicht aber auch τὼ (*l.* τὸ) καὶ λογισθὲν τ[.

6. καὶ τοῦ λ[οι]ποῦ οὐδένα λό̣[γον: Vermutlich zu καὶ τοῦ λ[οι]ποῦ οὐδένα λό̣[γον ἔχω πρὸς σέ (oder ähnlich) zu ergänzen; bei λ[οι]ποῦ sind ο und ι von einem Tintenfleck überdeckt.

7. Φαρμοῦθι γ: 29. März.
τῆ(ς) [: In Hinblick auf Z. 4 möglicherweise τῆ(ς) [αὐ(τῆς) ια ἰν(δικτίωνος).

9. κ̣ε̣ρ̣( ) ̣ ̣ : Die Transkription der *ed. pr.* ist nicht nachvollziehbar; im Fall von κ̣ε̣ρ̣( ) sind als Numerus der Plural (in Hinblick auf die daran anschließende, offenbar zweistellige Ziffer) und als Kasus der Genitiv zu erwarten.

89. QUITTUNG ÜBER LIEFERUNG VON GERSTE

P.Vindob. G 11089 — 11 × 9,6 cm — Mitte 7. Jh.
Herakleopolis — Tafel LXI

ed. pr.: SPP III 89 (*s.* V.–VI.).

Papyrus. Oberer, linker und unterer Rand erhalten. An der rechten Seite abgebrochen. Das Ausmaß des Textverlustes bleibt unbekannt. Zwei horizontale Faltungen 2,2 und 6,5 cm unterhalb des oberen Randes. Keine Klebung. Schwarze Tinte. Der Abstand der Schrift zum Rand beträgt oben ca. 1,3 cm, links ca. 0,5 cm und unten ca. 3 cm. Kreuz in Z. 1 ausgerückt. Die Schrift auf dem Rekto verläuft quer zur Faserrichtung (*transversa charta*). Verso leer. Schrifttyp: sog. „Minuskelkursive" mit „Minuskel"-Elementen (vgl. etwa λ und π); Formulartyp: ἔσχον ἐγὼ ὁ δεῖνα παρὰ σοῦ τοῦ δεῖνος („Quittungsschema"). Ankauf: „*ex* 1883".

↓ † Ἔσχον ἐγὼ Γεώργι[ος
Ἄππα Κύρου τοῦ ἐνδ̣[οξοτάτου
κρ(ι)θ(ῆς) (ἀρτάβας) Ἀφ, χειλίας πε̣[ντακοσίας
μειζοτέρου καρπ(ῶν) σὺ̣[ν] θ̣[(εῷ)
† Ἐγράφ(η) δ(ι') ἐμοῦ Μ̣η[νᾶ

1. Γεώργι[ος | *ed. pr.* 2. | Ἄπα *ed. pr.* τ(ο)ῦ ἐνδ̣[οξοτάτου | *ed. pr.* 3. *l.* χιλίας π[εντακοσίας | *ed. pr.* 4. ἐ̣ν̣[δεκάτης ἰνδικτιῶνος | *ed. pr.*

„† Ich, Georgios [- - -] habe erhalten [- - -] Appa Kyros, dem hochberühmten [- - -] 1500 Artaben Gerste, eintausendfünfhundert [- - -] Meizoteros [- - -] der Ernteerträge der, mit Gott [- - -] † Geschrieben durch mich, Menas [- - -]".

Fragment einer Quittung über eine Menge von 1500 Artaben Gerste (Z. 3), die an eine nicht näher bezeugte Person namens Γεώργιος (Z. 1) geliefert worden ist. Das

Quittungsformular scheint dem Muster ἔσχον ἐγὼ ὁ δεῖνα παρὰ σοῦ τοῦ δεῖνος gefolgt zu sein. Der Verwendungszweck und Buchungstitel dieser Getreidelieferung, deren Empfang einem gewissen Ἄππα Κῦρος gegenüber (Z. 2) bestätigt wurde, bleiben angesichts des Erhaltungszustandes der Urkunde vollkommen ungewiß. Daß es sich bei letztgenanntem Quittungsadressaten um den aus anderen Zeugnissen bekannten gleichnamigen Pagarchen des Nordteils des herakleopolitischen Gaues gehandelt haben dürfte, steht in Anbetracht der Anrede als ὁ ἐνδοξότατος zu vermuten. Ob selbiger zum Zeitpunkt der Urkundenausstellung amtiert oder sich bereits im Ruhestand befunden hat und das Schriftstück offiziellen oder privaten Charakters war, ist dem Textbefund des Fragmentes nicht zu entnehmen (vgl. Komm. Z. 2). Eine in den Z. 3–4 genannte Person könnte als Übermittler der Getreidemenge fungiert haben (vgl. μειζοτέρου am Beginn der Z. 4). Vom Bemessungszeitraum ist lediglich die einleitende Angabe καρπ(ῶν) σὺ[ν] θ[(εῷ), vom Ausstellungsdatum gar nichts überliefert. Die Urkunde hat mit der Unterschrift des Ausstellers geendet (Z. 5). Die Herkunft und die Datierung des Dokumentes können aus der mutmaßlichen Erwähnung des Pagarchen Ἄππα Κῦρος geschlossen werden (vgl. Komm. Z. 2).

2. Ἄππα Κύρου: Bei der betreffenden Person des Urkundenadressaten hat es sich offenkundig um den aus SB VIII 9749, 1 und 9755, 1 (beide: Herakleopolis, 642) bekannten Pagarchen des nördlichen Teils des Herakleopolites gehandelt. Selbiger könnte darüber hinaus auch in **101**, 3 und **183**, 1 bezeugt sein. Die Abfassung des vorliegenden Schriftstückes dürfte allem Anschein nach entweder in die Zeit unmittelbar vor oder bereits mitten in die Zeit von dessen Ruhestand gefallen sein; vgl. dazu das in Hinblick auf Anreden und Titel erstellte dreistufige Karrierenschema bei B. Palme, CPR XXIV, S. 200: 1. μεγαλοπρεπέστατος, 2. ἐνδοξότατος στρατηλάτης καὶ παγάρχος und 3. ἐνδοξότατος καὶ ἰλλούστριος πάγαρχος. Ein Sohn des Ἄππα Κῦρος, Flavius Χριστόφορος, ist in SB VIII 9750, 1 (Herakleopolis, 657; Korr. der Datierung in BL VIII 353) für spätere Zeit gleichfalls als Pagarch des Nordteils des Herakleopolites nachgewiesen. Vgl. allgemein Morelli, *Olio* 82, Anm. 4 sowie ders., CPR XXII 5, Einl., S. 47–48.

τοῦ: Mit einer wannenförmigen kursiven Ligatur von ο und υ, die in der *ed. pr.* als τ(ο)ῦ transkribiert wurde.

3.–4. Die Lieferung könnte διὰ - - -] μειζοτέρου erfolgt sein.

4. καρπ(ῶν) σὺ[ν] θ[(εῷ): Zwischen καρπῶν und σὺν θεῷ fehlt der für gewöhnlich angeführte bestimmte Artikel τῆς. Die Lesung einer Iteration ist an dieser Stelle auszuschließen. Im Anschluß daran ist die Angabe des Indiktionsjahres zu ergänzen.

90. Quittung über Jahreslohn eines Symmachos (Andreas-Archiv)

P.Vindob. G. 11090	9 × 19,6 cm	Anfang 7. Jh.
Tamauis (Arsinoites)		Tafel II

ed. pr.: SPP III 90 (*s.* VI., Arsin.) – Korr.: B. C. McGing, P.Dub. 26, Komm. Z. 1 (BL X 2).

Papyrus. Ränder an allen Seiten erhalten. Fünf horizontale Faltungen 0,8, 2,3, 4, 5,6 und 7,2 cm unterhalb des oberen Randes. Eine ca. 2 cm breite Kollesis verläuft horizontal 7 cm unterhalb des oberen Randes (auf Höhe der Z. 7). Schwarze Tinte. Der Abstand der Schrift zum Rand beträgt oben ca. 1 cm, links ca. 1,5 cm und unten ca. 1 cm. Rechts bis zum Rand beschrieben. Kreuz in Z. 1 ausgerückt. Die Schrift auf dem Rekto verläuft quer zur Faserrichtung (*transversa charta*). Verso leer. Von derselben Hand wie **2**, **91** und **92** (Untergruppe der von Φῖβ συμβολαιογράφος ausgestellten Urkunden): Eine weitere Auffälligkeit dieser Archivuntergruppe besteht in deren Urkundenformat, welches sich in seinem Umfang auf die Hälfte der herkömmlichen Urkundenblattbreiten beschränkt. Schrifttyp: sog. „Minuskelkursive"; Formulartyp: ἔσχον καὶ ἐπληρώθην ἐγὼ ὁ δεῖνα παρὰ σοῦ τοῦ δεῖνος („Quittungsschema"). Ankauf: „Faijûm *ex* 1883".

↓ 1 † Ἔσχον καὶ ἐπληρώθην ἐγὼ Να̣αραοῦς σύμμαχος υἱὸς
2 ̣α̣ν̣τηὴλ ἀπὸ τῆς Ἀρσινοϊτῶν πόλεως οἰκῶν ἐν ἐποι-
3 κίῳ Κενταύρου παρὰ σοῦ Ἀνδρ[έο]υ γρα[μμ]ατέως κώμη[ς]
4 Ταμαύεως τὰ κατ' ἔτος διδό̣μ̣ενά μο̣ι̣ π[α]ρὰ σοῦ λόγῳ μ̣ι̣σ̣[θ](οῦ),
5 λέγω δὴ ὑπὲρ τῆς παρούσης δωδεκάτης ἰν(δικτίωνος) χρυσίου νομ(ισμάτια)
6 δύο ἕκαστον παρὰ κεράτια πέντε, χρ(υσίου) νο(μισμάτια) β ἕκαστ(ον) π(αρὰ) κερ(άτια) ε.
7 Ἐγράφη μη(νὶ) Φαῶφ[ι] κα̣ δ̣ωδεκ̣ά̣τ̣η̣ς̣ ἰ̣ν̣(δικίωνος). † Δ(ι') ἐμοῦ Φῖβ συμβολαιογρ(άφου). *Paraphe*

2. | [̣]αντηηλ *ed. pr.* 3. γ[ρ]α[μμ]ατέως κώμη[ς | *ed. pr.* 4. | Ταμανεως *ed. pr.*, | Ταμαύεως McGing διδ[όμ]εν[α] ἐμ[οὶ παρ]ά *ed. pr.* μισθ(οῦ) | *ed. pr.* 6. [ἕ]καστον *ed. pr.* 7. φαωφ κ δωδεκάτης *ed. pr.*

„† Ich, Naaraus, Symmachos, Sohn des N. N., aus Arsinoiton Polis, wohnhaft im Weiler Kentauru, habe vollständig erhalten von dir, Andreas, Grammateus des Dorfes Tamauis, den jährlich mir von dir ausgezahlten Betrag als Lohn, nämlich für die gegenwärtige zwölfte Indiktion an Gold zwei Solidi, jeweils abzüglich fünf Keratia, an Gold 2 Solidi, jeweils abzüglich 5 Keratia. Geschrieben am 21. Tag im Monat Phaophi der zwölften Indiktion. † Durch mich, Phib, Symbolaiographos".

Quittung über Jahreslohn, der von Ἀνδρέας γραμματεὺς κώμης Ταμαύεως an einen σύμμαχος namens Ναaραοῦς erstattet wurde (Z. 1–4). Der Lohnempfänger war durch die Angabe des Vatersnamen näher charakterisiert (Z. 1–2). Neben der Herkunftsangabe (Z. 2) findet sich sogar der Wohnort des Absenders angeführt (Z. 2–3). Die Lohnsumme über einen Geldbetrag von zwei Solidi abzüglich zehn Keratia ist für dasselbe Jahr ausgezahlt worden, in welchem die vorliegende Urkunde ausgestellt wurde (Z. 5–7; vgl. denselben Zahlungsbetrag in **2**, 5–6 und **92**, 5–6). Die Quittung ist von dem auch anderweitig bezeugten Φῖβ συμβολαιογράφος verfaßt und unterzeichnet worden (vgl. den Verweis im Komm. Z. 7). Zu Inhalt, Datierung und Herkunft vgl. den allgemeinen Exkurs zum „Andreas-Archiv" im vorangegangenen Einleitungsteil.

2. ̣α̣ν̣τηήλ: Bei Jördens, *Symmachoi I* 116 als Παντηήλ wiedergegeben, was von der Lesung her möglich erscheint; vgl. in diesem Zusammenhang auch das ähnlich lautende Toponym Τεντηήλ in SPP X 14, 3 und 82, 5 (beide: Arsinoites, 7.–8. Jh.) und diesbezüglich Wessely, *Topographie* 146; B. P. Grenfell, A. S. Hunt, P.Tebt. II, S. 362 und 404; Diz. IV 390–391.

7. Φαῶφ[ι] κα: 18. (19.) Oktober.
Δ(ι') ἐμοῦ Φῖβ συμβολαιογρ(άφου): Vgl. **2**, Komm. Z. 7.

91. Quittung über Jahreslohn eines Symmachos (Andreas-Archiv)

P.Vindob. G 11091	9,3 × 16 cm	Anfang 7. Jh.
Tamauis (Arsinoites)		Tafel III

ed. pr.: SPP III 91 (*s.* VI., Arsin.) – Korr.: B. C. McGing, P.Dub. 26, Komm. Z. 1 (BL X 2).

Papyrus. Oberer, linker und unterer Rand erhalten. An der rechten Seite abgebrochen. Das Ausmaß des Textverlustes beläuft sich auf etwa ein Fünftel des Gesamtumfanges. Zwei horizontale Faltungen 2,5 cm und 5,5 cm unterhalb des oberen Randes. Eine ca. 2 cm breite Kollesis verläuft horizontal 1,2 cm oberhalb des unteren Randes (unterhalb der Z. 6). Schwarze Tinte. Der Abstand der Schrift zum Rand beträgt oben ca. 1,2 cm, links ca. 2,3 cm und unten ca. 1,7 cm. Kreuz in Z. 1 ausgerückt. Die Schrift auf dem Rekto verläuft quer zur Faserrichtung (*transversa charta*). Verso leer. Von derselben Hand wie **2**, **90** und **92** (Untergruppe der von Φῖβ συμβολαιογράφος ausgestellten Urkunden): Eine weitere Auffälligkeit dieser Archivuntergruppe besteht in deren Urkundenformat, welches sich auf die Hälfte der herkömmlichen Urkundenblattbreiten beschränkt. Schrifttyp: sog. „Minuskelkursive"; Formulartyp: ἔσχον καὶ ἐπληρώθην ἐγὼ ὁ δεῖνα παρὰ σοῦ τοῦ δεῖνος („Quittungsschema"). Ankauf: „Faijûm *ex* 1883".

↓ 1 † Ἔσχον καὶ ἐπληρώθην ἐγὼ Νεφερᾶ̣ς [υἱὸς ± 5]
2 σύμμαχος παρὰ σοῦ Ἀνδρέου γραμματέω[ς κώμης]
3 Ταμαύεως τὰ κατ᾽ ἔτος διδόμενά μοι π̣[αρὰ σοῦ λόγῳ]
4 μισθοῦ, λέγω δὴ ὑπὲρ τῆς παρούσης πέμπ[της ἰν(δικτίωνος)]
5 χρυσίου νομ[(ισμάτια) δ]ύ̣[ο πα]ρ̣[ὰ κε]ρ̣[ά]τ̣[ι]α δέκα πέντε [ἥμισυ].
6 Ἐγρ(άφη) μη(νὶ) Φαῶφι κγ ε ἰν(δικτίωνος). † Δ(ι᾽) ἐμοῦ Φῖβ συμβ̣[ολαιογρ(άφου). *Paraphe*]

1. Νεφερα[| *ed. pr.* 3. | Ταμανεως *ed. pr.*, | Ταμαύεως McGing ὑ[πέρ | *ed. pr.* 4. πέμπ[της ἰνδ(ικτιῶνος) | *ed. pr.* 5. νομ[ισμ(άτια) δύο π(αρὰ) κεράτ[ι]α δέκα πεντε [| *ed. pr.* 6. κγʹ *pap.* συμ[βολαιογράφου] | *ed. pr.*

„† Ich, Nepheras, Sohn des N. N., Symmachos, habe vollständig erhalten von dir, Andreas, Grammateus des Dorfes Tamauis, den jährlich mir von dir ausgezahlten Betrag als Lohn, nämlich für die gegenwärtige fünfte Indiktion an Gold zwei Solidi abzüglich fünfzehneinhalb Keratia. Geschrieben am 23. Tag im Monat Phaophi der 5. Indiktion. † Durch mich, Phib, Symbolaiographos".

Quittung über eine Jahreslohnzahlung, die ein σύμμαχος namens Νεφερᾶς, dessen Filiationsangabe verlorengegangen ist, von Ἀνδρέας γραμματεὺς κώμης Ταμαύεως erhalten hat (Z. 1–3). Der Jahreslohn ist für dasselbe fünfte Indiktionsjahr erstattet worden, in dem die Ausstellung der vorliegenden Quittung erfolgte (vgl. dazu die Angabe des Bemessungszeitraumes in Z. 4 gegenüber dem Ausstellungsdatum in Z. 6). Der Zahlungsbetrag von zwei Solidi abzüglich fünfzehneinhalb Keratia (Z. 5) entspricht exakt jenem in der Archivparallele **71**, 4, in welcher ein σύμμαχος den Empfang einer mutmaßlichen Jahreslohnzahlung quittiert (vgl. darüber hinaus auch die Ergänzung in **5**, 3 aus demselben Archiv). Das vorliegende Zeugnis endet mit der Unterschrift des Φῖβ συμβολαιογράφος (Z. 7), der nachweislich auch mit der Ausfertigung der Archivparallelen **2**, **90** und **92** betraut war. Zu Inhalt, Datierung und Herkunft vgl. den allgemeinen Exkurs zum „Andreas-Archiv" im vorangegangenen Einleitungsteil.

1.–2. Νεφερᾶς [υἱὸς ± 5] σύμμαχος: Schon aus zeitlichen Gründen wohl kaum mit der Person des Αὐρήλιος Νεφερᾶς υἱὸς Ἰσὰκ σύμμαχος in BGU I 305 (Arsinoites, 556) identisch.

6. Φαῶφι κγ: 20. (21.) Oktober.
Δ(ι') ἐμοῦ Φῖβ συμβ[ολαιογρ(άφου): Vgl. **2**, Komm. Z. 7.

92. Quittung über Jahreslohn eines Symmachos (Andreas-Archiv)

P.Vindob. G 11092 — 9,1 × 16,8 cm — Anfang 7. Jh.
Tamauis (Arsinoites) — Tafel III

ed. pr.: SPP III 92 (*s.* VI., Arsin.) – Korr.: B. C. McGing, P.Dub. 26, Komm. Z. 1 (BL X 2).

Papyrus. Ränder an allen Seiten erhalten. Drei horizontale Faltungen 2,1, 4,4 und 6,6 cm unterhalb des oberen Randes. Eine ca. 2 cm breite Kollesis verläuft horizontal 0,7 cm oberhalb des unteren Randes (unterhalb der Z. 7). Schwarze Tinte. Der Abstand der Schrift zum Rand beträgt oben und links jeweils ca. 1 cm, unten ca. 1,5 cm. Rechts bis zum Rand beschrieben. Die Schrift auf dem Rekto verläuft quer zur Faserrichtung (*transversa charta*). Verso leer. Von derselben Hand wie **2**, **90** und **91** (Untergruppe der von Φῖβ συμβολαιογράφος ausgestellten Urkunden): Eine weitere Auffälligkeit dieser Archivuntergruppe besteht in deren Urkundenformat, welches sich in seinem Umfang auf die Hälfte der herkömmlichen Urkundenblattbreiten beschränkt. Schrifttyp: sog. „Minuskelkursive“; Formulartyp: ἔσχον καὶ ἐπληρώθην ἐγὼ ὁ δεῖνα παρὰ σοῦ τοῦ δεῖνος („Quittungsschema“). Ankauf: „Faijûm *ex* 1883“.

↓ 1 † Ἔσχον καὶ ἐπληρώθην ἐγὼ Ναaραοῦς σύμμαχος
2 υἱὸς Παπ̣ν̣ουθίου παρὰ σοῦ Ἀνδρέου γραμμα(τέως) κώμης
3 Ταμαύε̣ω̣[ς] τὰ κατ' ἔτος διδόμενά μοι παρὰ σοῦ λόγῳ
4 [μισθοῦ εἰ]ς τὸν Φαῶφι μῆνα, λέγω δὴ ὑπὲρ τῆς παρελθ(ούσης)
5 [πε]ντεκαιδεκάτης ἰν(δικτίωνος) χρυσίου νομισμάτια δύο ἕκαστον
6 παρὰ κεράτια πέντε, χρ(υσίου) νο(μισμάτια) β ἕκαστ(ον) π(αρὰ) κερ(άτια) ε. Ἐγρ(άφη) μη(νὶ)
7 Ἐπεὶφ κζ ἀρχ(ῇ) πρώτης ἰν(δικτίωνος). † Δ(ι') ἐμοῦ Φῖβ συμβολαιογρ(άφου). *Paraphe*

2. Πτολομαίου *ed. pr.* 3. l Ταμανεως *ed. pr.*, l Ταμαύεως McGing 5. l πεντεκαιδεκάτης *ed. pr.*

„† Ich, Naaraus, Symmachos, Sohn des Papnuthios, habe vollständig erhalten von dir, Andreas, Grammateus des Dorfes Tamauis, den mir jährlich von dir ausgezahlten Betrag als Lohn bis zum Monat Phaophi, nämlich für die vergangene fünfzehnten Indiktion an Gold zwei Solidi, jeweils abzüglich fünf Keratia, an Gold 2 Solidi, jeweils abzüglich 5 Keratia. Geschrieben am 27. Tag im Monat Epeiph zu Beginn der ersten Indiktion. † Durch mich, Phib, Symbolaiographos“.

Quittung über eine durch Ἀνδρέας γραμματεὺς κώμης Ταμαύεως vorgenommene Auszahlung eines Jahreslohnes an einen σύμμαχος namens Ναaραοῦς (Z. 1–3), der mit dem gleichnamigen Lohnempfänger in **90**, 1 schon allein aufgrund des unterschiedlichen Vatersnamens nicht identisch gewesen sein kann. Die Lohnzahlung und Ausfertigung der Urkunde sind, wie sich aus dem Ausstellungsdatum des Dokumentes in Z. 6 ersehen läßt, am Beginn eines ersten Indiktionsjahres für das unmittelbar vorausgegangene letzte Jahr des vorherigen Indiktionszyklus erfolgt (Z. 4–5). Das Ende des Bemessungszeitraumes, welches auf den Monat Φαῶφι angesetzt war, dürfte jedoch nicht – wie die Formulierung εἰς τὸν Φαῶφι μῆνα, λέγω δὴ ὑπὲρ τῆς παρελθούσης πεντεκαιδεκάτης ἰνδικτίωνος suggerieren könnte – ins fünfzehnte Jahr des alten Indiktionszyklus gefallen sein, sondern scheint sich bereits auf den Monat Φαῶφι im eben erst angelaufenen ersten Indiktionsjahr des neuen Zyklus bezogen zu haben (vgl. Komm. Z. 4). Der Zeitraum, für den der Absender entlohnt wurde, hat sich demzufolge von dem Monat Φαῶφι oder Ἀθύρ des fünfzehnten Jahres des alten Indiktionszyklus bis zum Φαῶφι im ersten Indiktionsjahres des neuen Zyklus erstreckt. Der Jahreslohn ist demnach zwei Monate vor Ablauf des eigentlichen Berechnungszeitraumes ausgezahlt worden. Die Lohnsumme hat wie in den beiden Untergruppenparallelen **2**, 5–6 und **90**, 5–6 zwei Solidi abzüglich zehn Keratia betragen (Z. 5–6). Die Quittung wurde durch den aus **2**, **90** und **91** bekannten Φὶβ συμβολαιογράφος ausgefertigt (vgl. Komm. Z. 7). Zu Inhalt, Datierung und Herkunft vgl. den allgemeinen Exkurs zum „Andreas-Archiv" im vorangegangenen Einleitungsteil.

4. εἰ]ς τὸν Φαῶφι μῆνα: In Hinblick auf das Ausstellungsdatum (Z. 7) scheint damit eher der Monat Φαῶφι des eben erst angelaufenen ersten Indiktionsjahres als jener des vergangenen fünfzehnten Indiktionsjahres gemeint gewesen zu sein.

7. Ἐπεὶφ κζ: 21. Juli.
ἀρχ(ῆ): Zum Terminus in seiner gauspezifischen Verwendung vgl. allgemein CSBE 17–29 und 55–60 sowie CSBE² 22–35 und 110–115.
Δ(ι') ἐμοῦ Φῖβ συμβολαιογρ(άφου): Vgl. **2**, Komm. Z. 7.

93. Quittung über regelmässig erfolgte Aufwendung(-en) in Wein

P.Vindob. G 11093 | 7,8 × 20,1 cm | 6.–7. Jh.
(?) | | Tafel LIX

ed. pr.: SPP III 93 (*s.* VI.) – Korr.: Davoli, *Archeologia* 39, Anm. 24 (Herkunft: wohl nicht Soknopaiu Nesos; BL XI 260).

Papyrus. Oberer und unterer Rand erhalten. An der linken und rechten Seite abgebrochen. Das Ausmaß und die genaue Verteilung des Textverlustes bleiben weitgehend unklar. Zwei horizontale Faltungen 2,5 und 4,5 cm unterhalb des oberen Randes. Eine ca. 2 cm breite Kollesis verläuft horizontal 2,2 cm unterhalb des oberen Randes (auf Höhe der Z. 2). Schwarze Tinte. Der Abstand der Schrift zum Rand beträgt oben ca. 0,7 cm und unten ca. 2,5 cm. Die Schrift auf dem Rekto verläuft quer zur Faserrichtung (*transversa charta*). Verso leer. Der gegenwärtige Erhaltungszustand scheint sich erheblich von jenem zum Zeitpunkt der Erstpublikation zu unterscheiden. In der *ed. pr.* wies das Fragment auf der linken Seite einen um durchschnittlich zwölf Buchstaben pro Zeile größeren Umfang auf (in der vorliegenden Transkription sind selbige Passagen durch einen vertikalen Doppelstrich vom nunmehrigen Textbefund getrennt). Auf dem im Jahr 1971 angefertigten Mikrofilm findet sich bereits der gegenwärtige Zustand dokumentiert. Schrifttyp: sog. „Minuskelkursive"; Formulartyp: möglicherweise ἔσχον καὶ ἐπληρώθην ἐγὼ ὁ δεῖνα παρὰ σοῦ τοῦ δεῖνος („Quittungsschema"). Ankauf: „*ex* 1883".

↓ 1 [† Ἔσχον καὶ] ἐπληρώθην ἐγ||ὼ Γεώργιο̣ς̣ κεφ[αλαιω]τ̣ὴς φ̣[υ]λάκω̣[ν] π̣αραφ̣[υ]λ̣ακκῆς̣ τῆς [

2 [± 8]ατα ἀπὸ τῆ[ς . . . .]ν̣|| . . . . α̣ρα̣ . . . . τὸ ἐ̣ξ̣ ἔθους διδό[μενον

3 [± 8]ειας μεγάλ̣[ης] ἀπ||ὸ τῆς σή̣μερον καὶ προγεγραμμένης ἡμέρας καὶ . . . ς̣ Φαμεν[ὼθ

4 [± 5 οἴνο]υ κοῦρ(ι) ἕν, οἴν||(ου) κοῦρ(ι) α. Ἐγράφη μηνὶ Φαμενὼθ β δωδεκάτης ἰν(δικτίωνος). ⳨ Δ̣[

1. [φυ]λάκ[ων π]αραφ[υ]λακκη̣ (*l.* -ακῆς) Νήσ[ου . . . . | *ed. pr.* *l.* παραφυλακῆς τῆς: τ *ex* ἐκ *vel* εκ- (?) 2. | [- - -]ατα ἀπὸ τῆ[ς . . . .]ν̣[10]αρα[. . . .]φυλακ[6] τὰ ἐ[ξ] ἔθους διδό[μενα | *ed. pr.* 3. σή̣μερον: *corr. ex* σύμερον (?) καὶ συνέφαμεν | *ed. pr.* 4. ⳨ | *ed. pr.*

„† Ich, Georgios, Kephalaiotes (Hauptmann) der Wachmannschaft der [- - -] habe vollständig erhalten [- - -] aus [- - -] die für gewöhnlich erstattete Menge [- - -] von dem heutigen und vorweggenannten Tag an und [- - -] Phamenoth [- - -] ein Kuri Wein, 1 Kuri Wein. Geschrieben am 2. Tag im Monat Phamenoth der zwölften Indiktion. ⳨ [- - -]".

Fragment einer Quittung über eine Aufwendung von einem Kuri Wein (Z. 4), die Γεώργιος, der Hauptmann einer nicht näher bezeugten Wachmannschaft (Z. 1), möglicherweise als Monats-, Wochen- oder Tagesration in Empfang genommen hat (vgl. dazu Z. 3; 1 Kuri entspricht einer Menge von etwa 5,8 Litern). Das Urkundenformular ist weder aus dem gegenwärtigen Erhaltungszustand noch aus dem Textbefund der *ed. pr.* klar ersichtlich. Der Adressat dieses Schriftstückes dürfte in der schwer beschädigten Z. 2 genannt gewesen sein. Die mit τὸ ἐ̣ξ̣ ἔθους διδό[μενον greifbaren Reste des Buchungstitels lassen erkennen, daß der Urkunde offensichtlich eine in regelmäßigen Abständen erfolgte Transaktion zugrundelag. Der verlorengegangene Beginn der Z. 3 könnte sich in Hinblick auf die Transkription der *ed. pr.* auf den Dienstbereich des Absenders – sprich: den Garnisons- oder Stationierungsort der Wachmannschaft – bezogen haben, welchem nähere Angaben zum Bemessungszeitraum nachgefolgt sind. In Z. 4 sind neben einer Erwähnung der abgelieferten Weinmenge und dem Ausstellungsdatum der Quittung noch Reste von der Unterschrift der ausfertigenden Person überliefert. Der inhaltliche Aufbau des Dokumentes läßt sich folgendermaßen rekonstruieren: 1. Erwähnung des Lieferungsempfängers und formellen Absenders (Z. 1), 2. Nennung des Urkundenadressaten (Z. 1–2), 3. Angabe eines Lieferungs- bzw. Buchungstitels (Z. 2–3) einschließlich einer unmittelbar daran anschließenden mutmaßlichen Benennung des Dienstbereiches (im Gegensatz zur *ed. pr.* nicht mehr erhalten) und jener des Bemessungszeitraumes (Z. 3: dessen Wortlaut mit ἀπὸ x ἕως y stellt eine deutliche Entlehnung aus dem Formular von Vertragstexten dar), 4. Angabe des gelieferten Produktes und dessen Menge (Z. 4), 5. Ausstellungsdatum (Z. 4) und 6. Unterschrift des Ausstellers (Z. 4). Der Inhalt des Fragmentes enthält keinen konkreten Anhaltspunkt, der über die Herkunft der Urkunde Aufschluß geben könnte. Der im handschriftlichen Inventarkatalog befindliche Verweis „*ex* 1883" läßt sich als mögliches Indiz für eine arsinoitische oder herakleopolitische Provenienz des Schriftstückes werten. Das Zeugnis wird aufgrund paläographischer Kriterien ins 6.–7. Jh. datiert (vgl. dazu die Formalbeschreibung).

1. τῆς [: Der Schreiber scheint ursprünglich entweder einen anderen Satzverlauf im Sinn gehabt oder eine spätere Angabe aus Versehen vorweggenommen zu haben, wie die – offenbar auf ihn selbst zurückgehende – Tilgung der Präposition ἐκ bzw. Silbe εκ- für τῆς erkennen läßt.

3. σήμερον: η ist möglicherweise aus υ korrigiert worden.

κα̣ὶ ̣ ̣ ̣ς Φ̣αμεν[ώθ: Die Lesung des Wortes zwischen καί und dem Monatsnamen Φαμενώθ bereitet einige Schwierigkeiten; sowohl ἕως als auch ἀρχῆς oder εἰς sind in Hinblick auf die Spuren – der dritte Buchstabe weist immerhin eine deutliche Unterlänge auf – auszuscheiden. In der *ed. pr.* hat die Zeile mit καὶ συνέφαμεν geendet, was dann auch in den dortigen Index, allerdings ohne Hinweis auf eine mögliche Herleitung oder den Ursprung des Wortes συνέφαμεν, Eingang gefunden hat.

4. Φαμενὼθ β: 26. (27.) Februar.

⳨ Δ̣[: Die Unterschrift des Ausfertigers baute höchstwahrscheinlich auf dem Muster δι' ἐμοῦ τοῦ δεῖνος oder διὰ τοῦ δεῖνος auf; die Wiedergabe eines mit Δ- anlautenden Personennamens ist aber nicht vollkommen ausgeschlossen.

94. Quittung über monatliche Aufwendungen in Geld

P.Vindob. G 11094 7,4 × 8,3 cm 7. Jh.
(?) Tafel LXI

ed. pr.: SPP III 94 (*s.* VI.) – Korr.: K. A. Worp, CPR X, S. 155–156, Anm. 27 (Herkunft: Arsinoites?, Datierung: 7. Jh.?; BL VIII 435).

Papyrus. Oberer, linker und rechter Rand erhalten. An der unteren Seite abgebrochen. Das Ausmaß des Textverlustes bleibt völlig unklar. Keine Faltungen sichtbar. Eine ca. 2 cm breite Kollesis verläuft vertikal 2,5–3 cm neben dem linken Rand. Schwarze Tinte. Der Abstand der Schrift zum Rand beträgt oben ca. 0,6 cm und links ca. 0,5 cm. Rechts bis zum Rand beschrieben. Kreuz in Z. 1 ausgerückt. Die Schrift auf dem Rekto verläuft parallel zur Faserrichtung. Verso leer. Beim Urkundenblatt scheint es sich aufgrund des ungewöhnlichen Formates um ein Abfallprodukt gehandelt zu haben. Schrifttyp: sog. „Minuskelkursive" mit einigen „Minuskel"-Elementen (vgl. etwa κ, π und τ); Formulartyp: ἔσχον ἐγὼ ὁ δεῖνα παρὰ σοῦ τοῦ δεῖνος („Quittungsschema"). Ankauf: „*ex* 1883".

→ 1 † Ἔσχον ἐγὼ Καλομηνᾶς
2 παρὰ σοῦ τοῦ κυρ(ίου) Σαβίνου παγά̣ρ̣χ̣ο̣υ̣
3 (ὑπὲρ) ἀναλώματος Τῦβι μὲν
4 πέμπτης ἰν(δικτίωνος) δ̣[(ιὰ) Φ]ιλοξένου κερ(άτια)
5 δώδεκα κα̣ὶ̣ Μ̣ε̣[χεὶ]ρ (κ̣α̣ὶ̣) Φαμενὼθ
6 δ(ιὰ) τοῦ δ̣ιακ(όνου) ̣ [̣ ̣ κερ(άτια) κδ (καὶ)] Φ̣αρμοῦθ̣ι̣
7 (καὶ) Παχὼν (κ̣α̣ὶ̣) Π̣[αῦνι δ(ιὰ) τοῦ αὐ]τ̣οῦ δ̣(ιακόνου) κ̣ε̣ρ̣(άτια)
8 τριάκοντα ἓ̣ξ̣ [(καὶ) Ἐπεὶφ (καὶ) Μεσορὴ δ(ιὰ) τοῦ αὐ]τοῦ δ̣(ιακόνου) κερ(άτια)
9 κδ ̣ ̣[- - -] ̣[- - -]

— — — — — —

2. παγαρχ(ου) | *ed. pr.* 4. [δ(ιὰ) Φ]ιλοξένου *ed. pr.* 5. μ[εχει]ρ φαμενωθ | *ed. pr.* 6. διακ(όνου) Γ̣ε̣[ωργίου φ]αρμουθι | *ed. pr.* 7. | ς παχων γ [δ(ιὰ) τοῦ αὐτ(οῦ) Γεωρ]γίου ὁμοῦ | *ed. pr.* 8. ἕξ [- - -]του δ/ ̣ ̣ ̣ ̣ | *ed. pr.* 9. | κδ (*spatium*) [| *ed. pr.*

„† Ich, Kalomenas, habe erhalten von dir, dem Herrn Sabinos, Pagarch, für Aufwendung im Tybi der fünften Indiktion durch Philoxenos zwölf Keratia und im Mecheir und Phamenoth durch den Diakonos [- - -] 24 Keratia und im Pharmuthi und Pachon und Payni durch denselben Diakonos sechsunddreißig Keratia und im Epeiph und Mesore durch denselben Diakonos 24 Keratia [- - -]".

Fragment einer Quittung über Geldzahlungen, die Σαβῖνος πάγαρχος (vgl. Komm. Z. 2) einer nicht näher bezeichneten Person namens Καλομηνᾶς (Z. 1) gewährt hat. Auf den genauen Verwendungszweck, den Charakter und die Umstände der Geldaufwendungen wurde im Zahlungstitel ὑπὲρ ἀναλώματος in Z. 3 nicht näher eingegangen. Stattdessen waren im Anschluß daran die einzelnen Aufwendungen mit einer Erwähnung des jeweiligen Bemessungszeitraumes, mit dem Namen oder Titel des jeweiligen Zahlungsübermittlers und mit dem jeweiligen Zahlungsbetrag der Reihe nach angeführt. Im überlieferten Urkundenausschnitt finden sich Zahlungen für einen Zeitraum von insgesamt acht Monaten dokumentiert (Z. 3–9), die von einer Aufwendung für den Monat Τῦβι in einem fünften Indiktionsjahr ihren Ausgang genommen haben (Z. 2–3). Eine Bestätigung weiterer Zahlungen – zumindest für die Zeit der verbleibenden vier Monate eines Jahres – könnte dem Textverlust weiter unten (ab der Z. 9) zum Opfer gefallen sein. Die Formulierung des Bemessungszeitraumes der erstgenannten Aufwendung mit Τῦβι μὲν πέμπτης ἰνδικτίωνος läßt darauf schließen, daß die Zahlungszeitspanne bis in das Folgejahr hineingereicht hat; zu damit in Verbindung stehenden Überlegungen, welche zu Rückschlüssen auf die Herkunft des Fragmentes führen könnten, vgl. Komm. Z. 8. Eine bemerkenswerte Auffälligkeit stellt der unregelmäßige Zahlungsrhythmus dar: Im Fall der erstgenannten Aufwendung hat sich die Zahlung auf den Bemessungszeitraum eines einzigen Monats beschränkt (Z. 3–5). Die zweite Aufwendung war auf einen Zeitraum von zwei Monaten bemessen (Z. 5–6). Die dritte Aufwendung hatte eine Zahlung für drei Monate zum Gegenstand (Z. 6–8). Die vierte Zahlung dürfte wiederum für einen Bemessungszeitraum von zwei Monaten geleistet worden sein (Z. 8–9). Aus der Relation der Zahlungssummen zur Anzahl der Monate geht hervor, daß jede Aufwendung mit einem Fixbetrag von zwölf Keratia pro Monat veranschlagt war; der nicht erhaltene Zahlungsbetrag in Z. 6 ist dementsprechend zu ergänzen. Es fällt auf, daß die Summen in unterschiedlicher Schreibweise – einmal als Wort in ausgeschriebener Form (Z. 5 und 8), ein andermal als Ziffer (Z. 6 und 9) – wiedergegeben wurden. Ein weiteres interessantes Detail manifestiert sich im Umstand, daß die Übergabe der einzelnen Geldbeträge – soweit ersichtlich – durch unterschiedliche Personen erfolgte: Bei der erstgenannten Zahlung ist der Betrag durch einen nicht näher charakterisierten Φιλόξενος übermittelt worden (Z. 4), bei der zweiten Aufwendung durch einen namentlich nicht bezeugten διάκονος (Z. 6), welcher offensichtlich auch bei der dritten und vierten Zahlung als Überbringer fungierte (Z. 7 und 8). Das Dokument gibt jedoch keinen Aufschluß darüber, in welcher Eigenschaft die betreffenden Personen für die Übermittlung der Geldsummen an den Absender des Schriftstückes verantwortlich waren. Aufgrund dieser letzten Beobachtung dürfte die vorliegende Urkunde, die eine grundlegende Kenntnis des genauen Sachverhaltes beim Adressaten voraussetzt, privaten Zwecken gedient haben. Der Wortlaut des Fragmentes bietet keinen direkten Hinweis, der über die Herkunft der Quittung verläßlich Auskunft geben könnte. In Anbetracht des Vermerks „*ex* 1883" im handschriftlichen Inventarkatalog läßt sich sowohl eine arsinoitische als auch eine herakleopolitische Provenienz in Erwägung ziehen; zu einer möglichen Einschränkung dieser Fragestellung vgl. Komm. Z. 8. Das Dokument wird aufgrund paläographischer Kriterien ins 7. Jh. datiert (vgl. dazu die Formalbeschreibung).

2. Σαβίνου παγάρ̣χ̣(ου): Möglicherweise mit der Person in SPP VIII 1187, 1 identisch; vgl. dazu K. A. Worp, CPR X, S. 155–156, Anm. 27.

8. (καὶ) Ἐπεὶφ (καὶ) Μεσορή: Schon allein aufgrund der nachfolgenden Angabe einer Summe von vierundzwanzig Keratia (Z. 8–9) muß die Zahlung einem Zeitraum von zwei Monaten gegolten haben. Für den Fall, daß die Urkunde arsinoitischer Provenienz war (vgl. die Zuweisung durch K. A. Worp, CPR X, S. 155–156, Anm. 27), wäre wegen des Beginns der Jahreszählung im Arsinoites analog zu μέν in Z. 3 im Anschluß an (καὶ) Ἐπείφ ein darauf reflektierendes δέ – *sc.* ἕκτης ἰν(δικτίωνος) – zu erwarten; einer solchen Ergänzung scheint jedoch das Ausmaß der Lücke an betreffender Stelle entgegenzustehen, wodurch die mögliche arsinoitische Herkunft des Fragmentes in Frage zu stellen ist. Im Fall einer herakleopolitischen Provenienz träte die entsprechende Angabe erst in Zusammenhang mit einer Erwähnung des Monats Θώθ auf, der offensichtlich aber erst im verlorengegangenen unteren Abschnitt der Urkunde angeführt war.

95. Quittung über Steuer

P.Vindob. G 11095	14,5 × 30,6 cm	494/495 (?)
Hermupolis		Tafel LXII

ed. pr.: SPP III 95 (*s.* VI., Hermop. Magna) – Korr.: J. Frösén, CPR VII, S. 158 (Datierung: 494/495; BL VIII 435).

Papyrus. Stark beschädigt. Ränder an allen Seiten zumindest teilweise erhalten. Vermutlich vier horizontale Faltungen 1,5, 4,5, 7,6 und 11 cm unterhalb des oberen Randes. Eine vertikale Faltung in der Blattmitte. Eine 2,3 cm breite Kollesis verläuft 0,5 cm oberhalb des unteren Randes (unterhalb der Z. 13). Schwarze Tinte. Der Abstand der Schrift zum Rand beträgt oben und links jeweils ca. 1 cm, unten ca. 2 cm. Rechts bis zum Rand beschrieben. Z. 2 zentriert und Z. 13 eingerückt. Die Schrift auf dem Rekto verläuft quer zur Faserrichtung (*transversa charta*). Verso leer. Zusätzlich ein loses, kleines, unbeschriftetes Fragment, dessen Positionierung unklar bleibt und dessen Zugehörigkeit auch keineswegs gesichert ist. Die Urkunde weist einige phonetisch bedingte Fehler auf (ἡμῶν statt ὑμῶν in Z. 4, ἡμᾶς statt ὑμᾶς in Z. 6, ἡμετέραν statt ὑμετέραν in Z. 7 und ἡμῖν statt ὑμῖν in Z. 8 und Z. 10). Schrifttyp: sog. „Minuskelkursive"; Formulartyp: ἐπληρώθην παρὰ σοῦ („Vertragsschema"). Ankauf: „*ex* 1887 Uschmunên".

↓ 1 ⳨ Ἀπολλῶς Φέυτος μητρ[ὸς ± 5] ̣[̣ ̣] δ̣ι̣ά̣[κονος καὶ Ἰωάννης Ἀν]ουφίου μ̣η̣τ̣ρ̣ὸ̣ς̣ Ε̣ὖ̣τ̣ο̣ς̣ ἀ̣μ̣φ̣[ότ]εροι

2 *vac.* κωμ[ά]ρ̣χ̣ο̣ι̣ κώμ[ης Πρερὴ τοῦ] Ἑρ(μουπολίτου) *vac.*

3 Φλαυίῳ Ταυρίνῳ τῷ λαμ̣[προ]τ̣άτῳ καὶ πολ̣[ιτευομένῳ τ]ῆ̣ς̣ Ἑρμουπολιτῶ̣ν̣.

4 Ἐπεπληρώμεθα π̣α̣ρ̣᾿ ἡ̣[μῶ]ν̣ ὑ̣π̣ὲ̣ρ̣ λό̣γ[ου ± 10 ἀ]π̣ὸ κ̣α̣ν̣ό̣ν̣ο̣ς̣

5 {κανόν̣ο̣ς̣} τρίτης ἰ̣ν̣δ̣ι̣[κ](τίωνος), [ὅ] ἐστιν χρυσοῦ [νομισμάτιον ἓν π]α̣ρ̣ὰ̣ κερ̣ά̣τ̣ι̣α̣ τ̣ρ̣ί̣α̣

6 ζυγῷ Ἑρμο̣ῦ πόλεως, γ̣ί̣(νεται) χ̣ρ̣(υσοῦ) ν̣(ομισμάτιον) α π̣(αρὰ) κ̣ε̣ρ̣(άτια) γ̣, καὶ οὐδένα λ[όγο]ν̣ ἔχ̣ο̣μεν πρὸς ἡ̣μ̣ᾶ̣ς̣

7 περὶ δημοσίου τῆς αὐτῆς τρίτης ἰνδικ̣(τίωνος) καὶ πρὸς ἡμ̣[ετέρα]ν̣ ἀσφάλειαν ἐθέμεθα

8 ἡμῖν ταύτην τὴν ἀποχὴν κ̣υ̣ρ̣ίαν οὖσαν καὶ βεβα̣ί̣{α̣ι}αν καὶ ἐπερ(ωτηθέντες) ὡμολ(ογήσαμεν).

9 † Αὐρήλιοι Ἀπολλῶς Φέϋτος διακόνου καὶ Ἰωάννου Ἀνουφίου οἱ προκ(είμενοι),

10 ἐθέμεθα ἡμῖν ταύτην τὴν ἀποχὴν καὶ πιθόμεθα πᾶσι τοῖς ἐγγεγραμμένοις

11 ὡς πρόκ(ειται). Αὐρήλιος Κῦρος γνωστὴρ τῆς αὐτῆς κώμης Π[ρ]ερὴ ἀξιωθεὶς ἔγραψα

12 ὑ̣π̣ὲ̣ρ̣ α̣ὐ̣τ̣ῶ̣ν̣ γράμμα[τα μὴ] ε̣[ἰ]δότω̣ν̣.

13 *vac.* (2. H.) Δ(ι᾿) ἐμ[οῦ ± 15] ̣ ̣ ̣ ̣ ̣ ̣ ̣ ̣ ̣ ̣ ̣ ̣ ̣ ̣ ̣ ̣

1. ⳨/ *pap.* μητρ[ὸς 20 καὶ Ἰωάννης Ἀν]ουφιου μητρὸς Ἐυτος μ[ειζότ]ερ[ο]ι | *ed. pr.* 2. κώμ[ης Πρερη - - -] Ἑρ(μουπολίτου) | *ed. pr.* 3. *l.* Φλαουίῳ λ[αμπροτά]τῳ καὶ παν̣[ευφήμῳ - - -]/ Ἑρμουπολίτου | *ed. pr.* 4. π̣α̣ρ̣ὰ̣ [σοῦ 8] ̣ ̣μ ̣ ̣[- - -] τὸν ἀννων[ε̣υ̣ο̣- | *ed. pr.* *l.* ὑμῶν 5. | μενον ἄχρι τῆς [8] ὃ ἔστιν *ed. pr.* πα]ρά *ed. pr.* 6. ᾱ *pap.* λ[όγον ἔ]χ̣ο̣μεν *ed. pr.* *l.* ὑμᾶς, ὑ̣μ̣[ᾶς | *ed. pr.* 7. *l.* δημοσίων *l.* ὑμετέραν, ἡ[μετέρα]ν̣ *ed. pr.* 8. *l.* ὑμῖν [κυρί]αν *ed. pr.* βεβ[α]ίαν καὶ ἐπερ(ωτηθεὶς) ὡμολ(όγησα) | *ed. pr.* 9. Αὐρήλιος *ed. pr.* *l.* διάκονος καὶ Ἰωάννης ϊωαννου *pap.* 10. *l.* ὑμῖν, ὑμῖν *ed. pr.* *l.* πειθόμεθα 11. γνωστηρ/ *pap.* Π[ρ]ε̣ρη *ed. pr.* 12. εἰδότων | *ed. pr.* 13. *om. ed. pr.*

„⳨ Apollos, Sohn des Pheys, dessen Mutter N. N. heißt, Diakonos, und Ioannes, Sohn des Anuphios, dessen Mutter Eys heißt, beide Komarchoi des Dorfes Prere des Hermopolites, an Flavius Taurinos, den *clarissimus* und Ratsherrn von Hermupolis. Wir hatten erhalten von euch für das Konto [- - -] vom *canon* der dritten Indiktion, das ist an Gold ein Solidus abzüglich drei Keratia nach dem Münzfuß von Hermupolis, das macht an Gold 1 Solidus abzüglich 3 Keratia, und wir haben keinen Anspruch euch gegenüber die Steuer derselben dritten Indiktion betreffend, und zu eurer Sicherheit haben wir euch diese Quittung ausgestellt, die rechtskräftig ist und garantiert, und auf Befragen haben wir zugestimmt. † Aurelius Apollos, Sohn des Pheys, Diakonos, und Aurelius Ioannes, Sohn des Anuphios, die oben Genannten, wir haben euch diese Quittung ausgestellt und befolgen alle aufgeschriebenen Punkte, wie es oben geschrieben steht. Aurelius Kyros, Gnoster, aus demselben Dorf Prere, ich habe auf ihre Bitte hin für sie unterschrieben, da sie nicht schreiben können. (2. H.) Durch mich, N. N. [- - -]“.

Quittung über eine Steuerzahlung, die Ἀπολλῶς und Ἰωάννης, zwei κωμάρχοι des hermopolitischen Dorfes Πρερή (Z. 1–2), von einem Ratsherrn aus Hermupolis namens Ταυρῖνος (Z. 3) empfangen haben. Im vorangestellten Kopfteil der Urkunde, welche nach dem Schema eines Vertragstextes aufgebaut war, sind die Namen der Zahlungsempfänger samt jener ihrer Väter und Mütter, deren Amtsbezeichnung sowie die Anrede und der Titel des Quittungsadressaten wiedergegeben. Der Wortlaut der Empfangsbestätigung wurde mit der Wendung ἐπεπληρώμεθα (vgl. Komm. Z. 4) παρ᾿ ὑμῶν und einer unmittelbar daran anschließenden Erwähnung des nur noch unvollständig überlieferten Zahlungstitels eingeleitet (Z. 4–5). Dem fragmentarischen Textbefund ist immerhin zu entnehmen, daß die Zahlung für den *canon* eines dritten Indiktionsjahres geleistet wurde. Zu welchem Zeitpunkt die Zahlung bzw. die Ausstellung der Urkunde erfolgte, dürfte aus dem Inhalt des Schriftstückes ohnehin nicht ausdrücklich – etwa anhand eines Ausstellungsdatums – hervorgegangen sein. Die Steuerleistung ist vom Quittungsadressaten mittels eines Geldbetrages von einem Solidus abzüglich drei Keratia erbracht worden. Der Zahlungsbetrag war nach hermopolitischem Münzfuß berechnet, wie im Dokument ausdrücklich vermerkt wurde (zum Münzfuß als mögliches Datierungskriterium vgl. Komm. Z. 5–6). Die Quittung hatte im Anschluß daran mit einer Abstandsklausel (Z. 6–7), Garantie- (Z. 7–8) und Einverständniserklärungen (Z. 8) seitens der Zahlungsempfänger fortgesetzt. Die Urkunde ist im Auftrag der Absender von einem aus demselben Dorf Πρερῆ stammenden γνωστήρ namens Κῦρος aufgesetzt worden, welcher im Namen derselben auch das Schriftstück unterzeichnet hat, da jene des Schreibens unkundig waren (Z. 9–12). Der Aureliername der Zahlungsempfänger war bemerkenswerterweise bloß im Rahmen einer formellen Stellungnahme in Z. 9, nicht aber in der Kopfzeile des Dokumentes angeführt. Am unteren Blattrand sind Reste einer zentrierten Zeile zu erkennen, welche als Unterschrift des offiziellen Ausfertigers aufzufassen sein dürfte.

Die Anrede des Steuerpflichtigen in der vorliegenden Quittung als ὁ λαμπρότατος καὶ πολιτευόμενος τῆς Ἑρμοπολιτῶν scheint gegen eine Identifizierung mit dessen gleichnamigen Zeitgenossen Flavius Taurinus II., Sohn des Ἰωάννης, zu sprechen (vgl. Komm. Z. 3). Dieser hat ungefähr zur selben Zeit das Amt eines *commentariensis* und später jenes eines *scriniarius* des *officium militare* bekleidet, bevor er sich spätestens 497 als Grundherr von Ländereien ins Privatleben zurückgezogen hat und um 512 als Kirchenfunktionär in Hermupolis gestorben war; vgl. dessen Anrede als ὁ καθοσιωμένος ἀπὸ κομμενταρησίων ... στρατιωτικῆς τάξεως τοῦ Θηβαικοῦ λιμίτου in BGU XII 2162, 2–3 vom Februar 491, als αἰδέσιμος σκρινιάριος τῆς κατὰ Θηβαίδα στρατιωτικῆς τάξεως in BGU XII 2164, 2–3 vom Dezember 494, als ὁ θαυμασιώτατος in BGU XII 2168, 4–5 aus dem Jahr 497/498 (?) und BGU XII 2174, 2–3 vom September 501 sowie als ὁ εὐλαβέστατος πρεσβύτερος καθολικῆς ἐκκλησίας τῆς Ἑρμουπολιτῶν in BGU XII 2182, 2–3 vom Juni 510 und SB IV 7369, 3–4 aus dem Jahr 512; zum sogenannten „Taurinus-Archiv" vgl. H. Maehler, BGU XII, Einl., S. XIX–XXVIII. Schon allein aufgrund unterschiedlicher Fundumstände ist eine Gleichsetzung des Quittungsadressaten mit Flavius Taurinus II. wenig wahrscheinlich. Während das vorliegende Fragment laut der Angabe im handschriftlichen Inventarkatalog im Jahre 1897 erworben wurde, scheinen die Berliner Zeugnisse des „Taurinus-Archivs" allesamt jenen Grabungskampagnen in el-Aschmunein zu entstammen, die unter der Leitung von O. Rubensohn in den Jahren zwischen 1903 und 1906 stattgefunden haben; selbiges hat selbstverständlich auch im Fall der Zuweisung eines weiteren Wiener Papyrus zur Textgruppe des „Taurinus-Archivs" durch J. Diethart, P.Bingen 138 zu gelten; beim dort genannten Ταυρῖνος, Sohn eines Φοιβάμμων, welcher vom Herausgeber für einen bislang unbekannten Sohn Taurinus' I. angesehen wird, müßte es sich aufgrund des Vatersnamens allerdings um einen Enkelsohn gehandelt haben.

Die Provenienz des vorliegenden Zeugnisses geht eindeutig aus dem Titel des Quittungsadressaten in Z. 3 hervor. Die Datierung der Urkunde ins Jahr 494/495 basiert auf dem Schema einer chronologischen Auflistung hermopolitischer Münzfüße bei J. Frösén, CPR VII, S. 157–158.

1. ⳨: Das Staurogramm ist hier mit einem schrägen Querbalken versehen.

Ἀπολλῶς: Im Gegensatz zur Schreibweise bei πόλεως in Z. 6 und bei ὡς in Z. 11 weist -ως an dieser Stelle und in Z. 9 drei Wannen mit einer zusätzlichen Anbindung an den unmittelbar nachfolgenden Buchstaben auf (vgl. etwa γνωστήρ in Z. 11).

δ̣ι̣ά̣[κονος: In Hinblick auf διακόνου in Z. 9 ist an dieser Stelle vielleicht ebenfalls der Genitiv vorauszusetzen. Zum Titel vgl. allgemein Schmelz, *Amtsträger* 295–296.

2. κώμ[ης Πρερή: Die Ergänzung des Toponyms erfolgt aufgrund der Angabe τῆς αὐτῆς κώμης Π[ρ]ερή in Z. 11; vgl. allgemein Diz. IV 190; Suppl. 1, 230; Suppl. 2, 175; Suppl. 3, 131; Drew-Bear, *Nome* 220–221; Timm, *Ägypten* IV 2013; J. A. Sheridan, P.Col. IX, S. 153.

3. Φλαυίῳ Ταυρίνῳ: Trotz zeitlicher Nähe ist die Person aufgrund der Fundumstände und des Rangprädikats wohl nicht mit Flavius Taurinus II. (ca. 465–512/513) gleichzusetzen; zu dessen Testimonia vgl. H. Maehler, BGU XII, S. 64–66, wo das vorliegende Dokument vor dem Hintergrund eines mutmaßlichen *patrocinium* interpretiert wird; zum „Taurinus-Archiv" vgl. außerdem G. Poethke, BGU XVII, Einl., S. XXXV–XXXVI.
λ[α]μ̣[προτά]τῳ καὶ πολ̣[ιτευομένῳ τ]ῆ̣ς Ἑρμουπολιτῶ̣ν̣: Derselbe Ehrentitel ist ein weiteres Mal in P.Flor. III 343, 1–2 (Hermupolis, 5. Jh.) bezeugt; vgl. in diesem Zusammenhang allgemein Worp, *Arxantes* 201–220.

4. Ἐπεπληρώμεθα: Für die Verwendung des Plusquamperfekts anstelle des Aorists gibt es in Zusammenhang mit diesem Formulartyp keine Parallelen; vgl. allgemein Mandilaras, *Verb* §§ 340; zu der in ihrer Bedeutung begründeten Austauschbarkeit zwischen Plusquamperfekt und Aorist: ebenda, §§ 512. In Anbetracht der weiter unten anzutreffenden Tempora – Präsens und Aorist – dürfte der Schreiber nicht bewußt zwischen den Zeitebenen unterschieden haben.

5.–6. [νομισμάτιον ἓν π]α̣ρ̣ὰ̣ κεράτ̣ι̣α̣ τ̣ρ̣ί̣α̣ ζυγῷ Ἑρμ[ο]ῦ πόλεως: Oder [νόμισμα. Zum Münzfuß und einem daraus resultierenden Datierungsansatz vgl. J. Frösén, CPR VII, S. 158.

6. ν̣(ομισμάτιον): Oder ν̣(όμισμα).

11. γνωστήρ: Ausgeschriebene Form mit überflüssiger Kürzung versehen.

96. Quittung über Lohn eines Stallmeisters

P.Vindob. G 11096	9 × 24,4 cm	640 oder 655 (?)
Arsinoiton Polis		Tafel XXIII

ed. pr.: SPP III 96 (*s*. VII., Arsin.) – Korr.: J. Diethart, P.Rain.Cent., S. 434 (Datierung: 625 oder 640; BL VIII 435); Pros. Ars. I, Nr. 2593, Anm. 359 (BL VIII 435–436).

Papyrus. Oberer, rechter und unterer Rand erhalten. An der linken Seite abgebrochen. Das Ausmaß des Textverlustes dürfte auf das erste Blattviertel beschränkt sein. Vier horizontale Faltungen 1,6, 3,3, 5,3 und 7,3 cm unterhalb des oberen Randes. Keine Klebung. Schwarze Tinte. Der Abstand der Schrift zum Rand beträgt oben und unten jeweils ca. 1 cm. Rechts bis zum Rand beschrieben. Z. 6 weit eingerückt. Paraphe in Z. 7 unterhalb der Unterschrift der Z. 6 positioniert. Die Schrift auf dem Rekto verläuft quer zur Faserrichtung (*transversa charta*). Verso mit einer zentrierten Zeile auf Höhe der Z. 2 des Rekto (Schriftverlauf parallel zur Faserrichtung). Von derselben Hand wie **26**, **111**, **116**, **164** und **176** (Gruppe der von Ἰούστος συμβολαιογράφος ausgestellten Urkunden). Schrifttyp: sog. „Minuskelkursive" (Rekto); sog. „Minuskelkursive" mit deutlichen „Minuskel"-Elementen (Verso); Formulartyp: ἔσχον καὶ ἐπληρώθην ἐγὼ ὁ δεῖνα παρὰ σοῦ τοῦ δεῖνος („Quittungsschema"). Ankauf: „Faijûm".

↓ 1 [† Ἔσχον καὶ ἐπληρώθην ἐγὼ Ἰ]ωάννης σταβλίτης υἱὸς Μηνᾶ ἀπὸ τῆς Ἀρσινοϊτῶν πόλεως ἀπὸ ἀμφόδου

2 [± 6 παρὰ σοῦ ± 6 το]ῦ λαμπροτάτου χαρτουλαρίου τῆς ἁγιωτάτης τῶν ἐνταῦθα καθολικῆς ἐκκλ(ησίας)

3 [τῶν ἁγίων τριῶν μαρτ]ύ̣ρ̣ω̣ν̣ τὸν ἐμὸν μισθὸν σίτου τε καὶ χρυσίου καὶ συνηθειῶν ὑπὲρ ἧς

4 [ποιοῦμαι τοῦ σταβλίτο]υ̣ χρείας, λέγω δὴ τῶν ἀπὸ ὄπειθεν χρόνων ἕως τοῦ παρελθόντος μηνὸς

5 [Φαῶφι τεσσαρασκαιδεκά]της ἰνδ(ικτίωνος) εἰς πλήρης. Ἐγράφη μηνὶ Ἁθὺρ τριακάδι τῆς αὐτῆς ιδ ἰνδ(ικτίωνος).

6 *vac.* † Δ(ι') ἐμοῦ Ἰούστου συμβολαιογράφου. *Paraphe*

7 *vac. Paraphe*

Verso:

→ 8 † Ἀπό̣δ̣ε̣ι̣ξ(ις) Ἰωάν̣ν̣ο̣υ̣ υἱ(οῦ) Μηνᾶ σταβλίτ(ου).

1. † *om. ed. pr.* υϊος *pap.* αρσινοϊτων *pap.* 2. | [. . . . . . . παρὰ σοῦ . . . το]ῦ *ed. pr.* 3. | [- - -] . . . τον *ed. pr.* τε *om. ed. pr.* χρ̄υσιου *pap.* ϋπερ *pap.* 4. | [ποιοῦμαι ὑπηρεσίας τὰ]ς χρείας μεταζητῶν ἀπό *ed. pr.* *l.* ὄπιθεν 5. | [- - - α]της *ed. pr.* ϊνδ/ *pap.* *l.* πλῆρες αθϋρ *pap.* ϊνδ/ *pap.* 6. ϊουστου *pap.*: Kreuz darüber 8. *om. ed. pr.* | † Ἀπό̣δ̣ε̣ι̣ξ(ις) Ἰωάν̣ν̣ο̣υ̣ [υἱ(οῦ)] Μηνᾶ σταβλ(ί)τ(ου) | Diethart

„† Ich, Ioannes, Stallmeister, Sohn des Menas, aus Arsinoiton Polis, aus dem [- - -] -Viertel, habe vollständig erhalten von dir, N. N., dem erlauchten *chartularius* der heiligsten der hiesigen, katholischen Kirche der heiligen drei Märtyrer, meinen Lohn an Weizen, Gold und Synetheia (Sonderzuwendungen), für jenen Dienst, den ich als Stallmeister versehe, nämlich für die zurückliegende Zeit bis zum vergangenen Monat Phaophi der vierzehnten Indiktion zum vollen Betrag. Geschrieben am dreißigsten Tag im Monat Hathyr derselben 14. Indiktion. † Durch mich, Iustos, Symbolaiographos".
Verso: „† Quittung des Ioannes, Sohn des Menas, Stallmeister".

Fragment einer Quittung über Lohn, den ein gewisser Ἰωάννης, Sohn eines Μηνᾶς, aus Arsinoiton Polis für die Arbeit als Stallmeister (Z. 1–2) von einem namentlich nicht bezeugten χαρτουλάριος der Kirche der drei Märtyrer in derselben Stadt (Z. 2–3) erhalten hat. Die Textverteilung auf dem Urkundenfragment legt die berechtigte Vermutung nahe, daß dem Dokument der Formulartyp ἔσχον καὶ ἐπληρώθην ἐγὼ ὁ δεῖνα παρὰ σοῦ τοῦ δεῖνος zugrundelag. Der Zahlungsempfänger hat seine Aufgaben wohl im Umfeld wirtschaftlicher Aktivitäten der Kirche wahrgenommen und seinen Lohn in Form von Naturalien (Weizen), einer Geldzahlung und einer zusätzlichen Sonderzuwendung (συνήθεια) erstattet bekommen (Z. 3–4). Wie hoch der Lohn bemessen war und worin die συνήθεια im konkreten Fall bestanden hat, war im Urkundenwortlaut nicht ausdrücklich vermerkt. Die Dauer des Bemessungszeitraumes läßt sich mangels einer genauen Definition des Ausgangspunktes nicht eruieren (vgl. dazu die allgemein gehaltene Formulierung ἀπὸ ὄπιθεν χρόνων in Z. 4). Die Entlohnung und Ausstellung der Quittung sind jedenfalls im Monat Ἁθύρ eines vierzehnten Indiktionsjahres erfolgt – d. h. einen Monat nach Ablauf des Beschäftigungsverhältnisses, welches sich bis zum Monat Φαῶφι desselben Jahres erstreckt hat (Z. 5). Das Schriftstück ist von dem aus einer Vielzahl anderer Urkunden hinlänglich bekannten Ἰούστος συμβολαιογράφος verfaßt und ausgefertigt wurden (Z. 6). In Bezug auf den Inhalt und die formale Gestaltung weist das vorliegende Zeugnis außerdem enge Parallelen zu **164** auf. Die Provenienz des Dokumentes geht eindeutig aus der

Herkunftsangabe des Lohnempfängers und Absenders in Z. 1 und der Nennung der kirchlichen Institution im Rahmen der Funktionsbezeichnung des Quittungsadressaten in Z. 2 hervor. Die zeitliche Einordnung ins Jahr 640 oder 655 stützt sich auf die Datierung von Urkunden, die von demselben Ἰούστος συμβολαιογράφος ausgestellt worden waren (insbes. P.Ross.Georg. III 51 aus dem Jahr 631 und BGU II 366 aus dem Jahr 660); vgl. diesbezüglich B. Palme, CPR XXIV, S. 200 mit Anm. 19.

2. τῆς ἁγιωτάτης τῶν ἐνταῦθα καθολικῆς ἐκκλ(ησίας): Zum Epitheton der Kirche vgl. Wipszycka, *Katholike* 202–212. Zum Gebrauch von τὰ ἐνταῦθα und anderen attributiven Adverbien als Substantiversatz vgl. Mayser, *Grammatik* II 1, 13.

3. [τῶν ἁγίων τριῶν μαρτ]ύρων: Vgl. in diesem Zusammenhang τῶ(ν) γ μαρτήρων in **126**, 2, τῶ(ν) μαρτ(ύρων) in SPP VIII 881, 2, τ(ῶν) γ μαρτύρ(ων) in P.Lond. I 113, 8 (c), 11 (Arsinoites, 7. Jh.?, vgl. Korr. in BL I 239 und BL VIII 173) und τôν ἁγίον δριôν μαρτή|ρο[ν] in SPP X 75 C, 11–12 (Arsinoites, Datierung unbekannt, Korr. der Herkunft etc. in BL VIII 455), als Namensgeber einer Straße ἁγί(ων) μαρτύρων in SB I 5127, 17 und 29 (Arsinoites, byzant. Zeit) sowie λαύρ(ας) τριῶ[ν] μ[α]ρ[(τύρων) in SPP X 6, 4 (Arsinoites, 7.–8. Jh.). Ob es sich in allen Fällen um ein und dieselbe Kirche handelt, ist nicht geklärt. Vgl. allgemein Antonini, *Chiese* 169; Gascou, *Notes* 335–336; Papaconstantinou, *Culte* 198–200.

χρυσίου: Aufgrund des hochgestellten Querstriches über dem ρ kann man davon ausgehen, daß der Schreiber das Wort ursprünglich in gekürzter Form wiederzugeben beabsichtigte.

3.–4. ὑπὲρ ἧς [ποιοῦμαι τοῦ σταβλίτο]υ χρείας: Zur Ergänzung vgl. **164**, 3 und P.Oxy. LVII 3914, 11–12 (519).

4. ὄπειθεν: Nebenform von ὄπισθεν. Die Schreibung ὄπιθεν ist auch in SPP III 261, 7, P.Apoll. 11, 4 (Apollonopolis Magna, 705), P.Cair. Masp. II 67158, 21 (Antinoupolis, 568), P.Lond. IV 1418 II 23 (Aphrodito, 705–709; Korr. der Datierung in BL V 56) und SB I 3972, 5 (Herkunft unbekannt, 7. Jh.), κατόπιθεν in P.Oxy. XVII 2146, 8 (3. Jh.) anzutreffen. Der Gebrauch der Form ὄπιθεν scheint sich ausschließlich auf zeitliche Angaben beschränkt zu haben, während ὄπισθεν offensichtlich auch räumlich aufgefaßt werden konnte.

5. Ἀθὺρ τριακάδι: 26. (27.) November.

6. Δ(ι') ἐμοῦ Ἰούστου συμβολαιογράφου: Andere, von demselben Notar ausgestellte Urkunden hat J. Diethart, P.Rain.Cent., S. 432–436 zum sogenannten „Justus-Archiv" zusammengefaßt.

97. Quittung über Auszahlung eines Erbteiles an Vermögensrendite

P.Vindob. G 2119 — 13 × 28,2 cm — 6.–7. Jh.
Hermupolis — Tafel LXIII

ed. pr.: SPP III 97 (*s.* VI., Hermop.) – *ed. sec.*: SPP XX 120 (Oxyrhynchus, *saeculi* V.) – Korr.: Zereteli, *Aggiunte* 375 (BL II 2, 164).

Papyrus. Oberer, rechter und unterer Rand erhalten. An der linken Seite abgebrochen. Das Ausmaß des Textverlustes dürfte sich bloß auf einen schmalen Streifen beschränken. Sechs horizontale Faltungen 1,8, 4,4, 6,1, 8, 9,8 und 11,3 cm unterhalb des oberen Randes. Eine vertikale Faltung in der Mitte des Fragmentes, eine weitere dürfte entlang der linken Bruchkante verlaufen sein. Keine Klebung. Schwarze Tinte. Der Abstand der Schrift zum Rand beträgt oben ca. 0,8 cm und unten ca. 4 cm. Rechts bis zum Rand beschrieben. Z. 1 zentriert. Die Schrift auf dem Rekto verläuft quer zur Faserrichtung (*transversa charta*). Verso mit einer Zeile auf Höhe von Z. 2–3 des Rekto (Schriftverlauf parallel zur Faserrichtung; Positionierung in der rechten Blatthälfte). Schrifttyp: sog. „Minuskelkursive“ (1. H.); „Maiuskel“ (2. H.); Formulartyp: πεπλήρωμαι παρὰ σοῦ („Vertragsschema“). Ankauf: „Uschmunên *ex* 1887“.

↓ 1 *vac.* Π(αρὰ) τοῦ κυρίου Ἰο⟨ύ⟩στου ἀπὸ τῆς Ὀξυρογχιτῶν πόλ(εως)
2 [†] Φω̣κᾷ προνοητῇ ἀπὸ Ἑρ(μοῦ πόλεως) *vac.* Πεπλήρωμαι παρὰ σοῦ ὑπὲρ πέμπτον μέρος
3 [τ]ῆ̣ς προσόδου τῆς μακαρίας μου̣ πενθερᾶς Θεοδότης ὑπὲρ ἑνδεκάτης ἰνδικτίονος
4 [καὶ] ο̣ὐδένα λόγον ἔχω πρὸς σὲ περὶ τῆς (αὐτῆς) προσόδου ἑνδεκάτης ἰ̣νδ(ικτίονος) ὑπέρ τ̣ε̣ λήμματ[ο]ς
5 [καὶ ἀ]ναλώματος κ̣α̣ὶ̣ πρὸς σὴν ἀσφάλ(ειαν) πεποίημαι ταύτην τὴν πληρωτικὴν ἀπόδει̣ξιν
6 [ὡς] πρόκ(ειται). Ἐγράφ(η) Χοιὰκ ια ἰνδ(ικτίονος) ια. (2. H.) † Φλ(άουιος) Ἰοῦστος. Στοιχ(εῖ) ἡ ἀποχ(ὴ) ὡς πρόκ(ειται).

Verso:

→ 7 *vac.* (3. H.?) † Ἀπόδειξις π(αρὰ) τοῦ κυρ(ίου) Ἰούστου ἀπὸ τῆς Ὀξυρ̣ο̣γ̣χ̣[ιτῶν πόλ(εως).]

1. το(ῦ) κυρίου Ιο(υ)στου *ed. pr.*, τοῦ κυρίου Ἰόστου *ed. sec.* *l.* Ὀξυρυγχιτῶν 2. | [Φ]ωκᾷ *ed. pr.*, | Φ]ωκᾷ *ed. sec.* *l.* τὸ πέμπτον μέρος 3. | [τῆ]ς προσόδο(υ) *ed. pr.*, | τῆ]ς προσόδου *ed. sec.* μο(υ) *ed. pr.*, μου *ed. sec.* 4. | [καὶ ο]ὐδένα λόγον *ed. pr.*, |] τὸ δὲ παλαιόν *ed. sec.*, | καὶ] οὐδένα λό[γ]ον Zereteli τῆς: *corr. ex* τοῦ προσόδο(υ) *ed. pr.*, προσόδου *ed. sec.* τ[ε λ]ήμματος | *ed. pr.*, τ[οῦ λ̣]ήμματο̣ς | *ed. sec.* 5. | [καὶ ἀ]ναλώματος *ed. pr.*, | ἀ]ναλώματος *ed. sec.* ἀπόδειξιν | *ed. pr.*, ἀπόδει[ξ]ιν | *ed. sec.* 6. | [ὡς] *ed. pr.*, | ὡς] *ed. sec.* ϊα *pap.* (*bis*) ϊουστος *pap.* στοιχι *edd.* 7. το(ῦ) *ed. pr.*, τοῦ *ed. sec.* ἀπὸ τῆς Ὀξυρ̣ο̣γ̣χ̣[ιτῶν πόλ(εως)] *om. ed. pr.*, ἀπὸ τῆς Ὀξυρογ̣[χιτωνπόλεως | *ed. sec.* *l.* Ὀξυρυγχιτῶν

„Von dem Herrn Iustos aus Oxyrhynchiton Polis † an Phokas, Pronoetes, aus Hermupolis. Ich habe erhalten von dir den fünften Teil der Einkünfte meiner seligen Schwiegermutter Theodote für die elfte Indiktion, und ich habe keinen Anspruch dir gegenüber dieselben Einkünfte der elften Indiktion betreffend, und zwar weder von Einnahmen noch von Ausgaben, und zu deiner Sicherheit habe ich diese Quittung über die volle Zahlung ausgestellt,

wie es oben geschrieben steht. Geschrieben am 11. Choiak der 11. Indiktion. (2. H.) † Flavius Iustos. Erkläre mich einverstanden mit der Quittung, wie es oben geschrieben steht".
Verso: „(1. H.) † Quittung von dem Herrn Iustos aus Oxyrhynchiton Polis".

Quittung über Einkünfte aus einem Erbteil, die ein gewisser Φωκᾶς προνοητής aus Hermupolis (Z. 2) einer aus Oxyrhynchos stammenden Person namens Φλάουιος Ἰούστος (Z. 1) ausgezahlt hat. Der als formeller Absender fungierende Zahlungsempfänger und der Urkundenadressat finden sich gleich zu Beginn im vorangestellten Kopfteil des im „Vertragsschema" abgefaßten Dokumentes. Der inhaltliche Teil der Empfangsbestätigung wurde mit der Formel πεπλήρωμαι παρὰ σοῦ und einer unmittelbar daran anschließenden Erwähnung des Zahlungstitels (vgl. Komm. Z. 2) eingeleitet. Letzterem zufolge ist die Rendite dem Absender Ἰούστος aus einem fünftel Erbteil am Vermögen der verstorbenen Schwiegermutter Θεοδότη erwachsen und im vorliegenden Fall für ein elftes Indiktionsjahr erstattet worden (Z. 2–3). Um welche Art von Vermögensveranlagung es sich hierbei gehandelt hat, ist dem Inhalt des Zeugnisses an keiner Stelle explizit zu entnehmen. Der Adressat des Schriftstückes, Φωκᾶς προνοητής, dürfte nicht allein mit der – offenbar jährlichen – Auszahlung der Gewinnausschüttung, sondern auch mit Verwaltung der Vermögensveranlagung betraut gewesen sein. Eine Betragssumme wurde im vorliegenden Dokument nicht genannt. In einem eigenen Passus hat der Zahlungsempfänger jedoch den Sachverhalt einer vollständigen Erfüllung aller seiner Ansprüche für das gegenwärtige elfte Indiktionsjahr bestätigen lassen (Z. 4–6) und diese Aussage im Anschluß an das Ausstellungsdatum mit eigener Unterschrift und Einverständniserklärung bekräftigt (Z. 6). Die Urkunde dürfte vom Adressaten Φωκᾶς προνοητής verfaßt und ausgestellt worden sein, da sie sonst von keiner anderen Person unterzeichnet wurde. Die Provenienz des Zeugnisses geht aus der Herkunftsangabe des Quittungsadressaten in Z. 2 hervor. Das Dokument wird aufgrund paläographischer Kriterien ins 6.–7. Jh. datiert (vgl. dazu die Formalbeschreibung).

1. Die Zeile dürfte im Anschluß an die Erwähnung des Adressaten am Beginn der Z. 2 nachgetragen worden sein.
Ἰο⟨ύ⟩στου: Dieselbe fehlerhafte Schreibung Ιοστου ist auch in P.Oxy. I 155, 1 (6. Jh.) zu finden.
Ὀξυρογχιτῶν: Offenbar der bislang einzige Beleg für diese Schreibweise.

2. ὑπὲρ πέμπτον μέρος: Der Kasusfehler dürfte aus einer unbewußten Kombination der Konstruktion τὸ πέμπτον μέρος mit ὑπὲρ τοῦ πέμπτου μέρους hervorgegangen sein.

6. Χοιὰκ ια: 7. (8.) Dezember.

7. Ἰούστου: *spatium* zwischen ιο und υστου.

98. QUITTUNG ÜBER PACHTZINS

Paris, P.Louvre AF 6975 11,8 × 32,7 cm 7. Jh. (?)

ed. pr.: Wessely, *Pariser Papyri* 148 [242] – *ed. sec.*: SPP III 98 (Inventarnummer als MN 6975 = NN 217 wiedergegeben; *s.* VI., Faijûm) – Korr.: Sijpesteijn, *Remarks* 88 (BL IX 332).

Revision am Mikrofilm; Maßangaben nach *ed. sec.*

Papyrus. Ränder an allen Seiten erhalten. Vier horizontale Faltungen. Sechs vertikale Faltungen. Der Abstand der Schrift zum Rand beträgt oben 2 cm, links 1 cm und unten 3,5 cm (*ed. sec.*). Rechts bis zum Rand beschrieben. Die Schrift auf dem Rekto verläuft quer zur Faserrichtung (*transversa charta*). Verso auf dem Film nicht einsehbar (vermutlich leer). Schrifttyp: sog. „Minuskelkursive" mit deutlich erkennbaren „Minuskel"-Elementen; Formulartyp: ἔσχον καὶ ἐπληρώθην ἐγὼ ὁ δεῖνα παρὰ σοῦ τοῦ δεῖνος („Quittungsschema"). Ankauf: nicht näher dokumentiert.

↓ 1 ⳨ Ἔσχον (καὶ) ἐπληρώθην ἐγὼ Πεττίριος σὺν θ(εῷ) νοτάρ(ιος) *vac.* † παρ' ὑμῶν κυρ(ίου) Νείλου
2 χρυσοχόου (ὑπὲρ) φόρου τοῦ ἐμοῦ χωρίου οὗ διακατέχεις καρπῶ(ν) πέμπτῃς ἰνδ(ικτίωνος),
3 ὅ ἐστιν χρυσί(ου) νομισμάτιον ἓν δίμοιρον ῥυπαρ(όν), γί(νεται) νο(μισμάτιον) α β´ ῥυπαρ(όν). Ἐγράφ(η) μη(νὶ)
4 Θὼθ ἰνδ(ικτίωνος) τῆ(ς) αὐτ(ῆς) ε. †

1. *l.* Πεττήριος, πετ'τιριος *pap.* † *om. ed. pr.* 2. ϊνδ// *pap.* 4. ϊνδ// *pap.* ε ι/ | *ed. pr.*, ε ι(νδικτ ... | *ed. sec.*, , ε † | Sijpesteijn

„⳨ Ich, Petterios, mit Gott, Notar, habe vollständig erhalten † von euch, Herrn Neilos, Goldschmied, für Pachtzins meines Grundstückes, das du bewirtschaftest, der Ernteerträge der fünften Indiktion, das ist an Gold ein zwei drittel nicht vollwertige Solidi, das macht 1 2/3 nicht vollwertige Solidi. Geschrieben im Monat Thoth derselben 5. Indiktion †."

Quittung über den Empfang von Pachtzins, den ein Goldschmied namens Νεῖλος (Z. 1–2) an Πεττήριος νοτάριος (Z. 1) für dessen nicht näher bezeichnetes Grundstück entrichtet hat, das von ihm selbst bestellt und genutzt wurde, wie im Rahmen des Zahlungstitels ausdrücklich vermerkt wurde (vgl. ὑπὲρ φόρου τοῦ ἐμοῦ χωρίου οὗ διακατέχεις in Z. 2). Der Pachtzins von ein zwei drittel Solidi ist für ein fünftes Indiktionsjahr geleistet worden (Z. 2–3). Der Urkundenwortlaut beinhaltet keine Angabe, die über die Herkunft Aufschluß geben könnte. Der mutmaßliche Fundort („El-Faijûm") und die mögliche Identität des Absenders mit einer gleichnamigen Person in mehreren anderen Dokumenten (vgl. Komm. Z. 1) könnten auf eine arsinoitische Provenienz hindeuten. Das Schriftstück wird aufgrund paläographischer Kriterien ins 7. Jh. datiert (vgl. dazu die Formalbeschreibung).

1. Πεττίριος σὺν θ(εῷ) νοτάρ(ιος): Vgl. in diesem Zusammenhang die Zeugnisse eines gewissen Πεττήριος διάκονος καὶ νοτάριος in SPP VIII 898, 2–3, 899, 4–5, 900, 2, 901, 3, 902, 3, 904, 3, 905, 2, 906, 5, 907, 4, 908, 4, 909, 4, 911, 4, 912, 3, 913, 3, 914, 3, 915, 3, 916, 4, 917, 3, 918, 3, 919, 4–5, 920, 3, 921, 3–4, 922, 4, 923, 3, 924, 3, 925, 3–4, 927, 3, 928, 3, 929, 3, 930, 3, 931, 4, 932, 3, 933, 3, 934, 3, 938, 3, 940, 5, 941, 2–3, 942, 3–4, 943, 4, 944, 4, 945, 3–4 und 1074, 2 (zur Datierung des sogenannten „Kyrikos-Dossiers" in das 7.–

8. Jh. nebst anderem vgl. BL XI 260–262) sowie eines gewissen Πεττήριος νοτάριος in P.Vars. 31, 1 (Arsinoites, 609; Korr. der Datierung in BL XI 287) und SB XVI 12481, 6–7 (Arsinoiton Polis, 668). Ob es sich in allen Fällen um ein und dieselbe Person gehandelt hat und ob jene mit dem formellen Absender der vorliegenden Quittung gleichzusetzen ist, bleibt allerdings unklar.

2. πέμπτη̣ς: Von η ist nur noch die Oberlänge sichtbar.

3. ῥυπαρ̣(όν): Vom zweiten ρ ist noch die Unterlänge zu erkennen.

4. Θὼθ ἰνδ(ικτίωνος) τῆ(ς) αὐτ(ῆς) ε: Das Ausstellungsdatum weist auffälligerweise keine Ziffer für das Tagesdatum auf. Die Wortstellung der Indiktionsangabe ist ungewöhnlich; vgl. jedoch ähnliche Fälle in SPP III 322, 4 und P.Prag. II 152, 3 (Arsinoites, 653?).

99. Quittung über Steuer

Paris, P.Louvre AF 6846, 23 — 6 × 16,5 cm — 7. Jh. (?)

ed. pr.: Wessely, *Pariser Papyri* 110 [204], Nr. LX – *ed. sec.*: SPP III 99 (Inventarnummer als MN 6846, 23 wiedergegeben; *s.* VI., Faijûm).

Revision am Mikrofilm; Maßangaben nach *ed. sec.*

Papyrus. Ränder an allen Seiten erhalten. Vier horizontale Faltungen 1,5, 2,9, 4,5 und 6,1 cm unterhalb des oberen Randes (*ed. sec.*). Die Schrift auf dem Rekto verläuft quer zur Faserrichtung (*transversa charta*). Verso auf dem Film nicht einsehbar (vermutlich leer; nach Auskunft von A. Jördens ist im Zettelkatalog der Hinweis „rien au verso“ vermerkt). Schrifttyp: sog. „Minuskelkursive“ mit „Minuskel“-Elementen; Formulartyp: ἔσχον καὶ ἐπληρώθην ἐγὼ ὁ δεῖνα παρὰ σοῦ τοῦ δεῖνος („Quittungsschema“). Ankauf: nicht näher dokumentiert.

↓ 1 ☧ Ἔσχον καὶ ἐπληρώθ(ην) ἐγὼ Λεοντία θυγάτρι Μηνᾶ παρὰ σοῦ
2 Ἡδησία θυγάτρι ̣ Κοσμᾶ τ̣ὸ δ̣η̣μ̣(όσιον) ῥ̣ύ̣σ̣(εως) ο̣ἴ̣ν̣(ου) χρυσοῦ
3 κεράτιν α ἥμισυ, χρυ(σοῦ) (κεράτιον) α (ἥμισυ) μ̣(όνον). Ἐγρ(άφη) μη(νὶ) Φ(α)ῶ(φι) ε β ἰνδ(ικτίωνος). ☧

1. *l.* θυγάτριον, θυγάτρι *edd.* 2. | Ἡδησια θυγάτρι *edd.* *l.* Αἰδεσίας *l.* τὰ δημόσια 3. *l.* κεράτιον, | κερατιν *ed. pr.*, | κεράτιον *ed. sec.* μη(νός) *ed. pr.* (*cf. ibid.*, Komm.), μη(νί) *ed. sec.* φ(α)ω(φι) *edd.*, Φα(ῶφι) *DDBDP*

„☧ Ich, Leontia, Tochter des Menas, habe vollständig erhalten von dir, Aidesia, Tochter des Kosmas, die Steuer der Kelterung des Weines, an Gold eineinhalb Keratia, an Gold 1 1/2 Keratia, sonst nichts. Geschrieben am 5. Tag im Monat Phaophi der 2. Indiktion ☧“.

Quittung über eine Steuerzahlung, die Λεοντία, die Tochter eines gewissen Μηνᾶς (Z. 1), von einer Person namens Αἰδεσία, Tochter eines Κοσμᾶς (Z. 2), in Empfang genommen hat. Bei keiner der beiden offenbar unverheirateten Frauen finden sich allfällige Funktions- oder Herkunftsangaben. Der Zahlungstitel τὸ δημόσιον läßt unzweifelhaft auf eine Steuerabgabe schließen (Z. 2). Es bleibt jedoch unklar, ob das folgende ῥύσεως οἴνου als Bestimmungszweck des Zahlungstitels – im Sinn einer anderweitig nicht bezeugten Wein- oder Kelterungssteuer – aufzufassen ist oder ob damit auf die Definition eines Bemessungszeitraum Bezug genommen wurde, der allerdings einer im Anschluß daran zu gewärtigenden zeitlichen Konkretisierung, etwa mittels Angabe eines Indiktionsjahres, entbehrt. Der Hintergrund und die Umstände dieser Zahlung bleiben ebenfalls ungeklärt. Von einem offiziellen Charakter des Dokumentes ist vor diesem Hintergrund und angesichts formaler Eigenheiten wohl kaum auszugehen. Vgl. in diesem Zusammenhang auch die allgemeine Bemerkung über „orthographische und paläographische Eigenthümlichkeiten" im Rahmen der Paraphrase des Textes in der *ed. pr.* (ἔσχον καὶ ἐπληρώθην ἐγὼ Λεοντία θυγάτηρ Μηνᾶ παρὰ σοῦ Αἰδεσίας θυγατρὸς Κοσμᾶ τὸ δημόσιον ῥύσεως οἴνου χρυσοῦ κεράτιον ἓν ἥμισυ, χρυσοῦ κεράτιον ἓν ἥμισυ μόνον ἐγράφη μηνὸς φαωφὶ πέμπτῃ δευτέρας ἰνδικτιῶνος). Der Zahlung dürfte vielmehr eine private Vereinbarung zwischen der Zahlungsempfängerin und der Urkundenadressatin zugrundegelegen sein, welche ein „verstecktes Darlehen" zum Anlaß gehabt haben könnte (vgl. einen ähnlichen Fall in **68**). Der Umstand, daß in der Quittung keine einzige Person offiziellen Ranges oder Titels genannt war, scheint eine solche Annahme zu bestätigen. Die erstattete Geldsumme hat sich auf eineinhalb Keratia belaufen (Z. 2–3). Der geringe Betrag erweist sich jedoch in Anbetracht des Fehlens eines genau festgelegten Bemessungszeitraumes als wenig aussagekräftig. Das Zeugnis endet mit dem Ausstellungsdatum im Monat Φαῶφι eines zweiten Indiktionsjahres (Z. 3). Der Inhalt der Urkunde läßt keine Schlüsse in Bezug auf deren Herkunft zu. Das Schriftstück wird aufgrund paläographischer Kriterien ins 7. Jh. datiert (vgl. dazu die Formalbeschreibung).

1. θυγάτρι: Die Form ist möglicherweise als eine hybride Bildung zum Wort θυγάτηρ zu deuten. In diesem Sinn scheint es zumindest schon in den *edd.* verstanden worden zu sein; vgl. diesbezüglich die Paraphrase in der *ed. pr.* sowie die Akzentuierung in der *ed. sec.* (einschließlich des zusätzlichen Verweises „*Nominativus*" ebenda, Index, S. 260). Sowohl ein Kasusfehler – Dativ statt Nominativ – als auch eine unvollständige Schreibung des bei erwachsenen Frauen unüblichen Diminutivs θυγάτριον sind auszuschließen. Weitere Parallelen für diese Form sind in SPP III 397, 3, P.Fam.Tebt. 13 I 18 (Tebtynis?, 113–114), P.Mich. III 221, Verso 1 (Philadelphia, 296?), P.Oxy. VI 893, 4 (6.–7. Jh.) und SB I 5445, 1 (Herk., Dat. unbek.) zu finden. Eine Form θηγατρι begegnet in **127**, 1.

2. Ἠδησία (*l.* Αἰδεσίας): Derselbe Name taucht ein weiteres Mal in SB XIV 11982, 4 (Thebais, 554) auf.
θυγάτρι ̣ : Vgl. Komm. Z. 1.
τ̣ὸ̣ δ̣η̣μ̣(όσιον) ῥ̣ύ̣σ̣(εως) ο̣ἴ̣ν̣(ου): Der Zahlungstitel ist sowohl aus paläographischen als auch aus inhaltlichen Gründen äußerst problematisch.

3. μ(όνον): Möglicherweise auch als ⳨ aufzufassen.
Φ(α)ῶ(φι) ε: 2. (3.) Oktober. Der Monatsname war gekürzt mit φ und einem daruntergesetzten ω wiedergegeben gewesen. Dieselbe Art der Kürzung liegt in SPP III 253, 3, 465, 1, SPP VIII 1083, 5, 1180, 4, 1183, 3 und 1186, 5 vor; vgl. dazu den Index der Abkürzungen in SPP VIII, S. 234.

100. Quittung über Frachtgebühren für Steuerweizen

Paris, P.Louvre AF 7387 7,5 × 22,1 cm 6.–7. Jh. (?)

ed. pr.: Wessely, *Pariser Papyri* 110 [204], Nr. LIX – *ed. sec.*: SPP III 100 (Inventarnummer als MN 7384 = NN 39 wiedergegeben; *s.* VI.–VII., Faijûm).

Revision am Mikrofilm; Maßangaben nach *ed. sec.*

Papyrus. Zwei nicht zusammenhängende Fragmente, die irrtümlicherweise zusammengeklebt wurden. Ränder an allen Seiten erhalten. Das Ausmaß des Textverlustes dürfte sich auf das mittlere Urkundendrittel beschränken. Fünf horizontale Faltungen 1,7, 3,3, 5,3, 7 und 8,5 cm unterhalb des oberen Randes. Eine Klebung verläuft horizontal auf Höhe von Z. 5. Die Schrift auf dem Rekto verläuft quer zur Faserrichtung (*transversa charta*). Verso auf dem Film nicht einsehbar. Schrifttyp: sog. „Minuskelkursive"; Formulartyp: ἔσχον καὶ ἐπληρώθην ἐγὼ ὁ δεῖνα παρὰ σοῦ τοῦ δεῖνος („Quittungsschema"). Ankauf: nicht näher dokumentiert.

↓ 1 † Ἔσχον καὶ ἐπληρώθην ἐ̣[γὼ - - - υἱὸς] Ῥούφου καὶ Φῖβ υἱὸς Παύλου καὶ Ἀπαλλῖτι
2 υἱὸς Ἰσίωνος καὶ Φοιβάμμω̣ν [υἱὸς - - -] ̣ ̣ ̣νεως παρὰ σοῦ τῷ θαυμασιωτάτῳ
3 Φοιβάμμωνι γραμματε[ῖ οὐσίας - - - νο]μ̣ί̣σματα τῶν ναύλον σίτου τῆς οὐσίας̣
4 ὑπὲρ μερισμοῦ πρώτης ἰν(δικτίωνος) [- - - Ἐγράφη μηνὶ - - - τ]ρισκαιδεκάτῃ τέλει πρώτης ἰν(δικτίωνος).
5 *vac.* [- - - γραμματ]έως τῆς αὐτῆς κώμ(ης). χμγ

1. *l.* ἔσχομεν καὶ ἐπληρώθημεν ἡμεῖς | †] εσχον και επληρωθην [ο δεινα υιος] ρουφου *ed. pr.*, | † ἔσχον καὶ ἐπληρώθην [ὁ δεῖνα υἱὸς] ̣ Ῥούφου *ed. sec.* 2. φοιβαμμων [υιος] πανεως *ed. pr.*, Φοιβαμμων [υἱὸς ̣] ̣α̣νεως *ed. sec.* *l.* τοῦ θαυμασιωτάτου 3. *l.* Φοιβάμμωνος γραμματέως γραμματε[ι ̣ ̣ νομι]σματα *ed. pr.*, γραμματε[ῖ νομ]ίσματα *ed. sec.* *l.* ναύλων 4. πρωτης [ινδ μηνος - - -] τρισκαιδεκατη *ed. pr.*, πρώτης [ἰνδικτιῶνος μηνὸς - - -] τρισκαιδεκάτῃ *ed. sec.* *l.* τρεισκαιδεκάτῃ 5. | ̣ ̣ ̣ ̣ ̣ ̣ ̣ ̣ ? γραμματ]εως *ed. pr.*, | [- - - διὰ τοῦ δεῖνα γραμματ]έως *ed. sec.* κομης *ed. pr.*, κώμ(ης) *ed. sec.*

„† Wir, N. N. [- - -] Sohn des Ruphos, und Phib, Sohn des Paulos, und Apalliti, Sohn des Ision, und Phoibammon, Sohn des N. N. [- - -] haben vollständig erhalten von dir, dem hochverehrten Phoibammon, Grammateus der Domäne [- - -] Solidi der Frachtgebühr des Weizens der Domäne für Repartition der ersten Indiktion [- - -] Geschrieben am dreizehnten Tag im Monat [- - -] am Ende der ersten Indiktion. Durch mich, N. N. [- - -] Grammateus desselben Dorfes".

Fragmente einer Quittung über den Empfang eines Geldbetrages von einigen Solidi, der von mehreren Personen (vgl. Komm. Z. 1–2), die hier anscheinend als Funktionärskollegium eines namentlich nicht näher bezeugten Dorfes agierten (vgl. das darauf Bezug nehmende τῆς αὐτῆς κώμης in Z. 6), von Φοιβάμμων, dem γραμματεύς einer mutmaßlichen, im Text nicht mehr greifbaren Domäne (Z. 2–3), eingehoben wurden. Der Wortlaut der Urkunde baute auf dem für Quittungen dieses Corpusabschnittes allgemein üblichen Formulartyp ἔσχον καὶ ἐπληρώθην ἐγὼ ὁ δεῖνα παρὰ σοῦ τοῦ δεῖνος auf. Obwohl mehrere Zahlungsempfänger auftraten, hat sich der Verfasser des Schriftstückes bei der Einleitungsformel bezeichnenderweise der offenbar fast schon zur Wendung erstarrten, geläufigeren Personalformen im Singular bedient. Die Betragshöhe der quittierten Geldzahlung ist nicht erhalten. Dem in Z. 3 genannten Verwendungszweck der empfangenen Geldsumme ist zu entnehmen, daß sie dazu diente, die beim Transport von Weizen der betreffenden Domäne auf dem Wasserweg anfallenden Kosten abzudecken. Nicht zuletzt aufgrund des unmittelbar darauffolgenden Vermerks ὑπὲρ μερισμοῦ πρώτης ἰνδικτίωνος (Z. 4) scheint es sich bei besagtem Weizen um Steuergetreide gehandelt zu haben, das die Domäne an die staatliche Steuerbehörde abzuliefern hatte. Für die Finanzierung der Verschiffung des Getreides hatte zumindest im vorliegenden Fall offenbar der Grundherr der Domäne selbst – wohl in seiner Eigenschaft als Steuerzahler – aufzukommen. Die Erstattung dieser Frachtgebühr an die dafür zuständige Instanz, in welcher in vorliegender Urkunde das in Z. 1–2 erwähnte Personenkollektiv zu erkennen sein dürfte, ist durch einen Angestellten der Domäne, den offenbar für allgemeine Verwaltungsbelange verantwortlich zeichnenden Φοιβάμμων γραμματεύς, erfolgt. Die Quittung wurde allem Anschein nach vom namentlich nicht bekannten γραμματεύς des Dorfes verfaßt und ausgestellt, der auch im Anschluß an das Ausstellungsdatum unterzeichnete. Vgl. die inhaltliche Paraphrase der *ed. pr.* Der Textbefund der beiden Fragmente gibt keinen Aufschluß über die Herkunft des Dokumentes. Das Zeugnis wird aufgrund paläographischer Kriterien ins 7. Jh. datiert (vgl. dazu die Formalbeschreibung).

1. Ἀπαλλῖτι: Indeklinabler ägyptischer Personenname; vgl. dazu den Eintrag Ἀπαλλῖτι(ς) im NB *s. v.*

1.–2. Bei den Zahlungsempfängern und formellen Absendern hat es sich möglicherweise um κώμαρχοι gehandelt; vgl. in diesem Zusammenhang SB XVIII 13928, 3 (Hermopolites, 6./7. Jh.); zu mehrköpfigen Komarchenkollegien: B. Kramer, P.Köln VI 281, Einl., S. 250–251.

2.] ̣ ̣ ̣νεως: Keinesfalls] ̣Τ̣ά̣νεως; vielleicht Τε]π̣τ̣ύ̣νεως (*l.* Τεβτύνεως).

3. γραμματε[ῖ οὐσίας: Die Ergänzung nimmt in direkter Weise Bezug auf τῶν ναῦλον σίτου τῆς οὐσίας am Ende derselben Zeile. Die Wortkombination bzw. Amtsbezeichnung begegnet im Gegensatz zu γραμματεὺς κώμης relativ selten; vgl. γραμματευ οσιας (*l.* γραμματεὺς οὐσίας) in SPP VIII 1260, 1, γραμματ(εὺς) γεω(ργῶν) οὐσί(ας) in P.Lond. II 258 IV 60 (Arsinoites, 94), γραμματέως Δορυφοριανῆς οὐσίας in P.Osl. II 21, 5–6 (Karanis, 71) und γραμματέως τῆς οὐσ[ία]ς αὐτοῦ in SB XVI 12550, 13–14 (Herkunft unbekannt, 3.–4. Jh.).

4. μερισμοῦ: Vgl. **88**, Komm. Z. 4
Ἐγράφη μηνὶ - - - τ]ρισκαιδεκάτῃ τέλει πρώτης ἰν(δικτίωνος): Im Fall einer arsinoitischen Provenienz der Urkunde ist in Hinblick auf τέλει am ehesten Παῦνι als Ausstellungsmonat in Erwägung zu ziehen (Παχών wäre ebenfalls möglich, wenngleich dieser in solchem Kontext weniger häufig bezeugt ist; vgl. etwa BGU II 368 und P.Ross.Georg. III 39). Im Fall einer herakleopolitischen Herkunft kämen als Monat der Ausstellung Ἐπείφ und Μεσορή oder einer der Epagomenentage in Frage.

5. γραμματ]έως: Die Unterschrift des Ausstellers folgte offensichtlich der Formel δι' ἐμοῦ τοῦ δεῖνος bzw. διὰ τοῦ δεῖνος.
χμγ: Zur Auflösung und Deutung der Sigle vgl. allgemein F. Mitthof, CPR XXIII 34, Komm. Z. 1.

101. QUITTUNG

Paris, P.Louvre AF 6671 | 4 × 6,7 cm | 6.–7. Jh. (?)

ed. pr.: Wessely, *Pariser Papyri* 157 [251] – *ed. sec.*: SPP III 101 (Inventarnummer als MN 6671 = App. 161 wiedergegeben; *s.* VI.–VII.).

Revision am Mikrofilm; Maßangaben nach *ed. sec.*

Papyrus. Oberer und linker Rand erhalten. An der rechten und unteren Seite abgebrochen. Das Ausmaß des Textverlustes an der rechten Seite dürfte sich aufgrund des Formulartyps annähernd abschätzen lassen. Wieviel unten verlorengegangen ist, bleibt hingegen völlig unklar. Eine horizontale Faltung ist auf mittlerer Höhe des Fragmentes sichtbar, eine weitere dürfte entlang der unteren Bruchkante verlaufen sein. Die Schrift auf dem Rekto verläuft quer zur Faserrichtung. Verso leer. Schrifttyp: sog. „Minuskelkursive"; Formulartyp: ἔσχον καὶ ἐπληρώθην ἐγὼ ὁ δεῖνα παρὰ σοῦ τοῦ δεῖνος („Quittungsschema"). Ankauf: nicht näher dokumentiert.

↓ 1 † Ἔσχον καὶ ἐπλ[ηρώθην ἐγὼ]
2 Συμεώνιος υἱὸς Μ ̣ ̣ [± 10]
3 παρὰ σοῦ Ἄππα Κύρου [± 10]
4 του π̣ρ̣ο̣σ̣ε̣π̣α̣ρ̣ε̣ ̣ ̣ ̣ [± 10]
— — — — — —

1. ἐπλ[ηρώθην | *edd.* 2. υϊος *pap.* υϊος μ | *ed. pr.*, υϊὸς Μ[| *ed. sec.* 3. | παρα του αππα κυρου | *ed. pr.*, | παρὰ σοῦ Αππα Κυρου [| *ed. sec.* 4. | του ̣ ̣ ̣ ̣ παρ εμ | *ed. pr.*, | του προσεπαρε ̣ ̣ ̣ [| *ed. sec.*

„† Ich, Symeonios, Sohn des N. N. [- - -] habe vollständig erhalten von dir, Appa Kyros [- - -]".

Fragment einer Quittung unbekannten Inhaltes, die ein gewisser Συμεώνιος, dessen Vatersname nicht vollständig erhalten und dessen Berufs- oder Amtsbezeichnung nicht überliefert ist (Z. 2), an eine aufgrund des Textverlustes nicht näher greifbare Person namens Ἄππα Κῦρος (vgl. Komm. Z. 3–4) gerichtet hat. Das Urkundenformular entsprach dem Typ ἔσχον καὶ ἐπληρώθην ἐγὼ ὁ δεῖνα παρὰ σοῦ τοῦ δεῖνος. Das Schriftstück liefert keinen Hinweis, der über die Herkunft der Urkunde Aufschluß geben könnte. Das Zeugnis wird aufgrund paläographischer Kriterien ins 6.–7. Jh. datiert (vgl. dazu die Formalbeschreibung).

1.–2. Ἔσχον καὶ ἐπλ[ηρώθην ἐγώ]: Trotz der überlieferten Einleitungswendung im Singular gilt es angesichts des Befundes in **100**, 1–2 als keineswegs ausgeschlossen, daß im vorliegenden Fall möglicherweise auch mehrere Personen als Zahlungsempfänger fungierten, was eine Änderung des Urkundenformats und eine Korrektur der vermeintlichen Textverteilung zur Folge hätte.

3.–4. Der Personenname Ἄππα Κῦρος findet sich schon im vorliegenden Corpus mehrfach belegt (vgl. **121**, 1–2, **209**, 2–3, SPP VIII 729, 1–2, 928, 1 und 1208, 3). Im Anschluß an Ἄππα Κύρου [könnte in Hinblick auf das mutmaßliche Ausmaß des Textverlustes am Ende der Z. 3 und του am Beginn der Z. 4 möglicherweise [τοῦ ἐνδοξοτά-]|του zu ergänzen sein. Im Fall einer sich auf eben diese Anrede stützenden Identifizierung mit dem gleichnamigen ehemaligen Pagarchen des nördlichen Teils des herakleopolitischen Gaues (vgl. dazu **89**, Komm. Z. 2) wären als Herkunft der Herakleopolites und als Datierung die Mitte des 7. Jh. zu erwägen. Die beiden Lesungen der Z. 4 durch den Erstherausgeber in der *ed. pr.* und *ed. sec.*

lassen sich anhand des Mikrofilmes nicht in zufriedenstellender Weise überprüfen. Darüber hinaus bereitet die inhaltliche Deutung dieses Passus ebenfalls Probleme.

102. Quittung

Paris, P.Louvre AF 6675 c (?) — 3,5 × 6,1 cm — 7. Jh.

ed. pr.: Wessely, *Pariser Papyri* 157 [251] – *ed. sec.*: SB I 4935 (byz. Zeit) – *ed. ter.*: SPP III 102 (Inventarnummer als MN 6675 c = App. 119 wiedergegeben; *s.* VI., Faijûm).

Revision am Mikrofilm; Maßangaben nach *ed. ter.*

Papyrus. Oberer und linker Rand erhalten. An der rechten und unteren Seite abgebrochen. Das Ausmaß des Textverlustes bleibt weitgehend unklar. Eine horizontale Faltung ist 1,7 cm unterhalb des oberen Randes sichtbar (Maßangabe nach *ed. sec.*), eine weitere dürfte entlang der unteren Bruchkante verlaufen sein. Kreuz in Z. 1 ausgerückt. Die Schrift auf dem Rekto verläuft quer zur Faserrichtung (möglicherweise *transversa charta*). Verso mit Resten einer Zeile (Schriftverlauf parallel zur Faserrichtung). Schrifttyp: sog. „Minuskelkursive"; Formulartyp: ἔσχον καὶ ἐπληρώθην ἐγὼ ὁ δεῖνα παρὰ σοῦ τοῦ δεῖνος („Quittungsschema"). Ankauf: nicht näher dokumentiert.

↓ 1 † Ἔσχον καὶ ἐπληρώ[θην ἐγὼ
2 θεοφειλεστάτου δι[ακόνου
3 . . . . [± 6] . . . [
— — — — — —

Verso:

→ 4] γ̣ [ἰ(ν)]δ(ικτίωνος). †

1. επληρω[θην | *ed. pr.*, ἐπληρώ[θην - - -] | *ed. sec.*, ἐπληρώθ[ην ἐγὼ ὁ δεῖνα παρὰ σοῦ | *ed. ter.* 2. *l.* θεοφιλεστάτου, | θεοφειλεστατου *ed. pr.*, *ed. sec.*, | θεοφιλεστάτου *ed. ter.* 3.–4. *om. edd.*

„† Ich, N. N. [- - -] habe vollständig erhalten [- - -] N. N. [- - -] gottgeliebtesten Diakonos [- - -]".

Verso: „[- - -] 3. Indiktion †".

Fragment einer Quittung unbekannten Inhaltes, deren Charakter und Umfang unklar bleiben und von welcher bloß die Einleitungsformel (Z. 1; Formulartyp: ἔσχον καὶ ἐπληρώθην ἐγὼ ὁ δεῖνα παρὰ σοῦ δεῖνος) sowie Anrede und Titel des mutmaßlichen Urkundenadressaten erhalten sind (Z. 2). Auf dem Verso sind Reste der Angabe eines dritten Indiktionsjahres überliefert, das offensichtlich auf den Bemessungszeitraum des quittierten Vorganges Bezug genommen und eine Erwähnung im Rahmen der einzeiligen inhaltlichen Zusammenfassung gefunden hat (Z. 4). Der Textbefund des Fragmentes vermag keinen Aufschluß über die Herkunft der Urkunde zu geben. Das Schriftstück wird aufgrund paläographischer Kriterien ins 7. Jh. datiert (vgl. dazu die Formalbeschreibung).

103. QUITTUNG ÜBER REQUIRIERTES (?) GRÜNFUTTER

Paris, P.Louvre AF 6846, 6 8,7 × 9,5 cm 7.–8. Jh. (?)

ed. pr.: Wessely, *Pariser Papyri* 160 [254], Nr. LXXIII, 2 – *ed. sec.*: SPP III 103 (Inventarnummer als MN 6846, 6 = App. 55 wiedergegeben; *s*. VII.).

Revision am Mikrofilm; Maßangaben nach *ed. sec.*

Papyrus. Oberer und unterer Rand erhalten. An der linken und rechten Seite abgebrochen. Das Ausmaß und die Verteilung des Textverlustes bleiben unklar. Faltungen nicht mehr deutlich erkennbar. Die Schrift auf dem Rekto verläuft quer zur Faserrichtung (*transversa charta*). Verso anscheinend leer (nach Auskunft von A. Jördens ist im Zettelkatalog der Hinweis „rien au verso" vermerkt). Schrifttyp: sog. „Minuskelkursive" mit deutlich ausgeprägten „Minuskel"-Elementen; Formulartyp („Quittungsschema") aus dem Textbefund nicht klar ersichtlich. Ankauf: nicht näher dokumentiert.

↓ Σ]τέφανος οἰκονόμος τοῦ ἀρχ(αγγέλου) Μιχ[αὴλ
]ο̣ς̣ παρὰ σοῦ Νεφερᾶ τοῦ καὶ Πμὲς ο̣ ̣ [
] χ̣λοροῦ τοῦ δοθέντος τῶν Σαρακοι̣[νῶν
]δ̣εκάτης ἰ(ν)δ(ικτίωνος), ὅ ἐστι(ν) ἄ̣ρουρ(α) μίαν ἥμισυ [
δ]ε̣κ̣ά̣της ἰ̣(ν)δ(ικτίωνος). Δ̣[(ι')] ἐ̣[μοῦ ̣ ̣]σ̣μ̣ο̣ι̣, στοιχ(εῖ) μ̣[οι] ̣ [

1. | † επληρωθην εγω σ[τεφανος οικονομος του αγιου χαηλ | *ed. pr.*, | [† ἔσχον καὶ ἐπληρώθην ἐγὼ Σ]τέφανος οἰκονόμος τοῦ αρχ(αγγέλου) Μιχ[αηλ | *ed. sec.* ἀρχ(α)γ(γέλου) *ed. sec.*, Index, S. 233; 304 οἰκονόμος: Kreuz darüber 2. | παρα σου *ed. pr.*, |] παρὰ σοῦ *ed. sec.* πμεσο ̣ ̣ ̣ | *ed. pr.*, Πμεσο[| *ed. sec.* 3. *l.* χλωροῦ | ̣ ̣ φ]ορου *ed. pr.*, |]ορου *ed. sec.* *l.* τοῖς Σαρακηνοῖς σαρακ[οινων ? | *ed. pr.*, Σαρακοι[νῶν | *ed. sec.* 4. | ̣ ̣ ̣ δε]κάτης [ιν]δ *ed. pr.*, | δ]εκάτης [ἰ]νδ(ικτιῶνος) *ed. sec.* αρουρ/ *ed. pr.*, ἄρουρ(αν) *ed. sec.*, ἄρουρ(α) *DDBDP* *l.* μία ἥμισυ | *edd.* 5. | ̣ ̣ ̣ ̣ ̣ της δ ̣ ̣ ̣ ̣ ̣ ̣ ̣ ̣ ̣ ̣ ̣ ς μοι (Kreuz darüber) στοιχει μ[οι | *ed. pr.*, |]της Abzeichnung δ( ) [- - -]σμοι (Kreuz darüber) στοιχεῖ μ̣[οι | *ed. sec.*]σ̣μ̣ο̣ι̣: Kreuz darüber

„[- - -] Stephanos, Oikonomos (Verwalter) (der Kirche) des Erzengels Michael [- - -] von dir, Nepheras alias Pmes [- - -] Grünfutter, das den Sarazenen gegeben wurde [- - -] zehnte (bzw. -zehnte) Indiktion, das ist eineinhalb [- - -] Aruren [- - -] zehnte (bzw. -zehnte) Indiktion. Durch mich, N. N., erkläre mich einverstanden [- - -]".

Fragment einer Quittung über eine Lieferung von Grünfutter, die eine Person namens Στέφανος in Eigenschaft als οἰκονόμος der Kirche des Erzengels Michael (Z. 1) von einem gewissen Νεφερᾶς alias Πμές (Z. 2), dessen Funktions- und Herkunftsangabe dem Textverlust zum Opfer gefallen sind, entgegengenommen hat. Der erhaltene Text gibt keinen Aufschluß über den in der Urkunde angewandten Formulartyp. Der Gedanke, die Formulareinleitung mit ἔσχον καὶ ἐπληρώθην ἐγὼ ὁ δεῖνα zu ergänzen (*ed. sec.*), stellt sich jedoch in Hinblick auf παρὰ σοῦ in Z. 2 als naheliegend heraus. Daß das Urkundenformular dem Muster ἔχω ἐγὼ ὁ δεῖνα παρὰ σοῦ τοῦ δεῖνος gefolgt sein könnte, wie es etwa im Fall der nahezu gattungsverwandten „Dianome-Quittung" **108** nachzuweisen ist (vgl. diesbezüglich ἔχω ἐγὼ ὁ δεῖνα σοὶ τῷ δεῖνι in **119** und ἔχω ἐγὼ ὁ δεῖνα τῷ δεῖνι in **121** als Gegenbeispiele, welche weit eher der Norm der sogenannten „Dianome-Quittungen" zu entsprechen scheinen), gilt angesichts des mutmaßlichen Hintergrundes einer Requirierung (Übernahme und Weitergabe einer Naturalienmenge) als nicht vollkommen ausgeschlossen, aber als weitaus weniger wahrscheinlich. Wegen des Mangels an verläßlichen Anhaltspunkten für das Ausmaß und die Verteilung des Textverlustes scheint es darüber hinaus auch keineswegs gesichert zu sein, daß das Dokument von oder auf Veranlassung einer einzigen Person aufgesetzt wurde; vgl. in diesem Zusammenhang]ο̣ς̣ in Z. 2, das als Nominativ-Endung gedeutet werden könnte, und die formelle Einverständniserklärung einer namentlich nur noch unvollständig bezeugten Person in Z. 5, welche mit dem in Z. 1 überlieferten Zahlungsempfänger nachweislich nicht identisch war. Das Heu, das offenbar für arabische Truppen requiriert wurde (Z. 3), könnte als Tierfutter verwendet worden sein. Vom Bemessungszeitraum, der im Anschluß an den Lieferungstitel angeführt war, ist nur noch die Jahresangabe greifbar (Z. 4). Die genaue Liefermenge an Heu war mittels der Angabe eines Flächenmaßes beziffert und hatte hierbei dem Ertrag einer Anbaufläche von eineinhalb (oder mehr?) Aruren entsprochen (Z. 4). Vom darauffolgenden Ausstellungsdatum des Schriftstückes sind nur noch Reste der Angabe des Indiktionsjahres erhalten (Z. 5). Die inhaltliche Aussage des Fragmentes bricht unmittelbar nach der bereits oben erwähnten, seitens einer dritten Person getätigten Einverständniserklärung ab.

Dem Kontext des vorliegenden Zeugnisses zufolge dürften die Kirchen in arabischer Zeit unter anderem auch als Einlaufstelle für Requisitionen fürs Heer gedient haben. Ob die im vorliegenden Fall dokumentierten Requirierungsmaßnahmen bloß auf den Landbesitz der Kirche beschränkt waren oder die ganze Region betroffen haben, läßt sich nicht mehr feststellen. Einzig die verlorengegangene Funktionsbezeichnung des Urkundenadressaten Νεφερᾶς alias Πμές (Z. 2) hätte über diesen Sachverhalt einen entscheidenden Aufschluß geben können. Die Provenienz des Dokumentes bleibt aus dem Textbefund heraus mehr oder weniger ungeklärt (vgl. Komm. Z. 1). Die Datierung ins 7.–8. Jh. stützt sich neben der paläographischen Auswertung des Schriftbildes (vgl. dazu die Formalbeschreibung) vor allem aber auf die Verwendung des Begriffes der Σαρακηνοί in Z. 3.

1. ἀρχ(αγγέλου) Μιχ[αήλ: Vgl. allgemein Antonini, *Chiese* 207, A. Papathomas, P.Heid. VII 411, Komm. Z. 2 und Papaconstantinou, *Culte* 154–159, wo das vorliegende Zeugnis nicht berücksichtigt wird. Kirchen und geistliche Institutionen dieses Namens sind in unterschiedlichen Gauen nachweisbar, weshalb eine Erwähnung im vorliegenden Dokument allenfalls als Indiz (vgl. diesbezüglich SPP VIII 1304), keinesfalls aber als Beweis für die mutmaßliche arsinoitische Herkunft des Fragmentes gewertet werden kann. Über dem ρ ist eine hochgestellte, nach unten weisende Schlaufe sichtbar, wie sie sonst nur bei der Schreibung von ου auftritt. Die Deutung bzw. Funktion der Schlaufe an dieser Stelle bleiben ungewiß.

2. Πμὲς ο̣ ̣[: Weitere Belege des Namens liegen mit P.Cair. Masp. III 67288 IV 22 (Aphrodito, 6. Jh.) und P.Mil.Vogl. II 52 II 37 (Tebtynis, 138) vor. Im Anschluß daran ist die Angabe einer Berufs- oder Amtsbezeichnung zu erwarten.

3. Σαρακοι̣[νῶν: Zur Schreibung vgl. SB I 5609 A, 8 (Theben, 734; Korr. der Datierung in BL VII 188); zu den Σαρακηνοί allgemein: Mayerson, *Saracen* 283–287; F. Morelli, CPR XXII 23, Komm. Z. 1.

4.]δεκάτης ἰ(ν)δ(ικτίωνος): Die Iterationsangabe des Indiktionsjahres ist möglicherweise unvollständig überliefert; eine Folge von mehreren Jahren, welche eine Auflösung mit ἰ(ν)δ(ικτιώνων) zur Folge hätte, ist nicht auszuschließen.

5. δ]ε̣κ̣ά̣της ἰ̣(ν)δ(ικτίωνος): Vgl. Komm. Z. 4.

104. Quittung über Geldzahlung und Weizenlieferung für eine Töpferei (?)

Paris, P.Louvre AF 6661 — 8,6 × 13,1 cm — 7. Jh.
Arsinoiton Polis (?)

ed. pr.: Wessely, *Pariser Papyri* 150 [244] (ebenda fälschlicherweise als App. 664 angeführt; die fehlerhafte Angabe wurde später auch in die *ed. sec.* übernommen) – *ed. sec.*: SPP III 104 (Inventarnummer als MN 6661 = App. 644 wiedergegeben; *s.* VI., Faijûm).

Revision am Mikrofilm; Maßangaben nach *ed. sec.*

Papyrus. Zwei zusammenhängende Fragmente. Linker und unterer Rand erhalten. An der oberen und rechten Seite abgebrochen. Das Ausmaß des Textverlustes bleibt unklar. Horizontale Faltungen in Abständen von 1,1 cm (*ed. pr.*). Eine Klebung verläuft horizontal knapp oberhalb des unteren Randes. Die Schrift auf dem Rekto verläuft quer zur Faserrichtung (*transversa charta*). Verso leer. Schrifttyp: sog. „Minuskelkursive" mit einigen „Minuskel"-Elementen; Urkundenschema und Formulartyp aus dem Textbefund nicht ersichtlich. Ankauf: nicht näher dokumentiert.

— — — — — —

↓ 1 [Κολ]λ̣ούθου τοῦ [θεο]φ̣[ι]λ̣[εσ]τ̣[άτου
2 [ἐκκ]λ̣[(ησίας)] τ̣ῆ̣[ς ἁγ]ία̣ς̣ Θέκλης εκτη[
3 εἰς λόγον τοῦ ὑμετέρου κουφοκεραμο̣[υργείου
4 πεντεκαιδεκάτης ἰν(δικτίωνος), σὺν θεῷ δὲ κο̣[
5 χρυ(σοῦ) νο(μισματίου) (ἥ̣μ̣ι̣σ̣υ̣) (καὶ) σίτ(ου) ἀρτ(άβας) ϛ. Ἐγρ(άφη) μη(νὶ)
Θὼθ ιδ τῆ[ς - - - ἰν(δικτίωνος)

1. | κολ]λουθου του | *ed. pr.*, | † ἔσχον καὶ ἐπληρώθην ἐγὼ . . . . παρὰ σοῦ Κολ]λουθου τοῦ [| *ed. sec.* 2. | οικονομου της αγι]ας θεκλης εκ¯ | *ed. pr.*, | οἰκονόμου τῆς ἁγ]ίας Θέκλης ἐκ τ̣[| *ed. sec.* 3. | εις λογον *ed. pr.*, |] εἰς λόγον *ed. sec.* κουφοκεραμο[υργ | *edd.*, κουφοκεραμο[υργοῦ | *ed. sec.*, Index, S. 266 4. | πεντεκαιδεκατης *ed. pr.*, |] πεντεκαιδεκάτης *ed. sec.* δεκ | *ed. pr.*, δεκ̣ [| *ed. sec.* 5. | χρ¯ νο( ) η *ed. pr.*, |] χρ(υσοῦ) νο(μισμάτια) η *ed. sec.* μη(νός) *ed. pr.*, μη(νί) *ed. sec.* της [τοσαυτης ινδικτιωνος | *ed. pr.*, τῆς [. . . ἰνδικτιῶνος | *ed. sec.*

„[- - -] Kolluthos, dem gottgeliebtesten [- - -] der Kirche der heiligen Thekla [- - -] auf das Konto eurer Töpferei [- - -] der fünfzehnten Indiktion, mit Gott [- - -] an Gold 1/2 Solidus und 6 Artaben Weizen. Geschrieben am 14. Tag im Monat Thoth der [- - -] Indiktion [- - -]".

Fragment einer Quittung über eine Geldzahlung und Weizenlieferung, über deren Hintergrund und Umstände bloß Vermutungen angestellt werden können. Die Urkunde ist oben und rechts unvollständig erhalten; über das Ausmaß des Textverlustes liegen keine verläßlichen Indizien vor. Für den Fall, daß das Schriftstück im sogenannten „Quittungsschema" abgefaßt war, könnte in Κολλοῦθος in Z. 1 am ehesten der Urkundenadressat zu erkennen sein. Wenn das Dokument hingegen auf dem Formalschema eines Vertragstextes (Muster: τῷ δεῖνι παρὰ τοῦ δεῖνος) aufgebaut hat, wäre selbiger Κολλοῦθος als Absender aufzufassen. Die Anrede [θεο]φ̣[ι]λ̣[εσ]τ̣[άτου läßt in jedem Fall auf eine Person geistlichen Standes schließen. Letztere Beobachtung wird schließlich auch durch den in Z. 2 greifbaren Rest einer offensichtlichen Angabe des Amtsbereiches ἐκκλησίας τῆς ἁγίας Θέκλης bestätigt; eine Deutung als Herkunftsangabe – etwa in Form eines ἀπὸ λαύρας τῆς ἁγίας Θέκλης – hätte aufgrund der Anredeform in Z. 1 hingegen wenig für sich. Das unmittelbar daran anschließende εκτη[, das entweder als ἐκ τῆ[ς oder als ἕκτ[aufzufassen ist, dürfte schon auf den in weiterer Folge verlorengegangenen Bestimmungszweck der Zahlung und der Lieferung Bezug genommen haben; εἰς λόγον τοῦ ὑμετέρου κουφοκεραμουργείου in Z. 3 könnte diesbezüglich als Fortsetzung des Zahlungstitels zu verstehen sein, bevor mit πεντεκαιδεκάτης ἰνδικτίωνος in Z. 4 auf die Erwähnung des Bemessungszeitraumes übergeleitet wurde. Der inhaltliche Kontext des unmittelbar darauffolgenden Passus bleibt vorerst ungeklärt. Die Quittung hat den Empfang von einem halben Solidus und von sechs Artaben Weizen zum Gegenstand gehabt und ist am vierzehnten Tag des Monats Θώθ eines nicht näher überlieferten Jahres ausgestellt worden (Z. 5). Ob die Quittung mit einer in diesen Fällen üblicherweise zu gewärtigenden Unterschrift des Ausfertigers geendet hat – eventuell in Form einer nicht erhaltenen, zentrierten Z. 6 – bleibt angesichts des fragmentarischen Zustandes des Dokumentes ungewiß. Vgl. allgemein die inhaltliche Paraphrase in der *ed. pr.*: „ . . . Κολλούθου τοῦ (θεοφιλεστάτου) οἰκονόμου τῆς ἁγίας Θέκλης . . . εἰς λόγον τοῦ ὑμετέρου κεραμουργείου (ὑπὲρ ἀναλώματος) πεντεκαιδεκάτης ἰνδικτιῶνος σὺν θεῷ δὲ καὶ (πρώτης) χρυσίου νομισμάτια ὀκτὼ καὶ σίτου ἀρτάβας ἕξ· ἐγράφη μηνὸς θὼθ ιδʹ τῆς (πρώτης?) ἰνδικτιῶνος". Die Provenienz des Zeugnisses scheint aus der Erwähnung der ἁγία Θέκλα in Z. 2 hervorzugehen. Das Dokument wird aufgrund paläographischer Kriterien ins 7. Jh. datiert (vgl. dazu die Formalbeschreibung).

2. ἁγ]ί̣α̣ς Θέκλης: Zur Nebenform Θέκλας vgl. allgemein Gignac, *Grammar* II 11; zur Kirche und der nach ihr benannten λαύρα: Antonini, *Chiese* 170, wo der vorliegende Beleg allerdings nicht erfaßt ist; Clark – Louth, *Thecla*; Papaconstantinou, *Culte* 92–95 sowie Diz. II 250; Suppl. 2, 66; Suppl. 3, 47.

3. κουφοκεραμο̣[υργείου: Das Wort kommt weiters in CPR XIV 2, 2–3 (Arsinoites, 6.–7. Jh.) und SB I 4675, 6 (Arsinoites, byzantinische Zeit) sowie SB I 4712, 9 (Herkunft unbekannt, byzantinische Zeit) vor. Bei Wipszycka, *Ressources* 62 wird auf die vorliegende Urkunde in Zusammenhang mit kirchlichen Werkstätten verwiesen.

4. κο̣[: In Zusammenhang mit dem Töpfereigewerbe wäre wohl am ehesten κοῦφα oder ähnliches zu erwarten.

5. χρυ(σοῦ): Oder χρυ(σίου).
νο(μισματίου): Oder νο(μίσματος).
ἀρτ(άβας): Im Fall einer Wiederholung der Summe mit vorangegangenem γίνονται als Nominativ ἀρτ(άβαι) aufzufassen.
Θὼθ ιδ: 11. (12.) September.
τῆ[ς - - - ἰν(δικτίωνος): Möglicherweise entweder τῆ[ς αὐτῆς πεντεκαιδεκάτης ἰν(δικτίωνος) oder τῆ[ς παρούσης τεσσαρασκαιδεκάτης bzw. πεντεκαιδεκάτης bzw. πρώτης ἰν(δικτίωνος) (abhängig vom Status des Zahlungscharakters). Vgl. in diesem Zusammenhang die Deutung im Rahmen der inhaltlichen Paraphrase in der *ed. pr.*

105. Quittung über Lohn

Paris, P.Louvre AF 7091 5,3 × 8,4 cm 6.–7. Jh. (?)

ed. pr.: Wessely, *Pariser Papyri* 150–151 [244–245] – *ed. sec.*: SPP III 105 (Inventarnummer als MN 7091 = App. 235 wiedergegeben; *s.* VI., Faijûm).

Revision am Mikrofilm; Maßangaben nach *ed. sec.*

Papyrus. Linker, rechter und unterer Rand erhalten. An der oberen Seite abgebrochen. Das Ausmaß des Textverlustes bleibt unklar. Faltungen nicht mehr deutlich erkennbar. Die Schrift auf dem Rekto verläuft parallel zur Faserrichtung. Verso leer. Schrifttyp: sog. „Minuskelkursive"; Urkundenschema und Formulartyp aus dem gegenwärtigen Erhaltungszustand nicht ersichtlich. Ankauf: nicht näher dokumentiert.

— — — — — —

→ 1 ἐργαστηρ̣( ) μ ̣ ̣ ε̣μ̣φ̣α̣( )
2 (ὑπὲρ) μισθ(οῦ) ̣ ̣ ̣ ̣ ̣ ̣ ̣ ̣ ̣ ἰ(ν)δ̣(ικτίωνος)
3 νομισμ(άτιον) ἓν ῥυπαρ(όν), γί(νεται) νο(μισμάτιον) α ῥυ̣(παρόν).
4 † Δ(ι') Ἰακὼβ ἐνοικ(ιολόγου). *Paraphe*

1. | ̣ ̣ ̣ ̣ ̣ ̣ ̣ εργαστη μ ̣ ̣ ̣ ̣ ̣ εμφα¯ | *ed. pr.*, |] ̣ εργαστη[̣]μ[13]εμφα( ) | *ed. sec.* 2. | ̣ ̣ ̣ ̣ (ὑπὲρ) μισθ( ) τε[σσαρεσκαιδεκατης] ι( )δ( ) | *ed. pr.*, | (ὑπὲρ) μισθ(οῦ) τε[σσαρεςκαιδεκάτη]ς ἰ(ν)δ(ικτιῶνος) | *ed. sec.* ἰνδ(ικτίωνος) *DDBDP* 3. | ̣ ̣ ̣ νομισμ( ) *ed. pr.*, | νομισμ(άτιον) *ed. sec.* 4. | ̣ ̣ ̣ † δ/ *ed. pr.*, | † δ(ιά) *ed. sec.* ενοικολογ( ) *ed. pr.*, ἐνοικι/λογ( ) *ed. sec.*, ἐνοικι(ο)λόγου *ibid.*, Index, S. 233.

„[- - -] Werkstatt (oder Werkstätten) [- - -] für Lohn der [- - -] Indiktion einen nicht vollwertigen Solidus, das macht 1 nicht vollwertiger Solidus. † Durch Iakob, Enoikiologos".

Fragment einer Lohnquittung, deren oberer Teil weggebrochen ist. Der Textbefund vermag weder zum ursprünglichen Gesamtumfang der Urkunde noch zu deren Formalschema und Formulartyp konkrete Anhaltspunkte zu liefern. Mit Ausnahme von ἐργαστηρ̣( ) μ ̣ ̣ ε̣μ̣φ̣α̣( ) in Z. 1, das wohl als Rest einer Funktionsbezeichnung verstanden werden kann, sind keine Angaben zur Person des Lohnempfängers oder zu jener des Adressaten des betreffenden Schriftstückes erhalten. Die Reste der Z. 2 scheinen den Zahlungstitel samt Bemessungszeitraum wiederzugeben. In der Z. 3 findet sich der Zahlungsbetrag in Höhe eines (nicht vollwertigen) Solidus. Den Abschluß bildet die Unterschrift des Ausfertigers, eines anderweitig bislang nicht bezeugten Ἰακὼβ ἐνοικιολόγος (vgl. Komm. Z. 4), der möglicherweise sogar mit dem Absender oder Adressaten der Quittung gleichgesetzt werden könnte. Ein Ausstellungsdatum ist bemerkenswerterweise nicht angeführt. Im allgemeinen Kommentar zur *ed. pr.* wird vorliegendes Dokument als Auszahlungsanweisung interpretiert; vgl. dazu die Paraphrase ebenda: „παράσχες τω δεινι εργαστη ̣ ̣ ̣ ̣ ̣ ̣ ̣ ὑπὲρ μισθοῦ τεσσαρακαιδεκάτης ἰνδικτιῶνος νομισμάτιον ἓν ῥυπαρὸν ̣ ̣ δι' ἐμοῦ Ἰακὼβ ἐνοικ(ι)ολόγου". Der erhaltene Text gibt keinen Aufschluß über die Herkunft der Urkunde, die aufgrund paläographischer Kriterien ins 6.–7. Jh. datiert wird (vgl. dazu die Formalbeschreibung).

1. ἐργαστηρ( ): Der Numerus und der Kasus des Wortes ἐργαστήριον sind aus dem überlieferten Kontext heraus nicht zu erschließen.

3. νομισμ(άτιον): Oder νόμισμ(α).

νο(μισμάτιον): Oder νό(μισμα).

4. Δ(ι') Ἰακὼβ ἐνοικ(ιολόγου): Die Funktionsbezeichnung dürfte hier wie generell wohl in der Bedeutung eines Zahlmeisters einer städtischen Domäne aufzufassen sein. Statt ἐνοικ(ιολόγου) und der nachfolgenden Paraphe ist möglicherweise auch ἐνοικ(ιο)λόγ(ου) zu lesen.

106. Quittung über Lieferung oder Finanzierung von Sachmitteln für die Dianome-Steuer

Paris, P.Louvre 7087 AF 3,5 × 13 cm 2. Hälfte 7. Jh.
Arsinoiton Polis (?)

ed. pr.: Wessely, *Pariser Papyri* 122 [216], Nr. LXVI, 3 – *ed. sec.*: SPP III 106 (Inventarnummer als MN 7087 wiedergegeben; *s.* VI., Faijûm).

Revision am Mikrofilm

Papyrus. Rechter und unterer Rand erhalten. An der oberen und linken Seite abgebrochen. An der oberen Seite bleibt das Ausmaß des Textverlustes weitgehend unklar. An der linken Seite liefert der ergänzte Übergang der Z. 1–2 einen verläßlichen Anhaltspunkt für das Ausmaß des dort zu gewärtigenden Textverlustes. Faltungen nicht mehr deutlich erkennbar. Die Schrift auf dem Rekto verläuft quer zur Faserrichtung (*transversa charta*). Verso leer. Möglicherweise von derselben Hand wie **204** (Gruppe der von einem gewissen Φῖβ συμβολαιογράφος ausgestellten Urkunden). Schrifttyp: sog. „Minuskelkursive“; Formulartyp: ἔχω ἐγὼ ὁ δεῖνα σοὶ τῷ δεῖνι („Quittungsschema“). Ankauf: nicht näher dokumentiert.

— — — — — —

↓ 1 [± 8] ̣ τῶν γοναχίων εν ̣[̣] ̣[̣]τ̣ρ̣[ι]α̣ καὶ ταῦτα̣ ἑτοίμως
2 [ἔχω καταβ]α̣λεῖν ὑπὲρ ὑμ̣ῶν εἰς τὴν αὐτὴν διανομὴν κ̣α̣ ̣ ̣( )
3 [± 8] ̣ ̣ ̣ ̣ ̣ ̣ ̣γ̣ τ̣ῆ̣ς̣ α̣ὐ̣τ̣(ῆς) ι̣ ̣ ̣ ἰ̣ν̣(δικτίωνος). † Δ(ι') ἐμοῦ Φῖβ συμβολαι̣ο̣γ̣ρ̣(άφου). *Paraphe*

1. | ̣ ̣]ν των γοναχιων εν [̣ ̣ ̣ ̣ ̣ ̣ ̣ ̣]α και τουτο ετοιμως [εχω κατα | *ed. pr.*, |]ν̣των τοναχιων εν ̣[- - -]τ̣ρα καὶ τοῦτο ἑτοίμως | *ed. sec.* 2. | βαλειν *ed. pr.*, | [ἔχω καταβ]αλεῖν *ed. sec.* διανομην κ[̣ ̣ ̣ ̣ | *ed. pr.*, διανομήν | *ed. sec.* 3. | ̣ ̣ ̣ ̣ ̣ ̣] δ/ εμου φιβ συμβολαιογρ [εγρ | *ed. pr.*, | ̣ ̣ ̣ ̣ α]της ἰ̣ν̣δ̣ικ/ δ/ [ἐμ]οῦ Φιβ συμβολ[αιογρ(άφου) | *ed. sec.*

„[- - -] der Gonachia [- - -] und ich erkläre mich bereit, diese abzuliefern für euch für dieselbe Dianome [- - -] derselben [- - -] Indiktion. † Durch mich, Phib, Symbolaiographos“.

Fragment einer Quittung über den Empfang einer Lieferung oder Finanzierung einer Sachleistung für die arabische Sachrequisitionssteuer (διανομή). Das Dokument könnte im Formalschema und Urkundenformular einen ähnlichen Aufbau wie **204** aufgewiesen haben. Das Quittungsformular dürfte nach dem Muster ἔχω ἐγὼ ὁ δεῖνα σοὶ τῷ δεῖνι (eventuell mit einem zusätzlichen διὰ τοῦ δεῖνος ausgestattet) eingeleitet worden sein, dem die Zweckbestimmung λόγῳ (oder ὑπέρ bzw. ἀπό) διανομῆς mit Angabe des betreffenden Bemessungszeitraumes (Indiktionsjahr) und eine daran anschließende Nennung der gelieferten Gegenstände folgte. Von letzteren scheinen mit τῶν γοναχίων εν ̣[̣] ̣[̣]τ̣ρ̣[ι]α̣ noch Reste am Beginn der ersten Zeile des Fragmentes vorzuliegen. Die daran anknüpfende Formel καὶ ταῦτα ἑτοίμως ἔχω καταβαλεῖν ὑπὲρ ὑμῶν εἰς τὴν αὐτὴν διανομήν entspricht dem für diese Urkundengattung typischen Formular (vgl. die vorliegende Stelle mit den Parallelen **180**, 5–6 und **204**, 6–7 gegenüber einer leicht abgewandelten Form in **119**, 5–6). Die Quittung endete mit dem Ausstellungsdatum und der Unterschrift des Ausfertigers (Z. 3). Vgl. dazu allgemein die inhaltliche Deutung einer Lieferung von „Kameltaschen als Corporativsteuer der Taschnerzunft von Arsinoe" im Kommentar zur *ed. pr.* sowie den ebenda angestellten Vergleich mit der formalen Gestaltung der Urkunden aus dem „Archiv der Bäcker Elias und Paetios". Die Zuweisung der Herkunft erfolgt in Hinblick auf die direkten Parallelen **119**, **121**, **180** und **204**. Das Dokument wird wegen des Steuertitels und paläographischer Kriterien in die 2. Hälfte 7. Jh. gesetzt (vgl. dazu die Formalbeschreibung).

1. γοναχίων: Schreibvariante zu γαυνάκης/καυνάκης, was einen Mantel, Überwurf oder eine Decke aus dickem Stoff bezeichnete; zum Ursprung des Wortes sowie zum Begriff im allgemeinen vgl. Wipszycka, *Industrie* 114–115 mit Verweis auf Cherblanc, *Kaunakès* ; Mayerson, *Gonachion* 241–242; F. Maltomini, P.Köln VIII 355, Komm. Z. 6; zuletzt: Morelli, *Gonachia* 55–81.

3. Φὶβ συμβολαιογ̣ρ̣(άφου): Möglicherweise derselbe Ausfertiger wie in **204**, 8–9. Allein der Unterschrift nach zu urteilen war die ausstellende Person entgegen der Angaben in Byz. Not. 49–50 mit keinem anderen der dort aufgelisteten Notare identisch.

107. SCHREIBEN BETREFFS MITGIFT

Paris, P.Louvre AF 6594 (?) | 4,5 × 10,5 cm | 6.–7. Jh.

ed. pr.: Wessely, *Pariser Papyri* 76 [170] – *ed. sec.*: SB I 4850 (byz. Zeit) – *ed. ter.*: SPP III 107 (Inventarnummer als MN 6594 = App. 768 wiedergegeben; *s.* VI., Faijûm).

Revision am Mikrofilm; Maßangaben nach *ed. ter.*

Papyrus. Linker Rand erhalten. An der oberen, rechten und unteren Seite abgebrochen. Das Ausmaß des Textverlustes bleibt völlig unklar. Faltungen nicht mehr deutlich erkennbar. Der Abstand der Schrift zum Rand beträgt links 1,5 cm (*ed. ter.*). Die Schrift auf dem Verso verläuft parallel zur Faserrichtung. Rekto mit Resten eines nicht näher greifbaren Protokollon. Schrifttyp: sog. „Minuskelkursive"; Urkundenschema und Formulartyp aus dem Textbefund nicht ersichtlich. Ankauf: nicht näher dokumentiert.

Verso:

— — — — — —
→ 1 . . [. . . .] . [
2 λόγῳ π̣ροικὸς̣ [
3 ὑπὲρ μὲν γαμικ . . δὲ [
4 (καὶ) εἰς τ̣ὸν τ̣ῆς προ[
— — — — — —

1. *om. edd.* 2. | λογω προικος | *ed. pr.*, | λόγῳ προικὸς [- - -] | *ed. sec.*, |] λόγῳ [π]ροικὸς ω[| *ed. ter.* 3. | υπερ μεν γαμικων | *ed. pr.*, | ὑπὲρ μὲν γαμικῶν [- - -] | *ed. sec.*, |] ὑπὲρ μὲν γαμικοῦ [| *ed. ter.* 4. | εις λογον προικος | *ed. pr.*, | εἰς λόγον προικός (hier abgebrochen) | *ed. sec.*, |]( ) εἰς τὸν τῆς προ[| *ed. ter.*

„[- - -] als Mitgift [- - -] für Morgengabe (bzw. Morgengaben) [- - -] und [- - -]".

Fragment eines Dokumentes, dessen Art, Charakter, Funktion und Inhalt ungeklärt sind. Die Worte προίξ (Z. 2; vgl. außerdem Komm. Z. 4) und γαμικόν scheinen immerhin auf einen Zusammenhang mit einer Eheschließung zu deuten. In der *ed. sec.* wird vorliegende Urkunde aufgrunddessen denn auch als Fragment eines Heiratsvertrages interpretiert – eine Vermutung, die im Textbefund jedoch keine weitere Stütze findet. Auf dem Rekto sind Reste eines Protokollon erhalten, die auf eine Sekundärverwendung des Schriftträgers schließen lassen. Schon allein aufgrund dieses Sachverhaltes kann es sich beim Text auf dem Verso wohl kaum um ein offizielles Vertragsdokument gehandelt haben. Das Fragment bietet auch keinen einzigen Anhaltspunkt, der über die Herkunft der Urkunde Aufschluß gibt. Das Schriftstück wird aufgrund paläographischer Kriterien ins 6.–7. Jh. datiert (vgl. dazu die Formalbeschreibung); das Protokollon auf dem Rekto erweist sich wegen des Erhaltungszustandes als keine brauchbare Datierungshilfe.

3. γαμικ̣ ̣ δέ [: Entweder γαμικο̣ῦ̣ oder γαμικῶ̣ν̣, wobei das υ bzw. das ν hochgestellt ist.

4. προ[: Aufgrund des vorangestellten weiblichen Artikels vielleicht wiederum προ[ικός (*ed. pr.* und *ed. sec.*).

108. A QUITTUNG ÜBER PREIS FÜR HERSTELLUNG VON HEMDEN FÜR DIE DIANOME-STEUER

Paris, P.Louvre AF 7384 — 11,5 × 13 cm — 2. Hälfte 7. Jh.
Arsinoiton Polis

ed. pr.: Wessely, *Pariser Papyri* 122–123 [216–217], Nr. LXVI, 4 – *ed. sec.*: SPP III 108 (Inventarnummer als MN 7384 = App. 278 wiedergegeben; *s.* VI., Faijûm).

Revision (Rekto) bzw. Transkription (Verso) am Mikrofilm; Maßangaben nach *ed. sec.*

Papyrus. Linker und unterer Rand erhalten. An der rechten Seite abgebrochen. Das Ausmaß des Textverlustes ist aufgrund des unregelmäßigen Verlaufs der Schnittkanten der Urkunde nicht klar ersichtlich. Die Bestimmung von Rekto und Verso ist im vorliegenden Fall nicht eindeutig. Der Schriftträger dürfte zudem eine Mehrfachverwendung erfahren haben, da offensichtlich schon bei der Erstverwendung des mutmaßlichen Rekto (**108 A**) auf einen Materialrest zurückgegriffen worden war. Faltungen nicht mehr deutlich erkennbar. Bei **108 A** verläuft die Schrift parallel zur Faserrichtung. **108 B** mit Resten eines anderen Textes (Schriftverlauf quer zur Faserrichtung). Schrifttyp: sog. „Minuskelkursive" (**108 A**); „Minuskel" (**108 B**); Formulartyp („Quittungsschema") in **108 A** aus dem Textbefund nicht mehr genau ersichtlich. Ankauf: nicht dokumentiert.

→ [± 14 Νε]ι̣λ̣ά̣μ̣μ̣ων [± 8]
[± 10 υἱὸς] Μ̣ηνᾶ ἀπὸ τῆς Ἀρσ[ινοϊτῶν]
[πόλεως ἀ]πὸ ἀμφόδου Δαμίων ο̣ἴτ̣ο̣ι̣ Κ̣[ατωτέρου]
παρὰ σοῦ Μηνᾶ ἐπιστά̣τ̣ο̣υ̣ τῶν α̣ὐ̣[- - -]
λ̣ι̣νούφων υ̣ἱ̣οῦ Καλοῦ ἀπὸ τῆς αὐτῆ̣ς [πόλεως]
ὑπὲρ τιμῆ̣ς καμισίων τριôν, λέ̣[γω δὴ ὑπὲρ]
διανομῆς τῆς παρούσης ὀγδόης ἰ[νδικτίωνος - - -]

1. *om. edd.* 2. | . . . . μ]ηνα απο της αρσ[ινοιτων πολεως | *ed. pr.*, | [† ἔσχον καὶ ἐπληρώθην . . . . Μ]ηνᾶ ἀπὸ τῆς Ἀρσ[ινοιτωνπόλεως | *ed. sec.* 3. | ἀ]πὸ ἀμφόδου Δαμιων οἴτο[ι Κατωτέρου | *edd.* *l.* Ταμείων ἤτοι Κατωτέρου 4. | παρά *ed. pr.*, |] παρά *ed. sec.* των . . . | *ed. pr.*, τῶν [| *ed. sec.* 5. [πόλεως | *edd.* 6. | ὑ]πέρ *edd.* *l.* τριῶν τριον λ[όγῳ | *edd.* 7. ι[νδικτιωνος | *ed. pr.*, ἰ[νδ(ικτιῶνος) | *ed. sec.*

„[- - -] Neilammon [- - -] Sohn des Menas, aus Arsinoiton Polis aus dem Tameion etoi Katoteru-Viertel [- - -] von dir, Menas, Epistates der [- - -] Leinenweber, Sohn des Kalos, aus derselben Stadt, für Preis von drei Hemden, nämlich für die Dianome der gegenwärtigen achten Indiktion [- - -]“.

Fragment einer Quittung über die Erstattung einer ungenannten Geldsumme als Preis für drei Hemden, deren Herstellungskosten offensichtlich aus den Mitteln der Sachrequisition (διανομή) bestritten wurden. Eine deutliche Parallele für diese Art von Dokument liegt in **55** vor. Die Einleitung ist nicht erhalten, könnte aber in Hinblick auf παρὰ σοῦ am Beginn der Z. 4 auf dem für Quittungen allgemein üblichen Formularmuster ἔσχον καὶ ἐπληρώθην ἐγὼ ὁ δεῖνα παρὰ σοῦ τοῦ δεῖνος (oder ähnlich) aufgebaut haben (vgl. in diesem Zusammenhang jedoch Komm. Z. 1). Der in seiner Funktion nicht näher überlieferte Absender, ein gewisser Νειλάμμων aus Arsinoiton Polis (Z. 1–3), hat den Preis von Μηνᾶς, dem Zunftmeister der Leinenweber derselben Stadt (Z. 4–5), in Empfang genommen (Z. 6). Ob es sich bei Νειλάμμων um den Produzenten der Hemden gehandelt hat, ist dem Textbefund des Fragmentes nicht explizit zu entnehmen.

An die Zunft der Leinenweber scheint jedenfalls der Produktionsauftrag einer durch Steuergelder finanzierten Herstellung von Hemden ergangen zu sein. Diese hatte den Arbeitsaufwand dann offensichtlich auf ihre einzelnen Mitglieder aufzuteilen, wobei unklar bleibt, ob die Zunft dabei auch für die Finanzierung der Material- und Produktionskosten aufzukommen hatte oder nicht. Die Hemden waren jedenfalls als Sachleistung für die διανομή eines achten Indiktionsjahres bestimmt (Z. 6–7). Die Urkunde scheint kein Ausstellungsdatum und keine Unterschrift eines Ausfertigers aufgewiesen zu haben. Das Fehlen eines Akkustiv-Bezugsobjektes – etwa in Form eines Geldbetrages – läßt die Satzkonstruktion der Empfangsbescheinigung unvollständig wirken. Vgl. die inhaltliche Paraphrase im Rahmen der allgemeinen Bemerkungen in der *ed. pr.* Die Provenienz des Fragmentes steht aufgrund der Ortsangaben in den Z. 2–3 fest. Die Datierung der Urkunde in die 2. Hälfte 7. Jh. ergibt sich aus der Erwähnung des Steuertitels der διανομή.

1. [± 14 Νε]ι̣λ̣ά̣μ̣μ̣ων: Aufgrund von παρὰ σοῦ müßte die Einleitung des Quittungsformulars ἔσχον ἐγώ oder ἔσχον καὶ ἐπληρώθην ἐγώ gelautet haben, wobei sich eine Ergänzung der Formel in einem Fall als zu kurz, im anderen als zu lang erweist.

1.–2. In der Lücke könnte aufgrund des zur Verfügung stehenden Platzes vor der Funktionsbezeichnung des Absenders ein allfälliger Alias-Name angeführt gewesen sein. Es wäre aber auch möglich, daß dem Namen des Absenders die Berufsbezeichnung unmittelbar nachgefolgt war, der Vater des Betreffenden aber als verstorben bezeichnet gewesen war, womit ein Schema [Berufsbezeichnung] | [υἱὸς τοῦ μακαρίου] Μηνᾶ zu ergänzen wäre.

4. αὐ̣[: Als Ergänzungen kommt sowohl α̣ὐ̣[τῶν] als auch α̣ὐ̣[τόθι] in Frage. Beide Möglichkeiten fallen angesichts des Textverlustes im Umfang von ungefähr acht Buchstaben etwas kurz aus.

6. λ̣έ[γω δὴ ὑπὲρ]: λ̣ό[γῳ] (*edd.*) dürfte aus Platzgründen weniger wahrscheinlich sein.

7. ἰ[νδικτίωνος: Möglicherweise in gekürzter Form wiedergegeben.

108. B Schreiben betreffs Reinigung von Gerätschaften einer Werkstatt (?)

(*om. edd.*):

— — — — — —

↓ 1] ̣ημ ̣ ̣η ̣[
vac.
2] ̣ μισθ( ) τῶν γ χαλκωθε(σίων) τῶν ̣ ̣ρ̣ ̣ ̣[5–10]
3 ἀν]ακαθάρσε(ως) τῶν καμίνον
4 μ]εγάλω(ν) σελλί̣ω̣(ν) (καὶ) τῶν μικ̣ρ̣ῶ(ν)
5] ἀ̣νακαθάρσε(ως) τῶν μήτρω(ν) (καὶ) σταδίω(ν)
6] ̣ ̣ ̣ ̣( ) τῶν γ χαλκωθε(σίων)
7] ̣ ̣ ̣ ̣( ) τ̣ῶ̣ν̣ αὐτ(ῶν) γ χαλκοθε(σίων)

— — — — — —

2. *l.* χαλκοθεσίων 3. *l.* καμίνων 5. *l.* μέτρων (?) 6. *l.* χαλκοθεσίων

„[- - -] der 3 Öfen der [- - -] Reinigung der Kamine [- - -] der großen [- - -] und der kleinen [- - -] Reinigung der Metra und Stadia [- - -] und [- - -] der 3 Öfen [- - -] derselben 3 Öfen [- - -]“.

Fragment eines möglicherweise umfangreicheren Schriftstückes unbekannter Art, dessen inhaltliche Aussage auf Geräte oder Räume eines Gebäudes bzw. einer Werkstatt Bezug genommen zu haben scheint. Der Schrifttyp und die formale Gestaltung des Dokumentes könnten auf einen Kontext im Rahmen einer Abrechnung deuten. In den erhaltenen Passagen ist mehrfach von einer technischen Ausstattung sowie einer Reinigung bestimmter Gegenstände die Rede.

1. Möglicherweise als Reste einer Überschrift aufzufassen.

2. μισθ( ): Vielleicht μίσθωσις, wobei der genaue Zusammenhang unklar bleibt.
χαλκωθε(σίων): Das Wort dürfte hier entweder in der Bedeutung von „Töpferöfen“ oder „Heizkammern“ gebraucht sein.

3. καμίνον: Neben „Kaminen“ könnten damit auch „Räume“ oder „Magazine“ gemeint sein.

4. σελλίω(ν): An dieser Stelle ist das Wort σέλλιον möglicherweise nicht in seiner Bedeutung „Sessel“, „Stuhl“ oder „Sitz“ zu verstehen, sondern als technischer Terminus zu interpretieren.

5. μήτρω(ν) (καὶ) σταδίω(ν): Der gemeinsame Kontext legt die Vermutung nahe, daß mit μήτρα (*l.* μέτρα?) und στάδια Maße (bzw. Maßeinheiten) gemeint waren. Statt μήτρω(ν) wäre allerdings auch μητρῶ(ν) möglich, wobei die inhaltliche Bedeutung dieses Wortes, das auch in P.Mich. XI 617, 14 und 15 (Theadelphia, 145/146) belegt ist, nicht genau geklärt ist. Im WB II wird ἡ μήτρα unter anderem als „das (eiserne) Innenfutter der (hölzernen) Büchsen (für Flaschenzüge)“, bei Husson, *Oikia* 98 als Gehäuse für Türriegel verstanden.

109. Quittung über Schuldentilgung

Paris, P.Louvre AF 6846 (?) — 8,5 × 16,4 cm — 6. Jh.

ed. pr.: SPP III 109 (Inventarnummer als MN 6846 = App. 4 wiedergegeben; *s.* VI., Faijûm).

Transkription und Maßangaben nach *ed. pr.*; Urkunde vorläufig weder am Original noch anhand eines Photos einsehbar. Formulartyp („Quittungsschema“) ist aus dem Textbefund nicht ersichtlich. Ankauf: nicht näher dokumentiert.

] θυγάτηρ Γεωργίου παρὰ σοῦ Κύρου γραμματ[έως
τὸ ἓν νόμι]σμα ὃ ἐχρεώστησάς μοι ὑπὲρ τοῦ μακαρ[ίου
εἰς πλῆρε]ς καὶ εἰς ὁλόκληρον, καὶ εἰ εὑρεθῇ τὸ συναγόμ(ενον) [
φ]ερόμενον. Ἐγράφ(η) μηνὶ Ἁθὺρ κα τ[
γραμμ]ατέος [

2. |]σμα *ed. pr.* 3. |]ς καί *ed. pr.*, | [- - -]( ) καί *DDBDP* συναγομ(ενον) | *ed. pr.* 4. τ[ῆς . . . . ἰνδικτιῶνος | *ed. pr.* 5. |]ατεος [| *ed. pr.* *l.* γραμματέως

„[- - -] Tochter des Georgios [- - -] von dir, Kyros, Grammateus [- - -] den einen Solidus, den du mir geschuldet hast für den verstorbenen [- - -] zum vollen und ganzen Betrag, und wenn gefunden werden sollte [- - -] Geschrieben am 21. Tag im Monat Hathyr [- - -] Grammateus [- - -]“.

Fragment einer Quittung über die Tilgung einer Schuld, die ein gewisser Κῦρος γραμματεύς gegenüber der Tochter eines nicht näher charakterisierten Γεώργιος, deren Name nicht erhalten ist, eingegangen war. Die Einleitungsformel des Urkundenformulars ist aufgrund des Textverlustes am Beginn der Z. 1 nicht mehr unmittelbar greifbar. Die mit παρὰ σοῦ erfolgte Anrede des Schuldners und Quittungsadressaten läßt jedoch auf ein dem Dokument zugrundeliegendes Formularmuster ἔσχον καὶ ἐπληρώθην ἐγὼ ὁ δεῖνα παρὰ σοῦ τοῦ δεῖνος (oder ähnlich) schließen. Im Anschluß an die nur noch unvollständig überlieferte Funktionsbezeichnung des Quittungsadressaten war jene Geldsumme genannt, mit der die

Schuld getilgt wurde und die offenbar einen Solidus betragen hat (Beginn der Z. 2). Die Zahlungsempfängerin dürfte zu ihren Ansprüchen gegenüber dem Schuldner erst infolge des Todes des eigentlichen Gläubigers in ihrer Eigenschaft als Erbin des Verstorbenen gekommen sein (vgl. in diesem Zusammenhang ὑπὲρ τοῦ μακαρ[ίου in Z. 2). Beim ursprünglichen Gläubiger müßte es sich um einen Onkel oder einen anderen nahen männlichen Verwandten der Urkundenabsenderin gehandelt haben, da der Vater in Anbetracht der Formulierung seiner Erwähnung im Rahmen der Filiationsangabe noch am Leben gewesen sein dürfte (Z. 1). Die Zahlungsempfängerin scheint mittels einer sogenannten „Unwirksamkeitsklausel" ausdrücklich darauf verwiesen zu haben, daß mit der betreffenden Geldzahlung alle aus dem Schuldverhältnis erwachsenen Ansprüche gegenüber dem Adressaten zur Gänze erfüllt waren (Z. 3–4). Nach dem Ausstellungsdatum (Z. 4) hat das Zeugnis mit der Unterschrift eines nicht näher bezeugten γραμματεύς geendet (Z. 5). Der Textbefund des Fragmentes liefert keinen Anhaltspunkt, der über die Provenienz der Urkunde Aufschluß geben könnte. Die Datierung des Schriftstückes ins 6. Jh. knüpft mangels Überprüfbarkeit an die Angabe in der *ed. pr.* an.

1. γραμματ[έως: In Anbetracht der Schreibung in Z. 5 möglicherweise mit γραμματ[έος wiederzugeben.

3. εἰς πλῆρε]ς καὶ εἰς ὁλόκληρον: Dieselbe Wendung ist ein weiteres Mal in **83**, 5 bezeugt.
καὶ εἰ εὑρεθῇ: In den Parallelen findet sich zumeist der Optativ εὑρεθείη; vgl. Mandilaras, *Verb* §§ 649 (3).
τὸ συναγόμ(ενον) [: An der betreffenden Stelle wohl in ähnlicher Bedeutung wie τὸ αὐτὸ γραμματεῖον aufzufassen.

4. φ]ερόμενον: Vermutlich πανταχοῦ προφε]ρόμενον. Die Klausel in Z. 3–4 macht ausschließlich vor dem Hintergrund einer im voraus erfolgten Ausstellung eines Schuldscheines oder einer Darlehensurkunde Sinn; vgl. diesbezüglich die Formulierung εἰ εὑρεθείη ποτὲ καιρῷ τὸ αὐτὸ γραμμάτιον, ἄκυρον ἔσται καὶ ἀνίσχυρον πανταχοῦ προφερόμενον in P.Hamb. III 231, 3–4 (Antinoupolis, 566?), die zur Sicherstellung des Schuldners gegenüber nachträglichen Forderungen seitens des ehemaligen Gläubigers gedient hat. Eine ähnliche Wendung ist auch in P.Cair.Masp. II 67167, 45–48 (Antinoe, 566–570) und in SB I 5113, 28–30 (Apollonopolis, 7. Jh.; Rekto mit neuem Fragment als P.Bodl. I 45 in BL XI 196) anzutreffen.
Ἁθὺρ κα: 17. (18.) November.
τ[: Entweder τ[ρίτης bzw. τ[ετάρτης bzw. τ[ρεισκαιδεκάτης bzw. τ[εσσαρασκαιδεκάτης oder τ[ῆς αὐτῆς bzw. τ[ῆς παρούσης mit daran anschließender Angabe des Indiktionsjahres.

5. γραμμ]ατέος [: Die Unterschrift des Ausfertigers baute höchstwahrscheinlich auf der Formel δι' ἐμοῦ τοῦ δεῖνος oder διὰ τοῦ δεῖνος auf.

110. Quittung über Geldzahlung

Paris, P.Louvre AF 7391 5,7 × 5,9 cm 6. Jh. (?)

ed. pr.: Wessely, *Pariser Papyri* 156 [250] – *ed. sec.*: SPP III 110 (Inventarnummer als MN 7391 = App. 836 wiedergegeben; *s.* VI., Faijûm).

Transkription und Maßangaben nach *ed. sec.*; Urkunde vorläufig weder am Original noch anhand eines Photos einsehbar. Urkundenschema und Formulartyp sind aus dem Textbefund nicht ersichtlich. Ankauf: nicht näher dokumentiert.

]. . . .σ( ) θυγάτηρ Ἰωάννου
χρυ]σίου νομισμάτιον ἓν ῥυπαρ[όν]
] Ἐγράφ(η) μηνὸς Μεσορὴ ἀρχῇ
] ἀρχ(ῇ) τῆς αὐτ(ῆς) ἰνδ(ικτίωνος)

1. | εσχον και επληρωθην εγω]. . . .σ( ) *ed. pr.*, | [† ἔσχον καὶ ἐπληρώθην ἐγὼ - - -]ς *ed. sec.*, | [† ἔσχον καὶ ἐπληρώθην ἐγὼ - - -]( ) *DDBDP* 2. |. . . . . χρυ]σιου *ed. pr.*, | χρυ]σίου *ed. sec.* ῥυπαρ[όν | *edd.* 3. |. . . . . εγραφ( ) *ed. pr.*, |] ἐγράφ(η) *ed. sec.* *l.* μηνί 4. |. . . . . αρχ( ) *ed. pr.*, |] ἀρχ(ῇ) *ed. sec.*

„[- - -] Tochter des Ioannes [- - -] an Gold einen nicht vollwertigen Solidus [- - -] Geschrieben im Monat Mesore am Beginn [- - -] am Beginn derselben Indiktion [- - -]“.

Fragment einer Quittung über eine Geldzahlung, deren Umstände, Hintergründe und Charakter aufgrund des Textverlustes unbekannt bleiben. Aus der Formalbeschreibung und den Texttranskriptionen der *edd.* geht nicht klar hervor, ob und auf welcher Seite das Dokument Originalränder aufweist. Das Zeugnis liefert keine verläßlichen Indizien über das der Urkunde zugrundeliegende Formalschema und den darin angewandten Formulartyp. Die Ergänzungen in den *edd.* scheinen auf reinen Spekulationen zu beruhen. Einzig im Fall der in Z. 1 genannten Person dürfte es aufgrund des Nominativs außer Zweifel stehen, daß es sich hierbei um die Zahlungsempfängerin und Absenderin des Schriftstückes gehandelt hat. Der Adressat und der Zahlungstitel sind nicht überliefert. Die Quittung war über einen Geldbetrag von einem (nicht vollwertigen) Solidus ausgestellt worden (Z. 2). Das Ausstellungsdatum der Urkunde, welches in den Monat Μεσορή am Beginn eines nicht näher bezeugten Indiktionsjahres fiel, findet sich in der Z. 3 des Dokumentes angeführt. Das Phänomen einer weiteren Datumsangabe in Z. 4 läßt sich hingegen nicht wirklich schlüssig erklären (vgl. Komm. Z. 3–4). Die Angabe Μεσορὴ ἀρχῇ macht unter Berücksichtigung der mutmaßlichen Fundumstände („El-Faijûm“) den Rückschluß auf eine arsinoitische Herkunft des Fragmentes wahrscheinlich (zum zeitlichen Verlauf des arsinoitischen Jahreszyklus vgl. CSBE 27 und CSBE^{2} 33). Die Datierung des Dokumentes ins 6. Jh. wird mangels verfügbarer Datierungskriterien aus der *ed. sec.* übernommen.

3.–4. Entweder liegt hier eine Nennung zweier unterschiedlicher Daten oder eine doppelte Erwähnung ein und desselben Ausstellungsdatums vor. In Z. 3 begegnet merkwürdigerweise keine Ziffern für das Tagesdatum, was in Hinblick auf den Genitiv μηνός jedoch unerläßlich erscheint. In Z. 4 befremdet das Fehlen der Iterationsangabe bzw. -ziffer des Indiktionsjahres.

111. Quittung über Werklohn für Bauarbeiten (Timotheos-Archiv)

Paris, P.Louvre AF 6583 5,5 × 20 cm Mitte 7. Jh.
Arsinoiton Polis

ed. pr.: Wessely, *Lettre* 175–176, Nr. VII (VIIe siècle) – *ed. sec.*: SPP III 111 (Inventarnummer als MN 6583 = pap. grec 173 wiedergegeben; *s.* VI., Arsin.) – Korr.: G. Zereteli, P. Jernstedt, P.Ross.Georg. III 46, Komm. Z. 2 (BL IV 94); Pros. Ars. I, Nr. 5188 und Anm. 603 (zur Identität mit Τιμόθεος in **176**, P.Ross.Georg. III 46 und 47; BL VIII 436).

Revision am Mikrofilm; Maßangaben nach *ed. sec.*

Papyrus. Oberer Rand erhalten. An der linken, rechten und unteren Seite abgebrochen. Das Fragment dürfte insgesamt etwa zwei Drittel der Gesamtbreite umfassen (gemessen an der ursprünglichen Gesamtbreite des *transversa charta* beschrifteten Urkundenblattes, welche in der Regel der herstellungsbedingten Höhe der Papyrusrollen von maximal 35–36 cm entspricht). Unten bleibt das Ausmaß des Textverlustes weitgehend unklar. Horizontale Faltungen nicht mehr deutlich erkennbar. Eine vertikale Faltung in der Mitte des Fragmentes, welche mit der vertikalen Mittelfaltung des Urkundenblattes übereinstimmen dürfte, was einen wichtigen Anhaltspunkt für die mutmaßliche Verteilung des Textverlustes auf beiden Seiten des Fragmentes liefert. Verso mit Resten einer Zeile auf Höhe der Z. 2 des Rekto (Positionierung in der rechten Blatthälfte; Schriftverlauf parallel zur Faserrichtung). Von derselben Hand wie **26**, **96**, **116**, **164** und **176** (Gruppe der von Ἰούστος συμβολαιογράφος ausgestellten Urkunden). Schrifttyp: sog. „Minuskelkursive“; Formulartyp: ἔσχον καὶ ἐπληρώθην ἐγὼ ὁ δεῖνα παρὰ σοῦ τοῦ δεῖνος („Quittungsschema“). Ankauf: nicht näher dokumentiert.

↓ 1 [† Ἔσχομεν καὶ ἐπληρώθημεν ἡμ]ε̣ῖ̣ς̣ Γεώργιος υἱὸς Ἰωάννου τοῦ καὶ Σαλά̣κωνος καὶ Μ̣[
2 [± 7 ἀπὸ τ̇ῆς] Ἀρσινοϊτῶν πόλεως παρὰ σοῦ Τιμοθέου τοῦ περιβλέπτου πατρ[ὸς τῆς αὐτῆς πόλεως
3 [± 12] κτισθέντων σοι παρ’ ἡμῶν ἐπὶ κώμης Ἀλεξάνδρου Νήσου τοῦ Ἀρ[σινοΐτου νομοῦ
4 [± 15] ̣ κ̣α̣ὶ̣ [± 15] αὐτῆ[ς] ε̣[̣] ̣[̣ ̣ ̣ ̣] ̣ ̣ ̣ ̣α̣ς εἰς πλήρης [
5 [± 50] ̣[
— — — — — —

Verso:

6 *vac.* † Ἀπόδειξ(ις) μισθοῦ ἐξεδ ̣[± 12]

1. | γεωργιος υιος ιωαννου του και συλακωνος και μ ̣ ̣ ̣ ̣ ̣ | *ed. pr.*, | [ἔσχον καὶ ἐπληρώθην ἐγὼ] Γεώργιος υἱὸς Ἰωάννου τοῦ καὶ Συλακωνος καὶ μ[| *ed. sec.* 2. | αρσινοιτων πολεως παρα σου τιμοθεου του περιβλεπτου παγαρ[χου υπερ των | *ed. pr.*, | ἀπὸ τῆς] Ἀρσινοιτῶν πόλεως παρὰ σοῦ Τιμοθέου τοῦ περιβλέπτου παγάρ[χου | *ed. sec.* πατρ[ὸς τῆς αὐτῆς πόλεως | Zereteli, Jernstedt 3. | κτισθεντων σοι παρ ημων επι κωμ( ) αλεξανδρου μησου του αρ[σινοιτου νομου | *ed. pr.*, |] κτισθέντων σοι παρ’ ἡμῶν ἐπὶ κώμης Ἀλεξάνδρου Νήσου τ[οῦ] Ἀρ[σινοϊτου νομοῦ | *ed. sec.* 4. | κ ̣ ̣ ̣ ̣ ̣ ̣ ̣ ̣ ̣ εις πληρης [| *ed. pr.*, |]οδ´ εἰς πληρης | *ed. sec.* *l.* πλῆρες 5. *om. edd.* 6. εξεδ ̣ ̣ ̣ ̣ ̣ | *ed. pr.*, ἐξεδ( ) [| *ed. sec.*, εξεδ(ρα) *ibid.*, Index, S. 238, εξεδ( ) *ibid.*, Index, S. 256 (*s. v.* ἐξέδωκα, ἐξεδόθη, ἐξαιδόμην)

„† Wir, Georgios, Sohn des Ioannes alias Salakon, und N. N. [- - -] aus Arsinoiton Polis, haben vollständig erhalten von dir, Timotheos, dem *vir spectabilis*, Vater derselben Stadt [- - -] die dir errichtet wurden von uns beim Dorf Alexandru Nesos des arsinoitischen Gaues [- - -] und [- - -] zum vollen Betrag [- - -]“.

Verso: „† Quittung über Lohn [- - -]".

Fragment einer Quittung über Lohn, den zwei oder auch mehrere nicht näher bezeugte Personen (Z. 1–2), unter denen sich ein gewisser Γεώργιος, Sohn eines Ἰωάννης alias Σαλάκων befunden hat, von dem aus anderen Urkunden hinlänglich bekannten Τιμόθεος ὁ πατὴρ ταύτης τῆς Ἀρσινοϊτῶν πόλεως (vgl. **26**, Komm. Z. 2) erhalten haben. Der Wortlaut der Urkunde dürfte im Schema und Formular dem für Lohnquittungen dieses Corpusabschnittes allgemein üblichen Muster ἔσχον καὶ ἐπληρώθην ἐγὼ ὁ δεῖνα παρὰ σοῦ τοῦ δεῖνος gefolgt sein und damit mit dem Befund in den Archivparallelen **26** und P.Ross.Georg. III 46 übereinstimmen. Die Reste des Zahlungstitels in Z. 3 legen die Vermutung nahe, daß die Zahlungsempfänger für nicht näher greifbare Bauarbeiten entlohnt wurden; vgl. Komm. Z. 6 mit Bezug auf die inhaltliche Zusammenfassung auf dem Verso des Dokumentes, die eine solche Annahme zu rechtfertigen scheint. Ob in Z. 4 die empfangene Lohnsumme genannt war, wie aus der dort überlieferten Angabe εἰς πλήρης [geschlossen werden könnte, muß nicht zuletzt auch in Hinblick auf den Textbefund in der Parallele in **26**, 3–4 dahingestellt bleiben. Vgl. demgegenüber die inhaltliche Deutung im Kommentar zur *ed. pr.*: „Il faut donc construire ainsi: ἔσχον καὶ ἐπληρώθην (διὰ χειρὸς) Γεώργιος . . . . παρὰ σοῦ . . . ὑπὲρ τῶν κτισθέντων σοι παρ᾽ ἡμῶν . . . . εἰς πλῆρες . . . . . . νομισμάτια . . . . . ". Zu Inhalt, Datierung und Herkunft vgl. den Exkurs zum „Timotheos-Archiv" im vorangegangenen Einleitungsteil.

1. Σαλά̣κωνος: Der Name ist auch in BGU IV 1087, Verso I 11 (Arsinoites, 3. Jh.) und O.Mich. I 389, 5 (Karanis, spätes 3. Jh.) belegt. Eine Form Συλάκωνος (*edd.*) wäre von der Lesung her möglich, ein Name Συλάκων findet sich jedoch anderweitig nicht bezeugt, weshalb dieser wohl als *nomen delendum* zu betrachten ist.

2. Τιμοθέου: Vgl. **26**, Komm. Z. 2.
πατρ[ὸς τῆς αὐτῆς πόλεως: Vgl. **26**, Komm. Z. 2.

3. Ἀλεξάνδρου Νήσου: Dorf, das in der Bezeichnung als κώμη, ἐποίκιον und χωρίον in der Θεμίστου μερίς des arsinoitischen Gaues lokalisiert ist; vgl. allgemein Wessely, *Topographie* 33–34; B. P. Grenfell, A. S. Hunt, P.Tebt. II, S. 357 und 366; Diz. I 1, 211–212; Suppl. 1, 24; Suppl. 2, 13; Suppl. 3, 15; Timm, *Ägypten* I 102–103; Pintaudi, *Attività* 43–47.

5.] . [: Rest einer Oberlänge eines η oder κ.

6. Ἀπόδειξ(ις): Mit hochgestelltem ο.
ἐξεδ . [: Vielleicht ἐξέδρ[ας; vgl. dazu μίσθωσι[ς ἐξέδρα]ς in P.Oxy. VII 1037, Verso 20 (444). Zu Exedren allgemein: Husson, *Oikia* 73–77.

112. A Quittung über Schuldentilgung

Berlin, P. 7797 6 × 11 cm 6.–7. Jh.
(?) Tafel LXIV

ed. pr.: BGU III 808 (byz. Zeit) – *ed. sec.*: SPP III 112 (byz. Zeit).

Revision am Photo und am Original.

Papyrus. Oberer, linker und unterer Rand erhalten. Im Zuge einer Wiederverwendung für die Beschriftung des Verso an der rechten Seite abgeschnitten. Das Ausmaß des Textverlustes bleibt unklar. Keine Faltungen erkennbar. Keine Klebung. Schwarze Tinte. Kreuz in Z. 1 ausgerückt. Die Schrift auf dem Rekto verläuft quer zur Faserrichtung (*transversa charta*). Verso beschriftet (**112 B**; gegenüber Rekto um 180° gedreht; Schriftverlauf parallel zur Faserrichtung). Schrifttyp: sog. „Minuskelkursive" (Rekto: **112 A**): manche entfernte Ähnlichkeit mit dem Schriftbild von **16** und **82** ***bis***, die zur Gruppe der von Στρατήγιος ausgestellten Urkunden gehören (vgl. etwa Duktus und Kürzungsweise der Formulareinleitung ἔσχον καὶ ἐπληρώθην ἐγώ in Z. 1 oder die Schreibung von γραμματεῖον in Z. 3); „Maiuskel" kursiven Charakters (Verso: **112 B**). Formulartyp: ἔσχον καὶ ἐπληρώθην ἐγὼ ὁ δεῖνα παρὰ σοῦ τοῦ δεῖνος („Quittungsschema"; Rekto: **112 A**). **112 B** ist hingegen keinem bestimmten Urkundenschema und Formulartyp zuordenbar. Ankauf: nicht näher dokumentiert.

↓ 1 † Ἔ̣σχον̣ [(καὶ) ἐπ]λ̣ηρ(ώθην) ἐγὼ Γεώργιος υἱὸς Ἀνοῦ̣π̣ [
2 κατὰ̣ δ̣ί̣κ̣α̣ιον γραμματείου χρυσίου νο[
3 γραμματεῖον, ἄκυρον αὐτῷ εἶναι κ̣α̣ὶ̣ [

1. καί *edd.* Ἀνο[υ]π̣ [. . .] *edd.* 2. *l.* γραμματίου νο[μισμάτι . . .] *edd.* 3. *l.* γραμμάτιον κ̣α̣ὶ̣ [. . .] *edd.*

„† Ich, Georgios, Sohn des Anup [- - -] habe vollständig erhalten [- - -] auf Grundlage eines Schuldscheines an Gold [- - -] Solidus (bzw. Solidi) [- - -] Schuldschein, soll dieser für ihn unmaßgeblich sein und [- - -]".

Fragment einer Quittung über eine mittels Geldzahlung erzielte Tilgung von Schulden, wie sie ähnlich offenbar auch im Fall von **109** vorliegt. Die Urkunde scheint auf dem gängigen Formulartyp ἔσχον καὶ ἐπληώθην ἐγὼ ὁ δεῖνα παρὰ σοῦ τοῦ δεῖνος aufgebaut zu haben (vgl. Komm. Z. 1). Die Schuldenrückzahlung dürfte vom Absender Γεώργιος, dem Sohn eines gewissen Ἀνοῦπ, dessen Beruf bzw. Funktion und Herkunft nicht überliefert sind, offenkundig nicht in der Eigenschaft als Gläubiger entgegengenommen worden sein (Z. 1; vgl. Komm. Z. 2–3). Die Textpassagen der Z. 2 und 3 geben mit κατὰ δίκαιον γραμματείου und ἄκυρον αὐτῷ εἶναι Elemente eines Urkundenformulars wieder, wie es für gewöhnlich bei Schuld- oder Darlehensverhältnissen anzutreffen ist. Das Zeugnis weist keinen Anhaltspunkt auf, der über die Provenienz des Dokumentes Auskunft geben könnte. Das Schriftstück wird aufgrund paläographischer Kriterien ins 6.–7. Jh. datiert (vgl. dazu die Formalbeschreibung).

1. In Hinblick auf die „unpersönliche" Anrede des Schuldners in ἄκυρον αὐτῷ εἶναι (Z. 3) könnte – für den Fall, daß dieser mit dem Adressaten der Quittung identisch gewesen war – das Urkundenformular auch mit ἔσχον καὶ ἐπληώθην ἐγὼ ὁ δεῖνα παρὰ τοῦ δεῖνος eingeleitet worden sein.

Aus Platzgründen ist die Ergänzung der gekürzten Form (καί) jener des ausgeschriebenen Wortes καί (*edd.*) vorzuziehen.

Ἀνοῦ̣π̣ [: Oder in deklinabler Form als Ἀνοῦπ[ιος wiederzugeben. Die Belege der deklinablen Namensform gehen allerdings nicht über die Zeit des 4. Jh. hinaus.

2. νο[: Entweder Singular νό[μισμα bzw. νο[μισμάτιον (im Fall einer darauffolgenden Bruchzahl νο[μίσματος bzw. νο[μισματίου) oder Plural νο[μίσματα bzw. νο[μισμάτια zu ergänzen.

2.–3. Zu Parallelen und ähnlichen Klauseln in Quittungen über Schuldentilgungen, aufgrund derer bislang bestehende Ansprüche und die darauf gründenden Schuldscheine gegenüber der Person des Schuldners für ungültig erklärt wurden, vgl. **109**, Komm. Z. 4. Die Angabe αὐτῷ erweist sich in diesem Zusammenhang jedoch als überaus merkwürdig. Möglicherweise ist die vorliegende Quittung nicht in Gegenwart des eigentlichen Gläubigers, sondern einer Person, welche die Rückzahlung der Schulden in dessen Vertretung entgegengenommen hat, ausgestellt worden.

112. B QUITTUNG ÜBER DARLEHENSRÜCKZAHLUNG (?)

Verso:
(180°)

→ (2. H.) ⳨ Αὐρίλιος Μηνᾶς πρεσ-
βυτέρῳ υἱῷ Φοιβάμμων̣ι̣ φ(όλλεις) ν̣
ἀτ̣ωγὶ ἀναμφιβώλος. ⟨Ἐ⟩γράφ(η)
[± 10] *vac.* Ἰερμίας γραμμ̣( ). . . .

1. | Αὐρήλιος *edd.* *l.* Αὐρηλίῳ Μηνᾷ 2. *l.* Φοιβάμμωνος 2.–3. ἀ̣ν|αλ̣ο̣γίαν *edd.* 3. *l.* ἀτοκί *l.* ἀναμφιβόλως γραφ(. . .) | *edd.* 4. *om. ed. sec.* | Ἰερμίας γραμμ(ατεύς) | *ed. pr.* *l.* Ἰερημίας *vel* Ἰερεμίας

„(2. H.) ⳨ An Aurelius Menas, Presbyteros, Sohn des Phoibammon, 40 *folles*, zinslos, unumstritten. Geschrieben [- - -] Ieremias, Grammateus".

Vorliegende Urkunde war an einen πρεσβύτερος namens Αὐρήλιος Μηνᾶς, den Sohn eines Φοιβάμμων, gerichtet und hat den Empfang einer Summe von vierzig *folles* bestätigt (Z. 1–2). Dem äußerst knapp formulierten Quittungstext scheint kein bestimmtes Urkundenformular zugrundegelegen zu sein. Die Wendung ἀτοκὶ ἀναμφιβόλως begegnet sonst vorwiegend in Dokumenten, welche sich auf die Rückzahlungsmodalität eines Darlehens beziehen (vgl. Komm. Z. 3), weshalb im Fall des vorliegenden Schriftstückes ein ähnlicher Hintergrund vorausgesetzt werden darf. Das Dokument ist von einem gewissen Ἰερημίας γραμματεύς unterzeichnet worden, in dem in Hinblick auf die mutmaßliche Funktion der Urkunde und mangels Erwähnung weiterer Personen letztendlich der Absender und Gläubiger zu erkennen sein dürfte (Z. 4).

1.–2. πρεσβυτέρῳ: Zwischen βυ und τερω in Z. 2 *vacat.* Links vom β und unterhalb des Staurogramms der Z. 1 ist ein Tintenfleck zu erkennen, der möglicherweise von einer Korrektur herrührt.
φ̣(όλλεις): Zwölf φόλλεις entsprechen dem Wert eines κεράτιον; vgl. allgemein West – Johnson, *Currency* 134–137; Maresch, *Nomisma* 44–45.

3. ἀτωγὶ ἀναμφιβώλος: Dieselbe Wendung ist in SPP III 439, 3 und BGU III 725, 23 (Arsinoites, 618; Korr. der Datierung in BL I 63) nachweisbar.

⟨Ἐ⟩γράφ(η): Dieselbe Auslassung ist auch in P.Ness. III 45, 8 (Nessana, 602) anzutreffen. Das Wort könnte an dieser Stelle als Einleitung zu einer Unterschriftenformel ἐγράφη δι' ἐμοῦ τοῦ δεῖνος verstanden werden. Der Name in Z. 4 wäre demnach eher als Genitiv aufzufassen und die Funktionsbezeichnung dementsprechend mit γραμμ̣(ατέως) aufzulösen (vgl. diesbezüglich aber auch Komm. Z. 4). Die Möglichkeit eines Ausstellungsdatums scheint schon aufgrund des evidenten Platzmangels auszuscheiden.

4. Ἱερμίας γραμμ̣( ). ̣ ̣ ̣ : Entgegen der im Komm. Z. 3 vorgeschlagenen Deutung von ⟨Ἐ⟩γράφη am Ende der Z. 3 ist auch eine Einrückung der Zeile in Hinblick auf das *vacat* vor Ἱερμίας nicht vollkommen auszuschließen. Als Kasus kämen demzufolge sowohl der Nominativ (im Fall einer eingerückten Zeile) als auch der Genitiv (vgl. Komm. Z. 3) in Frage. Zu den beiden Namensformen Ἱερημίας und Ἱερεμίας vgl. allgemein A. Papathomas, P.Heid. VII 402, Komm. Z. 11. Hinter γραμμ̣(ατεύς) sind Reste einer Paraphe oder eines Kreuzes sichtbar.

113. Quittung über Darlehenszins

Berlin, P. 8651 (?) | 6,5 × 11,5 cm | 6. Jh. | Tafel LXIV

ed. pr.: BGU III 828 (Faijûm, byz. Zeit) – *ed. sec.*: SPP III 113 (Faijûm, byz. Zeit) – Korr.: W. Schubart, BGU III, S. 6 (BL I 70) referiert von Wilcken, *Rezension I* 310 (BL I 409).

Revision am Photo und am Original.

Papyrus. Oberer, rechter und unterer Rand erhalten. An der linken Seite abgebrochen. Das Ausmaß des Textverlustes ist anhand der Ergänzungen des Urkundenformulars annähernd abschätzbar. Eine horizontale Faltung 3–3,5 cm unterhalb des oberen Randes. Sieben vertikale Faltungen 2, 4, 5,5, 7,3, 9, 10 und 11 cm vom linken Rand entfernt. Keine Klebung. Schwarze Tinte. Die Schrift auf dem Rekto verläuft parallel zur Faserrichtung. Verso angeblich leer. Schrifttyp: sog. „Minuskelkursive" (Paläographische Auffälligkeit bei Genitiv-Endung auf -ου: ο offenbar zumeist mit senkrecht verlaufendem, schlangenlinienförmigem υ); Formulartyp: ἔσχον καὶ ἐπληρώθην ἐγὼ ὁ δεῖνα παρὰ σοῦ τοῦ δεῖνος („Quittungsschema"). Ankauf: nicht näher dokumentiert.

→ 1 [† Ἔσχον καὶ] ἐπληρώθην ἐγὼ Ἰωάννου
2 [παρὰ σοῦ] Ἀ̣νδρήα βαφέο̣ς̣ ὑ(πὲρ) τόκου τοῦ γραμ(ματίου)
3 [τῆς τεσσ]α̣ρασκαιδεκάτης ἰνδικτίονος
4 [χρυ(σοῦ) νομισμ(άτιον)] ἓν παρὰ κεράτια πέντε, χρυ(σοῦ) νο(μισμάτιον) α π(αρὰ)
5 [(κεράτια) ε. Ἐγρ(άφη) μη(νὶ)] Φαμενὸθ β ιε ἰνδικτίονος. † *Paraphe*

1. *l.* Ἰωάννης, Ἰωάννο(υ) | *edd.*, ϊωαννου *pap.* 2. | [υἱὸς τοῦ] *edd.* *l.* Ἀνδρέα βαφε̣ὺ̣ς̣ τόκου το(ῦ) *edd.* γραμ(ματ ̣ ̣ ̣ ̣) | *edd.*, γραμ(ματικοῦ) | Schubart 3. τέσσα]ρας καὶ δεκάτης *ed. pr.*, τεσσα]ρασκαιδεκάτης *ed. sec.* 4. | [χρ(υσίου) νομ(ισμάτιον)] *edd.* χρ( ) ν *edd.* 5. | [(κεράτια) ε ̣ ̣ ̣ ̣] Φαμενοθ ̣ ιε ἰνδικτίονος *ed. pr.*, [(κεράτια) ε ἐγρ(άφη) μη(νὶ)] Φαμενοθ ιε *ed. sec.* *l.* Φαμενώθ Φαμενὸθ β Schubart

„† Ich, Ioannes, habe vollständig erhalten von dir, Andreas, Färber, für Zins des Schuldscheines der vierzehnten Indiktion an Gold einen Solidus abzüglich fünf Keratia, an Gold 1

Solidus abzüglich 5 Keratia. Geschrieben am 2. Tag im Monat Phamenoth der 15. Indiktion †".

Fragment einer Quittung über eine Zinszahlung, die einer nicht näher bezeichneten Person namens Ἰωάννης (Z. 1) seitens des Färbers Ἀνδρέας (Z. 2) geleistet wurde und in einem laufenden Darlehen begründet lag; vgl. dazu Komm. Z. 2 in Bezug auf den Zahlungstitel ὑπὲρ τόκου τοῦ γραμματίου. Die Urkunde scheint im Aufbau und Wortlaut dem Formulartyp ἔσχον καὶ ἐπληρώθην ἐγὼ ὁ δεῖνα παρὰ σοῦ τοῦ δεῖνος verpflichtet gewesen zu sein. Die Ergänzung der verlorengegangenen Zeilenanfänge läßt sich aus dem Inhalt und der Verteilung der erhaltenen Textelemente erschließen. Das Schuldverhältnis war nach Aussage des vorliegenden Schriftstückes während eines vierzehnten Indiktionsjahres urkundlich niedergelegt worden (Z. 2–3). Die Auszahlung des Zinses, welcher sich auf einen Geldbetrag von einem Solidus abzüglich fünf Keratia (Z. 4–5) belaufen hat, ist vermutlich jedoch erst gleichzeitig mit der Ausstellung der Urkunde im darauffolgenden fünfzehnten Indiktionsjahr erfolgt (Z. 5). Die Herkunft ist aus dem inhaltlichen Befund des Zeugnisses nicht ersichtlich; die Zuweisung „Faijûm" durch den Erstherausgeber Zereteli war in der *ed. pr.* nicht ausdrücklich begründet. Das Dokument wird aufgrund paläographischer Kriterien ins 7. Jh. datiert (vgl. dazu die Formalbeschreibung).

2. Ἀ̣νδρήα: Dieselbe Schreibung mit η ist auch in P.Bad. II 31, 15 (spätes 4. Jh.; Korr. der Datierung in BL X 7), CPR XIII 14, Fragment A III 62 (Arsinoiton Polis, 3. Jh.), SB V 7668, 17 (Arsinoites, 6.–7. Jh.; Korr. der Herkunft in BL VIII 332), SPP XX 252, 4 (6.–7. Jh.), O.Medin.Madi 33, 2 (Narmouthis, 4. Jh.) und O.Oasis Bahria Div. 2, 4 (Kleine Oase, 4. Jh.) anzutreffen.

ὑ(πὲρ) τόκου τοῦ γραμ(ματίου): Die Verbindung der Wörter τόκος und γραμμάτιον findet sich ansonsten nicht bezeugt. Offensichtlich ist der vorliegenden Zahlungsquittung ein urkundlich niedergelegter Schuldschein vorausgegangen, in dem für den Fall von Säumigkeit die Erstattung von Zinsen im Rahmen einer Klausel vereinbart war.

4. [χρυ(σοῦ) νομισμ(άτιον)]: Oder χρυ(σίου) (wie in *edd.*); selbiges gilt für die später mit demselben Wort einsetzende Wiederholung der Summe. Die Kürzung der Ergänzungen erfolgt in Hinblick auf den zur Verfügung stehenden Platz. Anstelle der ergänzten Formen χρυ(σοῦ) bzw. χρυσ(ίου) νομισμ(άτιον) wäre aber auch χρυσοῦ bzw. [χρυσίου νόμ(ισμα)] (oder ähnlich) denkbar.

νο(μισμάτιον): Oder νό(μισμα); ο als kleiner Punkt über dem ν.

4.–5. Auch π(αρὰ κεράτια) | [ε möglich.

5. Φαμενὼθ β: 26. (27.) Februar; ο wurde offensichtlich erst nachträglich hinzugefügt.

114. Quittung über Geldzahlung

Berlin, P. 2885 — 7,5 × 24,5 cm — 6.–7. Jh.
Arsinoiton Polis — Tafel LXV

ed. pr.: Magirus, *Papyri* 100, M. 46 – *ed. sec.*: SPP III 114 (Faijum, Zeit?) – *ed. ter.*: SB I 5825 (Text nach G. Plaumann mit Lesungen von W. Schubart; Faijum, byz. Zeit) – Korr.: Jernstedt, *Kritisch-lexikalisches* 75–76 (BL II 2, 120; s. u. Komm. Z. 1).

Revision am Photo und am Original.

Papyrus. Oberer, linker und unterer Rand erhalten. An der rechten Seite abgebrochen. Das Ausmaß des Textverlustes ist in etwa auf das letzte Blattdrittel beschränkt (gemessen an der ursprünglichen Gesamtbreite des *transversa charta* beschrifteten Urkundenblattes, welche in der Regel der herstellungsbedingten Höhe der Papyrusrollen von maximal 35–36 cm entspricht). Eine horizontale Faltung ca. 4 cm unterhalb des oberen Randes. Vier vertikale Faltungen ca. 4,5, 10, 15 und 19,7 cm vom linken Rand entfernt; eine fünfte vertikale Faltung dürfte entlang der rechten Bruchkante verlaufen sein (Abstände zu ungefähr 5 cm; die letzten zwei Streifen der „Faltungsprodukte" fehlen an der rechten Seite). Keine Klebung. Schwarze Tinte. Der Abstand der Schrift zum Rand beträgt oben ca. 1 cm, links ca. 2 cm und unten ca. 1 cm. Kreuz in Z. 1 ausgerückt. Z. 6 zentriert. Verso angeblich leer (auf Papier oder Karton geklebt). Schrifttyp: sog. „Minuskelkursive"; Formulartyp: ἔσχον καὶ ἐπληρώθην ἐγὼ ὁ δεῖνα παρὰ σοῦ τοῦ δεῖνος („Quittungsschema"). Ankauf: nicht näher dokumentiert.

↓ 1 † Ἔσχον καὶ ἐπληρώθην ἐγὼ Λεόντις μιξοπόλιος υἱὸς Στεφάνου ἀπὸ τῆς Ἀπαμ[έων πόλεως - - -]
2 ἐνταῦθα τῷ Ἀρσινοΐτῃ ἐπ' ἀμφόδου Τετραπύλου ἔσωθεν ἐποικίου καλουμ[ένου ± 15 παρὰ σοῦ]
3 Στεφάνου ἀπὸ τοῦ χωρίου καλουμένου Παρεμβολῆς υἱοῦ Ἀντωνίου τὰ τρία νομι[σμάτια - - -]
4 εἰς Βαβυλῶνα εἰς πλήρης καὶ τοῦ λοιποῦ οὐδένα λόγον ἔχω πρὸς σὲ περ[ὶ τούτων καὶ πρὸς σὴν ἀσφάλειαν]
5 ταύτην σοι πεποίημαι [τ]ὴν παροῦσαν ἀπόδειξ[ι]ν γραφῖσαν μην[ὶ] Φαῶφ[ι ± 25]
6 *vac.* † [Δ](ι') ἐμοῦ Πλ[ου]τάμμωνος συμβολαιογράφ(ου). *Paraphe vac.*

1. *l.* Λεόντιος   λεοντιϲμ( ) (Stand) υιοϲ ϲτεφανου απο τηϲ . . | *ed. pr.*, Λεόντις (*l.* -ιος) μ(?) υἱὸς Στεφάνου ἀπὸ τῆς ['Αρ-] | *ed. sec.*, Λεόντις μιζοπόλιος υἱὸς Στεφάνο(υ) ἀπὸ τῆς Ἀπαμ[ηνῶν (?) πόλεως γεουχῶν] | *ed. ter.*   μιξοπόλιος Jernstedt   2. | . . επ αμφοδου τετραπυλου . . | *ed. pr.*, | σινοιτωνπόλεως ἐπ' ἀμφόδου Τετραπύλου [. . . - - - παρὰ σοῦ] | *ed. sec.*, | ἐνταῦθα τῷ Ἀρσινοΐτῃ ἐπ' ἀμφόδου Τετραπύλου ἔσωθεν ἐποικίου καλουμ[ένου - - - παρὰ σοῦ] | *ed. ter.*   3. | Στεφάνου *ed. pr.*, *ed. sec.*, | στ[ε]φ[ά]νο(υ) *ed. ter.*   νομι(ϲματα) . . | *ed. pr.*, νομι(σμάτια) | *ed. sec.*, νομι[σμάτια - - -] | *ed. ter.*   4. | . . και του λοιπου ουδενα λογον εχειν | *ed. pr.*, |] καὶ τοῦ λοιποῦ οὐδένα λόγον ἔχειν | *ed. sec.*, | ετ[- - -]λ. .να ἐκ πλήρους καὶ τοῦ λοιπο(ῦ) οὐδένα λόγον ἔχω [π]ρ[ὸ]ς σὲ περ[ὶ - - -] | *ed. ter.*   5. *om. ed. pr.*, *om. ed. sec.*   *l.* πλῆρες | ταύτην σοι πεποίημαι [τ]ὴν παροῦσαν ἀπόδειξ[ι]ν γραφῖσαν μην[ὸ]ς Θὼ[θ (?) - - -] | Schubart   *l.* γραφεῖσαν   6. | . . ϲυμβολαιογραφ( ) *ed. pr.*, | δι' ἐμοῦ τοῦ δεῖνος] συμβολαιογράφ(ου) *ed. sec.*, | † [Δι' ἐ]μοῦ Πλ[ου]τάμμωνος συμβολαιογράφ(ου) (Schnörkel) | *ed. ter.*

„† Ich, Leontios Mixopolios („mit graumeliertem Haar"), Sohn des Stephanos, aus Apameon Polis [- - -] habe vollständig erhalten hier im Arsinoites beim Tetrapylu-Viertel innerhalb des Gebäudekomplexes, welcher [- - -] genannt wird [- - -] von dir, Stephanos aus dem Dorf, welches Parembole genannt wird, Sohn des Antonios, die drei Solidi [- - -] nach Babylon [- - -] zum vollen Betrag, und fortan habe ich diese betreffend keinen Anspruch dir gegenüber, und zu deiner Sicherheit habe ich dir diese vorliegende Quittung ausgestellt, geschrieben am [- - -] Tag im Monat Phaophi [- - -] † Durch mich Plutammon, Symbolaiographos".

Fragment einer Quittung über eine Geldzahlung, deren Motivierung und Hintergrund aus dem Textbefund nicht explizit hervorgehen. Das Urkundenformular beruht auf dem Schema und Formulartyp jener Quittungen, die mit der Formel ἔσχον καὶ ἐπληρώθην ἐγὼ ὁ δεῖνα παρὰ σοῦ τοῦ δεῖνος eingeleitet werden. Als Zahlungsempfänger hat ein gewisser Λεόντιος, Sohn eines Στέφανος, aus Apameon Polis fungiert, der mittels seines Spitznamens μιξοπόλιος näher charakterisiert war (vgl. Komm. Z. 1). Welcher Tätigkeit er nachgegangen ist, dürfte in einem eigenen, aufgrund des Textverlustes nicht mehr greifbaren Passus im Übergang von Z. 1 zur Z. 2 vermerkt gewesen sein. Wegen der Ausführlichkeit und Genauigkeit der Beschreibung des unmittelbaren Wirkungsbereiches des Zahlungsempfängers (vgl. dazu ἐνταῦθα τῷ 'Αρσινοΐτῃ ἐπ' ἀμφόδου Τετραπύλου ἔσωθεν ἐποικίου καλουμ[ένου in Z. 2) steht zu vermuten, daß die betreffende Person nicht der hiesigen Bevölkerung angehörte, sondern von einem Ort außerhalb Ägyptens stammte und sich – möglicherweise bloß vorübergehend – in geschäftlichen Angelegenheiten in Arsinoiton Polis aufgehalten hat. Am Ende der Z. 1 wäre infolgedessen am ehesten ein Partizip, etwa von ἐμπορεύομαι (LSJ: „to be a merchant" im Gegensatz zur fälschlichen Deutung des Wortes im WB I), zu erwarten. Zur Konzession eines Händlers bzw. zur Handelslizenz im Arsinoites vgl. allgemein SB VI 9283, 8–9 und P.Grenf. II 88, 12–13. Die Zahlung des möglicherweise nur noch unvollständig überlieferten Geldbetrages wurde von einer, in ihrer Profession oder Funktion nicht näher bezeichneten Person namens Στέφανος, Sohn eines 'Αντώνιος, aus dem arsinoitischen Dorf Παρεμβολή erstattet (vgl. Komm. Z. 3; die Positionierung der Filiationsangabe, welche hier erst im Gefolge der Herkunftsangabe auftritt, ist hierbei überaus auffällig). Der Zahlungszweck könnte im Anschluß an die Summe am Ende der Z. 3 angeführt gewesen sein. Die Angabe εἰς Βαβυλῶνα εἰς πλῆρες am Beginn der Z. 4 dürfte wohl noch als ein Rest desselben aufzufassen sein. Die Urkunde setzte mit einer seitens des Zahlungsempfängers und Absenders getätigten Verzichtserklärung betreffs allfälliger weiterer Ansprüche gegenüber der Person des Quittungsadressaten (Z. 4) sowie der in diesem Kontext häufig anzutreffenden Floskel fort, derzufolge vorliegendes Schriftstück zur Sicherheit des betreffenden Zahlers ausgestellt worden ist (Z. 4–5). Vom Ausstellungsdatum des Dokumentes, das hier im Rahmen einer Partizipialkonstruktion wiedergegeben war, ist nur noch der Monatsname erhalten (Ende Z. 5). Das Zeugnis endete mit der Unterschrift des Ausfertigers, eines auch anderweitig bekannten Πλουτάμμων συμβολαιογράφος (vgl. Komm. Z. 6), was neben der Angabe ἐνταῦθα τῷ 'Αρσινοΐτῃ ἐπ' ἀμφόδου Τετραπύλου in Z. 2 als sicheres Indiz für die arsinoitische Provenienz des Schriftstückes gewertet werden kann. Die Urkunde ist aufgrund paläographischer Kriterien ins 6.–7. Jh. zu datieren; vgl. denselben Datierungsansatz in Byz. Not. 47.

1. μιξοπόλιος: Wohl ein auf eine physiologische Eigenart der betreffenden Person Bezug nehmender Spitzname; ein weiterer Beleg des Wortes ist in P.Ross.Georg. V 39, 1 (Arsinoites, 6. Jh.) zu finden; vgl. dazu allgemein Jernstedt, *Kritisch-lexikalisches* 75–76, demzufolge μιζοπόλιος (*l.* μειζοπώλιος) (*edd.* und WB II mit der Übersetzung „Großhändler") als *nom. del.* zu betrachten ist.

'Απαμ[έων πόλεως: Vgl. in diesem Zusammenhang Diz. I 2, 134 *s. v.* Απαμηνοί, wo der Name des Ortes in Bezug auf SB I 5825 (*ed. ter.*) als 'Ạπ̣α̣μ̣[ηνῶν πόλεως wiedergegeben wird. Die Formulierungen ἐνταῦθα τῷ 'Αρσινοΐτῃ und ἔσωθεν ἐποικίου καλουμ[ένου in Z. 2 sowie χωρίου καλουμένου in Z. 3 legen allerdings die Vermutung nahe, daß die Stadt nicht nur außerhalb des arsinoitischen Gaues, sondern auch außerhalb Ägyptens gelegen ist. Möglicherweise war damit das syrische Apameia am Orontes gemeint; vgl. dazu allgemein P. Collart, P.Bour. 25, Komm. Z. 21.

2. ἀμφόδου Τετραπύλου ἔσωθεν ἐποικίου καλουμ[ένου: Die Angabe ist wohl nicht auf den Wohnsitz des Absenders, sondern auf die Lage von dessen Geschäftslokal zu beziehen. Der auf diese Stelle Bezug nehmende Eintrag bei Diz. IV 404 ist zu streichen. Unter ἐποίκιον ist in vorliegendem Kontext ein in demselben Viertel gelegener Gebäudekomplex zu verstehen; zum Ausdruck ἔσωθεν ἐποικίου vgl. die Parallelen in P.Lond. I 113 (6) b, 19–20 (Arsinoiton Polis, 633) und SPP XX 157, 3 (Herkunft unbekannt, 6. Jh.). Vgl. ferner Daris, *Quartieri I* 143–154; Husson, *Oikia* 83–84; Łukaszewicz, *Édifices*; Daris, *Quartieri II* 171–196.

3. χωρίου καλουμένου Παρεμβολῆς: Aufgrund der Angabe χωρίου ist Παρεμβολή hier eindeutig als Dorf ausgewiesen und nicht mit dem gleichnamigen Stadtviertel in Arsinoiton Polis gleichzusetzen.
νομι[σμάτια: Oder νομί[σματα.

5. Φ̣α̣ῶ̣φ̣[ι: Es folgt die Angabe der Tagesziffer und des Indiktionsjahres.

6. Π̣λ̣[ου]τάμμωνος: Nachweislich derselbe Aussteller wie in P.Prag. II 166, 4 (Arsinoiton Polis, 6.–7. Jh.); vgl. dazu Byz. Not. 47. Hier wie dort sticht insbesondere die spiralenförmige Paraphe ins Auge.

115. Darlehen über Geldbetrag

Berlin, P. 2749	16 × 30,8 cm	7.–8. Jh.
Arsinoiton Polis		Tafel LXVI

ed. pr.: Magirus, *Papyri* 100, M. 50 – *ed. sec.*: SPP III 115 (Faijum, Zeit?) – *ed. ter.*: SB I 5690 (Text nach G. Plaumann mit Lesungen von J. Naber und W. Schubart am Original; Faijum, byz. Zeit) – Korr.: Byz. Not. 43.

Revision am Photo und am Original.

Papyrus. Oberer, rechter und unterer Rand erhalten. An der linken Seite abgebrochen. Das Ausmaß des Verlustes dürfte auf Höhe der Z. 1–6 in etwa 5 cm und auf Höhe der Z. 7–9 ungefähr 9 cm betragen. Drei horizontale Faltungen 4, 8 und 12 cm unterhalb des oberen Randes. Die vertikale Mittelfaltung ist ca. 18,5 vom rechten Rand entfernt. Eine Klebung verläuft horizontal knapp oberhalb des unteren Randes. Schwarze Tinte. Der Abstand der Schrift zum unteren Rand beträgt ca. 3 cm. Die Z. 9 ist von der Mittelfaltung ausgehend in der rechten Blatthälfte plaziert. Die Schrift auf dem Rekto verläuft quer zur Faserrichtung (*transversa charta*). Verso angeblich leer (nicht überprüfbar; Papyrus auf Seidenpapier geklebt). Schrifttyp: sog. „Minuskelkursive“; Formulartyp: ἔχω ἐγὼ ὁ δεῖνα σοὶ τῷ δεῖνι („Quittungsschema“). Ankauf: nicht näher dokumentiert.

↓ 1 [⳨ Ἔχομεν] ἡμεῖς ἐξ ἀλληλεγγύης Μηνᾶς ὁ καὶ Φανσ̣ε̣μ̣ηννη υἱὸς Ἰωαννακίου καὶ ὁ τούτου υἱὸς Παύλου κάπηλο̣ι̣

2 [ἀπὸ τῆς] Ἀρ̣σ̣ινοϊτῶν πόλεως ἀπὸ ἀμφόδου Νυμφέου σοὶ Ἄπα Ἰουλ[ί]ῳ̣ χαρτοπράτῃ υἱῷ Γεωργίου ἀπὸ τῆς αὐτῆς πόλε(ως)

3 [καθαρ]ῶ̣ς καὶ ἀποκρότως χρυσίου νομισμάτια δύο ἥμισυ, χρ(υσίου) νο(μισμάτια) β (ἥμισυ) ἀρ(ί)θ(μια), καὶ τὴν ἀπόδοσιν αὐτῶν καὶ τελείαν

4 [συμπλ]ή̣ρωσιν ποιησόμεθά σοι ἐπὶ καταβολαῖς, τοῦτ' ἔστιν τῇ μὲν ὀγδόῃ τοῦ εἰσιόντος μηνὸς Μεχεὶρ τῆς παρού(σης)

5 [πρώτης] ἰν(δικτίωνος) νομισμάτιον ἕν, καὶ τῇ εἰκάδι τοῦ μετεισιόντο̣ς̣ μηνὸς Φαμενὼθ τῆς αὐτῆς πρώτης ἰν(δικτίωνος) ἕτερον

6 [νομισμά]τ̣ι̣ο̣ν ἕν, κα̣ὶ̣ [τ]ῇ̣ ε[ἰ]κ[ά]δ̣ι̣ [τοῦ Φ]αρμοῦθι μ̣ηνὸς τῆς εἰρημένης πρώτης ἰν(δικτίωνος) τὸ ἄλλο ἥμισυ νομισμ(άτιον)

7 [± 30] ε̣[ὐ]χαριστείας. Ἐγράφη μηνὶ Τῦβι ιε α ἰ̣(ν)δ̣(ικτίωνος). † (2. H.) † Χριστόφ[ο]ρος ταβουλάρ̣ι̣ς̣

8 [± 30] †̣ (3. H.) ⳨ Θεόδωρος γραμμ(α)τ(εὺς) υἱὸς τοῦ μακ(αριω)τ(άτου) Μωυσαίου, μαρτυρῶ τῷδε τῷ ἐ̣ν̣τ̣(αγίῳ) ὡ[ς πρ]ό̣(κειται). ⳨

9 [*vac.*] *vac.* (1. H.?) ⳨ Δ(ι') ἐμοῦ Κοσμᾶ σὺν θ(εῷ) διακόνου συμβολ(αιογράφου). *Paraphe*

1. *om. ed. pr.*, *om. ed. sec.* | [Ὁμολογοῦμεν] ἡμεῖς ἐξ ἀλληλεγγύης Μηνᾶς ὁ καὶ Φανο . . ηννη υἱὸς Ἰωαννακίου καὶ ὁ τούτου υἱὸς Παῦλος κάπ̣ηλ(ος) | *ed. ter.* αλληλεγ'γυης *pap.* ϊωαννακιου *pap.* *l.* Παῦλος κάπηλ(ος) | Naber 2. | ϲινοιτων πολεωϲ απο αμφοδου νυμφεου . . | *ed. pr.*, | Ἀρ]σινοιτῶν πόλεως ἀπὸ ἀμφόδου Νυμφέου . . . | *ed. sec.*, | [ἀπὸ τῆς] Ἀρ̣σινοιτῶν πόλεως ἀπὸ ἀμφόδου Νυμφέου σοὶ ἄπα Ἰουλ[ίῳ] χορτοπράτῃ υἱῷ Γεωργίου ἀπὸ τῆς αὐτῆς πόλε(ως) | *ed. ter.* *l.* Νυμφαίου 3. | . . χρυϲιου *ed. pr.*, | . . . χρυσίου *ed. sec.*, | [ἔχειν] . . . . απ . . . . . τως χρυσίου *ed. ter.* 4. | . . ποιηϲομεθα ϲοι εν καταβολ(αιϲ) *ed. pr.*, | συμπλήρωσιν?] ποιησόμεθά σοι ἐν καταβολ(αῖς) ⟨τρισί⟩ *ed. sec.*, | [συμπλή]ρωσιν ποιησόμεθά σοι ἐπὶ καταβολαῖς *ed. ter.* 5. | (ι)ν( ) νομιϲματιον εν και τη . . . μηνοϲ φαμενωθ *ed. pr.*, | α ἰ]ν(δικτιῶνος) νομισμάτιον ἓν καὶ τῇ [- - -] μηνὸς φαμενωθ *ed. sec.*, | [πρώτης] ἰν(δικτίονος) νομισμάτιον ἕν, καὶ τῇ εἰκάδι τοῦ μετεισιόντο̣ς μηνὸς Φαμενώθ *ed. ter.* 6. | (τ)ηϲ ειρημενηϲ *ed. pr.*, | [νομισμάτιον ἓν καὶ τῇ - - - τ]ῆς εἰρημένης *ed. sec.*, | [νομισμά]τ̣ι̣ο̣ν ἕ̣ν, κ[αὶ τ]ῇ ε̣[ἰ]κ[ά]δ̣[ι τοῦ Φα]ρμοῦθι μ[η]νὸς τῆς εἰρημένης *ed. ter.* τὸ ἄλλο *om. ed. ter.* ἥμισυ *ed. pr.*, *ed. ter.*, ἥμισυ *ed. sec.* 7. | (εγ)ραφη μηνι τυβι ιε . . | *ed. pr.*, | ἐγ]ράφη μηνὶ τυβι ιε [α ἰνδικτιῶνος | *ed. sec.*, | [35 Buchstaben εὐ]χ̣αριστείας. (2. H.) Ἐγράφη μηνὶ Τῦβι ιε . . . . (3. H.) Χριστόφ[ο]ρος ταβουλάριο(ς) | *ed. ter.* *l.* εὐχαριστίας *l.* ταβουλάριος, ταβουλάριο(ς) | Naber 8. *om. ed. pr.*, *om. ed. sec.* | [35 Buchstaben] ⳨ Θεόδωρος γραμμ(α)τ(εὺς) υἱ̣ὸς τοῦ μακ(αριω)τ(άτου) Μω . . ιδ . . . τρα . . . . | Schubart Θεόδωρος: Kreuz darüber *l.* Μουσαίου 9. *om. ed. pr.*, om. *ed. sec.* | [35 Buchstaben] ⳨ Δι' ἐμοῦ Κοσμᾶ σὺν θ(εῷ) διακόνου συμβολαιογρ̣ά̣(φου) *ed. ter.*, | ⳨ δι' ἐμοῦ Κοσμᾶ σὺν θ(εῷ) διακόνου συμβολ(αιογράφου) ⳨ † | Diethart, Worp

„† Wir, in gegenseitiger Haftung, Menas alias Phansemenne, Sohn des Ioannakios, und dessen Sohn Paulos, Krämer, aus Arsinoiton Polis aus dem Nymphaiu-Viertel, erhalten von dir, Apa Iulios, Papyrushändler, Sohn des Georgios, aus derselben Stadt, rein und unverbrüchlich an Gold zweieinhalb Solidi, an Gold 2 1/2 Rechensolidi, und deren Rückgabe und vollständige Begleichung werden wir dir leisten in Ratenzahlungen, das ist am achten Tag des kommenden Monats Mecheir der gegenwärtigen ersten Indiktion einen Solidus und am zwanzigsten Tag des darauffolgenden Monats Phamenoth derselben ersten Indiktion einen weiteren Solidus und am zwanzigsten Tag des Monats Pharmuthi der genannten ersten Indiktion den restlichen halben Solidus [- - -] Dankbarkeit. Geschrieben am 15. Tag im Monat Tybi der 1. Indiktion. † (2. H.) † Christophoros, Tabularios [- - -] † (3. H.) ⳨ Theodoros, Grammateus, Sohn des überaus seligen Musaios, ich bin Zeuge für diese Quittung, wie es oben geschrieben steht. ⳨ (1. H.?) ⳨ Durch mich, Kosmas, mit Gott Diakonos, Symbolaiographos“.

Darlehensvertrag über einen Geldbetrag von zweieinhalb Solidi, der zwischen den beiden Krämern Μηνᾶς ὁ καὶ Φανσεμηνvη, Sohn eines Ἰωαννάκιος, und dessen Sohn Παῦλος (Z. 1–2) als Schuldner sowie einem Papyrushändler namens Ἄπα Ἰούλιος, Sohn eines Γεώργιος, aus derselben Stadt (Z. 2) als Darlehensgeber abgeschlossen und urkundlich aufgesetzt worden ist. Der Wortlaut der Darlehensvereinbarung wurde nicht in Form einer Homologie mit vorangestelltem Kopfteil, in dem die beiden Vertragsparteien angeführt waren – wie dies bei dem Großteil der Vertragstexte geschieht – sondern im sogenannten „Quittungsschema" festgehalten. Das Urkundenformular ist nach dem Muster des Typs ἔχω ἐγὼ ὁ δεῖνα σοὶ τῷ δεῖνι eingeleitet worden, welches vermehrt in Schuldscheinen und Lieferungskäufen anzutreffen ist und in größerem Rahmen erst im Abschnitt **119**ff. dieses Corpus Behandlung findet. Die Rückzahlungsbestimmung des vorliegenden Zeugnisses setzte mit καὶ τὴν ἀπόδοσιν αὐτῶν καὶ τελείαν συμπλήρωσιν ποιήσω σοι am Ende der Z. 3 ein – eine Formulierung, wie sie ähnlich, wenngleich weniger ausführlich, auch in BGU I 272, 7–8 (Arsinoites, 138; ebenda wie auch in SPP III 340, 31, wo ein ähnlicher Wortlaut vorzuliegen scheint, in Form einer Homologie), BGU XIII 2332, 14–15 (Arsinoiton Polis, 374) und P.Ross.Georg. III 33, 18 (Aphrodito, 523) begegnet. Die inhaltliche Gliederung des vorliegenden Dokumentes läßt sich folgendermaßen zusammenfassen: 1. Schuldanerkenntnis (Z. 1–3); 2. Rückzahlungsbestimmung einschließlich der Bekanntmachung der auf den Tag genau festgesetzten Termine der Ratenrückzahlungen (Z. 3–6). Laut Tilgungsplan waren hierfür drei Ratenzahlungen vorgesehen, von denen die erste Ratenzahlung, welche den Betrag eines Solidus zum Gegenstand hatte, auf einen Tag im Monat Μεχείρ anberaumt war. Die zweite Ratenzahlung, welche einen weiteren Solidus betraf, sollte dann im Φαμενώθ, die dritte über den zuletzt verbleibenden halben Solidus im Φαρμοῦθι erfolgen. Der Rückzahlungszeitraum hatte somit ein ganzes Jahresviertel umspannt. Soweit ersichtlich, war das Kapital der zweieinhalb Solidi als zinsloses Darlehen gewährt worden (vgl. Komm. Z. 7); 3. Ausstellungsdatum (Z. 7): Die Urkunde wurde in der Mitte des Monats Τῦβι eines ersten Indiktionsjahres, also knapp einen Monat vor Fälligkeit der ersten Ratenzahlung, ausgestellt; 4. die bei Vertragsdokumenten üblicherweise erforderliche Unterschrift von Zeugen – im vorliegenden Fall zwei an der Zahl (Z. 7–8): zum einen jene eines gewissen Χριστόφορος ταβουλάριος, dessen Filiationsangabe nicht erhalten ist, und zum anderen jene des Θεόδωρος γραμματεύς, Sohn eines bereits verstorbenen Μουσαῖος; 5. Unterschrift der für die Ausfertigung verantwortlich zeichnenden Person, eines συμβολαιογράφος im geistlichen Rang eines διάκονος namens Κοσμᾶς (Z. 9). Die arsinoitische Provenienz des Schriftstückes geht eindeutig aus den Herkunftsangaben der beiden Vertragsparteien in Z. 2 hervor. Die Urkunde wird aufgrund paläographischer Kriterien ins 7.–8. Jh. datiert (vgl. dazu die Formalbeschreibung und Komm. Z. 8).

2. ἀμφόδου Νυμφέου: Vgl. **26**, Komm. Z. 2.

Νυμφέου σοί: Zwischen νυμφεου und σοι ist ein *spatium* gelassen.

χαρτοπράτῃ: Dieselbe Berufsbezeichnung findet sich ein weiteres Mal in BGU I 319, 7 (Arsinoites, 630–641; Korr. der Datierung in BL VIII 23) bezeugt; χαρτοπρ(άτου) läßt sich darüber hinaus auch in SPP X 251, 9 (Arsinoites, 6. Jh.; Überprüfung am Mikrofilm durch F. Mitthof) nachweisen, wodurch χορτοπράτης (*ed. pr.*) als *nom. del.* zu betrachten ist. Vgl. allgemein Casarico, *Repertorio* 33–34; Brunner, *Papyrus-Makers* 167–168; Drexhage, *Komposita I* 14–15; ders., *Komposita II* 6; daneben aber auch Ruffing, *Berufsbezeichnungen* 16–58; Drexhage, *Komposita III* 74–89.

3. ἀρ(ί)θ(μια): Terminus für Goldmünzen (bzw. deren Äquivalent in Kupfergeld) zu je vier γράμματα Gold; vgl. allgemein Maresch, *Nomisma* 10; F. Morelli, CPR XXII, S. 147–149.

4. τῇ μὲν ὀγδόῃ τοῦ εἰσιόντος μηνὸς Μεχείρ: 2. (3.) Februar.

5. τῇ εἰκάδι τοῦ μετεισιόντος μηνὸς Φαμενώθ: 16. März.

6. [τ]ῇ ε[ἰ]κ[ά]δι [τοῦ Φ]αρμοῦθι μηνός: 15. April.

7.] ε[ὐ]χαριστείας: Vielleicht μετὰ πάσης] ε[ὐ]χαριστείας; vgl. diesbezüglich die Parallelen in P.Oxy. XVI 1970, 23–24 (554); LVI 3865, Verso 54–55 (spätes 5. Jh.) und P.Ross.Georg. V 12 d, 1 (Arsinoites?, 7. Jh.). Die Wendung könnte in Zusammenhang mit zinslosen Geschäftsgängen entstanden sein.

Τῦβι ιε: 10. (11.) Jänner.

8. Am Anfang ist wohl [υἱὸς ± 5 μαρτυρῶ τῷδε τῷ ἐντ(αγίῳ) ὡς πρό(κειται)] zu ergänzen.

Θεόδωρος γραμμ(α)τ(εὺς) υἱὸς τοῦ μακ(αριω)τ(άτου) Μωυσαίου: Vor allem die Unterschrift mit ihren „minuskelartigen" Buchstabenformen und charakteristischen Abkürzungen weist auf eine Datierung in das 7.–8. Jahrhundert hin.

9. Δ(ι') ἐμοῦ Κοσμᾶ σὺν θ(εῷ) διακόνου συμβολ(αιογράφου): Offenbar mit keinem anderen bekannten Notar dieses Namens identisch; vgl. bereits Byz. Not. 43; Schmelz, *Amtsträger* 251ff.

116. QUITTUNG ÜBER PREIS FÜR GELIEFERTE LANDWIRTSCHAFTLICHE PRODUKTE (?)

Berlin, P. 2927	10,3 × 36 cm	640/641 oder 655/656
Arsinoiton Polis		Tafel XXII

ed. pr.: Magirus, *Papyri* 100, M. 51 – *ed. sec.*: SPP III 116 (Faijûm, Zeit?) – *ed. ter.*: SB I 5691 (byz. Zeit).

Revision am Photo und am Original.

Papyrus. Ränder an allen Seiten zumindest teilweise erhalten. Von der rechten Blatthälfte oberer Teil abgebrochen. Vier horizontale Faltungen ca. 2, 4,2, 6,5 und 8,3 cm unterhalb des oberen Randes. Drei vertikale Faltungen ca. 9,8, 18 und 26,5 cm vom linken Rand entfernt. Eine ca. 2,5 cm breite Kollesis verläuft horizontal knapp oberhalb des unteren Randes. Schwarze Tinte. Kreuz in Z. 1 ausgerückt. Die Schrift auf dem Rekto verläuft quer zur Faserrichtung (*transversa charta*). Verso angeblich leer (nicht überprüfbar; Papyrus auf Seidenpapier geklebt). Von derselben Hand wie **26**, **96**, **111**, **164** und **176** (Gruppe der von Ἰούστος συμβολαιογράφος ausgestellten Urkunden). Schrifttyp: sog. „Minuskelkursive"; Formulartyp: ἔσχον καὶ ἐπληρώθην ἐγὼ ὁ δεῖνα παρὰ σοῦ τοῦ δεῖνος („Quittungsschema"). Ankauf: nicht näher dokumentiert.

↓ 1 † Ἔσχ̣ο̣ν̣ καὶ ἐπληρώθην ἐγὼ Μηνᾶς ποιμὴν υ̣ἱ̣ὸ̣ς Μα̣κ[αρίου - - -]

2 τ̣ο̣ῦ̣ λ̣α̣μ̣προτάτου χαρτουλαρίου τῆς ἁγίας μ̣ε̣γ̣ά̣λ̣η̣ς ἐ̣κ̣κ̣[λ]η̣[σίας - - -]

3 . . . . μένων παρ' ἐμοῦ καὶ . . [- - -]

4 π̣α̣ρ̣ὰ τῆς σῆς λαμπρότητο̣ς̣ [± 15] . [± 25] . . [. .] . . [. .] . . [. .] . . . ρε .

5 . . . . των καρπῶν πεντεκαιδεκάτης ἰνδ(ικτίωνος) χλωροῦ απ̣[± 10 κα]θαροῦ ἀρο̣ύ̣ρ̣η̣ς μιᾶς, ὅ ἐστιν χρυσοῦ κεράτια

6 ἑπτὰ ἥμισυ Ἀλεξανδρείας, χρ(υσοῦ) κερ(άτια) ζ (ἥμισυ) Ἀλε(ξανδρείας). Ἐγράφη μηνὶ Τῦβι κ̣ . ι[.] ἰ̣ν̣δ̣(ικτίωνος). † Δ(ι') ἐμοῦ Ἰούστου συμβολαιογράφου. *Paraphe* †

7 *vac. Paraphe*

1. † *om. ed. ter.* ϋιος *pap.* υιοϲ αμουβ . . | *ed. pr.*, υἱὸς Ἀνουβ [. . . | *ed. sec.*, υ̣ἱ̣ὸ̣ς̣ Μα̣κ[αρίου ἀπὸ - - -] | *ed. ter.* 2. | . . (λαμ)προτατου χαρτου λαριου . . | *ed. pr.*, | λαμ]προτάτου χαρτουλαρίου [| *ed. sec.*, | τ̣[οῦ?] λαμ̣προτάτου χαρτουλαρίου τῆς ἁ̣γίας μ̣ε̣γ̣ά̣λ̣η̣ς ἐ̣κ̣κ̣[λησίας - - - ὑπὲρ ὧν ἔχεις (?)] | *ed. ter.* 3. | . . παρ εμου . . | *ed. pr.*, | . . .] παρ' ἐμοῦ [. . . | *ed. sec.*, | β̣ο̣σ̣κ̣ο̣μ̣ένων παρ' ἐμοῦ καὶ . . [- - -] | *ed. ter.* 4. λαμπροτητο(ϲ) | *ed. pr.*, λαμπρότητο[ς | *ed sec.*, λαμπρότητ[ος - - - τοῦ φόρου] | *ed. ter.* 5. | . . των καρπων πεντεκαιδεκατης ινδ( ) . . ο εϲτιν χρυϲου κερατια | *ed. pr.*, | . . . τῶν καρπῶν πεντεκαιδεκάτης ἰνδ(ικτιῶνος) [- - -] ὅ ἔστιν χρυσοῦ κεράτια | *ed. sec.*, | . . . . . . τ̣ῶ̣ν καρπῶν πεντεκαιδεκάτης ἰνδ(ικτίονος) χλωροῦ αν̣[. . . . . κα]θαροῦ ἀρ̣ο̣ύ̣ρ[η]ς μιᾶς, ὅ ἐστιν χρυσοῦ κεράτια | *ed. ter.* 6. ἐγράφη *ed. pr.*, *ed. sec.*, Ἐγράφ(η) *ed. ter.* τυβι † δι εμου του συμβολειογραφου *ed. pr.*, τυβι † δι' ἐμοῦ τοῦ συμβολειογράφου *ed. sec.*, Τῦβι [. . ἰνδ(ικτίονος) - - -] (2. H.) † Δ̣ι̣' ἐμοῦ Ἰούστου συμβολαιογράφ(ου) (Schnörkel) | *ed. ter.* Ἰούστου: Kreuz darüber, ϊουστου *pap.* 7. *om. edd.*

„† Ich, Menas, Hirte, Sohn des Makarios [- - -] habe vollständig erhalten [- - -] dem erlauchten *chartularius* der Heiligen Großen Kirche [- - -] von mir und [- - -] von deiner Erlaucht [- - -] Ernteerträge der fünfzehnten Indiktion an Grünfutter [- - -] gereinigt [- - -] einer Arure, das ist an Gold siebeneinhalb Keratia nach dem Münzfuß von Alexandria, an Gold 7 1/2 Keratia nach dem Münzfuß von Alexandria. Geschrieben am [- - -] Tag im Monat Tybi der [- - -] Indiktion. † Durch mich, Iustos, Symbolaiographos †".

Der Inhalt und Formularwortlaut dieses fragmentarisch erhaltenen Schriftstückes scheinen eher auf eine Quittung über den Empfang eines Preis für gelieferte Naturalien als auf einen sogenannten Lieferungskauf, eine Quittung über eine nicht näher bestimmbare Grünfutterabgabe oder auch eine Quittung über eine Lohnzahlung hinzudeuten. Eine annähernd vergleichbare Parallele liegt in P.Flor. III 336 (Arsinoiton Polis, 7. Jh.?) vor, wo der genaue Hintergrund jedoch ebenfalls ungeklärt bleibt. Fest steht, daß die Urkunde nach dem Formulartyp ἔσχον καὶ ἐπληρώθην ἐγὼ ὁ δεῖνα παρὰ σοῦ τοῦ δεῖνος abgefaßt war. Der formelle Absender, ein Hirt namens Μηνᾶς, Sohn eines Μακάριος, dessen Herkunft nicht überliefert ist (Z. 1), hat gegenüber einem namentlich nicht bezeugten χαρτουλάριος τῆς ἁγίας μεγάλης ἐκκλησίας (Z. 1–2) den Empfang einer Geldsumme von siebeneinhalb Keratia bestätigt (Z. 5–6). Der genaue Inhalt der Textpassagen der Z. 3 und 4, der sowohl auf die Stellung und das persönliche Verhältnis des Zahlungsempfängers gegenüber dem Adressaten als auch auf den Zahlungstitel Bezug genommen haben könnte, läßt sich aufgrund des Textverlustes nicht näher rekonstruieren. Die inhaltliche Positionierung einer in Z. 5 erfolgten Erwähnung des Bemessungszeitraumes καρπῶν πεντεκαιδεκάτης ἰνδικτίωνος, welche in jedem Fall mit dem Zahlungstitel in unmittelbarem Zusammenhang gestanden sein muß, erscheint vor der Angabe einer oder mehrerer Produktmengen (Z. 5) ziemlich ungewöhnlich. Daß es sich um mehrere Produkte gehandelt haben dürfte, scheint zum einen aus dem Adjektiv καθαρός, das als Qualitätsangabe in Verbindung mit χλωρός anderweitig nicht anzutreffen ist, zum anderen aus der Höhe der gezahlten Summe hervorzugehen, die als Preis für Grünfutter hinsichtlich der Mengenbemessung ἀρούρης μιᾶς reichlich niedrig ausfiele. Möglicherweise waren mit χλωροῦ etc. eben jene Produktmengen angeführt, für deren Lieferung der quittierte Geldbetrag erstattet worden ist. Nach der im Anschluß daran erfolgten Nennung der Zahlungssumme (Z. 5–6) und des Ausstellungsdatums, von dem die Einerstelle der Tages- und Jahresziffer nicht erhalten sind (vgl. in diesem Zusammenhang Komm. Z. 6), endete die Quittung mit der Unterschrift des Ausfertigers, des bereits mehrfach erwähnten Ἰούστος συμβολαιογράφος (Z. 6). Die Provenienz des Zeugnisses geht aus dem Textbefund des Fragmentes nicht ausdrücklich hervor. Die Zuweisung von Herkunft und Datierung kann jedoch in Hinblick auf andere Dokumente, die von demselben Ἰούστος συμβολαιογράφος ausgestellt wurden, vorgenommen werden. Der in Frage kommende Zeitrahmen wird durch P.Ross.Georg. III 51 aus dem Jahr 631 und BGU II 366 aus dem Jahr 660 vorgegeben; vgl. dazu B. Palme, CPR XXIV, S. 200 mit Anm. 19.

2. τ̣ο̣ῦ̣ λαμπροτάτου χαρτουλαρίου τῆς ἁγία̣ς̣ μ̣ε̣γ̣ά̣λ̣ης ἐ̣κ̣κ̣[λησίας: Vgl. allgemein Antonini, *Chiese* 166; Wipszycka, *Ressources* 59.

5. απ̣[: Dieselbe Lesung findet sich als Variante zu α̣ν[bereits in der *ed. ter.* angeführt. Eine mögliche Ergänzung zu χλωροῦ αρ̣[ούρης μιᾶς bzw. αρ̣[ουρῶν x scheidet aufgrund der Schriftspuren aus.

6. Ἐγράφη: φ und η in Ligatur.

ι[̣] ι̣ν̣δ̣(ικτίωνος): In Hinblick auf den Bemessungszeitraum in Z. 5 kommen als Iteration sowohl ι[ε] als auch ι[δ] in Frage.

Ἰούστου συμβολαιογράφου: Vgl. **96**, Komm. Z. 6. Das vorliegende Zeugnis findet im Rahmen der bei J. Diethart, P.Rain.Cent., S. 432–438 gebotenen Zusammenstellung aller bekannten Urkunden, die von demselben Ἰούστος συμβολαιογράφος unterzeichnet worden sind, keine Berücksichtigung.

117. Quittung über Entschädigungszahlung für Pfandnutzung

Berlin, P. 6900	8 × 27,5 cm	6.–7. Jh.
(?)		Tafel LXVII

ed. pr.: BGU I 29 (Faijûm, VII./VIII. Jh.) – *ed. sec.*: SPP III 117 (Faijûm, *s.* VII.–VIII.) – Korr.: U. Wilcken bzw. F. Krebs, BGU I, S. 353; W. Schubart, brieflich (BL I 9).

Revision am Photo und am Original.

Papyrus. Ränder an allen Seiten erhalten. Zwei horizontale Faltungen ca. 2,5 und 5,5 cm unterhalb des oberen Randes. Zwei vertikale Faltungen ca. 8 und 18,5 cm vom linken Rand entfernt. Keine Klebung. Schwarze Tinte. Kreuz in Z. 1 ausgerückt. Z. 4 zentriert; Z. 5 um 4 cm eingerückt. Die Schrift auf dem Rekto verläuft quer zur Faserrichtung (*transversa charta*). Verso leer. Schrifttyp: sog. „Minuskelkursive"; Formulartyp: ἔσχον καὶ ἐδεξάμην ἐγὼ ὁ δεῖνα παρὰ σοῦ τοῦ δεῖνος („Quittungsschema"). Ankauf: nicht näher dokumentiert.

↓ 1 † Ἔσχον καὶ ἐδεξάμην ἐγὼ Μηνᾶ γραμμ(ατεὺς) π(αρὰ) Ἀρίους υἱὸς Ἀσᾶ ἐπάνω τῶν
2 ἐμῶν κλήρων, ὧν ἔχις ἐνέχυρων, χρυσίου νομισμάτιον ἓν παρὰ κερ(άτια) β̣ d,
3 χρ(υσίου) νο(μισμάτιον) α π(αρὰ) κερ(άτια) β d, καὶ πρὸς ⟨σ⟩ὺν ἀσφάλειαν ὁ̣ς πρόκ(ειται). Ἐγράφ(η) μηνὶ Μεσωρ(ὴ)
4 *vac.* ιδ ἀρχ(ῇ) ς ἰν(δικτίωνος). *vac.*
5 *vac.* † Δ(ιὰ) Μηνᾶ γραμμ(ατέως).

1. *l.* Μηνᾶς γραμμ(ατεὺς) . . αριους υἱὸς ἄσα (*l.* ὅσα?) *ed. pr.*, γραμμ(ατεὺς) Χαριοῦς υἱὸς Ἄσα Wilcken, *ed. sec.* *l.* Ἀρείους *l.* υἱοῦ, υϊος *pap.* 2. *l.* κλήρων, οὓς ἔχεις ἐνέχυρον ἔχεις *ed. pr.*, ἔχις Krebs, *ed. sec.* χρυσίου *ed. pr.*, χρυσοῦ *ed. sec.* κ̣δ̣ | *ed. pr.*, β d | Krebs, *ed. sec.* 3. α . . κερ/ *ed. pr.*, α π(αρὰ) κερ/ Wilcken, *ed. sec.* κ̣δ̣ *ed. pr.*, β d Krebs, *ed. sec.* *l.* σήν *l.* ὡς *l.* Μεσορή Μεσορή | *edd.* 5. | † δ(ιὰ) Μηνᾶ γραμμ(ατέως) | *edd.*, | † Abzeichnung Μηνᾶ (*sic*) γραμμ(ατεύς) | (*l.* διὰ Μηνᾶ γραμματέως) Wilcken, | † Χ(εὶρ) Μηνᾶ γραμμ(ατέως) | Schubart

„† Ich, Menas, Grammateus, habe erhalten und empfangen von (dir,) Ares, Sohn des Asas, für meine Grundstücke, die du als Pfand hast, an Gold einen Solidus abzüglich zwei ein viertel Keratia, an Gold 1 Solidus abzüglich 2 1/4 Keratia, und zu deiner Sicherheit, wie oben geschrieben steht. Geschrieben am 14. Tag im Monat Mesore zu Beginn der 6. Indiktion. † Durch Menas, Grammateus".

Quittung über eine Geldzahlung, die ein nicht näher charakterisierter Μηνᾶς γραμματεύς von einer Person namens Ἀρῆς, Sohn eines Ἀσᾶς, erhalten hat (Z. 1). Die in der Urkunde greifbare Einleitungsformel ἔσχον καὶ ἐδεξάμην ἐγὼ ὁ δεῖνα παρὰ σοῦ τοῦ δεῖνος ist anderweitig nicht nachweisbar, dürfte aber aufgrund ihrer formalen Struktur eine Variante des allgemein gebräuchlichen Formulartyps ἔσχον καὶ ἐπληρώθην ἐγὼ ὁ δεῖνα παρὰ σοῦ τοῦ δεῖνος darstellen. Die Erstattung des Geldbetrages von einem Solidus abzüglich zwei ein viertel Keratia (Z. 2–3) war, wie dem Zahlungstitel des Dokumentes zu entnehmen ist (vgl. ἐπάνω τῶν ἐμῶν κλήρων, ὧν ἔχις ἐνέχυρων in Z. 1–2), in der Nutzung einiger, im Text nicht näher definierter Grundstücke des Absenders und Zahlungsempfängers begründet, über die der Urkundenadressat zum Zeitpunkt der Ausstellung als Pfand verfügte. Die Zahlung ist demzufolge möglicherweise als eine Art Entschädigungsleistung aufzufassen, da dem Zahlungsempfänger und Besitzer der Grundstücke aus dem unterbundenen Zugriff auf selbige durchaus einen Verdienst- oder Einnahmenentgang erwachsen sein könnte. Im Anschluß an die Erwähnung der Geldsumme hat der Schreiber sich – wenngleich in stark verkürzter Form – einer in Quittungstexten häufig angewandten Floskel bedient, welche die Verbindlichkeit und den Rechtscharakter des betreffenden Schriftstückes herausstreicht (vgl. Komm. Z. 3). Die Quittung ist vom Zahlungsempfänger persönlich verfaßt und zu Beginn eines sechsten Indiktionsjahres ausgestellt worden (Z. 3–5). Der Inhalt dieses Zeugnisses bietet keinen Anhaltspunkt, der über die Herkunft des Dokumentes Aufschluß geben könnte. Die Urkunde wird aufgrund paläographischer Kriterien ins 6.–7. Jh. datiert (vgl. dazu die Formalbeschreibung).

1. π(αρὰ) Ἀρίους: In Hinblick auf die „persönliche" Anrede in ὧν ἔχις ἐνέχυρων (Z. 2) und καὶ πρὸς ⟨σ⟩ὺν ἀσφάλειαν (Z. 3) sinngemäß wohl als π(αρὰ) ⟨σοῦ⟩ Ἀρίους aufzufassen. Zur Schreibung von π(αρά) vgl. Z. 3. Ἀρίους ist hierbei eher als Genitiv Ἀρείους (zum Nominativ Ἀρῆς) denn als Nominativ Ἀριοῦς (*l.* Ἀρηοῦς; Genitiv Ἀρηοῦτος) zu verstehen.
Ἀσᾶ: Genitiv des Namens Ἀσᾶς; vgl. NB *s. v.* Der Name ist ein weiteres Mal in BGU II 608 II 6 (Arsinoites; zur Frage der Datierung 342 oder 1. Hälfte 5. Jh. vgl. BL VIII 30) nachgewiesen.

ἐπάνω: Zur Bedeutung des Wortes an dieser Stelle vgl. bereits H. Zilliacus, P.Berl.Zill. 8, Komm. Z. 12; WB I, *s. v.* ἐπάνω 5); Kruit – Worp, *Text* 218, Komm. Z. 17.

2. β d: Bei β ist der lange Ausstrich besonders auffällig; deshalb möglicherweise auch als β (ἥμισυ) d zu deuten; selbiges gilt für die Wiederholung der Betragssumme in Z. 3.

3. καὶ πρὸς ⟨σ⟩ὺν ἀσφάλειαν ὅς πρόκ(ειται): Die Wendung ist unvollständig. Der Bestandteil ταύτην σοὶ πεποίημαι τὴν ἀποχήν/ἀπόδειξιν dürfte vom Schreiber vergessen worden sein; vgl. in diesem Zusammenhang auch die Bemerkung in der *ed. sec.* zu Z. 3.

3.–4. Μεσωρ(ὴ) ιδ: 7. August.

118. Quittung über Amtsgebühren (Magistor-Dossier)

Leipzig, P.Lips. Inv. 74	19,5 × 37 cm	Anfang 7. Jh.
Hermupolis		Tafel LXVIII

ed. pr.: L. Mitteis, *Griechische Urkunden aus der Papyrussammlung zu Leipzig* I, Erste Lieferung, Leipzig 1903 (= „Ur-Fassung" von P.Lips. I 90, von der die ganze Auflage bis auf wenige Ausnahmen in Form von zuvor ausgehändigten „Dedikationsexemplaren" eingestanzt wurde), Nr. 4 – *ed. sec.*: SPP III 118 (Text nach der „Ur-Fassung"; byzantin. Zeit, Hermopolis?) – *ed. ter.* P.Lips. I 90 (Text nach L. Mitteis mit Lesungen von U. Wilcken; Herkunft unbekannt, byzantinische Zeit) – Korr.: Wipszycka, *Reçus* 112 (Herkunft: Hermupolis; Datierung: Mitte 7. Jh.; BL VI 60); R. Pintaudi, P.Laur. III 77, Komm. Z. 3–4 (Datierung: 614/615; BL VIII 172); Sijpesteijn, *Magistor I* 98 (Datierung: nach dem 14. 1. 600; BL VIII 172).

Revision am Photo

Papyrus. Ränder an allen Seiten erhalten. Neben drei horizontale Faltungen eine vertikale Faltung in der Blattmitte. Keine Klebung. Schwarze Tinte. Kreuz in Z. 1 ausgerückt. Die Schrift auf dem Rekto verläuft quer zur Faserrichtung (*transversa charta*). Verso angeblich leer (nicht einsehbar). Schrifttyp: sog. „Minuskelkursive" (1. H.); „Maiuskel" (3. H.); Formulartyp: ἐδεξάμην καὶ ἐπληρώθην παρὰ σοῦ („Vertragsschema"). Ankauf: nicht näher dokumentiert.

↓ 1 † Φλ(άουιος) Βασίλειος σὺν θ(εῷ) ἐπικείμ(ενος) τῆς χειρογραφείας ἐμβολῆς τρίτης ἰνδικτίονος τῷ κυρίῳ
2 Μαγίστορι σὺν θ(εῷ) βοηθῷ τοῦ λογιστηρίου καὶ διαστολέως μερίδος Διοσκορίδου τῆς αὐτῆς
3 τρίτης ἰνδ(ικτίονος). Ἐδεξάμην καὶ ἐπληρώθην πα[ρ]ὰ̣ τῆς σῆς εὐδοκιμήσεως ὑπὲρ συνηθείας
4 τῆς χειρογραφείας τῆς αὐτῆς τρίτης ἰν̣[δ](ικτίονος), [τ]οῦ̣τ᾽ ἔστιν χρυσοῦ νομίσματα ἓν καὶ
5 κεράτια εἴκοσι δύο τέταρτον μό(να), χρ(υσοῦ) νό(μισμα) α κ(εράτια) κβ̣ [d μό(να) ο]ὕτως· ὑπὲρ τοῦ βοηθοῦ τοῦ λογιστηρ̣ί̣ο̣υ̣
6 χρυσοῦ νόμισμ(α) ἓν καὶ κεράτια δώδεκα, ὑπὲρ μερίδος Διοσκορίδου χρυσοῦ κεράτια
7 δέκα τέταρτον, γί(νονται) ὁμοῦ χρ(υσοῦ) νό(μισμα) α κ(εράτια) κβ d, καὶ πρὸς σὴν ἀσφάλειαν πεποίημαι τὴν παροῦσαν
8 ἀπόδειξ(ιν) ὡς πρόκ(ειται). *Paraphe* (2. H.) ††† (3. H.) σημῖον Βασιλείου. ⳨ Φλ(άουιος) Βασίλειος ὁ προγεγράμμ(ενος), στοιχεῖ μοι [ἡ] ἀ̣π̣ό̣[δ]ειξις ὡς πρόκ(ειται).
9 Ἰσχυρίων Ἰωάννου ἔγραψα ὑπὲρ αὐτοῦ γράμματα μὴ ἰδότος, βάλοντος δὲ τῇ ἰδίᾳ αὐτοῦ χειρὶ τοὺς
10 τρεῖς τιμίους σταυρούς. †

1. *l.* χειρογραφίας 2. | μαγιστορι *ed. pr.*, *ed. sec.*, | Μαγίστορι *ed. ter.* ἀπὸ πόλεως *ed. pr.*, *ed. sec.*, διαστολέως Wilcken 3. πα[ρά] *edd.* δοκιμήσεως *ed. pr.*, *ed. sec.*, εὐδοκιμήσεως *ed. ter.* ϋπερ *pap.* 4. *l.* χειρογραφίας, χειρογραφίας *ed. pr.*, *ed. sec.*, χειρογραφείας *ed. ter.* ἰ[νδικ]τ̣ι̣ο̣ν̣ο̣ς̣ χρυσοῦ *ed. pr.*, *ed. sec.*, ἰ̣ν[δ(ικτιόνος) τ]οῦ̣τ᾽ ἔ̣στιν χ̣ρυσοῦ *ed. ter.* τ]οῦ̣τ ἔ̣στιν Wilcken *l.* νόμισμα 5. τέταρτον γί(νεται) χρ(υσοῦ) *ed. pr.*, *ed. sec.*, τέταρτον γίν(εται) (χρυσοῦ) *ed. ter.* μο( ): *corr. ex* (?) κ[β d ο]ὕτως *ed. pr.*, *ed. sec.*, κβ̣ [d ο]ὕτως *ed. ter.* ϋπερ *pap.* λογιστ[ηρίου] | *ed. pr.*, *ed. sec.*, λογιστηρ[ί]ου | *ed. ter.* 6. νόμισμα *edd.* ϋπερ *pap.* 7. ν΄ α *edd.* προκειμ(ένην) | *ed. pr.*, *ed. sec.*, παροῦσαν | Wilcken 8. | ἀποχὴν καί *ed. pr.*, *ed. sec.*, | ἀπόδειξ(ιν) Wilcken ἐπερ(ωτηθεὶς) ὡ(μολόγηκα) *ed. pr.*, *ed. sec.*, ὡς πρόκ(ειται) *ed. ter.* *l.* σημεῖον, σημιωμα *ed. pr.*, *ed. sec.*, Σημῖον *ed. ter.* Φλ΄΄ *pap.*, Φλ° *edd.* προγεγραμμ[ένος] *ed. pr.*, *ed. sec.*, προγεγραμμ(ένος) *ed. ter.* [ἡ παροῦσα ἀπόδειξ(ις) ὡς π̣ρ̣ό̣κ̣(ειται) | *ed. pr.*, *ed. sec.*, [ἡ] ἀπό[δ]ειξ̣ι̣ς ὡ̣ς̣ π̣ρ̣ό̣κ̣(ειται) | *ed. ter.* 9. ϊσχυριων ϊωαννου *pap.* ϋπερ *pap.* ϊδοτος *pap.*, *l.* εἰδότος, εἰδότος *ed. pr.*, *ed. sec.*, ἰδότος *ed. ter.* ϊδια *pap.*

„† Flavius Basileios, mit Gott verantwortlicher Aufseher über das Steuerregister der Embole der dritten Indiktion, an den Herrn Magistor, mit Gott Boethos (*adiutor*) des Logisterion (Rechnungsamtes) und Diastoleus der Dioskorides-Abteilung derselben dritten Indiktion. Ich habe vollständig empfangen von deiner Ehren für Synetheia des Steuerregisters derselben dritten Indiktion, das ist an Gold ein Solidus und zweiundzwanzig ein viertel Keratia, sonst nichts, an Gold 1 Solidus 22 1/4 Keratia, sonst nichts, wie folgt: für Boethos (*adiutor*) des Logisterion an Gold ein Solidus und zwölf Keratia, für (*sc.* Diastoleus) der Dioskorides-Abteilung an Gold zehn ein viertel Keratia, das macht zusammen an Gold 1 Solidus 22 1/4 Keratia, und zu deiner Sicherheit habe ich die gegenwärtige Quittung ausgestellt, wie es oben geschrieben steht. (2. H.) ††† (3. H.) Zeichen des Basileios. ⳨ Ich, Flavius Basileios, der oben genannte, erkläre mich mit der Quittung einverstanden, wie es oben geschrieben steht. Ich, Ischyrion, Sohn des Ioannes, habe für ihn geschrieben, da er des Schreibens unkundig ist, aber mit seiner eigenen Hand die drei heiligen Kreuze hergesetzt hat †".

Quittung über Geldzahlungen unter dem Titel συνήθεια, die ein mit der Erstellung des Steuerregisters der ἐμβολή befaßter Beamter namens Βασίλειος (Z. 1) von seinem mutmaßlichen Vorgesetzten, dem auch anderweitig bekannten Μαγίστωρ, der hier als βοηθός des Logisterion von Hermupolis und διαστολεύς der Dioskorides-Abteilung bezeugt ist, erhalten hat; vgl. die mittels τῷ κυρίῳ in Z. 1 und παρὰ τῆς σῆς εὐδοκιμήσωες in Z. 3 zum Ausdruck gebrachte Höflichkeit in der Anrede. Das Dokument gleicht in seinem Aufbau dem Formalschema eines Vertragstextes, wo der formelle Absender und der Adressat immer vorweg im Urkundenkopf angeführt sind. Die Empfangsbestätigung wurde – wie im Fall von **47** – mit der Formel ἐδεξάμην καὶ ἐπληρώθην παρὰ σοῦ eingeleitet, ein für den Hermopolites und Aphrodito häufig nachweisbarer Formulartyp (Z. 3); eine geschlossene Gruppe von Texten dieses Typs findet sich in diesem Corpus unter den Nummern SPP III 309ff. als Variante zu ἐδεξάμην ἐγὼ παρὰ τοῦ δεῖνος SPP III 303–328. Aufgrund des erläuternden Zahlungstitels ὑπὲρ συνηθείας τῆς χειρογραφείας τῆς αὐτῆς τρίτης ἰνδικτίονος (Z. 3–4) scheint es sich bei der quittierten Geldsumme von einem Solidus und zweiundzwanzig ein viertel Keratia (Z. 4–5) am ehesten um Amtsgebühren gehandelt zu haben, wobei im folgenden detailliert verzeichnet wurde, wieviel an den Gebührengeldern wofür eingenommen bzw. in welchen Abteilungen des Steuerbüros angefallen war. Ein Betrag von einem Solidus und zwölf Keratia ist ὑπὲρ τοῦ βοηθοῦ τοῦ λογιστηρίου (Z. 5–6) eingenommen worden, der verbleibende Rest von zehn ein viertel Keratia ist unter dem Titel ὑπὲρ μερίδος Διοσκυρίδου (Z. 6–7) verbucht gewesen. Nach einer wiederholten Erwähnung des Gesamtbetrages endete der inhaltliche Teil der Quittung mit der floskelhaften Wendung καὶ πρὸς σὴν ἀσφάλειαν πεποίημαι τὴν παροῦσαν ἀπόδειξιν ὡς πρόκειται (Z. 7–8). Die Richtigkeit der Aussage des Schriftstückes ist vom Zahlungsempfänger mittels dreier Kreuze (2. H. in Z. 8) anstelle einer persönlichen Unterschrift bekräftigt worden, da er selbst nicht schreiben konnte – ein Umstand, der gemessen an den Kompetenzen und der Verantwortlichkeit der betreffenden Person verwundert. Die Unterschrift und die Einverständniserklärung (3. H. in Z. 8–10; vgl. Komm. Z. 8 und Komm. Z. 9–10) wurden von einem gewissen Ἰσχυρίων, Sohn eines Ἰωάννης im Namen des formellen Absenders – nicht ohne eine ausdrückliche Begründung dieser Vorgehensweise (vgl. Z. 9) – geleistet. Der Verfasser des Haupttextes der Quittung ist überhaupt unerwähnt geblieben. Das Dokument wird aufgrund paläographischer Kriterien ins 7. Jh. datiert (vgl. dazu die Formalbeschreibung). Zu Inhalt, Datierung und Herkunft vgl. den allgemeinen Exkurs zum „Magistor-Dossier" im vorangegangenen Einleitungsteil.

2. Μαγίστορι σὺν θ(εῷ) βοηθῷ τοῦ λογιστηρίου καὶ διαστολέως μερίδος Διοσκορίδου: Vgl. **42**, Komm. Z. 1–2.

5. μό(να): γί(νεται) bzw. γίν(εται) (wie in den *edd.*) wäre – vom paläographischen Befund einmal abgesehen – im Gegensatz zur Wiedergabe der Gesamtsumme in Z. 7 für die einfache Betragswiederholung an dieser Stelle auch nicht unbedingt erforderlich.

6. ὑπὲρ μερίδος Διοσκορίδου: Sowohl in Hinblick auf die vollständige Amtsbezeichnung des Quittungsadressaten in Z. 2 einerseits als auch aufgrund von ὑπὲρ τοῦ βοηθοῦ τοῦ λογιστηρίου am Ende der Z. 5 andererseits zumindest dem Sinn nach als ὑπὲρ ⟨τοῦ διαστολέως⟩ μ̣ε̣ρ̣ίδος Διοσκορίδου aufzufassen.

8. σημῖον Βασιλείου war zwischen die Kreuze eingefügt bzw. eingeschrieben (σημῖον oberhalb der Querhasten, der Name unterhalb derselben). Zu Kreuzen anstelle einer Unterschrift vgl. die Parallelen in CPR XIV 32, 29–30 (Arsinoiton Polis, 655?), P.Herm. 34, 32 (Hermupolis, 7. Jh.), P.Mich. XI 607, 31 (Antinoupolis, 569), P.Münch. I 7, 85 (vgl. Korr. in BL I 310; Antinoupolis, 583), SB VIII 9759, 4–5 (Arsinoites, 7. Jh.) und XVIII 13173, 102; 104 (Hermupolis, 629?).

Φλ(άουιος): Die Kürzung in Form eines hochgesetzten Doppelstriches erweckt den fälschlichen Eindruck eines hochgestellten o (vgl. *edd.*).

9.–10. βάλοντος δὲ τῇ ἰδίᾳ αὐτοῦ χειρὶ τοὺς τρεῖς τιμίους σταυρούς: Zu ähnlichen Erläuterungen vgl. P.Mich. XI 607, 35 (Antinoupolis, 569), P.Münch. I 7, 90–91 (vgl. Korr. in BL X 132; Antinoupolis, 583) und SB I 5608, 2 (Theben, 7. Jh.).

TABELLEN DES SACHREGISTERS

1) = Name; 2) = Filiation; 3) Herkunft; 4) Beruf oder Amtstitel; 5) Ehestand;
Ind. = Indiktion; S. = Sohn; T. = Tochter; W. = Witwe; † = verstorben

A. DOKUMENTE DES ÖFFENTLICHEN LEBENS

I. QUITTUNGEN

1. a Löhne (Andreas-Archiv)

Nr.	*Ausfertiger*	*Lohn- bzw. Zahlungsempfänger*	*Urkundenadressat*	*Titel und Bemessungszeitraum*	*Geldbetrag*	*Ausstellungsdatum*
1	1) N. N. 2) ? 3) – 4) ?	1) Stephanos 2) S. d. Symmachos N. N. 3) Arsinoiton Polis 4) –	1) Andreas 2) – 3) – 4) Grammateus von Tamauis	Jahreslohn für 4. Ind.	?	8. Phaophi der 4. Ind.
2	1) Phib 2) – 3) – 4) Symbolaiographos	1) N. N. 2) S. d. Georgios 3) – 4) Archihyperetes	1) Andreas 2) – 3) – 4) Grammateus von Tamauis	Jahreslohn für 12. Ind.	2 Solidi minus 10 Keratia	? der 11. Ind.
3	1) Strategios 2) – 3) – 4) –	1) N. N. 2) S. d. Ioseph 3) – 4) Symmachos	1) Andreas 2) – 3) – 4) Grammateus von Tamauis	Jahreslohn (?) für ? Ind.	?	?
4	1) N. N. 2) ? 3) – 4) ?	1) Martha 2) T. d. N. N. 3) Arsinoiton Polis 4) –	1) Andreas 2) – 3) – 4) Grammateus von Tamauis	Jahreslohn für ? Ind.	?	?

Nr.	*Ausfertiger*	*Lohn- bzw. Zahlungsempfänger*	*Urkundenadressat*	*Titel und Bemessungszeitraum*	*Geldbetrag*	*Ausstellungsdatum*
5	1) N. N. 2) ? 3) – 4) ?	1) N. N. 2) S. d. Ioseph 3) Arsinoiton Polis 4) ?	1) Andreas 2) – 3) – 4) Grammateus von Tamauis	Jahreslohn (?) für ? Ind.	2 Solidi minus 15 1/2 Keratia	26. Phaophi der 7. Ind.
6+74	1) Neilammon 2) – 3) – 4) Grammateus	1) N. N. 2) ? 3) – 4) ?	1) Andreas 2) – 3) – 4) Grammateus von Tamauis	Jahreslohn des Georgios für 12. Ind.	1 Solidus minus 4 Keratia	? der 12. Ind.
8	1) Strategios 2) – 3) – 4) –	1) N. N. 2) S. d. Apa Iulios 3) Kerkesis 4) Symmachos	1) Andreas 2) – 3) – 4) Grammateus von Tamauis	Jahreslohn des Apa Iulios für ? Ind.	2 Solidi minus 11 Keratia	? Phaophi der ? Ind.
9	1) Strategios 2) – 3) – 4) –	1) N. N. 2) S. d. Enoch 3) – 4) Archihyperetes Ripariu, Riparias oder Riparion	1) Andreas 2) – 3) – 4) Grammateus von Tamauis	Jahreslohn (?) für 7. Ind.	20 Keratia	? der 7. Ind.
12+13	1) N. N. 2) ? 3) – 4) Symbolaiographos	1) N. N. 2) ? 3) Arsinoiton Polis 4) ?	1) Andreas 2) – 3) – 4) Grammateus von Tamauis	Jahreslohn für ? Ind.	3 1/2 Solidi	? Phaophi der ? Ind.
14	1) Strategios 2) – 3) – 4) –	1) Uenaphrios 2) S. d. Ieremias 3) – 4) Symmachos	1) Andreas 2) – 3) – 4) Grammateus von Tamauis	Jahreslohn (?) des Symmachos Apollos für ? Ind.	2 Solidi minus 10 Keratia	?
16	1) Strategios 2) – 3) – 4) –	1) Elias 2) ? 3) ? 4) ?	1) Andreas 2) – 3) – 4) Grammateus von Tamauis	Jahreslohn (?) für ? Ind.	?	?
22+84	1) N. N. 2) ? 3) – 4) ?	1) Sambas 2) – 3) – 4) Gefängnis-Torwächter	1) Andreas 2) – 3) – 4) Grammateus von Tamauis	Jahreslohn (?) f. 4. Ind.	20 Keratia	28. Payni der 4. Ind.

Nr.	*Ausfertiger*	*Lohn- bzw. Zahlungsempfänger*	*Urkundenadressat*	*Titel und Bemessungszeitraum*	*Geldbetrag*	*Ausstellungsdatum*
36	1) Strategios 2) – 3) – 4) –	1) N. N. 2) ? 3) – 4) Symmachos	1) Andreas 2) – 3) – 4) Grammateus von Tamauis	Jahreslohn (?) für ? Ind.	2 Solidi minus 10 Keratia	?
70	1) Kosmas 2) – 3) – 4) Symbolaiographos	1) Theodote 2) T. d. Viktor 3) Arsinoiton Polis 4) –	1) Andreas 2) – 3) – 4) Grammateus von Tamauis	Jahreslohn (?) für ? Ind.	? Keratia	?
71	1) Kosmas 2) – 3) – 4) Symbolaiographos	1) Makarios 2) S. d. Ptolemaios 3) Arsinoiton Polis 4) Symmachos	1) Andreas 2) – 3) – 4) Grammateus von Tamauis	Jahreslohn (?) für 8. Ind.	2 Solidi minus 15 1/2 Keratia	4. Mecheir der 8. Ind.
72	1) Kosmas 2) – 3) – 4) Symbolaiographos	1) N. N. 2) S. d. Pamun 3) – 4) *mandatarius* der *riparia* 1) Pamun 2) S. d. Gerontios 3) – 4) *mandatarius* der *riparia*	1) Andreas 2) – 3) – 4) Grammateus von Tamauis	Jahreslohn für 3. Ind.	? Keratia	1. Hathyr der 2. Ind.
82 *bis*	1) Strategios 2) – 3) – 4) –	1) Pusis 2) S. d. Paulos 3) – 4) Symmachos	1) Andreas 2) – 3) – 4) Grammateus von Tamauis	Jahreslohn (?) für 9. Ind.	2 Solidi minus 10 Keratia	? der 9. Ind.
90	1) Phib 2) – 3) – 4) Symbolaiographos	1) Naaraus 2) S. d. N. N. 3) Arsinoiton Polis 4) Symmachos	1) Andreas 2) – 3) – 4) Grammateus von Tamauis	Jahreslohn für 12. Ind.	2 Solidi minus 10 Keratia	21. Phaophi der 12. Ind.
91	1) Phib 2) – 3) – 4) Symbolaiographos	1) Nepheras 2) S. d. N. N. 3) – 4) Symmachos	1) Andreas 2) – 3) – 4) Grammateus von Tamauis	Jahreslohn für 5. Ind.	2 Solidi minus 15 1/2 Keratia	23. Phaophi der 5. Ind.

Nr.	*Ausfertiger*	*Lohn- bzw. Zahlungsempfänger*	*Urkundenadressat*	*Titel und Bemessungs-zeitraum*	*Geldbetrag*	*Ausstellungs-datum*
92	1) Phib 2) – 3) – 4) Symbolaiographos	1) Naaraus 2) S. d. Papnuthios 3) – 4) Symmachos	1) Andreas 2) – 3) – 4) Grammateus von Tamauis	Jahreslohn für 15. Ind.	2 Solidi minus 10 Keratia	27. Epeiph der 1. Ind.

1. b Weitere Löhne

Nr.	*Ausfertiger*	*Lohn- bzw. Zahlungsempfänger*	*Urkundenadressat*	*Titel und Bemessungs-zeitraum*	*Geldbetrag*	*Ausstellungs-datum*
7	1) Pheu 2) – 3) – 4) Hypodektes	1) Menas 2) – 3) – 4) Symmachos	1) Elias 2) – 3) – 4) Grammateus von Tanis	Jahreslohn für 2. Ind.	? Solidi	? der 2. Ind.
10	1) Kosmas 2) – 3) – 4) Nomikos	1) N. N. 2) ? 3) ? 4) (Hypo- ?) Katastates	1) Kosmas 2) – 3) – 4) Grammateus von ?	Lohn für 2. Ind.	1 Solidus	15. Thoth der 2. Ind.
23	1) N. N. 2) ? 3) – 4) ?	1) N. N. 2) ? 3) – 4) Hypodektes von Kaminoi	1) N. N. 2) ? 3) ? 4) ?	Lohn (?) für ?	1 Solidus	? Epeiph der ? Ind.
26	1) Iustos 2) – 3) – 4) Symbolaiographos	1) Menas 2) S. d. N. N. 3) Arsinoiton Polis 4) Symmachos	1) Timotheos 2) – 3) – 4) Pater Poleos von Arsinoiton Polis	Lohn (?) für 1. Ind.	?	17. Pharmuthi der ? Ind.
29+75	1) Kalonas 2) – 3) – 4) Symbolaiographos	1) N. N. 2) ? 3) ? 4) ?	1) Ioannes 2) – 3) – 4) Grammateus von ?	Lohn für ?	2 Solidi und ? Keratia	?
40	1) Apollos 2) ? 3) – 4) ?	1) Ioseph 2) S. d. Symmachos 3) – 4) Lagerverwalter	1) Ioannes 2) – 3) – 4) Grammateus von Syron	Lohn für 11. Ind.	2 Solidi minus 4 1/2 Keratia	25. Phaophi der 11. Ind.

Nr.	*Ausfertiger*	*Lohn- bzw. Zahlungsempfänger*	*Urkundenadressat*	*Titel und Bemessungszeitraum*	*Geldbetrag*	*Ausstellungsdatum*
111	1) Iustos 2) – 3) – 4) Symbolaiographos	1) Georgios 2) S. d. Ioannes alias Salakon 3) Arsinoiton Polis 4) ? 1) N. N. 2) ? 3) Arsinoiton Polis 4) ?	1) Timotheos 2) – 3) – 4) Pater Poleos von Arsinoiton Polis	Werklohn für Bauarbeiten für ?	?	?

2. Synetheia

Nr.	*Ausfertiger*	*Zahlungsempfänger*	*Urkundenadressat*	*Titel und Bemessungszeitraum*	*Geldbetrag*	*Ausstellungsdatum*
34	1) N. N. 2) ? 3) – 4) ?	1) Menas 2) S. d. Ioannes 3) ? 4) ?	1) Ioannes 2) – 3) – 4) Grammateus von ?	Synetheia des N. N. für ?	1 Keration	4. Choiak der ? Ind.

3. Aufwendungen

Nr.	*Ausfertiger*	*Lieferungsempfänger*	*Urkundenadressat*	*Titel und Bemessungszeitraum*	*Produktmenge*	*Ausstellungsdatum*
93	1) N. N. 2) ? 3) – 4) ?	1) Georgios 2) ? 3) – 4) Hauptmann der Wachmannschaft von ?	1) N. N. 2) ? 3) – 4) ?	? für die Zeit vom 2. Phamenoth bis ?	1 Kuri Wein	2. Phamenoth der 12. Ind.

4. a Diverse Steuern

Nr.	*Ausfertiger*	*Zahlungs- oder Lieferungsempfänger*	*Steuerzahler*	*Titel und Bemessungs-zeitraum*	*Geldbetrag oder Produktmenge*	*Ausstellungs-datum*
15+20+76	1) Makarios 2) – 3) – 4) Nomikos sowie weitere NN. NN.	1) Menas 2) – 3) – 4) ? der Komokatöken von Metrodoron sowie weitere NN. NN.	1) Flavius Menas 2) S. d. Kallinikos 3) – 4) Soldat	Grundsteuer für mehrere Ind.	jeweils 9 Keratia	?
17	1) N. N. 2) ? 3) – 4) ?	1) Iulianos 2) – 3) – 4) Grammateus von ?	1) N. N. 2) S. d. Petros † 3) – 4) ?	Steuer für ?	?	?
31	1) N. N. 2) ? 3) – 4) ?	1) Kolluthos 2) S. d. Phoibammon 3) – 4) Diagrapharios	1) Esaias 2) S. d. Viktor 3) ? 4) Erbsenhändler	Kopfsteuer (?) für 4. Ind.	?	? der 4. Ind.
38	1) Ioannes 2) – 3) – 4) Grammateus	–	1) Makarios 2) S. d. Apollos 3) – 4) –	Grundsteuern aus Letus für 4. Ind.	117 1/8 Keratia	8. Phamenoth der 4. Ind.
42 A	–	1) Phoibammon 2) – 3) – 4) –	1) Tarou 2) – 3) – 4) – 1) Kallinikos 2) S. d. Pharesmanes 3) – 4) –	Steuern für 10. Ind.	4 Keratia bzw. 1 Keration (durch Tarou)	16. Pachon der 10. Ind.
43	1) Petros 2) – 3) – 4) Diastoleus	1) Petros 2) – 3) – 4) Diastoleus	1) Danielios 2) – 3) – 4) –	Embole für ?	1 Solidus minus 6 Keratia (durch Georgios)	?

Nr.	*Ausfertiger*	*Zahlungs- oder Lieferungsempfänger*	*Steuerzahler*	*Titel und Bemessungszeitraum*	*Geldbetrag oder Produktmenge*	*Ausstellungsdatum*
61	1) N. N. 2) ? 3) – 4) ?	1) Ples 2) S. d. Petros 3) – 4) *capitularius* von ?	1) Menas 2) – 3) ? 4) ? sowie N. N. oder NN. NN.	Demosion Telesma für 8., 9. und 10. Ind.	?	?
65 A	1) Kyrikos 2) – 3) – 4) Hypodektes	–	1) Andreas 2) – 3) – 4) Grammateus	Steuerweizen aus Turubestis für 13. Ind.	1/2 1/3 1/12 Artaben Weizen	? Phamenoth der 13. Ind.
66	1) N. N. 2) ? 3) – 4) ?	1) Menas 2) – 3) – 4) Grammateus der Hafenbehörde von Thmoinepsi 1) Zacharias 2) – 3) – 4) Grammateus der Hafenbehörde von Thmoinepsi	1) Phosphoros 2) – 3) – 4) Osprigites und 1) Iakob 2) – 3) – 4) Osprigites	Verladung von Steuerweizen für ?	60 Artaben Weizenkorn von dem Kassenführer Belisarios (durch den Zygostates Ioannes)	?
78	1) Petros 2) – 3) – 4) Diastoleus	1) Petros 2) – 3) – 4) Diastoleus	1) Georgios 2) – 3) – 4) *adiutor* der Komokatöken	In Zusammenhang mit der Weizensteuer für 11. Ind.	2 Solidi und 3 Keratia	11. Epeiph der 11. Ind.
82	–	1) Kosmas 2) – 3) – 4) Telonarches und Anagnostes	1) Andreas 2) – 3) – 4) Grammateus von Tamauis	Monopolgebühr für den Farbstoff Krimnos für 5. Ind.	3 Solidi	3. Epeiph der 5. Ind.
88	1) N. N. 2) ? 3) – 4) ?	1) N. N. 2) ? 3) – 4) ? von Perkethauun	1) N. N. 2) ? 3) – 4) ? von Theaxenis	In Zusammenhang mit der Probata-Steuer für 11. Ind.	? Keratia	3. Pharmuthi der ? Ind.

Nr.	*Ausfertiger*	*Zahlungs- oder Lieferungsempfänger*	*Steuerzahler*	*Titel und Bemessungs-zeitraum*	*Geldbetrag oder Produktmenge*	*Ausstellungs-datum*
95	1) N. N. 2) ? 3) – 4) ?	1) Aurelius Apollos 2) S. d. Pheys und d. N. N. 3) – 4) Diakonos und Komarchos von Prere 1) Aurelius Ioannes 2) S. d. Anuphios und d. Eys 3) – 4) Komarchos von Prere	1) Flavius Taurinos 2) – 3) – 4) Ratsherr von Hermupolis	Steuer für 3. Ind.	1 Solidus minus 3 Keratia	–
100	1) N. N. 2) ? 3) – 4) Grammateus	1) N. N. 2) S. d. Ruphos 3) – 4) ? 1) Phib 2) S. d. Paulos 3) – 4) ? 1) Apalliti 2) S. d. Ision 3) – 4) ? 1) Phoibammon 2) S. d. N. N. 3) – 4) ?	1) Phoibammon 2) – 3) – 4) Grammateus von ?	Frachtgebühren für Steuerweizen für 1. Ind.	? Solidi	13. ? der 1. Ind.
103	1) N. N. 2) ? 3) – 4) ?	1) Stephanos 2) ? 3) ? 4) Oikonomos der Kirche des Erzengels Michael sowie N. N. (?)	1) Nepheras alias Pmes 2) ? 3) ? 4) ?	Requisition (?) von Grünfutter	Ertrag von 1 1/2 Aruren	?

4. b Steuerleistungen für Embole (Leontios-Archiv)

Nr.	*Ausfertiger*	*Lieferungsempfänger*	*Steuerzahler*	*Titel und Bemessungs-zeitraum*	*Produktmenge*	*Ausstellungs-datum*
48	1) Ioannes 2) – 3) – 4) Sitometres von Antinoupolis 1) Theodosakios 2) – 3) – 4) Sitometres von Antinoupolis	1) Leontios 2) – 3) – 4) Hypodektes von Hermupolis	1) Phoibammon 2) – 3) – 4) Komes	Embole für 12. Ind.	200 Artaben Weizen (durch den Be-diensteten Phoibammon)	1. Choiak der 12. Ind.
49	1) Ioannes 2) – 3) – 4) Sitometres von Antinoupolis 1) Theodosakios 2) – 3) – 4) Sitometres von Antinoupolis	1) Leontios 2) – 3) – 4) Hypodektes von Hermupolis	1) ? 2) – 3) – 4) –	Embole für 11. Ind.	60 Artaben Weizen (durch den Diakonos Severus)	19. Tybi der 11. Ind.
77	1) Ioannes 2) – 3) – 4) Sitometres von Antinoupolis 1) Theodosakios 2) – 3) – 4) Sitometres von Antinoupolis	1) Leontios 2) – 3) – 4) Hypodektes von Hermupolis	1) Kolluthos 2) – 3) – 4) Archiatros	Embole für 11. und 12. Ind.	3 1/2 Artaben Weizen	5. Hathyr der 12. Ind.

5. Diverse Geldzahlungen

Nr.	*Ausfertiger*	*Zahlungsempfänger*	*Urkundenadressat*	*Titel und Bemessungs-zeitraum*	*Geldbetrag oder Produktmenge*	*Ausstellungs-datum*
37	1) Menas 2) ? 3) – 4) ?	1) N. N. 2) ? 3) ? 4) ?	1) Phoibammon 2) – 3) – 4) Grammateus von ?	? für 2. Ind.	? Solidi	29. Payni der ? Ind.
118	–	1) Flavius Basileios 2) – 3) – 4) Aufseher über das Steuerregister der Embole	1) Magistor 2) – 3) – 4) *adiutor* des Logisterion und Diastoleus der Dioskorides-Abteilung	Amtsgebühren für 3. Ind.	1 Solidus und 22 1/4 Keratia	–

6. Lieferungs- und Kaufpreise

Nr.	*Ausfertiger*	*Zahlungs- oder Lieferungsempfänger*	*Urkundenadressat*	*Titel und Bemessungs-zeitraum*	*Geldbetrag oder Produktmenge*	*Ausstellungs-datum*
55	1) N. N. 2) ? 3) – 4) ?	1) Georgios 2) S. d. Serenos 3) ? 4) ? 1) N. N. 2) ? 3) ? 4) ?	1) Kosmas 2) – 3) – 4) Epistates	Preis für Herstellung oder Lieferung von Waren für die Dianome-Steuer für ?	14 ?	?
106	1) Phib 2) – 3) – 4) Symbolaiographos	1) N. N. 2) ? 3) ? 4) ?	1) N. N. 2) ? 3) ? 4) ?	Lieferung oder Finanzierung von Sachmitteln für die Dianome-Steuer für ?	?	?
108 A	1) N. N. 2) ? 3) – 4) ?	1) Neilammon 2) S. d. Menas 3) Arsinoiton Polis 4) ?	1) Menas 2) S. d. Kalos 3) Arsinoiton Polis 4) Epistates der Leinenweber	Preis für Herstellung von 3 Hemden für die Dianome-Steuer für 8. Ind.	?	? der 8. Ind.

II. ABRECHNUNGEN

Nr.	*Ausfertiger*	*Zahlungsempfänger*	*Steuerzahler*	*Titel und Bemessungszeitraum*	*Geldbetrag*	*Ausstellungsdatum*
24 B	1) N. N. 2) ? 3) – 4) ?	1) N. N. 2) ? 3) – 4) ?	1) Herakli 1) Ioannes 2) S. d. Ptas 1) Apa Hol 4) Presbyteros 1) Papnuthios 1) Heras 1) Pisas 1) Papnuthios 1) Sumin 1) Georgios 1) Georgios 2) S. d. Apa Hol 1) Georgios sowie weitere NN. NN.	Probata-Steuer für ?	jeweils 5 Keratia	?

B. Dokumente aus privatem Umfeld

I. Quittungen

1. Löhne

Nr.	*Ausfertiger*	*Lohnempfänger*	*Urkundenadressat*	*Titel und Bemessungs-zeitraum*	*Geldbetrag oder Produktmenge*	*Ausstellungs-datum*
56	1) Kosmas 2) – 3) – 4) Nomikos	1) Makarios 2) S. d. Apollos 3) Muchis 4) Eseltreiber	1) Georgios 2) ? 3) ? 4) ?	Lohn für die Zeit vom 2. Epagomenentag der 6. Ind. bis zum Monat Pharmuthi der 7. Ind. sowie einer zusätzlichen Vorschußzahlung	Lohn: – Vorschuß: ? Keratia	2. Epagomenentag der 6. Ind.
57	1) Phoibammon 2) S. d. Elias 3) – 4) Grammateus	1) Ioannes alias Pkermes 2) S. d. Gerontios 3) Kerkesucha 4) –	1) Abba Georgios 2) – 3) – 4) Presbyteros und Abt	Lohn für 6. Ind.	23 Keratia = 1 (nicht vollwertiger) Solidus	5. Payni der 5. Ind.
86	1) Pseeios 2) – 3) – 4) –	1) N. N. alias Paleus 2) S. d. Pekysios 3) Tapurseei 4) Bauer	1) 2) 3) 4) Name: N. N. Funkt.: *riparius* Fil.: – Herk.: Herakleopolis	Lohn für Bewässerungsarbeiten in Weingärten am Ende der 11. Ind.	1 Solidus	3. Epagomenentag der 11. Ind.
87	1) Ioannes 2) – 3) – 4) ?	1) Iuvinos 2) S. d. Martyrios 3) – 4) Leinenweber	1) Neilammon 2) – 3) – 4) Enoikiologos	Unterhalt für die Zeit vom Payni der 12. Ind. bis zum Epeiph der 13. Ind.	? Öl, ? *nummia*	14. Payni der 12. Ind.
96	1) Iustos 2) – 3) – 4) Symbolaiographos	1) Ioannes 2) S. d. Menas 3) Arsinoiton Polis 4) Stallmeister	1) N. N. 2) – 3) – 4) *chartularius* der Kirche der hl. 3 Märtyrer	Lohn für die Zeit vom ? bis zum Phaophi der 14. Ind.	Mengen an Weizen, Geld und Sonderzuwendung nicht eigens angeführt	30. Hathyr der 14. Ind.

Nr.	*Ausfertiger*	*Lohnempfänger*	*Urkundenadressat*	*Titel und Bemessungszeitraum*	*Geldbetrag oder Produktmenge*	*Ausstellungsdatum*
105	1) Iakob 2) – 3) – 4) Enoikiologos	1) N. N. 2) ? 3) ? 4) ?	1) N. N. 2) ? 3) ? 4) ?	Lohn für ?	1 Solidus	–

2. Synetheia

Nr.	*Ausfertiger*	*Zahlungsempfänger*	*Urkundenadressat*	*Titel und Bemessungszeitraum*	*Geldbetrag*	*Ausstellungsdatum*
24 A	1) Papnuthios 2) 3) 4) Grammateus	1) Menas 2) – 3) – 4) Flurwächter	1) – 2) S. d. Presbyteros Ani 3) – 4) Verwalter der Kirche des hl. Apa Isak	Synetheia für 15. Ind.	–	10. Mecheir der 1. Ind.

3. Pachtzinsen

Nr.	*Ausfertiger*	*Zahlungs- oder Lieferungsempfänger*	*Urkundenadressat*	*Titel und Bemessungszeitraum*	*Geldbetrag oder Produktmenge*	*Ausstellungsdatum*
44	1) Apa Neilos 2) S. d. Arotheos 3) – 4) Pronoetes von ? sowie weitere NN. NN.	1) Apa Neilos 2) S. d. Arotheos 3) – 4) Pronoetes von ?	1) Ioannes 2) S. d. Apollos 3) – 4) – 1) Pareu 2) – 3) – 4) Bediensteter des Apollos	Pachtzins für mehrere Ind.	jeweils 1 Solidus minus 7 und ? Keratia	?
47	1) Horuonchis 2) – 3) – 4) Pronoetes	1) Spital des hl. Abba Leontios 2) – 3) – 4) –	1) Kolluthos 2) – 3) – 4) Symmachos	Erbpachtzins für die Zeit vom Pachon der 12. Ind. bis zum Pachon der 13. Ind.	6 Keratia	?

Nr.	*Ausfertiger*	*Zahlungs- oder Lieferungsempfänger*	*Urkundenadressat*	*Titel und Bemessungszeitraum*	*Geldbetrag oder Produktmenge*	*Ausstellungsdatum*
80	1) Georgios 2) – 3) – 4) –	1) Christophoros 2) – 3) – 4) Pronoetes	1) N. N. 2) ? 3) ? 4) ?	Pachtzins der Kirche des neugegründeten hl. Ioannes für 3. Ind.	32 Artaben Weizen, 10 2/3 Artaben Gerste und 1 Artabe Gemüsesamen	6. Thoth der 3. Ind.
98	1) Petterios 2) – 3) – 4) Notarios	1) Petterios 2) – 3) – 4) Notarios	1) Neilos 2) – 3) – 4) Goldschmied	Pachtzins für 5. Ind.	1 2/3 Solidi	Im Monat Thoth der 5. Ind.

4. Diverse Geldzahlungen

Nr.	*Ausfertiger*	*Zahlungsempfänger*	*Urkundenadressat*	*Titel und Bemessungszeitraum*	*Geldbetrag oder Produktmenge*	*Ausstellungsdatum*
33+349	1) N. N. 2) ? 3) – 4) Nomikos	1) Pamun 2) S. d. N. N. 3) Ptolemais Hormu 4) ?	1) Pamun 2) S. d. Palatinos 3) – 4) Grundherr	Verpflegungsgeld für 12. Ind.	1 Solidus	13. Thoth der 11. Ind.
73	1) Kosmas 2) – 3) – 4) Nomikos	1) Makarios 2) S. d. Maximinos 3) Arsinoiton Polis (?) 4) Polsterer	1) N. N. 2) S. d. Maximinos 3) – 4) Polsterer	Vorauszahlung des Erbteiles an einer Darlehenssumme	3 Solidi	8. Phaophi der 4. Ind.
97	–	1) Flavius Iustos 2) – 3) Oxyrhynchos 4) –	1) Phokas 2) – 3) Hermupolis 4) Pronoetes	Auszahlung der Rendite aus dem fünftel Erbteil am Vermögen der verstorbenen Schwiegermutter Theodote für 11. Ind.	–	11. Choiak der 11. Ind.
104	1) N. N. 2) ? 3) – 4) ?	1) N. N. 2) ? 3) ? 4) ?	1) Kolluthos 2) ? 3) – 4) ? der Kirche der hl. Thekla	? für 15. Ind.	1/2 Solidus und 6 Artaben Weizen	14. Thoth der ? Ind.

Nr.	*Ausfertiger*	*Zahlungsempfänger*	*Urkundenadressat*	*Titel und Bemessungs-zeitraum*	*Geldbetrag oder Produktmenge*	*Ausstellungs-datum*
110	1) N. N. 2) ? 3) – 4) ?	1) N. N. 2) T. d. Ioannes 3) ? 4) –	1) N. N. 2) ? 3) ? 4) ?	?	1 Solidus	?
113	–	1) Ioannes 2) – 3) – 4) –	1) Andreas 2) – 3) – 4) Färber	Darlehenszins für 14. Ind.	1 Solidus minus 5 Keratia	2. Phamenoth der 15. Ind.
114	1) Plutammon 2) – 3) – 4) Symbolaiographos	1) Leontios Mixopolios 2) S. d. Stephanos 3) Apameia 4) –	1) Stephanos 2) S. d. Antonios 3) Parembole 4) –	?	3 Solidi	? Phaophi der ? Ind.
117	1) Menas 2) – 3) – 4) Grammateus	1) Menas 2) – 3) – 4) Grammateus	1) Ares 2) S. d. Asas 3) – 4) –	Entschädigung für Pfandnutzung	1 Solidus minus 2 1/4 Keratia	14. Mesore der 6. Ind.

5. Diverse Lieferungen

Nr.	*Ausfertiger*	*Lieferungsempfänger*	*Urkundenadressat*	*Titel und Bemessungs-zeitraum*	*Ware oder Produktmenge*	*Ausstellungs-datum*
63	1) N. N. 2) ? 3) – 4) ?	1) N. N. 2) – 3) – 4) ?	1) N. N. 2) – 3) – 4) Presbyteros und Verwalter	?	1 Töpferachse	?
67	1) N. N. 2) ? 3) – 4) ?	1) N. N. 2) ? 3) Tosachmis 4) ?	1) Kosmas 2) S. d. N. N. † 3) – 4) Pater Poleos	?	1037 Schilfrohre	?

6. Lieferungs- und Kaufpreise

Nr.	*Ausfertiger*	*Zahlungsempfänger*	*Urkundenadressat*	*Titel und Bemessungs-zeitraum*	*Geldbetrag oder Produktmenge*	*Ausstellungs-datum*
46	1) Paulos 2) – 3) – 4) Symbolaiographos	1) Stephanos 2) S. d. N. N. 3) Herakleopolis 4) ?	1) Georgios 2) S. d. Theodosios 3) Herakleopolis 4) –	Preis für Warenlieferung von fünf Gegenständen	3 Solidi	?
72 *bis*	1) Niketas 2) – 3) – 4) –	1) Puaaeie 2) S. d. Psurus 3) Eikosipentaruron 4) Ölmüller	1) Flavia Didyme 2) – 3) – 4) – 5) W. des ehem. *magister militum* von Arsinoiton Polis N. N. †	Preis für Kauf oder Lieferung von Schmiere	–	27. Choiak der 14. Ind.
79+1276	1) Georgios 2) – 3) – 4) –	1) N. N. 2) – 3) – 4) ? d. Kirche d. hl. Ioannes	1) N. N. 2) ? 3) – 4) ?	Preis für Lieferung von Spreu	1 Solidus minus 6 Keratia	14. Thoth der 15. Ind.
83	1) Phib 2) – 3) – 4) Symbolaiographos	1) Theophania 2) T. d. Apollos † 3) Arsinoiton Polis 4) –	1) Viktor 2) S. d. Grammateus Andreas 3) ? 4) Geometres	Kaufpreis für Textilien und ein Räucherfaß	5 Solidi	5. Hathyr der 2. Ind.
116	1) Iustos 2) 3) 4) Symbolaiographos	1) Menas 2) S. d. Makarios 3) ? 4) Hirte	1) N. N. 2) ? 3) – 4) *chartularius* der Heiligen Großen Kirche	Preis für Lieferung von landwirtschaftlichen Produkten für 15. Ind.	7 1/2 Keratia	? Tybi der ? Ind.

7. „Versteckte“ Darlehen (?)

Nr.	*Ausfertiger*	*Zahlungsempfänger*	*Urkundenadressat*	*Titel und Bemessungszeitraum*	*Geldbetrag oder Produktmenge*	*Ausstellungsdatum*
35	1) Muis 2) – 3) – 4) Heizer und Pronoetes	1) Muis 2) – 3) – 4) Heizer und Pronoetes	1) N. N. 2) ? 3) Hermupolis (Dorf) 4) Symmachos	Grundsteuer	4 1/2 oder mehr Keratia	?
68	1) Makarios 2) – 3) – 4) Grammateus	1) Onnophrios 2) S. d. Menas alias Pmuis 3) Onne 4) – 1) Paniskos 2) S. d. Pekysios 3) Onne 4) –	1) Menas 2) S. d. Iatros 3) Leukogion 4) –	Grundsteuer der 15. Ind.	–	17. Payni der 14. Ind.
99	–	1) Leontia 2) T. d. Menas 3) – 4) –	1) Aidesia 2) T. d. Kosmas 3) – 4) –	Steuer	1 1/2 Keratia	5. Phaophi der 2. Ind.

8. Darlehensrückzahlungen und Schuldentilgungen

Nr.	*Ausfertiger*	*Zahlungsempfänger*	*Urkundenadressat*	*Titel*	*Geldbetrag*	*Ausstellungsdatum*
64	1) Enoch 2) – 3) – 4) Symbolaiographos	1) Aaron 2) S. d. Ananias † 3) – 4) Diakonos und *cancellarius* des frommen Kleros von Herakleopolis	1) Gregorios 2) S. d. Megas † 3) Herakleopolis 4) Grundbesitzer	1. Rate einer Rückzahlung eines Gelddarlehens über 16 Solidi	8 Solidi	13. Tybi der 10. Ind.
109	1) N. N. 2) ? 3) – 4) Grammateus	1) N. N. 2) T. d. Georgios 3) – 4) –	1) Kyros 2) ? 3) ? 4) Grammateus	Tilgung einer Geldschuld über 1 Solidus	1 Solidus	21. Hathyr der ? Ind.

Nr.	*Ausfertiger*	*Zahlungsempfänger*	*Urkundenadressat*	*Titel*	*Geldbetrag*	*Ausstellungs-datum*
112 A	1) N. N. 2) ? 3) – 4) ?	1) Georgios 2) S. d. Anup 3) ? 4) ?	1) N. N. 2) ? 3) ? 4) ?	Tilgung einer Geldschuld über ? Solidi	? Solidi	?
112 B	1) Ieremias 2) – 3) – 4) Grammateus	1) Ieremias 2) – 3) – 4) Grammateus	1) Aurelius Menas 2) S. d. Phoibammon 3) – 4) Presbyteros	Rückzahlung (?) eines Gelddarlehens über 40 *folles*	40 *folles*	?

II. URKUNDEN VERTRAGLICHEN CHARAKTERS

1. Lieferungskäufe

Nr.	*Ausfertiger*	*Zahlungsempfänger*	*Urkundenadressat*	*Titel*	*Liefertermin*	*Ausstellungs-datum*
25	1) N. N. 2) ? 3) – 4) ?	1) NN. NN. 2) ? 3) ? 4) ?	1) Petros 2) ? 3) ? 4) ?	Kaufpreis von 600 Lagynoi Wein	?	22. Thoth der 2. Ind.
85	–	–	–	Kaufpreis von 12 Artaben Weizen (Muster)	Im Monat Payni der 1. Ind.	–

2. Darlehen

Nr.	*Ausfertiger*	*Zahlungs- oder Lieferungsempfänger*	*Urkundenadressat*	*Titel*	*Rückgabetermin*	*Ausstellungs-datum*
52	1) Ptolemaios 2) – 3) – 4) –	1) N. N. 2) ? 3) Herakleopolis 4) ?	1) Elias 2) S. d. N. N. 3) ? 4) Anagnostes	Naturaldarlehen über ? Artaben Weizen für Saatgut	nach erfolgter Ernte zur Zeit des Dreschens der 7. Ind.	? der 6. Ind.

Nr.	*Ausfertiger*	*Zahlungs- oder Lieferungsempfänger*	*Urkundenadressat*	*Titel*	*Rückgabetermin*	*Ausstellungs-datum*
59	1) Menas 2) S. d. Apa Iulios † 3) Herakleopolis 4) *adiutor*	1) Menas 2) S. d. Apa Iulios † 3) Herakleopolis 4) *adiutor*	1) Georgios 2) S. d. Lampenanzünders Paulos † 3) Herakleopolis 4) –	Gelddarlehen über 7 Solidi	8. Phamenoth der 7. Ind.	17. Mecheir der 7. Ind.
115	1) Kosmas 2) – 3) – 4) Symbolaiographos	1) Menas alias Phansemenne 2) S. d. Ioannakios 3) Arsinoiton Polis 4) Krämer 1) Paulos 2) S. d. Menas alias Phansemenne 3) Arsinoiton Polis 4) Krämer	1) Apa Iulios 2) S. d. Georgios 3) Arsinoiton Polis 4) Papyrushändler	Gelddarlehen über 2 1/2 Solidi	1. Rate: 1 Solidus am 8. Mecheir der 1 Ind. 2. Rate: 1 Solidus am 20. Phamenoth 1. Ind. 3. Rate: 1/2 Solidus am 20. Pharmuthi 1. Ind.	15. Tybi der 1. Ind.

III. ABRECHNUNGEN

Nr.	*Ausfertiger*	*Titel und Bemessungs-zeitraum*	*Produktmenge*	*Ausstellungs-datum*
45 B	1) N. N. 2) ? 3) – 4) ?	Ausgaben und Einnahmen auf einem Gutsbesitz (?) für ?	? Artaben an Naturalien	?

IV. Fragmente von Urkunden und Schreiben nicht näher greifbaren Inhaltes

Nr.	*Betreff*
21 B	Schreibübung (?)
42 B	Aufwendung von 1 Haplun Wein
65 B	?
107	Mitgift
108 B	Reinigung von Gerätschaften einer Werkstatt

C. Dokumente, deren Umfeld – ob öffentlich oder privat – nicht geklärt ist

I. Quittungen

1. Geldzahlungen

Nr.	*Ausfertiger*	*Zahlungsempfänger*	*Urkundenadressat bzw. Zahler*	*Titel und Bemessungszeitraum*	*Geldbetrag*	*Ausstellungsdatum*
11	1) N. N. 2) ? 3) – 4) ?	1) N. N. 2) ? 3) ? 4) ?	1) N. N. 2) ? 3) ? 4) ?	? für die Zeit vom 1. Mesore bis zum ?	1 Solidus	?
19	1) N. N. 2) ? 3) – 4) ?	1) N. N. 2) ? 3) ? 4) ?	1) Flavius Menas 2) S. d. Kallinikos 3) ? 4) ?	?	10 oder mehr Keratia	?
21 A	1) N. N. 2) – 3) – 4) –	1) Menas 2) S. d. Ioseph 3) Arsinoiton Polis 4) Schafzüchter	–	Für den Monat Mesore der 9. Ind.	11 Keratia	–
32	1) N. N. 2) ? 3) – 4) ?	1) N. N. 2) ? 3) Eleusina 4) ?	1) N. N. 2) ? 3) ? 4) ?	?	?	?

Nr.	*Ausfertiger*	*Zahlungsempfänger*	*Urkundenadressat bzw. Zahler*	*Titel und Bemessungszeitraum*	*Geldbetrag*	*Ausstellungsdatum*
41	1) N. N. 2) ? 3) – 4) ?	1) N. N. 2) ? 3) – 4) ?	1) Abba Basileios 2) ? 3) ? 4) ?	?	3 1/2 Keratia	?
54	1) Kallinikos 2) – 3) – 4) –	1) NN. NN. 2) ? 3) ? 4) ?	1) N. N. 2) ? 3) ? 4) ?	? für 9. Ind. und ?	?	? der 9. Ind. und ?
58	1) N. N. 2) ? 3) – 4) ?	1) N. N. 2) – 3) – 4) *magister militum* und Pagarch von Arsinoiton Polis	1) N. N. 2) S. d. Menas † 3) Arsinoiton Polis 4) ?	? für die Zeit vom Thoth bis ?	11 1/4 Keratia = 1/2 (nicht vollwertiger) Solidus	?
62	1) N. N. 2) ? 3) – 4) ?	1) Ptolemaios 2) – 3) – 4) Nyktostrategos	1) Viktor 2) – 3) – 4) Nyktostrategos	? für die Zeit vom 1. Phamenoth bis zum 30. Mesore	3 Solidi minus 13 1/2 Keratia	? Phamenoth der ? Ind.
69	–	1) Herakleides 2) ? 3) ? 4) *adiutor*	1) N. N. 2) ? 3) ? 4) ?	? für Apa Hol, S. d. Paus	2 Solidi und ?	24. Pharmuthi der 10. Ind.

2. Aufwendungen

Nr.	*Ausfertiger*	*Zahlungs- oder Lieferungsempfänger*	*Urkundenadressat*	*Titel und Bemessungszeitraum*	*Geldbetrag oder Produktmenge*	*Ausstellungsdatum*
81	1) N. N. 2) ? 3) – 4) ?	1) N. N. 2) ? 3) ? 4) ?	1) N. N. 2) ? 3) ? 4) ?	?	?	? Choiak der ? Ind.

Nr.	*Ausfertiger*	*Zahlungs- oder Lieferungsempfänger*	*Urkundenadressat*	*Titel und Bemessungszeitraum*	*Geldbetrag oder Produktmenge*	*Ausstellungsdatum*
94	1) N. N. 2) ? 3) – 4) ?	1) Kalomenas 2) – 3) – 4) –	1) Sabinos 2) – 3) – 4) Pagarch	Nicht näher erläuterte monatliche Aufwendungen für die Zeit vom Tybi der 5. Ind. bis zum ?	jeweils 12 Keratia	?

3. Lieferungen

Nr.	*Ausfertiger*	*Lieferungsempfänger*	*Urkundenadressat*	*Titel und Bemessungszeitraum*	*Geldbetrag oder Produktmenge*	*Ausstellungsdatum*
89	1) Menas 2) ? 3) – 4) ?	1) Georgios 2) ? 3) ? 4) ?	1) Appa Kyros 2) – 3) – 4) amtierender oder ehemaliger Pagarch des Nordteils des Herakleopolites	?	1500 Artaben Gerste	?

4. Quittungen oder Anweisungen (?)

Nr.	*Ausfertiger*	*Lieferungsempfänger*	*Urkundenadressat*	*Titel und Bemessungszeitraum*	*Geldbetrag oder Produktmenge*	*Ausstellungsdatum*
50	–	1) N. N. 2) ? 3) ? 4) ?	1) N. N. 2) ? 3) ? 4) ?	?	3 ?, 12 Artaben Weizen, 3 ? und 2 *sextarii* Öl	–
51	–	1) Epiphanios 2) ? 3) ? 4) ?	1) N. N. 2) ? 3) ? 4) ?	?	10 1/4 1/20 ?	17. Payni der 9. Ind.

5. Fragmente von Quittungen unbekannten Inhaltes

Nr.	*Ausfertiger*	*Zahlungs- oder Lieferungsempfänger*	*Urkundenadressat*	*Titel und Bemessungs-zeitraum*	*Geldbetrag oder Produktmenge*	*Ausstellungs-datum*
18	1) N. N. 2) ? 3) – 4) ?	1) NN. NN. 2) ? 3) ? 4) ?	1) N. N. 2) ? 3) ? 4) ?	?	?	?
27	1) N. N. 2) ? 3) – 4) ?	1) N. N. 2) ? 3) ? 4) ?	1) Phoibammon 2) ? 3) ? 4) ?	? für 4. Ind.	?	27. Mecheir der 3. Ind.
28	1) N. N. 2) ? 3) – 4) ?	1) N. N. 2) ? 3) Makronos 4) ?	1) N. N. 2) ? 3) Arsinoiton Polis 4) ?	?	?	?
30	1) Kallinikos 2) – 3) – 4) –	1) N. N. 2) ? 3) ? 4) ?	1) Uenaphris 2) – 3) – 4) Proairetes	?	?	?
45 A	1) Naaraus 2) ? 3) – 4) ?	1) Elias 2) ? 3) ? 4) ?	1) – 2) Erben des N. N. 3) – 4) –	? für die Zeit von ? bis zur 4. Ind.	?	? der 3. Ind.
53	1) N. N. 2) ? 3) – 4) Grammateus	1) N. N. 2) ? 3) ? 4) Presbyteros	1) N. N. 2) ? 3) ? 4) ?	?	?	? Tybi der ? Ind.
60	1) N. N. 2) ? 3) – 4) ?	1) Kyros 2) ? 3) ? 4) *capitularius*	1) Damianos 2) ? 3) ? 4) Farbenhändler	? für 14. Ind.	?	2. Payni der 14. Ind.

Nr.	*Ausfertiger*	*Zahlungs- oder Lieferungsempfänger*	*Urkundenadressat*	*Titel und Bemessungs-zeitraum*	*Geldbetrag oder Produktmenge*	*Ausstellungs-datum*
101	1) N. N. 2) ? 3) – 4) ?	1) Symeonios 2) S. d. N. N. 3) ? 4) ?	1) Appa Kyros 2) ? 3) ? 4) ?	?	?	?
102	1) N. N. 2) ? 3) – 4) ?	1) N. N. 2) ? 3) ? 4) ?	1) N. N. 2) ? 3) ? 4) Diakonos	?	?	?

TABELLEN DES FORMALREGISTERS

A. QUITTUNGSSCHEMA

I. SUBJEKTIV STILISIERTE URKUNDENFORMULARE

1. Formulartyp ἔσχον καὶ ἐδεξάμην ἐγὼ ὁ δεῖνα παρὰ σοῦ τοῦ δεῖνος

Nr.	*Urkundentyp*	*Betreff*	*Provenienz*	*Datierung*
117	Quittung	Entschädigungszahlung für Pfandnutzung	?	6.–7. Jh.

2. Formulartyp ἔσχον καὶ ἐπληρώθην ἐγὼ ὁ δεῖνα παρὰ σοῦ τοῦ δεῖνος

Nr.	*Urkundentyp*	*Betreff*	*Provenienz*	*Datierung*
1	Quittung	Jahreslohn	Tamauis (Arsinoites)	Anfang 7. Jh.
2	Quittung	Jahreslohn eines Archihyperetes	Tamauis (Arsinoites)	Anfang 7. Jh.
3	Quittung	Jahreslohn (?) eines Symmachos	Tamauis (Arsinoites)	Anfang 7. Jh.
4	Quittung	Jahreslohn einer Frau	Tamauis (Arsinoites)	Anfang 7. Jh.
5	Quittung	Jahreslohn (?)	Tamauis (Arsinoites)	Anfang 7. Jh.
6+74	Quittung	Jahreslohn	Tamauis (Arsinoites)	Anfang 7. Jh.
7	Quittung	Jahreslohn (?) eines Symmachos	Tanis (Arsinoites)	7. Jh.
8	Quittung	Jahreslohn (?) des Vaters	Tamauis (Arsinoites)	Anfang 7. Jh.
9	Quittung	Jahreslohn (?) eines Archihyperetes	Tamauis (Arsinoites)	Anfang 7. Jh.
10	Quittung	Lohn eines (Hypo-) Katastates	?	6.–7. Jh.
12+13	Quittung	Jahreslohn	Tamauis (Arsinoites)	Anfang 7. Jh.
14	Quittung	Jahreslohn (?) eines Symmachos	Tamauis (Arsinoites)	Anfang 7. Jh.
15+20+76	Sammelquittung	Grundsteuer	Arsinoites	Mitte 6. Jh.
16	Quittung	Jahreslohn (?)	Tamauis (Arsinoites)	Anfang 7. Jh.
19	Quittung	Geldzahlung unbekannten Hintergrundes	Arsinoites	Mitte 6. Jh.

Nr.	*Urkundentyp*	*Betreff*	*Provenienz*	*Datierung*
21 A	Quittung	Geldzahlung unbekannten Hintergrundes	Arsinoiton Polis	7. Jh.
22+84	Quittung	Jahreslohn (?) eines Gefängnis-Torwächters	Tamauis (Arsinoites)	Anfang 7. Jh.
24 A	Quittung	Synetheia eines Flurwächters	Herakleopolites (?)	7. Jh.
26	Quittung	Lohn (?) eines Symmachos	Arsinoiton Polis	Mitte 7. Jh.
27	Quittung	?	?	6.–7. Jh.
28	Quittung	?	Arsinoiton Polis	6.–7. Jh.
29+75	Quittung	Lohn	?	6.–7. Jh.
32	Quittung	Geldzahlung (?) unbekannten Hintergrundes	Arsinoiton Polis	6.–7. Jh.
33	Quittung	Verpflegungsgeld	Arsinoiton Polis (?)	6.–7. Jh.
36	Quittung	Jahreslohn (?) eines Symmachos	Tamauis (Arsinoites)	Anfang 7. Jh.
54	Sammelquittung	Geldzahlungen unbekannten Hintergrundes	Arsinoiton Polis	2. Hälfte 7. Jh.
56	Quittung	Lohn eines Eseltreibers	Arsinoites	6.–7. Jh.
70	Quittung	Jahreslohn (?) einer Frau	Tamauis (Arsinoites)	Anfang 7. Jh.
71	Quittung	Jahreslohn (?) eines Symmachos	Tamauis (Arsinoites)	Anfang 7. Jh.
72	Quittung	Jahreslohn zweier *mandatarii*	Tamauis (Arsinoites)	Anfang 7. Jh.
72 *bis*	Quittung	Preis für verkaufte oder gelieferte Schmiere	Arsinoiton Polis	7. Jh.
73	Quittung	Vorauszahlung des Erbteiles an einer Darlehenssumme	Arsinoiton Polis (?)	6.–7. Jh.
82 *bis*	Quittung	Jahreslohn (?) eines Symmachos	Tamauis (Arsinoites)	605/606
83	Quittung	Kaufpreis für Textilien	Arsinoiton Polis	7. Jh.
87	Quittung	Taggeld eines Leinenwebers (Unterhaltszahlung)	Arsinoiton Polis	Mitte 6. Jh.
88	Quittung	Geldzahlung für Probata-Steuer	Theaxenis (Arsinoites)	2. Hälfte 7. Jh.
90	Quittung	Jahreslohn eines Symmachos	Tamauis (Arsinoites)	Anfang 7. Jh.
91	Quittung	Jahreslohn eines Symmachos	Tamauis (Arsinoites)	Anfang 7. Jh.
92	Quittung	Jahreslohn eines Symmachos	Tamauis (Arsinoites)	Anfang 7. Jh.
93	Quittung	Aufwendung(en) in Wein	?	6.–7. Jh.
96	Quittung	Lohn eines Stallmeisters	Arsinoiton Polis	640 oder 655 (?)
98	Quittung	Pachtzins	?	7. Jh.
99	Quittung	Steuer	?	7. Jh.
100	Quittung	Frachtgebühren für Steuerweizen	?	6.–7. Jh.
101	Quittung	?	?	6.–7. Jh.
102	Quittung	?	?	7. Jh.
111	Quittung	Werklohn für Bauarbeiten	Arsinoiton Polis	Mitte 7. Jh.

Nr.	*Urkundentyp*	*Betreff*	*Provenienz*	*Datierung*
112 A	Quittung	Schuldentilgung	?	6.–7. Jh.
113	Quittung	Darlehenszins	?	6. Jh.
114	Quittung	Geldzahlung unbekannten Hintergrundes	Arsinoiton Polis	6.–7. Jh.
116	Quittung	Preis für gelieferte landwirtschaftliche Produkte (?)	Arsinoiton Polis	640/641 oder 655/656

3. Formulartyp ἔσχον καὶ ἐπληρώθην ἐγὼ ὁ δεῖνα παρὰ σοῦ τοῦ δεῖνος oder ἔσχον καὶ ἐπληρώθην ἐγὼ ὁ δεῖνα παρὰ τοῦ δεῖνος

Nr.	*Urkundentyp*	*Betreff*	*Provenienz*	*Datierung*
23	Quittung	Lohn (?)	Arsinoites	6. Jh. (?)

4. Formulartyp ἔσχον ἐγὼ ὁ δεῖνα παρὰ τοῦ δεῖνος καὶ ἐπληρώθην παρὰ σοῦ

Nr.	*Urkundentyp*	*Betreff*	*Provenienz*	*Datierung*
45 A	Quittung	?	?	7. Jh.

5. Formulartyp ἔσχον καὶ ἐπληρώθην ἐγὼ ὁ δεῖνα παρὰ σοῦ τοῦ δεῖνος oder ἐπληρώθην ἐγὼ ὁ δεῖνα παρὰ σοῦ τοῦ δεῖνος

Nr.	*Urkundentyp*	*Betreff*	*Provenienz*	*Datierung*
17	Quittung	Steuer	?	6.–7. Jh.
30	Quittung	?	Arsinoiton Polis	2. Hälfte 7. Jh.
34	Quittung	Synetheia	?	7. Jh.

6. Formulartyp ἐπληρώθην ἐγὼ ὁ δεῖνα παρὰ σοῦ τοῦ δεῖνος

Nr.	*Urkundentyp*	*Betreff*	*Provenienz*	*Datierung*
37	Quittung	Geldzahlung unbekannten Hintergrundes	?	6.–7. Jh.
40	Quittung	Lohn eines Lagerverwalters	Syron (Arsinoites)	6.–7. Jh.
81	Quittung	Aufwendung(en) unbekannter Art	?	6.–7. Jh.

7. Formulartyp ἔσχον ἐγὼ ὁ δεῖνα παρὰ σοῦ τοῦ δεῖνος

Nr.	*Urkundentyp*	*Betreff*	*Provenienz*	*Datierung*
44	Sammelquittung	Pachtzins	?	Ende 6./Anfang 7. Jh.
46	Quittung	Preis für gelieferte Waren	Herakleopolites	1. Hälfte 8. Jh.
57	Quittung	Lohn	Arsinoites	7. Jh.
60	Quittung	?	Arsinoites	6. Jh.
61	Quittung	Steuer	Arsinoites	6.–7. Jh.
68	Quittung	Vorauszahlung der Grundsteuer	Leukogion (Herakleopolites)	Ende 6./Anfang 7. Jh.
69	Quittung	Geldzahlung unbekannten Hintergrundes	?	6. Jh.
86	Quittung	Lohn eines Bauern für Bewässerungsarbeiten	Herakleopolis	593
89	Quittung	Lieferung von Gerste	Herakleopolis	Mitte 7. Jh.
94	Quittung	Monatliche Aufwendungen in Geld	?	7. Jh.

8. Formulartyp ἔσχον ἐγὼ ὁ δεῖνα παρὰ σοῦ τοῦ δεῖνος mit zweiteiliger Struktur

Nr.	*Urkundentyp*	*Betreff*	*Provenienz*	*Datierung*
25	Lieferungskauf	Wein	Herakleopolites	7. Jh.
52	Darlehen	Saatgut	Herakleopolis (?)	7. Jh.
59	Darlehen	Geldbetrag	Herakleopolis	7. Jh.

9. Formulartyp ἔχω ἐγὼ ὁ δεῖνα σοὶ τῷ δεῖνι mit zweiteiliger Struktur

Nr.	*Urkundentyp*	*Betreff*	*Provenienz*	*Datierung*
106	Quittung	Lieferung oder Finanzierung von Sachmitteln für die Dianome-Steuer	Arsinoiton Polis (?)	2. Hälfte 7. Jh.
115	Darlehen	Geldbetrag	Arsinoiton Polis	7.–8. Jh.

10. Formulartyp ἔσχον διὰ τοῦ δεῖνος

Nr.	*Urkundentyp*	*Betreff*	*Provenienz*	*Datierung*
41	Quittung	Geldzahlung unbekannten Hintergrundes	?	7. Jh.
42 A	Doppelquittung	Steuern	Hermopolites	Anfang 7. Jh.

11. Formulartyp ἔσχον παρὰ τοῦ δεῖνος

Nr.	*Urkundentyp*	*Betreff*	*Provenienz*	*Datierung*
43	Quittung	Geldzahlung für Embole	Hermopolites	1. Hälfte 7. Jh.
48	Quittung	Weizenlieferung für Embole	Hermupolis	7. Jh.
49	Quittung	Weizenlieferung für Embole	Hermupolis	7. Jh.
77	Quittung	Weizenlieferung für Embole	Hermupolis	7. Jh.
78	Quittung	Geldzahlung in Zusammenhang mit der Weizensteuer	Hermopolites	1. Hälfte 7. Jh.

12. Formulartyp nicht klar ersichtlich

Nr.	*Urkundentyp*	*Betreff*	*Provenienz*	*Datierung*
31	Quittung	Kopfsteuer	?	7.–8. Jh.
53	Quittung	?	?	7. Jh.
55	Quittung	Preis für Herstellung oder Lieferung von Waren für die Dianome-Steuer (?)	?	2. Hälfte 7. Jh.
82	Quittung	Monopolgebühr für den Farbstoff Krimnos	Tamauis (Arsinoites)	Anfang 7. Jh.
103	Quittung	Requiriertes (?) Grünfutter	?	7.–8. Jh.
108 A	Quittung	Preis für Herstellung von Hemden für die Dianome-Steuer	Arsinoiton Polis	2. Hälfte 7. Jh.
109	Quittung	Schuldentilgung	?	6. Jh.

II. Objektiv stilisierte Urkundenformulare

1. Formulartyp ἐπλήρωσεν ὁ δεῖνα

Nr.	*Urkundentyp*	*Betreff*	*Provenienz*	*Datierung*
38	Quittung	Grundsteuern	Arsinoites	7. Jh.
65 A	Quittung	Lieferung von Steuerweizen	Arsinoites	6.–7. Jh.

B. Vertragsschema

I. Subjektiv stilisierte Urkundenformulare

1. Formulartyp ἐδεξάμην καὶ ἐπληρώθην παρὰ σοῦ

Nr.	*Urkundentyp*	*Betreff*	*Provenienz*	*Datierung*
47	Quittung	Erbpachtzins	?	7. Jh.
80	Quittung	Pachtzins	Hermopolites (?)	6.–7. Jh.
118	Quittung	Amtsgebühren	Hermupolis	Anfang 7. Jh.

2. Formulartyp ἔσχον καὶ ἐπληρώθην παρὰ σοῦ

Nr.	*Urkundentyp*	*Betreff*	*Provenienz*	*Datierung*
18	Quittung	?	Arsinoiton Polis	6. Jh.

3. Formulartyp ἐπληρώθην παρὰ σοῦ

Nr.	*Urkundentyp*	*Betreff*	*Provenienz*	*Datierung*
79+1276	Quittung	Preis für gelieferte Spreu	Hermopolites (?)	6.–7. Jh.
95	Quittung	Steuer	Hermupolis	494/495 (?)

4. Formulartyp πεπλήρωμαι παρὰ σοῦ

Nr.	*Urkundentyp*	*Betreff*	*Provenienz*	*Datierung*
97	Quittung	Auszahlung eines Erbteiles an Vermögensrendite	Hermupolis	6.–7. Jh.

5. Formulartyp ἔσχον παρὰ σοῦ

Nr.	*Urkundentyp*	*Betreff*	*Provenienz*	*Datierung*
63	Quittung	Lieferung einer Töpferachse (?)	?	7. Jh.
64	Quittung	Teilrückzahlung eines Darlehens über Geldbetrag	Herakleopolis	6.–7. Jh.
67	Quittung	Lieferung von Schilfrohr	Herakleopolis	7. Jh.

6. Formulartyp ὁμολογῶ ἐσχηκέναι με παρὰ σοῦ (διὰ χειρὸς) καὶ πεπληρῶσθαι mit zweiteiliger Struktur

Nr.	*Urkundentyp*	*Betreff*	*Provenienz*	*Datierung*
85	Lieferungskauf	Weizen (Muster)	?	6.–7. Jh.

7. Formulartyp ἔσχον καὶ ἐνεβαλόμην

Nr.	*Urkundentyp*	*Betreff*	*Provenienz*	*Datierung*
66	Quittung	Verladung von Weizen für die Embole (?)	Thmoinepsi (Herakleopolites)	Anfang 7. Jh.

8. Formulartyp nicht ersichtlich

Nr.	*Urkundentyp*	*Betreff*	*Provenienz*	*Datierung*
35	Quittung	Grundsteuer	Hermupolis (Arsinoites)	7.–8. Jh.
58	Quittung	Geldzahlung unbekannten Hintergrundes	Arsinoiton Polis	7. Jh.

II. Objektiv stilisierte Urkundenformulare

Keine Formulartypen vorhanden

C. Incerta

Urkundenschema, Stilisierung und Formulartyp nicht ersichtlich

Nr.	*Urkundentyp*	*Betreff*	*Provenienz*	*Datierung*
11	Quittung	Geldzahlung unbekannten Hintergrundes	?	7. Jh.
50	Quittung oder Anweisung	Lieferung von Naturalien	Arsinoites	6. Jh.
51	Quittung oder Anweisung	?	?	7. Jh.
62	Quittung	Geldzahlung an einen Nyktostrategos unbekannten Hintergrundes	?	6. Jh.
104	Quittung	Geldzahlung und Weizenlieferung unbekannten Hintergrundes	Arsinoiton Polis (?)	7. Jh.
105	Quittung	Lohn	?	6.–7. Jh.

Nr.	*Urkundentyp*	*Betreff*	*Provenienz*	*Datierung*
110	Quittung	Geldzahlung unbekannten Hintergrundes	?	6. Jh.

D. Ohne spezielles Schema und/oder Formular

Nr.	*Urkundentyp*	*Betreff*	*Provenienz und Datierung*
21 B	Schreibübung (?)	?	s. **21 A** (Kat. A I 2)
24 B	Abrechnung	Probata-Steuer	s. **24 A** (Kat. A I 2)
42 B	Notiz	Aufwendung in Wein	s. **42 A** (Kat. A I 10)
45 B	Abrechnung	Ausgaben und Einnahmen auf einem Gutsbesitz (?)	s. **45 A** (Kat. A I 4)
65 B	Schreiben	?	s. **65 A** (Kat. A II 1)
107	Schreiben	Mitgift	?
108 B	Schreiben	Reinigung von Gerätschaften einer Werkstatt (?)	s. **108 A** (Kat. A I 12)
112 B	Quittung	Darlehensrückzahlung (?)	s. **112 A** (Kat. A I 2)

INDICES

I. CHRONOLOGIE

a. INDIKTIONEN

b. MONATE

c. TAGE

II. NAMEN UND PERSONEN

Br. = Bruder; E. = Enkel; G. = Gatte bzw. Gattin; Gv. = Großvater; M. = Mutter; S. = Sohn; Sm. = Schwiegermutter; Ss. = Schwiegersohn; T. = Tochter; V. = Vater; W. = Witwe

III. Geographie, Toponyme und Institutionen

IV. ÄMTER, TITEL UND BERUFE

V. Steuern und Abgaben

VI. Geld, Masse und Gewichte

VII. Ziffern und Symbole

a. Ziffern

b. SYMBOLE

VIII. ALLGEMEINER WORTINDEX

IX. LATEINISCH

Tafelteil

Photos:
Ingrid Oentrich, Österreichische Nationalbibliothek (Tafeln I–LXIII)
Margarete Büsing, Ägyptisches Museum und Papyrussammlung, Staatliche Museen zu Berlin (Tafel XXII **116**, Tafeln LXIV–LXVII)
Photograph unbekannt, Universitätsbibliothek Leipzig (Tafel LXVIII)

1

4

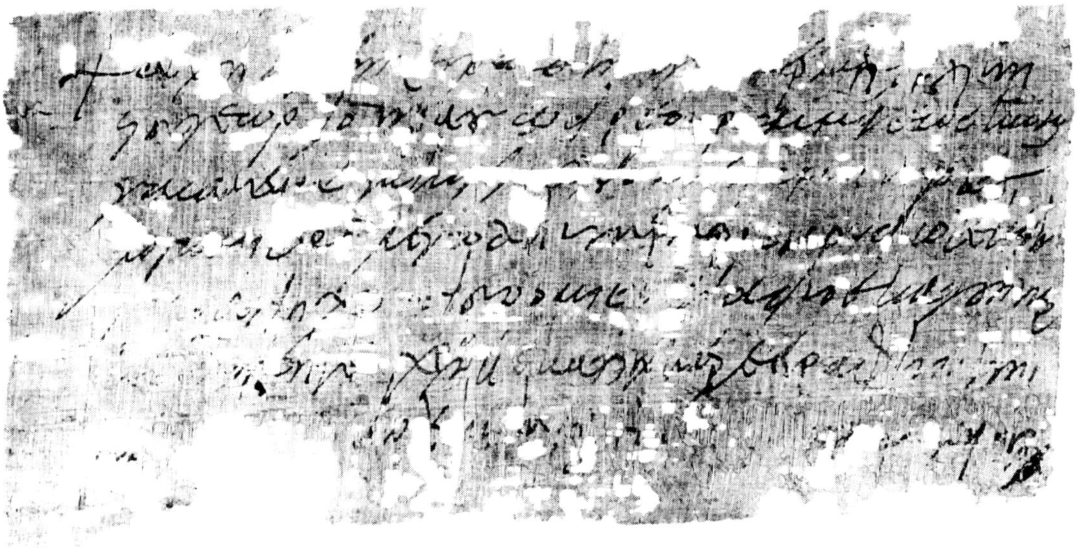

2

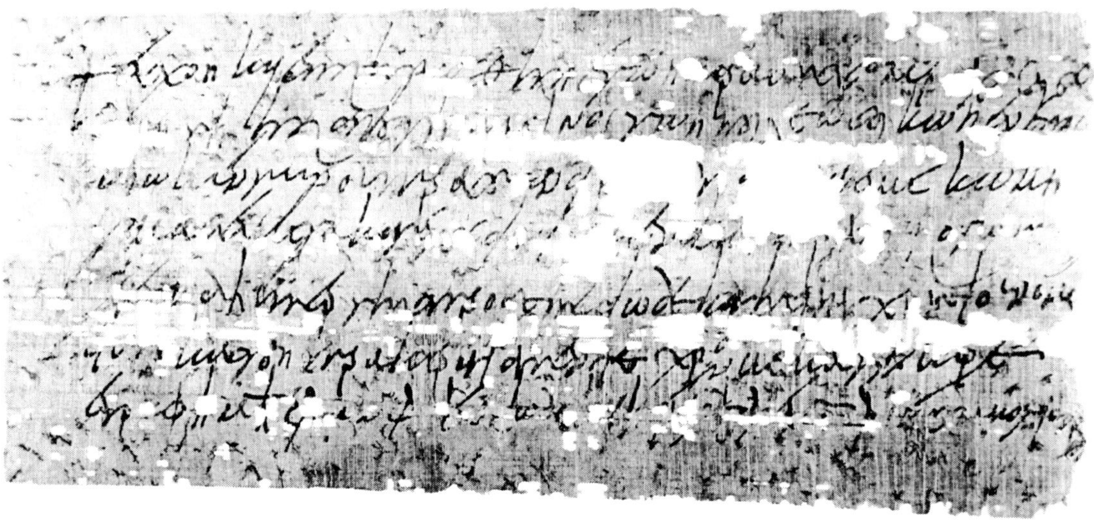

90

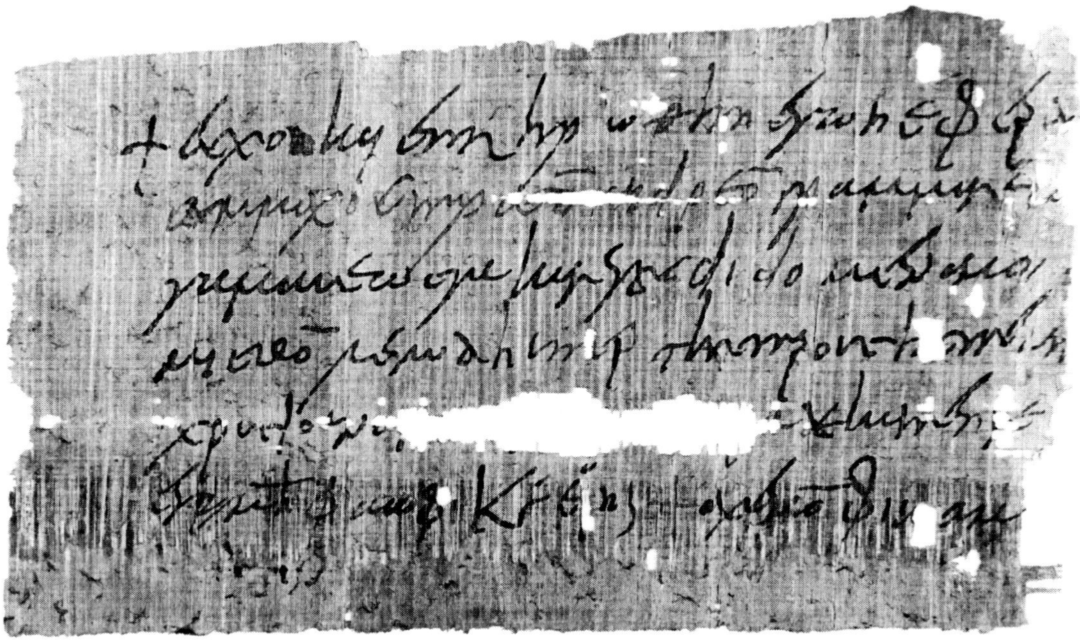

91

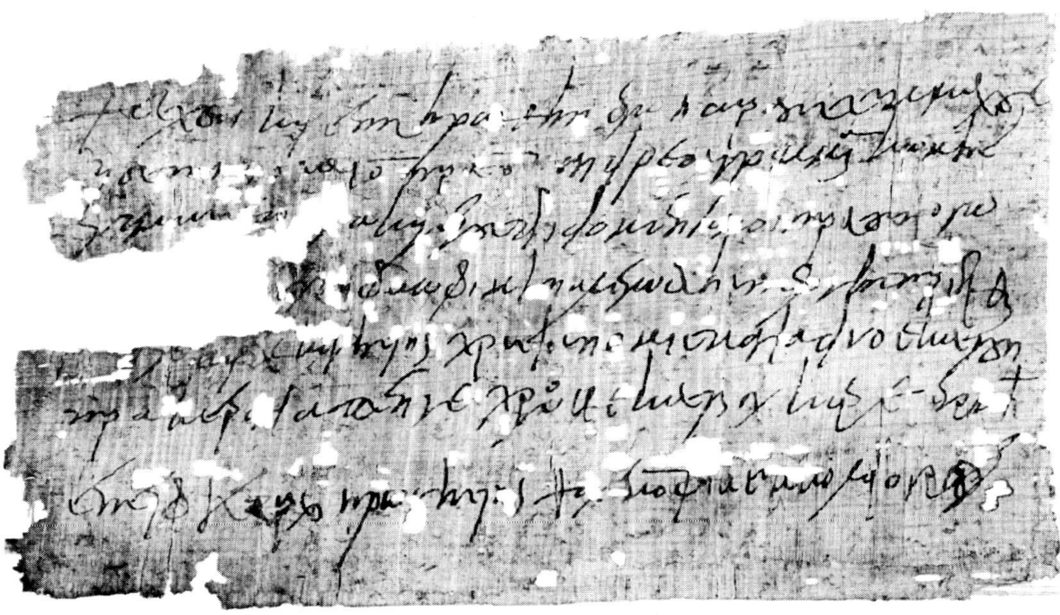

92

36

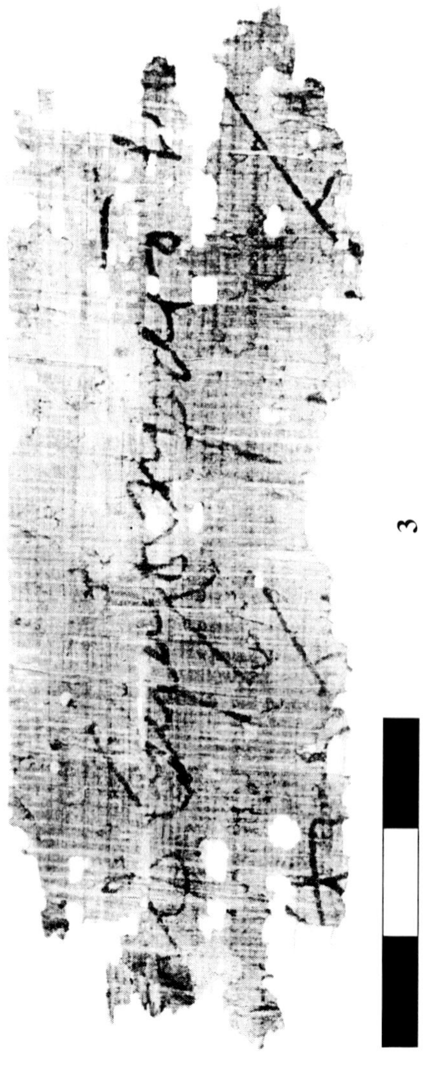

3

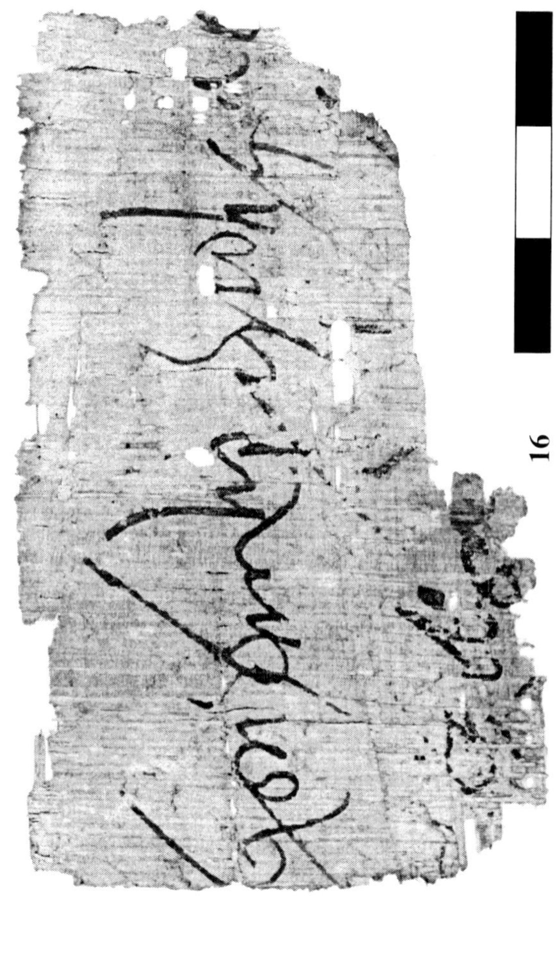

16

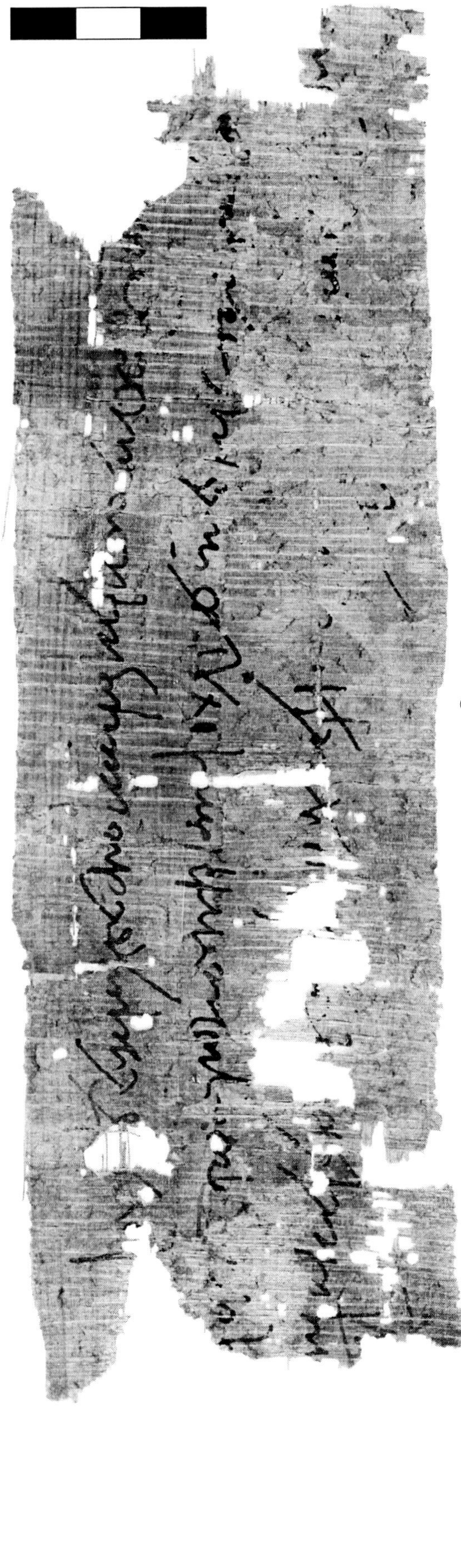

8

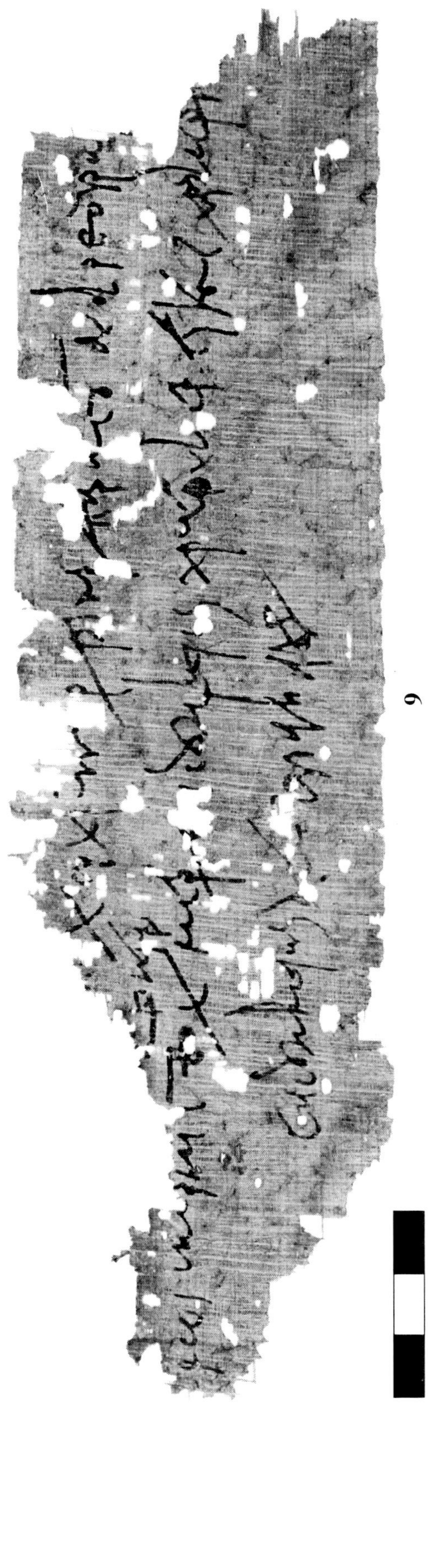

9

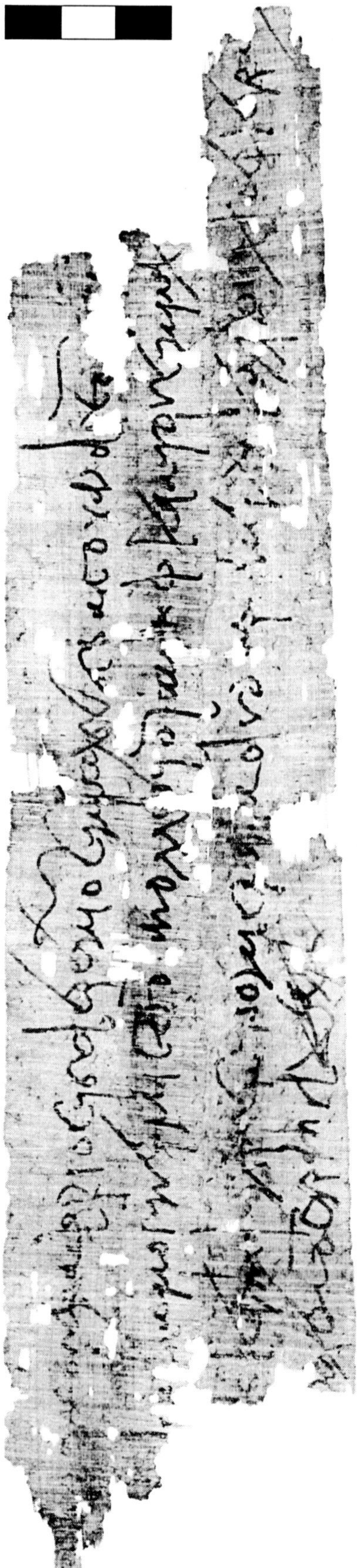

14

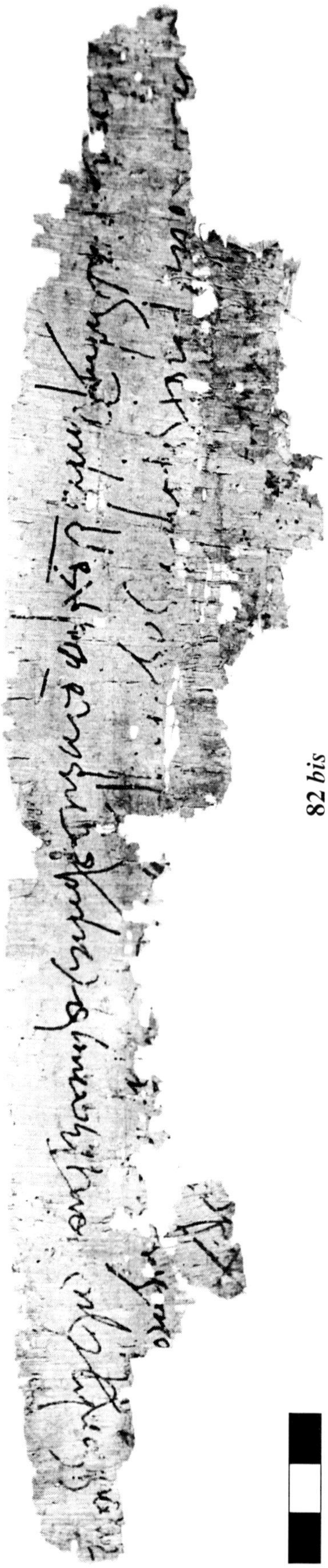

82 bis

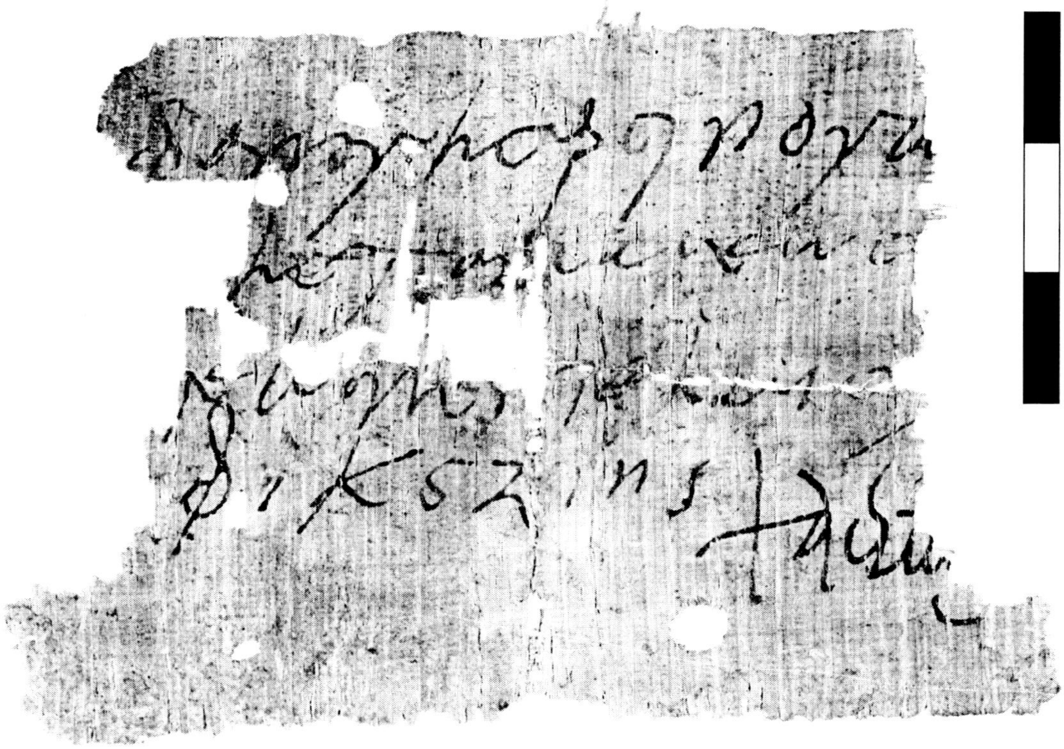

5

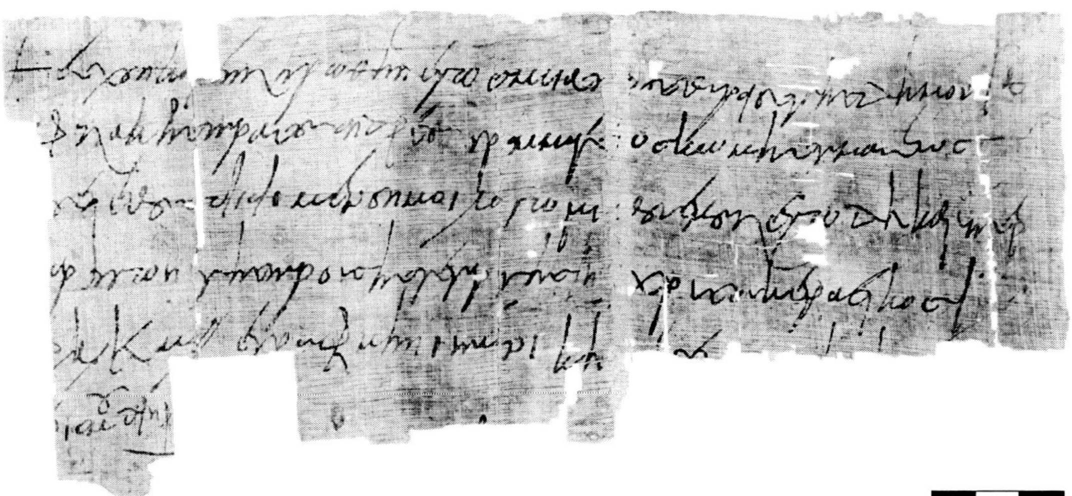

22 + 84

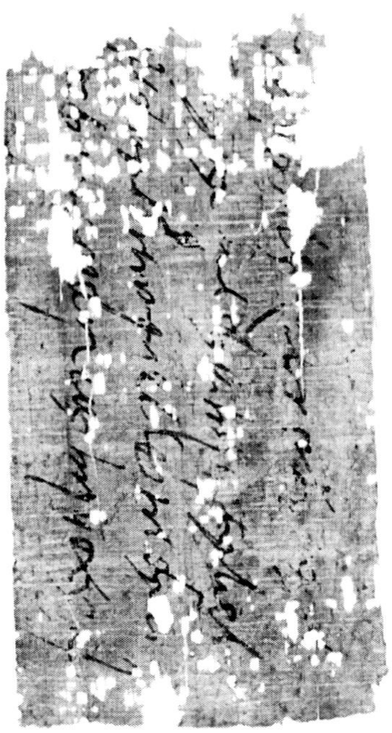

6 + 74

12 + 13

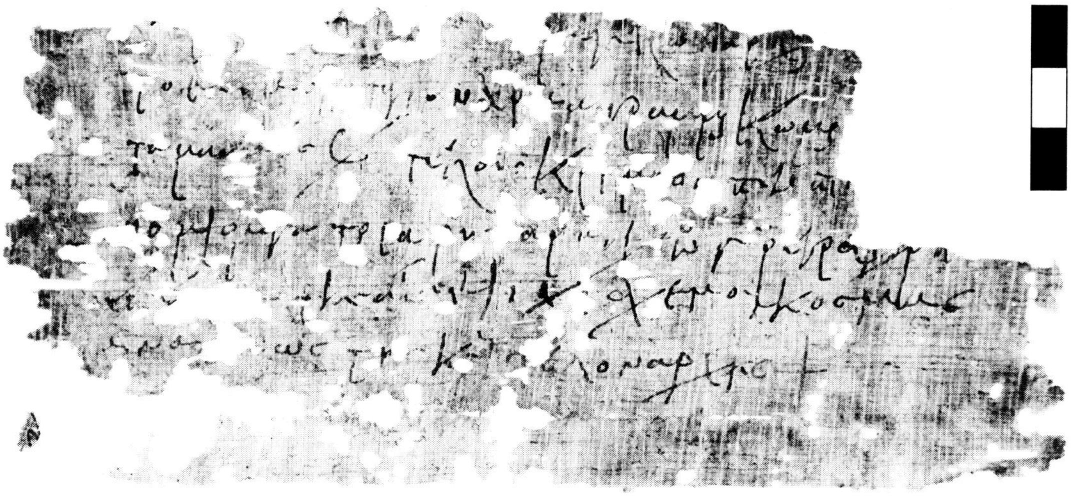

82

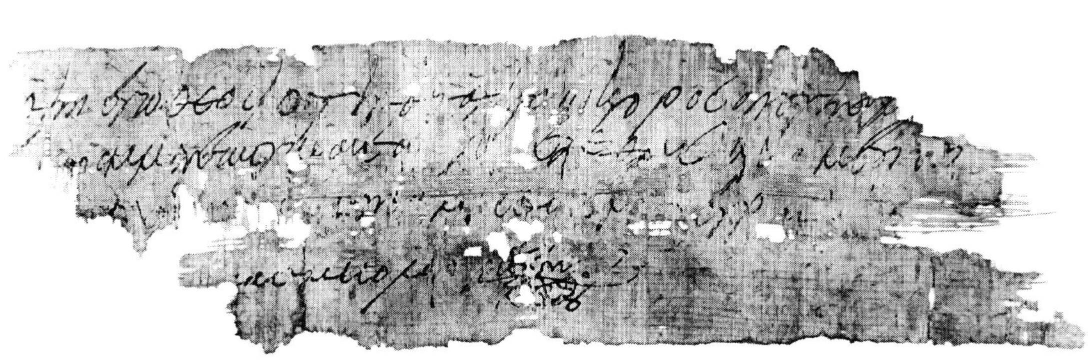

70

TAFEL X

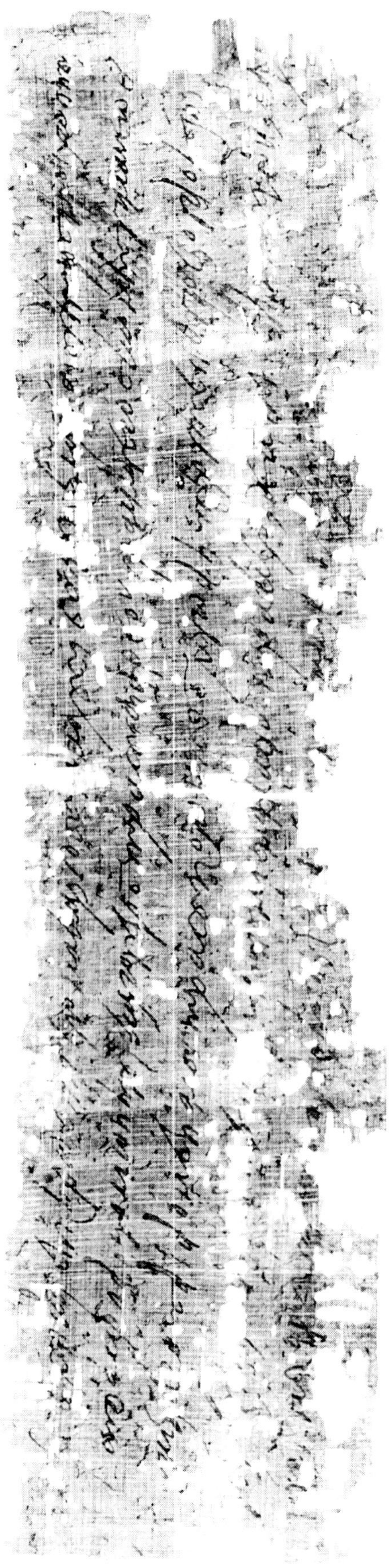

71

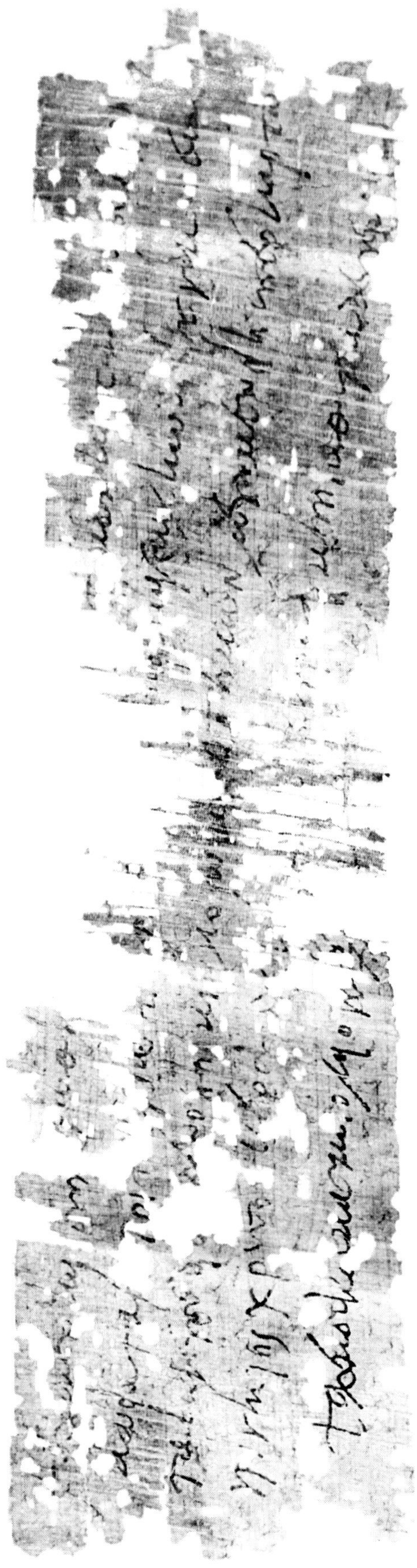

72

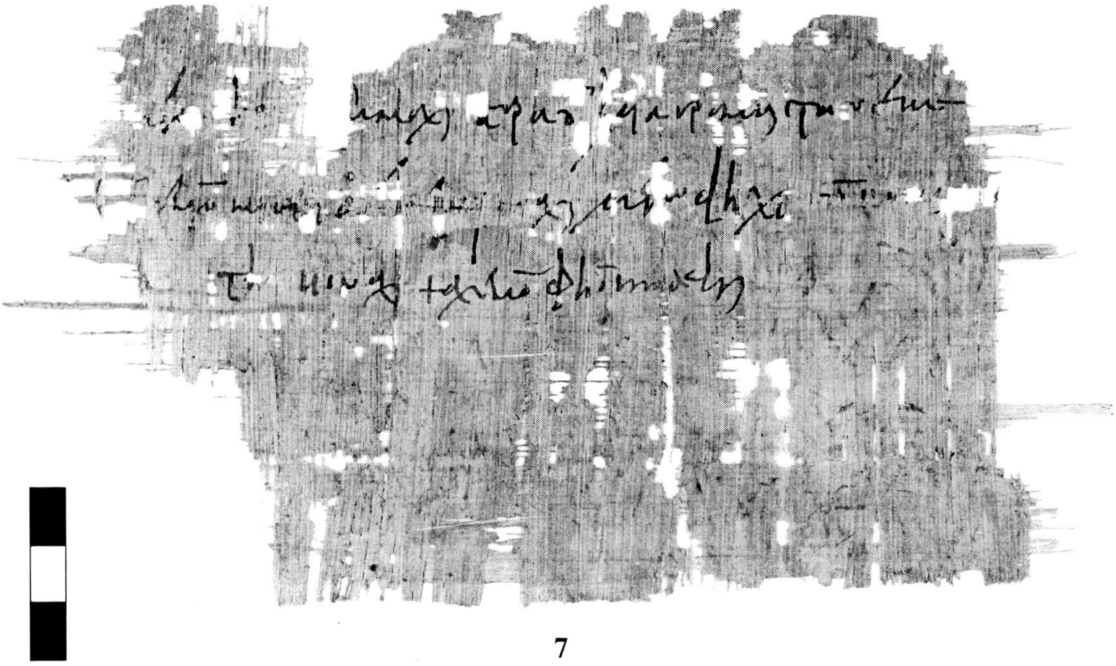

7

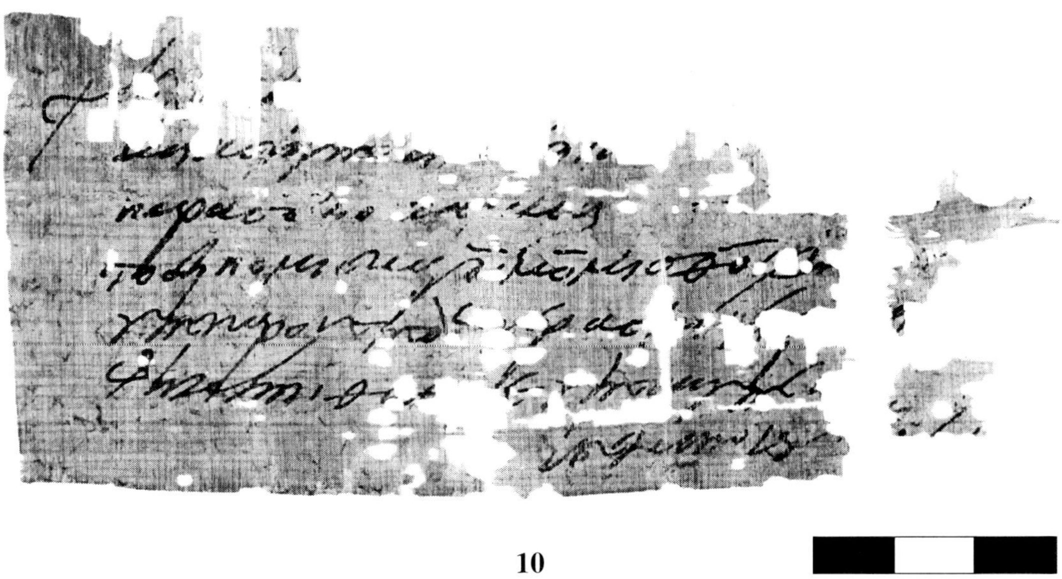

10

TAFEL XII

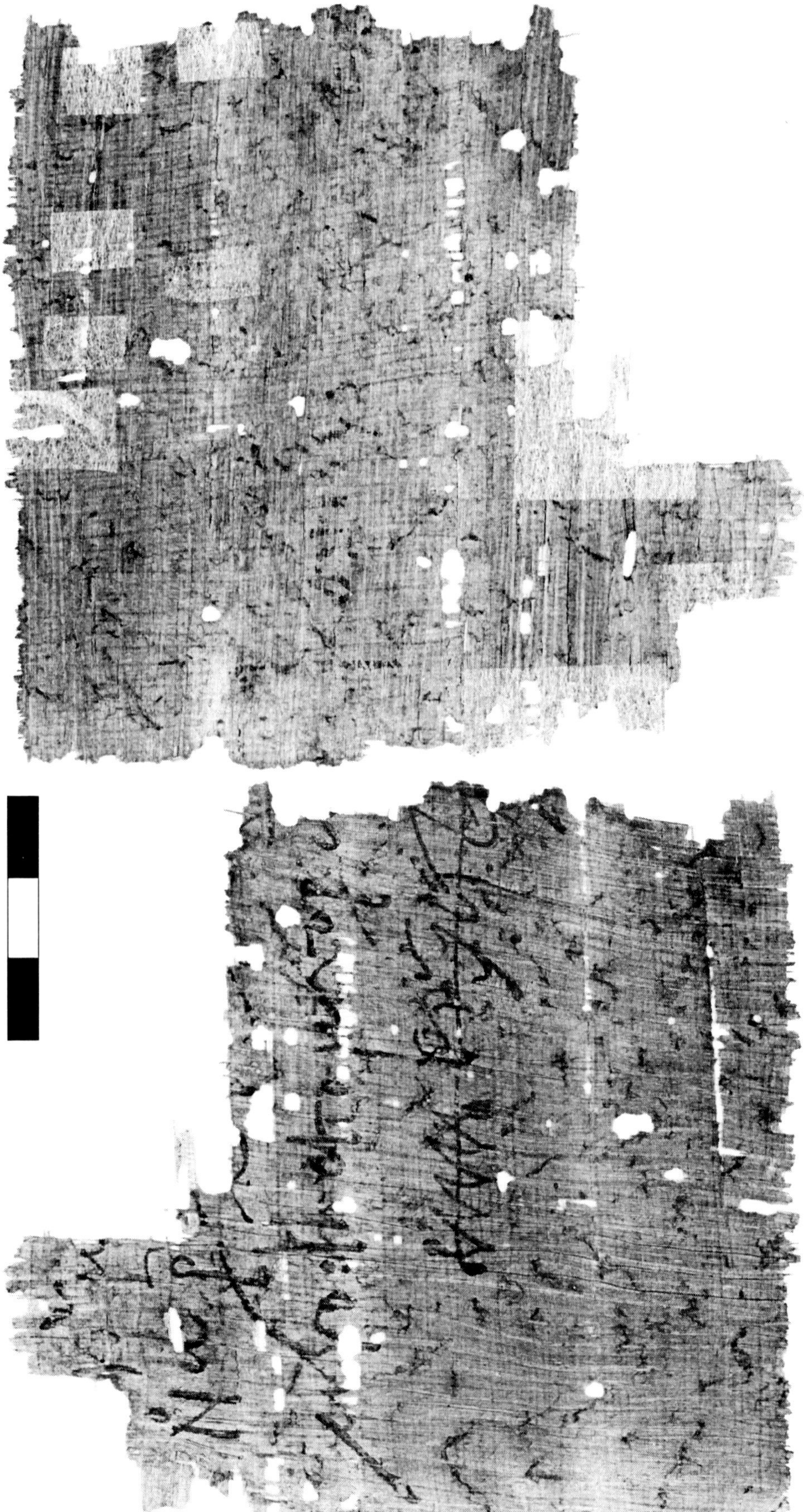

11

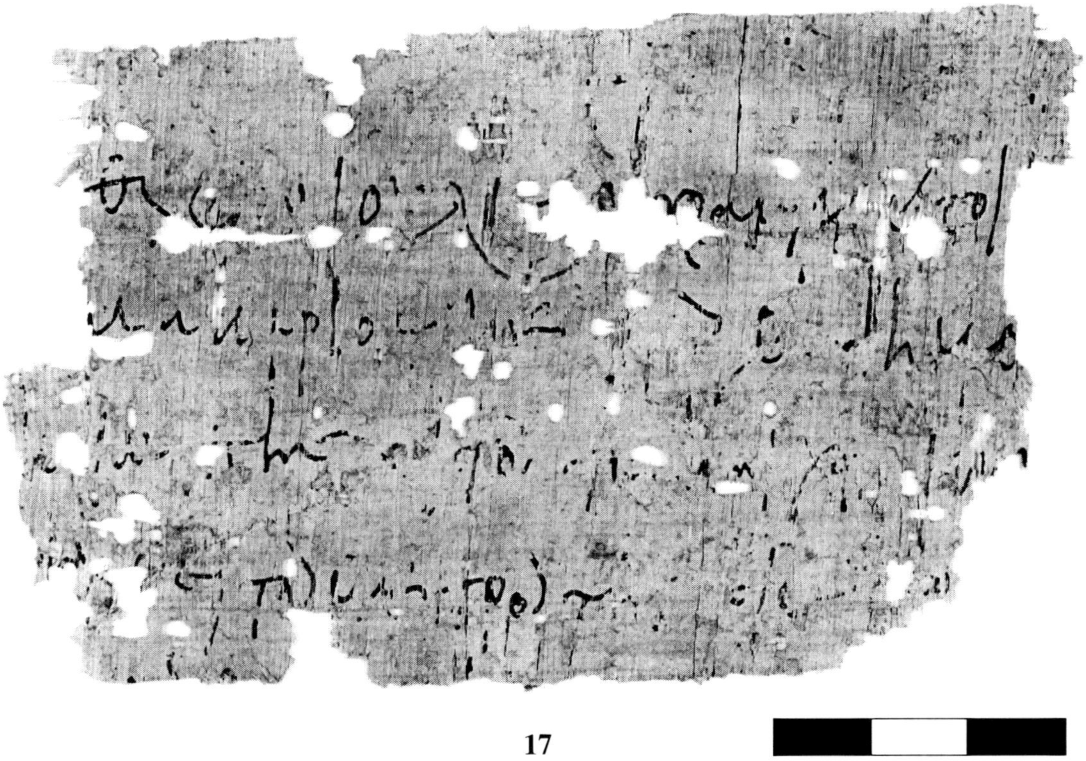

17

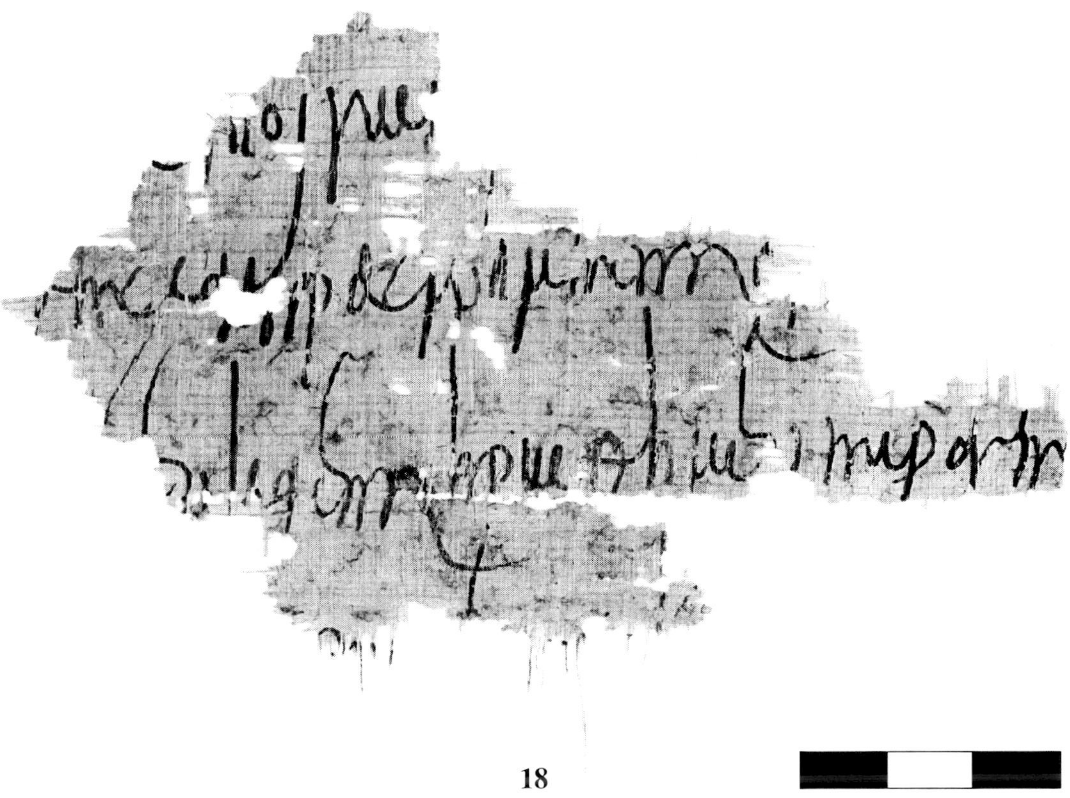

18

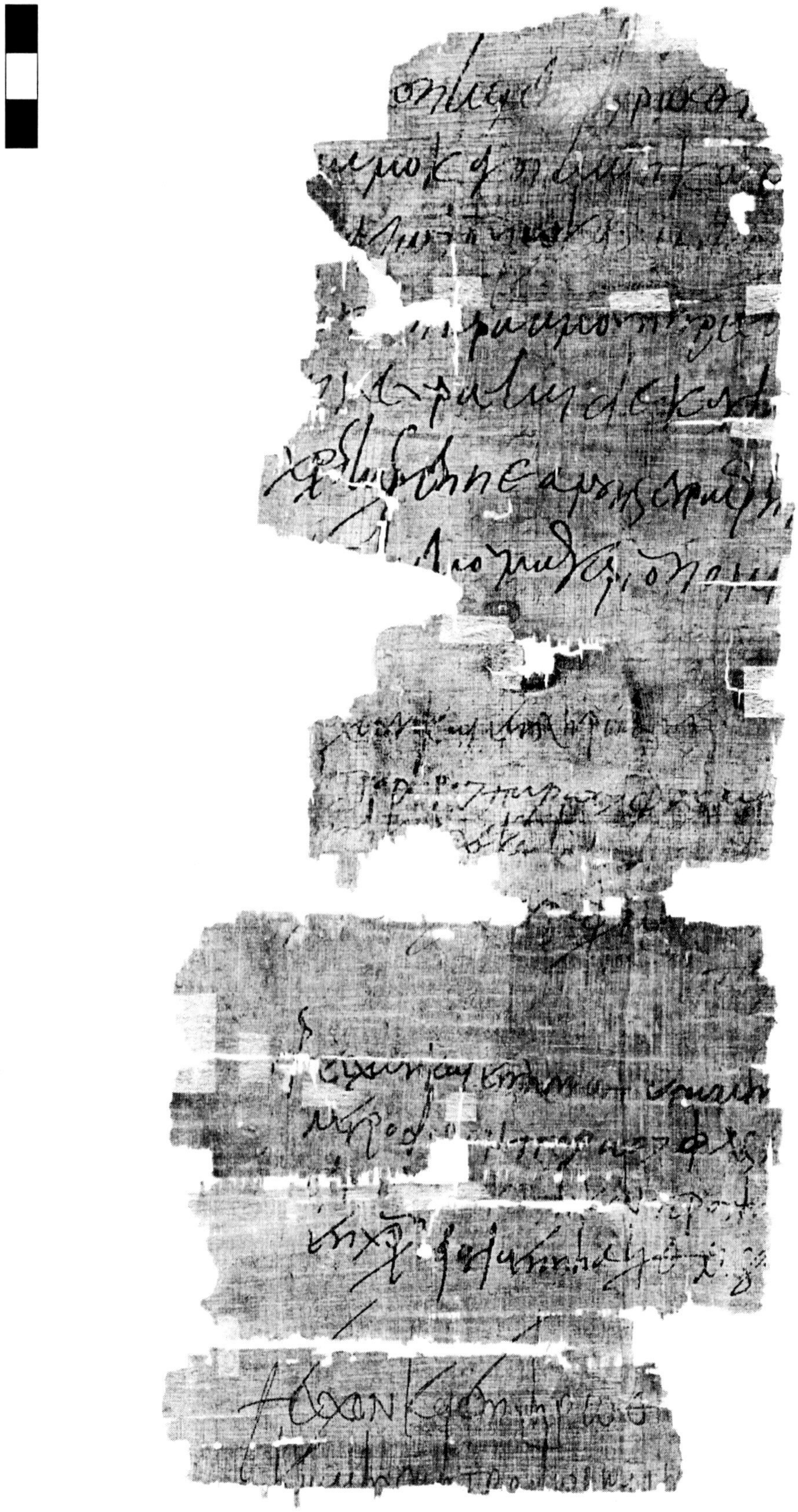

15 + 20 + 76 R

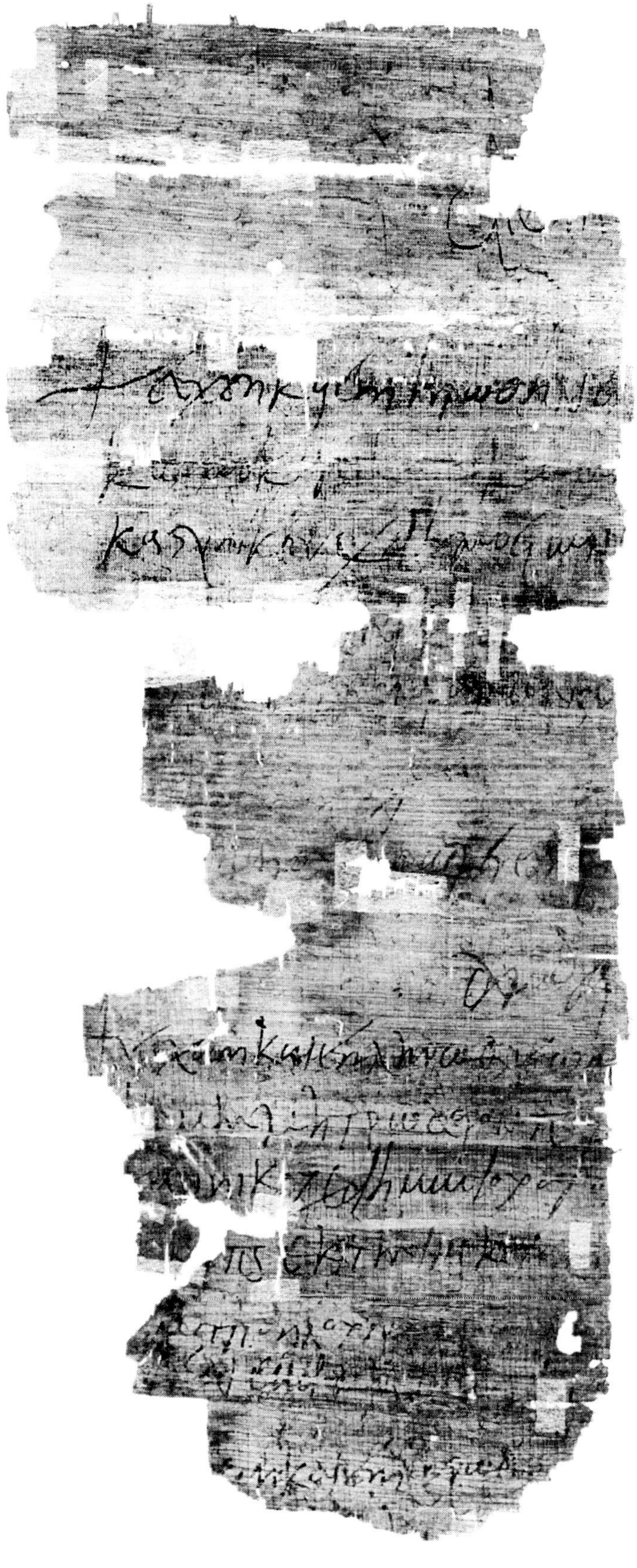

15 + 20 + 76 V

19 + 39

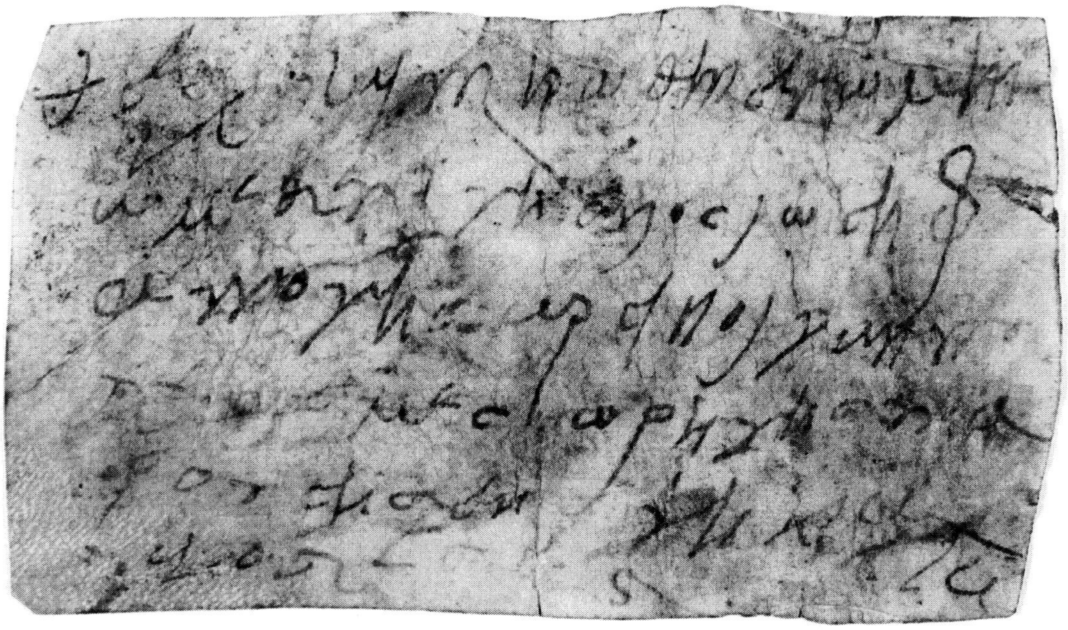

21 A

21 B

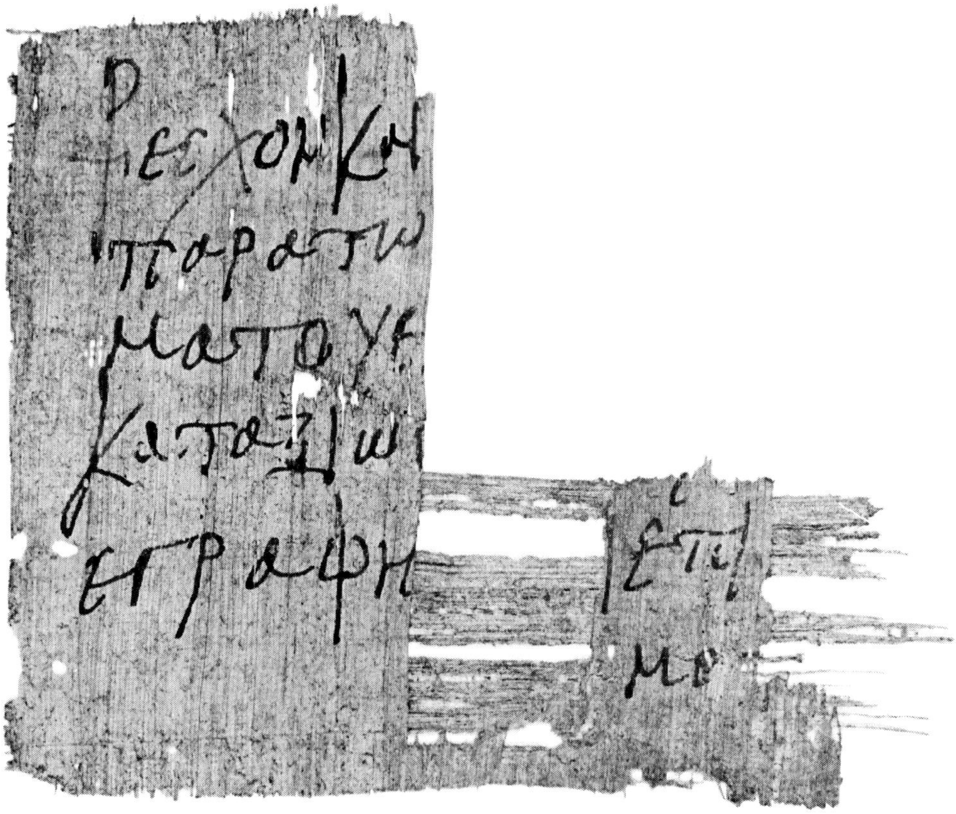

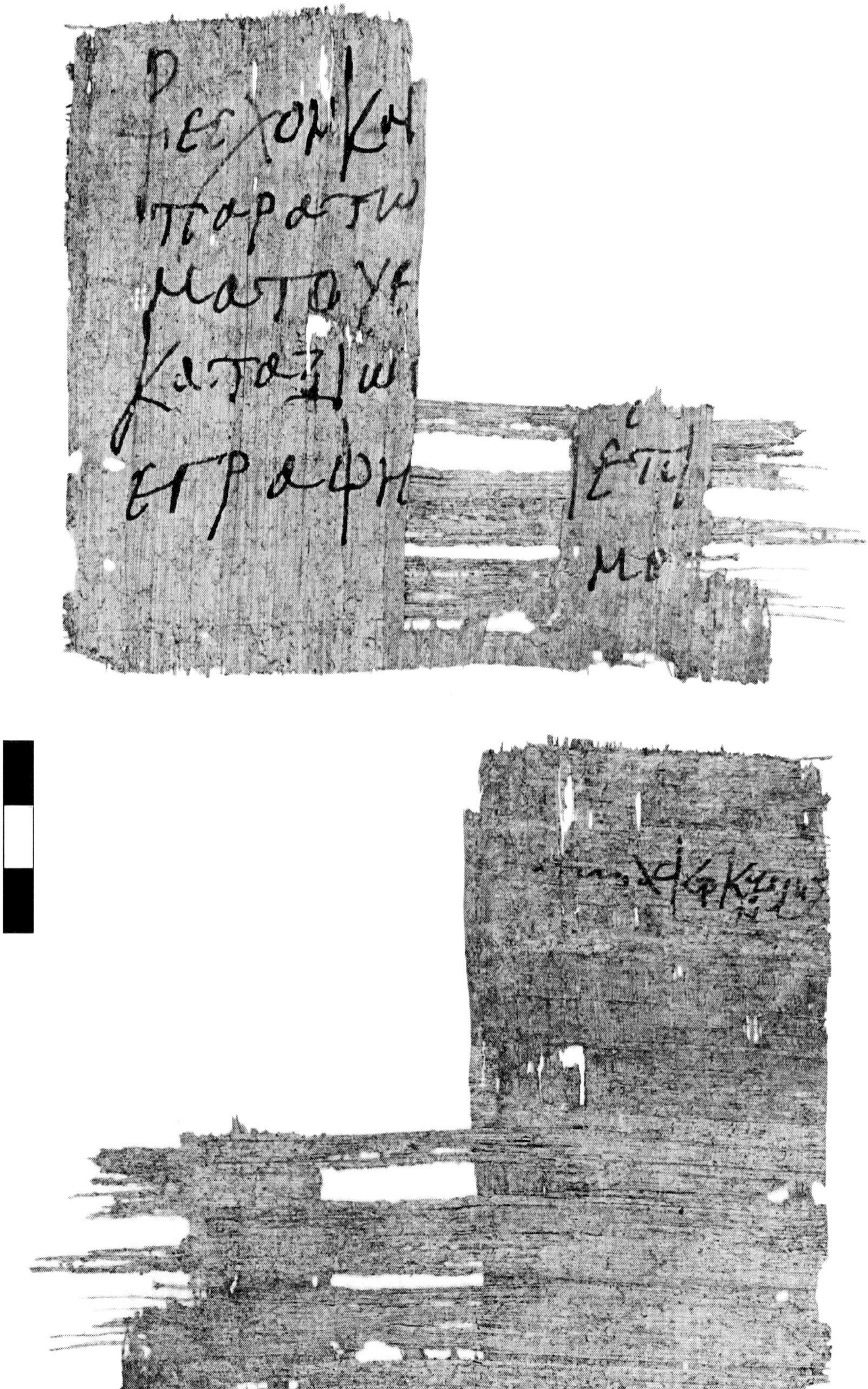

23

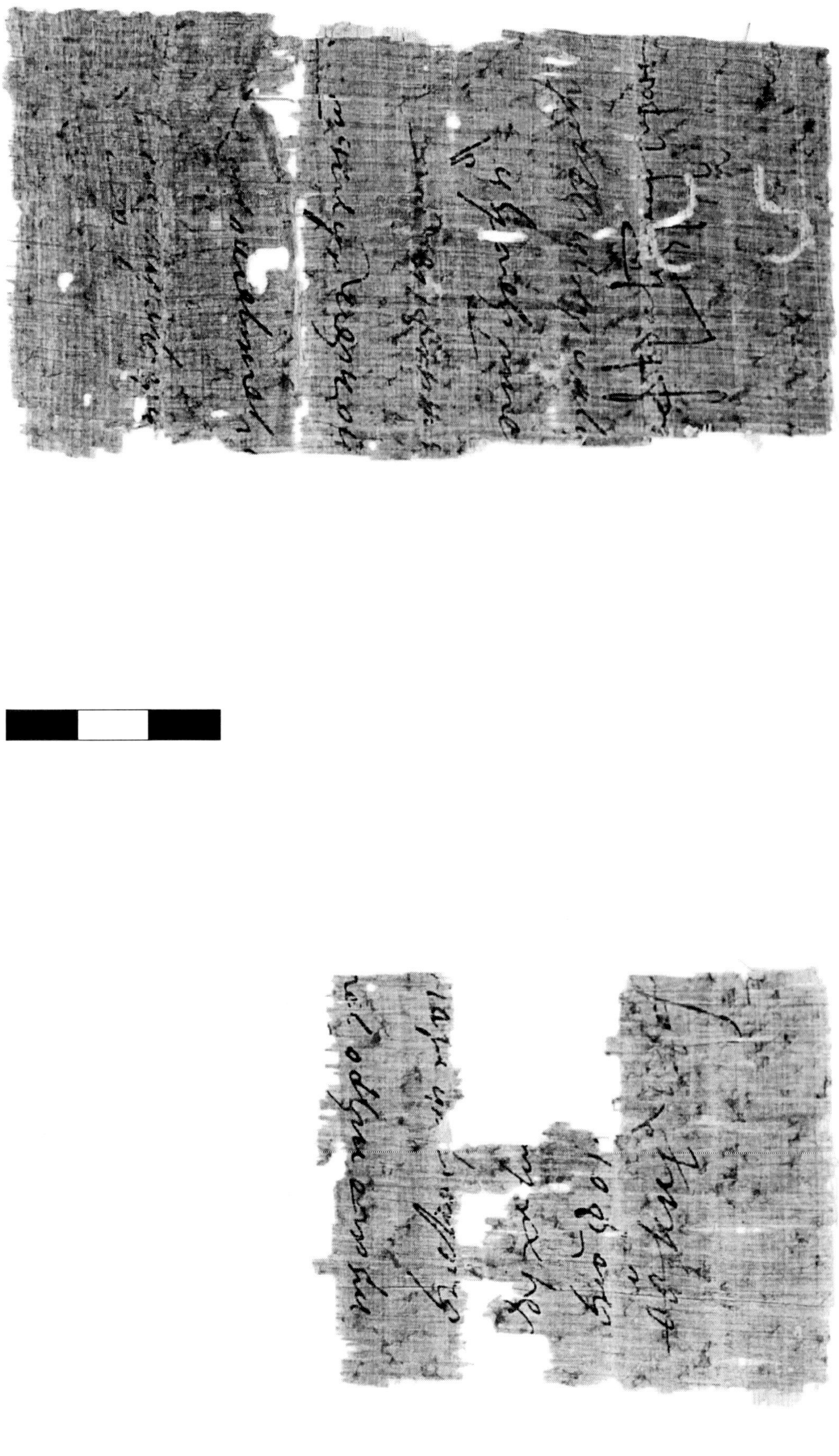

25

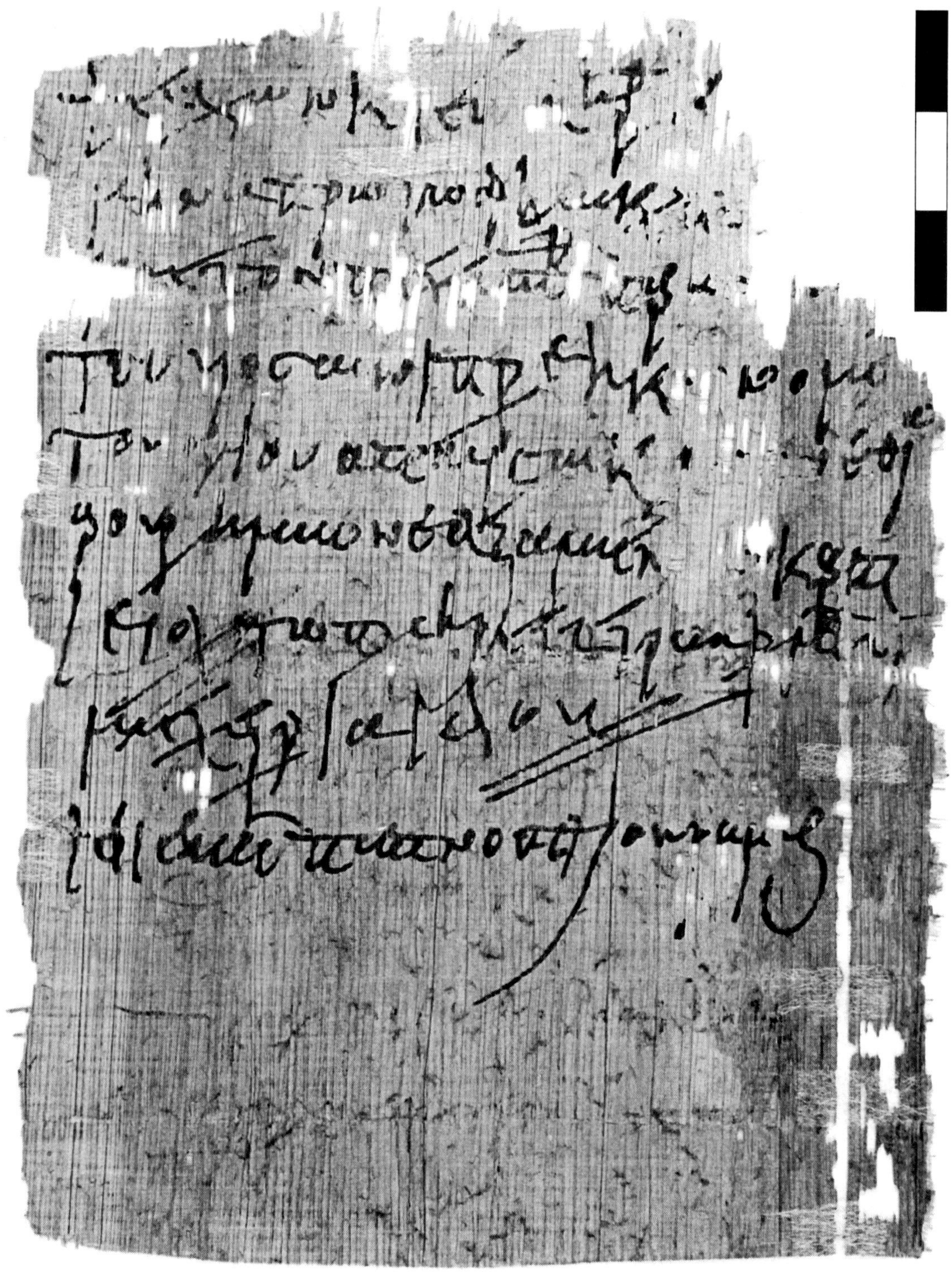

24 A

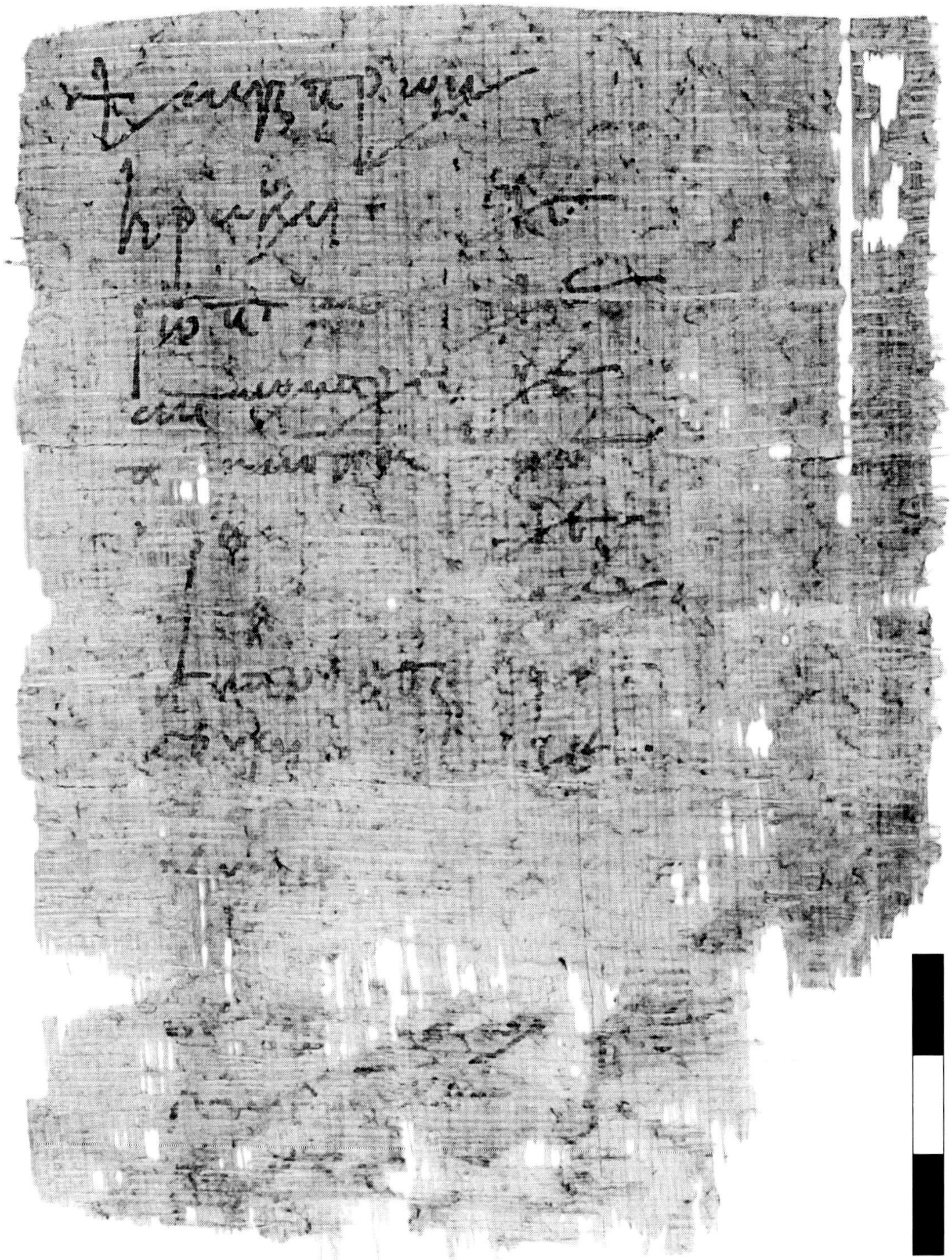

24 B

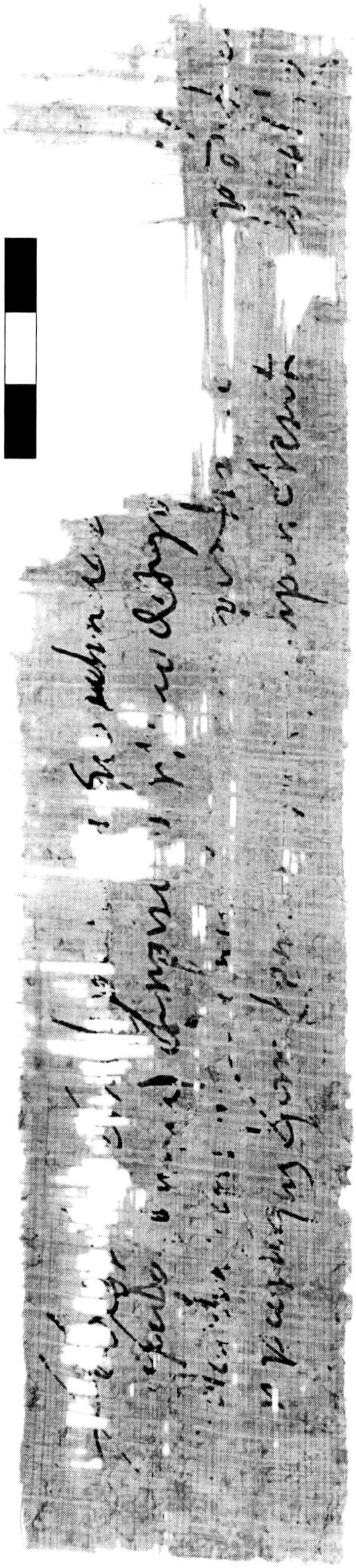

26

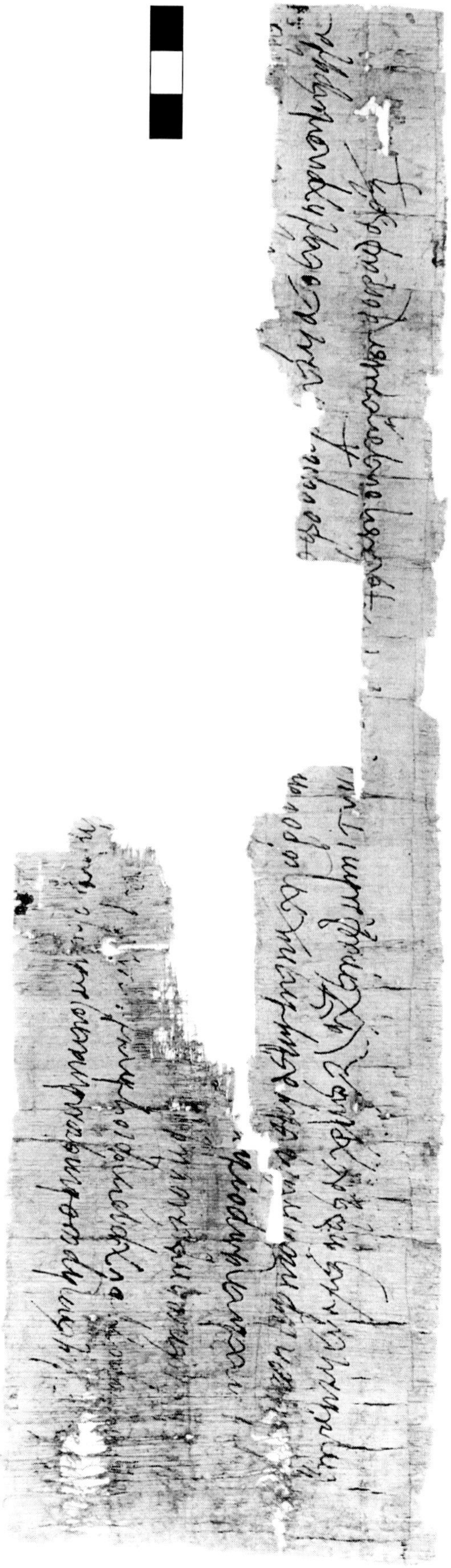

116

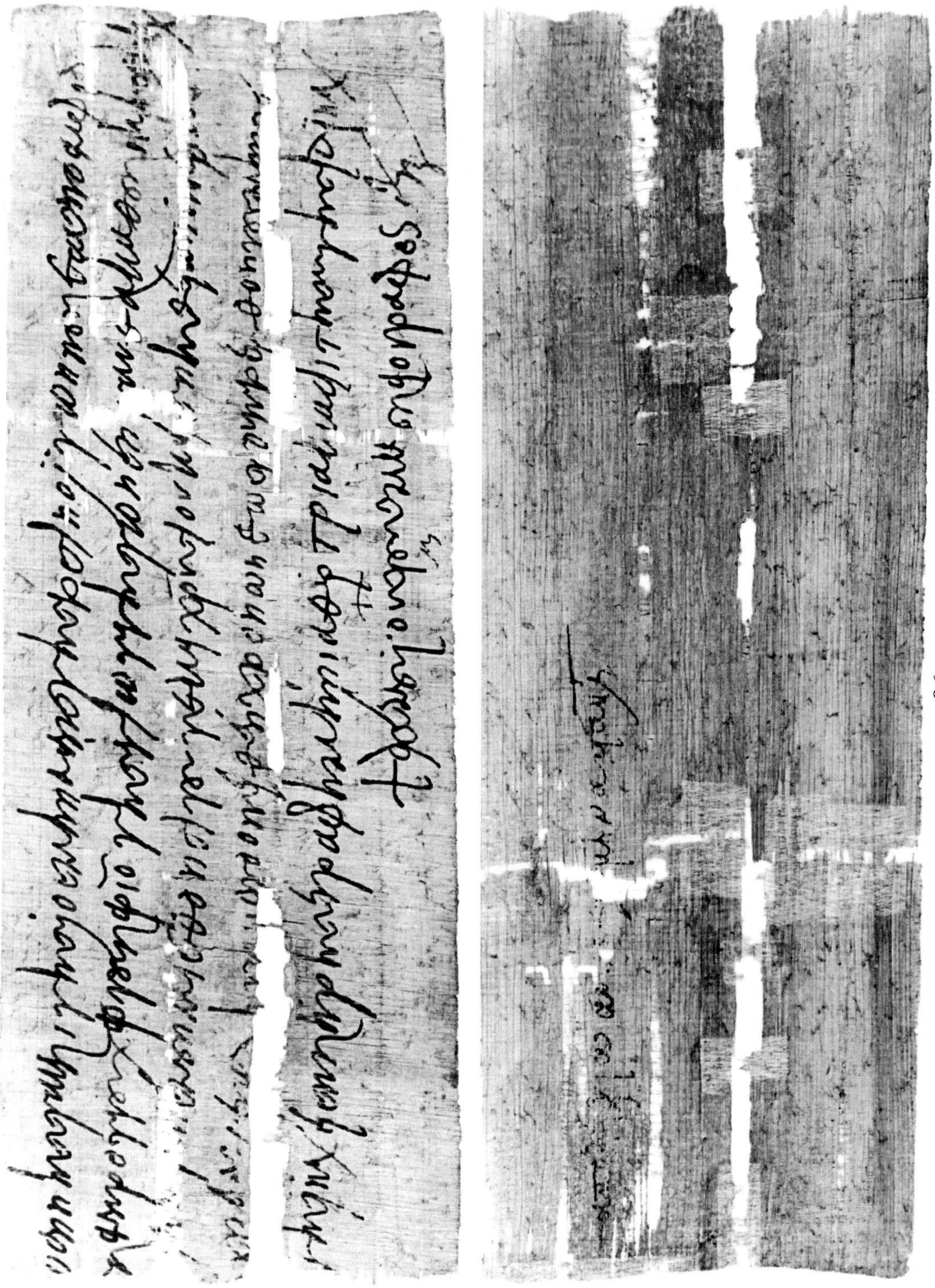

96

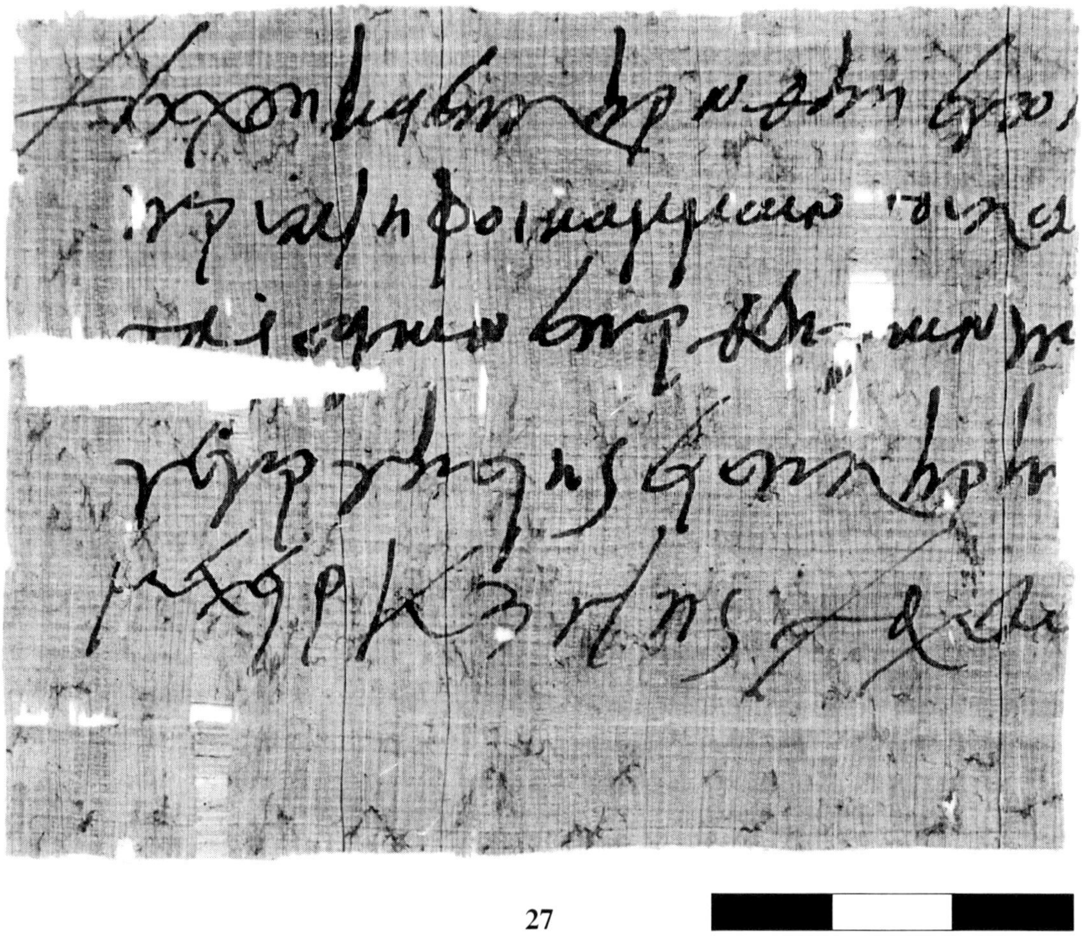

27

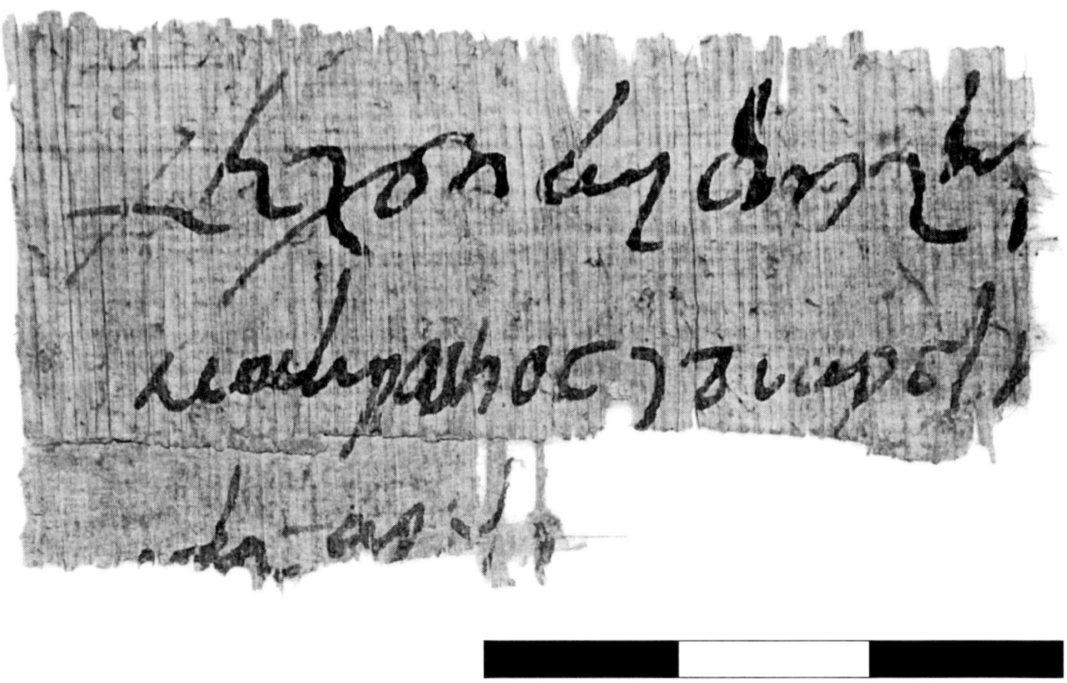

28

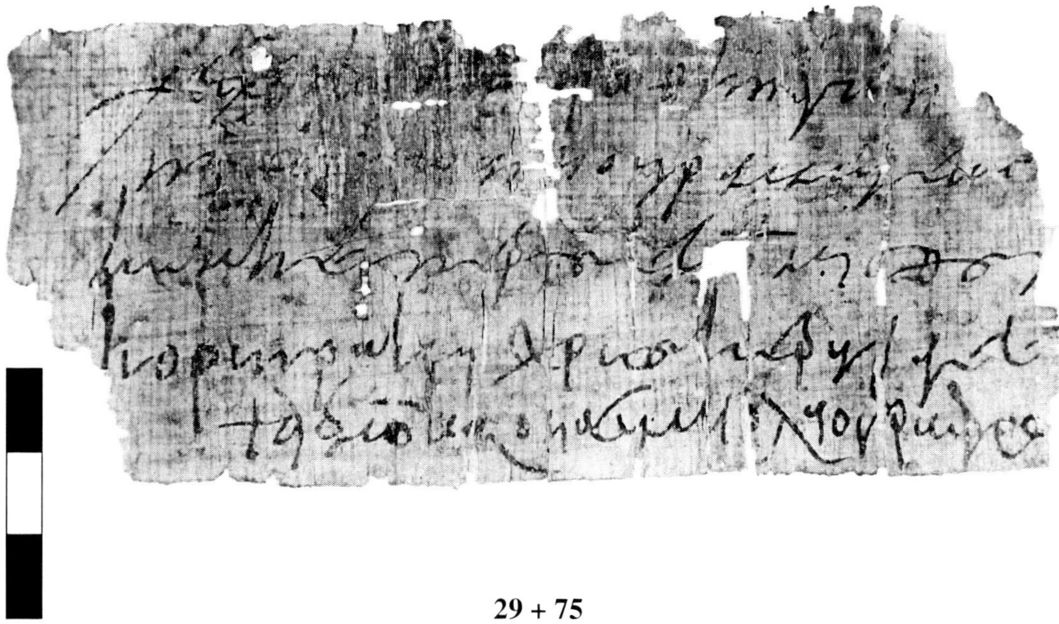

29 + 75

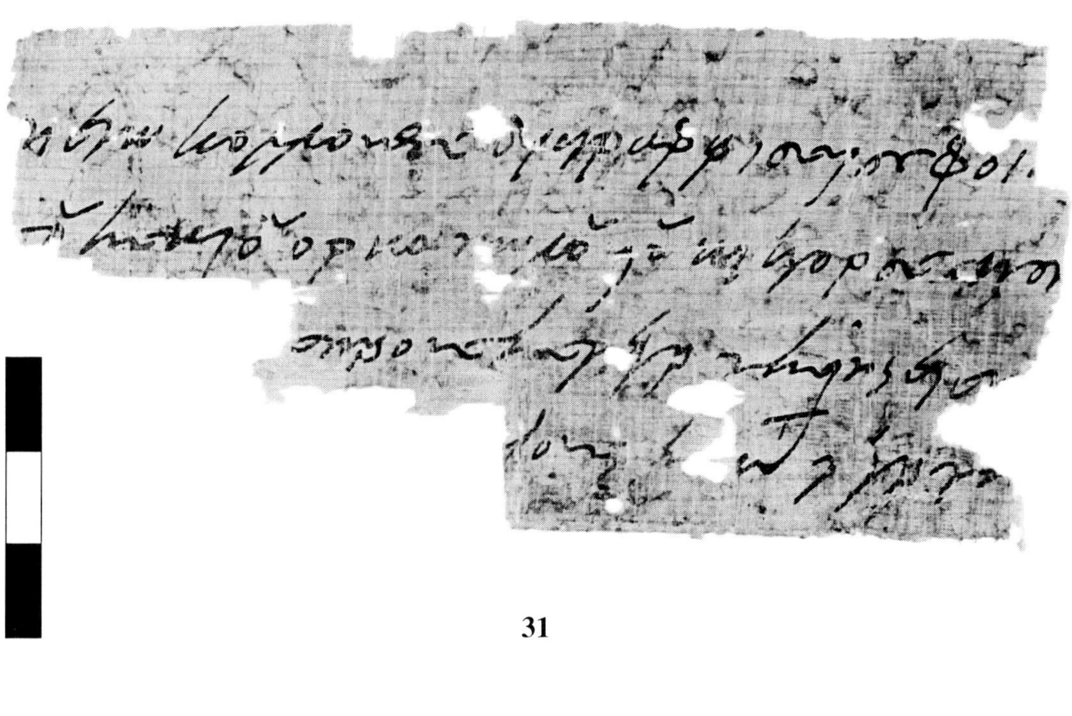

31

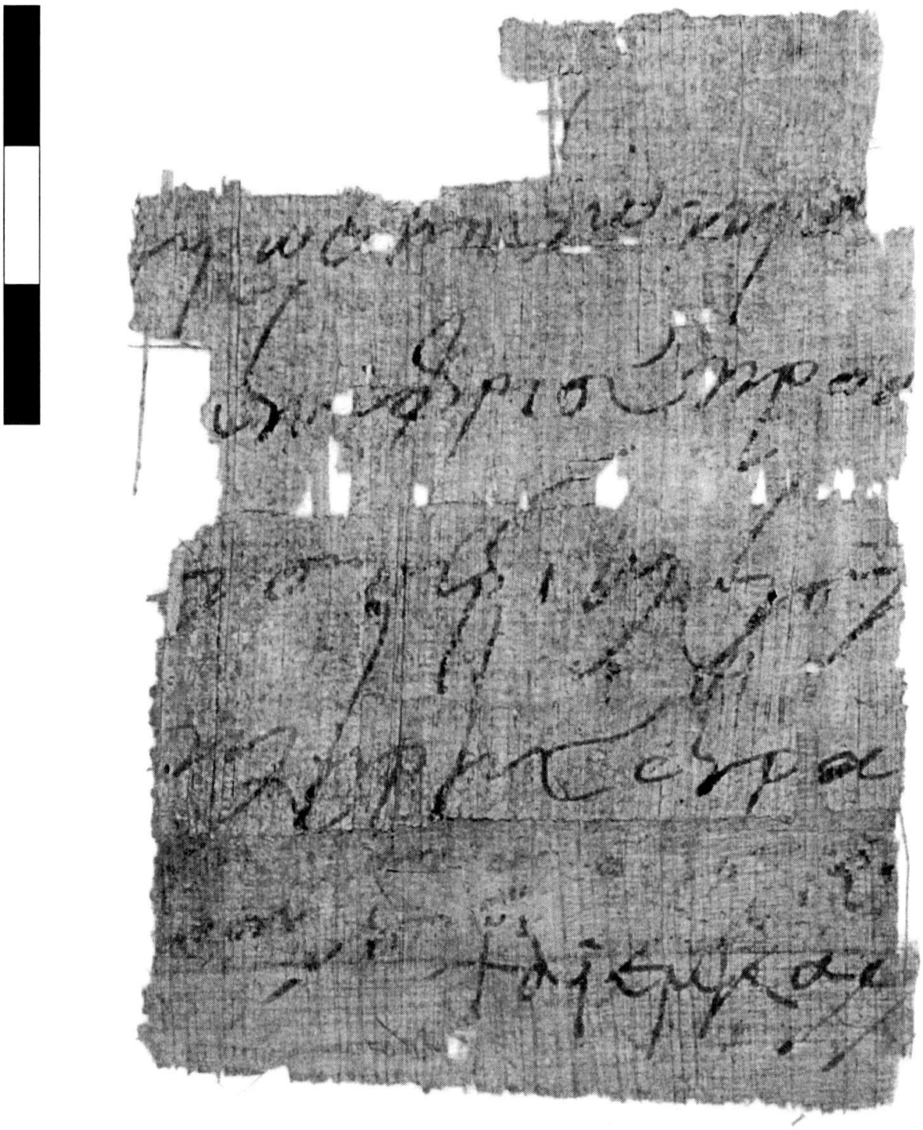

30

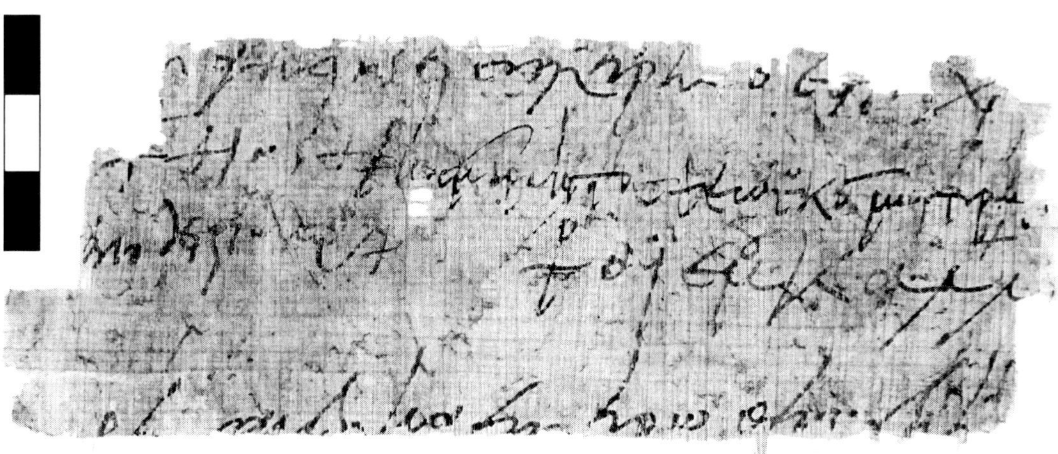

54

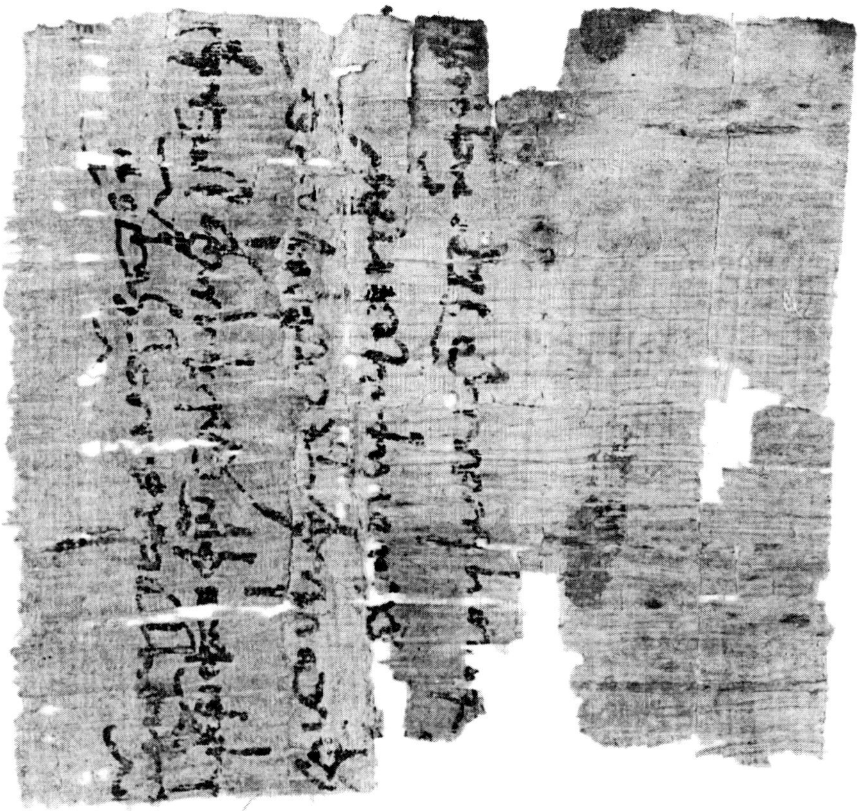

35

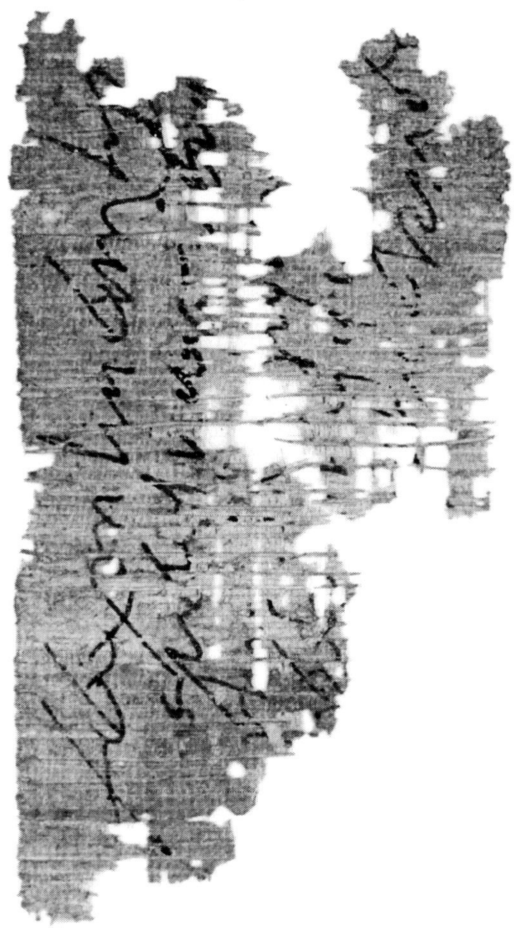

32

33 + 349

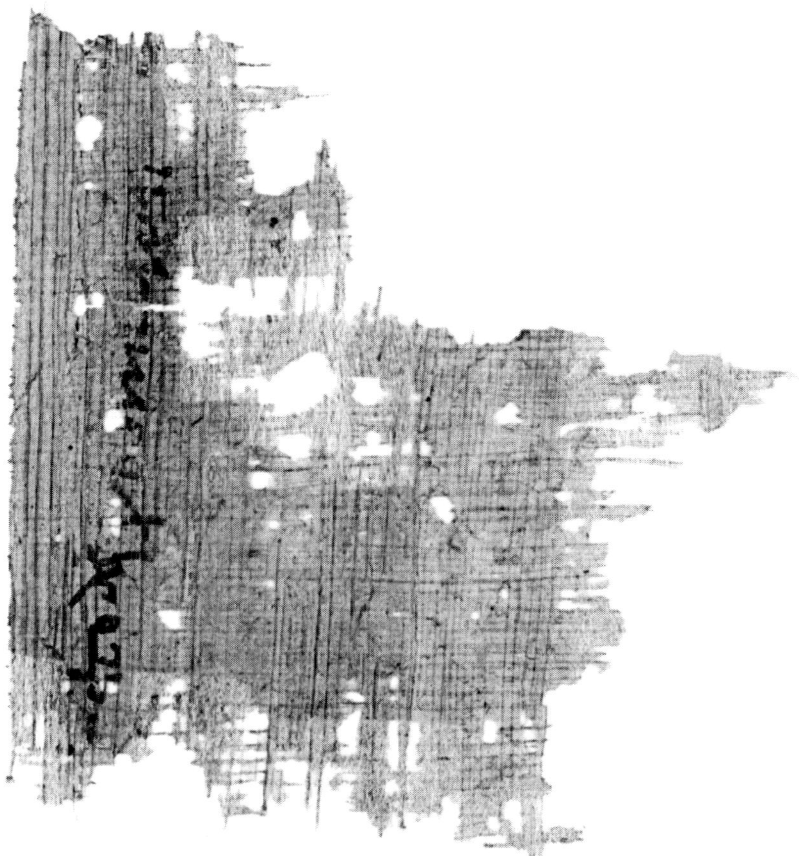

34

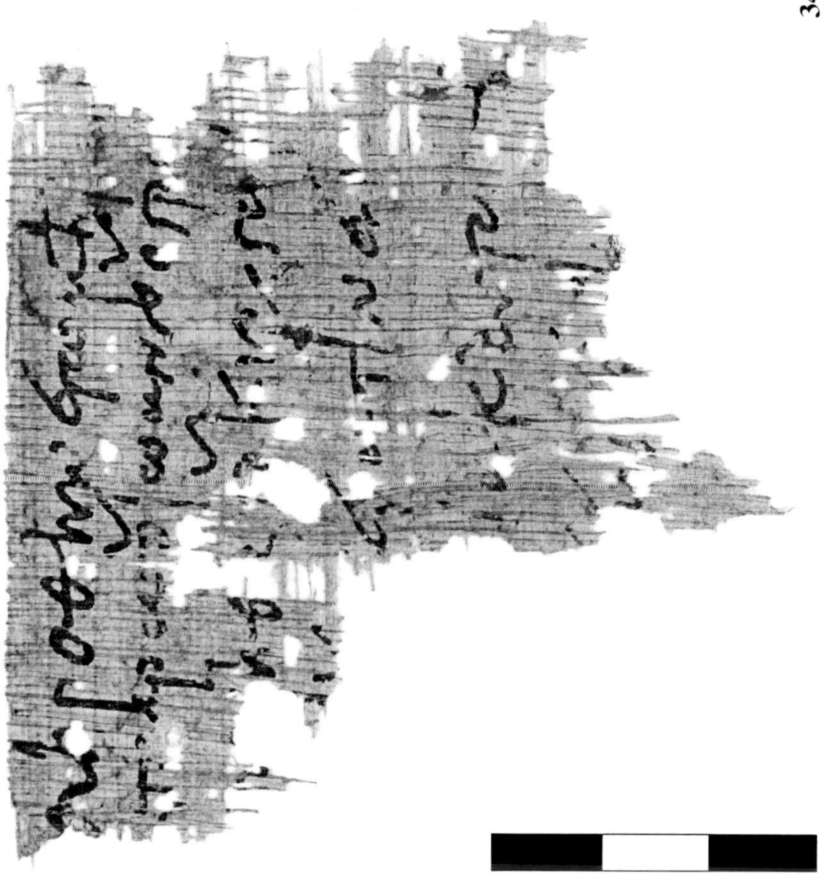

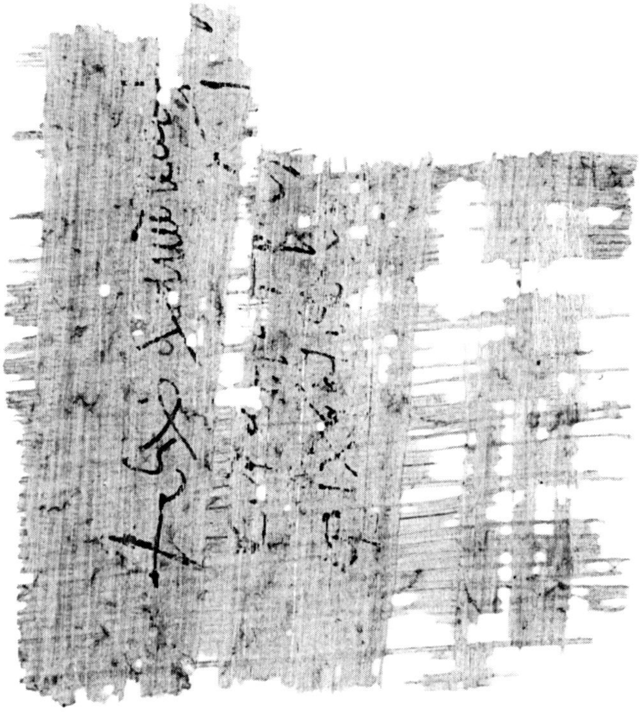

41

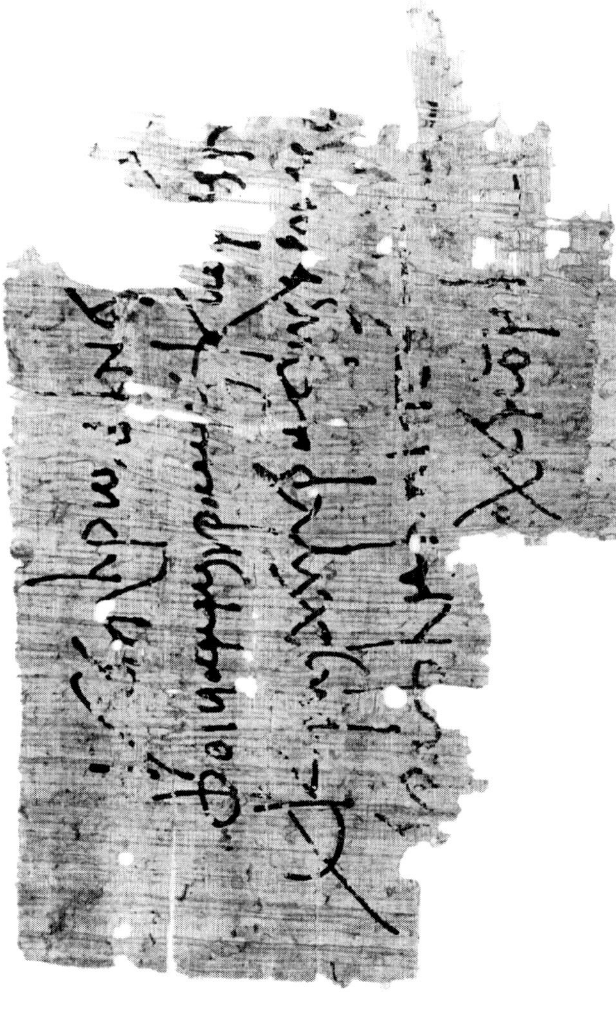

37

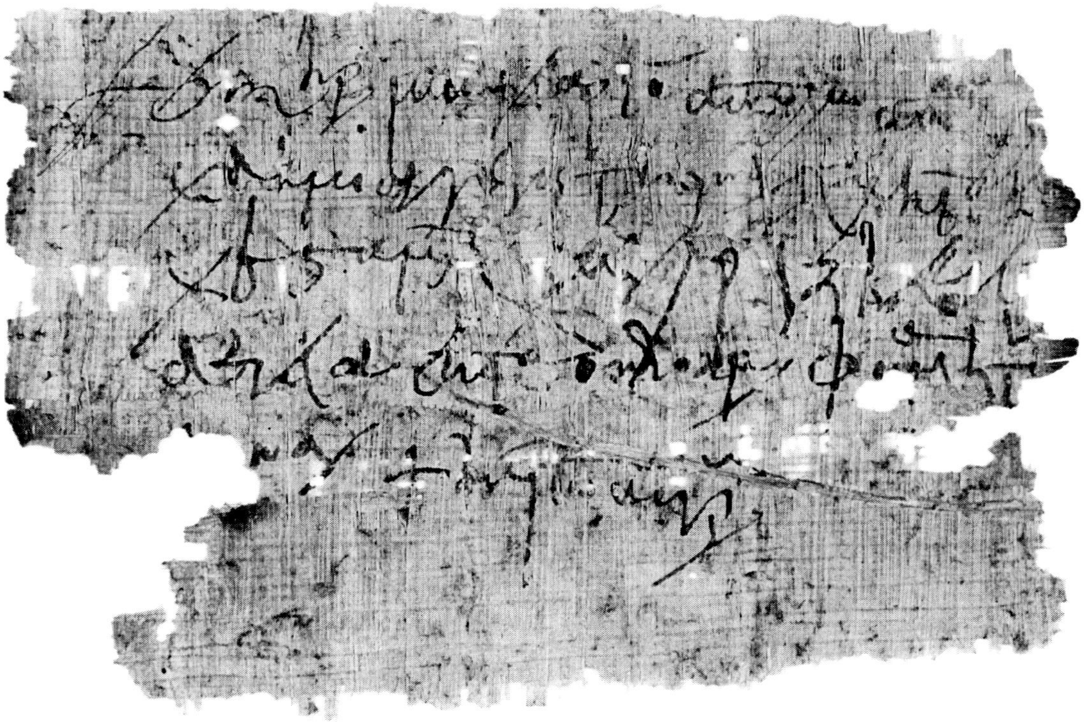

38

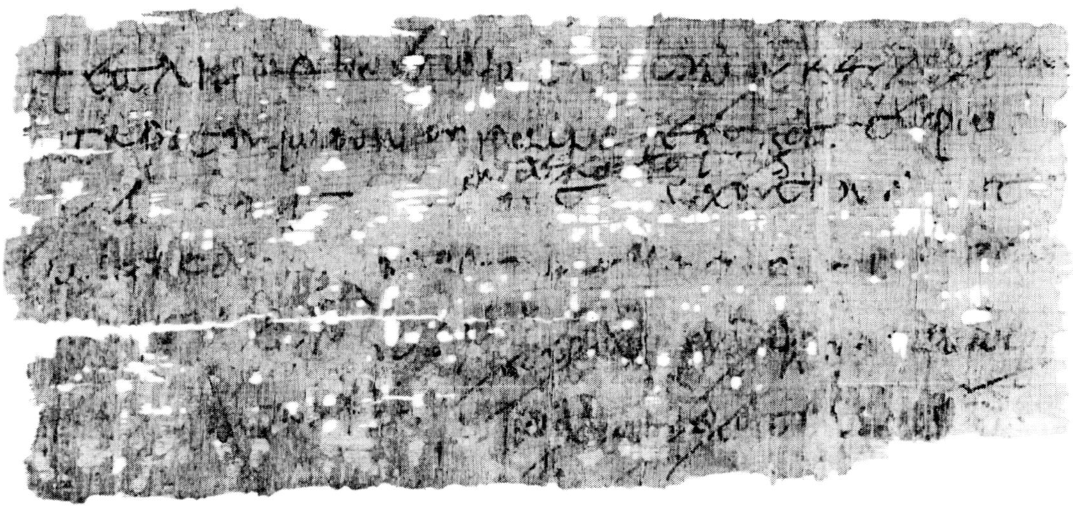

40

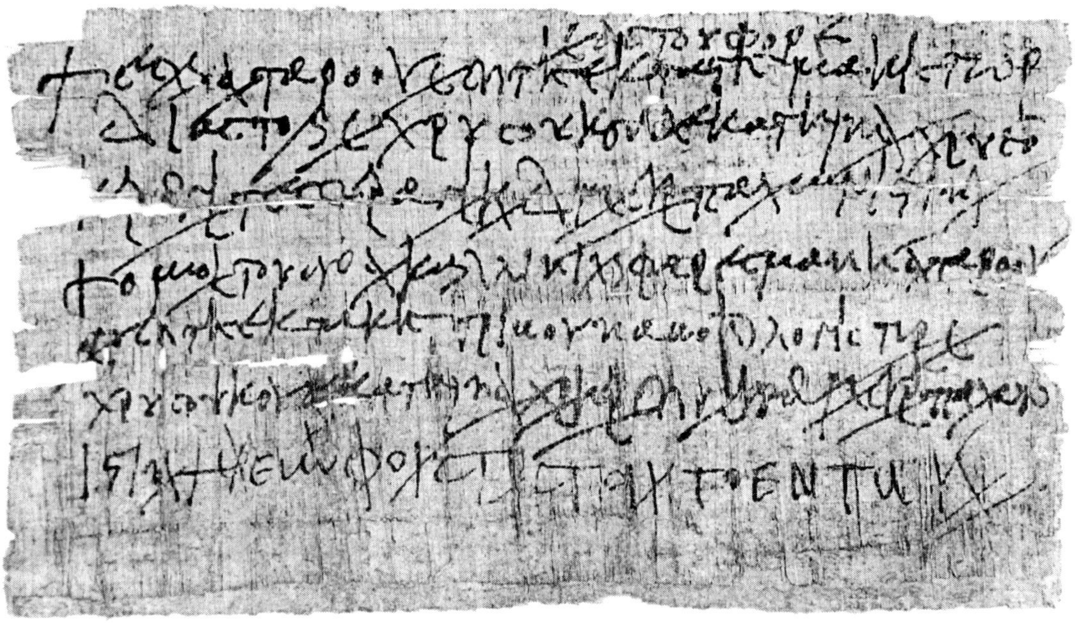

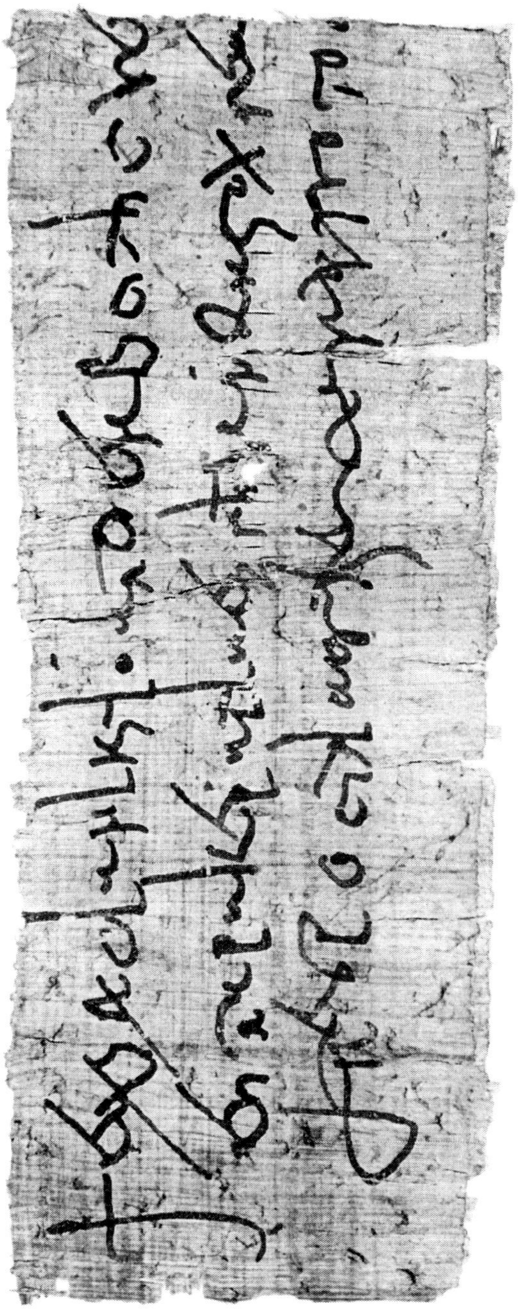

43

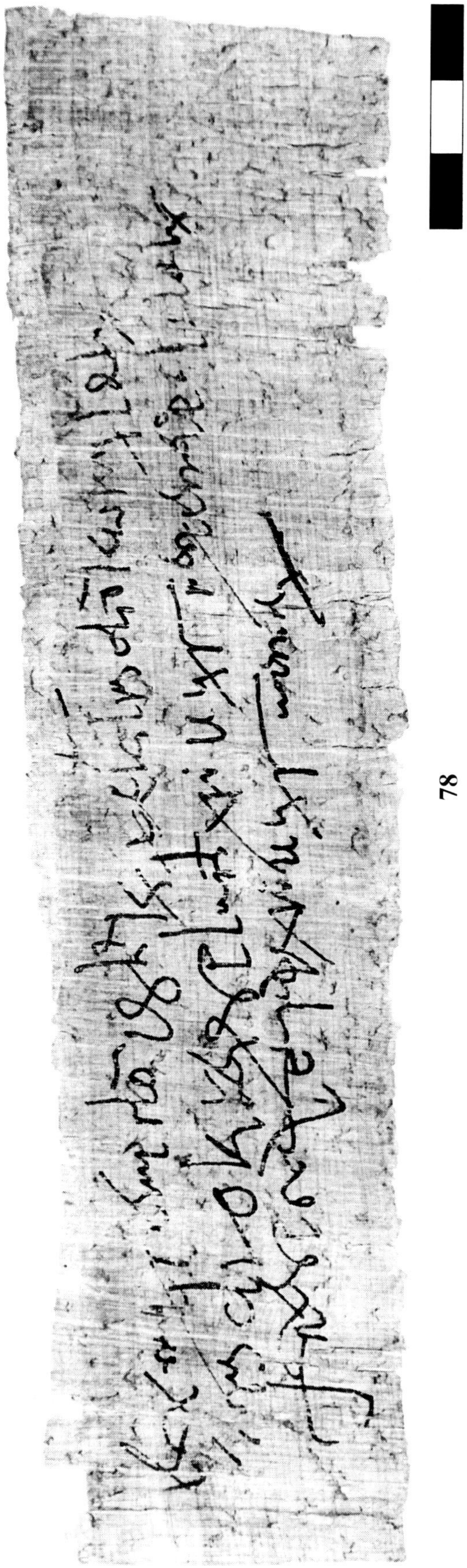

78

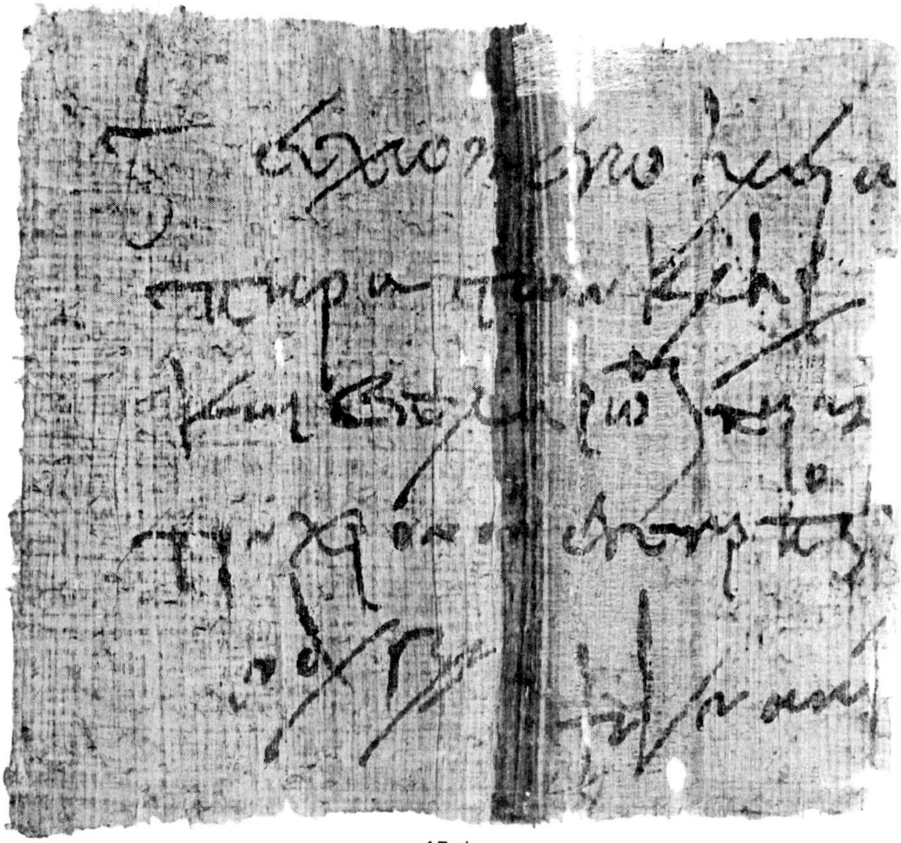

45 A

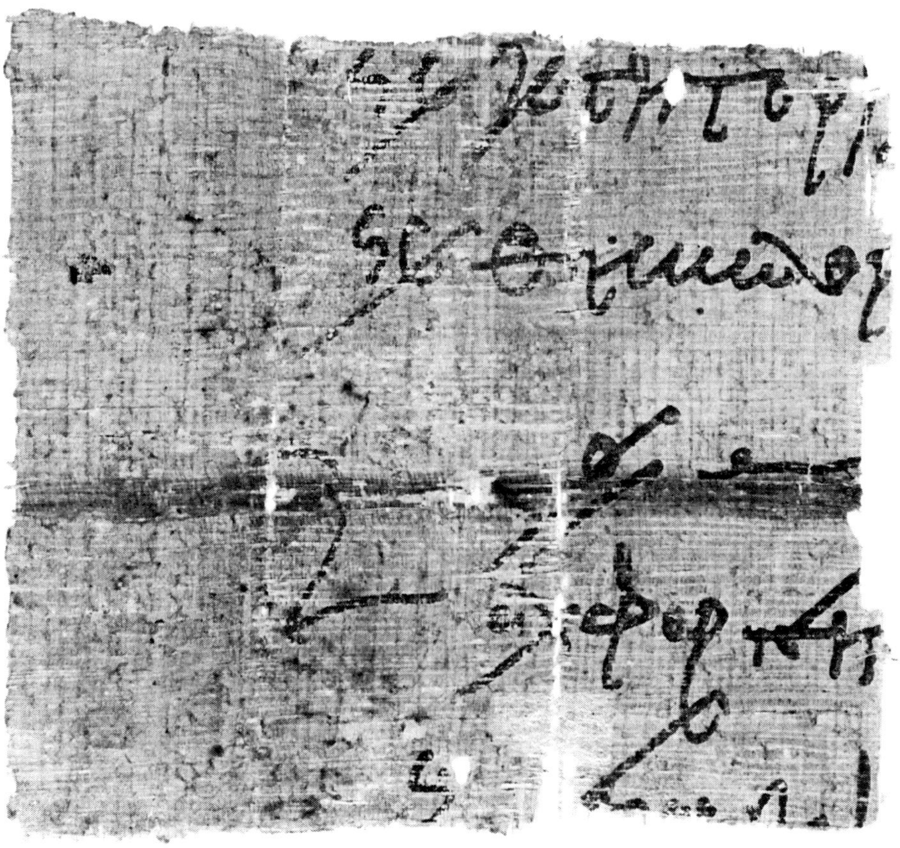

45 B

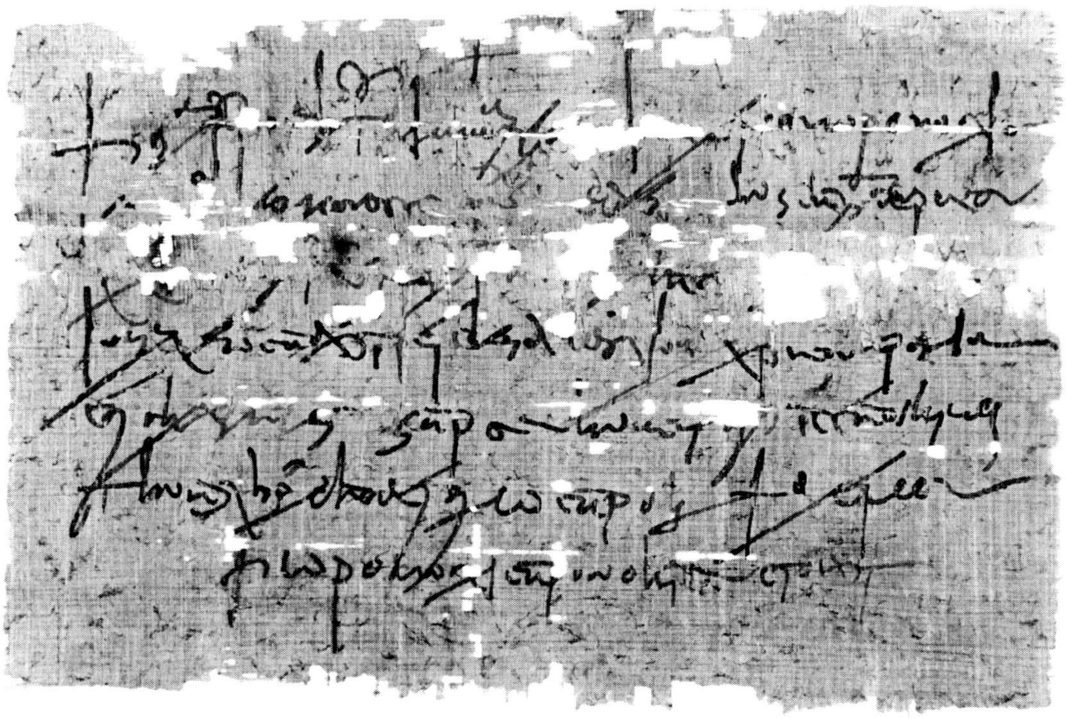

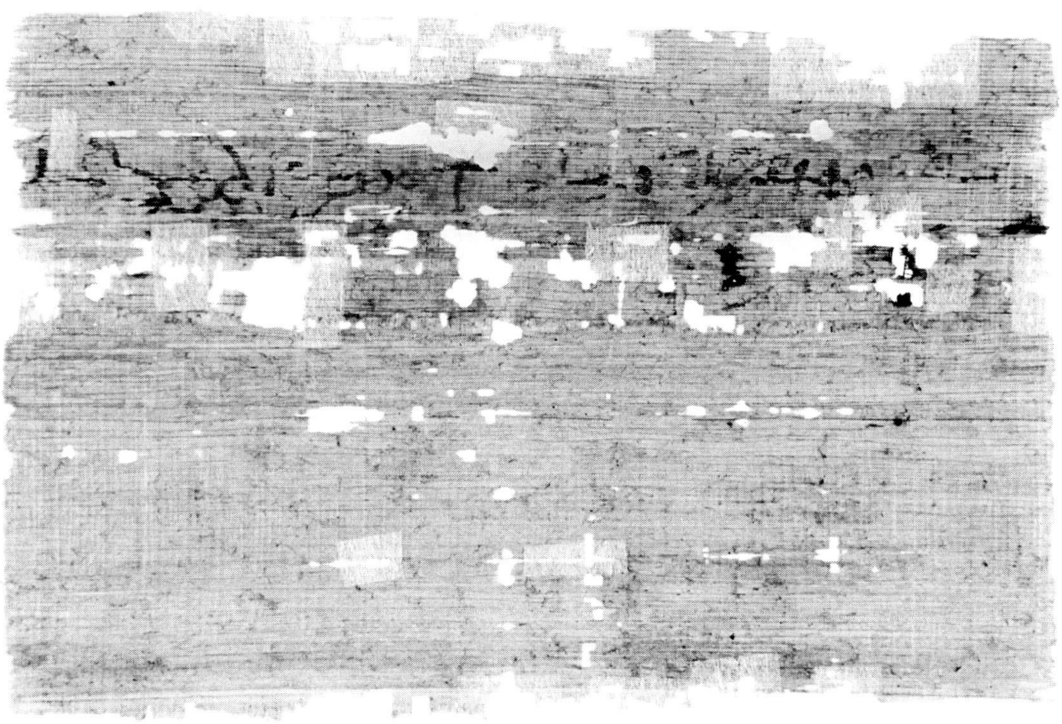

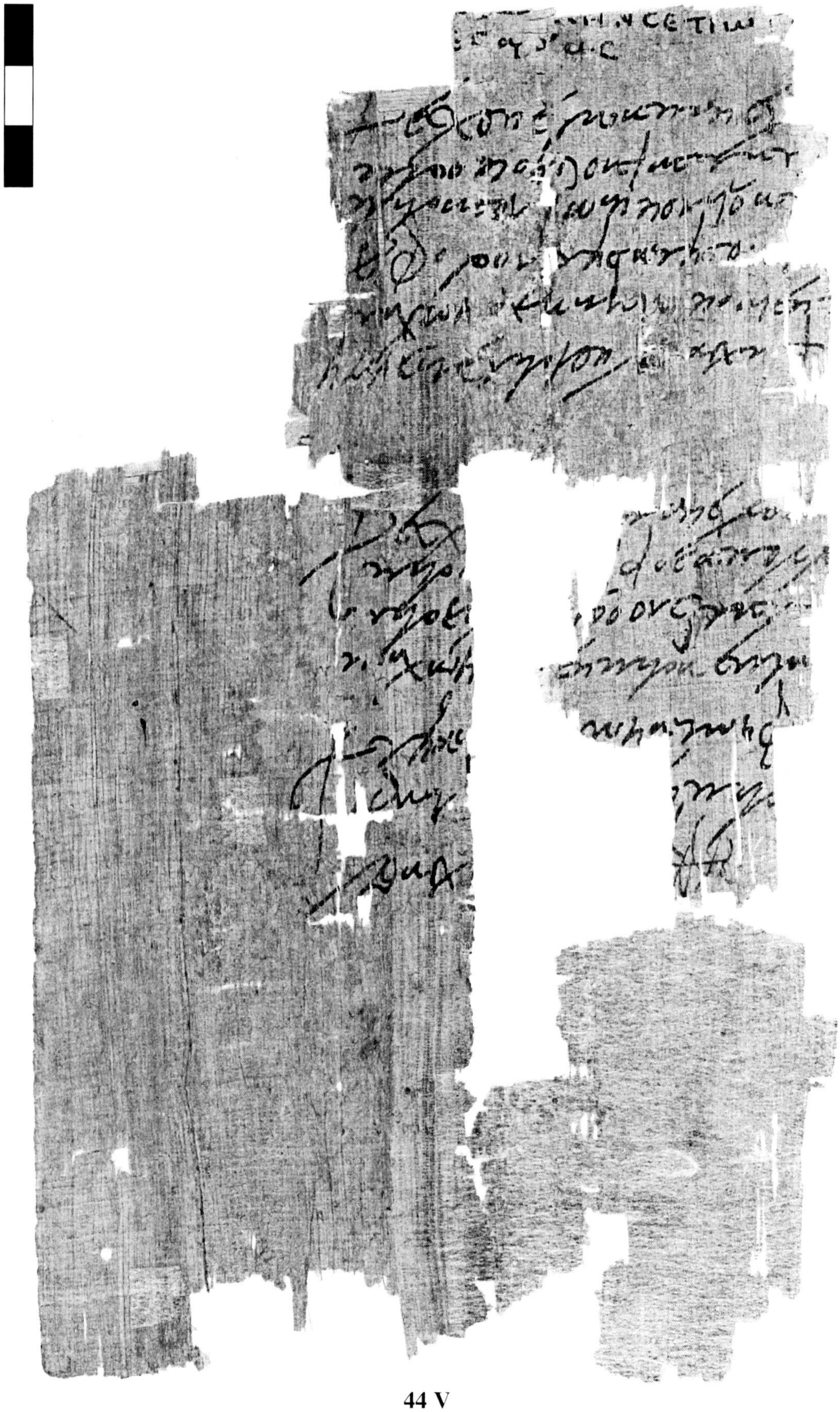

44 V

44 R

46

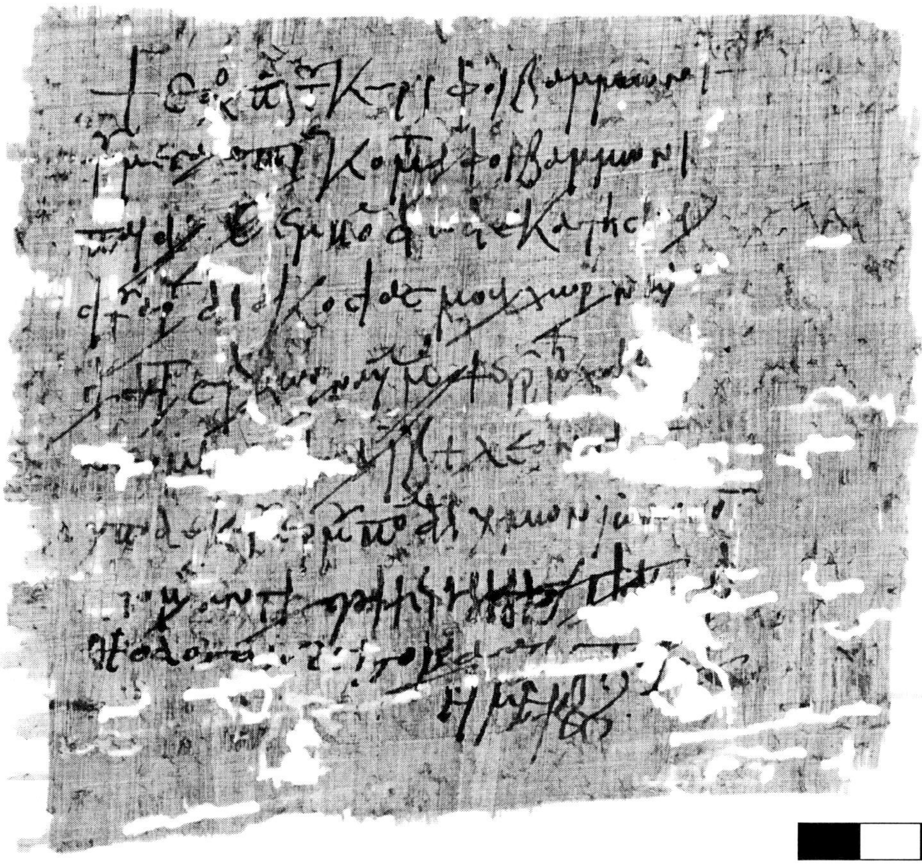

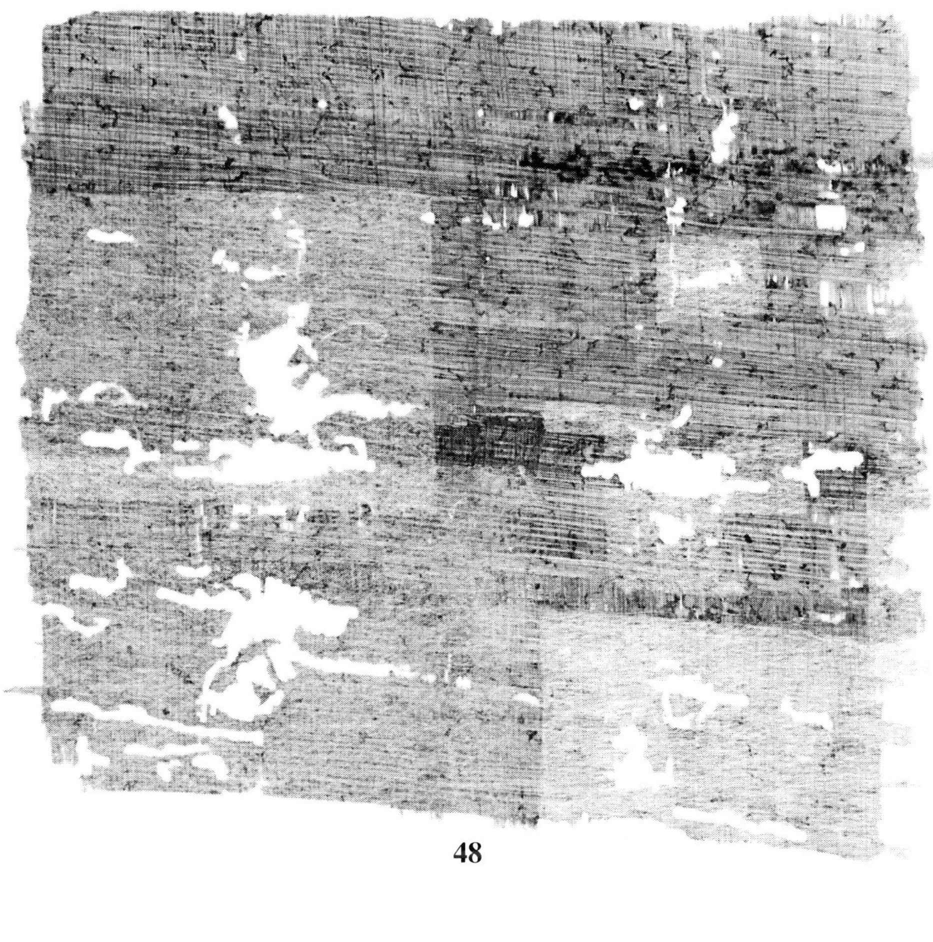

48

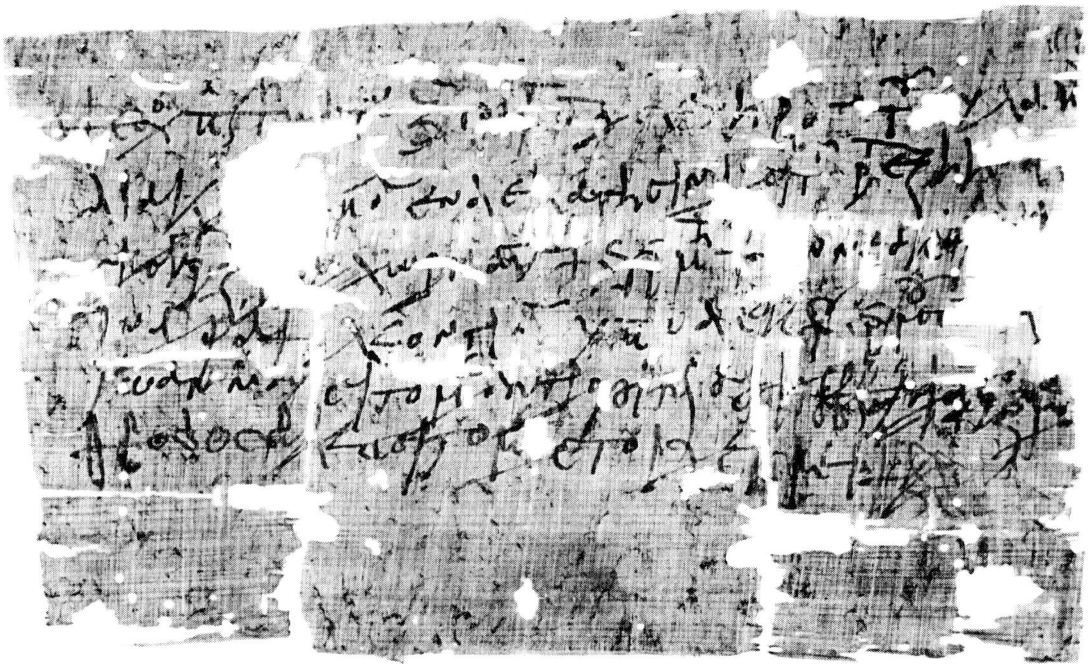

49

77

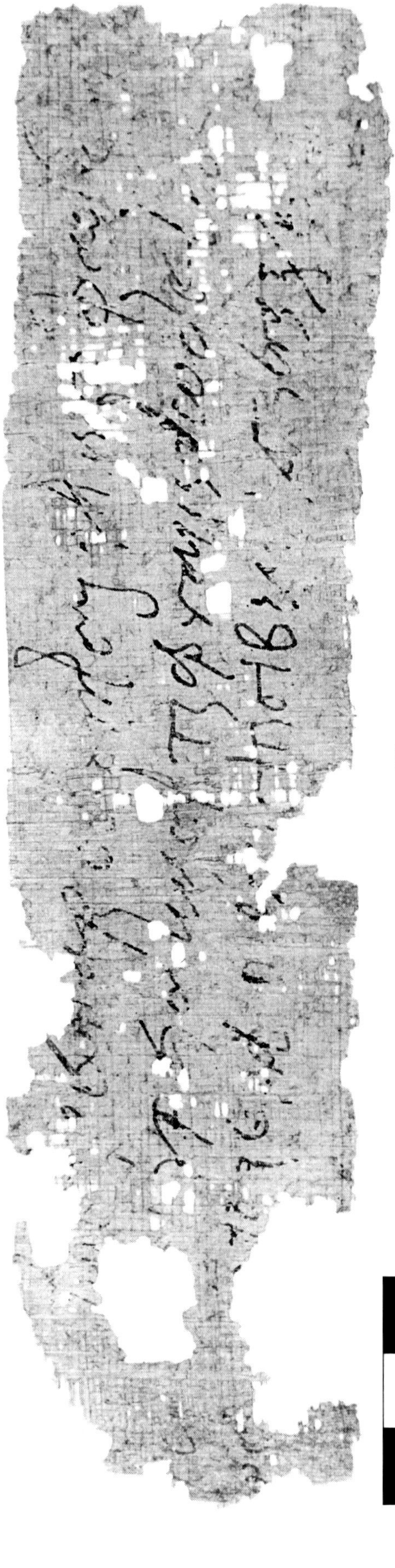

50

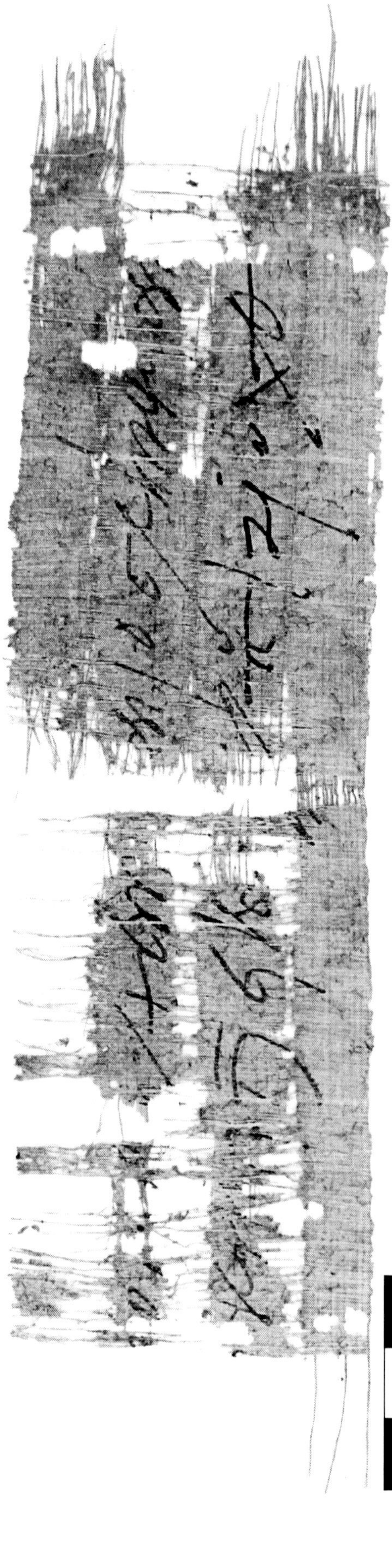

51

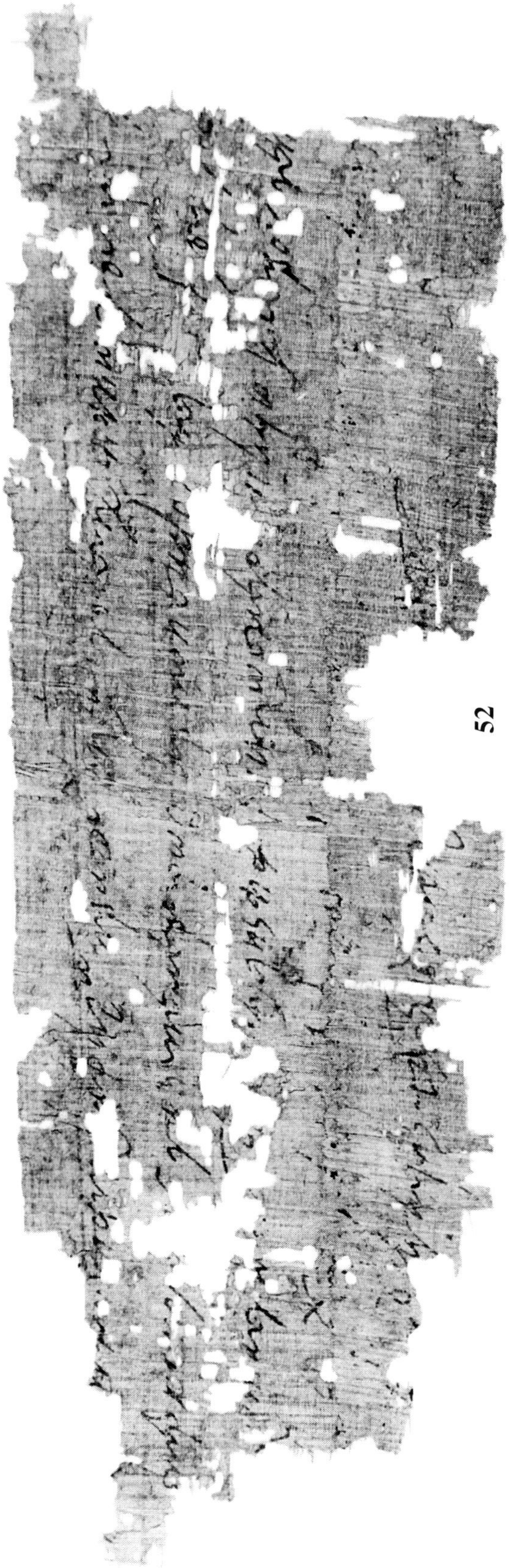

52

55

58

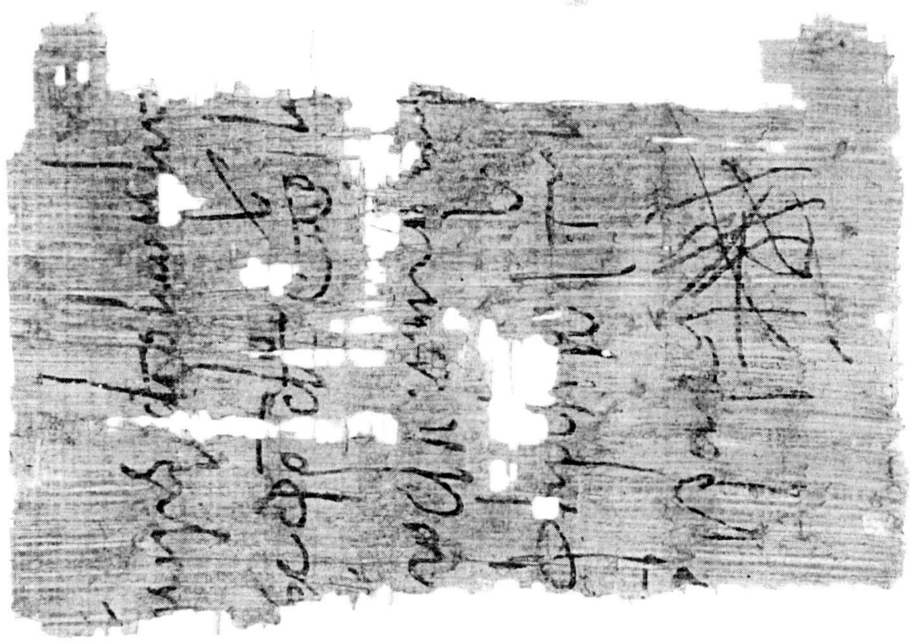

53

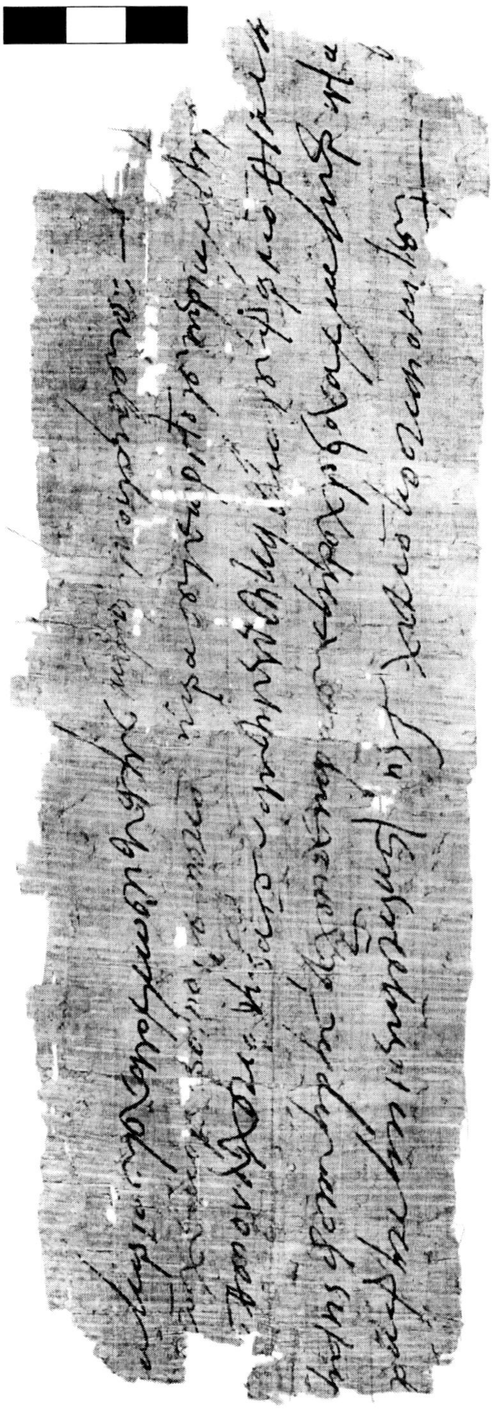

56

64

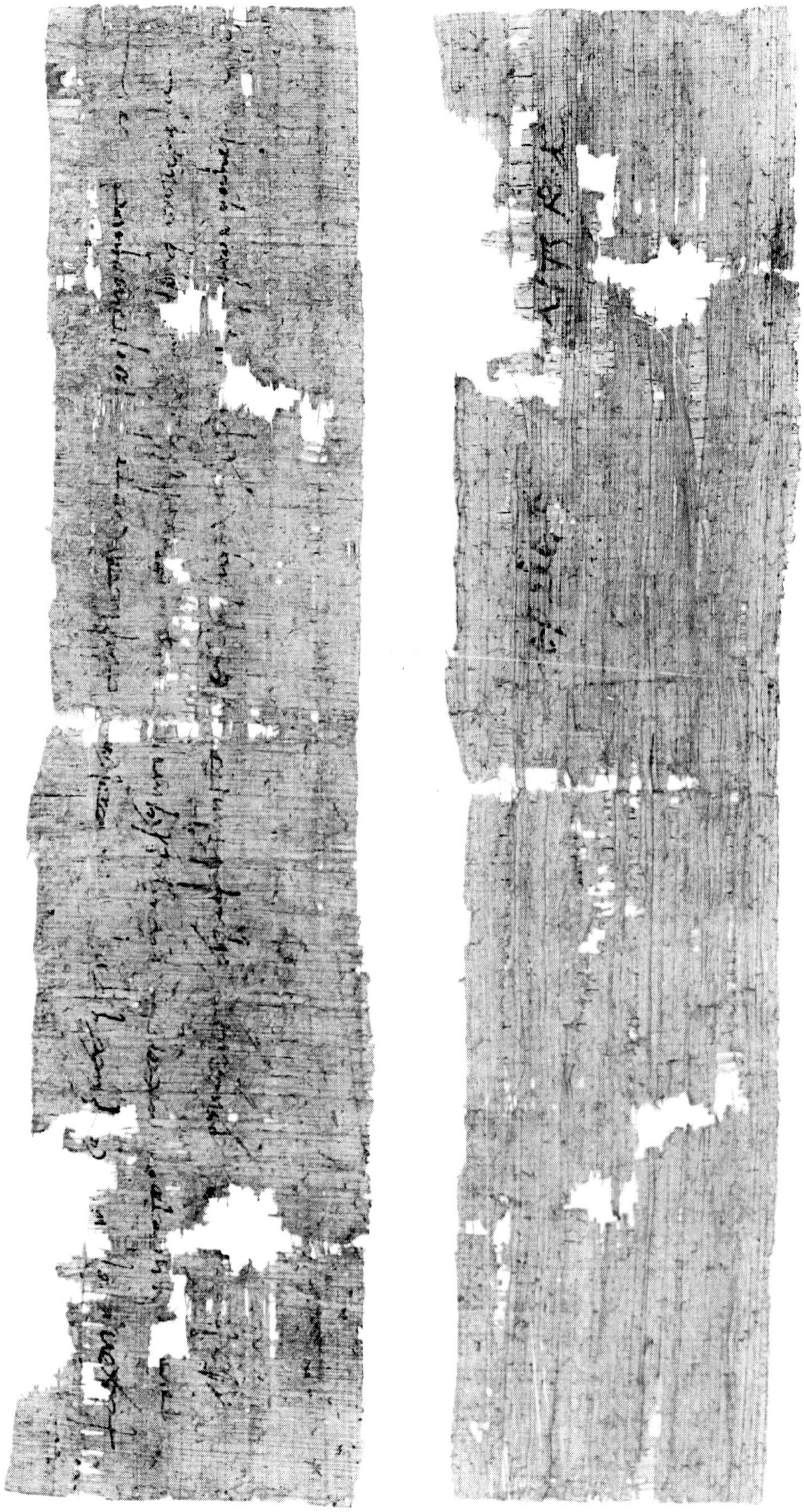

57

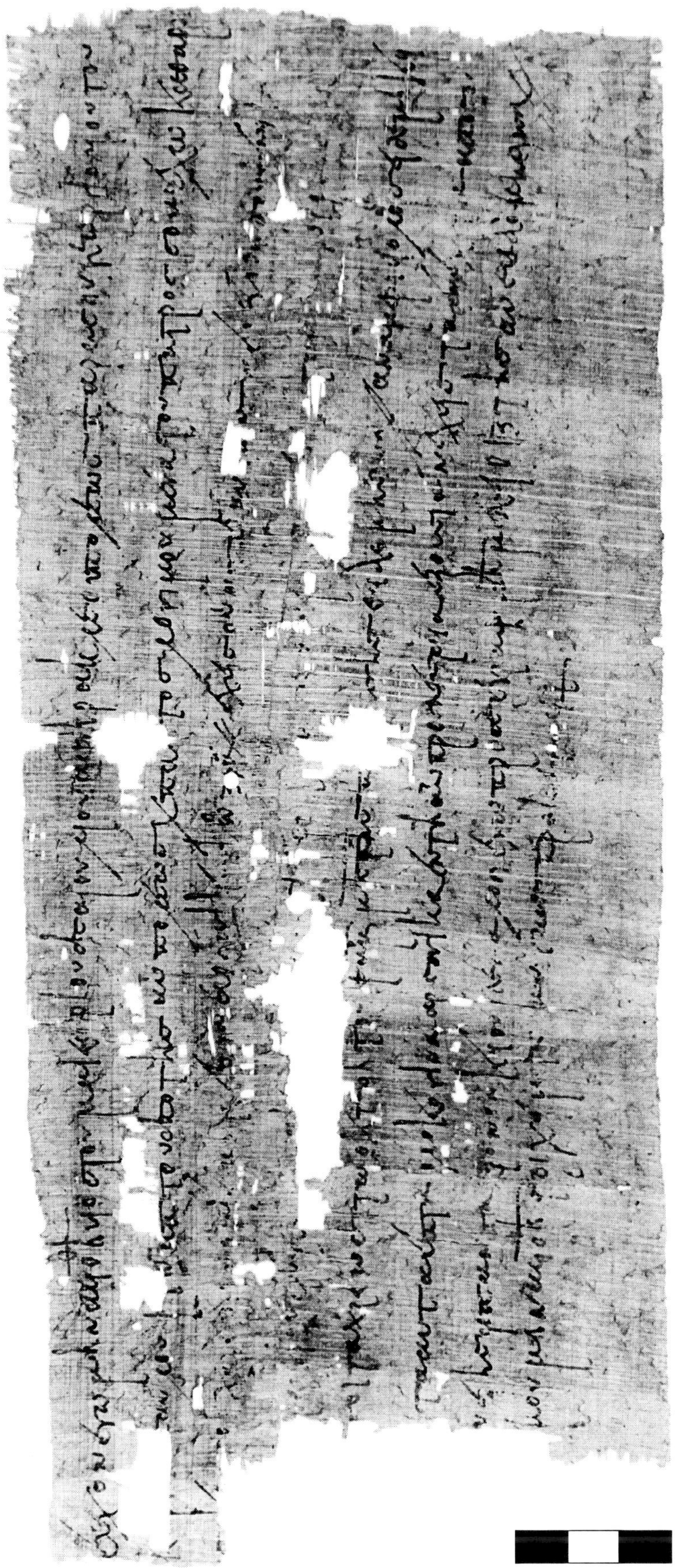

59

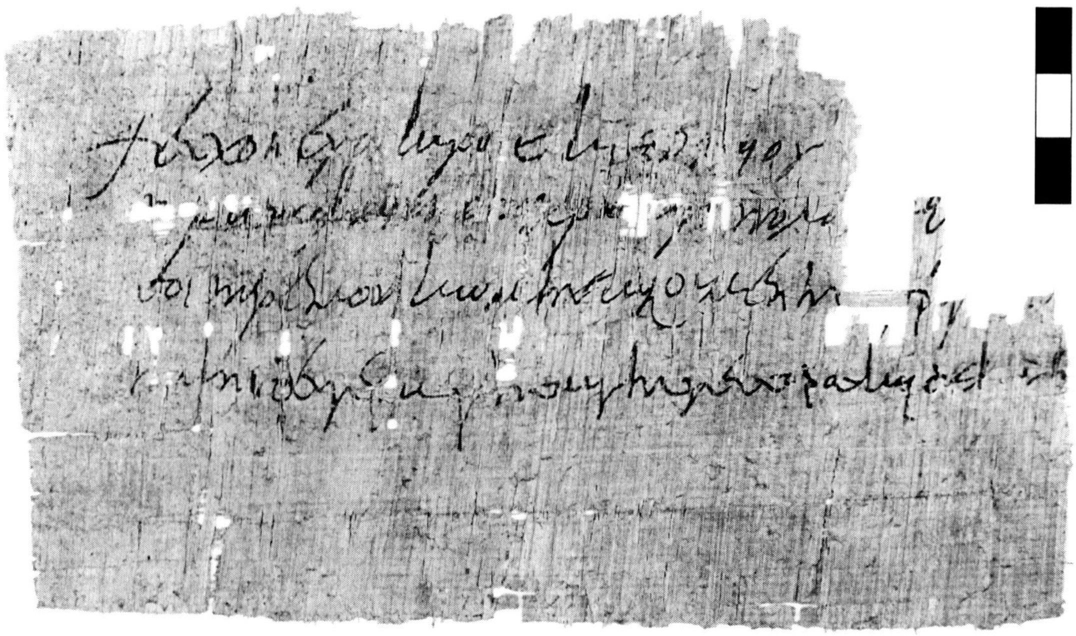

60

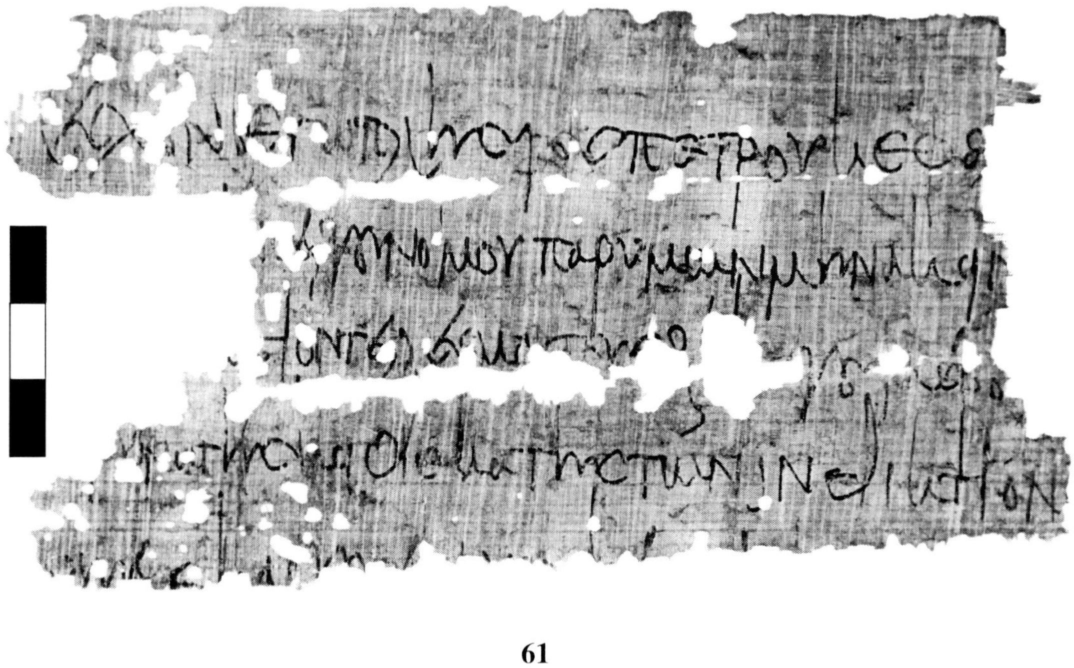

61

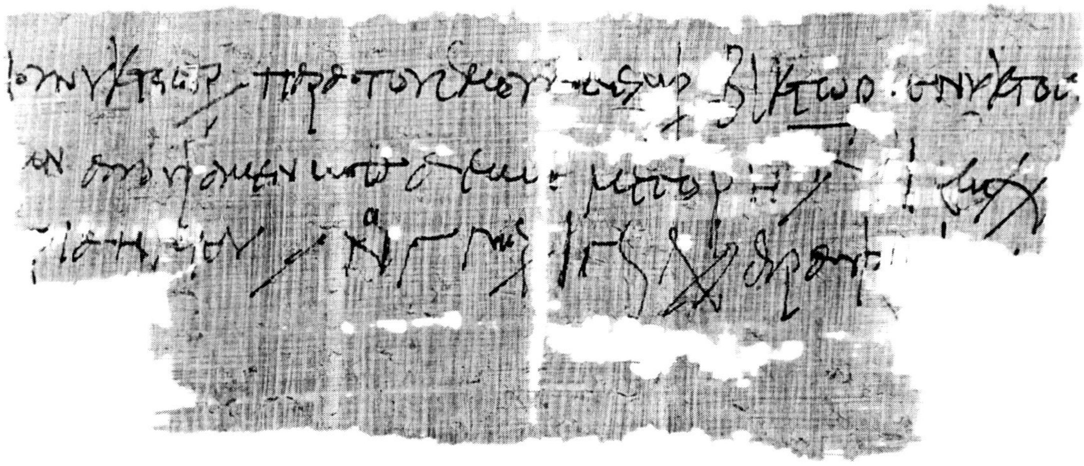

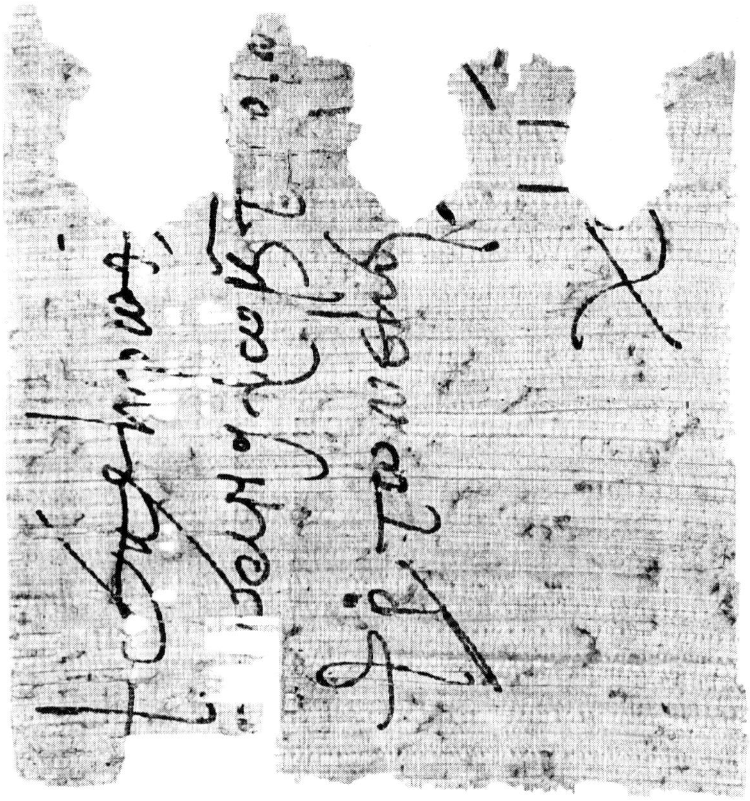

81

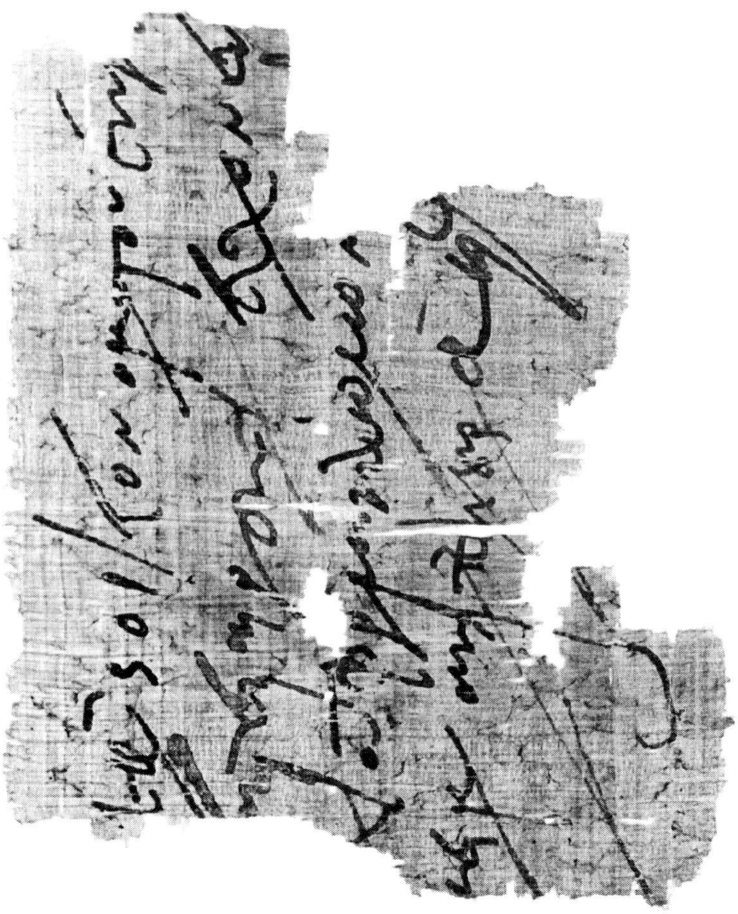

63

66

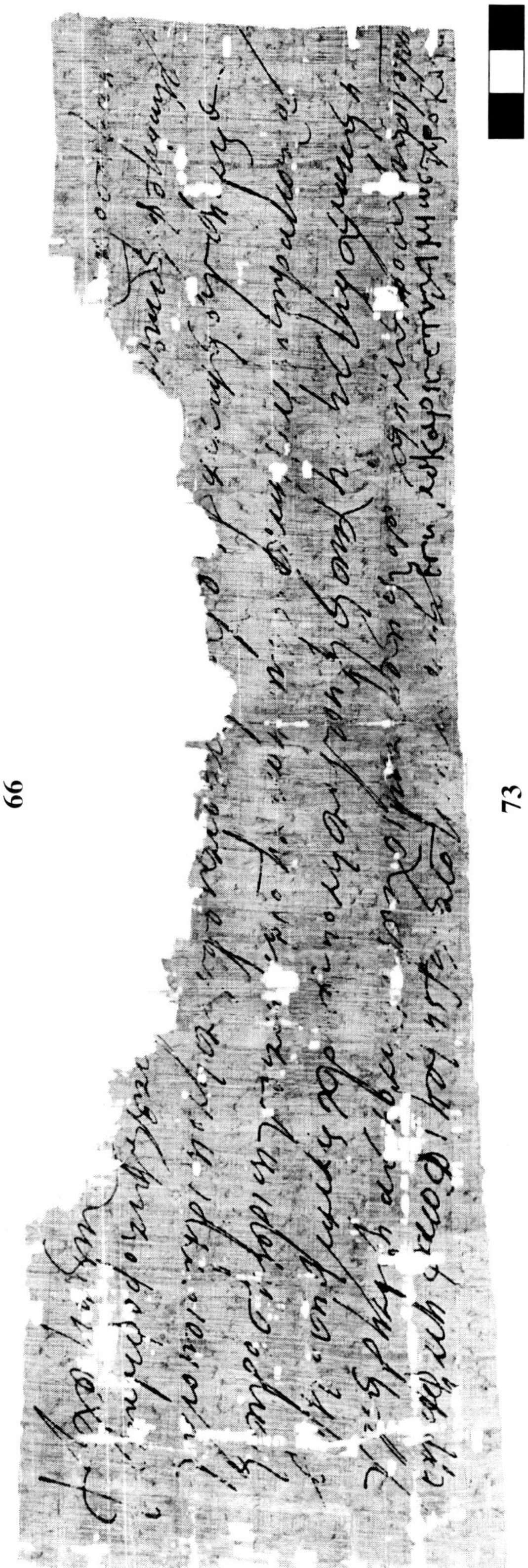

73

65 B

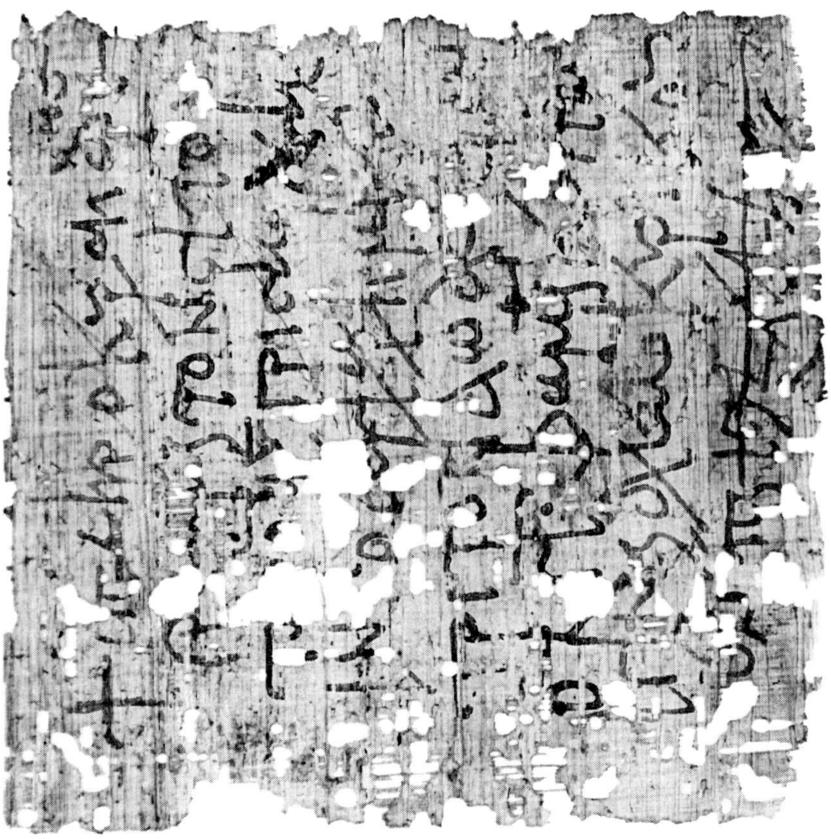

65 A

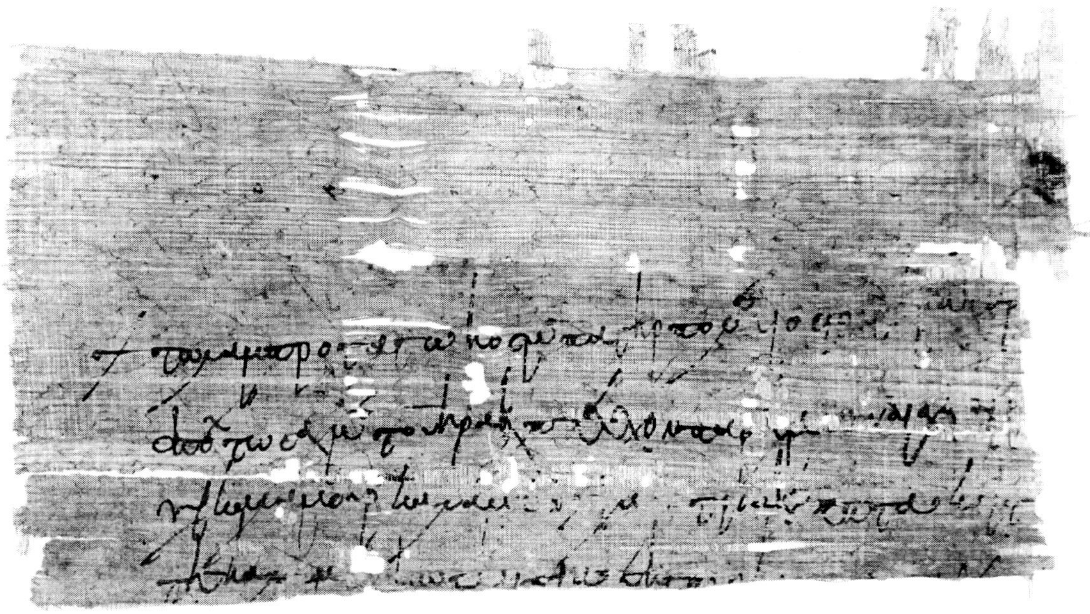

67

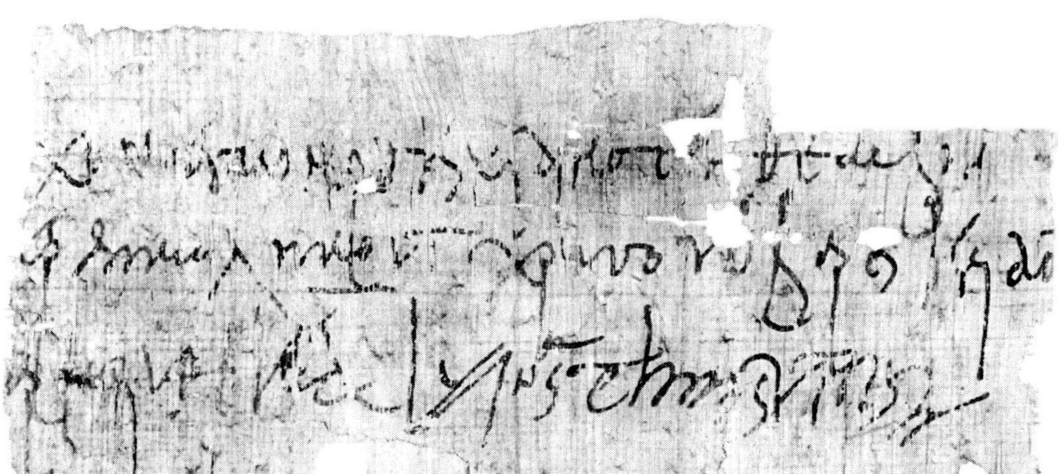

69

68

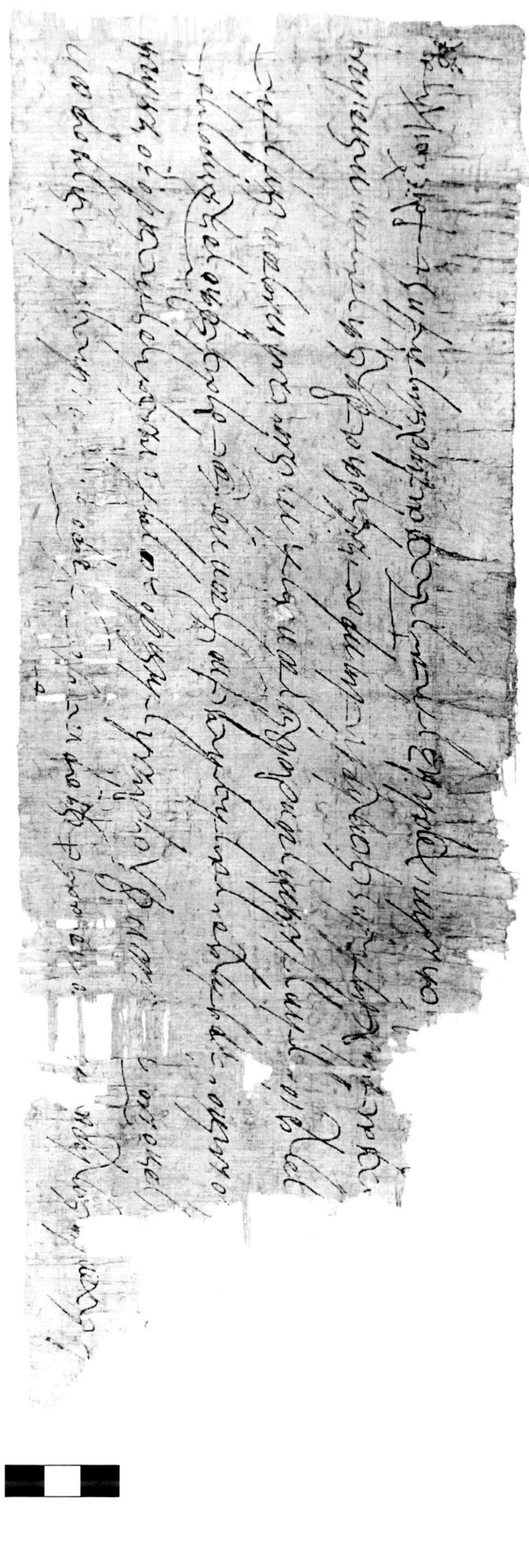

72 *bis*

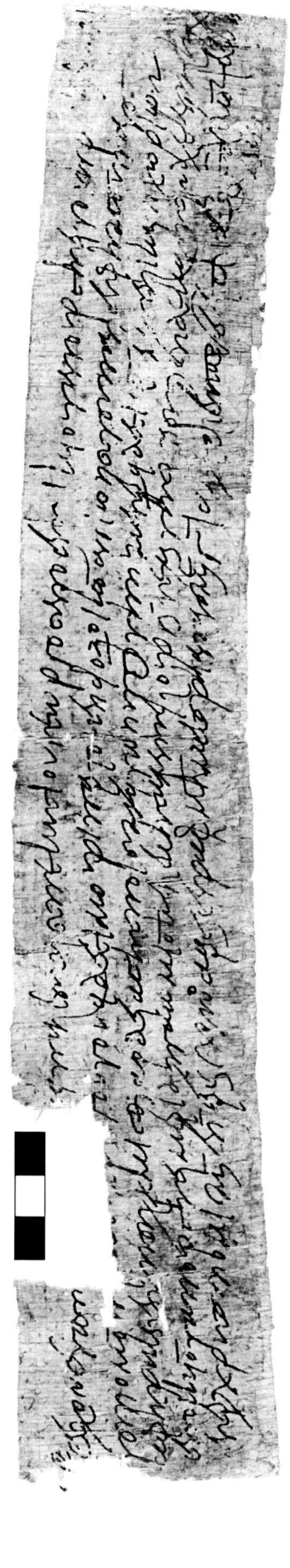

86

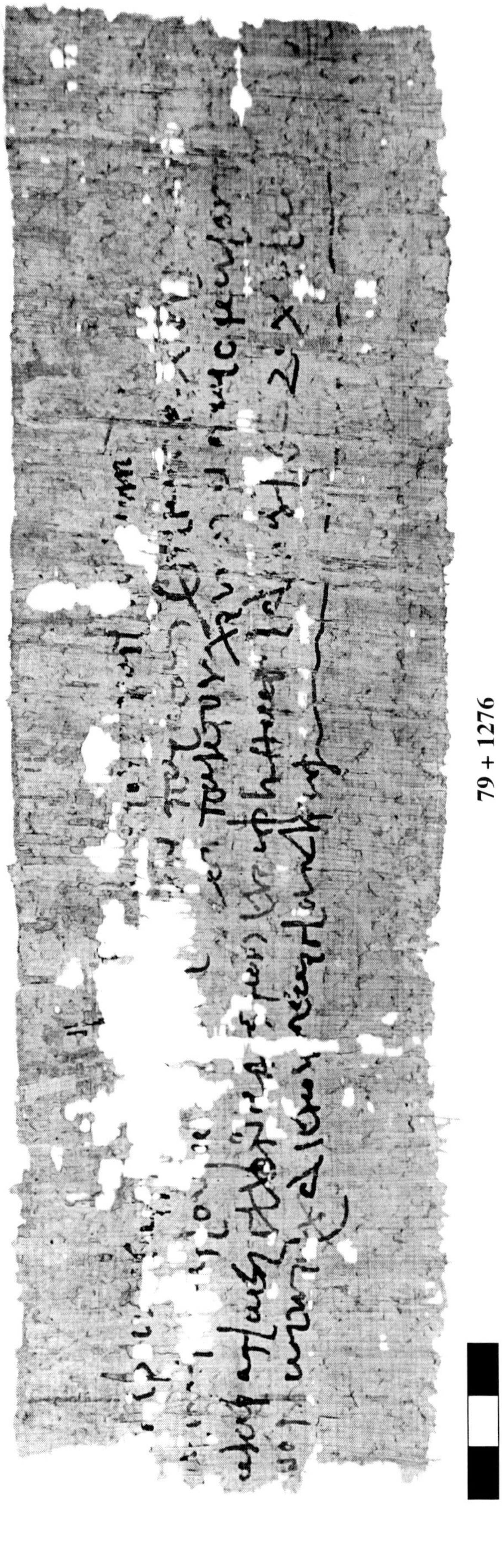

79 + 1276

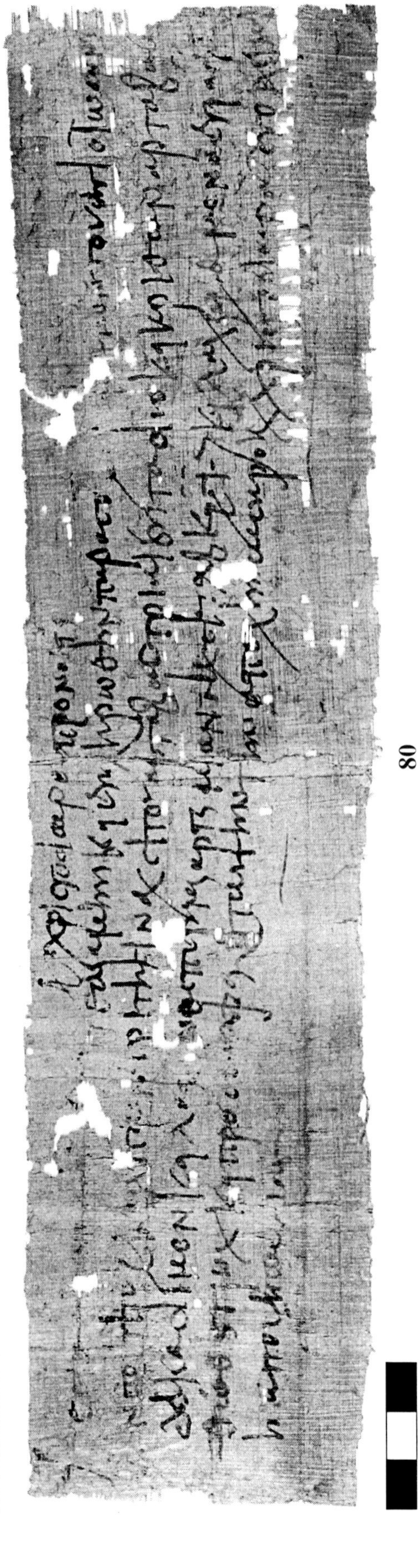

80

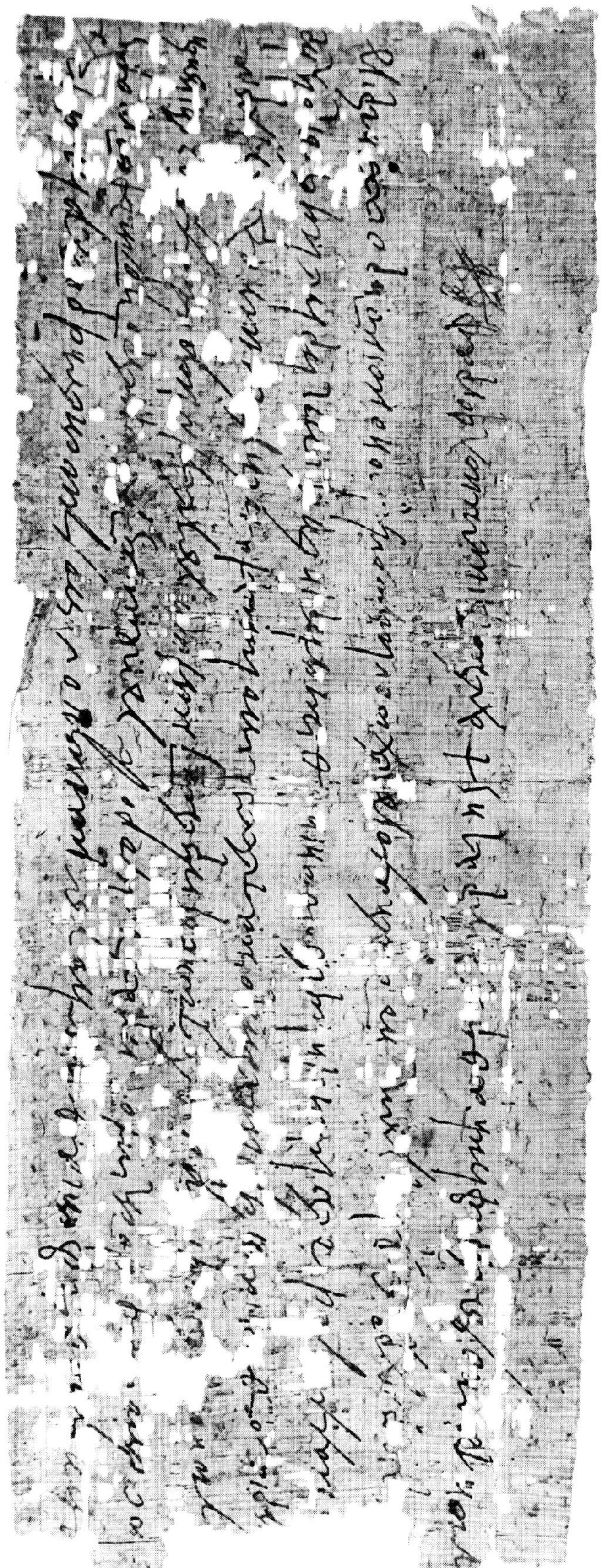

83

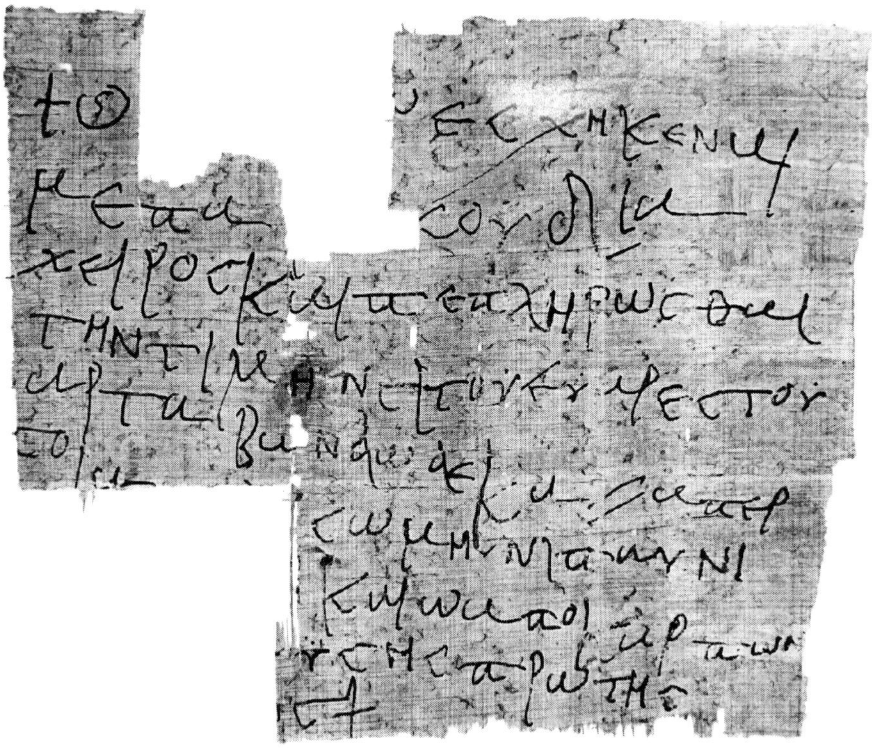

85

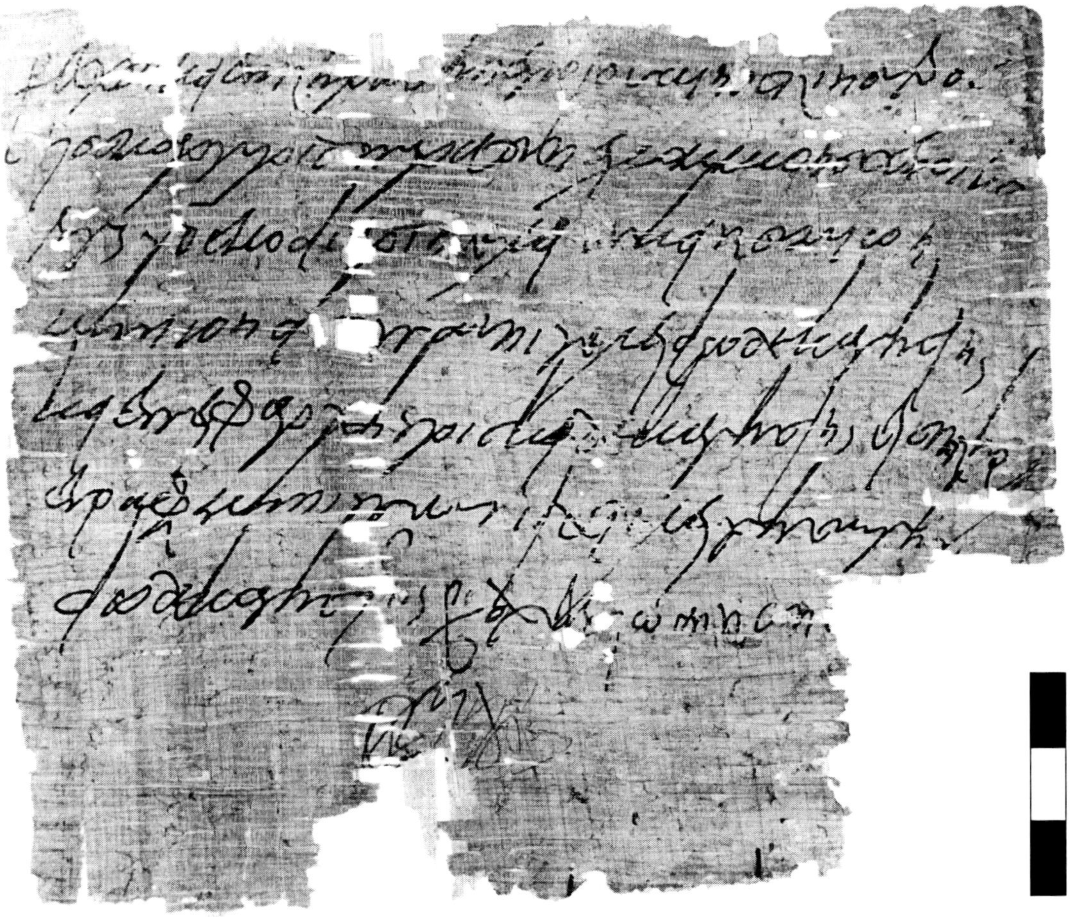

87

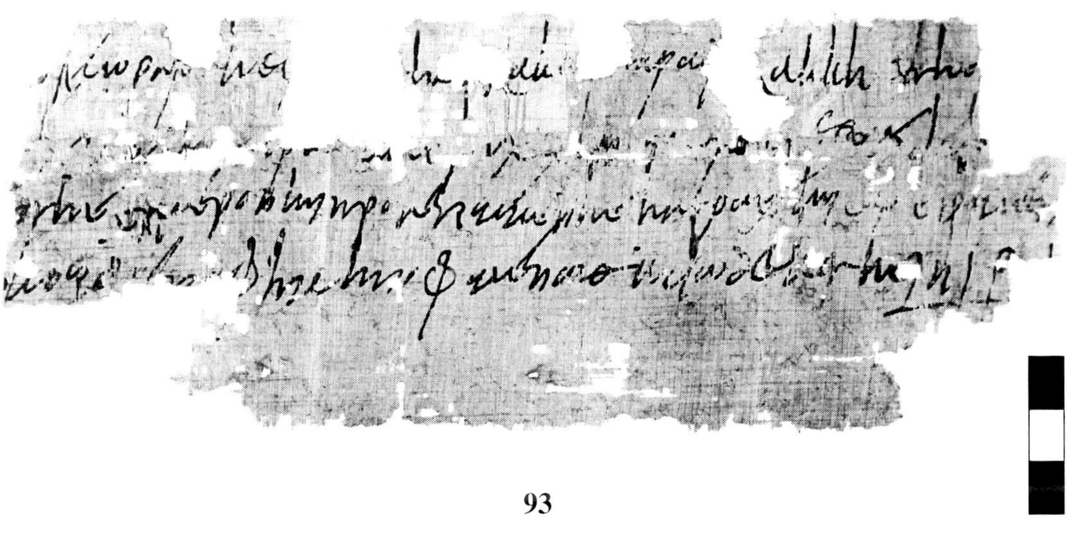

93

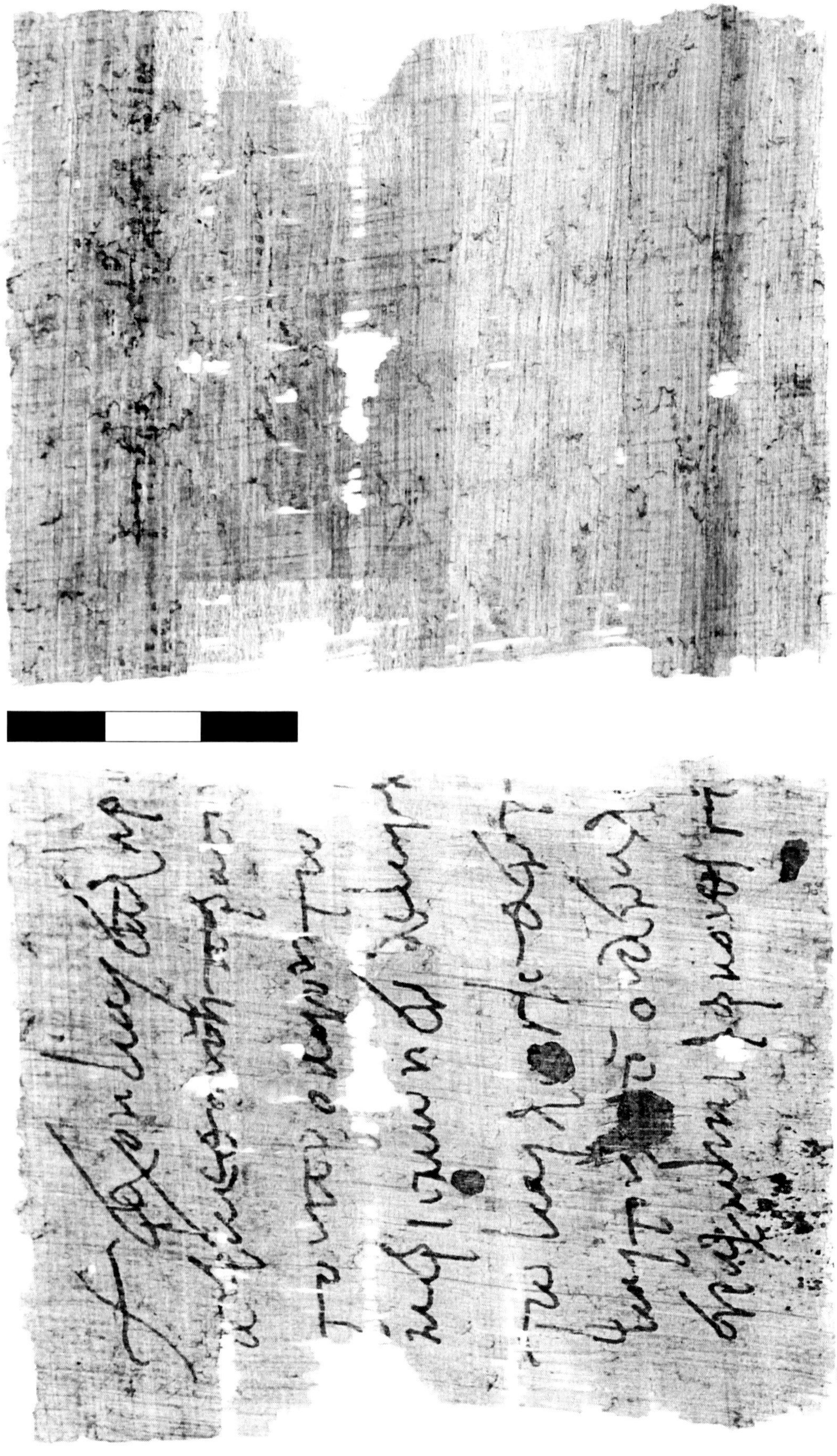

88

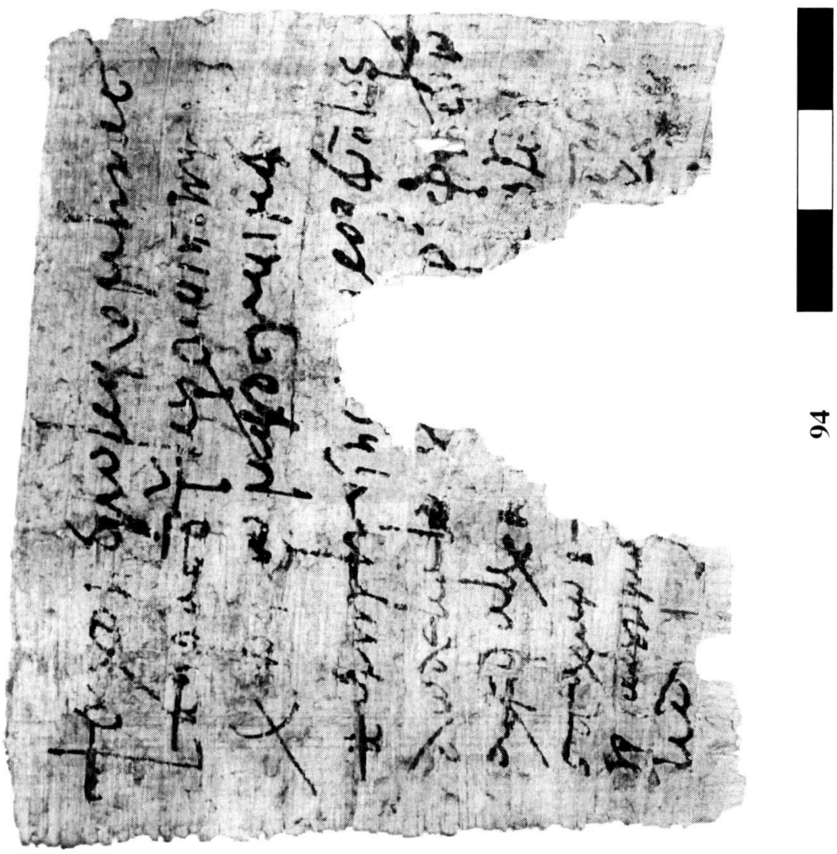

94

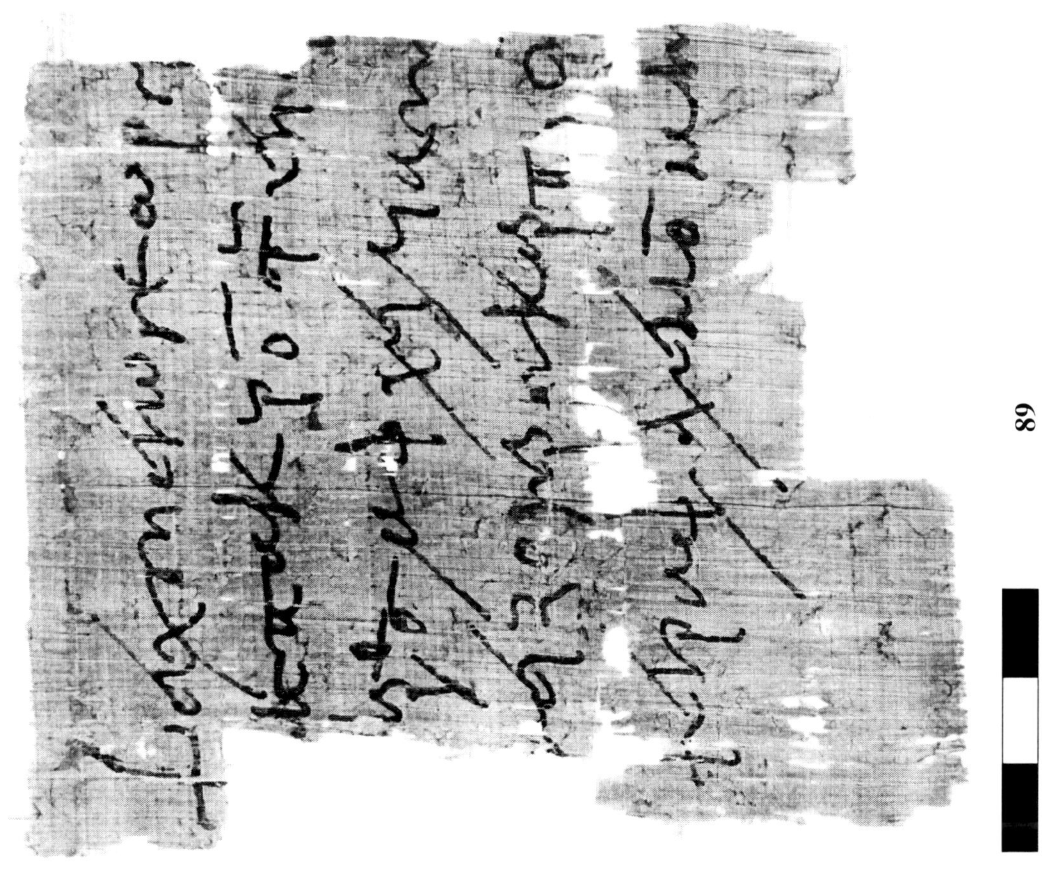

89

95

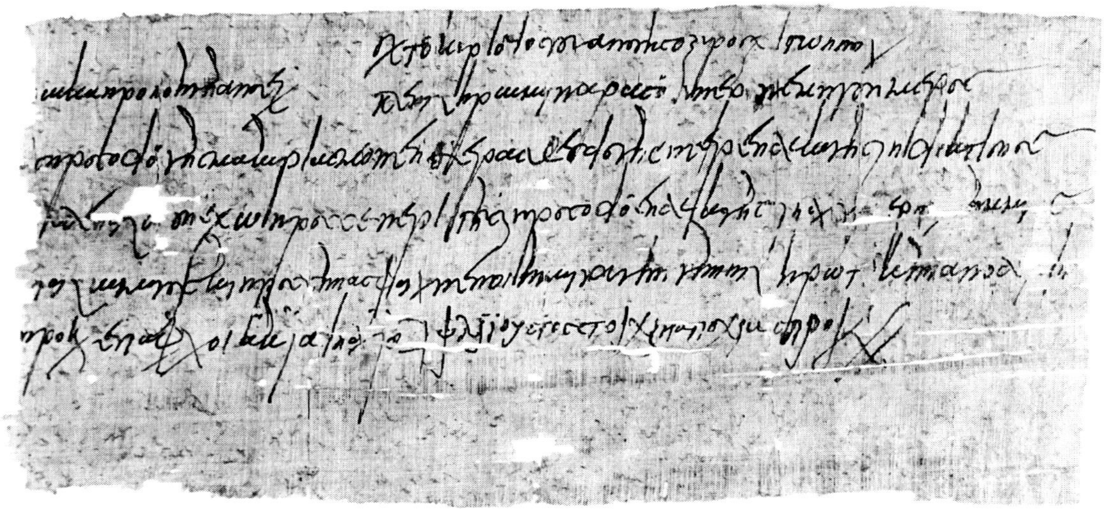

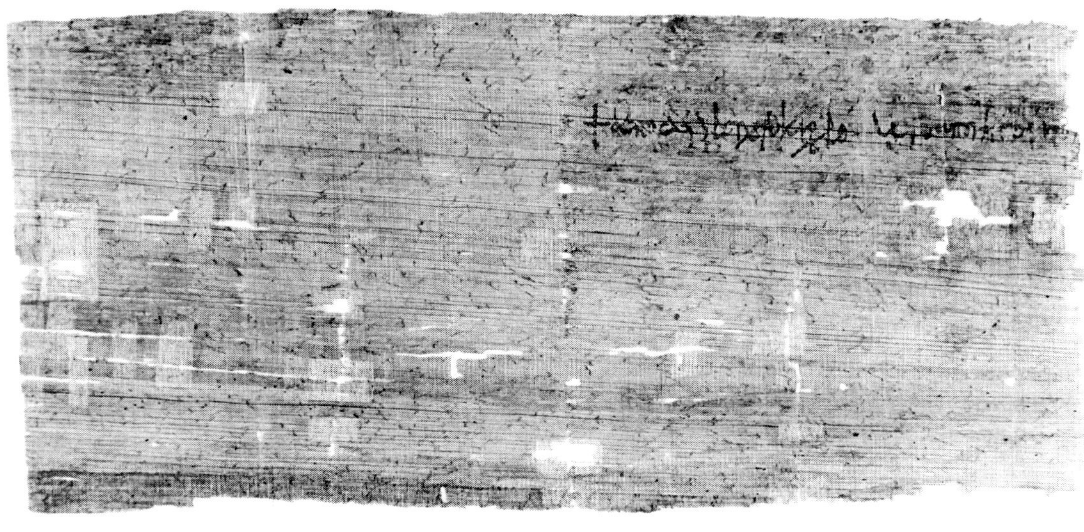

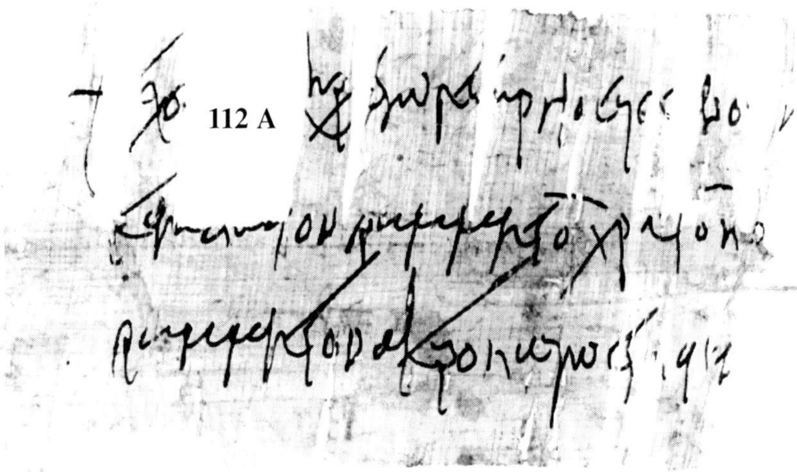

112 A

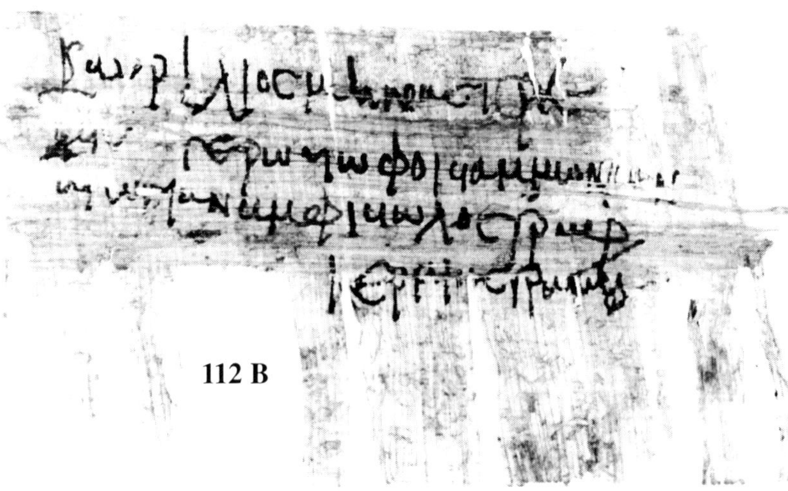

112 B

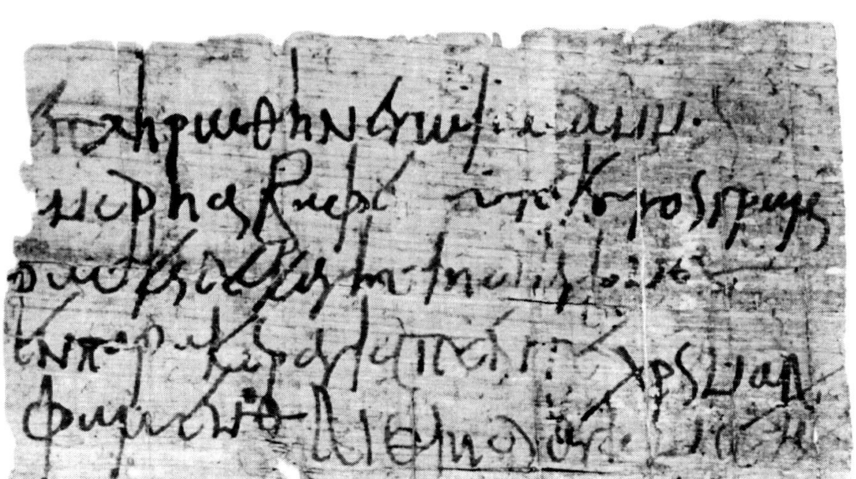

113

114

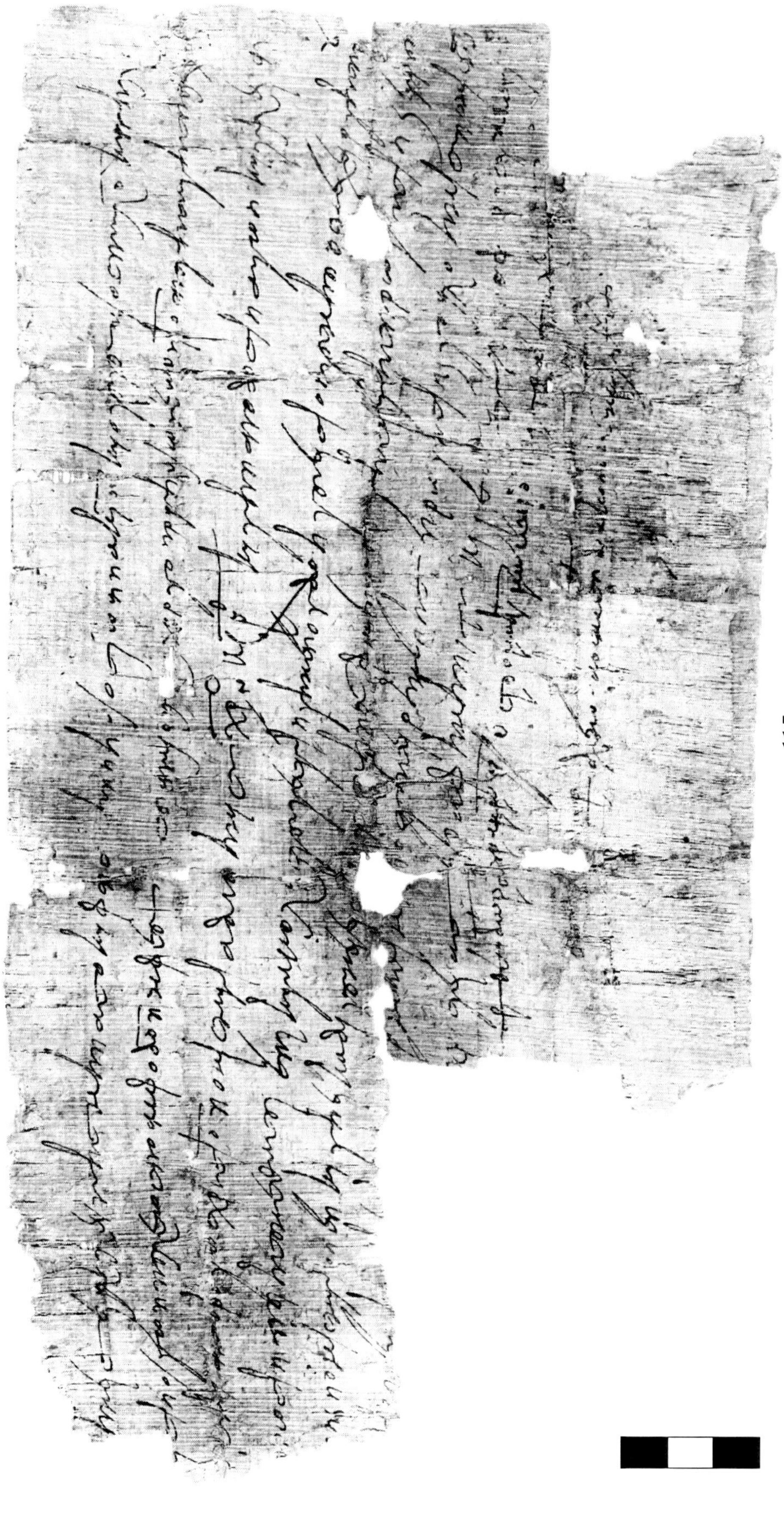

115

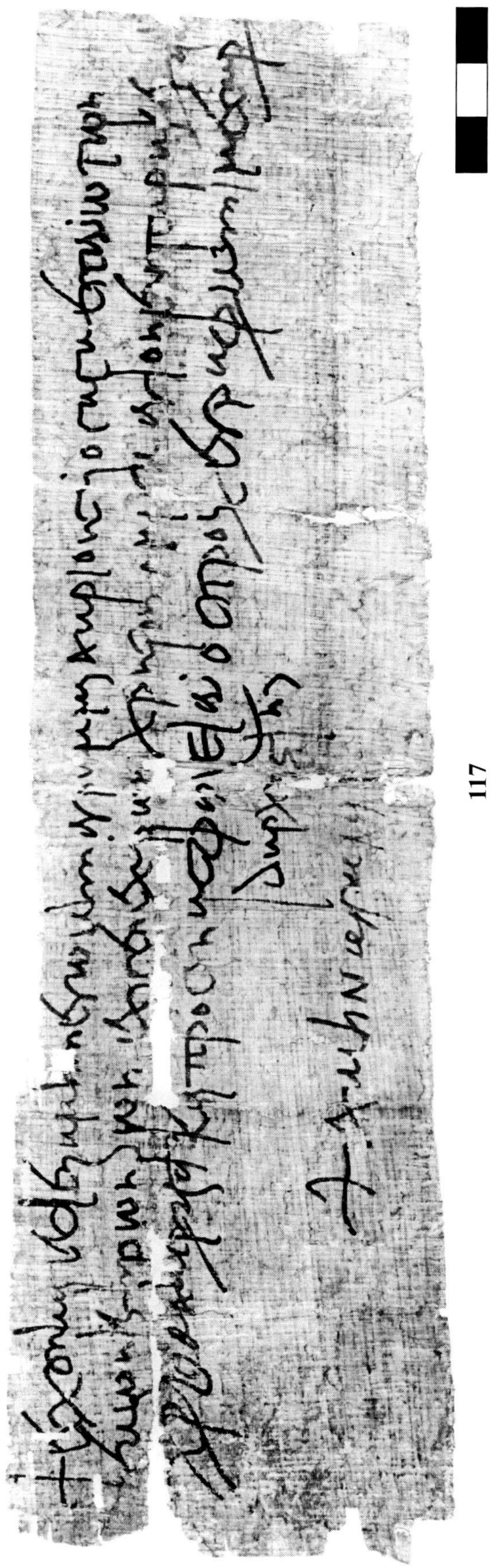

117

118